上海工程咨询优秀成果选编

第四集（上）

上海市工程咨询行业协会·编

主编　戴建敏

上海社会科学院出版社

《上海工程咨询优秀成果选编(第四集)》编委会

主　　编：戴建敏

编　　委：(以姓氏笔画为序)

王　骅　　王志刚　　王建清　　王惟坤　　刘　皓　　许兆俊　　许俭俭

李真泽　　杨卫东　　何清华　　何锡兴　　邹建文　　张　亮　　张大伟

张海滨　　武　浩　　郁　勇　　周海燕　　周培康　　单吉祥　　胡明伟

施洪相　　洪　翔　　徐志浩　　翁晓红　　郭康玺　　陶宇亮　　蒋应红

臧　华　　戴建敏

执行编辑：周荣生　　沈　翔

编　　辑：敖永杰　　徐青芬　　贝聿炎　　崔莹莹　　刘新梅　　张显祖　　王星晨

　　　　　李　明　　杨　喆

序

工程咨询行业作为国民经济的先导产业，为全面建设社会主义现代化国家提供了重要的智力支撑。在服务国家重大战略决策、推动重大和基础性产业发展、促进重大工程建设等方面发挥着不可替代的作用。面对新时代新征程，工程咨询行业必须立足新发展阶段，完整、准确、全面贯彻新发展理念，融入和服务新发展格局，加快实现行业高质量发展。

在"十四五"期间，国家对基础设施建设的持续投入和科技创新的不断推进，为工程咨询行业带来了前所未有的发展机遇。工程咨询行业不仅在传统基础设施领域取得了显著的进步，更在智慧城市、绿色建筑、新能源利用等新兴领域展现了强大的生命力和创新能力。这一时期，高质量发展成为经济社会发展的指导思想，工程咨询行业积极探索全过程工程咨询服务，通过深化咨询理论、方法与技术协同创新，加快智库建设，为城市的可持续发展做出了重要贡献。

展望"十五五"新阶段，我们有理由相信，工程咨询行业将继续以其专业性、创新性和前瞻性引领行业的发展潮流。随着数字化转型的深入和大数据、人工智能等技术的广泛应用，工程咨询将形成自身的新质生产力，更趋智能化、精准化，提升服务效率和质量。同时，在全球化视野下，工程咨询行业将稳妥拓展海外市场，推进"中国标准"国际化，促进国际合作与交流，为行业带来新的增长点和发展空间。

《上海工程咨询优秀成果选编（第四集）》不仅是对近年来上海市获得一等奖（或一等水平）的咨询成果以及国家优秀工程咨询成果奖的咨询成果的集大成之作，更是记录了从"十三五"末期至"十四五"这一关键时期，工程咨询行业高质量发展历程的珍贵文献，不仅是对过去工作的总结，更是对未来发展的启迪。

本书的出版，旨在展示上海乃至全国工程咨询行业在面对重大挑战与机遇时所取得的一系列卓越成就，同时也是对那些在工程咨询领域默默耕耘、不断创新与奉献的专业人士的致敬。它不仅是一份展示行业优秀成果的荣誉册，更是一份激发行业创新思维的催化剂。我们希望通过这些精选的案例，让读者看到工程咨询在解决实际问题、推动技术进步、促进经济发展中所发挥的重要作用。

在此，我们诚挚地邀请您一同感受这些优秀成果的力量，并期待您在阅读的过程中得到启发，为工程咨询行业乃至整个社会的未来发展贡献您的智慧和力量。我们衷心希望本书能够成为连接过去与未来，沟通理论与实践的桥梁，同时，我们也呼吁行业重视人才培养，发挥人才第一资源作用，加快建立健全行业标准，推动行业自律和信用体系建设，为工程咨询行业的高质量发展奠定坚实基础。

最后，祝愿上海市工程咨询行业协会能够更好地发挥协会平台优势，鼓励和发现更多的优秀案例，引领工程咨询行业迈向更高质量的发展。

上海市发展和改革委员会副主任

2024年10月8日

前言

"人民城市人民建，人民城市为人民"，在数字化转型、智能化升级和国家双碳战略的引领下，工程咨询行业正站在新的历史起点上，经历着深刻的变革。作为城市发展的智库和顾问，工程咨询不仅关系到项目的经济效益、社会效益和生态效益，更在推动实现碳达峰、碳中和目标，促进城市的可持续发展和提升居民生活质量方面发挥着关键作用。上海，以其独特的地理位置、开放的经济环境和创新的城市精神，成为中国乃至全球工程咨询领域的重要舞台。

本《选编》中所有的咨询成果从2021—2023年度上海市优秀工程咨询成果一等水平项目中选取，共计112篇，涉及36家咨询单位。与前几集相比，本《选编》更加注重新时代背景下工程咨询行业的使命与担当，深入探讨了工作过程中的难点、痛点和创新点。我们通过深入分析一系列具有代表性和创新性的工程咨询项目，旨在揭示成功项目背后的理念、策略、方法与最佳实践，为行业内外的专业人士提供参考和借鉴。

在汇编本书的过程中，我们有幸邀请到了多位行业内的资深专家和学者对优秀成果进行点评，他们的深入见解为本书各个优秀咨询成果起到了画龙点睛的作用。同时，我们也广泛征集了来自不同领域、不同背景的工程咨询从业者的意见和建议，力求确保本书内容的全面性、专业性和实用性。

本《选编》不仅展示了工程咨询在解决复杂问题、推动技术创新、优化资源配置等方面的专业能力和深度思考，更重要的是提炼了可复制、可推广的经验模式，为工程咨询行业的未来发展提供了方向指引。

我们诚邀各位读者与我们一起，在阅读过程中积极思考、勇于实践，并分享您的经验和见解。让我们共同推动工程咨询行业的发展，为建设更加繁荣、和谐、可持续的城市贡献智慧和力量。

最后，感谢所有参与本书编写和审校工作的同仁们，以及所有支持和关注本书的读者们。在工程咨询的道路上，我们一直在不断探索和创新。尽管我们力求完美，但疏漏在所难免。我们诚挚地邀请读者提出宝贵的反馈和建议，以便我们能够不断改进和完善。

让我们携手共创工程咨询行业更加美好的未来！

目 录

上 册

序 ··· 陈国忠　1
前言 ·· 1

一、规划咨询研究报告篇

中国（上海）自由贸易试验区临港新片区高质量社会服务体系建设规划研究 ········ 3
上海市国土空间近期规划（2021—2025年） ·· 9
全球健康学院/全健康研究中心"十四五"规划研究报告（2021—2025年） ········ 16
江苏省太湖生态清淤专项规划 ·· 22
崇明世界级生态岛发展规划纲要（2021—2035年）研究 ································· 30
上海市新城规划建设导则 ·· 35
嘉兴市综合交通规划（2019—2035） ·· 41
杨浦滨江南段总体城市设计 ·· 46
浦东新区公交线网规划 ·· 53
常熟市城市轨道交通规划方案研究 ·· 59
上海市新一代信息基础设施发展"十四五"规划 ·· 66
上海市宝山区W12-1301单元（祁连敏感区）控制性详细规划（修编） ············ 71
浙江平湖市国民经济和社会发展"十四五"规划研究及规划纲要编制 ············ 79
上海市能源发展"十四五"规划基本思路研究 ··· 85
上海机场集团绿色机场建设规划研究（2021—2035年） ································· 91
济南市城市轨道交通第二期建设规划（2020～2025年） ································· 97

合肥国家中德智能制造国际创新园北区控规及城市设计 ……………………………… 103
北外滩地区控制性详细规划 ……………………………………………………………… 110
上海市生态空间专项规划（2021—2035）………………………………………………… 117
社区生活圈规划技术指南 ………………………………………………………………… 124
南通中远海运船务融入南通滨江发展总体策划 ………………………………………… 130
上海市防洪除涝规划（2020—2035年）………………………………………………… 138
上海张江综合性国家科学中心"十四五"规划研究 …………………………………… 143
中心城四区旧改规划与城市设计研究 …………………………………………………… 148
上海市黄浦区单元规划（含重点公共基础设施专项规划）…………………………… 156
沪渝蓉高铁全要素选线专项规划 ………………………………………………………… 162
青浦新城总体城市设计 …………………………………………………………………… 170
临港新片区公共交通规划 ………………………………………………………………… 176
中国（上海）自由贸易试验区临港新片区多层次轨道交通线网规划研究 ………… 182

二、可行性研究报告、项目申请报告篇

竹园白龙港污水连通管工程可行性研究报告 …………………………………………… 191
石洞口污水处理厂污泥处理二期工程可行性研究报告 ………………………………… 197
乌梁素海全流域系统综合治理实施方案 ………………………………………………… 204
上海市轨道交通崇明线一期工程可行性研究报告 ……………………………………… 210
沿江通道浦东段（越江段—五洲大道）新建工程可行性研究报告 ………………… 216
中国石化扬子石油化工有限公司淤浆法聚乙烯新工艺开发中试装置可行性研究
　报告 ……………………………………………………………………………………… 221
吴淞江工程（上海段）新川沙河段可行性研究报告 …………………………………… 226
天津地铁四号线北段工程可行性研究报告 ……………………………………………… 232
中环线（浦西段）桥梁支座整治工程项目可行性研究报告 …………………………… 239
深圳市下坪填埋场安全隐患治理应急抢险救灾工程可行性研究报告 ………………… 247
成都轨道交通8号线二期工程可行性研究报告 ………………………………………… 254
唐河河谷郊野公园一期项目可行性研究报告 …………………………………………… 262

新建淮北至宿州至蚌埠城际铁路可行性研究报告 268

国家能源集团神华榆林能源化工有限公司5万吨/年聚乙醇酸示范项目可行性研究
　　报告 274

崇明生态大道（城桥镇—陈家镇）新建工程可行性研究报告 279

湖北黄石现代有轨电车一期项目可行性研究报告 285

桃浦污水处理厂初期雨水调蓄工程可行性研究报告 292

云南省肿瘤医院云南省癌症中心建设项目可行性研究报告 298

奉贤海上风电项目可行性研究报告 304

青浦区新塘港河道整治工程可行性研究报告 313

苏州河（真北路—蕰藻浜）堤防达标改造工程可行性研究报告 319

环湖大堤（浙江段）后续工程可行性研究报告 326

国家重大科技基础设施——磁-惯性约束聚变能源系统关键物理技术项目可行性
　　研究报告 332

虹桥商务区机场联络线申昆路停车场及上盖综合开发工程可行性研究报告 337

株洲市清水塘老工业区产业新城整体开发PPP项目铜霞路（塘屋路—叶子冲变
　　电站）电力专用综合管廊新建工程可行性研究报告 344

下　册

杨树浦水厂深度处理改造工程项目申请报告 351

城市核心区复杂条件下交通系统重构的郑州实践——郑州市二七广场隧道工程
　　可行性研究报告 357

北外滩贯通和综合改造提升项目一期工程可行性研究报告 363

南汇南水厂深度处理改造工程项目申请报告 371

东引河河道整治工程可行性研究报告 375

吴淞江工程（上海段）苏州河西闸可行性研究报告 380

隆昌路越江隧道新建工程可行性研究报告 387

鄞州大道-福庆路（东钱湖段）快速路工程可行性研究报告 394

广东纳塔功能纤维有限公司年产1万吨碳纤维及6万吨差别化腈纶项目可行性

  研究报告 …………………………………………………………………………… 400

浦东机场南区地下交通枢纽及配套工程可行性研究报告 ………………………… 408

深汕枢纽配套工程、同步实施工程可行性研究报告 ……………………………… 418

大芦线东延伸航道整治工程可行性研究报告 ……………………………………… 428

G1503公路和周邓快速路浦东枢纽段工程可行性研究报告 ……………………… 436

龙港市循环经济产业园一期工程项目建议书暨可行性研究报告 ………………… 445

S4公路奉浦东桥及接线工程项目申请报告 ………………………………………… 450

绍兴市二环南路智慧快速路工程项目申请报告 …………………………………… 456

大连湾海底隧道建设工程可行性研究报告（代项目建议书）…………………… 465

三、评估咨询报告篇

上海科创中心重点任务——李政道研究所物理与天文前沿基础研究设施建设决策

  咨询 ……………………………………………………………………………… 475

上海市城市总体规划（2017—2035年）实施评估 ………………………………… 480

上海外高桥造船海洋工程有限公司材料及舾装码头工程项目环境影响评价 …… 489

黄浦江苏州河沿岸地区建设规划实施评估和近期行动计划 ……………………… 495

浦东新区人工智能辅助行政审批系统可行性研究评估报告 ……………………… 503

上海文庙改扩建工程可行性研究（初步设计深度）评估报告 …………………… 509

四、全过程项目管理篇

乌梁素海流域山水林田湖草生态保护修复试点工程全过程工程咨询 …………… 521

基于海南铺前大桥项目管理承包——开展全过程咨询管理创新探索与实践研究

  报告 ……………………………………………………………………………… 528

临港新片区建设统筹暨全过程管理咨询项目 ……………………………………… 535

复旦大学附属中山医院医疗科研综合楼 …………………………………………… 541

西安火车站北广场及周边市政配套工程全过程咨询	548
上海崇明"第十届中国花卉博览会"项目全过程总控管理	556
上海西岸传媒港全过程工程咨询	565
上海虹桥国际咖啡港展陈项目全过程服务	575

五、专题研究报告篇

提高前期决策咨询质量,发挥前期决策咨询在全过程咨询中的引领作用研究	583
上海市电力中长期发展战略研究	589
上海"五个新城"建设的投融资问题研究	595
深圳前海街坊整体开发建设机制创新研究报告	600
上海产教融合型企业建设培育实施方案研究	608
上海提升引领未来的基础创新策源能力研究	613
临港新片区建设项目全流程中介服务评估评审事项改革研究报告	618
上海莲花路地铁改造TOD一体化项目	624
市域铁路运营模式管理研究	631
上海生活垃圾处理和资源化中长期战略研究	637
推进上海市疾控体系现代化建设及重大项目咨询	642
支持上海应对新冠肺炎疫情恢复经济发展活力的系列政策研究	648
上海"十四五"新城产业发展研究报告	653
上海土地有效供给和高质量利用的思路与方法	660
"十二五"国家水污染科技重大专项——城市内涝预警与雨水径流综合管控平台构建与示范(上海示范项目)	664
第一次全国灾普国家和上海市"双试点"——徐汇区水旱灾害风险普查	671
创新和扩大国有资本产业投资研究报告	679
上海市"五个新城"文化发展研究	684
加强上海能源基础保障能力建设专题研究	690
前滩核心区立体慢行系统研究项目	696
上海轨道交通18号线工程综合联调及管理服务项目——基于PMBOK的项目管理模型在城市轨道交通综合联调项目中的应用	703

平原河网水环境改善综合管控技术研究与示范应用 ······ 711
上海市水土保持标准体系与政策体系建设项目 ······ 717
2021年第十届中国花卉博览会交通保障方案研究 ······ 722
海南自贸港园区投融资模式创新研究 ······ 736

六、新方法、数字化建设篇

长江大保护智慧水务管控体系及标准研究报告 ······ 745
雨水泵站排口附近河道污染削减技术及示范 ······ 754

附录1：参与编写会员单位一览表 ······ 759
附录2：《上海工程咨询优秀成果选编（第四集）》之外获2021年度/2023年度一等
　　　水平的优秀成果一览表 ······ 761
后记 ······ 763

一、规划咨询研究报告篇

中国（上海）自由贸易试验区临港新片区高质量社会服务体系建设规划研究

Research on the Construction Plan of High Quality Social Service System in Lingang New Area of China (Shanghai) Pilot Free Trade Zone

编写单位：上海投资咨询集团有限公司
Shanghai Investment Consulting Group Co., Ltd.
联系电话：021-23300000　　网址：https://www.sicc.cn
主要完成人：吕海燕　孙　萍　夏良驹　龚修齐

【点评】

该规划突破公共服务规划编制的传统思路，以区域经济发展规律为切入点，运用空间地理信息技术手段，以数字新技术赋能高质量社会服务体系构建和设施配置研究，重点聚焦教育、医疗、文化、体育、养老、社区商业等六大领域的设施布局和服务供给，针对临港新片区人口增长缓慢、未来导入的人口规模和结构存在不确定性、公共服务设施城乡二元特征明显等瓶颈问题，创新性提出"1"一个体系构建、"2"两大层次区分、"3"三重保障机制等，协助参与临港新片区高质量社会服务体系建设规划编制的工作。2021年3月中旬，上海市政府全文印发《临港新片区高质量社会服务体系建设规划》，评价积极正面、反响广泛，成为临港新片区编制"十四五"期间公共服务体系规划，以及教育、医疗、养老等专项规划的纲领性文件，社会效益较大。

【项目背景】

设立中国（上海）自由贸易试验区临港新片区（简称"临港新片区"），是以习近平同志为核心的党中央总揽全局、科学决策作出的进一步扩大开放重大战略部署，是新时代彰显我国坚持全方位开放鲜明态度、主动引领经济全球化健康发展的重要举措。

2019年8月，国务院发布《中国（上海）自由贸易试验区临港新片区总体方案》，按照市委市政府关于推进临港新片区建设的工作部署，要求高质量社会服务体系建设规划，拓展国际优质资本和经验进入教育、医疗、文化、体育、园区建设和城市管理等公共服务领域的渠道，提升高品质国际化的城市服务功能。

受上海市发展和改革委员会的委托，上海投资咨询集团有限公司（简称"上咨集团"）着眼于增加多层次、多样化服务供给的发展目标，对标临港新片区高质量发展总体要求，核心聚焦教育、医疗、文化、体育、养老、社区商业等六大领域的设施布局和服务供给开展规划研究工作。

1. 地域范围

临港新片区总体范围包括大治河以南、金汇

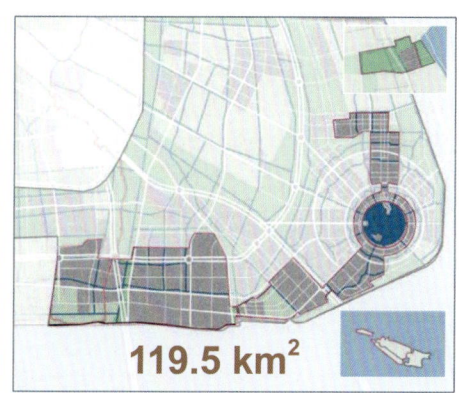

图1　从左至右分别是临港新片区全域、产城融合区（本次规划的重点区域）及先行启动区范围示意图

港以东的浦东、奉贤、闵行部分区域，以及小洋山岛和机场南侧区域，共有20个街镇，265个村/居委会，全域范围为873 km²，其中先行启动区为南汇新城南部区域、机场南侧和小洋山岛，面积119.5 km²。本次规划重点关注原临港地区、机场南侧、小洋山岛所围成的产城融合区，面积为386 km²。

2. 人口基础

截至2019年底，临港新片区全域范围（873 km²）人口规模为118.4万人。其中，在重点关注的产城融合区（386 km²）内，人口规模为52.9万人（占临港新片区总人口44.7%），人口结构更趋年轻化，劳动年龄人口（15—64岁）比例（81.5%）高于全市同期水平（73.8%）[①]，人口主要集中在南汇新城镇（35.6%）、泥城镇（16.9%）、书院镇（14%）等街镇，包括金融贸易、集成电路、智能制造、生物医药、民用航空、新能源、海洋装备、航运物流等领域国际高端人才和国内高素质人才等。

近年来，临港新片区参与国际竞争合作的开放经济基础和功能平台优势逐步显现、高端制造功能集聚优势日趋明显、高端研发创新发展动能不断增强，文体旅和医疗教育等重大功能项目加速布局、海陆连接和蓝绿交织的生态网络不断完善，初步具备打造宜居宜业城市功能和人居环境的基础支撑。

【项目内容】

1. 指导思想

以习近平新时代中国特色社会主义思想为指导，按照党中央、国务院的决策部署，坚持稳中求进工作总基调，坚持新发展理念，坚持推动高质量发展，以长远眼光谋划未来，以国际标准提升水平，以改革创新助推发展，全力构建更高标准、更高层次、更高水平的社会服务体系，打响开放包容、国际一流的社会服务品牌，搭建多元协同、共建共享的创新联动平台，建设包容共治、充满活力的城市共同体，人民群众拥有更多的归属感、满意度、幸福感。

2. 发展目标

到2025年，临港新片区高质量社会服务体系框架基本形成，基本公共服务能力全覆盖、质量全达标、标准全落实、保障应担尽担，一批优质教育、医疗卫生、文化体育等重大项目建成运行，社会服务配置创新形成一批可复制可推广的制度和经验，社会治理能力显著提升。

到2035年，开放共享、弹性高效的公共服务框架体系更趋完善，高质量社会服务付费可享有、价格可承受、品质有保障、安全有监管，最终实现幼有善育、学有优教、劳有厚得、病有良医、老有颐养、住有宜居、弱有众扶，弹性多元、包容共治的城市共同体框架更加成熟。

到本世纪中叶，优质均衡的高质量社会服务体系基本建成，包容共治的城市共同体率先建成。

3. 战略思想

一是高起点规划，构建层次多元、优质均衡的公共服务体系。搭建"发展提升类-基础保障类"公共服务设施网络，注智赋能发展提升类服务设施的国际化水平，优化基础保障类设施统筹布局，共同构建宜居宜业的高品质生活环境，打造优质均衡、便捷可达的15分钟社区生活圈。

二是高效率融合，搭建多元协同、共建共享的优质功能平台。吸引国际一流的教育机构、研发总部、研发和转化功能性平台、科技孵化服务机构等入驻，打造产教融合示范区。规划建设集继续教育、国际高端职业培训、老年教育等于一体的国际科学社区学院（大学）。加快创建国际一流的产学研医国际高端资源集聚地。

三是高水平开放，全面激发公共服务供给侧的发展新动能。探索采用购买服务、合约出租、特许经营等进入方式，探索境外资本投资博物馆、美术馆、培训机构、专业医院、体育赛事设施的政策通道。

4. 指标体系

（1）推进卓越公平、面向未来的教育体系

一是构建特色多元的托育服务体系。构建"政府引导、多方参与"的符合适龄幼儿家庭多样化的托育服务体系，积极引入高端化和国际化等托育机构，支持在社区和企业等场所单独或联合举办非营利性托育机构、试点探索家庭式共享托育等新模式。

二是探索卓越优质的基础教育体系。集聚国内外优质教育资源、创新办学模式，探索卓越优质教育的基础教育体系，以品牌化、集团化、集群化为特色，打造具有上海特质的"优质一流、高

[①] 2019年底，上海市常住人口中，劳动年龄人口（15—64岁）占比73.8%、户籍人口占比64.79%、外来人口占比87.39%。（资料来源：2019年上海市统计公报）

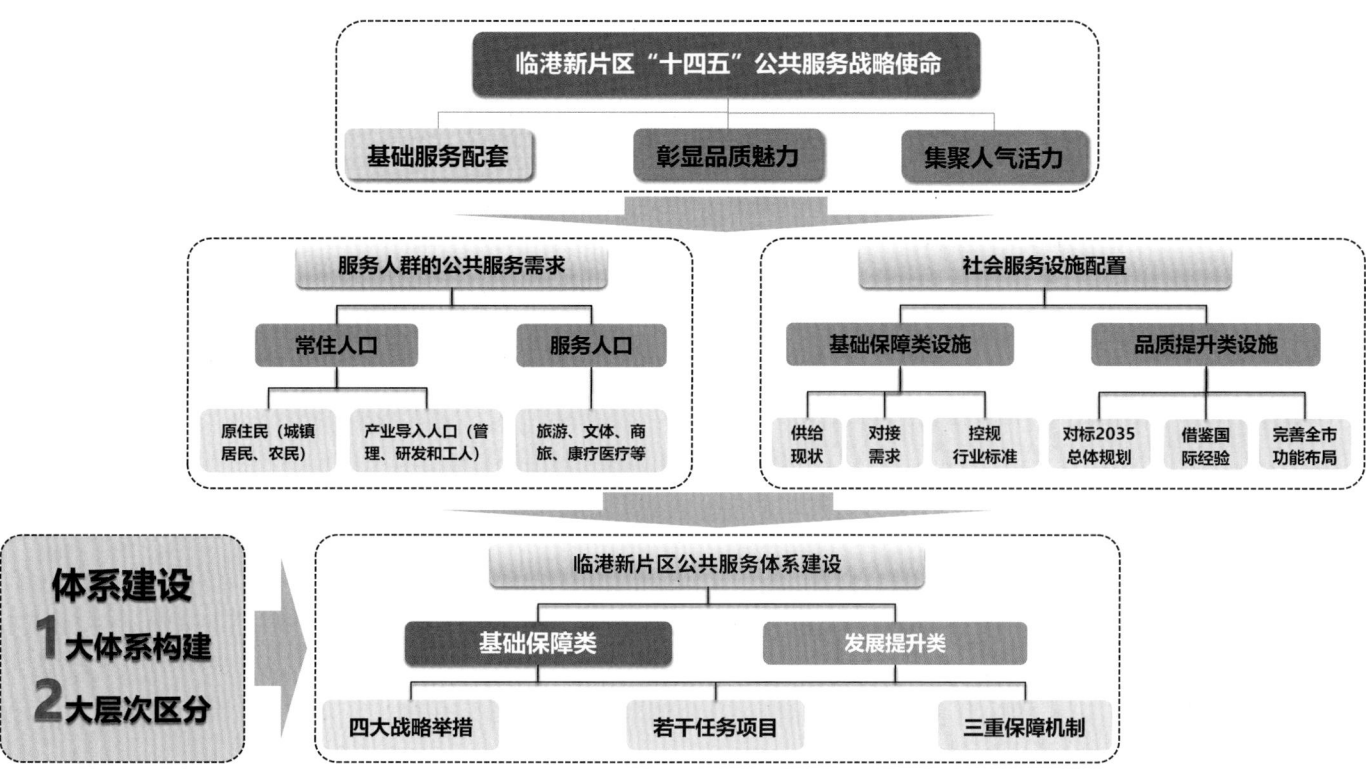

图2 战略研究框架图

位均衡、面向全体"的中小学校集群。

三是完善开放灵活的全生命周期教育体系。对接国际化顶尖的职业教育资源，创建职业教育类院校。规划建设集继续教育、国际高端职业培训、老年教育等于一体的国际科学社区学院（大学），组织供需对接、灵活多样的全生命周期教育体系。

（2）打造创新引领的健康生活样板

一是建立优质弹性的医疗卫生体系。加快创建国际一流的产学研医国际高端资源集聚地，引进全球和国内优质医疗资源，鼓励社会办医及国际医疗机构参与医联体和特色医疗学科建设，构建国际一流、国内领先的高水平诊疗体系。

二是完善智慧便捷的为老服务网络。积极构建区域养老机构（区级）-综合性养老服务机构（街镇级）-嵌入式为老服务站点（社区级）相结合的多层级、全覆盖、高效便捷的养老服务网络。试点创新养老服务跨代合租、时间银行制度，培育活力老人互助养老组织。

三是打造面向未来的健康服务体系。打造全球一流的健康城区，构建全民健康促进新体系，健全健康城市建设组织管理体系。完善考核评价制度，探索建设智慧健康社区、智慧健康校园，推进教卫联动、体医结合。

四是健全社会基本服务保障体系。以保基本、均等化、普惠性、可持续为目标，构建社会保障服务体系，建立社会保障基本制度、完善服务项目、提高服务标准、加大投入力度。

（3）营造魅力时尚的活力生活氛围

一是创建丰富多元的文旅资源聚集地。坚持世界眼光、中国特色、上海高度，针对多元人群的文化生活需求，以数字文化、人工智能、影视娱乐、创意设计、交互体验、文化旅游、文教体育等"大文化"产业为基础，以国际化、高能级文旅品牌为引擎，以特色化文旅项目为支撑，以多组团的生态空间为载体，创建国际一流的文旅新型业态的时尚前沿集聚地。

二是打造世界级的高端体育赛事目的地。积极承办国内外高端体育赛事，打造以摩托艇、帆船帆板、航海模型等主题赛事基地，打造以滴水湖为核心的水上品牌运动目的地。

（4）全球城市治理新标杆

一是创建国际活力社区样板。在党组织的领导下，以时空无界限、建筑未来感、生态低碳化、智慧高效化为理念，增配满足境外居民需求的国际学校、国际医院、西式教堂等设施，勾勒开放包容、无界统一、圈层共鸣的国际活力社区蓝图。

二是践行城乡融合治理新典范。完善城乡治理结构，创新城乡治理方式，提升城乡社会治

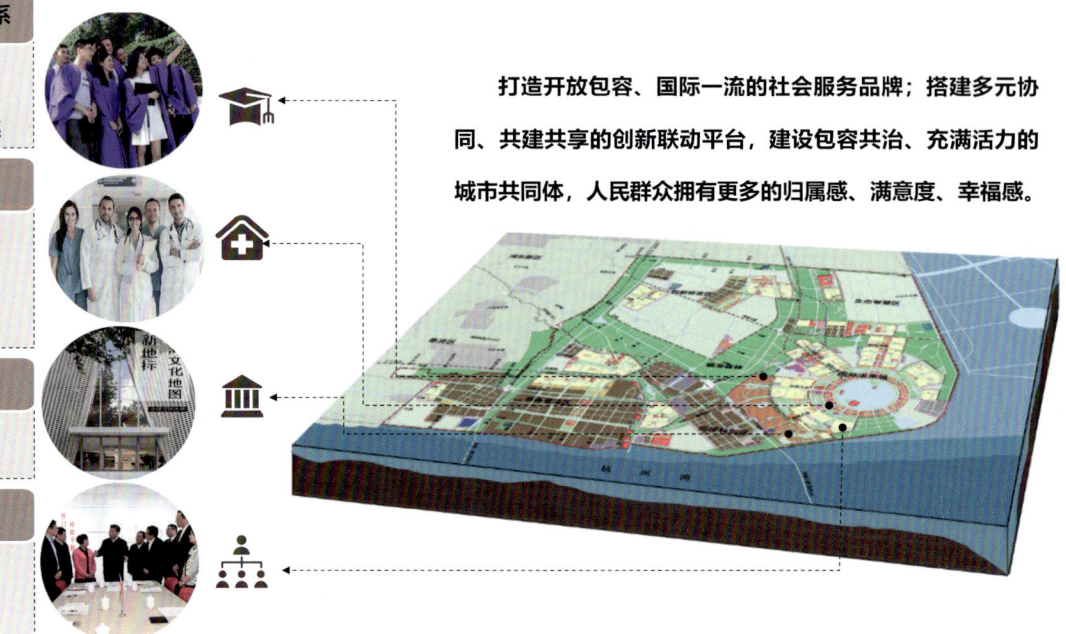

图3 临港高质量社会服务指标体系示意图

理水平。充分发挥现代网络技术优势,构建城乡融合发展网络治理平台,基本形成共建共治共享的城乡融合治理格局。

三是提增城市治理"两张网"新效能。充分利用人工智能、大数据、物联网等信息技术,联通集成临港新片区城市运行中的业务、视频、物联、地图等信息数据,构建智能感知、智能分析、智能预测、自动推送的临港新片区城市运行管理"临港智脑"。

5. 体系建设

（1）明确"基础保障"社会服务保基本和兜底线功能

立足于刚性约束、底线思维、公平均等的原则,向临港新片区常住居民提供基础教育、就业、社会保险、社会服务、卫生、养老、住房保障、文化、体育、残疾人服务、社区管理等领域的与经济社会发展水平相适应的基本公共服务。在规划依据和配置标准上,尊崇国家和上海市基本公共服务标准体系、上海市基本公共服务项目清单、专业领域公共服务配置要求。

（2）确立"发展提升"社会服务提品质和引人气功能

立足于集聚人气、提升活力、彰显亮点的要求,在一定社会共识基础上,将由政府主导、市场参与,提供更高层次、更高标准和更高质量的社会公共服务,包括高质量教育、高品质文化和体育休闲设施、高效率交通配套服务、高品质健康医疗服务、国际社区运营管理等。在规划依据和配置标准上,对标全球先进地区发展经验,依据《上海市城市总体规划（2017—2035年）》《中国（上海）自由贸易试验区临港新片区国土空间总体规划（2019—2035年）》等相关规划文件。

6. 制度机制

（1）探索创新运营模式

一是探索所有权与经营权分离。建议探索承包租赁模式：以承包合同形式确定大型文化设施所有者和经营者之间权利、义务、承包年限及承包相关事项；合作经营模式：以TOT（即转让—运营—转让）的合作经营模式为主；委托管理模式：委托管理经营指政府在公共设施产权的同时,将管理权及经营权,通过招标、谈判、协商,按照一定年限委托该公司管理。

二是探索设施的产业化运作。探索大型设施的运作与IP生产、关联产业联动、衍生产品开发联动越发频繁,设施逐步从单体运作转向产业化运作的路径,如大型文化设施,除了举行文艺演出外,还可因地制宜举办各类体育赛事和活动,提高设施的利用率。

（2）拓展资源筹措资金

一是放大政策资金杠杆作用。用好用足临港地区发展专项资金,支持先行示范区的高品质设施的落地,加快完善和提升区域社会服务设施品质、营造高品质生活的人文氛围。鼓励通过市场化手段拓宽资金来源,探索引入社会资本参与服务设施建设和服务项目供给，鼓励其参与文化、体育等领域中资金需求较大、市场化运作成熟的重大文化艺术、体育运动项目的设施建设和运营。

二是有序开放市场准入。探索采用购买服务、合约出租、特许经营、投资补助、税收抵扣、贷款贴息等多种方式，支持和引导符合条件的各类社会力量参与高品质社会服务项目的投资、建设、管理和运营。

（3）探索弹性用地机制

一是聚焦规划引领，确保一张蓝图干到底。按照城市发展导向、人口和产业布局统筹谋划，上位对接市级规划，横向衔接浦东、奉贤和闵行区级规划，有效衔接国土规划、居住专项规划和文体旅专项、公共服务等各领域专项规划。注重刚性与弹性相结合，把握好现状人口和规划人口的服务设施配置节奏：对于基本公共服务，建议基于现状人口上浮30%规划配置；对于重点区域的重大公共服务设施，预留用地。

二是探索公共服务设施弹性共享设置机制。随着社会发展，临港地区社会服务设施的需求将随着人口数量、密度和结构的变化而发生改变。随着产业导入、功能提升不断提速，新型产业的研发人员、国际金融贸易从业人员、文旅休闲人士将快速导入，未来对高标准、高品质、多功能、可共享的设施需求规模将随之提升。新建社会服务设施在用地权属、规划设计、开发建设、运营服务过程中应为后续功能调整预留弹性，深化研究公共服务设置弹性配置机制。

【工作过程】

按照工作内容，分为设施排摸、踏勘调研、专题研究、编制完善等四个阶段。

一是立足于供需匹配的原则。2019年10月—2020年4月，向临港新片区各街镇发放人口、教育、医疗、文体旅、养老等调查表格累计25次，排摸公共服务设施千余处，发放调查问卷百余份，以期从供给侧和需求侧辨析配置现状和瓶颈问题。

二是坚持以人民为中心的原则。2020年1月—2020年6月，课题组赴南汇新城镇、泥城镇、书院镇、大团镇、四团镇等开展座谈交流会议10次，实地踏勘高等院校、中小学、医疗设施、文体活动设施等15处，广泛听取当地居民和高素质人才的需求，使规划过程更多体现公众参与、规划内容更多反映民生实事、规划文本更加亲民可读。

三是坚持贯彻宏观部署和倾听现实需求相结合。召开专业领域专家研讨会、市级行业主管部门研讨会、条线部门和内部研讨会共计12场，旨在明确临港新片区高质量社会服务体系在全市的作用和地位，探讨引导相关重大设施项目落地路径。

四是坚持规划编制严肃性和开门做规划并举。全面对标临港新片区国土空间规划、临港新片区发展战略规划研究。规划编制后征求市级部门和临港管委会、各街镇意见，成为临港新片区编制"十四五"期间教育、医疗和养老专项规划的统领性规划文件。

【咨询工作特点及经验教训】

1. 遵循区域经济发展规律，提出分阶段分片区弹性配置的高质量配置思路

突破公共服务规划编制的传统思路，以区域经济发展规律为切入点，通过日本筑波、广州南沙新区、北京亦庄新区等案例分析，明确临港地区自2003年以来呈现的人口增长缓慢、密度较低的特征，属于典型的新城/开发区特征，社会服务体系配置要顺应区域经济发展的客观规律，由此构建以分类、分片、弹性配置为特征的高质量社会服务体系配置思路：一是分类满足原驻民和高素质外来人口需求，即满足基本需求的同时，考虑多样性和高品质服务，强化社区级服务设施高质量配置；二是在空间格局上建议构建小集聚、大分散、广覆盖、区域性公共服务设施沿重要枢纽、主要道路等轴线布局的配置思路；三是动态应对未来人口规模不确定性，建议公共服务设施按照超出规划常住人口10%—30%配置，注重功能复合预留弹性共享空间。

2. 基于全体人群的全生命周期公共服务需求，构建临港高质量社会服务指标体系

秉持临港新片区要进一步扩大开放的总体要求，围绕临港新片区要打造开放创新、智慧生态、产城融合、宜业宜居的现代化新城，打破公共服务按条线并行推进的思路，基于人的全生命周期服务需求，立足于开放融合共享的理念，构建临港高质量社会服务指标体系，具体包括卓越公平的教育体系、创新引领的健康生活、魅力时尚的活力氛围、全球城市治理新标杆等领域，并在各领域内进一步细化相关指标、属性和具体的指标内容，为进一步落实举措任务奠定扎实基础。

3. 综合运用空间地理信息技术手段，基于15分钟生活圈建设导则开展设施配置的合理性研究

运用空间地理信息技术手段，以数字新技术赋能高质量社会服务体系构建和设施配置研究。提前探索全方位的数字化转型，基于ArcGIS平台分析，有效推动人民城市建设向更纵深的方向发展。根据《上海市15分钟社区生活圈规划导则》的要求，进一步辨析临港新片区教育、医疗、养老、文体等领域公共服务设施空间格局，各类设施的可达性和便利度，开展空间布局合理性研究。

4. 规划成果已被采纳和转化，引发社会正面积极评价

本次规划研究的目的重在落地实施。按照总体目标和工作部署，通过对标国际先进水平，排摸现状查找缺口，深入推进重点项目、重点任务和具体改革措施的全面落实，做到"不放空炮，落地有声"。自课题组承担编制任务以来，临港新片区高质量战略发展规划、临港新片区国土空间规划等，多处采纳了本次课题的成果，引发社会普遍关注，相关评论正面积极，对规划决策和设施布局影响较大。

5. 研究提出的四大领域升级为临港新片区品牌名片，创新了社会服务体系的编制框架

本次研究提出的卓越公平的教育体系、创新引领的健康生活、魅力时尚的活力氛围、全球城市治理新标杆等指标体系四大领域，成为市政府正式发布的《临港新片区高质量社会服务体系建设规划》中"教育改革先行示范区、高品质健康服务引领区、世界级文体旅游目的地、家门口服务样板间、社会主义现代化城市治理新标杆"五大名片的雏形，创新构建了社会服务体系的编制框架，在全市专项规划中具有较强的先进性和引领创新意义。

【咨询效果】

党中央、国务院决定设立临港新片区以来，上咨集团坚持服务国家战略和上海发展的初心使命，充分发挥自身咨询领域的独特优势，积极参与临港新片区建设。

2021年3月15日，上海市发展和改革委员会等印发《临港新片区高质量社会服务体系建设规划》（沪发改社〔2021〕9号）（简称《社会规划》）。《社会规划》中充分采纳了本次研究的成果，展现了上咨集团作为上海国资领域综合性专业智库对政府决策的参谋部、智囊团作用。

本次研究成果具有较强的操作性，成为《临港新片区公共服务体系"十四五"规划》《中国（上海）自由贸易区临港新片区卫生健康事业发展"十四五"规划》《中国（上海）自由贸易区临港新片区老龄事业发展"十四五"规划》《中国（上海）自贸试验区临港新片区教育发展"十四五"规划》的纲领性文件，在明确高质量社会服务体系建设的宏观要求下，为进一步细化相关领域设施布局和举措任务，明确了设施配置原则、制度创新路径、体系建设思路、组织保障机制等。

上海市国土空间近期规划（2021—2025年）
The Short-term Plan of Shanghai Territorial Space 2021—2025

编写单位：上海市城市规划设计研究院
Shanghai Urban Planning & Design Research Institute
联系电话：021-32113288　　网址：https://www.supdri.com/
主要完成人：徐毅松　许　健　熊　健　金忠民　石　崧　骆　悰　张　逸　徐　丹　金　岚　陶英胜

【点评】

该规划研究了上海市国土空间近期规划（2021—2025年）的全面框架与实施路径，体现了国土空间规划体系改革的深度与广度。规划以"目标战略—空间策略—行动任务"的技术逻辑框架为核心，明确了24项具体行动任务，确保了《上海市城市总体规划（2017—2035年）》目标的分阶段实施与监测评估。其创新之处在于强化了空间统筹引领作用，构建了多部门协同、公众参与的规划编制模式，实现了规划的全过程管理。规划的亮点在于其开放性与互动性，通过线上线下广泛征询意见，确保了规划的社会性和实用性。同时，规划作为全国首个获批实施的省级国土空间近期规划，在规划定位、规划编制技术路径以及规划实施机制等方面进行了探索创新，可为全国其他城市、地区编制和实施国土空间近期规划提供参考借鉴，具有先行示范意义和较强的推广应用价值。

【项目背景】

《上海市城市总体规划（1999—2020）》获国务院批复以来，上海共编制过四轮近期建设规划，较好地推进了总规动态实施，但也存在保障机制缺位、规划落地难、实施偏离规划等问题。

"十四五"时期是我国全面建成小康社会、实现第一个百年奋斗目标之后，乘势而上开启全面建设社会主义现代化国家新征程、向第二个百年奋斗目标进军的第一个五年，也是上海在新的起点上全面深化"五个中心"建设、加快建设具有世界影响力的社会主义现代化国际大都市的关键五年。按照《上海市人民政府办公厅关于开展上海市"十四五"规划研究和编制工作的通知》（沪府办〔2019〕10号）的要求，上海市规划和自然资源局组织编制完成《上海市国土空间近期规划（2021—2025年）》（简称《近期规划》），并报市政府批准。本次规划与以往近期建设规划不同，在规划定位上不是做一个"小总规"，而是面向实施的近期行动规划，要充分发挥空间统筹引领和支撑保障作用。

《近期规划》是落实国务院关于《上海市城市总体规划（2017—2035年）》（简称"上海2035"）的批复要求和《中共中央　国务院关于建立国土空间规划体系并监督实施的若干意见》等文件精神，从时间维度落实总体规划的重要载体，是"上海2035"批复后的首轮国土空间近期规划；也是市"十四五"规划体系的重要组成部分，为《上海市国民经济和社会发展第十四个五年规划和二〇三五年远景目标纲要》（简称《纲要》）的重大战略、重大任务、重大项目提供空间保障，为市级专项规划提供空间引导，规划期限为2021—2025年。充分发挥《近期规划》的空间引领、功能引导作用，持续优化市域空间新格局，为保障经济社会发展提供有力支撑，推动创新之城建设跃上新台阶，人文之城建设迈出新步伐，生态之城建设取得新成效。

【项目内容】

1. 指导思想

以习近平新时代中国特色社会主义思想为指导，深入贯彻习近平总书记考察上海重要讲话和在浦东开发开放30周年庆祝大会上重要讲话精神，深入践行"人民城市人民建，人民城市为人民"重要理念，统筹推进经济建设、政治建设、文化建设、社会建设、生态文明建设的总体布局，协调推进全面建设社会主义现代化国家、全面深化改革、全面依法治国、全面从严治党的战略布局，坚定不移贯彻创新、协调、绿色、开放、共享的新发展理念，坚持稳中求进工作总基调，面向全球、面向未来，对标国际最高标准、最好水平，勇于挑最重的担子、啃最硬的骨头，以推动高质量发展、创造高品质生活、实现高效能治理为目标导向，以推进浦东高水平改革开放和三项新的重大任务为战略牵引，以强化"四大功能"、深化"五个中心"建设、推动城市数字化转型、提升城市能级和核心竞争力为主攻方向，以深化供给侧结构性改革、扩大高水平开放为根本动力，统筹发展和安全，加快打造国内大循环的中心节点、国内国际双循环的战略链接，加快推进城市治理体系和治理能力现代化，加快建设具有世界影响力的社会主义现代化国际大都市，为全面建设社会主义现代化国家作出新的更大贡献。

2. 技术路线

《近期规划》延续"上海2035"确定的"目标（指标）—策略—机制"的逻辑框架，坚持战略引领、面向实施和全过程管理，形成"目标战略—空间策略—行动任务"的总体框架。落实"十四五"时期经济社会发展主要目标，将2035年目标进行分解，深化形成《近期规划》的主要建设目标和指标，在功能板块、重大专项等空间策略上予以响应，并落实到具体行动任务，以土地供应和政策机制创新来保障市域空间格局以及各行动任务的落地。

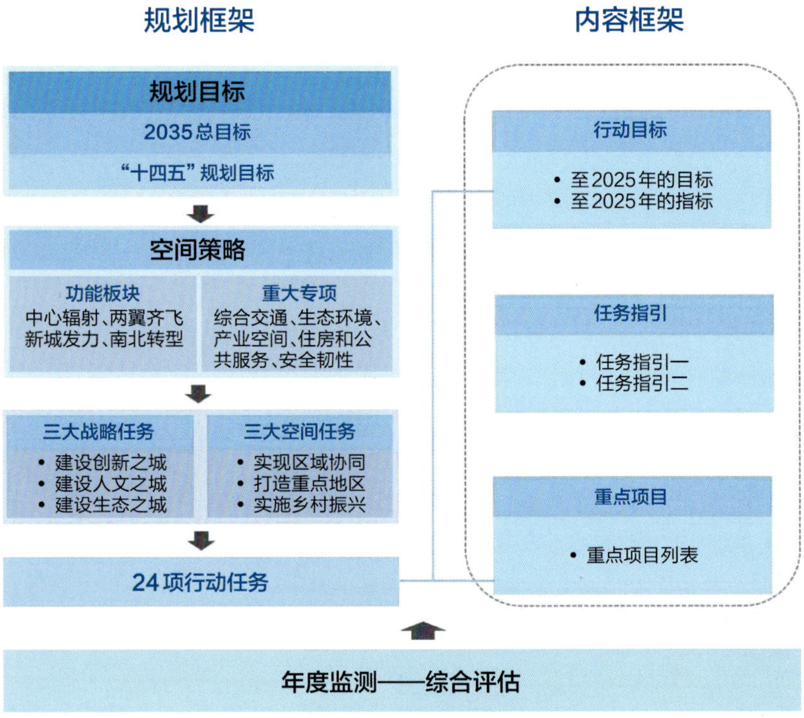

3. 规划目标

将"上海2035"明确的目标进行分解，并落实《上海市国民经济和社会发展第十四个五年规划和二〇三五年远景目标纲要》的总体目标，深化形成本次规划的总目标和分目标。

总目标：在2035年基本建成具有世界影响力的社会主义现代化国际大都市的目标框架下，推动创新之城、人文之城、生态之城建设取得新成就。至2025年，贯彻落实国家重大战略任务取得显著成果，城市数字化转型取得重大进展，国际经济、金融、贸易、航运和科技创新中心核心功能迈上新台阶，人民城市建设迈出新步伐，谱写出新时代"城市，让生活更美好"的新篇章。

分目标：创新之城建设跃上新台阶，人文之城建设迈出新步伐，生态之城建设取得新成效。

核心指标：围绕目标，从空间绩效、创新之城、人文之城、生态之城四个维度构建近期规划指标体系，确定29项核心指标。对"上海2035"的目标值进行回溯，衔接市"十四五"规划纲要和各部门专项规划，综合确定至2025年的目标值。

4. 空间策略

从区域视角谋划上海超大城市整体空间格局，强化国土生态安全底线，统筹生态、农业、城镇三大空间，从市域功能板块建设和重大专项支撑两个维度制定空间发展策略，以高质量的国土空间布局和支撑体系保障近期规划任务目标落实。

（1）功能板块

形成"中心辐射、两翼齐飞、新城发力、南北转型"的市域空间新格局，以空间统筹引领确定近期建设的重点地区，以主城区、新城承载城市核心功能，以临港新片区、张江科学城、虹桥商务区、长三角一体化示范区承载国家战略，加快推进金山、宝山南北地区转型，建设崇明世界级生态岛。

中心辐射：提升主城区能级和对外辐射能力。主城区作为城市核心功能的主要承载区，发挥着引领长三角世界级城市群和上海大都市圈发展的核心城市作用，全面提升功能能级，不断增强集聚配置和服务辐射国内外高端资源要素的能力。

两翼齐飞：推进东西两翼国家战略承载区的高质量建设。以临港新片区、张江科学城、虹桥商务区、长三角一体化示范区作为上海落实国家战略、巩固对内对外开放两个扇面枢纽地位、

图1 《近期规划》技术路线框架图

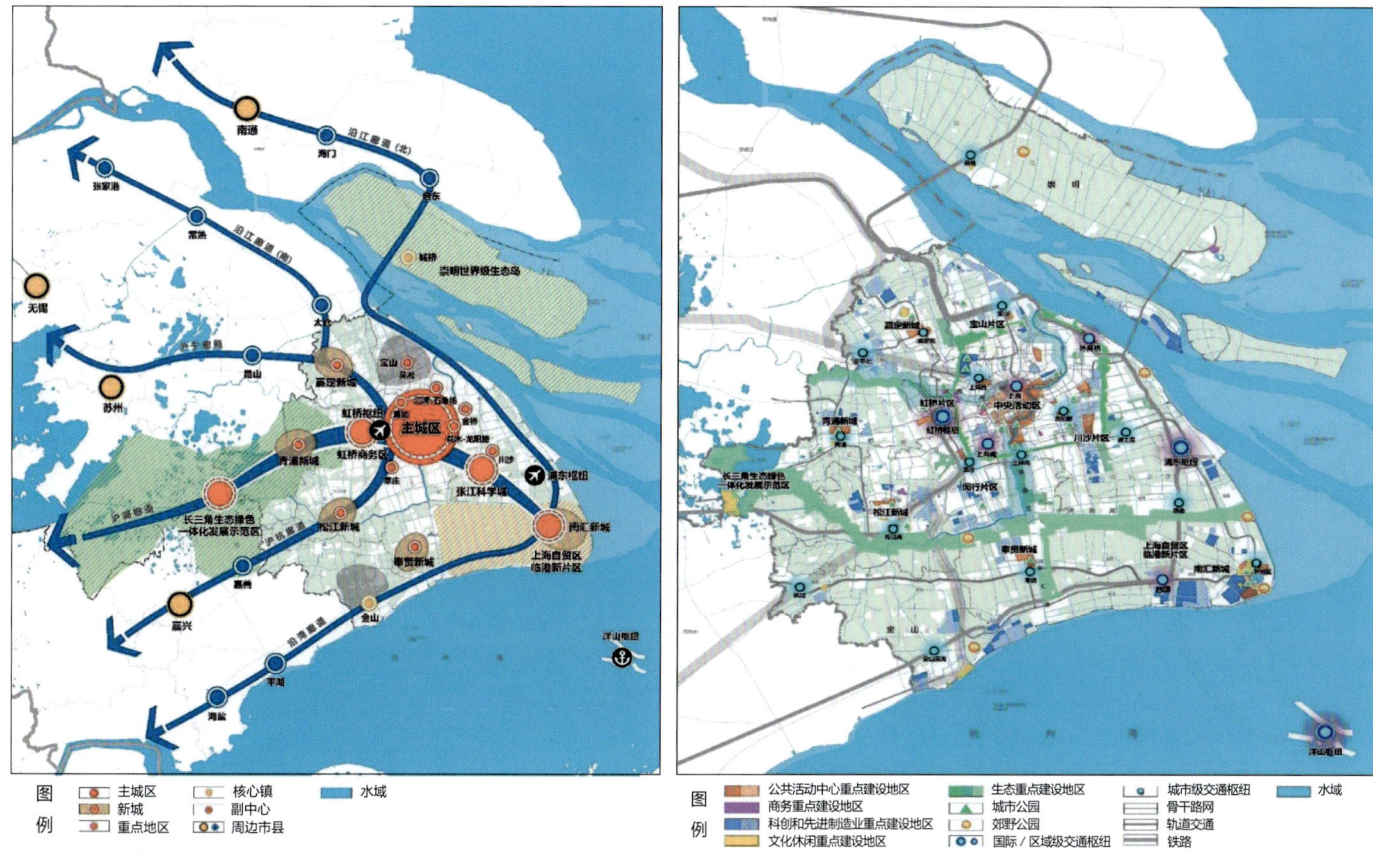

图2 区域空间格局示意图　　　　图3 近期重点地区布局图

好地服务全国发展大局的战略承载区。

新城发力：加快新城向独立的综合性节点城市目标发力。嘉定、青浦、松江、奉贤、南汇五个新城是优化上海超大城市空间格局的重要战略空间，以建设长三角地区具有辐射带动作用的综合性节点城市为目标导向。

南北转型：推动南北两侧金山、宝山地区转型升级，全面建设崇明世界级生态岛。以国家沿海沿江大通道建设为契机，提升金山、宝山南北地区发展动能，加快杭州湾北岸地区和长江口功能布局调整，推动产业转型升级和生态环境保护。围绕世界级生态岛总目标，强化三岛联动，大力实施"+生态"和"生态+"发展战略，成为全市"生态优先、绿色发展"排头兵和长江经济带"共抓大保护、不搞大开发"典范。

（2）重大专项

围绕目标任务要求，强化重点专项条线的统领和支撑作用，以综合交通完善强化开放枢纽门户功能，以锚固生态网络和环境治理现代化实现生态环境质量更为优良，以产业空间精准供给保障城市核心功能更加强大，以住房和公共服务改善保障人民群众生活更有品质和城市精神品格更加彰显，以安全韧性建设实现超大城市高效能治理，保障城市安全运行。

（3）用地保障

根据近期规划空间方案和重大专项、行动任务需求，合理确定土地供应规模，优化调整土地供应布局和结构，健全完善土地管理政策，建立近期规划实施与土地准备、土地供应、城市更新、低效建设用地减量、净增空间指标等国土资源利用计划的联动管理模式，保障近期各项行动任务、重点项目等落地实施。

5. 行动任务

在创新之城、人文之城、生态之城三大目标战略和区域协同、重点地区发展、乡村振兴三大空间战略引领下，面向实施，制定24项具体行动任务，每项行动任务包括行动目标、任务指引等内容。行动目标是指"十四五"总体发展目标和空间策略要求在该行动任务中的具体落实，并结合各"十四五"专项规划，制定行动任务的阶段性发展目标和核心指标；任务指引是指以空间策略总体布局为引导，围绕落实行动目标和指标，从空间和时间两个维度明确具体的建设任务，指导项目实施。

【工作过程】

依据《上海市人民政府办公厅关于开展上海

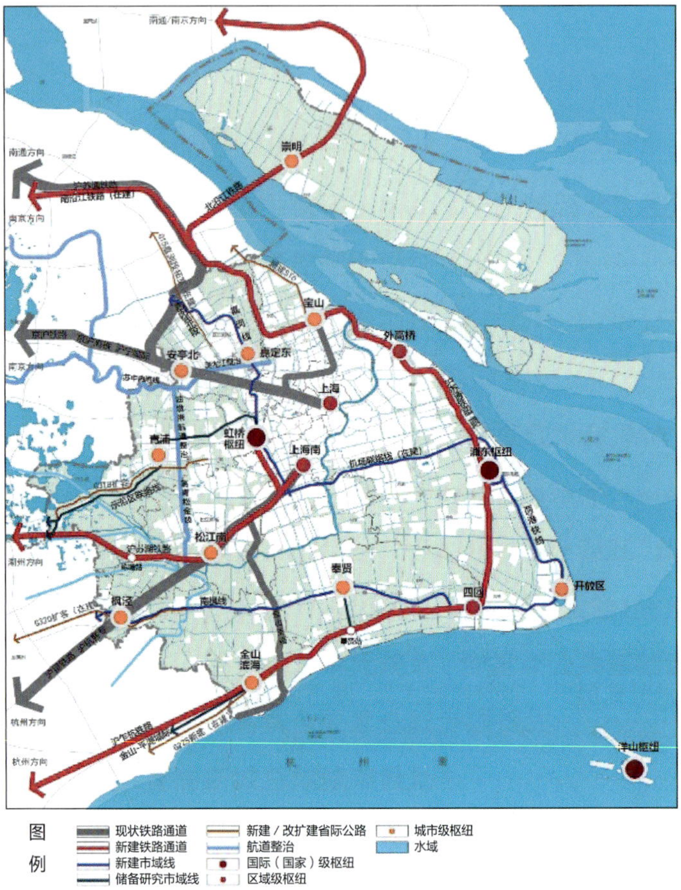

图4　近期区域交通互联互通引导图

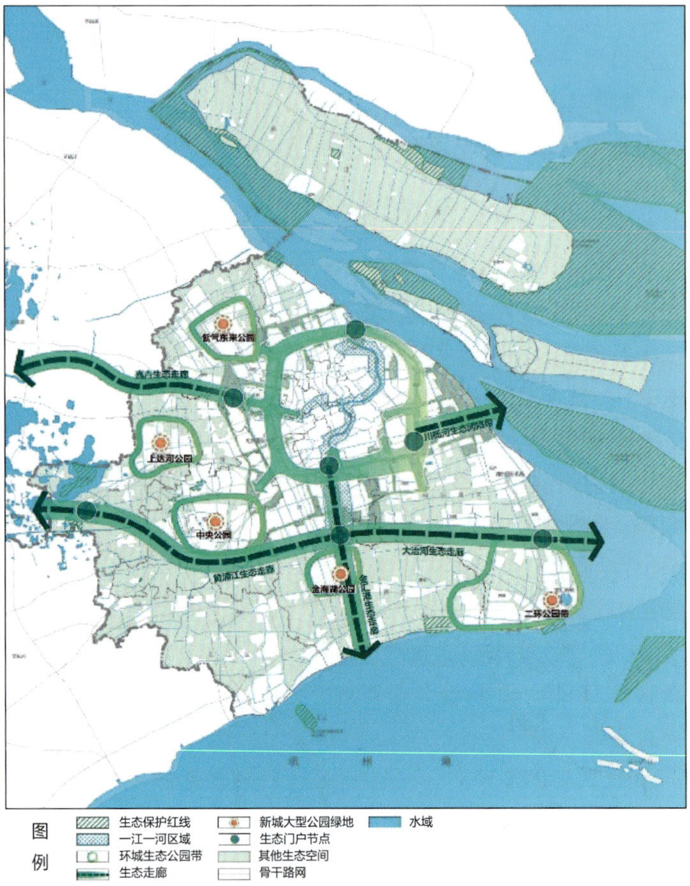

图5　近期生态空间格局引导图

	三大战略任务			三大空间战略		
	创新之城	人文之城	生态之城	区域协同	重点地区	乡村振兴
行动任务	1. 科创中心建设行动 2. 四个中心提升行动 3. 高端产业引领行动 4. 综合交通完善行动	5. 住有所居行动 6. 15分钟社区生活圈行动 7. 城市"文化+"行动 8. 公共空间塑造行动	9. 低碳减排行动 10. 绿色空间倍增行动 11. 天蓝水清行动 12. 安全保障行动	13. 区域生态共保共治行动 14. 区域交通和基础设施互联互通行动 15. 区域规划对接行动 16. 长三角生态绿色一体化发展示范区建设行动	17. 上海自贸试验区临港新片区建设行动 18. 虹桥商务区提升行动 19. 张江科学城建设行动 20. 中心城有机更新行动 21. 新城提升行动	22. 乡村产业兴旺行动 23. 江南田园行动 24. 全域土地综合整治行动

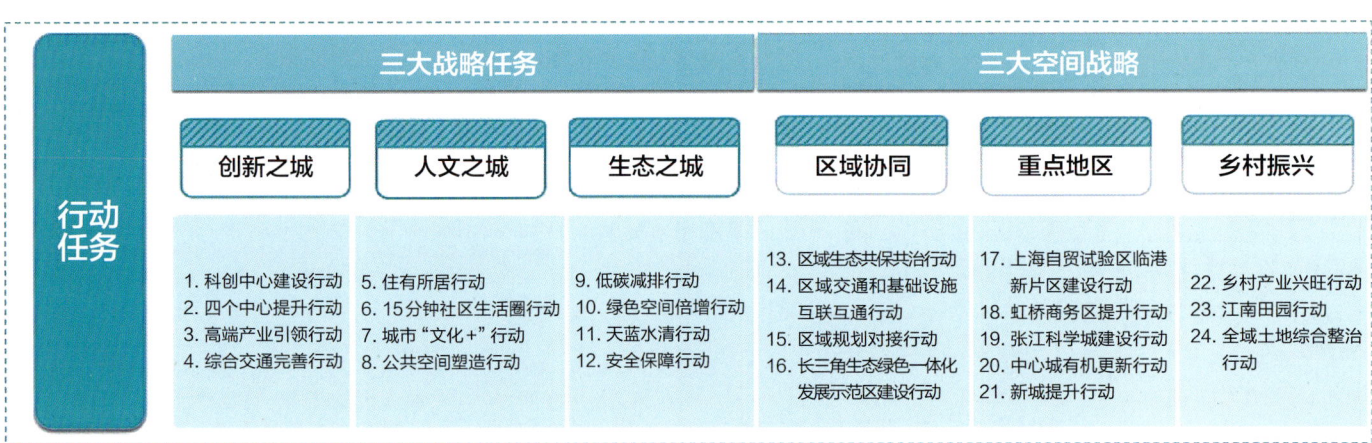

图6　《近期规划》行动任务框架示意图

市"十四五"规划研究和编制工作的通知》（沪府办〔2019〕10号）要求，按照市委市政府关于全市"十四五"规划编制工作的统一部署，在上海市"十四五"规划工作领导小组指导下，项目组于2020年3月启动《近期规划》编制工作，并同步启动《上海市自然资源利用和保护"十四五"规划》和《上海市城市总体规划实施评估（2020年）》报告（简称《评估报告》）编制工作，相互衔接和支撑。坚持"开门做规划"，编制过程中：一是与《纲要》、市级"十四五"专项规划和各区"十四五"规划进行多轮对接；二是广泛征询委办局和各区意见，咨询行业领域权威专家意见；三是做好公众参与，开展公众满意度调查，听取市民意见。

1. 规划编制阶段（2020年3月—2021年3月）

（1）制定工作方案

2020年3月初，制定《近期规划》工作方案，明确规划工作要求、主要内容、职责分工和计划

一、规划咨询研究报告篇

图7 近期高端产业发展引导图

图8 近期生态空间建设引导图

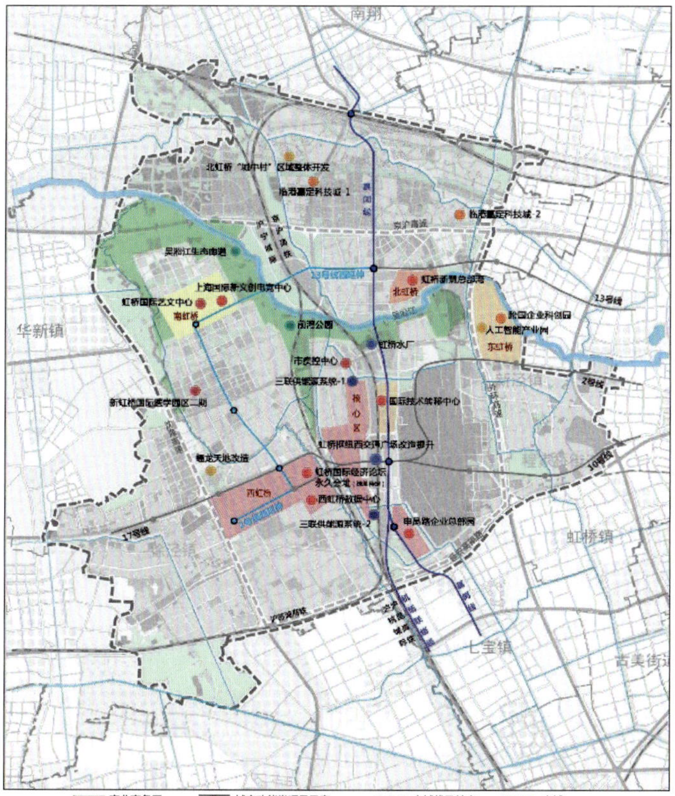

图9 虹桥商务区近期重点建设引导图

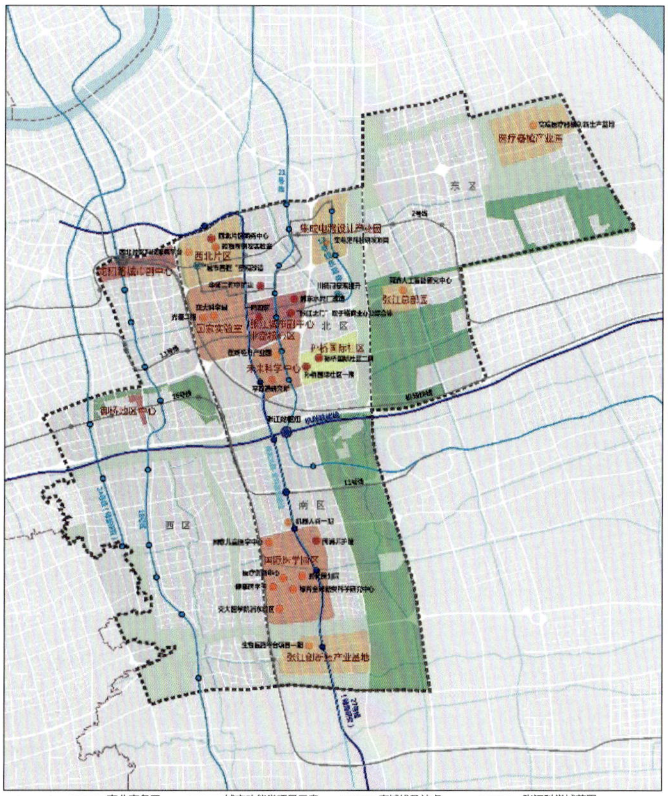

图10 张江科学城近期重点建设引导图

安排，并征求相关委办局意见，进一步完善工作方案。3月23日，分管市领导专题听取《关于推进"十四五"规划编制相关工作安排的情况》的汇报，并于4月13日印发工作方案。

（2）规划初稿编制阶段

2020年4月17日，召开国土空间近期规划和自然资源利用和保护规划工作部署会，相关委办局参会，正式开展规划编制工作。2020年5—9月，与总规实施评估报告编制工作同步，持续跟踪和落实《纲要》、衔接市级"十四五"专项规划和各区"十四五"规划阶段成果，编制形成《近期规划》初步成果。

（3）规划征询意见稿编制阶段

编制过程中，共组织开展4轮委办局意见征询，2轮各区意见征询，2次专家咨询，完成线上线下共1万余份的公众意见问卷调查。根据各方意见，对《近期规划》成果进行集中修改完善。与《纲要》进行专门对接，就《纲要》中的市域空间新格局部分内容进行多次讨论和意见反馈。2021年3月11日，分管市领导专题听取规划成果汇报，根据会议要求和市委办局反馈意见，进一步修改完善规划成果。

2. 规划上报审批阶段（2021年4—7月）

根据全市重大行政决策相关法律法规和规章制度要求，完成相关程序、环节和报批材料的准备工作，包括制作规划文本、附件、编制说明等"十四五"市级规划衔接材料以及公众参与报告、风险评估报告等。2021年5月，《近期规划》报市发展改革委衔接平衡，并充分按照衔接意见进行修改完善。按规定程序报市政府常务会议审议后，根据审议情况，进一步修改完善规划成果，上报市政府审批，于2021年7月9日获得上海市人民政府批复实施[上海市人民政府关于同意《上海市国土空间近期规划（2021—2025年）》的批复，沪府〔2021〕43号]。

【咨询工作特点及经验教训】

1. 规划特色与创新

（1）强化空间统筹引领和支撑保障作用，搭建各部门和各主体凝聚共识、协同行动的平台

以目标指引行动，强化空间统筹引领，与各部门、各主体在近期建设目标、空间格局和具体行动上达成共识，共同制定近期重点建设地区和重大专项的空间方案。聚焦规划实施，建立"近期规划实施—国土资源利用计划—近期项目实施库"的联动模式，链接"空间和项目"，明确土地使用安排，为重点地区建设和重大项目实施提供支撑保障。

（2）构建"目标战略—空间策略—行动任务"的总体框架，以具体行动任务分解落实"上海2035"目标

围绕近期建设目标任务，从功能板块建设和重大专项支撑两大维度制定空间策略，以战略任务和空间战略为引导，再进一步分解到相应的24项具体行动任务，实现从目标到行动分解落实"上海2035"的层层传导。

（3）优化完善"上海2035"实施监测、评估、维护机制，实现全过程管理

根据"上海2035"实施监测、评估、维护全过程管理要求，已连续开展两年的总规实施年度监测，本次规划与总规实施综合评估同步开展，年度监测和实施评估中发现的突出问题与矛盾，及时反馈到本次规划中予以解决，从时间维度上实现对"上海2035"的动态维护，形成了"近期规划—监测评估—新一轮近期规划"的滚动编制机制。

（4）开门做规划，探索社会协同治理和公众参与新方式

强化部门协同，与《纲要》紧密互动衔接，与各类"十四五"专项规划和各区"十四五"规划同步编制、同步审批，共有24个市级委办局、16个区和4个管委会/执委会参与规划编制，共同制定近期建设目标、策略和行动。组织开展公众目标愿景调查，线上、线下发放共计1万余份的市民调查问卷，并回收9 877份有效问卷。以"方便公众为导向"转变成果表达形式，以公众读本和微信一张图等多种形式、多渠道发布、宣传规划成果，接受社会公众监督。

2. 挑战与应对

作为全国首例国土空间近期规划、上海首次纳入市"十四五"规划体系和"上海2035"批复实施后的首个近期规划，在尚无国家和地方相关技术标准规范指导和实践案例可供参考借鉴的情况下，是一次"全新"的探索尝试和规划实践。

（1）规划定位和作用发生转变，需要建立面向实施和全过程管理的新机制

难题与挑战：目标导向、问题导向和实施导向下，要重新思考近期规划的定位和作用，既要有战略高度，发挥引导作用，又要面向建设实施提供空间支撑保障，如何实现两者有机融合是关键难点。

规划应对：《近期规划》坚持战略引领、面向实施和全过程管理，实现与发展规划的紧密衔接。一是深入落实国家战略，对标新发展阶段的特征和要求，贯彻新发展理念，将"上海2035"总规明确的目标、指标回溯分解至2025年，分阶段推进总体规划实施，同时充分衔接"十四五"规划目标，使《近期规划》成为凝聚各方共识、指引城市近期建设的行动纲领。二是与《纲要》、各市级专项规划、各区"十四五"规划编制互动，形成与目标、战略紧密关联的行动任务体系，为近期明确建设的"大项目、大工程、大平台和大民生"提供空间布局引导和土地使用安排，指导土地储备和用地计划编制，保障重点地区建设和重大项目实施。三是形成保障近期规划实施的动态维护机制，建立起"近期规划—监测评估—新一轮近期规划"的总规实施全过程管理机制。

（2）规划思路和方法发生转变，需要探索国土空间近期规划编制的新技术

难题与挑战：《近期规划》是一个"从无到有"的过程，需要探索构建新的技术逻辑框架和成果体系。在目标和指标体系构建、持续优化空间格局、强化用地保障、制定具体行动任务和重点项目筛选等方面需要技术破题。

规划应对：一是通过开展"科技创新中心建设研究""区域规划协作及实施研究""上海市国际文化大都市建设研究"等多个深入的前期专题研究，并充分结合同步开展的"上海2035"总规实施评估工作，为《近期规划》编制提供强有力的技术支撑。二是加强与《纲要》、自然资源利用和保护及其他相关"十四五"专项规划衔接，主动对接各区和市级委办局，上下结合，共同确定近期建设重点地区和重点项目。三是《近期规划》构建了"目标战略—空间策略—行动任务"的技术逻辑框架，兼顾"上海2035"总规和"十四五"发展确定近期规划目标和核心指标，紧紧围绕目标，条块结合，从功能板块和重大专项两个维度制定空间策略予以支撑。四是以目标战略为牵引，明确24项行动任务，通过目标导向和任务指引，筛选确定近期重点建设项目，实现从"蓝图"到"施工图""实景画"的转变。

（3）规划工作组织模式发生转变，需要各部门协同行动和全社会共同参与

难题与挑战：《近期规划》涉及多领域、多部门、多主体，系统性强，情况复杂，编制过程中既要衔接协同市级各部门、各区，广泛征求公众意见，凝聚共识，又要高效推进，按时保质完成节点任务和成果，保证规划编制、审批程序的合法合规，如何协同高效组织是一项挑战。

规划应对：一是规划前期充分准备、广泛组织，精心制定《近期规划》编制工作方案，明确工作要求、职责分工、工作组织和计划安排等，召开由各区、市级相关部门参加的《近期规划》全市启动会，下发工作方案和规划数据资料需求清单。二是规划过程中坚持开门做规划，强化部门协同和全社会共同参与，广泛征询意见，共收到24个市级委办局总计151条意见，15个区、管委会/执委会总计93条意见，专家40余条意见，线上、线下共发放1万余份的目标远景市民调查问卷，充分吸纳以上单位和公众意见。三是规划获批后，以"方便公众为导向"转变成果表达形式，以公众读本和微信一张图等多种形式、多渠道发布、宣传规划成果，接受社会公众监督。

【咨询效果】

《近期规划》以其创新性和较强的应用价值，获得行业和社会认可，经申报，相继获得2021年度上海市优秀国土空间规划设计特等奖和2021年度上海市优秀工程咨询成果一等水平。规划获批实施以来，为上海经济社会发展提供了有力支撑。

1. 获得上海市人民政府批复，是指引上海城市近期建设的行动纲领

作为上海首个市政府批复实施的近期行动规划，规划地位和作用获得极大提高，是凝聚各方共识、全面有效指导城市近期建设的行动纲领。以《近期规划》为指导，全市正在抓紧推进新城、环城生态公园带等的规划建设，2022年初新城首批千亿项目集中开工。

2. 充分发挥空间引领、功能引导和实施保障作用，是能用、好用、管用的规划

为"十四五"时期明确的建设项目提供空间布局引导和土地使用安排，确定全市的供地总量和供地结构，指导土地储备和用地计划编制，作为年度财政预算、重点工作、重大工程和用地计划编制的依据。

3. 推动国土空间规划体系改革，在全国具有推广应用价值

作为全国首个获批实施的省级国土空间近期规划，可为全国其他城市、地区编制和实施国土空间近期规划提供参考借鉴，具有先行示范意义和较强的推广应用价值。

全球健康学院/全健康研究中心"十四五"规划研究报告（2021—2025年）

The 14th Five-Year Plan Study Report (2021–2025) for School of Global Health/One Health Research Center

编写单位：上海上咨市场咨询有限公司
中国疾病预防控制中心寄生虫病预防控制所（国家热带病研究中心）
上海交通大学医学院-国家热带病研究中心全球健康学院
Shanghai Shangzi Market Consulting Co., Ltd.
National Institute of Parasitic Diseases, Chinese Center for Disease Control and Prevention
Research School of Global Health, Shanghai Jiao Tong University School of Medicine – Chinese Center for Tropical Disease
联系电话：021-63903670　　网址：https://www.sicc.cn
主要完成人：王月祥　高书潜　韩晓熙　张锶嘉　周晓农　郭晓奎　郑彬　李真

【点评】

本次规划研究具有开创性。与国外先进水平相比，我国"全健康"理论的研究与实践尚处于起步阶段，尤其是对国外全健康相关机构的梳理研究几乎空白。报告从文献资料提供的线索出发，梳理出国内首个关于国外全健康理念应用实践情况的研究成果。在比较分析研究的基础上，结合上海交通大学医学院及其他合作共建单位实际，提出了全球健康学院/全健康研究中心以增进人类健康福祉、推进人类卫生健康共同体建设为使命，以成为国际上引领全健康高水平发展的先锋力量为愿景，以及五个方面的发展定位，将全健康研究中心建设成为集教学、科研、服务、产业与政策转化为一体的学术机构，成为立足上海、面向国际的一流全球健康与全健康中心。为实现上述定位目标，规划还提出了六项"重点任务"和七项"保障措施"。目前，规划的实施已经取得了初步成效，如"全球健康概论"课程的开设和全健康研究中心崇明基地的成立，这些都是规划理念成功落地的明证。

【项目背景】

随着全球一体化进程的提速，人口流动增加、国际贸易等快速发展，一些包括突发传染性、食源性疾病等在内的公共卫生事件频繁发生，加剧了健康问题的复杂性。任何一个独立的学科、独立的机构或组织都无法解决当前复杂的健康问题。为了寻找这些问题的解决方案，全健康（One Health）理念应运而生，并在越来越多的国际组织和国家健康治理过程中得到实践和应用。全健康理念关注人类、动物和环境的关联性，强调从"人类—动物—环境"健康的整体视角解决复杂健康问题，通过多机构、跨学科、跨地域的协同合作，统一收集分析人类、动物和环境的综合信息，构建传染病综合防控网络，实现对新发传染病的及时预警、有效防控，提高公共卫生治理体系的整体效能。

面对严峻复杂的新冠疫情，习近平总书记发出携手"共同构建人类卫生健康共同体"的积极倡议，人类命运休戚与共，各国必须凝聚合力、协同行动，以集体的力量应对安全威胁，解决复杂难题。探索与实践全健康理念正是贯彻习近平总书记积极构建人类健康命运共同体和关于健全国家公共卫生防控体系重要指示精神的实际行动，是提升我国乃至全球传染病防控能力的现实需要，也是上海建设全球最健全的公共卫生体系的重要支撑。在此背景下，2020年5月8日上海交通大学和英国爱丁堡大学签署了合作框架协议，网络云端牵手，宣告成立"全健康研究中心"。根据国家长远发展需求和上海交通大学医学院发展战略，全健康研究中心与上海交通大学医学院全球健康学院两个单位实行一体化管理。

全健康研究中心将紧密围绕全健康核心问题和重大疾病防控需求，积极开展科学研究、人才培养、国际交流、成果转化、推广应用等工作，成为引领全球全健康高水平发展的先锋力量。

为更好地推进全健康研究中心建设发展，上海交通大学医学院特邀请上海上咨市场咨询有限公司，并在上海交通大学医学院全球健康学院和中国疾病预防控制中心（简称"中国疾控中心"）寄生虫病研究所（国家热带病研究中心）的专业支持下，开展全健康研究中心"十四五"规划研究工作，明确未来发展方向、战略定位、实施路径和保障措施，完善管理和强化资源保障，为全健康研究中心建设发展提供方针指导。

【项目内容】

1. 整体研究框架

整个规划研究报告由编制总则、国内外比较分析、整体战略、重点任务、保障措施和相关附件等组成。其中：编制总则，主要说明本规划报告编制的主要依据、规划期限和编制目的等；国内外比较分析主要是系统性整理国内外关于全健康的研究历史和发展现状；整体战略主要是提出全健康中心未来发展的目标、使命、愿景、价值观、指导思想、基本原则、发展定位和建设目标等；重点任务主要是围绕规划目标，提出六个方面路径策略和细化措施；保障措施主要是提出关于机构、人事、财务等方面的管理机制建议。

表1　项目整体研究框架

第一章	编制总则	1.1. 编制总则 1.2. 编制依据 1.3. 规划期限 1.4. 编制目的
第二章	国内外比较分析	2.1. 国外发展分析 2.2. 国内发展分析 2.3. 分析结论
第三章	整体战略	3.1. 建设意义 3.2. 使命、愿景、价值观 3.3. 指导思想 3.4. 基本原则 3.5. 发展定位 3.6. 建设目标
第四章	重点任务	4.1. 重点任务一 4.2. 重点任务二 4.3. 重点任务三 4.4. 重点任务四 4.5. 重点任务五 4.6. 重点任务六
第五章	保障措施	5.1. 保障措施一 5.2. 保障措施二 5.3. 保障措施三 5.4. 保障措施四 5.5. 保障措施五 5.6. 保障措施六 5.7. 保障措施七
附件		6.1. 附件一 6.2. 附件二 6.3. 附件三 6.4. 附件四

2. 主要研究成果

（1）国内外比较分析

国外发展方面，报告从全健康理念形成过程研究出发，对全健康理念学术研究和全健康理念应用实践情况进行了系统深入的研究，揭示了全健康理念内涵和研究方法，对政府、高校及科研机构实践全健康理念，开展全健康教育研究活动情况有了较为全面系统的了解。与国际相比，我国全健康理论的研究与实践尚处于起步阶段，与应用全健康理念解决重大公共卫生问题的治理需求、将健康融入万策的时代要求尚有差距，迫切需要各级政府及社会各界的广泛重视与大力投入全健康的研究与实践。主要差距体现在以下五点：

第一，我国政府部门尚未成立相关机构，运用全健康理念来指导实践活动，在相关政策制定和实践应用上与国外存在较大差距。

第二，我国仅有两所高校成立全健康研究机构，而国外已知有50多所高校成立以全健康命名的研究机构，或设置全健康方向研究生学位，或开设本科通识教育，初步建立起全健康人才培养体系，为本国全健康理念的发展输送专业人才，我国在全健康教学教育领域存在短板和不足。

第三，我国举办的以全健康命名的国际会议/论坛数量少、规模小、影响力低，且由世界卫生组织（WHO）、联合国粮食及农业组织（FAO）、世界动物卫生组织（WOAH）三大国际组织牵头举办的全健康国际会议/论坛尚未在我国落地；国外既有三大组织牵头、每年定期举办的部长级会议，又有由其他组织定期举办的国际性会议/论坛，具备全球影响力。

第四，我国尚未建立与WHO、FAO、WOAH等国际机构长期合作机制，也未成立以全健康命名的国际组织，而国外类似以全健康命名的国际组织大量涌现，且在传播全健康理念方面发挥积极作用。

第五，我国目前只有一个以全健康命名的基金，国外发展更为多元化，既包含支持全健康项目发展的基金,又包含以全健康命名的基金,殊途同归共同支持全健康在全球范围的实践应用。

（2）整体战略研究

研究报告指出,建设全健康研究中心对经济社会发展具十分重要意义,主要体现在四个方面:一是构建人类卫生健康共同体的重要途径;二是实现健康中国战略目标的有力支撑;三是构建中国特色公共卫生体系的重要保障;四是建立学科体系、培养人才的重要抓手。

研究报告提出,全健康研究中心以增进人类健康福祉、推进人类卫生健康共同体建设为使命,成为国际上引领全健康高水平发展的先锋力量为愿景。要坚持和谐共生、合作共享、创新发展和使命担当的价值观。要坚持创新引领、开放整合、整体布局、快速转化和科学管理的建设发展原则。

基于国内外比较分析,以及全健康研究中心使命、愿景、价值观,发展指导思想和基本原则。研究报告提出了四个方面的发展定位,一是建立全健康教育平台,探索全健康人才培养模式;二是创建全健康研究平台,发展全健康学科体系;三是首创全健康高端智库,推动治理政策转化;四是构建创新协同转化体系,促进全健康成果转化。结合发展定位,提出以下建设目标:

① 总目标:将全球健康学院/全健康研究中心建设成为集教学、科研、服务、产业与政策转化为一体的学术机构,成为立足上海、面向国际的一流全球健康与全健康中心,为国家卫生健康战略需求服务。

② 具体目标:到2023年底,全球健康学院/全健康研究中心初步建成。基本形成全球健康与全健康的教学与研究体系,完成研究生专业教育体系构建,国际交流与合作取得重要进展,基本形成全健康创新转化体系。到2025年底,初步建成具有全球影响力的全球健康学院/全健康研究中心。完成全健康教育体系的系统化构建,全面开展全健康教育与培训;全健康研究及学科体系已成熟运行,取得突破性研究成果;全健康高端智库已发挥重要影响力,推动若干治理政策转化;全健康国际交流形成系列规模化,成为我国全健康治理领域的领军力量;全健康创新转化体系高效运转,取得一批产业化应用成果。

（3）重点任务研究

为实现整体战略研究提出的建设目标,报告提出六个方面的具体措施:

一是引育并举,建设一流科研团队和师资队伍。以发展人才为基础,针对解决目前我国全健康领域科研人才严重匮乏问题之需求,深入推进人才战略,以建设高水平交叉科研团队和教师队伍为核心,引育并举,尽快凝聚世界全健康领域优秀人才,建立一批活跃在全健康领域学术前沿的学科领军人物组成的优秀教师团队。

二是前瞻布局,构建高水平全健康人才培养体系。从人才培养入手,建立由国内、国际领先的专家教授引领的"全球健康/全健康"教育平台,在医学教育体系中全面融入"全球健康/全

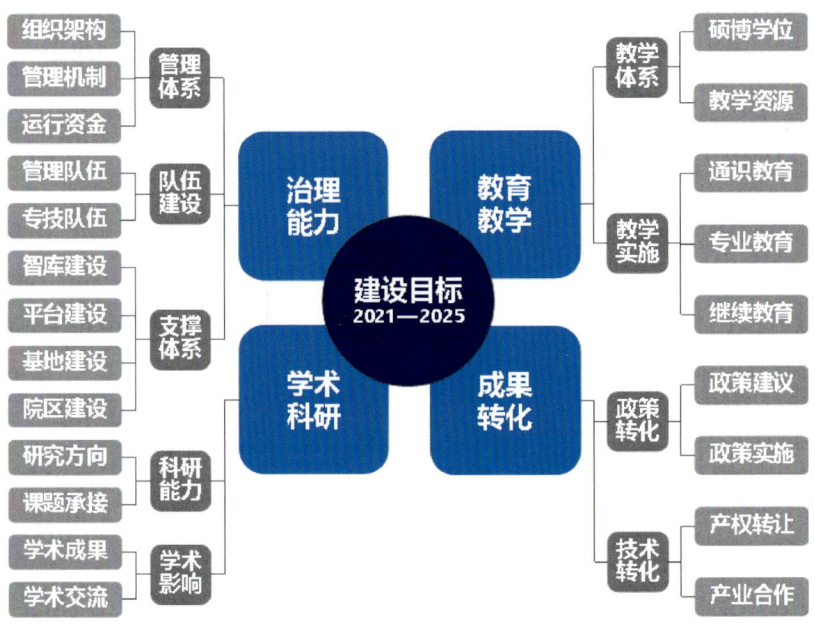

图1　全健康研究中心建设目标体系

健康"理念，建立引领性的全球健康/全健康人才培养体系，助力全球视野医学人才成长，培养全球健康治理领袖。

三是融合创新，搭建系统化全健康研究体系。以全健康理念为指导，关注人类、动物和环境的关联性和交叉领域，聚焦于5个优先发展领域。本次规划期内优先启动"人兽共患病与热带病防控研究""动物食品链中健康与安全问题研究""环境健康与生态安全研究""全健康治理与卫生政策研究""大数据驱动的全健康决策支持系统研究"等五大研究领域。

四是全球视野，开展国内外合作与交流。积极开展全健康领域国际交流与合作，推进与国际组织深度交流合作，打造全健康国际交流平台；对接博鳌亚洲论坛，定期举行全健康主题分论坛年会，持续扩大全健康国际影响力；创办全健康学会和学术期刊，促进全健康理念的推广、研究和交流。

五是推进转化，促进咨政建言和产品孵化。依托全球健康学院/全健康研究中心搭建的人才聚集平台，首创全健康高端智库，大力培养高层次智库团队；积极推进研究成果的知识转化、产品转化和政策转化。既要积极参与全球公共卫生治理交流合作，提升国际话语权和影响力；更要深度参与我国公共卫生治理体系建设，将研究成果应用于实践工作中，促进全健康理念在咨政、教育、技术等方面的推广应用。

六是合作共享，建设全健康研究支撑平台。依托全球健康学院/全健康研究中心，建立涵盖跨地域、跨学科、跨部门的全健康大数据库平台，增强各类传染疾病早期监测预警能力，为完善公共卫生体系提供数据支撑；建设生物安全战略资源平台，为生物安全科技创新提供战略保障。依托全球健康学院/全健康研究中心，建设省部级全健康工程技术中心/全健康重点实验室/全健康技术孵化基地，发挥其平台作用，开展全健康重点研究方向的相关科学研究，为研究成果的产业化运作提供支撑。结合现有资源，2020年底完成黄浦校区全球健康学院/全健康研究中心建设，2023年底完成浦东校区全球健康学院/全健康研究中心建设。充分发挥海南自贸港和上海产学研优势，积极对接国家及地方发展战略，协同海南和崇明发展全健康实践基地，作为全健康理念在真实世界研究的"试验田"。以全健康实践基地为依托，建设校企联合研究机构，加快自主创新医药产品的开发和应用，助力健康产业发展。

（4）保障措施研究

为保障重点任务顺利落地实施，报告提出了七个方面的保障措施：

一是建立科学的决策与推进机制。由上海交通大学联合相关合作单位牵头负责中心的顶层设计，统筹协调各方资源，推进阶段性目标实现，做到建设发展规划与建设实施的紧密结合。中心成立实体化部门（如综合办公室），设专岗专人负责协调和推进日常工作，分解制定具体化的目标任务，确保各项规划任务能得到落实。

二是建立科学有效的战略指导体系。聘请学科背景深厚、学术造诣较高的专家学者组成学术委员会，负责对中心在学术领域重大事项进行咨询、审议、评定和监督，促进学术发展和人才培养，提高学术质量。中外主要合作单位组成管理委员会，负责中心重大事项决策，在战略层面推进中心建设工作。

三是构建精简高效的中心管理机构。以建设发展任务为导向，结合上海交通大学及相关合作单位实际，按照精简高效的原则，科学设置中心组织架构，明确各个下属单位的具体工作内容和职责，确保每项工作都可落地、可执行。同时要由近及远、分步完善，近期组织架构相对简化、

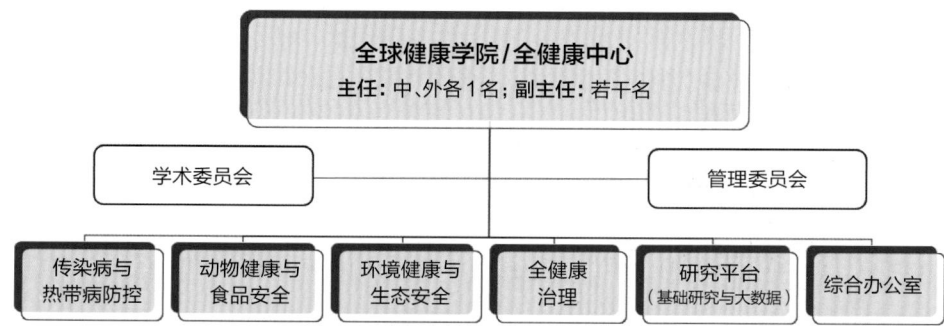

图2　全健康研究中心组织架构图

综合，远期根据实际情况持续优化完善，不断提高管理的专业化、精细化水平。

四是推进战略性人力资源管理。坚持以人为本，系统地对人力资源各种部署和活动进行计划和管理，构建科学有效的"招人、育人、用人和留人"人力资源管理机制。引进具有世界水平的学术带头人和中青年人才，组成核心研究团队，提升中心的业务水平和能力；引导各合作单位人才到中心任职、兼职，并提供必要的条件和环境。

五是建立多元化、多渠道经费投入体系。为确保完成规划期目标任务，制订经费筹措计划，保障持续稳定的经费投入，逐步建立多元化、多渠道的经费投入体系。积极争取重点科研项目获国家、上海市政府、海南省政府等国家和地方经费支持；积极争取国际合作经费、委托研究经费，以及国内外赠款、学术团体、"名人基金"等提供的资助；积极推动科研成果转化，取得成果转让收入、专利收入及咨询服务收入，为中心运转提供经费支持。

六是建设统一信息化平台。为确保全球健康学院/全健康研究中心能够顺畅运转，各合作单位之间能够无缝衔接，全球健康学院/全健康研究中心将最大限度地整合内部及各合作单位的信息化子系统，建立一个统一、集中、规范的信息化平台，使得信息访问不受时间、空间的限制，有效地提高信息化系统的利用率、便捷度，有效发挥所有合作资源的作用。

七是建立科学的考核机制。为确保完成规划期目标任务，制定科学的考核机制是前提。该考核机制包括有一套评价指标、一张任务完成进度表、一份评价监督制度。一套评价指标包括5个一级指标、12个二级指标、30个三级指标、35个工作指标。一张任务完成进度表对每个时间段的任务、节点十分明确，分别于2023年底完成中期考核和2025年底末期考核。一份评价监督制度于2020年底完成，由全球健康学院/全健康研究中心班子审核通过后执行。

【工作过程】

本次规划研究项目课题组由上海上咨市场咨询有限公司、中国疾病预防控制中心寄生虫病预防控制所（国家热带病研究中心）和上海交通大学医学院-国家热带病研究中心全球健康学院三方共同组成。课题组一方面通过国内外大量资料的收集，以及对爱丁堡大学、北京大学、杜克大学等全健康领域专家的深度访谈，深入了解全健康最新的理念和研究成果，以及世界上类似研究机构的发展情况；另一方面，在上海交通大学医学院领导的协调支持下，课题组对上海交通大学十几个学院的负责人进行了充分的沟通对接，并召开校级层面的全健康沟通交流会，获取了大量有价值的一手信息，确保规划研究成果符合实际和可落地，为全健康研究中心发展规划后续实施打下坚实基础。

项目研究工作于2020年5月启动，经过四个月的研究、讨论、修改和完善，报告于8月最终定稿，成为全健康研究中心建设发展纲领性文件，并纳入上海交通大学医学院和上海交通大学的"十四五"规划内容中。

【咨询工作特点及经验教训】

1. 国内关于全健康的系统研究成果较少，尤其是对国外全健康相关机构梳理研究几乎空白，本次规划研究要有开创性

为追踪国外全健康理念应用实践情况，本次规划研究工作需要全面了解政府机构、教育机构、国际组织、国际会议等有关全健康的资料数据。但与国际相比，我国"全健康"理论的研究与实践尚处于起步阶段，反映在文献资料上，全健康的系统研究成果较少，尤其是对国外全健康相关机构梳理研究几乎空白。面对这一难题，上海上咨市场咨询有限公司项目组组织精通外语的精干咨询力量，从文献资料提供线索出发，首先缩小国别（地区）研究范围，然后对锁定的国家（地区）逐个排查梳理，将有关全健康的资料信息从互联网信息海洋中捞取出来，从而开创性的梳理出国内首个关于国外全健康理念应用实践情况的研究成果。

2. 国内全健康研究类似机构一般虚设大于实际，本次规划需要考虑全健康研究中心的可落地实施性

据调查，出于机制原因，国内类似的合作机构一般是虚大于实，往往造成人、财、物得不到有效保障，各项工作很难推进实施，实际产出效果不理想。而全健康研究中心涉及多个合作机构，包括上海交通大学、上海交通大学医学院、中国疾控中心寄生虫病研究所（国家热带病研究中心）、爱丁堡大学等，为尽可能克服类似机构通病，本次规划研究通过对各合作方相关负责人多次访谈调研，积极借鉴国内外优秀标杆案例，以

创新性和示范性为要求，在合作机制上尽量照顾各合作主体需求，为规划落地实施奠定体制机制基础。

3. 上海交通大学首个由外部咨询机构参与编制的二级学院规划报告，需要考虑规划研究成果的示范性

本次规划研究工作正值"十四五"规划窗口期，上海交通大学各二级学院和上海交大医学院各三级学院正积极编制各项规划。全健康研究中心/全球健康学院成立时间短，没有以往规划工作基础，本次报告是首个五年规划，因此邀请上海上咨市场咨询有限公司参与，这也开创了上海交通大学由外部咨询机构参与二级学院规划编制的先河。在上海交通大学、上海交通大学医学院、中国疾控中心寄生虫病预防控制所（国家热带病研究中心）和上海上咨市场咨询有限公司的共同努力下，合作完成规划研究报告编制工作，规划成果获得了上海交通大学医学院领导的高度认可，并作为医学院内部示范模板推广。

【咨询效果】

1. 首次确认"全健康"中文译名，相关议题进入两会视野

One Health理论在国外发展已经有较长时间，全世界多个高校相继成立了针对性的研究机构，而我国仅少数几个学校有相关研究，但不够系统、全面，甚至中文翻译也有多个版本。本中心由时任海南省省长沈晓明、世卫组织前总干事陈冯富珍、中国疾控中心主任高福院士、交大医学院原院长陈国强院士等倡议发起，首次确认中文统一翻译为"全健康"，并成立国内第一个全健康研究中心，为应对人类健康问题提供系统化的治理方案，讲好中国故事、传递中国声音，为构建人类卫生健康共同体做出积极贡献，为构建中国特色公共卫生体系提供支撑保障。在新冠疫情背景下，全国两会以及海南和上海等多个地方两会，"全健康"相关议题也多次作为议案受到社会各界广泛关注。

2. 全健康研究中心各项工作有序推进实施，取得显著成效

全健康研究中心根据规划推进各项工作有序实施，初步形成聚焦于热带病和传染病、全球卫生政策和标准、妇幼保健、营养和食品安全以及心理健康的研究体系。通过建设跨区域的全球健康教育机构和跨学科、跨部门学者的国际学术中心，全健康研究中心将成为国内外一流专家的聚集地和国际学者的人才高地。从2020年3月开始，上海交通大学医学院将在本科生中开设"全球健康概论"课程。2020年7—8月全球健康学院为2019级临床医学、口腔医学和生物医学科学等专业全部557名学生开设了"全球健康"必修课，取得了良好的效果，成为我国首家为全部临床医学专业学生开设"全球健康"必修课的医学院。2020年12月3—5日，"一带一路"国际医学教育培训项目"湄公河流域全球健康实践基地培训班"成功举办。2021年9月11—12日"全球健康与全健康"高峰论坛顺利举办。依托共建单位中国疾控中心寄生虫病预防控制所（国家热带病研究中心），全健康研究中心与30多个国家70多家学术机构建立了学术交流关系。

3. 成立全健康研究中心崇明基地，加速成果转化和落地实施

2021年8月27日，在上海市崇明区政府、上海交通大学和上海交通大学医学院共同举办的"崇明建设与全健康发展论坛"上，全健康研究中心崇明基地正式揭牌，全健康研究网络同时成立。全健康研究中心崇明基地的正式成立，将推进人兽共患病风险预警、微生物耐药控制、食品安全等技术的实证研究，建立整合人—动物—环境界面研究的大数据平台，使之成为"全健康"理念在我国真实世界研究的第一个"试验田"和"示范区"，将有效加速全健康研究成果向政策成果转化，加速推动全健康体系在我国的落地实施。

江苏省太湖生态清淤专项规划
The Special Plan for Ecological Dredging of Lake Taihu in Jiangsu Province

编写单位：上海勘测设计研究院有限公司
Shanghai Investigation, Design & Research Institute Co., Ltd.
联系电话：021-65427100　　网址：https://www.sidri.com
主要完成人：朱丽娟　郭　雷　琚泽文　黄俊杰　尹洪斌　王生海　吴巍巍　严丽芳　程南宁　孟　鸣

【点评】

该规划在全太湖新一轮底泥调查的基础上，以减少太湖底泥内源污染释放、遏制"湖泛"发生为目标，通过全湖分区打分评价，选择梅梁湖、竺山湖、西太湖沿岸、贡湖等湖区作为重点研究对象，结合太湖种质资源保护区等生态敏感区的保护要求，科学分析确定太湖生态清淤的工程范围布局和总体规模。规划报告系统评估了太湖十余年来的生态清淤经验成果成效，全面开展了太湖全湖底泥污染分布情况的调查研究，科学建立了以水生态保护为目标的清淤指标体系，精确量化了太湖重点湖区的污染底泥清淤控制值，创新采用了数字化方法确定污染底泥的空间分布，相宜提出了常态化和应急清淤相结合的清淤方式，科学制定了试点示范和近远结合的分期实施方案。规划成果为太湖污染底泥内源治理提供了指导性技术依据，对于推进太湖水环境治理工作具有重要意义。

【项目背景】

1. 规划背景

太湖是我国五大淡水湖泊之一，位于长三角核心区域，地理位置及生态地位十分显要，是太湖流域水资源调蓄中心和长三角地区最重要的生态支撑中心，更是长三角一体化发展国家战略实施的关键地区，具有防洪、排涝、供水、航运、旅游及水产养殖等多种功能。自太湖2007年暴发区域供水危机后，江苏省全面落实党中央、国务院决策部署，精心组织、铁腕治污、科学治太，按照国务院批复的《太湖流域水环境综合治理总体方案》，全力推进各项治太措施。经过第一轮"治太工程"，太湖整体水环境质量明显好转。新时期，太湖依然面临总磷浓度高位波动和蓝藻"湖泛"未得到根本解决的水生态环境问题。为进一步巩固太湖流域水环境综合治理成效，谋划新时期推进太湖治理思路和目标任务，2022年国家发展改革委、自然资源部等六部门印发了新一轮《太湖流域水环境综合治理总体方案》[简称《总体方案》(2022年印发)]，明确提出实施太湖新一轮生态清淤工程。

为落实《总体方案》(2022年印发)要求，助力长三角一体化发展国家战略，解决太湖治理工作中面临的新形势、新问题，巩固太湖水环境综合治理成效，进一步推进太湖内源污染治理工作，江苏省水利厅组织相关科研院所开展了大量研究，并委托三峡集团上海勘测设计研究院有限公司主导编制《江苏省太湖生态清淤专项规划》(简称《规划》)。

2. 规划目标

在太湖上轮疏浚规划工程完成情况、经验总结和效果评估的基础上，以新时期长三角一体化生态绿色高品质发展和"十四五"太湖流域生态环境治理提升需求为导向，在太湖入湖污染得到有效控制、"引江济太"工程初显成效的同时，以太湖湖泊氮磷内源污染治理和蓝藻"湖泛"防控为主要任务，同步考虑淤泥资源化利用和太湖湖泊生态修复需求，按照《总体方案》(2022年印发)设定的目标，开展新一轮太湖生态清淤工程规划，科学推进重点水域生态清淤工作，结合生态清淤工程，全面推进湖滨湿地带生态修复，恢复岸线生态功能。

近期（2023—2027年）：优先实施外源污染治理成效明显、水质提升较快、底泥污染较严重、对水环境修复需求较迫切的重点湖区的生态清淤，进一步提升重点湖区及湖岸的水生态环境质量。

远期（2028—2035年）：结合近期清淤工程实施经验总结和效果评估，在太湖外源污染得到进一步控制、水质进一步改善的基础上，循序开展其他重点湖区的生态清淤工作，使太湖主要湖湾底泥内源污染得到有效控制，湖区总磷升高趋势得到缓解，水体富营养化、蓝藻湖泛暴发风险和频次显著降低，湖滨湿地带得到有序恢复，滨水生态环境进一步改善。

3. 规划意义

太湖是典型的大型浅水湖泊，平均水深约2 m，湖盆中的底泥与湖泊水—土界面物理、化学、生物等物质的交换活跃，是湖泊生态系统的重要组成部分。根据近年来太湖流域出入湖水量水质监测结果，2007—2020年太湖每年随入湖河流携带入湖的总磷量平均达到2 100 t/a，随出湖水体带出的总磷量约600 t/a，扣除太湖湖泊水体本身存留的总磷，有800—1 000 t/a的净输入量以沉积物的形式滞留在湖泊表层底泥中，成为水体富营养化的根本原因之一。

太湖底泥以流泥和淤泥为主，总淤积量为14.48亿 m^3，占底泥总量的79.4%；浮泥和流泥总量分别为2.09亿 m^3 和1.78亿 m^3，占底泥总量的20.6%。太湖表层底泥主要表现为氮磷以及有机质污染，经估算，太湖底泥磷的储量约117万 t，总氮约352万 t。根据静态释放试验结果，太湖底泥总磷释放通量仍然很高，从西沿岸底泥检测和污染物静态释放实验结果来看，大部分实验点位的底泥处在动态释放状态，总磷平均释放速率为 -2.7—5.9 mg/m^2·d（72小时平均值），而在中等风浪扰动作用下，太湖的内源释放将是静态释放的数倍。当上覆水水质有所改善后，内源释放通量增加将成为重要的污染源。

太湖作为长三角重要的生态屏障，是区域水资源、水生态、水环境与水安全的重要保障，其强大的生态系统服务功能在维系和支撑长三角生态平衡、促进流域乃至更大区域发展中发挥关键作用。通过生态清淤等工程措施有效移除滞留在底泥中的污染物，对于维持太湖总磷循环的平衡、延缓太湖湖泊富营养化演变进程、保障长三角生态系统稳定，具有重要意义。

4. 其他背景

（1）合作单位

本规划合作单位为中国科学院南京地理与湖泊研究所，主要负责上一轮太湖生态清淤的后

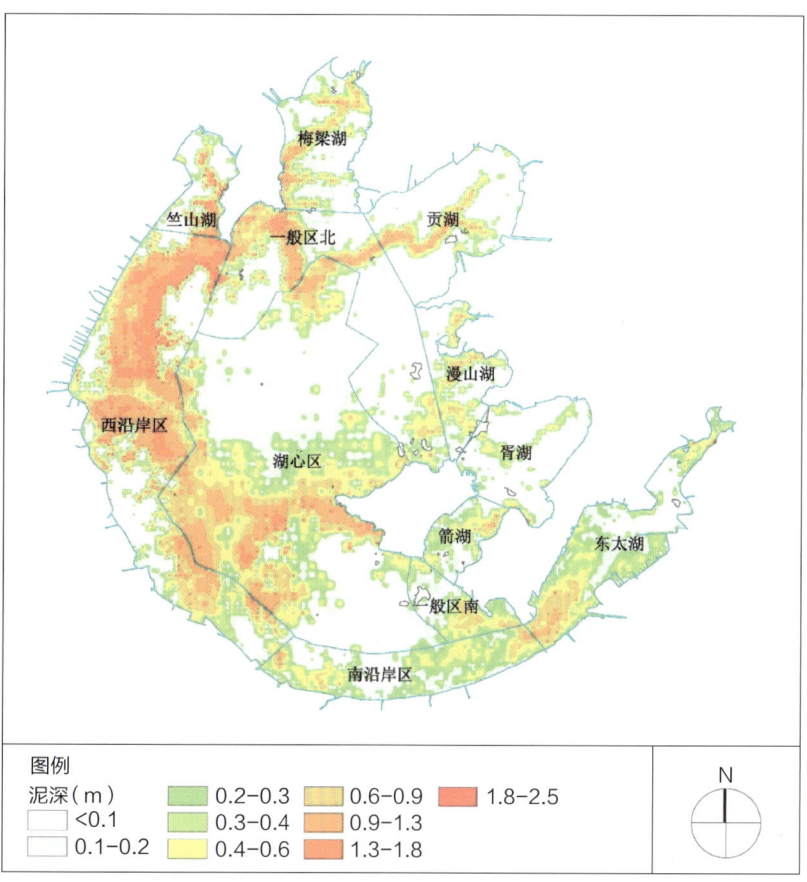

图1 太湖底泥淤积厚度空间分布图

评估工作。

（2）工作基础

本规划中太湖底泥调查和分析成果主要依据江苏省工程勘测研究院有限公司2018年完成的《太湖底泥勘测调查及分析成果报告》和《太湖底泥及间隙水分析报告》。

【项目内容】

1. 规划范围规模

本规划范围为太湖全湖2 338.1 km^2 水域，现状基准年为2020年，规划确定的清淤总面积为160 km^2，清淤量4 502万 m^3，估算总投资约90亿元，安排在2035年前分批、分区域实施，计划近五年内（2023—2027年）实施清淤工程规模1 804.8万 m^3。

2. 规划原则和总体思路

（1）规划原则

太湖新一轮生态清淤专项规划是贯彻落实国家关于太湖水污染防治规划要求的重要的湖泊内源治理方案，鉴于生态清淤工程的复杂性和系统性，规划研究遵循以下基本原则：

① 尊重自然、生态优先的原则；

② 与经济社会发展相协调、促进可持续发展的原则；

③ 与流域水资源综合规划、水污染防治规划等相协调的原则；

④ 突出重点、分类处理、综合利用的原则；

⑤ 全面规划、分期实施的原则；

⑥ 先行先试、试点示范的原则。

（2）总体思路和技术路线

本规划在上轮疏浚规划工程完成情况和效果评估的基础上，结合新时期太湖面临的总磷浓度升高和蓝藻湖泛未得到根本解决的水生态环境问题，通过太湖底泥与污染情况的调查、湖泊水质和污染负荷分析、现状生态特征指标调查等一系列工作，基本掌握太湖底泥的分布、污染特性，开展针对"生态清淤"和湖泊水生态修复为主要研究对象的多目标综合性清淤分区和规划方案研究，从底泥污染、水体质量、水生态保护，以及底泥处置和资源化利用等综合性与系统性的角度，制定规划方案，科学指导新一轮太湖生态清淤工程实施。

3. 清淤分区规划布局

太湖污染底泥生态清淤目的是清除对水环境产生污染影响的底泥。底泥污染程度不仅表现在营养物质在底泥中的富集，还表现在上覆水体质量状况和水生生物特征等方面。本规划综合底泥污染、水质状况和生态指标，采用指标层次分析法建立科学的评判体系，研究确定太湖生态清淤规划分区。

建议清淤区：主要分布在竺山湖、梅梁湖、西沿岸区和一般区南的局部区域。这些区域底泥中的TN、TP、OM的含量高，该区也是蓝藻水华爆发的重点区域，水质污染严重，同时区域生态特征差，高等水生植物踪迹难觅，底栖动物多样性低。

规划治理区：集中分布在西沿岸区北部和梅梁湖，竺山湖、一般区北、一般区南、湖心区分布也相对集中，此外贡湖和东太湖的部分区域也存在治理需求。根据监测结果，该区域存在一定的底泥污染风险；同时，该区水质污染也比较严重，

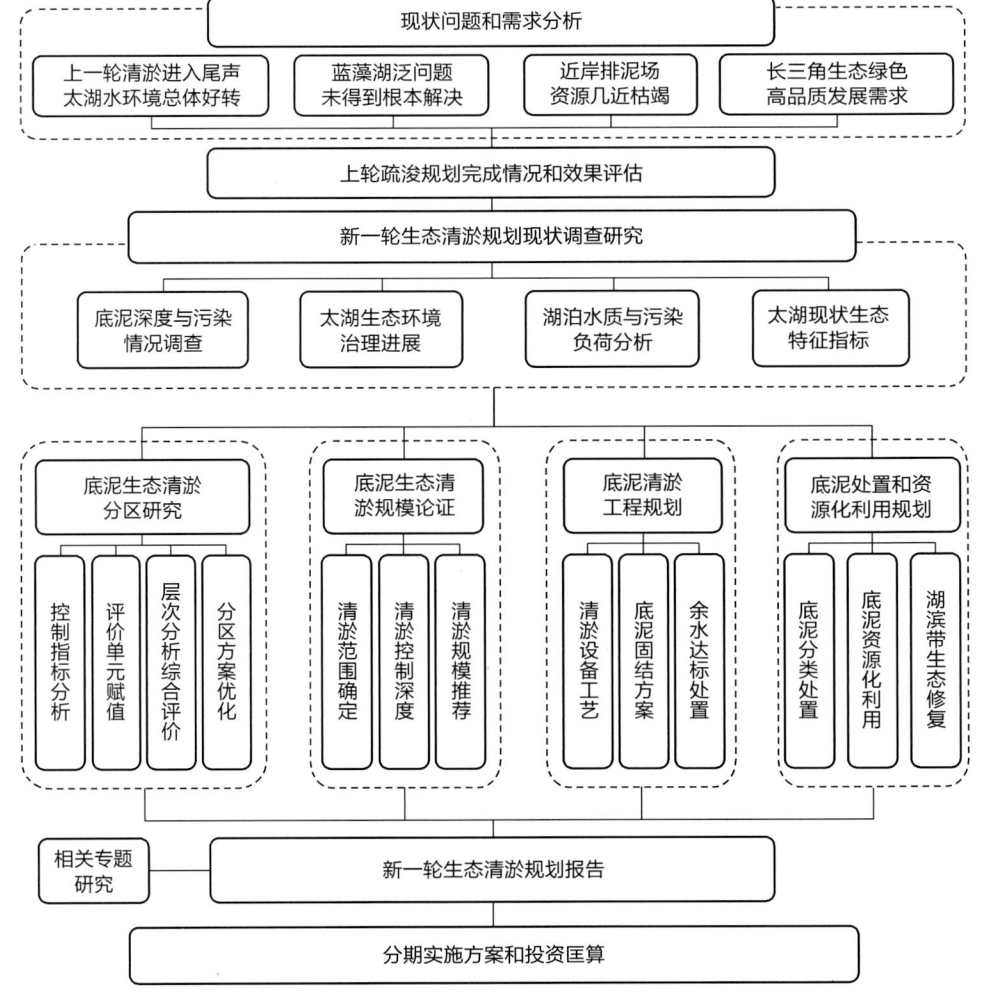

图2 江苏省太湖生态清淤专项规划技术路线图

生态特征相对较差。

规划保留区：主要位于太湖中部，包括西沿岸区南部、一般区北东南部、南沿岸区、贡湖、湖心区和东太湖部分区域，底泥状况相对良好，存在一定的富营养化风险。

规划保护区：主要位于太湖东部，包括漫山湖、胥湖近乎全湖区，贡湖、箭湖、东太湖、南沿岸区、西沿岸区的局部区域，该区域底泥污染程度较低，水质较好，且该区的生物多样性和水生动植物丰度都较高。

4. 重点规划内容

（1）底泥与生态保护要素调查

将太湖分区分片开展详细调查，全湖水下地形及泥深测量点共计9 575个。底泥柱状样共设采样点778个。全湖淤积强度为0.75 m，氮磷污染底泥主要分布在梅梁湖、竺山湖及西沿岸。通过遥感解译和人工调查，分析太湖高等水生植物面积分布及变化趋势；明确饮用水源保护区安全范围和级别；明确太湖水域银鱼、秀丽白虾等国家级种质资源保护区分布和保护要求；结合2015—2020年湖泛，调查明确蓝藻湖泛关键因素分布情况。

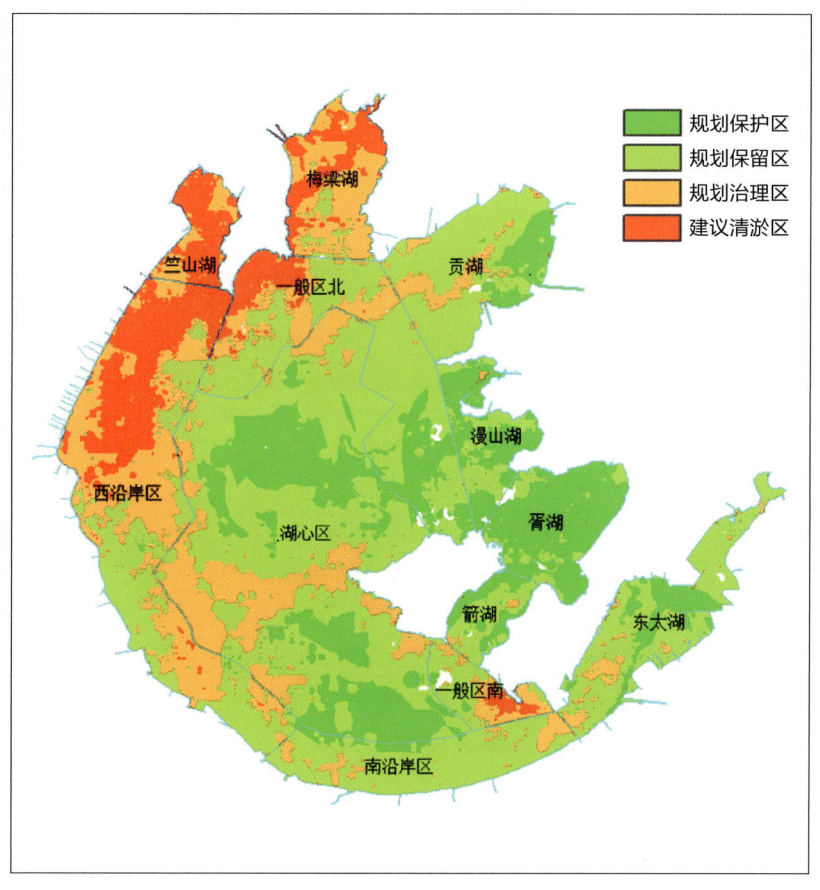

图3 太湖生态清淤规划分区

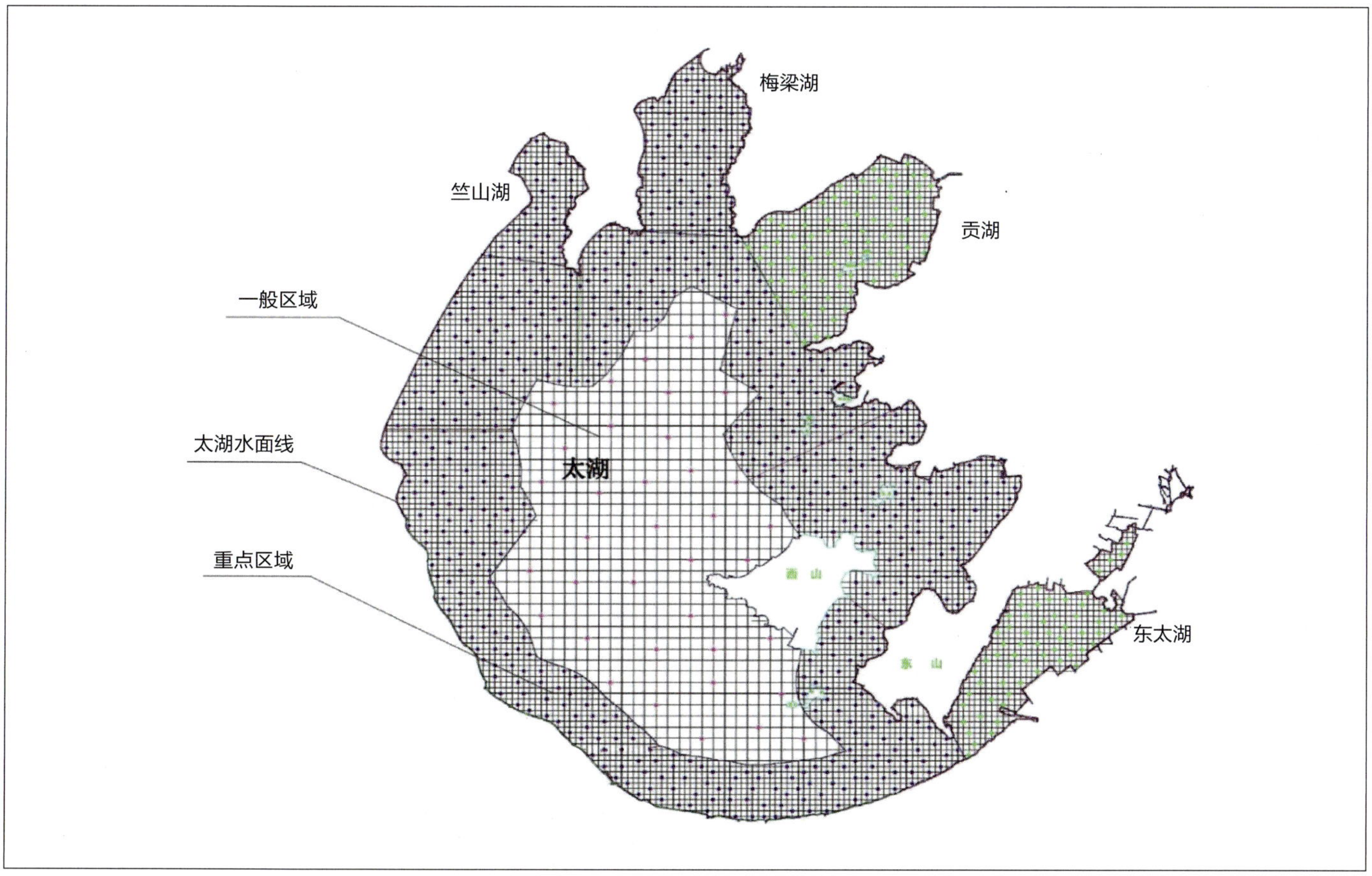

图4 太湖底泥调查采样点分布图

（2）生态清淤控制指标体系建立

根据太湖污染底泥分布的特点，结合环境特点、湖泊功能要求和技术经济可行性、工程可操作性，选取底泥分布、底泥污染、生态保护和安全需求等作为生态清淤范围确定控制指标。采用底泥污染背景值法作为污染评价方法，根据沉降速率推断，确定本底值：OM＝1.96%，TP＝394 mg/kg，TN＝1 036 mg/kg，经正态分布统计，超过本底值2倍标准差作为中度污染控制指标：OM＝2.98%，TP＝624.65 mg/kg，TN＝1 616.21 mg/kg。

（3）污染底泥规模论证

对照污染控制指标，通过ArcGIS量化分析形成中度污染范围，通过叠图法对各项单指标范围叠加，综合生态保护要素，论证出统筹兼顾的规划清淤范围。根据底泥柱状样监测和分析成果，分析各湖区、各片区污染物垂直分布规律，以浓度控制值法为主、拐点法为辅，确定清淤控制深度。规划的污染底泥清淤面积118.87 km²，清淤工程量为4 036.0万 m³。东太湖水生植物恢复情况较好，机动清淤规模100.0万 m³。

（4）蓝藻湖泛防控清淤

采用"重点湖区清淤与常态化清淤相结合"的清淤模式，以近年蓝藻暴发聚集区范围为依据，对表层10 cm左右清淤，重点清除表层浮泥及蓝藻残体。规划的蓝藻湖泛防控清淤面积38 km²，清淤工程量为366万 m³。

（5）底泥处置

本次规划清淤淤泥经固化处理后考虑近岸低洼地、矿坑回填、构建湖滨湿地带基底、回填取土坑、绿化用土等资源化利用渠道消纳，根据太湖底泥分布情况，湖区周边环境，湖区的水文、水质、地形等情况综合考虑，选择合适的地点进行湖滨湿地带试点工程建设，解决淤泥出路，恢复湖滨湿地，改善太湖水质及水生态系统。

表1 太湖底泥生态清淤控制指标体系

一级指标	二级指标	三 级 指 标
底泥分布	分布范围	底泥分布近岸距离
	淤积深度	污染底泥淤积深度
底泥污染	底泥营养物含量	有机质OM（%）
		总磷TP（%）
		总氮TN（%）
	底泥重金属污染风险	底泥重金属污染风险指数（Pb、Cd、Cr、As、Cu、Zn）
生态保护	水质级别	水质综合评价指标（DO、COD_{Mn}、BOD_5、TP、NH_3-N）
	水体营养水平	富营养化评价指标（Chla、TP、TN、COD_{Mn}、SD）
	种质资源保护安全	种质资源保护区安全距离
	水生植物丰度	水生植物生物量（g/m²）
		夏季水生植物覆盖度（%）
安全需求	堤防安全	环湖大堤安全距离
	水源保护区安全	水源保护区安全距离

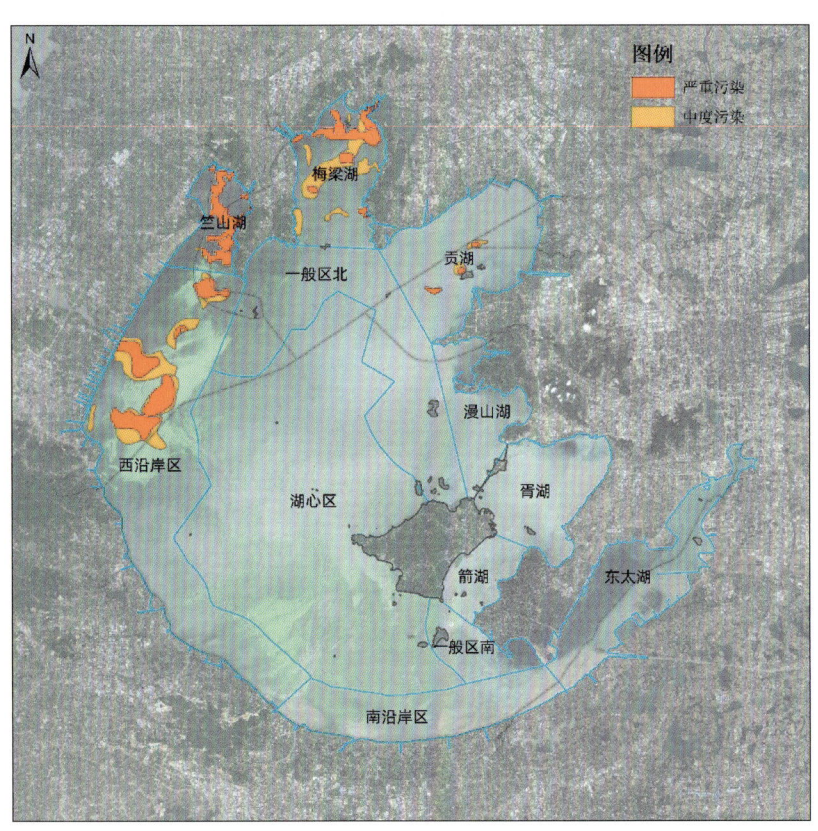

图5 中度及严重污染底泥生态清淤规划范围

【工作过程】

2020年8月，受江苏省水利厅委托，上海勘测设计研究院有限公司与中国科学院南京地理与湖泊研究所联合承担太湖污染底泥疏浚规划项目（合同编号：JSSL-THSJGH-2020001），上海勘测设计研究院有限公司全面负责规划的编制工作，中国科学院南京地理与湖泊研究所负责上一轮太湖生态清淤的后评估工作。规划以全太湖水域为研究对象，对上轮疏浚规划完成情况和效果开展评估，针对新时期太湖面临的总磷浓度高位波动和蓝藻湖泛未得到根本解决的水生态环境问题，通过太湖底泥淤积与污染情况勘查、湖泊水质和污染负荷分析、现状生态特征指标调查等一系列工作，从底泥污染、水体质量、水

表2 太湖新一轮污染底泥生态清淤推荐范围及规模汇总表

清淤类型	湖区名称	规划清淤面积（km²）		规划清淤规模（万m³）	
污染底泥清淤	竺山湖	18.44	118.87	566.4	4 036.0
	梅梁湖	36.73		936.7	
	西沿岸	59.82		2 430.0	
	贡湖	3.88		102.9	
蓝藻湖泛防控清淤	竺山湖及西沿岸	18.63	38.06	191.4	366.0
	梅梁湖	5.27		47.4	
	月亮湾	6.98		69.8	
	贡湖	7.18		57.4	
机动清淤	东太湖	≤3.33		100.0	
合计		160.26		4 502.0	

生态保护，以及底泥处置和资源化利用等综合性与系统性的角度，以江苏省水利厅前期组织完成的《太湖生态清淤（二轮二期）工程实施方案》为基础，充分考虑有关方面意见和要求，制定新一轮太湖生态清淤方案，科学指导新一轮太湖生态清淤工程实施。

2021年7月15日，江苏省水利厅在南京主持召开了《规划》专家咨询会，根据咨询意见建议，进一步复核了太湖湖泛易发区的清淤规模，并进一步优化了清淤及底泥处置方案。

2021年12月3日，江苏省太湖水污染防治委员会办公室在南京主持召开了《规划》专家技术审查会，专家意见明确：生态清淤作为太湖水环境综合治理的重要措施，通过清除污染底泥，可削减太湖内源污染，遏制湖泛发生，改善和修复水生态环境，根据国家相关规划要求，为继续推进太湖新一轮生态清淤工作，编制《规划》十分必要。《规划》选择梅梁湖、竺山湖、西太湖沿岸、贡湖等湖区的清淤范围及规模总体合适。《规划》提出清淤底泥用于构建湖滨湿地带及资源化利用等方式总体合适。

2023年1月12日，江苏省水利厅与江苏省太湖水污染防治委员会办公室联合发文，印发《江苏省太湖生态清淤专项规划》（苏水河湖〔2023〕3号）。

【咨询工作特点及经验教训】

1. 创新建立了以生态保护与修复为目标的生态清淤指标体系

湖泊生态系统保护与修复是新一轮太湖生态清淤的重点任务之一，本规划在进行太湖十余年的生态清淤成效系统评估和全湖底泥污染分布情况全面调查的基础上，坚持"尊重自然、生态优先"的原则，根据生态清淤对象、目的和底泥污染对水环境和生态的影响，在层次分析法（AHP）明确生态清淤分区范围的基础上，将太湖种质资源保护区、水草分布区及水质优良区等生态保护指标和水源保护区安全防护指标纳入本次太湖新一轮生态清淤的控制指标体系，强调降低清淤工程对生物资源造成的影响，为后期的生态修复创造条件，并保持湖区生态环境长期的良性稳定平衡。

2. 创新采用了"叠图法"数字化底泥生态清淤范围分析方法

目前我国尚缺乏判断底泥污染的统一方法和标准，本规划基于本轮全湖大量底泥监测数据结果的统计分析，通过底泥污染指标的正态分布规律和标准偏差分析法量化修正了太湖底泥污染控制值，并综合历史清淤数据和本轮全湖底泥

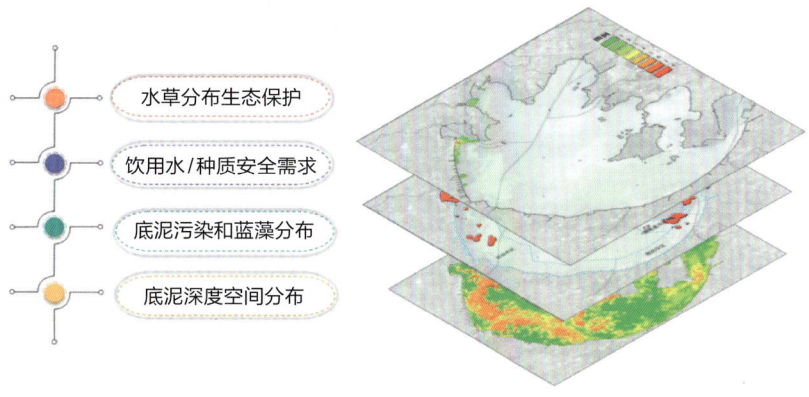

图6 太湖规划清淤范围确定叠图法示意

勘测及污染物调查结果，建立太湖底泥污染数据库。创新采用"叠图法"将一系列关于太湖区域环境特征，包括底泥性状、水质条件、生态空间保护等的专项图层进行综合分析，形成完整反映太湖湖区底泥环境空间特征的综合图层，简洁直观地表现单个影响和复合影响的空间分布，同时做到清淤范围的论证过程清晰可视化。基于ArcGIS软件使用叠图法对各项单指标确定范围进行分析叠加，论证得出兼顾各项相关因素的规划清淤范围。

3. 创新提出了针对底泥污染和蓝藻湖泛问题的清淤方法工艺

蓝藻湖泛是当前太湖水环境面临的关键问题之一，本规划调查汇总了流域内历年蓝藻湖泛发生情况，首次将蓝藻湖泛防控清淤纳入太湖生态清淤规划，明确重点湖区常态化清淤主要以清除污染底泥为目的，应急清淤主要以清除入湖河口和湖泛易发区蓄积的蓝藻残体及淤泥为目的，形成"常态化+应急清淤"的清淤模式；在疏浚工艺方面，经对国内外生态疏浚船型的分析比选，在继续使用太湖地区传统的环保绞吸式挖泥船的同时，为更好地适应表层浮泥、流泥的清除，减少二次污染，采用近年来国内自主研发的气动吸泥泵生态清淤船，有效解决湖泛蓝藻防控区及薄层清淤问题。

并且，结合本工程底泥特性、清淤厚度、区域水深以及进场条件等因素，有针对性地提出环保绞吸式挖泥船与气动吸泥泵生态清淤船相结合的施工工艺，合理解决表层流泥、浮泥的清淤问题，降低底泥再悬浮和污染物释放，减小对周边水体扰动影响，防止二次污染。

4. 创新探索了适合太湖需求的湖滨湿地带底泥资源化利用途径

太湖周边城镇化程度高、土地资源稀缺，经过上一轮清淤在环湖坑塘洼地底泥堆放，陆上排泥场资源几近枯竭。鉴于淤泥出路对生态清淤工程实施的制约难题，本规划提出以坑塘低洼地平整修复为主、湖滨湿地带修复为辅、兼顾取土坑回填、岸上排泥场堆放等多途径底泥资源化利用方案，并在传统的自然固结、真空预压、化学固化等固化方式的基础上，探索土工管袋固化、水上一体化固化平台等新型底泥固化工艺，减少底泥固化场地占地面积，有效缓解用地矛盾。利用太湖清出底泥就近建设湖滨生态湿地带是生态清淤底泥处置的全新探索，在解决淤泥出路的同时，系统改善湖滨生境，增加生物多样性，提升湖体水质自净能力，为清淤底泥资源化利用探索可复制、可推广的新路径。

【咨询效果】

在太湖水体富营养化和蓝藻水华日趋严峻的形势下，规划成果为太湖污染底泥内源治理提供了具有指导性作用的技术依据，对推进太湖水环境治理工作具有重要的作用，对太湖流域经济社会发展具有显著的环境、经济和社会效益。

1. 为太湖2021—2035年生态清淤提供顶层指导

《江苏省太湖生态清淤专项规划》是继2007年《太湖污染底泥疏浚规划》后的新一轮太湖生态清淤规划，已通过专家咨询与审查，其主要结论和成果得到了专家的肯定，由省水利厅与省太湖水污染防治委员会办公室联合印发（苏水河湖〔2023〕3号），是江苏省太湖沿线无锡、常州、苏州等地生态清淤实施的指导性文件，是相关工程开展的重要依据。

本规划完全实施后，太湖有机污染严重区表层底泥将被清除，底泥污染物悬浮、释放对清淤区域水环境的影响得到缓解，水环境将明显改善。根据初步估算，可固定太湖底泥中蓄积的TN约4.6万t、TP约2.0万t、有机质约76万t。湖滨湿地试点建设后，湖滨缓冲带生态环境得到改善，水体透明度得到提高，物种多样性增加，可有效削减面源入湖污染。生态清淤带来的水环境改善，可使当地宜居环境与土地价值得到提升，为区域经济社会可持续发展创造良好条件。

2. 在太湖水环境综合治理中已得到广泛应用

目前规划范围内的生态清淤工程已相继开展，宜兴市西沿岸2022年度工程、无锡市梅梁湖2022年度工程已经施工；基于本规划提出的底泥湖滨湿地资源化利用的试点工程是可持续发展理念的具体实践，也将于2023年底开始实施；常州市、无锡市竺山湖2023年度工程及宜兴市西沿岸2023年度工程也将在2023年年内全面开工。本规划为太湖生态清淤项目的顺利实施奠定了坚实的基础。

3. 为相近工程提供系统性研究方法

富营养化和蓝藻暴发是我国大多数湖泊、水库面临的一个共同问题。生态清淤是湖泊富营养化治理的重要措施之一。在国内尚无系统规程规范的情况下，本课题研究的主要方法和成果以及关键技术为国内其他类似湖泊的清淤工程提供了经验和范例。除规划范围以外,目前本规划确定的底泥污染控制值已成为太湖周边湖泊清淤重要参考指标,供外单位及外省市借鉴,如滆湖、巢湖等。

4. 为其他规划研究提供范例和借鉴

本规划对太湖上一轮生态清淤效果回顾,评估了清淤效果,明确了开展新一轮生态清淤的必要性,在建立清淤控制指标体系的基础上,更新了翔实的底泥污染调查数据,同时建立了较为先进的信息化管理系统,可以直观展示基于地理信息的各类关键要素,全面考虑了高等水生植物分布、饮用水取水口、种质资源保护区与生态清淤相结合的指导思想,除污染底泥清淤外,有针对性地提出了太湖蓝藻湖泛防控清淤。因此,该规划报告在研究方法、数字化建设、设计方案等方面均有创新和突破,对今后类似规划编制及后续工程实施具有重大指导意义。

崇明世界级生态岛发展规划纲要（2021—2035年）研究

Study on the Outline Development Plan (2021-2035) for Chongming World Class Ecological Island

编写单位：上海投资咨询集团有限公司
Shanghai Investment Consulting Group Co., Ltd.
联系电话：021-23300000　　网址：https://www.sicc.cn
主要完成人：胡宏伟　王骅　吕海燕　周明　于淑敏　谢诗光　王艳茹　付阳　缪艳萍　王吟之

【点评】

该规划研究了崇明世界级生态岛2021—2035年的发展路径，以"生态优先、绿色发展"为旗帜，明确了"国家生态文明名片"等发展目标，构建了"十个关键指标"，确立了生态跃升、绿色低碳、生态产业及高品质生活四大行动领域。同时，该研究体现了崇明岛在生态建设上的特色、精品与示范作用，通过"集中考察+专家研讨+专题研究"等方式，形成了"1+9"专题研究，确保了规划的科学性和前瞻性；通过引入"1%水鸟物种数"等创新指标，探索"碳中和"路径，彰显了崇明在生态文明建设中的引领地位。该规划咨询效果显著，不仅科学论证了崇明生态岛发展蓝图，还展现了高端智库影响力，为崇明生态岛迈向世界级生态岛奠定了坚实基础。

【项目背景】

崇明岛地处长江口，是我国第三大岛屿、最大的河口冲积岛。自21世纪初，崇明严守生态安全底线，致力推动生态、生产、生活"三生融合"。经过前后20年努力，崇明生态保护成绩斐然、生态环境质量稳居上海最优、产业转型与民生福祉双提升、生态示范效应显著增强，基本筑牢了水、土、林、气、滩的生态基础，初步形成了生态、生产、生活"三生共赢"的发展框架。上咨集团长期深耕服务崇明世界级生态岛发展战略，参与了上一轮《崇明生态岛建设纲要（2010—2020年）》的编制工作，也承担了多轮三年行动计划重大项目的评估工作，以及花博会、长江经济带绿色发展等系列专题研究，见证了生态岛一路成长的全过程。

面向2035年，以习近平同志为核心的党中央，引领中国主动承担国际责任、深度参与全球环境治理，与世界各国共同开启绿色发展之路。崇明岛肩负着国家生态文明建设使命，承载着上海人民期盼。2020年，上海市政府启动《崇明世界级生态岛发展规划纲要（2021—2035年）》（简称《发展纲要》）研究工作，在崇明世界级生态岛建设工作领导小组办公室（简称"领导小组"）牵头下，上咨集团课题组全程参与纲要研究工作。经实地踏勘、广泛调研、专家研讨和专题研究，课题组多次向领导小组专题汇报，征求多方意见建议，形成《发展纲要》研究成果和"1个思路研究+9个专题研究"成果。

【项目内容】

1. 总体考虑

经过20年的努力，崇明初步形成世界级生态岛的基本框架。面向2035年，生态岛应深入贯彻习近平生态文明思想，继续坚持生态立岛不动摇，保持战略定力、提升发展品质、推动价值实现，走出"绿水青山就是金山银山"的生态发展之路。

（1）贡献"人与自然和谐共生"的中国方案

在我国积极推动全球生态环境共治的背景下，崇明生态岛作为全球生态网络重要节点，关系全球生物多样性保护，应主动贡献大型复杂人居河口岛屿的绿色发展方案，推动实现"人与自然和谐共生"的美好愿景。

（2）展示长江经济带"共抓大保护"的最新成果

崇明生态岛位于长江河口，是关系流域生态

安全的高度敏感区域，更是展示流域生态修复成果的重要指示区域，应当先行先试，持续积累长江经济带"共抓大保护"的新做法、新经验、新成果。

（3）探索生态产品价值实现的新路径

崇明生态岛生态优势逐步凸显，但与世界级生态岛的目标仍有差距，与老百姓对美好生活的期待也有差距。未来崇明生态岛要找准生态产业发展方向与重点，促进生态优势转化为发展优势。

2. 基本判断

世界级生态岛新一轮发展应高举"生态优先、绿色发展"的大旗，做特色、做精品、做示范。一是生态优势做特色，生态岛建设成为全社会的共识和一致行动，崇明岛生态本底脆弱性长期存在，长江经济带共抓大保护对生态岛建设提出更高要求，新一轮生态岛应持续高标准推进生态建设和环境保护，书写生态之城的亮丽底色。二是有限空间做精品，严格的开发强度管控倒逼进一步提高崇明岛土地利用效率，必须将有限的空间谋划好、利用好，引入和打造一批经得起历史检验的"生态环境友好、土地经济密度高、体现高品质生活"的世界级项目。三是发展模式做示范，世界级生态岛追求项目建设与运营管理并重，促进内生动力与外部投入良性互动，实现生态环境与经济发展双赢，率先在长江经济带形成一批可复制、可推广的示范案例，为中国及世界生态优先、绿色发展贡献智慧。

3. 核心内容

立足指导世界级生态岛中长期发展，研究提出崇明生态岛的发展目标和指标体系，形成未来崇明世界级生态岛发展的主要举措。

（1）锚定一个总体目标

《发展纲要》提出到2035年将崇明世界级生态岛打造成绿色生态"桥头堡"、绿色生产"先行区"、绿色生活"示范地"，成为引领全国、影响全球的国家生态文明名片、长江绿色发展标杆、人民幸福生活典范，成为人与自然和谐共生的"中国样板"，成为彰显我国作为全球生态文明建设重要参与者、贡献者、引领者的重要窗口。

（2）凝练十个关键指标

《发展纲要》分为两大类，生态环境保护类聚焦生态空间和生物多样性，包括地表水达到或好于Ⅲ类水体比例、土壤健康度优良点位比例、生态空间（滩水林田湖）占比、占全球种群数量1%以上的水鸟物种数、长江河口水生生物旗舰物种种群数量五个指标。生态价值实现类重点突出碳中和、生态价值转化、经济结构优化、公共服务、公众满意度等，包括碳排放量、生态产品总值（GEP）年增长率、第三产业增加值占GDP比重、人均社会事业财政支出、公众综合满意度五个指标。

图1　崇明东滩候鸟保护区

图2　崇明东滩湿地

（3）聚焦四大行动领域

一是推动生态能级高标准跃升。优良的生态环境是崇明世界级生态岛最鲜亮的底色。未来要进一步厚筑生态资源本底，建设美丽河湖，保育生态沃土，培育品质森林，守望静谧蓝天，野生动物栖息天堂，密织生态监测网络，久久为功、精益求精，为世界级生态岛发展提供最强大的生态基底。同时，提升自然保护区能级，推动申报世界自然遗产，打响生态岛科普教育品牌，加强区域生态环境管理协同，深化国际生态交流合作，共建生态科研高地，凸显"国家生态文明名片"的地位与影响力。

二是实现绿色低碳高起点突破。在能源、产业、建设、交通等多个领域，全方位加大部署，先行探索"碳中和"实现路径。加快发展可再生能源，构建高效低碳能源网络，推进产业体系节能降碳，探索低碳技术应用，实现发展方式绿色变革。积极倡导绿色生活方式，构建资源节约型社会，推广绿色建筑、绿色出行。率先建立健全绿色低碳循环发展的经济体系，探索走出一条兼顾社会经济发展和温室气体控制的高质量发展之路。

三是促进生态产业高水平发展。持续壮大绿色新农业，搭建农业科创功能性平台，发展特色种源产业，做强农业品牌，做精数字农业，打造绿色农业高地。全力打造活力新康养，做专医疗康复服务，做优养老养生服务，推动康养多元融合发展，使生态岛成为长三角康养服务一体化的重要节点。积极发展生态新文旅，打好长江文化、生态文化、花卉文化三张牌，展现生态文旅魅力，办好国际国内品牌体育赛事，焕发体育运动活力。加快培育新兴经济，打造总部经济发展载体，提升崇明作为长江经济带绿色发展标杆的产业能级。

四是共享幸福美好高品质生活。在城乡建设、公共服务、增收致富等方面，进一步加大人民群众的获得感、幸福感、安全感。推进农民相对集中居住，建设林水人城和谐相融的人居环境。发展外畅内优交通网络，巩固安全供水防涝系统，打造智慧泛在数字平台。提供优质均衡的教育、医疗、养老服务，构建活力友好社会氛围，打造崇明特色的家门口乡村服务品牌。缩小城乡收入差距，提高劳动技能素质，完善社会保障体系，不断增进民生福祉，使崇明世界级生态岛与中心城区同进步、共发展，成为国际大都市中令人向往的宜居乐土。

【工作过程】

1."集中考察+专家研讨+专题研究"相结合，扎实开展调查论证

课题组先后赴生态岛座谈20家区级部门和企业、13个乡镇，实地踏勘10个典型项目，收集大量一手基础资料。邀请宏观经济、生态、规划、产业等领域权威专家和企业家座谈交流，邀请市社科院、市环科院、华师大等智库机构参与研讨，走访联合国环境署、联合国粮农组织等国际组织在沪合作单位，共同为崇明新一轮发展出谋划策。开展国内外案例、指标体系、绿色产业发展、生态价值实现、重大建设项目等专题研究，形成"1个思路研究+9个专题研究"成果。

2."沟通汇报+意见征询+多轮完善"相衔接，不断凝聚发展共识

思路研究阶段，多次向领导小组办公室、区委区政府主要领导沟通汇报，反复打磨推敲。《发展纲要》研究阶段，多次向分管副市长及领导小组成员单位作专题汇报，课题组提出的"三大原则""三大发展目标"得到基本认可；多次针对指标体系召开专家研讨会，反复研究推敲，增加体现生态岛"先进性"的指标；专程赴国家发展改革委汇报，成果得到高度肯定，为力争总结和提炼生态岛可复制可推广成功做法，探索增加"生态产品价值实现"相关指标和任务举措，具有前瞻性；先后多轮征求委办局和崇明区意见，反复论证并修改完善。2021年11月，分管副市长召开领导小组会议审议通过。12月，市委常委会审议通过。

3.纲要发布受到广泛报道、各界热议，奠定生态岛中长期发展的重要基础

2022年1月7日，市政府正式印发《崇明世界级生态岛发展规划纲要（2021—2035年）》（沪府发〔2022〕1号）。1月14日，市政府召开新闻发布会，分管副市长及相关部门负责人出席发布会，共同回答记者提问，人民日报、新华社、中央广播电视总台、上海人民广播电台等多家媒体争相报道。结合发布会举办，配合开展"一图读懂"出品，以及核心内容和指标专题解读工作，为生态岛擘画的蓝图受到社会各界热议。在《发展纲要》引领下，生态岛第五轮三年行动计划、森林花博国家级旅游度假区、世界自然遗产申报等一系列相关工作有力推进。

图3　崇明第十届中国花卉博览会

【咨询工作特点及经验教训】

1. 迎难而上，联合攻坚"绿色发展"世界性难题

习近平总书记于2016年、2018年、2020年三次召开长江经济带发展座谈会，指出"使长江经济带成为我国生态优先绿色发展主战场、畅通国内国际双循环主动脉、引领经济高质量发展主力军"，要求走出一条绿色发展的新路子。《发展纲要》以强烈的使命感，主动响应时代号召，积极攻坚"绿色发展"这一难题。研究过程中，课题组驻岛调研20家部门和企业、13个乡镇、10个典型项目，研究10余个绿色发展国内外案例，立足岛情、对标国际，稳扎稳打夯实研究基础。

课题组做深专题研究，层层分解重要议题，聚焦国内外绿色发展实践、国内外绿色发展指标体系，以及崇明生态岛自然环境可持续发展、绿色产业发展瓶颈问题、世界自然遗产高质量发展、生态价值实现机制、重大建设项目等重点领域，形成"1+9"专题研究，与专业智库机构共同研讨、群策群力。在此基础上，组织召开多场高层次学术专家和企业家座谈会，多次征求国家、市、区各级政府及相关部门意见，与联合国环境规划署、世界自然基金会等国际组织深度交流，广开言路寻求最优方案。

2. 开拓引领，主动探索"人与自然和谐共生"的中国方案

坚持前瞻性、引领性的要求，研究提出要"向世界展示'人与自然和谐共生'的建设范例"，这一目标得到国家长江办的充分肯定，并进一步提出要"让崇明岛成为彰显我国作为全球生态文明建设重要参与者、贡献者、引领者的重要窗口"。研究创新提出崇明世界级生态岛先行探索"碳中和"路径、塑造"崇明"生态品牌、推动生态价值实现、推动自然保护地体系建设水平提升、城乡空间优化再造、打造数字孪生岛等人与自然和谐共生的重要举措。

江苏南通的启隆、海永两个镇与崇明岛相连，2019年，崇明区和南通市签订全面战略合作框架协议，建立跨行政区域的协调机制，共同严守生态空间、建设用地总量、建筑风貌、建设高度管控等要求。在征求江苏方面意见基础上，研究提出推动"长江口跨省战略协作"，落实长三角一体化发展战略，发挥长三角一体化协同机制，持续推进沪苏深化合作，共建共享世界级生态

岛,形成发展示范。

3. 深化创新,前瞻突出生态岛的"世界级"内涵

社会有一个共识,一个地方生态环境好不好,先看看鸟是不是往那里飞,鱼是不是往那里游。世界级生态岛要有世界级水平的生态指标来支撑,国际上有一项公认的重要指标,占全球种群数量1%的水鸟物种数,这个指标是国际《湿地公约》提出的,已经成为世界各地衡量水鸟栖息地质量的核心指标。崇明所在的长江口地区是西伯利亚—澳大利西亚候鸟迁徙的重要中途驿站,通过"1%水鸟物种数"衡量崇明生态岛发展成效,是否得到鸟类的认可,在世界上也具有先进性。

研究立足崇明大型复杂人居河口岛屿建设高水平生态文明的实践,结合《国际湿地公约》《全球森林资源评估报告》,以及联合国关于可持续发展指标体系,课题组组织权威专家研讨论证,以更高站位、更开阔视野,围绕世界级内涵和目标,秉持系统性、先进性、引领性理念,由"生态环境保护类"为主转向"生态环境保护和生态价值实现"融合。特别是结合"长江大保护""碳达峰""碳中和""生态产品价值实现"等新时代新使命,创造性提出"长江河口水生生物旗舰物种种群数量""碳排放量""生态产品总值年增长率"等创新性指标,对生态岛发展理论和实践推进具有引领创新意义。结合当前社会关注热点、生态文明发展趋势,创新性提出"生态空间(滩水林田湖)占比""土壤健康度优良点位比例"等指标。

【咨询效果】

1. 科学论证,保障宏伟蓝图变成美好现实

指标体系是本轮《发展纲要》的关键核心内容,也是衡量和评价生态岛建设成效的重要依据。在征求各行业主管部门和权威专家意见基础上,课题组对指标内涵、测算口径、目标值进行反复论证,特别是对于"长江河口水生生物旗舰物种种群数量""生态产品总值年增长率""碳排放量"等仍处于研究阶段的创新性指标等进行重点研究,做到各项指标可量化、可测算、可考核,确保指标能够落地实施。顶层架构优化是保障规划落地落实的重要基础,为在更大范围、更多领域形成世界级生态岛建设最大合力,提出适时优化领导小组成员单位,落实崇明区、光明食品集团、上实集团和地产集团等主体责任,鼓励和调动各方积极性,确保一件件具体任务、一项项看得见摸得着的项目均有责任主体。

2. 凝聚共识,展现高端智库卓越影响力

规划作为一种公共政策,需要在全社会层面统一思想、凝聚共识。上咨集团作为政企高端智库,参与崇明生态岛建设全过程,与生态岛建设各利益相关方长期沟通交流,熟悉历史现状和各方发展诉求。编制过程中,课题组多次征求市区两级部门意见,区委区政府、市委市政府七次论证把关,拜访沟通并书面征求国家长江办意见,广泛征求专家学者、企业家、乡镇代表、居民代表、国际组织的意见,通过反复的交流论证、思想碰撞、价值博弈、利益权衡,最终形成各方共识。编制过程中,课题组始终坚持客观公正、踏实研究、认真负责、迎难而上,工作作风和成果得到各方一致认可,体现积极服务国家和城市发展战略的担当和作为。

3. 影响广泛,开启崇明生态岛新的发展征程

《发展纲要》作为生态岛未来15年发展的行动纲领,在编制过程中受到社会各界的关注和支持,提出的发展目标、相关行动措施也得到各方一致认可。2022年1月7日,市政府正式发布《发展纲要》。1月14日,市政府召开新闻发布会,分管副市长及相关部门负责人介绍纲要情况,众多媒体争相报道,引起广泛的社会反响。《发展纲要》发布后,世界级生态岛第五轮三年行动计划、高端绿色产业发展规划、农业科创岛、森林花博国家级旅游度假区、世界自然遗产申报、国家公园等一系列相关工作有力推进,市人大也对于如何在《发展纲要》指导下更好推进世界级生态岛建设给予多次执法检查和专题审议。

上海市新城规划建设导则

Shanghai New Town Planning and Implementation Guideline

编写单位：上海市城市规划设计研究院
　　　　　上海市上规院城市规划设计有限公司
Shanghai Urban Planning & Design Research Institute
Shanghai Planning Institute Design Co., Ltd.
联系电话：021-32113288　　网址：https://www.supdri.com
主要完成人：徐毅松　范宇　金忠民　林华　黄普　张逸　蔡颖　夏熠琳　何颖　胡海洋

【点评】

该研究以提升空间品质为核心，提出了"汇聚共享城市、高效智能城市、低碳韧性城市、个性魅力城市"四大策略，强调了产城融合、职住平衡、生态宜居等现代城市建设理念，体现了前瞻性思考和全局性谋划，具有较高的可操作性和实践意义。研究指出了当前新城发展中存在的问题，如人口导入不足、产业能级不高、对外枢纽能级不足等，并通过对标国内外案例，提出了相应的解决策略。规划中的案例对标部分深入分析了宜居城市、韧性城市、智能城市的理念和实践，为上海新城的规划建设提供了丰富的参考。该研究还突出了系统集成和全生命周期引导的重要性，通过多部门协作和民众建议征集，凝聚了各方共识，强化了规划的实施效果。《上海市新城规划建设导则》的发布和实施，为新城的高水平规划、高品质建设和高标准运营管理提供了技术指南和行动指南，确保了规划的集聚度和显示度，对推动上海新城的可持续发展具有重要作用。

【项目背景】

习近平总书记指出，我国经济发展的空间结构正在发生深刻变化，中心城市和城市群正在成为承载发展要素的主要空间形式，要建设一批产城融合、职住平衡、生态宜居、交通便利的郊区新城，推动多中心、郊区化发展。

为深入贯彻新发展理念，推进超大城市和城市群协调发展，上海市委十一届十次全会明确提出了"中心辐射、两翼齐飞、新城发力、南北转型"的市域空间新格局。其中，"新城发力"即加快新城向独立的综合性节点城市目标发力，按照"产城融合、功能完备、职住平衡、生态宜居、交通便利、治理高效"的要求，推进五个新城规划建设。至2025年，五个新城常住人口总规模达到360万，新城所在区GDP总量达到1.1万亿元，新城基本形成独立的城市功能，初步具备综合性节点城市的地位。至2035年，五个新城各集聚100万左右常住人口，基本建设成为长三角地区具有辐射带动作用的综合性节点城市。

本次新城规划建设要回答好"新城之新，新在哪里"这个实践命题。新城之新不仅是时间之新，也不仅是区域之新，我们要建设的新城有着全新的实践要求，要践行最现代的理念、运用最前沿的技术、发展最先进的产业、打造最宜居的环境，为工作生活在这里的人们提供全新的生活方式选择。未来住在新城还是中心城区，只是一种生活方式的选择，而不是经济实力的体现。《上海市新城规划建设导则》（简称《导则》）要坚持高点站位，必须用符合发展趋势、代表未来方向的现代化城市建设理念引导新城建设，做到前瞻性思考、全局性谋划、全系统集成、多要素展开，打造高品质生活的未来之城和发展样板。

【项目内容】

以《上海市新城规划建设导则》编制为核心，进行了发展评估、案例对标、专项统筹等基础研究，在成果形式上将通则和专则相结合，直接指导了五个新城的总体城市设计和行动方案。

1. 发展评估

新城历来是上海城市空间结构的重要组成

部分，上海的历次总体规划总体上经历了从卫星城、郊区新城到综合性节点城市的定位演变。通过多手段量化分析，对新城发展建设中的问题进行梳理总结，主要体现在四个方面。

（1）人口导入不够，活力不足

现状人口与规划目标相距较大。对照2011年市政府出台《关于本市加快新城发展的若干意见》（沪府发〔2011〕19号）中明确的2020年的规划目标，除松江新城达到规划人口规模的70%外，其余四个新城均不足50%。新城内部人口分布差异较大。老城区人口密度相对较高，除南汇新城外，其余四个新城均达到2万人/km²左右，远远高于四个新城的新建城区，新建城区人口密度较低，仅为0.5万人/km²。新建城区住宅建设和实际人口不匹配。新建城区中已建成住宅约86万套，如按郊区户均人口2.6的水平测算，可容纳200万以上人口，而实有人口仅94万。

（2）产业能级不高，产城融合度不够

以传统制造业为主，产业吸引的人口难以支撑新城发展。五个新城主要产业园区地均工业产值与上海市其他产业区相比存在差距，就业人口教育水平层次不高。目前以传统制造业为主的产业发展模式，缺乏长久竞争力和吸引力。居住产业空间隔离。居住和产业空间发展各自为政，板块分割明显，产业区的就业人口主要租住在产业区附近或企业宿舍，对城区的支撑作用不大。

（3）对外枢纽能级不高，内部交通有待完善

与近沪周边城市相比，上海新城对外枢纽能级不高，且提升缓慢，严重制约着综合性节点城市功能的发挥。除松江新城外，其他新城目前还缺少连接长三角各主要城市的独立交通枢纽，新城对外联系仍需依靠上海三大主站，对外枢纽能级未能得到强化。新城内部交通薄弱。轨道站点覆盖率低，除松江新城外，其余四个新城轨交覆盖率均为5%左右。干道实施滞后，呈现以市域干线公路为骨架的"拼贴"格局，路网密度较低，平均为3.7 km/km²。常规公交线网密度较低，且体验感差。

（4）公共服务滞后，环境品质有待提升

缺少高等级的公共服务设施，已建成的高等级文化体育设施与近沪城市相比没有优势。已建设施布局在老城与新城核心区域、规划新增实施较慢。社区公共服务配套建设滞后于商品房开发。在新城建设过程中，普遍存在优先开发房地产项目的倾向，住宅用地实施率较高，配套建设滞后，公共服务设施存在阶段性短缺，难以实现建设一片、成熟一片的滚动开发格局。开发建设品质有待提升，城市标志形象不够突出，空间尺度不够宜人，城市界面不够有序。

2. 案例对标

全面开展案例对标，总结最新理念和最高标准，发现国内外城市规划建设都非常注重活力、便利、生态、魅力等方面，共对标了23个案例城市，梳理了74条相关理念和158条策略指标。

（1）宜居城市方面

案例城市更加强调以人为本的生活空间，例如北京城市副中心基准高度控制在36 m，雄安新区控制在45 m；短途城市导向下的紧凑混合开发，例如哈马碧新城1.5 km²范围内包含了10所小学、17所幼儿园、2所高级中学以及图书馆、剧院等丰富的文娱活动场所。小尺度密路网的人性化街区，例如波特兰街坊尺度60 m×60 m。秉持公园城市理念营建城市新形态，如斯德哥尔摩95%的家庭300 m进公园。

（2）韧性城市方面

通过与城市融合的蓝绿生境系统、绿色节能和弹性适应的建筑设计、循环高效的资源利用打造低碳韧性城区，例如瑞典皇家海港城蓝绿空间占比达到60%；多伦多Sidewalk建筑设计采用模块化的统一标准组件，80%的建筑可灵活适应不同功能；斯德哥尔摩100%的家庭废物转化为供暖和电力。

（3）智能城市方面

通过数字技术推动智慧出行和智能基础设施建设，例如丰田未来城市，所有的基础设施地下化，包括储水、过滤、能源、物流等都是从地下传送到建筑内；芬兰出行即服务（Maas）+智慧公交+智慧停车系统。

3. 专项统筹

以空间规划为引领，统筹协调"十四五"规划"1+6+5"政策框架中的其他5个重点领域专项研究，并将其转化为引导要素在《导则》中表达。

（1）特色功能和政策专项

强化功能引领，找准发展定位，集聚强化特色功能和文化影响力，增强新城人口集聚能力，全面提升新城城市综合竞争力。

（2）综合交通专项

突出交通先行，打造"一城一枢纽"，提升新

城与近沪城镇、新城之间的联系效率,强化新城的枢纽节点地位,打造集约高效的新城内部交通系统,完善综合交通治理体系。

(3) 产业发展专项

加强产业支撑,聚焦产业链、价值链关键环节,夯实制造业发展基础,加快现代服务业发展,加强产学研创新联动,促进产城融合发展,大幅提升新城经济活力和能级。

(4) 公共服务专项

坚持高品质公共服务,加大高品质公共服务资源倾斜,打造"15分钟社区生活圈",全面吸引和集聚各类人才。

(5) 环境品质和新基建专项

推进生态环境和智慧基础设施建设,保障城市绿色低碳发展和安全高效运行。

4.《导则》核心内容

《导则》重点围绕空间品质提升,以"最现代"作为统领性要求,立足当下、展望未来,将"迈向最现代的未来之城"作为新城规划建设的总体目标愿景,围绕"更具活力、更加便利、更加生态、更具魅力"四个维度,进一步形成"汇聚共享城市、高效智能城市、低碳韧性城市、个性魅力城市"四大策略,实现未来城市工作与生活更加融合、服务与交通更加智能、城市与自然更加和谐、人文与个性更加彰显。

(1) 汇聚共享城市

国际上的新城建设普遍经历了从居住区、工业区等单一功能到具有综合功能的独立城市的发展过程。其中,城市产业能级和综合功能是决定其辐射力和活力的重要基础。目前,上海新城的综合能级还有所欠缺,产业和功能尚未达到一定的门槛要求,与独立的综合性节点城市定位存在一定差距,不足以有效支撑新城对人口和就业的强有力吸引,各新城的活力仍显不足。因此,《导则》强化以高能级功能支撑人口集聚,以多样化住宅保障人口集聚,以人性化空间吸引人口集聚。

打造功能聚核、宜业宜居的繁荣都市。将新城中心打造成为功能更综合、特色更突出的城市副中心。加快建设一批代表上海、辐射长三角的高能级公共服务设施,促进社会事业和产业深度融合。引导头部企业、千亿级产业集群向新城集聚。提供多样化、高品质、可负担的住宅。

推进功能融合、空间复合的产城格局。顺应未来工作生活更加融合的趋势,促进产业园区向综合功能城区转变,新建开放式产学研一体化创新街区;融合式改造既有产业社区。促进居住片区向复合街区转变,因地制宜推进双创社区建设。

塑造人性化高品质空间,打造活力街区。围绕新城中心和地区中心,形成小尺度密路网,适合慢行的无车街区。强化街区界面的整体连续、开放复合。突出全时段空间利用和功能引导,每个新城打造1处地标性24小时运营的公共活动集聚区。

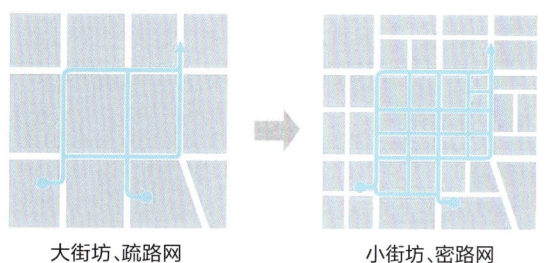

图1 小街坊、密路网示意图

整体性综合利用地下空间,建设立体城市。最大限度释放地面空间用于人的活动,全方位打开立体发展格局。规模化开发地下空间,建设"地下城"。网络化连接地上地下,实现空间一体化。系统整合公共活动、基础设施、地下交通、智能物流等各类功能。

(2) 高效智能城市

为应对新技术革命对未来生活方式和城市空间格局带来的深刻影响,国内外的城市已开始注重智慧科技与交通、公共服务、基础设施等领域深度融合、迭代演进,为市民创造更加高效智能的生活。

强化对外便捷、对内便利,营造更方便优质的出行体验。基于建设独立节点城市的交通系统考虑,建设"内外衔接""站城一体"的对外综

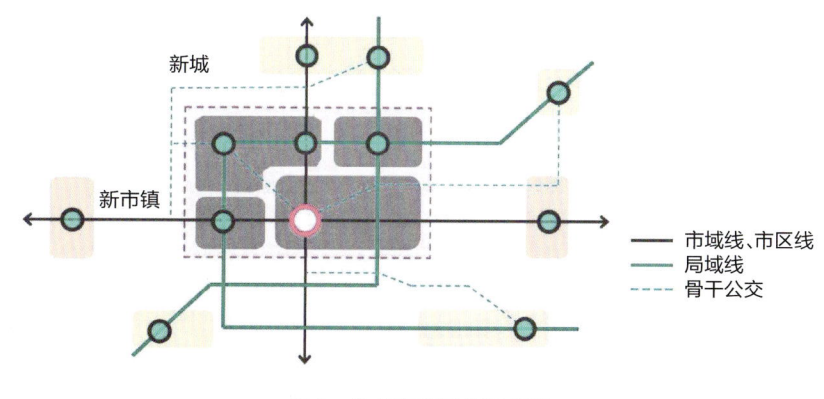

图2 公共交通网络示意图

合交通枢纽。构建以轨道交通（中运量）为主的公共交通体系，以静态交通供应端管理需求端。建设贯穿全域的慢行网络，打造安全高效的智慧出行场景。

做优街坊基本公共服务功能，打造未来社区。通过空间利用方式的转变，促进生活方式的转变，实现5分钟步行范围内提供全龄友好的基本生活服务，引导公共服务设施布置下沉至街坊。加强线上线下融合，做好社区公共服务设施预留。鼓励功能混合，一站式解决社区服务功能。

系统推进实施新基建，加快数字化转型。加快推进新基建的建设，形成新城整体系统布局，对未来不确定的新型基础设施做好空间预留和功能弹性兼容。加强各类基础设施的功能集成和空间集约，推进基础设施的智能化数字化管理。

（3）低碳韧性城市

构建绿色、韧性、低碳的城市新格局正在成为城市发展的关注重点。在生态文明建设背景下，中央多次强调城市发展不能只考虑规模效益，必须把生态和安全放在更加突出的位置，打造韧性城市、低碳城市。"上海2035"和全市"十四五"规划纲要都明确提出2025年上海将实现碳达峰，新城应率先成为全市低碳韧性发展示范区。

构建优于中心城的蓝绿交织、开放贯通的"大生态"格局。夯实生态屏障、凸显生态优势。加强组团嵌套、绿廊贯通，将自然引入新城，将新城融入自然。凸显"一城一湖"的独特要素，丰富公园绿地的综合体验，实现步行5分钟进公园、20分钟进林带、1小时进森林。

构建安全韧性、弹性适应的空间新模式。构建安全韧性、弹性适应的城市空间格局。新城优先应用前沿技术手段，实现风险事件的事前预控决策、事中迅速应对、事后高效救援，提高基础设施韧性。落实海绵城市建设要求，提高城市生态韧性。

建设绿色低碳发展的新样板。从促进节能减排、增加碳汇能力两方面要求出发，在新建地区创建绿色低碳街区，推动老旧街区的绿色化、低碳化改造。加强沿河沿路"绿化毛细血管"建设，推动公共建筑立体绿化建设，加强清洁能源和分布式能源的应用等。

（4）个性魅力城市

特色是城市保持独特性的关键，也是区别于其他城市的个性特征和内在特质。纵观各新城，不同的地理位置、自然环境和历史演变过程，都造就了不同的城市底蕴，形成了不可替代的文化价值。因此，各新城应顺应区域自然环境格局，充分挖掘城市文化内涵，强化新城风貌特色，打造"一城一意象"。

塑造整体平缓和谐、节点簇群错落的高度轮廓。控制新城基准建筑高度，明显低于中心城，形成整体有序的空间形态和肌理。打造具有集中度和显示度的高层标志簇群，适度控制高层标志簇群数量与分布，建议不超过新城总面积的5%左右，地标建筑按照市级副中心高度层级控制。

构建视景丰富、视点可达、视廊通透的眺望系统。结合公共活动中心的标志建筑簇群或特色景观要素，塑造形态优美、层次丰富的观赏视景；选取主要入城通道、大型开敞空间和地标建筑高点作为最佳眺望视点，强调视点的可达性和公共开放性，建立视线通达的景观视廊。

突出历史保护，彰显文化特色。凸现新城拥有的厚重文化底蕴和地域特点。加强历史文化风貌区整体保护，注重挖掘文化内涵、促进功能活化。老城更新改造注重延续肌理，改善空间品质。加强新城人文景观设计，提升空间文化魅力。

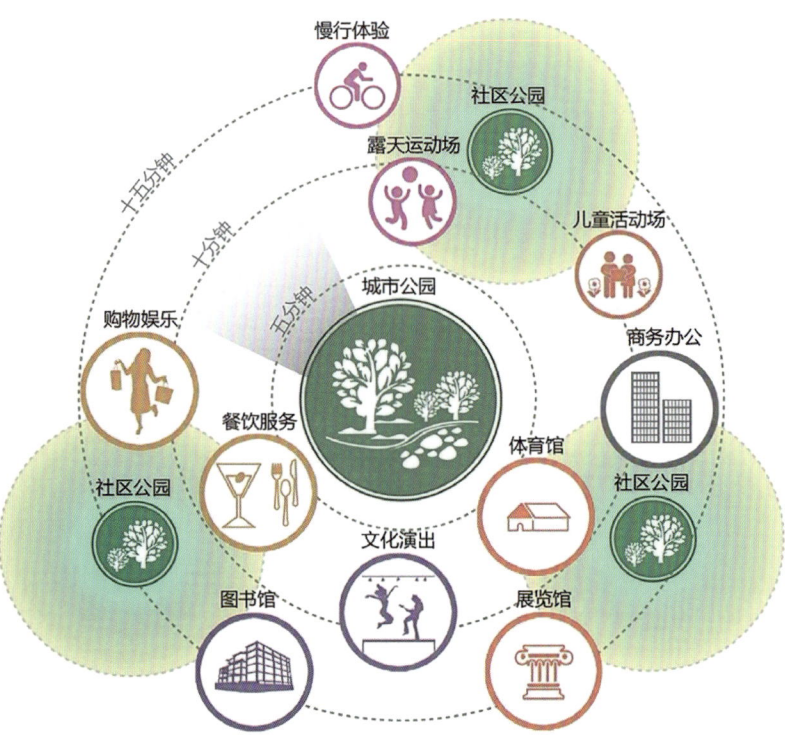

图3　生态休闲空间示意图

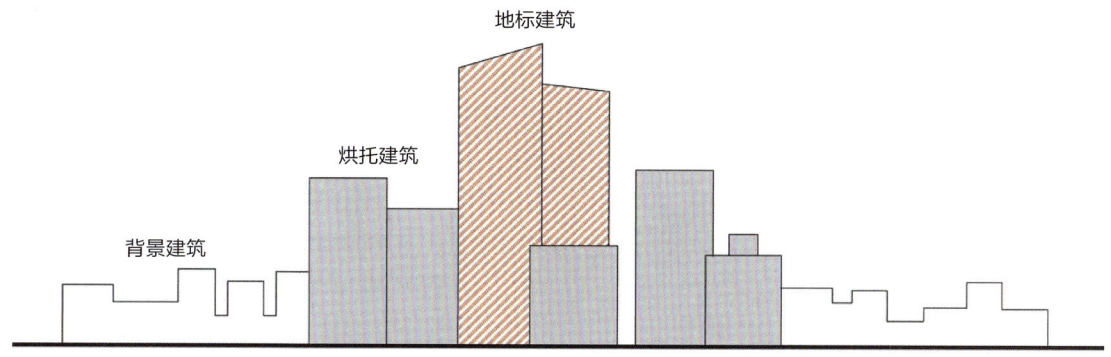

图4　高度天际线示意图

【工作过程】

按照"1+6+5"的体系搭建推进新城规划建设工作的总体框架。"1"是由市政府出台一份面上指导推进新城规划建设的核心文件；"6"就是由各专项工作组牵头完成6个重点领域专项工作，从全市层面统筹政策机制和重大项目向新城倾斜；"5"就是由相关区政府和临港新片区管委会牵头制定五个新城的"十四五"规划建设行动方案。

在"1+6+5"的总体工作框架下，以总体城市设计研究为技术支撑，围绕《导则》制定开展了以下四个方面的工作。

一是开展快速评估梳理。基于新城已有规划基础，对照"最现代""最生态""最便利""最具活力"基本要求，从空间品质维度分析研判各新城规划建设过程中亟须提升的问题，重点对新城的空间形态结构进行了初步分析，将相关要求在《导则》中进行明确，用以指导后续各新城推进总体城市设计工作。

二是加强案例分析总结。对标国内外最高标准和最好水平，选定了23个国内外案例城市，梳理了74条相关理念和158条策略指标，在此基础上总结经验，提出建议。

三是顺应人民对美好生活的新愿景。通过对约1万份市民调研问卷分析得出，市民需要更多家附近的社区公园、城市郊野公园和特色主题公园，全龄友好、与国际接轨的高品质公共服务设施以及充电桩、加氢站等新型基础设施。

四是全面听取各方意见。在案例研究和评估梳理的基础上，和其他5个专项研究工作做好衔接，形成了《导则》（初稿），并于2022年1月11日征求了市发展改革委、市经信委、市住建委、市交通委等各相关委办局以及新城所在各区、管委会的意见。

【咨询工作特点及经验教训】

《导则》在编制时面临了众多难点和挑战，规划从技术方法上寻求突破，化难点为优势，化挑战为机遇，实现直接指导新城高水平规划、高品质建设和高标准运营管理的目标。

1. 强化价值导向，对标最新理念

《导则》对标国内外最高标准和最好水平，系统借鉴了阿布扎比马斯达尔新城、瑞典皇家海港城、北京城市副中心、雄安新区起步区等案例的最新经验，延续继承历次新城规划建设的亮点和特色，使新城成为符合宜居城市、韧性城市、智能城市、低碳城市等发展要求，引领高品质生活的未来之城和发展样板。基于发展评估、案例对标、专项统筹的技术支撑，《导则》是第一本围绕新城编制的综合性规划建设导则，涉及城市空间相关的方方面面，在编制过程中整体谋划生产布局、生活环境、生态空间，系统阐述了新时期上海规划建设的价值导向。

2. 突出系统集成，凝聚各方共识

在编制过程中强调多部门协作，以规划为引领，统筹协调综合交通、产业发展、公共服务、环境品质和新基建等5个专项研究成果，并将其转化为引导要素在《导则》中表达，形成市区两级部门集体合力。同时，通过民众建议征集等活动，充分吸收市民对于新城发展的谏言，并召开新闻发布会和媒体通气会，凝聚各方思想共识，扩大公众影响力。

3. 强化全生命周期引导

一是强化全过程引导。《导则》贯穿规划、建设、运营管理各环节，预留弹性接口，是指导新城单元规划、详细规划、专项规划和城市设计的技术指南，是建设实施的行动指南和运营管理的操作指南。二是保障动态更新机制。各新城可以结合重点地区城市设计研究，按照《导则》确定的原则导向和分级分类管理要求,对具体管控要求的指标值进行深化细化,《导则》为相关成果深化留有接口。

4. 通则和专则相结合,强调在地化引导

一是聚焦普遍问题,明确发展导向,确定通则指引。分析研判各新城规划建设过程中亟需提升的普遍问题,构建"目标—策略—要点"逻辑体系,重点突出新城未来发展导向,形成提纲挈领的引导要求和衡量指标。二是围绕个性问题,结合资源禀赋,强化专则引导。基于对各新城不同的现状问题和资源分析,进行总体城市设计指引,强化特色倾向,重点关注城市意象,提出差异化引导要求,形成在地化专则。

【工作效果】

2021年3月,《导则》由上海市新城规划建设推进协调领导小组办公室印发,作为纲领性文件,指导新城高水平规划、高品质建设和高标准运营管理。

2021年7月,在"上海2035"、各区2035和《导则》的共同指导下,上海编制完成五个新城总体城市设计,由上海市新城规划建设推进协调领导小组办公室印发,作为新城规划建设的依据。

在《导则》和五个新城总体城市设计的指导下,各新城推进综合交通、产业发展、空间品质、公共服务、环境品质和新基建等重点领域专项深化工作;推进重点地区的城市设计及控制性详细规划编制工作,保障好重大产业和功能性项目落地,确保新城规划建设的集聚度和显示度;推进单元规划编制工作,明确各单元的规划控制要求。

嘉兴市综合交通规划（2019—2035）

The Comprehensive Transportation Planning (2019-2035) in Jiaxing City

编写单位：上海市城市建设设计研究总院（集团）有限公司
南京市城市与交通规划设计研究院股份有限公司
长三角（嘉兴）城乡建设设计集团有限公司
Shanghai Urban Construction Design & Research Institute (Group) Co., Ltd.
Nanjing Urban and Transportation Planning and Design Institute Co., Ltd.
Yangtze River Delta (Jiaxing) Urban and Rural Construction Design Group Co., Ltd.
联系电话：021-20507000　网址：https://www.sucdri.com
主要完成人：刘伟杰　杨　涛　姚忠民　余　欢　张方华　郑黎明　王宝辉　吴振宇　张　野
包佳佳

【点评】

该规划研究了嘉兴市在长三角一体化国家战略背景下的综合交通发展，提出了具有前瞻性和创新性的交通规划方案。规划以"一环十一射"快速通道为核心，有效支撑嘉兴市的"强中心"战略，同时充分挖掘和利用嘉兴的地理和文化优势，打造了具有江南特色的水上交通和绿道网络，为城市增添了新的活力和魅力。规划中的"四网融合"公交系统，解决了轨道交通发展中的难题，为中小城市提供了公共交通发展的新模式。此外，规划还弘扬了红船精神，凸显了江南韵味，体现了嘉兴作为长三角城市群中独特节点城市的区位优势。从咨询效果来看，轨道交通模式的认可、市区快速路工程的建设及有轨电车的成功运营，均彰显了本次规划的科学性和实用性。

【项目背景】

党的十八大以来，国家提出了"一带一路"、长江经济带、上海自贸区等重大的国家战略，我国改革开放格局发生重大提升并向长江纵深发展。2018年，习近平总书记作出"支持长江三角洲区域一体化发展并上升为国家战略"重大决策部署，《长三角区域一体化发展规划纲要》要求强化长江三角洲区域一体化（简称"长三角一体化"）发展，提出紧扣"一体化"和"高质量"两个关键，将长江三角洲建设成为世界级的城市集群，参与全球竞争合作。

在国家方针的指引下，为抢抓机遇，勇担开路先锋，实现嘉兴全面转型和跨越发展，结合嘉兴市的发展形势，市委市政府审时度势提出实施"首位战略"，即通过全面融入长三角一体化发展，借势借力引领和推动嘉兴高质量发展；并总体部署适时开展了《嘉兴市国土空间总体规划》的编制。综合交通系统既构成城市空间形态的骨架，也是城市重要的基础设施，综合交通体系规划是嘉兴市国土空间规划的主要内容之一，也是提升和完善嘉兴城市交通出行便捷、生活生产方式转变的重要基础，交通系统的发展水平是嘉兴市城市发展品质的重要支撑。因此，综合交通规划与国土空间规划应当同步编制，相互支撑，相互反馈，相互协同，统领市域骨干路网、轨道交通及中运量、枢纽场站等重大基础设施的规划建设。

为发挥嘉兴市在"一带一路"和"长江经济带"及"长三角一体化发展"战略中的重要区位优势、贯彻国家新型城镇化发展战略，推动城市可持续发展并提升嘉兴市综合交通体系发展水平，亟需开展嘉兴综合交通规划，以全球视野、国家战略等层面重新审视嘉兴综合交通发展，通过借力上海和杭州两大世界门户枢纽对接区域和国际，进一步提升嘉兴对外交通辐射能力，强化嘉兴在长三角城市群中的作用和地位。根据《中华人民共和国城乡规划法》《城市综合交通体系规划编制办法》及相关法律法规，结合《嘉兴市国土空间总体规划》，制定本规划。

【项目内容】

根据嘉兴市"首位战略"确定的"三城一地"新定位，本次规划提出构建"大上海南翼枢纽都市、全域化现代公交都市、水江南智慧绿行都市"三大交通发展目标。为支撑三大目标的实现，提出"枢纽构建、轨道引领、品质提升、治理优化"四大发展战略，并提出10项交通系统发展策略，打造枢纽型、网络化、品质化的综合交通系统。

1. 四大发展战略

（1）枢纽构建

依托嘉兴"两港辐射、三省交汇、四廊交叉"的区位优势，以"空港+海港+陆港"为抓手打造枢纽城市，重塑嘉兴区域交通比较优势，提升"创新+服务"经济时代嘉兴在区域资源配置中的竞争力，打造大上海南翼门户枢纽都市，支撑嘉兴对接上海打造长三角高质量科创城市，成为长三角核心区枢纽型中心城市。

（2）轨道引领

构建"高速铁路—城际铁路—城际/市域轨道—有轨电车"多层次、一体化轨道体系，通过打造"轨道上的嘉兴"，支撑嘉兴"外融、内聚、强心"发展策略，推动嘉兴高质量发展。

（3）品质提升

通过路网优化和慢行强化转变交通车本位发展惯性，以人为本营造安全、高效、便捷、舒适、公平的城市交通环境，助力嘉兴建设国际化品质的江南水乡文化名城。

（4）治理优化

面向城市客运交通体系，从交通模式、交通组织和交通管理三个层面加强交通综合治理工作，构建"集约、高效、智能"的绿色客运体系，支撑嘉兴公交都市建设。

2. 10项交通系统发展策略

策略1：共建共享长三角世界级空港群。
策略2：借势借力发展国际化航运服务。
策略3：构建嘉兴特色的轨道交通体系。
策略4：促进轨道交通与用地协调发展。
策略5：深化常规公交供给侧服务改革。
策略6：健全市域多层次道路网络建设。
策略7：打造国际化品质慢行交通体系。
策略8：加强小汽车交通停车需求管理。
策略9：引导道路交通系统高效化组织。
策略10：建设高水平智能交通信息系统。

3. 构建高能级综合枢纽体系

形成航空、铁路、海河联运综合三大枢纽，突出枢纽为核的作用。

（1）特色航空枢纽

借机沪杭航空功能外溢，积极谋划特色干线机场，加快建设嘉兴国际航空联运中心。根据长三角一体化发展纲要，嘉兴机场近期以货运功能为主，远期重点发展商务、旅游、廉航等功能。

（2）区域铁路枢纽

高速铁路：构建"接沪连杭、通苏达甬"的高铁网，形成雪花形网络，实现与长三角中心城市直连直通及城镇发展轴全覆盖。普速铁路：市郊化改造沪昆老线，货运功能迁至杭州湾铁路，提升沪嘉杭通勤服务。

（3）海河联运枢纽

规划形成"三区、八联"嘉兴港总体空间格局，加强海河双港联动发展，全力建设国家海河联运枢纽示范工程。

4. 构建高水准公共交通体系

构筑低碳集约、多方式协调的城市绿色交通体系，进一步强化公交优先的发展导向。

（1）轨道

借机都市圈城际轨道发展，通过"传承轨道网+缝合城际网"构建"5+3"轨道快线网，实现区域一体融合和市域强心强轴发展双赢。

（2）中运量公交

规划形成"网格放射"形态网络的中运量系统，以"网络化、多交路、类公交"运营，提升路面公交服务能力与品质，支撑形成嘉兴市多层次公交系统。

5. 构建高效率道路交通体系

在长三角区域一体化及嘉兴市域一体化发展背景下，形成高速公路和干线公路复合道路走廊。

（1）干线公路

系统性谋划嘉兴干线路网，规划形成"三纵三横七连"高速路网和"五纵五横一连"国省道网，强化全域覆盖。

（2）快速通道

利用干线公路改造形成"一环十一射"快速通道，提升中心城—外围县市出行时效，真正实现市域快速道路交通一体化。

（3）城市路网

结合城市功能空间，优化城市路网结构和布局，规划形成"功能完善、结构合理、集约高效"的"三环多射网格状"骨架路网。

6. 构建高品质特色交通体系

践行生态创新发展原则，打造最江南风貌的

"多模式、生态化"的高品质特色交通体验区。

（1）生态绿道

按照"九水连心、织绿阅城"总目标，构建"省域—市域—城市—社区"四级绿道，形成市域"双环七廊"及市区"一心、两环、九放射"的绿道网络。

（2）水乡碧道

充分利用嘉兴"江南水乡、田园城市"天然优势，规划形成市域"一城多星两琏七廊"及市区"两环九射"的水上巴士网络，打造又一张城市名片。

7. 构建供需适应交通空间

（1）慢行分区

践行"人民城市为人民"发展理念，结合城市空间功能特征，差别化慢行分区，营造独特慢行环境，全面提升慢行空间及舒适度，强化人民群众获得感。

（2）停车管理

分结构引导、分区域管理、分类别指导的停车管理方案。

【工作过程】

2019年7月11日，项目启动，成立综合交通规划工作专班；9月11日，向市委市政府主要领导汇报综合交通纲要成果；11月19—20日，向嘉兴市下辖县市区征求综合交通纲要意见；12月23—24日，分别向市政协、人大、规委会汇报综合交通纲要。

2020年6月12日，召开综合交通战略规划专家评审会，获原则通过；9月28日，召开综合交通体系规划专家评审会，获原则通过。

2021年2月5日，《嘉兴市综合交通规划（2019—2035）》通过嘉兴市空间规划委员会2021年第1次全体会议审议；6月25日，《嘉兴市综合交通规划（2019—2035）》通过八届市政府第68次常务会议审议；7月13日，《嘉兴市综合交通规划（2019—2035）》获嘉兴市人民政府批复。

【咨询工作特点及经验教训】

1. 规划理念先进，紧扣城市发展区位，站在区域看城市，跳出交通看交通，充分考虑与周边城市交通网络的融合与一体化规划

本次综合交通规划是在长三角一体化上升为国家战略背景下开展的。嘉兴地处江河湖海交会之位，与上海、杭州、苏州、宁波等城市相距均不到百公里，地理区位十分优越，作为长三角城市群内的节点城市，嘉兴定位为上海大都市圈内的重要城市，以及杭州都市圈内的副中心城市。随着长三角一体化战略实施，嘉兴将深度参与区域乃至全球分工协作和交流融合，城市发展迎来了新的机遇和挑战。

本次规划充分考虑与嘉兴周边城市交通规划进行对接，通过构建"枢纽城市"并与上海、杭州、苏州、宁波等周边城市"汇集成网"，加快融入上海大都市圈和杭州都市圈，通过借力上海和杭州两大世界门户枢纽对接区域和国际，进一步提升嘉兴对外交通辐射能力，强化嘉兴在长三角城市群中的作用和地位。

2. 规划思路新颖，构建"空—铁—水"对外枢纽协同发展，协同城市综合交通与立体交通，把握关键要点，促进区域交通效益最大化

开展本次综合交通规划之时，嘉兴市尚未开展立体交通规划编制。本次规划提前根据相关政策把控立体交通规划，站在区域层面重点分析对外航空、铁路、港口等大交通，融合两者技术路线，实现创新尝试，最终成果均纳入后期开展的综合交通规划。

（1）充分论证明确嘉兴机场的定位

针对嘉兴机场转型发展，在综合考虑区位、经济、交通等特点的基础上，在区域视角下专题研究嘉兴机场的定位。把握沪杭航空功能外溢机遇，谋求特色干线机场，打造国际航空物流基地。积极推动嘉兴机场规划建设，主动参与上海大都市圈机场群建设，共同打造长三角世界级城市群核心机场群，推进区域民用航空发展，助力上海大都市圈机场服务能力，提升城市竞争力和影响力。

（2）专题研讨确定嘉兴铁路枢纽定位

新时期，铁路成为嘉兴市融合长三角一体化发展的关键抓手。为了打造大上海南翼门户枢纽都市，支撑嘉兴建设长三角核心区枢纽型中心城市。本次规划在《嘉兴铁路枢纽总图规划》的基础上，就高铁和普铁进行了优化提升。

① 高速铁路。目前，嘉兴六向客运专线基本成形，但由于嘉湖城际定位低（时速仅200 km且两端衔接不畅，主要解决嘉兴与湖州出行问题），与苏西南、皖中南等地区依然缺乏直连直通的高铁大通道，这对于嘉兴融入长三角一体化的支撑力度显然是不足的。基于此，战略规划提出将嘉湖城际运行速度提升至350 km/h，并向东在嘉兴南站与沪乍杭高铁（350 km/h）顺接，向西在湖

州站与商合杭（350 km/h）、宁杭（350 km/h）等高铁衔接，强化浦东机场、嘉兴与苏西南、皖中南地区的高效连通。

② 普速铁路。"融沪联杭"是嘉兴融入长三角一体化发展的重中之重。考虑到沪昆老线串联了沪、嘉、杭三地老城中心，站点密集（沪杭正线共有24座车站）且周边建设了大量的居住、办公、商业等生活用地，沿线通勤、商务出行需求旺盛。建议将其货运功能南迁至杭州湾货运铁路上，协同上海、杭州对沪昆线（沪杭段）进行市郊化改造，进一步强化沪杭走廊的铁路通勤出行服务。

（3）上海国际航运中心视角下准确研判嘉兴港功能

在都市圈尤其上海国际航运视角下专题研究嘉兴港功能定位，提出加强与杭州湾港口分工合作，积极培育近洋航线。控制港口货运铁路支线，预留海铁联运发展空间。优化三大港区功能定位，实现港—产—城协调发展。最终形成"三区、八联"嘉兴港总体空间格局。

3. 技术手段先进，多源数据融合分析，构建嘉兴市综合交通智规分析平台，实现方案推演科学化

结合手机大数据、网络大数据等，建立了嘉兴市也是浙江省第一个面向政府决策的城市交通智慧规划分析平台，有效提升了规划方案的科学性及可实施性。

4. 发挥优势，适度提升，合理确定城市快速路网结构，打造大通勤圈快速通道（道路）网，提出市域快速路建设新要求

针对城市快速路体系这一至关重要的交通设施，本次研究从需求分析角度技术创新（利用大数据分析平台，针对不同发展模式进行推演），站位视角突破（考虑都市圈节点城市的区位，以及市域一体发展需求），从支撑嘉兴"全域一体、城乡融合"发展的基础上战略性提出了对既有干线公路进行改造提升，通过以关键节点"平改立"为主要手段，打造中心城区到外围组团的"一环十一射"快速通道，经济、高效地支撑嘉兴"强中心"发展策略，创新性地提出了新发展阶段下快速道路发展建议。

5. 特色鲜明，以水为脉，构建嘉兴水上交通及绿道网络，打造城市新名片

紧紧抓住嘉兴市独一无二的水系特征，充分依托水网、景观、人文资源，打造绿道及水上巴士客运系统。水上巴士作为嘉兴新型公共交通出行方式，首次融入城市公共交通体系，为市民带来全新的出行体验，充分体现了江南水乡城市的价值。同时助力嘉兴市"九水连心"水绿空间的形成。

6. 精准研判，远近结合，重构嘉兴轨道发展新思路，建立"城际铁路—市域轨道—中运量公交—常规公交"四网融合公交系统

通过对发展趋势的深度剖析，规划组认为，新时期嘉兴既有的轨道交通发展模式（自主申报建设城市轻轨系统）将面临落实难和协调难的"两难"问题。

落实难：嘉兴人口规模和客流强度难以满足国家对城市轨道（地铁和轻轨）的审批标准要求，且客流审批要求呈现不断提高的发展态势。

协调难：《嘉兴市轨道交通线网规划》由市发展改革委牵头编制，与国土空间总体规划难以协同；同时城市轻轨和有轨电车存在功能同质化问题。

基于以上"两难"分析，同时考虑到嘉兴市轨道建设的必要性和迫切性，战略规划根据国家政策发展导向，提出"传承城市轨道网+缝合城际轨道网"的两网融合发展策略，即以都市圈市域（郊）铁路的方式（由省发展改革委审批）发展轨道快线，重点解决嘉兴"区（市）域一体"和"强中心"发展诉求，以及审批难问题，同时兼顾中心城区内部中长距离出行服务。此规划可以为中小城市轨道发展提供借鉴。

在建立"城际铁路—市域轨道—中运量公交—常规公交"四网融合公交系统基础上，结合公交发展需求，基于智慧交通技术成熟，规划设计基于MaaS的片区出行解决方案，突破传统公交模式，为中小城市公共交通发展提供新模式。

7. 规划特色突出，弘扬红船精神，彰显地域元素，形成嘉兴模式

（1）弘扬红船精神，围绕南湖构建全方式的综合交通体系（公交、水上、慢行），为建党百年献礼

作为红船精神的发源地，通过交通规划建设促进南湖精神的传承。围绕南湖规划城市轨道及有轨电车系统，目前有轨电车已经开通运营，效益良好；围绕南湖规划"九水连心"的水上巴士系统及绿道系统，目前均已建成；围绕南湖重新梳理打造"重走一大路"红色经典漫步道，重温经典；通过骨干交通将南湖、嘉兴火车站及嘉兴南站等枢纽紧密连接，交通规划中充分体现红船精神。

（2）凸显江南韵味，围绕全国独一无二的城市水系，实现水上交通方式的弘扬与发展，再造水上交通

作为江南水乡特色名城，充分依托水网、景观、人文资源，打造"快线为骨架、干线为主体、支线、水上出租为补充"的特色水上客运交通系统，实现水上巴士作为公共交通出行的有益补充，铸就全国样板工程。

（3）体现区位优势，作为长三角城市群中独特的节点城市，在区域视角下的交通发展模式供其他城市参考

如何让城市群中的节点城市融入城市群、提升城市竞争力是新时期各个节点城市面临的主要问题，作为典型节点城市，本次规划在枢纽构建、轨道发展、公交模式、特色交通等层面均提出了新的发展思路，目前均建成落地，形成借鉴案例，为其他城市规划建设提供参考。

【咨询效果】

1. 轨道交通模式得到认可，多条线路有序开工

本次综合交通规划明确了嘉兴市市域轨道—中运量系统共同构成嘉兴公共交通骨干网的思路，并且市域轨道进一步与周边城市互联互通。目前嘉兴市域铁枫南线、西塘线、嘉平线均已经开工建设，支撑嘉兴市域一体化发展，连接上海虹桥、浦东枢纽、上海南站、杭州萧山机场等重大区域枢纽；同时提升内部公共交通出行品质。

2. 市区快速路工程建设，提升了机动车出行的方便性和快捷性

目前快速路环线一期已经建成，市区中长距离机动车出行效率提升35%。多条快速路射线正在建设，对于提升城市能级、改善城市形象、缓解城市拥堵、释放城市活力具有重要意义。

3. 有轨电车开通运营，嘉兴实现了品质公交的突破，客流效益良好，高品质服务水平受到一致好评

本项目于2021年6月25日开通示范段试运营，当日1.6万人次的客流，创下了国内有轨电车新开城市首开日客流的新高。目前有轨电车客流强度接近0.1万人次/公里，受到出行者的广泛好评。

本项目获评2023年度上海市优秀工程咨询成果一等水平。

杨浦滨江南段总体城市设计
The Overall Urban Design of the South Section of Yangpu Riverfront

编写单位：上海市城市规划设计研究院
　　　　　上海市上规院城市规划设计有限公司
Shanghai Urban Planning & Design Research Institute
Shanghai Urban Planning and Design Co.）、AS+P Albert Speer + Partner GmbH
联系电话：021-23135523　　网址：https://www.supdri.com
主要完成人：徐毅松　张帆　白雪茹　赵宝静　李锴　朱丽芳　周云　王玲　金山　张岳

【点评】

该规划以"世界创新要素的交汇枢纽、历史未来交融的魅力水岸、卓越人才安居的海派社区"为目标，围绕"宜业、宜游、宜居的世界级滨水城区"的发展定位，立足杨浦滨江南段工业遗存风貌特征，结合成片旧改和基础设施建设，统筹协调风貌保护、民生改善、城区发展等方面，通过规划、建设、管理三大环节的统筹全面推动城市更新。规划亮点体现在对工业遗存的保护与活化利用，以及对滨江空间环境的细致打磨，为城市提供了新的文化地标和公共客厅。咨询工作的效果显著，规划成果已纳入杨浦区单元规划，有序推进了控规编制，并有效指导了重大项目的建设实施，展现了规划对地区发展的引领作用。整体而言，该规划为杨浦滨江南段的转型发展提供了清晰的蓝图和实施路径，是城市设计领域的优秀案例。

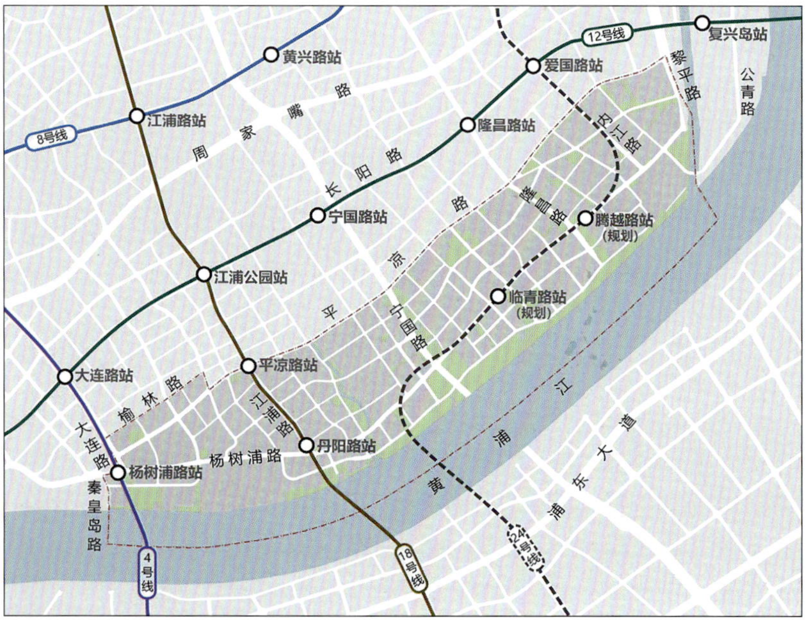

【项目背景】

杨浦滨江南段是"人民城市建设"重要理念的首倡之地和上海杨浦生活秀带国家文物保护利用示范区，同时也是中心城区浦西黄浦江沿岸仅剩的具备整体开发条件的区域。为积极推动区域整体转型，开展本次总体城市设计。规划范围西接北外滩，东连复兴岛与杨浦滨江中北段，与浦东新民洋区段隔江相望，总面积约6.1 km²，是黄浦江核心段的重要组成部分。

作为滨江核心区段最后一个成片开发板块，杨浦滨江南段必须按照最高标准开展开发实践，既要推进地区整体功能完善与品质提升，落实风貌保护要求，传承工业记忆与里弄肌理，还要结合地区老旧小区改造与基础设施升级推动城市有机更新。

【项目内容】

1. 功能目标

本项目围绕人民城市建设示范区和"宜业、宜游、宜居的世界级滨水城区"目标，将杨浦滨江南段打造成为"世界创新要素的交汇枢纽、历史未来交融的魅力水岸、卓越人才安居的海派社区"。本项目共形成六大策略与十二项措施，层层分解三大功能目标，细化规划要求。

（1）目标一：世界创新要素的交汇枢纽

以建设创新城区推动工业基地转型是杨浦

图1　滨江南段规划范围示意图

图2　空间效果图

滨江南段产业发展的核心任务。杨浦区是国家创新型试点城区和上海全球科创中心的重要组成部分，《黄浦江沿岸地区建设规划（2018—2035）》进一步将创新研发作为杨浦滨江南段的发展定位。南段区位条件优越、空间资源丰富，杨浦区腹地丰富的高校和产业资源以及与滨江南段隔江相望的张江、金桥功能板块，为杨浦滨江南段发展提供了有利条件。未来，杨浦滨江南段将成为"宜业"的创新性试点城区、全球科创中心的核心空间载体以及杨浦产业发展的重要引擎。

（2）目标二：历史未来交融的魅力水岸

以打造世界级滨水城区为目标，黄浦江42 km岸线拥有许多已经形成或正在建设的高品质区段，滨水区域的打造也是本次设计的核心议题。2019年，上海城市空间艺术季在杨浦滨江南段举办，活动显著提高了滨江沿线的环境品质与知名度。本项目围绕"宜游"主题，重点发掘岸线宽度优势、历史禀赋，赋予5.8 km杨浦滨江南段独特魅力，并通过强化滨水与腹地之间的连接，使滨江优质空间环境资源向腹地渗透，带动腹地发展。

（3）目标三：卓越人才安居的海派社区

杨浦有优秀的学区和居民，但在新江湾城之外缺乏可与联洋、碧云社区相媲美的具有市场号召力的居住板块。正在推进的旧改为滨江南段的建设提供了重要契机，里弄保护更新为住区开发提供了特色主题。未来，地区将聚焦"宜居"主题，依托110万 m² 新建住宅和约147万 m² 存量住宅更新，结合整体策划与开发运营，打造特色突出、对创新人才具有吸引力的高品质居住社区，为杨浦中南部发展提供有力支撑。

2. 空间结构

滨江南段东西两侧分别打造八埭头、大桥东两大功能核心区；南侧沿江布局创新产业带；北

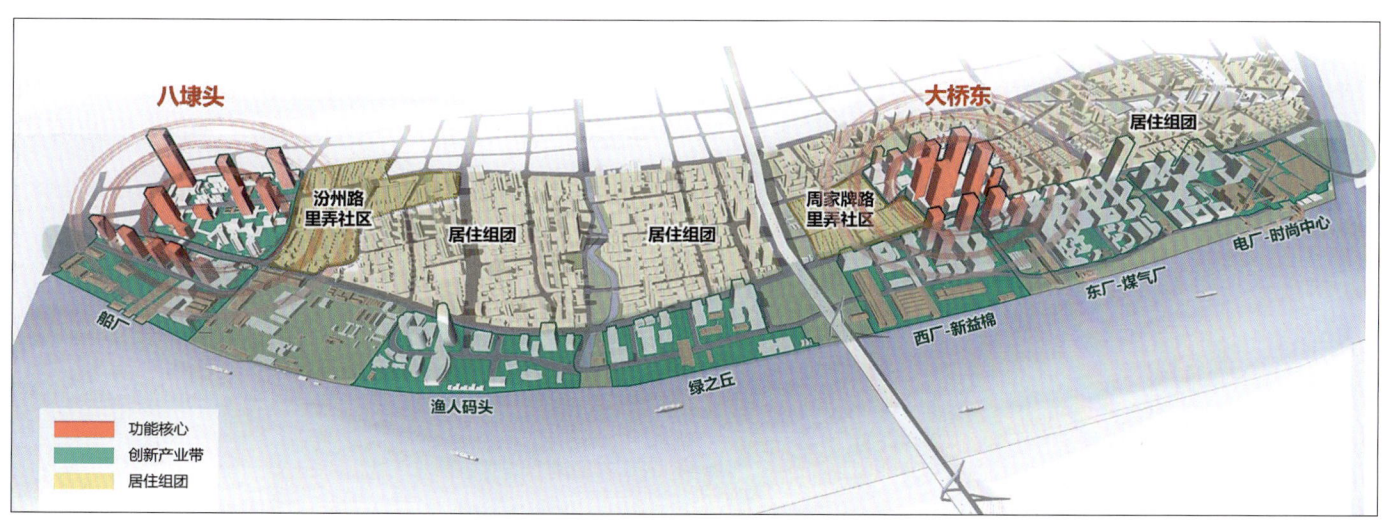

图3　滨江南段空间结构分析图

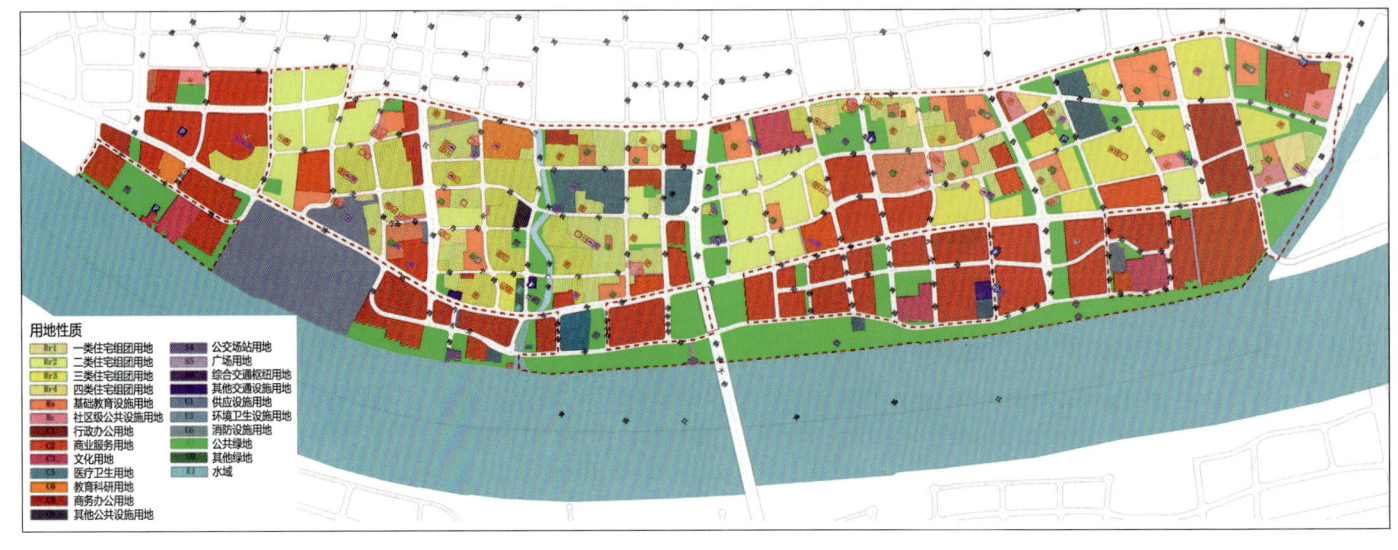

图4 滨江南段土地利用规划图

侧组织多个居住组团，形成"高层集中、低区连片"的空间格局。

3. 发展规模

规划范围内总建筑面积约834.6万 m^2，其中商业办公建筑面积约421.8万 m^2，商品住宅建筑面积约283.7万 m^2，租赁住宅建筑面积约11.7万 m^2，办公商业、住宅、其他规模比例约为3∶2∶1。

4. 综合交通

交通组织上，规划建立以轨道为核心的公交发展模式，完善道路网络，引导机动车交通向南北方向疏解，缓解向西过境压力，构建与规划开发容量相匹配的综合交通系统。

【工作过程】

本项目由市规划资源局会同杨浦区政府牵头，历时四年，分三个阶段开展。第一阶段（2019—2020年）开展整体城市设计和专题研究工作，其间专家咨询团队全程把关；第二阶段（2020—2021年）助力在线新经济建设需求，先行完成美团、B站、字节等重大项目详细规划局部调整；第三阶段（2021年6月至今）启动其他地区详细规划局部调整工作，目前已完成上报审批。

【咨询工作特点及经验教训】

杨浦滨江坚持以人民城市建设为中心，转变理念，创新方法，推进杨浦滨江南段整体功能完善与品质提升。在世界级创新水岸建设、滨江腹地联动发展、高品质人居环境营造、新旧风貌有机融合方面形成新的规划建设标准。

图5 工作组织历程

1. 世界级创新水岸建设

（1）打造"体验性"滨江公共客厅

在既有贯通空间宽度基础上，将开放空间拓展至杨树浦路沿线。滨江绿地与工业遗存、腹地城区有机融合布局，强化在地基因。通过补充驿站、公共艺术、城市家具，完善餐饮服务配套，营造可游憩、可漫步、可驻留的滨水环境。

标志性文化设施：结合上海船厂、上海电站辅机厂西厂、上海电站辅机厂东厂、杨树浦发电厂等特色工业建筑转型利用，突出历史风貌特色，形成富有吸引力的大、中型文化演艺、创意设计、综合体验设施。

事件性活动场地：船厂船坞、大桥公园、双阳绿地、隆昌绿地、电厂广场五处节点提供灵活适用的环境设计，满足产品发布、文化活动、运动健康等活动需求。

（2）提升滨江文化、创新活动的吸引力

根据《将"工业锈带"建设成为"生活秀带"——上海杨浦生活秀带国家文物保护利用示范区建设实施方案（2021—2023年）》，以建设

图6　创新水岸效果

图7　重点文化项目布局

"中国近代工业重要发源地"的工业遗产科学保护示范引领区域、"宜业、宜居、宜乐、宜游"的文物资源活化利用体验区域、"人民城市共建共治共享"的历史文化名城有机更新实践区域、"城市更新中改革先行先试"的政策腹地守正创新试验区域为目标,结合工业建筑节点更新,一是挖掘展示"中国近代工业文明长廊"的"历史厚度",以文化元素为滨江一线赋能,重点推动上海船厂船坞、永安栈房、杨树浦发电厂等节点更新改造,引入古船博物馆、世界技能博物馆等高品质文化项目,做强滨江沿线文旅功能和特色地标形象;二是打造线上线下相结合的文化艺术秀场,以上海船厂仓库、上海电站辅机厂东厂厂房和滨江开放空间为载体,以字节、B站等企业和文化机构为平台,举办线上线下相结合的文化活动与艺术展览,打造新时代滨江文化秀带。

2. 滨江腹地联动发展

(1)聚焦在线新经济优势,做强核心产业功能

充分发挥杨浦知识创意底蕴与互联网文化元素跨界融合的优势,依托"长阳秀带"在线新经济生态园建设,在滨江南段重点发展"总部秀园",大力引进一批在线新经济领域头部和领军企业,以数字化转型推动产业能级提升,打造新时期在线新经济发展高地。

为助力产业功能发展,此次规划通过聚焦创新企业和人才需求,在空间上量身定制了众多激发创新创意的办公空间。一是为适应创新性企业密集的内部沟通交流需求,增加标准层在3 000 m² 以上、高度在40 m以下的"大平层"商办建筑;二是为适应中小型创新企业建立更具识别性的企业形象需要,增加总面积在10 000 m²以内的"小独栋"办公建筑类型;三是打造具有高度创新力的空间环境,以紧凑宜人的空间尺度拉近空间距离,以连续、舒适的步行环境加强沟通联系,以中小尺度开放空间和活跃的建筑首层提供交流场所。

(2)同步推进腹地旧区更新

在滨江转型发展的同时,大力推动腹地成片旧区改造,截至目前区域内旧改已全部完成。

(3)打造垂江品质生活走廊

沿杨树浦港和隆昌路等道路打造绿色生态走廊,提供景观绿植、亲水岸线、运动设施,形成自然亲切、可游憩的垂江休闲路径。构建空中步行连廊,串联轨道交通站点、商务楼宇、城市公园和滨江绿地,形成垂江活力步道和瞰江观景视点。

3. 高品质人居环境营造

(1)完善空间设施配套

高标准补充开放空间与服务设施,适当预留弹性,动态适应发展需求。增加运动健身、儿童游戏等设施活动,打造"儿童友好公共空间示范区"。在提供基本公共服务配套设施基础上,重点面向创新人才需求,提供高品质特色生活配套设施。

独立用地保障大型特色配套,依托杨浦腹地教育资源配套高品质公立基础教育设施,结合公共绿地提供文化、体育设施。

依托市场补充特色商业配套,充分发挥市场在生活服务配套供给中的作用,结合沿街商业提供健身房、咖啡馆等中小型配套;依托高品质环

图8 腹地联动效果

图9 杭州路规划效果

境孕育医疗、教育、文化等特色服务配套设施,满足包括高层次人才在内的不同人群的各种需求。

(2)提升存量住宅设施

顺应市民对美好生活的新期待,以滨江开发助力老城焕发新活力,增进居民群众获得感,彰显城市温度。全面提升存量住宅与既有设施,重点改善20世纪80年代建造的老公房,改造扩建波阳、平凉等老公园,提升阳光养老公寓等2000年以前建设的老设施。

(3)营造可漫步的街区

按照小街区、密路网的原则,延续渭南路、松潘路、杭州路等道路历史尺度,结合景观一体化设计,通过建筑、绿植、业态引导,营造具有海派韵味的特色林荫街道漫步网络。

4. 新旧风貌有机融合

杨浦滨江南段开发地块、新建建筑与历史建筑相互交织。本次规划强调从建筑单体保护走向城市肌理格局整体保护,新建建筑传承风貌特色、演绎地区特质,使新旧风貌相互协调、相得益彰。

(1)凸显工业遗存特色

滨江岸线全面保护更新工业遗存。功能上,活化利用促进滨江活力,结合厂房、仓库建筑特点,重点引入文化展演功能;形象上,优化改造彰显建筑魅力,特色建筑点缀时代要素,普通建筑进行二次创作,打造滨江新地标;空间上,有机融合形成特色景观。如安浦路连续穿越厂房,九棉车间等建筑与公共绿地融为一体,形成工业遗址公园。

(2)传承里弄街区风貌

综合延续近代住宅建筑景观与生活记忆。点上,保护具有较高艺术价值和类型价值的近代住宅。纺三小区等高级职员宿舍修旧如旧,引入精品酒店等功能;华忻坊作为上海规模最大、规格较高的广式里弄建筑群,延续建筑形制与空间格局,拟更新为文化创意街区。线上,延续里弄市房街道界面。重点保护与修补杨树浦路北侧里弄界面,凸显街道历史景观风貌特色,提供积极开放的首层建筑功能。面上,传承里弄社区居住氛围。扬州路、周家牌路对里弄类风貌街坊进行成片保护更新,保持街区居住功能,形成具有烟火气的社区氛围。

(3)塑造连续城市景观

杨浦滨江南段属于黄浦江滨江第二梯队,以杨浦大桥为界,东、西两侧分别形成以大桥东320 m和八埭头280 m地标统领的核心区高层建筑组群。八埭头区段重点关注与北外滩的相邻协调关系;大桥东区段形成起伏有致、韵律感强的高层组群。间隔基准高度为15—40 m的中低层片区,整体构成"高区集中、低区连片"的空间格局。滨江第一界面注重控制高度和化解体量,以此烘托工业遗存的主体地位。

八埭头高层区位于滨江第三层面,与北外滩高层建筑组群呼应,主地标建筑作为从属于北外滩建筑群的区段地标,高度为280 m,副地标在230 m左右。大桥东高层区位于滨江第三层面,主地标建筑作为杨浦滨江南段流域地标,高度为320 m,副地标高度在250 m左右。煤气厂

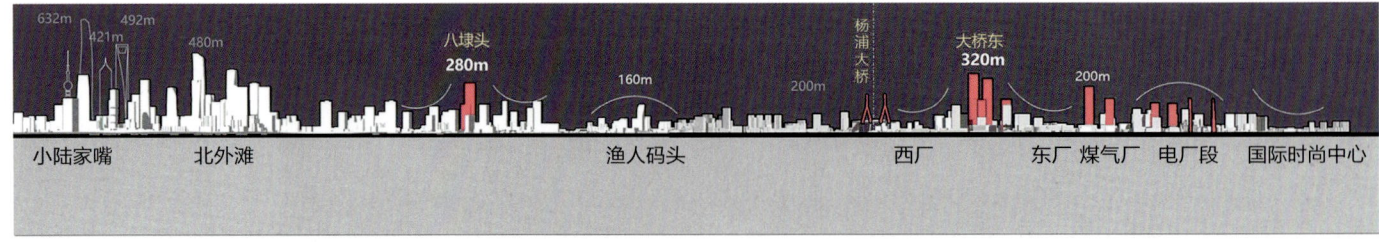

图10 整体高度示意

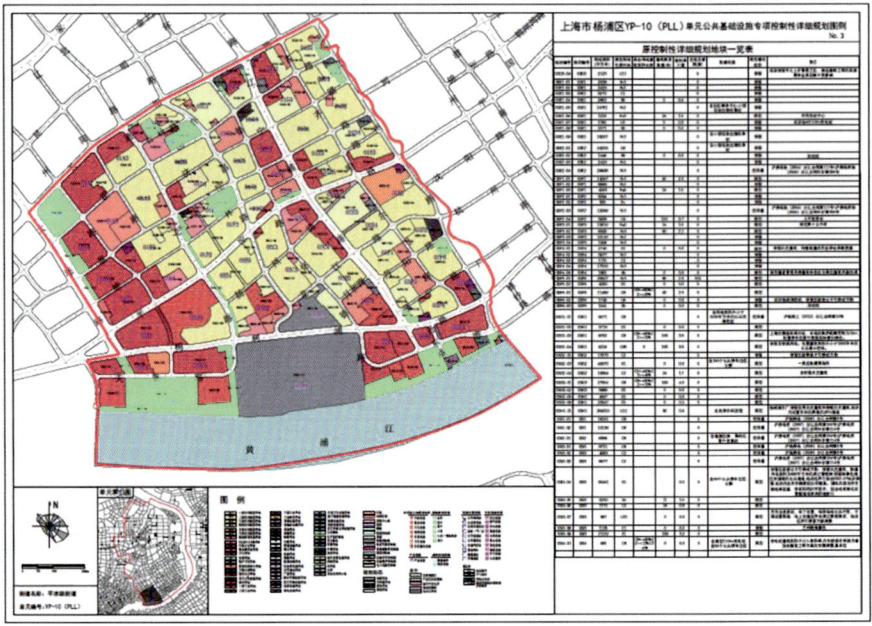

图11 杨浦单元规划用地图及批复

高层带位于滨江第二层面主地标建筑作为杨浦滨江南段区段地标,高度为200 m,副地标高度为160 m。

【咨询效果】

1. 充分衔接单元规划

本次规划成果完整纳入杨浦区单元规划,形成稳定的地区建设框架,引领地区发展。

2. 有序推进控规编制

杨浦滨江控规于2021年6月下发任务书。同时,为配合地区开发进度和土地出让计划,分组团编制法定规划并获得多个片区的批复。

3. 积极衔接规划实施平台管理

2022年1月,杨浦滨江规划实施平台建设工作正式启动,真正打通规划到实施之间的最后"一公里",开展规划实施平台的多方协同与项目管理工作。

4. 有效指导建设实施

在城市设计和已批控规的指导下,美团上海科技中心、哔哩哔哩全球总部、字节跳动上海滨江中心、旧改等重大项目的设计方案正有序推进,有效推动滨江建设实施。

浦东新区公交线网规划
The Public Transit Network Planning of Pudong New Area

编写单位：上海浦东建筑设计研究院有限公司
Shanghai Pudong Architectural Design & Research Institute Co., Ltd.
联系电话：021-50455300　　网址：https://www.pdadri.com
主要完成人：张大伟　陈　龙　周雪梅　陈　绵　刘　杰　温　馨　朱兴一　张　颖　宋淑丽
潘越洋

【点评】

该规划通过大数据技术深入分析浦东公交公司所属线路的客流、需求、供给、成本、营收等关键要素，构建宏观、中观、微观相结合的公交线网特征画像。亮点在于自研发了稳态训练、最短路径识别等一系列先进算法，达到了国际先进水平，巧妙运用大数据技术，对客流、需求等关键因素进行了精准分析，为公交线网规划提供了有力的数据支撑。项目在顶层设计上提出了"两网融合、自成体系、精准服务、转型发展"的战略目标，并细化为七大举措，为浦东新区公交线网的未来发展指明了方向。同时，项目还采用了先进的全过程评估方法，确保规划效果落到实处。此外，项目还基于研究成果形成了全国首个区级标准《公共汽（电）车客运线路优化调整管理规范》，为其他城市公交线网规划提供了宝贵的经验与借鉴。

【项目背景】

1. 政策背景和研究依据

《交通强国建设纲要》中提出要优化发展城市公共交通，鼓励引导绿色公交出行，强化城市轨道交通与其他交通方式衔接。数字化转型发展为公共交通的规划与决策提供了新的数据支撑。《数字交通发展纲要》中也提出要提升决策支持的大数据运用水平，建立大数据支撑的决策与规划体系。遵此，上海市正在进一步推进公交都市的建设，构建以轨道交通为骨干、公共汽（电）车为基础、轮渡与定制班线为补充的公共交通系统，优化公共交通线网结构，推进公交走廊线网调整，提高线路运行效率，强化轨道交通与地面公交衔接。

新时代对浦东新区常规公交发展提出了新的要求。近年来，浦东新区公交行业进入了大发展时期，全区公交线网规模不断增加，地面公交服务水平不断提升。但公交线网客流逐年下降，公交线网运营效率降低等问题日益突出。在此背景下，《浦东新区公交线网规划》是推进轨道交通与常规公交协调发展的需要，是加强常规公交与居民出行需求协调的需要，也是常规公交转型发展的需要。

依据《浦东新区公交场站设施规划（2011—2020）》《浦东新区综合交通体系建设"十三五"规划》，以及正在开展的《浦东新区总体规划修编》等，为进一步贯彻上海城市治理科学化、精细化、智能化，实现"十三五"期间浦东新区公共交通线网服务提高服务质量、降低服务消耗的目标，浦东公交公司着手编制《浦东新区公交线网规划》（简称"规划"）。

2. 规划范围

规划主要针对浦东公交公司所属的368条公交线路。

3. 研究工作重要性及拟解决的问题

《浦东新区公交线网规划》作为落实浦东新区区委区府主要领导指示要求，是指导浦东公交2018年至2020年三年线网优化的研究报告，既提出了顶层设计，又给出了实施方案，通过三年实施至今，取得了预期效果。通过本规划的编制，有助于浦东新区在现状大数据分析的支持下更好地匹配居民公交出行的需求，梳理并进一步完善浦东新区的公共交通体系结构，推动并实现居民公交出行体验的进一步改善，科学有效地指引未来几年的公交线网调整方案。

规划研究主要解决以下三个方面的问题：

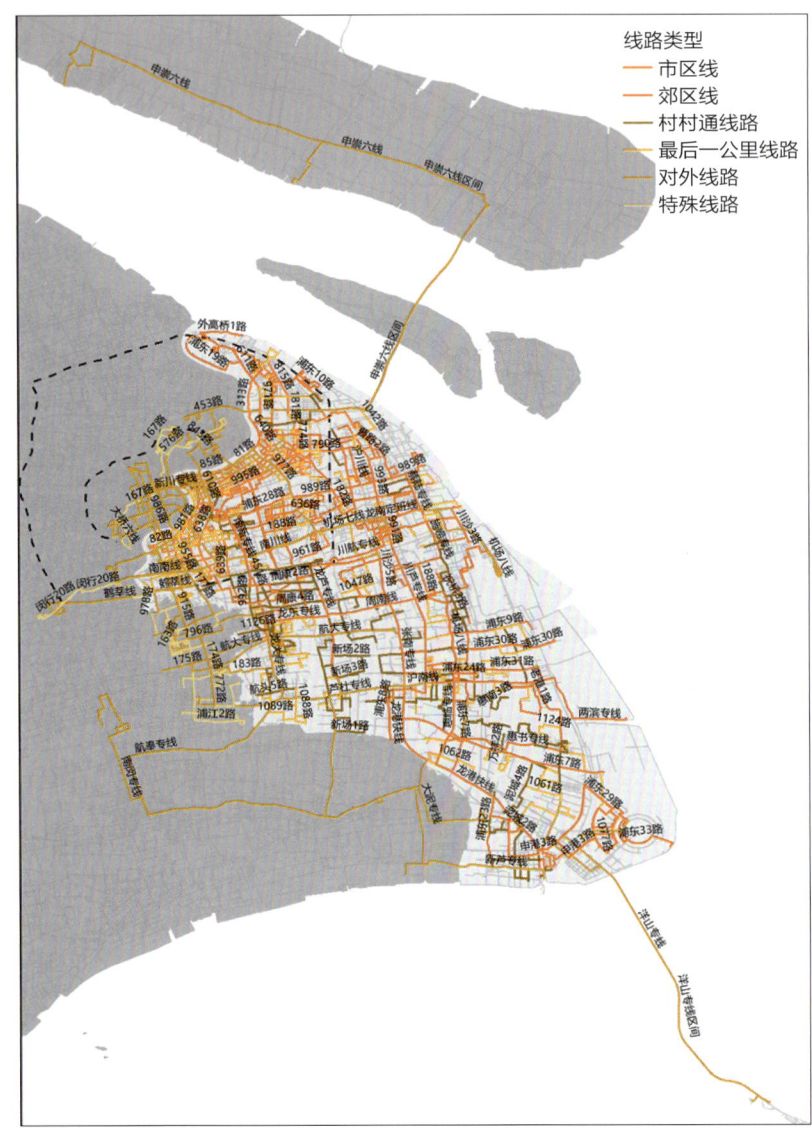

图1 规划范围

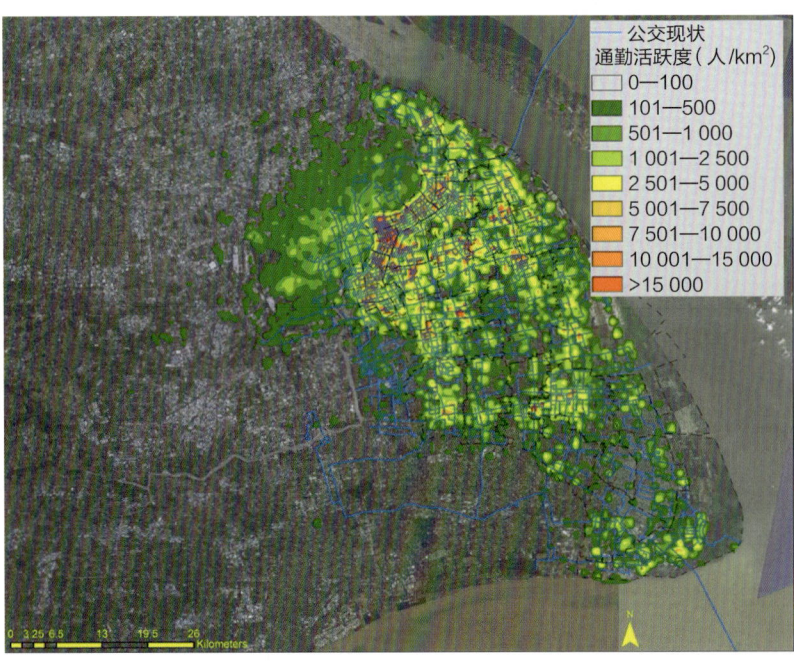

图2 浦东新区通勤客流与公交线网耦合分析

（1）对浦东公交线网进行特征画像及问题剖析

结合大数据对浦东公交公司所属线路的客流、需求、供给、成本、营收等要素逐条进行分析，并进行特征画像，梳理每一类公交线路的特征、浦东公交线网存在的问题以及浦东公交发展面临的挑战，为浦东新区公交线网规划提供思路。同时也对公交行业的管理、运营相关规章制度展开一定的研究分析。

（2）提出浦东公交线网规划顶层设计方案

项目从轨交公交两网融合角度，提出较为系统、科学、合理的浦东公交线网规划顶层设计方案，确定浦东新区公交线网规划的指导思想以及总体目标，从而为浦东新区公交线网规划提供指导。总体目标指明了浦东新区公交线网的发展方向和底线要求。"四重策略"即两网融合、自成体系、转型发展、精准服务，明确了浦东公交线网结构体系、发展侧重和优化重点；"七项举措"覆盖了近远期公交线网优化的重点工作内容。

（3）对浦东公交线网逐条评估并提出优化方案

根据浦东公交线网顶层设计框架，通过对浦东公交线网逐条评估的结果，提出浦东新区公交线网近期及远期规划方案，并基于规划方案提出浦东新区近期公交线网优化规划实施方案。

【项目内容】

1. 宏观—中观—微观逐类逐条评估

（1）宏观层面

规划运用手机信令大数据、公交大数据、轨道数据等多源大数据融合技术，对浦东新区公交职住人口分布、全方式出行需求、公交线网、公交出行特征等进行分析，对浦东新区公交发展以及公交出行进行整体区域特征画像，把握浦东新区公交线网以及出行的总体特征。从宏观层面剖析居民出行需求与常规公交发展存在的矛盾，为规划方案提供数据支撑。

（2）中观层面

由于浦东新区公交线路布设差异较大，既有中心城区高客流线路，又有远郊地区低客流线路；既有50—60 km的超长线路，也有2—3 km的短线路。因此中观层面根据线网特性及相关行业规定，将浦东新区公交线路进行分类，分别是最后一公里线路、村村通线路、其他线路、特殊线路。其中，结合空间特性，其他线路又可以细

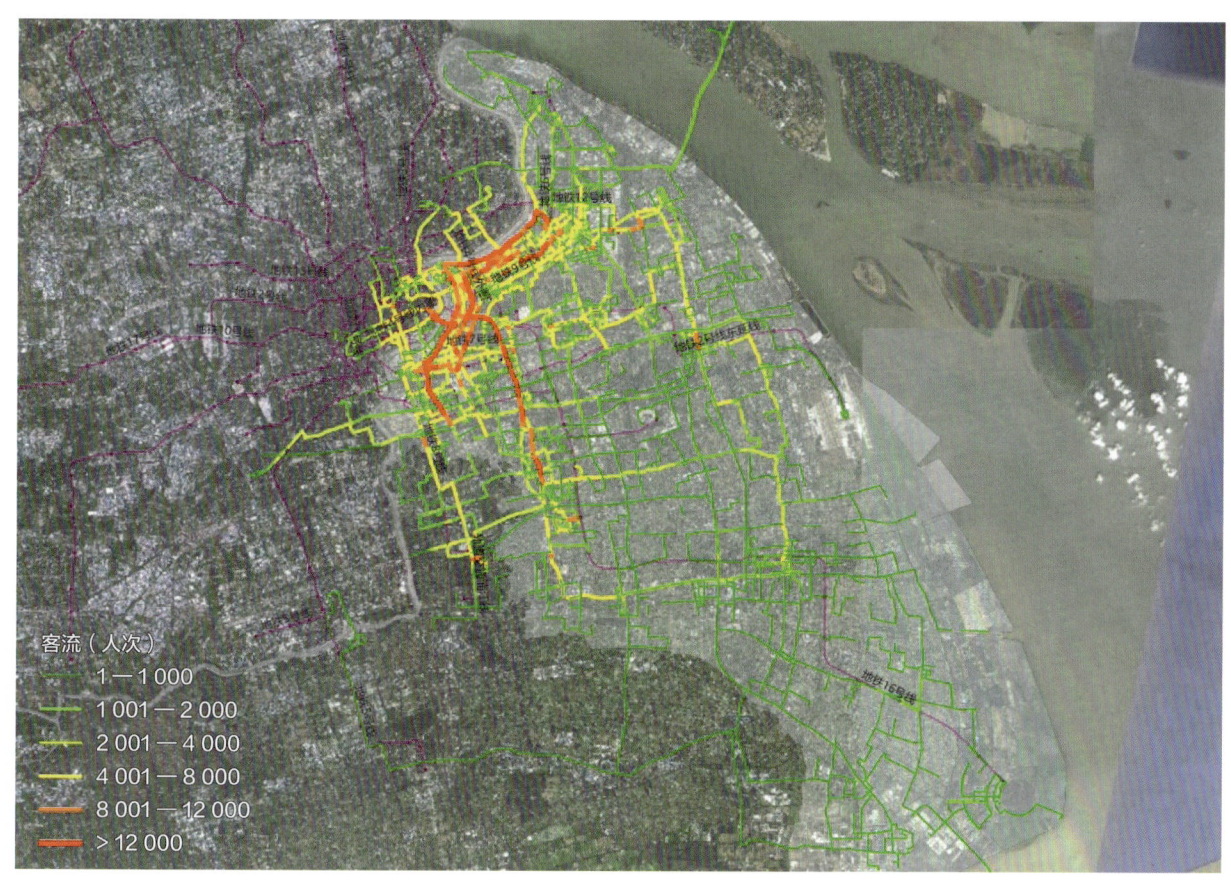

图3 浦东新区公交客流走廊分析

分为对外线路、市区线路、郊区线路三类。从线网分布、客流变化等角度对不同类型的线路进行分析,剖析不同类型线路存在的问题。

（3）微观层面

微观结合大数据对浦东公交公司所属线路的客流、需求、供给、成本、营收等要素逐条进行分析,并进行特征画像,一方面逐条分析线路存在的方案,另一方面对近期实施方案进行逐条评估,为浦东新区公交线网规划与实施提供依据。

2. 顶层设计

浦东新区公交线网发展要在保持公交整体服务水平不下降的前提下,立足全局、系统考虑、精细施策、稳步实施,力争通过三年的努力,形成以轨道交通及基本干线为主体,保障线和辅助线组成的多层次功能清晰的一体化公交系统,并形成一套随着整个综合交通体系发展和居民出行需求变化有增有减、高效有序的动态适应机制,最终实现两网融合、自成体系、转型发展、精准服务。

（1）两网融合

随着轨道交通线网的不断完善,公交线网的优化调整要强化与轨道交通的深度融合,进一步提升整体公共交通系统的运营效率和服务水平。

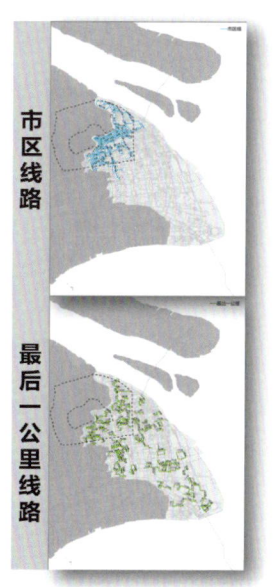
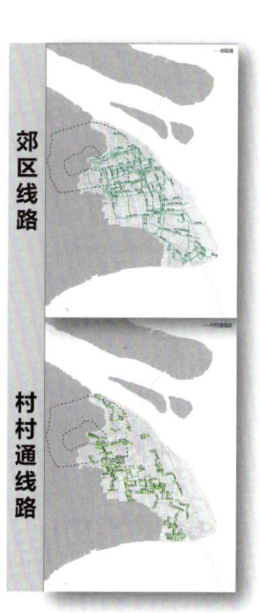
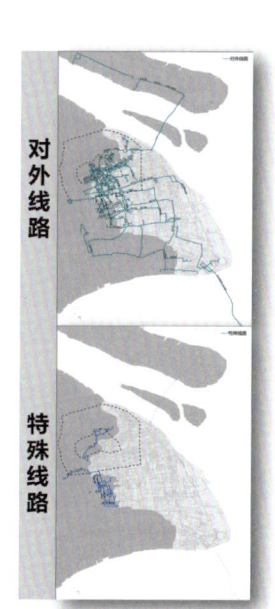

图4 浦东公交线网分类

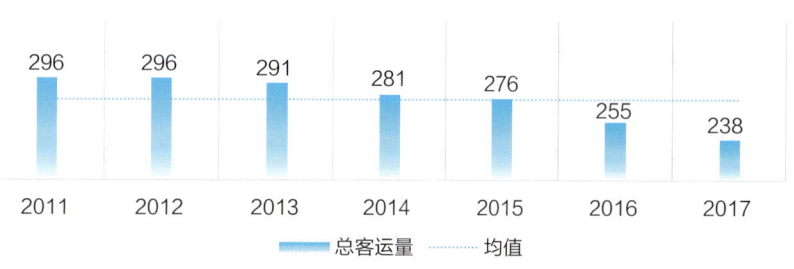

图5 市区线路百公里人次

基于轨道交通线网与常规公交的三重关系：竞争关系、补充关系以及接驳关系的梳理，提出常规公交与轨道交通线网融合的五项策略：减少与轨道交通线网的重复系数、补充轨道交通客运走廊空白、补充轨道交通服务区域空白、线网层面与轨道交通站点衔接、运营层面与轨道交通运营配套，最终实现竞争更少、补充更多、接驳更好的目标。

（2）自成体系

基于手机全方式出行数据以及公交IC卡大数据，对主要客运走廊进行识别匹配，构建基本网、保障网和辅助网组成的多层次功能清晰的公交体系。针对每一个层次的公交线路，提出相适应的优化策略。

（3）转型发展

在轨道交通网络不断完善、共享单车与网约车等交通方式爆发式增长的背景下，常规公交的转型发展是实现公交更好发展的前提。通过公交线网优化，能够减少低效运营里程，提高线网效率，促进公交更高质量的发展，从而实现公交的转型发展。

（4）精准服务

常规公交事关民生，常规公交的优化调整要以居民的出行体验为核心，切实提升公交的服务水平，提升居民公交出行感受度。精准服务是从居民出行需求出发，缓解公交服务与出行需求之间的矛盾，保障运营层面和线网层面的供需匹配。

从轨道交通与公交线网之间的关系出发，以两网融合、自成体系、转型发展、精准服务为四大抓手，提出浦东新区公交线网优化的七大举措：一是减少与轨道竞争关系；二是构建"四射两连"客运走廊；三是优化接驳点、缩短超长线路；四是"红橙黄"开线办法，有增有减；五是精细运营、匹配轨交；六是指标优化、完善接驳；七是发展定制、满足个性化需求。

3. 全过程实施方案

根据浦东公交线网顶层设计框架，提出浦东新区公交线网近期及远期规划方案，并基于规划方案提出浦东新区近期公交线网优化规划实施方案。针对提出的近期2019年、2020年浦东公交线网优化规划实施方案，定量评估科学性、可行性以及可能产生的影响，给出逐条评估分析，供相关部门决策参考。分别从线路调整后产生的站点空白以及客流影响、运营效益、实施难度等方面进行评估，并提出相应的优化建议。

【工作过程】

本项目规划研究历时一年，规划方案实施历时三年，规划实施效果后评估历时两年。

其间，研究运用大数据分析技术，依托海量数据，主要包含：

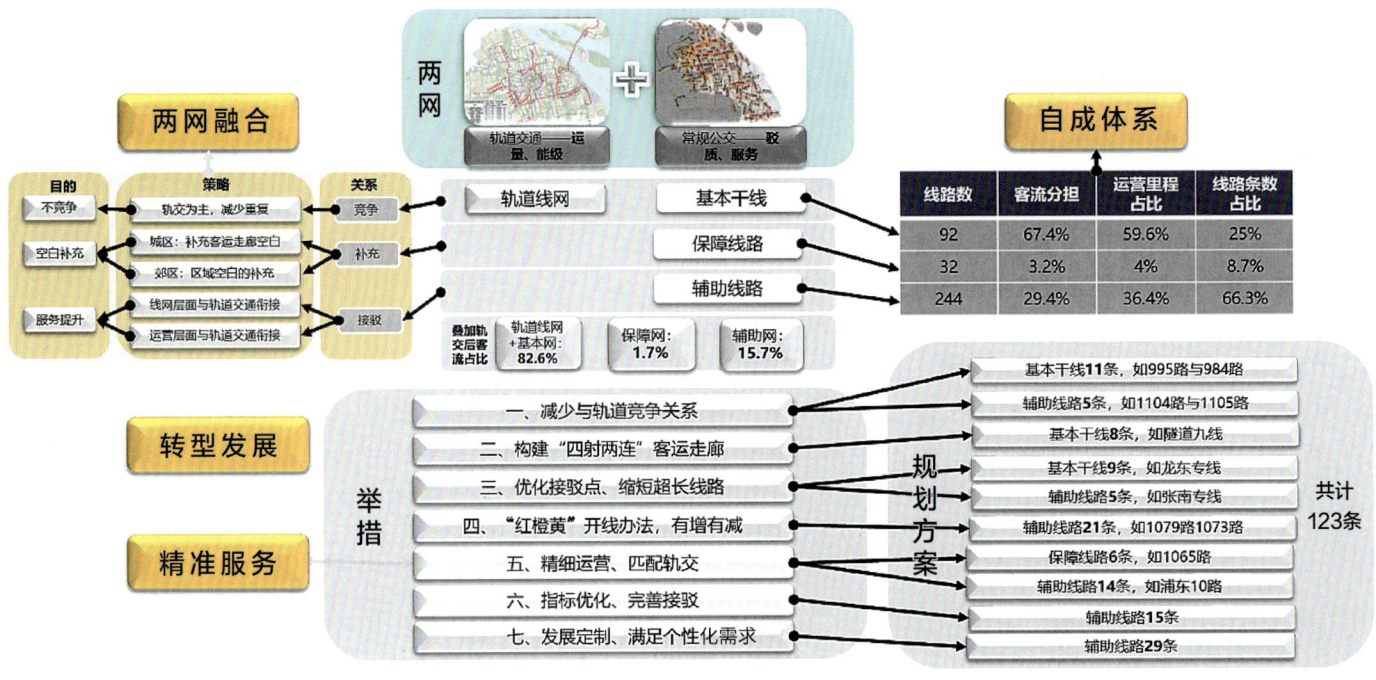

图6 顶层设计方案

能分级的轨道交通系统，采用"主+辅"相结合的轨道交通发展模式。并对其不同功能层次轨道系统进行了定性、定量划分。

5. 多轮次、多方案综合比选，并积极对接周边城市，提出常熟市轨道交通线网优化布局方案

在城际、市域轨道交通基本覆盖常熟市重要功能区，实现与周边重要节点城市沟通的基础上，中心城区轨道交通规划宜以实现中心城区内部畅通为主的交通型线路，提升市民出行品质，积极支持、引导城市各片区的发展。

苏虞衔接（苏州与常熟间的轨道交通衔接）：综合考虑功能定位、工程规模、运营组织、沿线土地利用、出行时间、报批路径和难度等因素，权衡速度目标与覆盖率目标，提出轨道交通苏虞线总体方案，并提出了灵活的配线方案和运营组织方案。

常熟线网：提出"全域常熟、区域融合、多规融合、以人为本"的研究思路，按照"面""点""线"要素分析法，在苏虞衔接骨干网络确定的基础上，结合居民出行预测，提出优化推荐方案，与常熟市"一市双城""双城十片"的空间布局结构相协调，并考虑了对城市发展轴、发展中心的覆盖及与交通枢纽的衔接。

6. 注重与古城保护、国土空间规划及相关市政工程的协调，追求方案综合最优

常熟市跻身于134个国家历史文化名城之列，是其中少有的县级市。本项研究开展初，就全面梳理了全市历史文化名城保护要素，方案形成过程中，重点关注方案与文物古迹、历史街区的协调，关注沿线相关市政工程、重要开发地块的规划和建设计划，尤其加强重大节点工程如铁路常熟站轨道交通预留工程、常熟市北三环立交、南三环立交及与城市中心体系、南部新城等沿线用地的协调，开展多方案比选，确保综合最优。

【咨询效果】

1. 方案适应常熟市发展需求，具有前瞻性、灵活性

紧扣常熟市发展规划及定位，推荐方案提出普线、快线两个相辅相成的功能层次：市域快线层次，提出S4线纵贯常熟双城直达港区，快速衔接苏州北站、常熟站及港区，并结合相关不稳定因素（规划机场、常熟东站等），构筑常熟市东西快线，形成快线十字形骨架；市区普线层次，结合城市中心体系、主要枢纽、公共设施用地等城市空间布局及实施条件、古城保护要求等提出2条市区普线及若干预留通道，确保了方案的成长性和规划前瞻性。

2. 为常熟市轨道交通规划建设及相关用地预控打下良好基础

研究成果提出了常熟市两个功能层级"市域快线+城区普线"的轨道交通线网构架，与空间布局结构相协调、与居民出行需求相适应的优化方案以及分近期建设、远期控制、远景预留的线网建设时序，为推进常熟市轨道交通线网规划编制打下良好基础，为常熟市有效衔接周边城市轨道交通线网提供了决策参考，并可提前做好相关用地控制。

本项研究报告为常熟市新一轮总体规划即《常熟市国土空间总体规划（2021—2035）》的编制提供了参考，其公示稿（2022年11月）中关于苏州—常熟—张家港及常熟港区的轨道交通线路走向及设站（苏州2号线北延伸及苏州市域轨道交通S4、S5线）与本研究成果提出的方案基本一致。该方案可为苏州及常熟加快融入上海大都市圈，全面推进苏州市内全域一体化，努力建设更高品质"江南福地"提供有力支撑和交通保障。

3. 结题后仍持续为常熟市的轨道交通前期方案研究提供全方位咨询服务

基于既有研究，持续关注发展动态，提供持续咨询服务。在上述研究的基础上，我院配合常熟市交通运输局持续关注苏州市轨道交通线网规划及建设规划编制情况，对涉及常熟的轨道交通方案如轨道交通苏虞张线（即本研究中S4线）、苏州10号线等及时反馈相关信息及方案建议；对相关重要市政工程节点及时反馈控制建议，做好工程预留，实实在在做到"建、控、研"相结合；开展轨道交通苏虞张线运营地铁向经营地铁转型中的车站一体化设计咨询；持续为常熟市的轨道交通前期方案研究提供全方位咨询服务。

上海市新一代信息基础设施发展"十四五"规划

Shanghai's 14th Five-Year Plan for the Development of the New Generation of Information Infrastructure

编写单位：上海邮电设计咨询研究院有限公司
Shanghai Posts & Telecommunications Designing Consulting Institute Co., Ltd.
联系电话：021-25068223　　**网址**：http://www.sptdi.com
主要完成人：张以斌　成迟慧　蒋军　单吉祥　赵玉祥　顾江华　袁潇洋　温倪　郭溪

【点评】

该规划研究了上海市新一代信息基础设施在"十四五"期间的发展蓝图，体现了上海对数字化转型的深刻理解和前瞻性布局。规划以"新基建"为引领，紧密结合上海"五个中心"和"四大品牌"建设，旨在打造全球领先的数字化城市。通过细致的调研和科学的分析，规划不仅对标国际最高标准，还深入挖掘了上海的本土需求和优势，提出了切实可行的发展目标和举措。规划的特点在于其全面性与创新性，不仅涵盖了连接体系、计算感知、信息枢纽和创新高地的构建，还特别强调了感知类指标的设置，使市民能够直观感受城市发展的节奏。在工作方法上，规划团队采用了"开门办规划"的开放合作思路，广泛征求意见，确保了规划的科学性和实用性。此外，规划的实施效果也得到了中期评估的验证，显示出规划在推动信息基础设施建设和城市数字化进程中发挥了重要作用。

【项目背景】

1. 环境分析

2019年的政府工作报告首次提出了"智能+"，并强调"智能+"对于产业的赋能作用，意在强化技术创新能力，推动各产业高质量发展，焕发经济新动能。信息化技术从消费端到产业端的深度迁移和升级，越来越引起社会广泛关注。放眼"十四五"发展新阶段，作为支撑信息化技术落地的重要基础，信息基础设施的发展将迎来新的契机。

从我国看，加快推动"新基建"将对未来一段时期发展产生深远影响。当前数字化已成为不可逆转的趋势，为了更好促进经济社会高质量发展，党中央国务院高度重视"新基建"的引领作用，要求推动5G、人工智能、工业互联网、数据中心等新一代信息技术产业快速发展，促进传统行业转型升级，为实体经济高质量发展提供新动能，为提升社会治理能力和公共服务水平打下坚实基础。可以预见，今后一段时期新基建将推动我国全面加快数字化转型，加速新技术、新业态的创新，提升国家治理水平，成为社会主义现代化国家建设的一项长期基础工程。

从本市看，推动城市数字化转型将引领上海智慧城市建设向深度和广度扩展。"十四五"时期是上海在新起点上全面深化"五个中心"建设、加快构建具有世界影响力的社会主义现代化国际大都市的关键阶段，全面推进城市数字化转型，将成为未来塑造城市核心竞争力的关键之举。作为构建城市数据资源生产、流通、加工体系的新一代信息基础设施，是支撑城市数字化转型的重要数字底座，未来上海将在巩固智慧城市建设既有成果的基础上，加快以5G网络、数据中心等为代表的新一代信息基础设施落地，在深化城市经济、生活、治理数字化上持续发力，努力打造数字化标杆城市。

2. 政策依据

2020年3月，在上海市"十四五"规划工作领导小组会议上，时任上海市委书记李强同志指出"要紧紧围绕上海担负的重大使命、重大任务，聚焦全球资源配置、科技创新策源、高端产业引领、开放枢纽门户四大功能，把长板和短板研究透，谋划提出有前瞻性、带动性的大项目、大工程、大平台、大民生"。

为了更好地谋划"十四五"期间本市产业和信息化发展，以排头兵的姿态和先行者的担当，紧紧围绕打造高端产业集群、加快新旧动能转换的总目标，加强统筹组织、深入思考谋划，战略支撑本市制造业和智慧城市"十四五"规划，根据《上海市人民政府办公室关于开展上海市"十四五"规划研究和编制工作的通知》和本市"十四五"市级专项规划工作方案，市经信委制定上海市产业和信息化"十四五"规划编制工作方案，同时明确将《上海市新一代信息基础设施发展"十四五"规划》作为委内专项规划之一。

【项目内容】

1. 现状分析

"十三五"期间，按照"统一规划、集约建设、资源共享、规范管理"的原则，本市信息基础设施建设得到进一步巩固，完成既定目标，尤其是在"双千兆"建设方面走在了全国前列，为不断提升上海城市能级与核心竞争力奠定了基础。同时，对照全球最高标准、最好水平，仍有以下不足：

一是从设施能力来看，围绕上海城市发展现阶段设施建设已具相当规模，但服务体验仍存在提升空间。对照全球领先地区，在服务感知方面存在一定差距。二是从设施定位来看，网络服务能力在不断提升，但面向"双循环"发展需求，建设全球城市定位及服务长三角区域发展的设施有待继续丰富，能力仍待增强。三是从设施部署来看，现阶段面向城市数字化转型需求的新一代信息基础设施部署及应用刚刚起步，后续仍有较大提升空间，需要实现与数字化转型需求的精准匹配。四是从设施管理来看，数据中心、物联感知等设施的评价尚处于探索阶段，融合设施管理、跨部门协同管理方面机制有待进一步完善。

2. 总体考虑

"十四五"期间，全面推进数字化转型成为经济、生活、治理领域发展的必然要求。作为城市数字化转型的重要数字支撑底座，上海信息基础设施的发展也在发生变化。一是新一代信息基础设施的发展定位正从"追赶者"向"领跑者"转变。随着上海围绕"双千兆"网络建设的持续发力，在5G及千兆光网能力方面已迈入全球第一梯队。二是新一代信息基础设施的建设导向正从注重规模向注重服务体验转变。5G网络、数据中心等新型基础设施建设热潮的背后，传统规模扩张模式下的投入与产出、规模与能耗之间的矛盾日益显现，原有模式恐难以为继。三是新一代信息基础设施的作用正从支撑消费互联网向产业互联网拓展。针对个人消费的传统终端销售和流量服务模式价值不断下降，与此同时，数字产业化、产业数字化的需求不断提升，产业互联网的发展迈入"快车道"。

鉴于以上转变，"十四五"期间新一代信息基础设施发展将重点聚焦以下四个方面：一是连接体系"锻长补短"。充分利用"双千兆"及IPv6建设方面的规模优势，重点提升5G、千兆光网感知速率与应用服务能力。二是计算感知"深根固柢"。持续推进数据中心、边缘计算节点及感知设施等的科学布局，加快形成云边端高效协同的算力体系。三是信息枢纽"包容开放"。进一步推进长三角一体化区域协同设施及便捷畅通的国际信息通信设施建设，更大力度地吸引区域乃至全球信息要素在上海流通汇聚。四是坚持创新"勇立潮头"。以创新的姿态不断探索新技术试点应用，同时以制度创新与技术创新双轮驱动不断形成"上海方案"。

在空间布局方面，衔接本市"中心辐射、两翼齐飞、新城发力、南北转型"的发展布局，结合城市数字化转型发展要求，进一步完善全市新一代信息基础设施部署，加快形成"全域提质、两翼添能、新城创极"的空间新格局。一是在全市范围内完善网络连接设施的布局，统筹计算、感知设施科学部署；二是聚焦"双循环"发展要求，推进各类枢纽型设施、功能型设施在本市东西两翼落地，持续丰富上海打造全球城市建设新基础；三是围绕新一轮新城建设要求，夯实感知、连接、计算等各类设施基础，率先推进支撑数字孪生应用的新一代信息基础设施部署，打造具有辐射带动作用的区域"新标杆"。

3. 主要内容

"十四五"期间，为构建泛在智能、融合高效、绿色开放为显著特征的国际一流新一代信息基础设施体系，形成适应城市数字化转型需求的数据生产、运输与加工基础，实现感—连—算—枢"四位一体"，传统与创新"协同并进"的发展局面，有力支撑打造数字生态，提出了"五大高地"建设。

打造契合需求虚实融合的感知高地。主要包括加快"物联、数联、智联"三位一体的新型城域物联感知基础设施等各类感知终端部署、构建满足各类速率需求的网络覆盖、建设和完善运营级的城市物联网管理平台、搭建虚实融合的数字孪生城市基础等工作。重点一是推进数量与质量兼顾的感知终端在本市各区的规模化部署,助力构建面向多元数据融合的城市运行智能决策体系;二是打造支撑车联网、工业互联网的物联感知基础设施,支持面向产业的多场景物联应用发展;三是鼓励五大新城加快新一代感知、网络、算力等信息基础设施建设,提升五大新城物联感知能力。

打造多网协作立体覆盖的连接高地。主要包括提升"双千兆"网络质量与应用水平、加快工业互联网等各类移动通信专网建设、打造上海天地一体化的网络覆盖能力、夯实传统基础资源的服务能力等工作。重点一是通过推进"双千兆宽带城市"加速度计划,全面提升5G、千兆光网服务感知;二是通过丰富站址供给、低频段重耕等手段,进一步完善重点场所室内区域、近江近海5G覆盖;三是优化全市通信管网资源、推进综合杆基站建设、借助物联网+人工智能完善基础资源管理等手段,实现全市基础设施的科学部署。

打造算力充沛高效协同的计算高地。主要包括推进数据中心科学布局、统筹高性能计算资源建设、推进传统算力与人工智能算力之间的协同、推动边缘计算节点布局等工作。重点一是加快全国一体化大数据中心长三角国家枢纽节点建设,打造枢纽数据中心集聚区与边缘数据中心承载区;二是聚焦重点区域人工智能产业发展,率先推动人工智能算力中心建设,加强算力资源供给;三是探索算力中心异地互联,以公共算力服务平台为抓手,打造跨地域的同构或异构算力平台间智能调度能力。

打造面向全球连通内外的枢纽高地。主要包括建设国际互联网专用通道、提升互联网国际和省际出口带宽、加快重大互联网设施建设等工作。重点一是推动全球数据枢纽平台建设,探索打造基于国际互联网数据的存储、计算和处理能力;二是承接陆家嘴金融区、张江国家自主创新示范区等国际业务集聚区域发展需求,通过对现有城域网进行改造升级,强化通达国内国际网络的访问质量,降低国际网络访问时延;三是支持通信海缆在本市登陆建设,助力丰富我国海上信息通道资源。

打造赋能应用面向发展的创新高地。主要包括推进5G网络应用创新、推动新一代互联网交换中心试点建设、探索开展5G毫米波组网及6G试点等工作。重点一是面向"十大领域",鼓励"双千兆"网络应用创新,支持5G应用创新中心、产业研究院和开放实验室等建设;二是通过统一标准和服务要求、完善覆盖和加强服务,推动长三角一体化示范区内信息基础设施一体化建设;三是在五大新城开展量子保密通信、Li-Fi(可见光无线通信)等新技术应用试点,进一步激发区域创新活力。

到2025年,在感知高地方面,全市物联网数据卡终端数量突破1亿个,其中新型城域物联感知终端数量突破1 000万个;在连接高地方面实现全市5G网络移动宽带平均下载速率达到500 Mbps,固定宽带平均可用下载速率达到120 Mbps以上,5G用户渗透率超过100%;在计算高地方面,全市互联网数据中心标准机架可用规模达到28万架,数据中心等效算力超过14 000 PFlops;在枢纽高地方面,互联网国际出口带宽达到15 Tbps,互联网省际出口带宽达到80 Tbps;在创新高地方面,"双千兆"创新应用项目超过1 500项。

【工作过程】

项目组秉承"开门办规划"的总体要求,坚持开放合作的工作思路推进规划编制,确保规划内容能够科学、有效引领本市新一代信息基础设施在"十四五"期间的发展。本项目自2020年4月开始启动,历经一年半时间,于2021年12月正式对外发布。

在前期规划调研阶段,项目组根据上海城市定位和社会经济发展总体要求,开展针对新一代信息基础设施的国际国内对标分析,充分贯彻"对照国际最高标准、最好水平"的发展要求,谋划"十四五"期间上海新一代信息基础设施发展方向。同时对本市主要通信运营商、互联网企业、相关高校及科研院所等开展访谈调研,收集并分

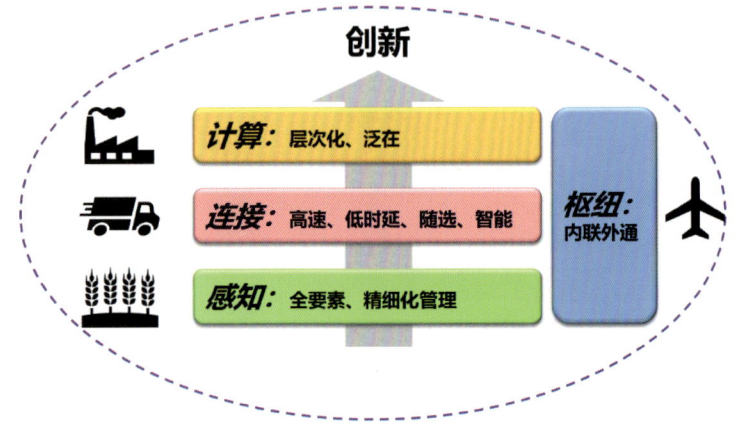

图1 "十四五"期间上海市新一代信息基础设施发展构思

析今后一段时期针对新一代信息基础设施发展的各类需求，为后续规划编制奠定坚实基础。

在规划成果编制阶段，项目组在前期调研分析的基础上，科学开展《上海市新一代信息基础设施发展"十四五"规划》编制工作，对"十三五"期间上海市新一代信息基础设施建设进行回顾，同时结合内外部发展环境以及需求，明确"十四五"发展的目标、规划思路、规划原则以及重点建设任务，为"十四五"期间上海科学推进新一代信息基础设施发展明确方向与举措。同时针对"十四五"期间出现的如算力发展、产业互联网发展等重点方向，开展专题研讨会，邀请本市相关专家献计献策。

在规划意见征求阶段，项目组通过发函、研讨会、上门走访等多种形式，邀请本市相关委办单位、通信运营企业、互联网企业、高校、科研院所相关专家共同参与，对规划成果提出宝贵意见，进一步提升规划质量。

【咨询工作特点及经验教训】

1. 工作及成果特点

本项目调研全面、分析科学、内容翔实，围绕上海城市数字化转型总体要求，结合新技术新应用发展，以规划为引领，以感—连—算—枢与创新为切入点，有力地夯实了上海城市数字底座基础，全面助力上海到2035年建成具有世界影响力的国际数字之都。

（1）细致调研，形成契合城市发展要求的规划框架

在形成规划框架方面，规划启动阶段，项目组按照对标国际最高标准、最好水平，坚定追求卓越的发展取向的相关要求，通过现场调研、专家访谈以及研讨会等多种形式，先后听取了行业内外专家、主要通信运营商、龙头互联网企业的相关意见，确立了"以人民为中心、以满足需求为导向、以解决问题为实际"的规划理念。同时结合上海新一代信息基础设施发展所经历的一系列变革，较为科学地阐明了新一代信息基础设施与城市数字化转型之间的关系，为后续规划方向的制定奠定了基础。

（2）深入研究，形成适应未来趋势的规划发展方向

在规划总体考虑方面，项目组通过对大量相关资料进行分析研究，同时对标纽约、东京等国际一流城市好的实践案例，梳理出上海新一代信息基础设施发展正经历的三点变化。在此基础上，有针对性地提出了连接体系"锻长补短"、计算感知"深根固柢"、信息枢纽"开放包容"、坚持创新"勇立潮头"的四大发展方向，更好的引领"十四五"时期上海新一代信息基础设施发展。

（3）聚焦感知，打造符合时代发展特征的规划目标

在构建规划目标与指标体系方面，规划按照习近平总书记"加快建设高速泛在、天地一体、云网融合、智能敏捷、绿色低碳、安全可控的智能化综合性数字信息基础设施"发展的要求，结合上海特色提出了总体发展目标。同时项目组参照国内外权威机构发布的指标评价体系，秉承"人民城市"的发展理念，结合行业发展趋势，率先提出了"固定宽带平均接入带宽""5G网络用户平均下载速率"等感知类指标，使市民能够切实了解城市发展的节奏与温度。

2. 相关经验教训

（1）立足国际化视野，高质量谋划发展

相比"十三五"初期，上海的国际化程度已获得更大提升，尤其在信息基础设施发展方面，经过多年的发展，上海在信息基础设施部署方面已走在全球前列，新一代信息基础设施发展定位正从"追赶者"向"领跑者"转变。但在编制未来五年的规划过程中，依然需要对标国际先进经验，对国际环境进行合理研判，把握好全球发展趋势。

项目组在推进规划编制期间，始终将对标"国际最高标准、最好水平"作为本次规划的重要立足点，通过对美国东北部大西洋沿岸城市群、日本太平洋沿岸城市群、英伦城市群全球三大城市群相关信息化发展情况进行深入分析，尤其是针对全球主要城市群在千兆网络、国际网络设施、数据中心以及国际交换中心等方面的建设情况进行梳理，研究明确上海在推进全球城市建设过程中，在信息基础设施服务能级方面的提升空间。

（2）秉承开门办规划，多形式推进工作

在本次规划编制工作前期，我司与市经信委信息基础设施管理发展处形成编制团队，按照习近平总书记关于加强顶层设计与问计于民相结合的重要指示精神以及本市关于推进"十四五"规划编制工作的总体要求，广开言路、集思广益。在规划预研及调研阶段，项目组通过问卷调研、研讨会、上门走访等多种形式，先后对本市通信运营企业、互联网企业、数据中心运营企业、高校及研究院所开展调研，邀请行业专家就本市

"十三五"期间信息基础设施发展情况及存在的不足、"十四五"发展趋势及重点方向开展了深入研讨,通过以问题为导向、需求为导向,明确"十四五"期间在信息基础设施发展方面的重点方向。在规划编制阶段,就"十四五"期间发展的重大技术演进问题(如"双万兆"技术演进、算力资源发展、车联网与工业互联网等产业互联网发展、国际网络设施建设等),邀请行业专家进行专题研讨,集思广益,为项目组答疑解惑,为后续发挥规划引领作用提供重要基础。在规划征求意见阶段,项目组通过发函、上门汇报、专题会议等形式,共向39个相关部门、企业公开征求意见,收到各类意见建议73条,结合实际情况共采纳修改意见60条。通过在各个阶段开展扎实的工作,为高质量完成规划报告提供保障。

(3)绘制规划一张图,提升知晓便捷度

规划发布阶段,在传统发文方式的基础上,创新通过"一张图读懂信息基础设施发展'十四五'规划"方式,并在公众号、网站上进行宣传,提升本规划的知晓程度,同时便于公众能够更了解规划、理解规划,并方便全社会对规划实施进行有效监督,进一步提升了规划的落地保障。

图2 一图读懂《上海市新一代信息基础设施发展"十四五"规划》(部分)

【咨询效果】

1. 成果发布

作为本市"十四五"规划的重要组成,上海市新一代信息基础设施发展"十四五"规划,是我国全面建成小康社会之后的第一个五年规划,也是开始实施"两步走"战略的第一个五年规划,因此具有十分重要的意义。规划一方面要确保新一代信息基础设施建设充分符合"新基建"相关要求,另一方面要有力支撑上海打好"两步走"战略的第一仗。2021年12月,为加快推进本市新一代信息基础设施科学部署,完善数字城市底座建设,支撑城市数字化转型,促进上海经济社会高质量发展,上海市经济和信息化委员会正式对外发布《上海市新一代信息基础设施发展"十四五"规划》。

2. 成果意义

"十四五"时期是上海在新起点上全面深化"五个中心"建设、加快构建具有世界影响力的社会主义现代化国际大都市的关键阶段,全面推进城市数字化转型,将成为未来塑造城市核心竞争力的关键之举。作为构建城市数据资源生产、流通、加工体系的新一代信息基础设施,是支撑城市数字化转型的重要数字底座。通过本咨询项目,一方面摸清了本市在信息基础设施方面的总体发展情况及存在的不足,另一方面对"十四五"期间本市在数字化方面发展的趋势、要求进行了总体把握,有针对性地提出了发展目标、举措。规划通过深入调研、科学分析、精准把握,在巩固智慧城市建设既有成果的基础上,高瞻远瞩的提出在深化城市经济、生活、治理数字化上持续发力,加快推进以5G网络、数据中心等为代表的新一代信息基础设施落地,对支撑上海努力打造数字化标杆城市具有指导意义。

3. 成果应用

2023年,项目组参与了《上海市新一代信息基础设施发展"十四五"规划》中期评估工作,在评估过程中,项目组通过调研认为在推进本市新一代信息基础设施发展方面,围绕上海城市数字化转型总体要求,按照《上海市新一代信息基础设施发展"十四五"规划》相关部署,努力克服外部环境、疫情冲击等带来的影响,持续夯实适应城市数字化转型需求的数据生产、运输与加工基础,稳步推进各项任务落实,基本实现"时间过半、任务过半",总体进度符合预期。对规划所涉及的主要指标进行评估,总体来看符合"十四五"规划预期,网络服务感知能力稳步提升,算力资源供给与物联感知终端部署规模显著增长,面向"人"的通信服务能力持续增强,对产业的赋能作用日益显现。由此可见,规划对推进本市信息基础设施发展起到了引领性的作用,本咨询项目相关成果得到了较为科学的应用。

上海市宝山区W12-1301单元（祁连敏感区）控制性详细规划（修编）

Revision of Detailed Regulatory Planning for Unit W12-1301 (Qilian Sensitive Area) in Baoshan District, Shanghai

编写单位：上海市城市规划设计研究院
Shanghai Urban Planning & Design Research Institute
联系电话：021-32113288　　网址：https://www.supdri.com
主要完成人：张　帆　朱丽芳　奚东帆　李天华　奚文沁　潘　勋　过甦茜　陆　远　张　灏　徐　瑾

【点评】

该规划修编围绕全球领先、国内典范的，生态、活力、智慧的创新城区的城区发展总体定位，以整体城市设计为主线，开展了产业策划、智慧城市和综合交通等三个重点专题研究以及十余个专项规划。规划针对生态绿化空间、城市建设空间、产业发展空间、活力城区配套、智慧城市建设等提出突破性的规划引导策略，为高新产业的发展创造了一个适应的空间结构新模式，成功实现了从生态敏感区到创新城区的高质量转型，有效解决了生态重塑、产业转型和产城融合等关键问题。这为上海乃至全国其他重点产业转型区域如何在保护生态环境的同时促进经济发展和城市更新，提供可供借鉴的规划编制范例。

【项目背景】

1. 开发建设背景

宝山区W12-1301单元（祁连敏感区），一般称为南大地区，位于上海市中心城西北部，居宝山、普陀、嘉定三区交界的特殊区位，总用地面积约6.3 km²。过去这里是承接上海中心城区化工、皮革产业转移的基地，曾作为上海中心城生态敏感区进行长期控制。

2009年南大地区由市政府列入上海市第四轮环保三年行动计划，启动规划编制，确定了"生态优先、环境重塑、综合功能"的规划理念。在此要求下，2011年编制了《祁连敏感区结构规划》，明确绿地和其他开发用地比例为4∶6。2012年在结构规划基础上编制了《上海市宝山区W12-1301单元（祁连敏感区）控制性详细规划》，对南大地区提出转型发展要求，要以城市生态安全和环境修复为目标，协调环境、产业和交通综合发展，构筑中心城西北部重要绿化通廊，成为生态型的城市综合功能区，体现城市门户新形象。本次规划进一步明确了开发建设规模，规划建筑总量约453万 m²，其中包括129万 m²动迁安置房的住宅总量约为285万 m²，商办建筑总量约96万 m²。

2018年南大地区列为"3+5"重点转型地区之一，对地区发展提出新的要求。同时，依据《上海市城市总体规划（2017—2035年）》（简称"上海2035"）和全市重点产业发展要求，南大地区将重点承担车联网、智能服务机器人等高端创新产业，并联动周边形成西北部的科创引擎。

根据上位规划和片区转型发展的要求，南大地区应在城市综合功能区的发展基础上，增加新的产业功能发展要求，与桃浦地区共同构成中心城西北部的产业发展新高地，从而带领周边区域转型发展。而且，作为中心城"不可多得的大衣料子"，需要整体性谋划，综合性发展，深入贯彻市委市政府精神，落实"上海2035"，要"全力以赴做好转型发展、产业升级和生态宜居的大文章"。

为了推动南大地区转型发展，专门成立了上海南大地区开发建设指挥部（后更名为：上海南大开发建设有限公司），作为推进南大智慧城开发建设的官方机构，配合市规划资源局和宝山区政府，从城市设计方案、控规修编、建设实施以及招商引资等方面着手，确保南大地区转型发展的全流程管理。

2. 研究团队架构

为了更好地推进南大地区发展，市规划资

源局会同宝山区政府组织开展转型规划编制工作，上海临港经济发展集团有限公司深度参与，上海南大开发集团有限公司保障实施，以上海市城市规划设计研究院为主导，构建包括Skidmore Owings & Merrill LLP、上海宝山规划设计研究院有限公司以及各专业条线设计团队等境内外优秀设计团队开展整体城市设计，形成产业策划、智慧城市和综合交通等三个重点专题研究，以及海绵城市、综合管廊、地下空间等十余个专项规划，并多次听取部门和企业意见，紧密衔接落实的一批近期重点建设项目，自2018年开始，历经三年，最终形成本次规划成果。

【项目内容】

南大地区作为重要的城市楔形绿地之一，既承担智慧产业的转型要求，又规划为中心城西北部重要的城市门户和综合性城区，在控规修编时需要解决四个难点：一是要在保证绿地规模不减少的基础上开展城市功能建设，同时应强调最大限度地推动生态空间和城市空间的融合；二是要解决南大以及周边地区产业竞争力创新能力不足的瓶颈；三是南大地区作为过去的重污染产业基地，改善城区环境，塑造城市形象，形成辐射西北片区的公共服务中心是本次规划的重要任务之一；四是随着新一代信息技术的发展，人工智能和城市发展的关系越来越紧密，探索形成上海人工智能城市建设和运营的技术框架，也是本次规划需要重点突破的难点之一。

根据国际趋势研判，传统产业园区正在加速转型，与城市功能融合发展成为创新城区，是全球城市创新经济的重要空间载体。其主要的发展经验包括以下四个方面：一是集聚各类科创企业和研究机构，形成完整的创新生态；二是提供高品质的生态环境和公共服务，吸引和留住创新人才；三是营造包容共享、鼓励交流的社区氛围，激发创新活力；四是积极探索和应用各类新技术，成为创新生态链的试验场。

1. 结合新发展和新要求，明确城区新发展定位

南大地区凭借厚积薄发的生态环境、交通条件、空间资源优势，成为上海实现创新发展的重要战略机遇区。面对存量发展的新要求，协调生态空间和城市空间的融合关系，明确城市发展目标，成为本次规划研究和突破的重点之一。根据"上海2035"和"3+5+X"产业发展规划，结合新时代发展要求，以及落实"全力以赴做好转型发展、产业升级和生态宜居的大文章"的要求，规划将南大地区定位为：全球领先、国内典范的，生态、活力、智慧的创新城区。

2. 落实城市结构绿地管控，优化整体空间布局

南大地区过去长期作为生态敏感区进行控制，自2009年启动环保综合整治以来，规划编制时外环绿带及南部沪嘉高速沿线已经建成绿地

图1 城市设计总平面图

一、规划咨询研究报告篇

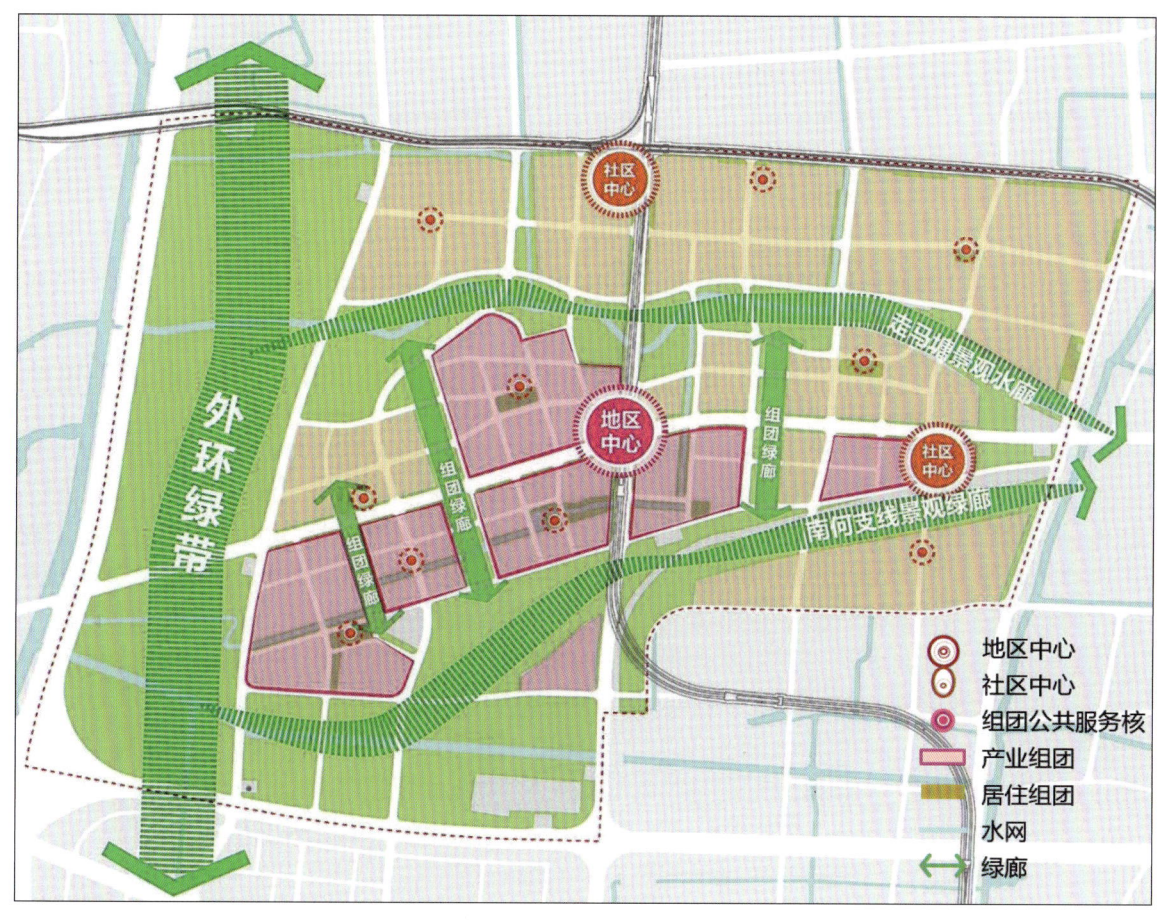

图2　规划结构图

图3　土地使用规划图

73

约106 hm²，生态结构基本形成。新一轮总体规划将外环绿带和沪嘉生态廊道划定为桃浦楔形绿地，成为南大地区重要的生态基底。

本次规划严格保障绿地规模，规划绿地面积261.6 hm²，均为公共绿地，较结构规划增加8.7 hm²，较原控规增加3.2 hm²，占建设用地总面积的43.0%。其中，结构绿地总面积为211.7 hm²，较结构规划增加0.2 hm²，较既有控规增加4.1 hm²。

在充分保障和落实城市结构绿地的基础上，通过绿化、水系等自然要素与主次干道的分隔，形成集约紧凑发展、规模适宜、功能适度混合的六个产业组团与六个居住组团。强化生态空间穿插渗透、产业组团集约紧凑，构建疏密有致的空间格局，形成"组团式、多中心、网络化"的城市空间结构。

3. 适配新兴产业发展，形成产业城区组团模块

根据国际经验，智能、创新等新兴产业一般表现为一定空间内集聚核心企业、上下游延伸企业、专业服务配套等功能，形成完整的产业生态链。各类企业需求多样化、体量差异化、发展不确定性明显。本次规划提出符合产业集群发展规律的组团式、模块化城市空间，并可通过滚动开发的模式，有效控制开发成本并优化运营管理。同时，面对南大地区未来创新企业和创新就业人员的需求，提出"双配套"的服务设施体系和针对性的居住服务需求，塑造产城融合、高活力的城市空间。

规划强调将组团作为产业空间规划建设的基本单元，使相关产业功能相对集聚、公共服务配套相对集中、滚动开发风险可控。规划以结构性绿地、城市干道为边界，划分为六个产业组团。组团规模衔接产业链培育的基本需求，用地面积约10—20 hm²，建筑面积约20万—50万 m²。明确每个组团内建筑空间种类多样，提供不同体量、形式、位置的多样化产业空间，适应不同类型、规模企业的需求。

4. 高质量发展背景下，探索全过程管理新模式

创新规划管控手段，结合开发实施机制，形成更对接实施的规划管理模式，分区分级进行城市设计规划管理，确保规划理念的落地，同时为开发建设留有足够的弹性。强化实施监督和动态维护，依托智能大脑数据中心建立信息管理平台，提供更精准、更高质量的评估与规划调整。

【工作过程】

本次规划自2018年4月开始编制，历经三年，于2020年8月24日正式获得批复。

初期任务主要是对作为"AI-CITY"科技新城重点建设区域的南大路和丰翔路地铁站周边及西侧约1.5 km²的范围进行研究，并于2018年11月开始由Skidmore Owings & Merrill LLP进行该区域的概念城市设计。

基于更好地推动产业转型和联动周边地区整体发展，结合概念城市设计中对整体空间框架的调整优化建议，对规划编制范围进行扩大，明确以6.3 km²范围进行规划评估及控规修编。在此基础上完成了规划评估及初步调整方案并上报，于2019年10月30日获得规划调整设计任务书批复，任务书要求对功能定位、生态绿地优化、

图4 分区分级管理模式

建设规模支撑、公共服务保障、地下空间等内容进行细化和明确。

结合任务书要求，完成规划调整初步方案，进行市、区两级相关部门意见征询及专家意见征询后，于2019年11月20日进行公示，公式时间30天。同时，为探索分区分级城市设计规划管理，创新规划管控手段，于2019年底进行整单元详细城市设计，在此基础上形成三级城市管控架构，形成地上及地下的整套附加图则管控内容，并于2020年1月10日单独进行公示。为进一步加强产业组团的空间布局完整性和建设实施灵活性，对产业组团内的局部用地性质进行调整，于2020年4月3日开展补充公示。结合区政府产业引进计划，对产业组团用地及部分公共服务设施再次进行明确和优化，于2020年7月9日开展第二次补充公示。

在规划编制期间，组织编制团队多次向市分管领导进行汇报，并于2020年4月9日组织召开规划委员会专家委员会专题会议。在市领导的指导下，结合规划委员会专题会议意见和公示建议，完成本次规划编制成果。

【咨询工作特点及经验教训】

本规划充分研究地区特点，遵循发展需求，提出针对生态绿化空间、城市建设空间、产业发展空间、活力城区配套、智慧城市建设等提出突破性的规划引导策略，对上海其他重点产业片区的发展提供可供借鉴的规划编制范例。

1. 将生态限制转化为发展优势，树立城绿交融的生态标杆

由楔形绿地形成的生态基底是南大重要的特征与优势。本次规划最大化地发挥楔形绿地的生态辐射与服务功能，使生态全面融入城市格局，提升生态空间的显示度与感受度，将生态优势转化为发展优势，建成空间充裕、效益突出的生态城区标杆。

一方面，优化区域生态格局。在锚固外环绿带和沪嘉高速绿廊两大区域生态廊道基础上，对区域生态网络格局进行优化，加强水绿空间结合，拓展走马塘绿廊和南何支线绿廊，向东连接大场楔形绿地，向南连接桃浦中央绿地，实现生态空间网络与周边其他重点地区的生态空间网络的互联互通，最大限度地实现区域生态格局的优化。

另一方面，强化内部生态渗透。通过组团间指状绿廊的设计，留出城市风道，实现外围生态空间向城市内部的有效渗透，形成主次分明、服务均好的公共空间网络，强化创新城区组团发展格局。为创新城区提供充足的外部生态空间、多样化的生态活动体验，最大化发挥结构绿地的生态辐射与社会服务功能，使之成为创新城区的活力源泉，将南大地区建设成为空间充裕、效益突出的生态城区标杆。

2. 营造活跃产业生态环境，打造各类要素汇聚的产业组团

创新能力不足是制约南大及周边地区产业竞争力的关键瓶颈。本次规划聚焦战略性新兴产业与创新研发能力，营造吸引汇聚创新要素的城区环境，并加强与桃浦的联动与错位发展，打造"南大—桃浦"创新引擎，形成"创新—生产"产业生态网络，引领区域产业整体转型升级。重点形成以组团模式适应创新产业需求，结合组团设置"双配套"服务设施和促进交流的场所环境。

原规划绿地布局图

本次规划绿地布局图

图5　绿化布局调整对比图

图6 绿化布局示意图

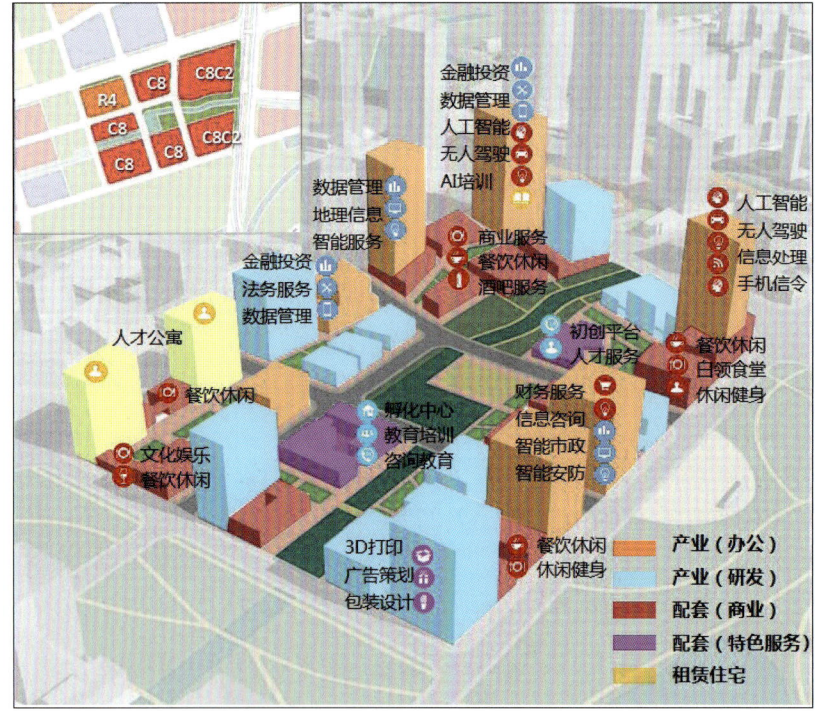

图7 典型组团功能布局示意图

等设施；面向从业人员，提供培训、食堂、健身、心理咨询、商业等生活服务设施及租赁住房。

最后，形成优美的城市空间，塑造积极的工作氛围。组团内布局鼓励围合式，形成"向心式"的组团空间格局。面向街道界面整齐连续，面向中心集中布局文化休闲设施、广场与绿地，形成慢行优先，便于交流的场所。组团之间沿陈家江河道与蕰厚路林荫道形成活力水街、创新大街，强化联系度，形成串联产业组团的慢行系统。

3. 精准服务就业和居民的双需求，形成产城融合活力城区

着重弥补南大在公共服务方面的短板，针对创新人才和居民的双重需求，提供高品质的公共服务和居住保障，使南大能够吸引人、留住人，从而构建科学的职住关系，同时服务区域居民，成为辐射中心城西北片区的公共活动中心。

针对创新人才需求的住宅产品，本次规划创新性提出结合创新产业发展特点和人群多样化需求，以组团为单位设置不同类型的租赁住房。租赁住房采用高强度、混合开发模式，灵活布局在产业组团内和轨交站点周边。在布局方式上主要采用独立式和混合式。商品房配套同样考虑创新人才的需求，鼓励居住地块结合沿街底层空间配套品质提升类社区服务设施等，并结合人群特点进行设施的精准设置。

规划地区住宅建筑面积约为268.2万m^2，占总建筑面积的49.6%，包括普通商品房和保障房两类。普通商品房建筑面积总量约为155.8万m^2，保留和在待建规模约52.8万m^2，主要位于走马塘以北区域；规划新增规模约103.0万m^2，主要位于走马塘和南何支线之间区域。保障房建筑面积总量约112.4万m^2，保留和在待建规模约73.4万m^2，基本位于南何支线以南和走马塘以北区域；规划新增规模约39.0万m^2，均为租赁住房，主要满足创新人才的居住需求，结合产业组团布局。

同时，围绕六个产业组团，结合研发或商务用地，在建筑底层为产业人才提供八处产业配套设施，为创新群体提供宜人的办公环境和优质商业休闲服务，满足创新群体工作时间及下班之后的生活需求。

4. 推动人工智能等技术应用，树立智能城市建设先行典范

抓住新一代信息技术发展的契机，积极推动以人工智能为代表的前沿技术研发与应用，以应

首先，增加建筑规模，形成产业集聚效应。充分利用南大地区宝贵的建设用地资源，通过实施高品质TOD发展，实现紧凑集约、立体复合的功能布局。地区总建筑规模由原规划的453.0万m^2提高至540.8万m^2，增量约88万m^2，其中研发、商务办公建筑量合计约192万m^2，较原控规增加约99.2万m^2。

其次，六个产业组团内考虑产业、服务配套、租赁住房三项基本功能，精准提供生产生活双配套。面向创新企业，设置共享的会议、展示、办公

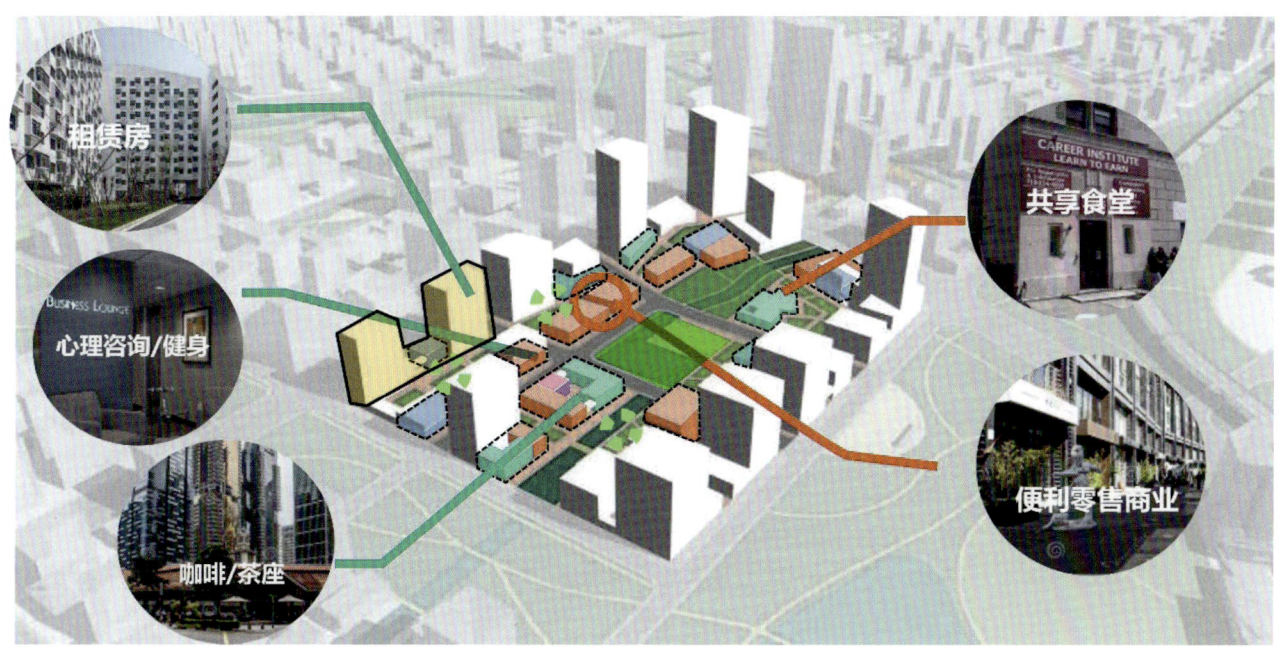

图8 基础服务设施配置一览

图9 智能城市项目选择分析

用场景促进技术开发形成持续的创新动力,并探索人工智能城市建设与运营的技术框架,成为新兴技术的试验场和人工智能城市的先行典范。

规划提出建立智决策、全感知、趣体验的智能城市总体框架,打造用于信息存储、处理以及分析决策的区域人工智脑,布局承载人、物、信息采集传送运输的基础设施,实施丰富市民生活体验的可亲近、可互动的末端应用。并综合考虑社会示范性、空间可适应、技术可行性、经济可负担等原则,全面筛选适用的成熟项目。

先期建设智能大脑数据中心、人工智能展示中心、孵化中心、体验中心,以及各项人工智能基础设施,形成智能城市的基础平台。并打造两个示范组团及三条智能展示轴带,形成示范效应,全面推动地区智能城市建设。

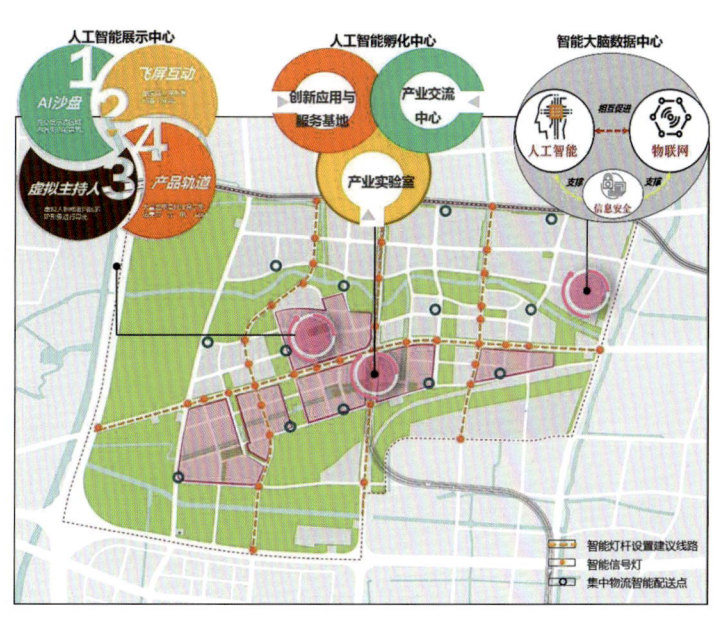

图10 智能城市基础平台布局规划图

【咨询效果】

本次规划修编从落实市委市政府要求和上位规划要求着手，结合新发展要求，明确发展定位，充分利用区域生态资源优势，形成适合新兴产业发展的功能结构，坚持适合城区发展的TOD导向，强化交通支撑，倡导绿色出行，全面促进南大地区的转型发展。本次规划已于2020年8月24日获得批复，指导南大地区在落实产业功能基础上，强化智能技术应用，完善制订项目实施计划和管理制度，优化城区整体公共环境，形成上海中心城西北片区的城市发展核心之一。

本次规划修编是在高质量发展的新时代背景下对城市建成区转型发展的探索，是对生态环境和城市空间有机融合、新兴智慧创新产业和城区生活氛围高度复合，以及城市规划精细化管理模式的探索。规划获评2021年度上海市优秀工程咨询成果一等水平。一方面，树立地区转型发展的新标杆，应用全新发展理念，充分发挥地区资源优势，聚焦生态融合、创新引领和社区营造，为同类地区转型发展提供样板和标杆；另一方面，探索规划土地工作的新模式。按照高质量发展要求，应对存量发展背景下推进创新转型的现实挑战，对规划土地工作模式进行综合性探索，以更高的编制标准、更弹性的管控手段、更融合的工作方式，形成新发展背景下城市规划编制、管理、实施的三个风向标。

目前，位于南大路和祁连山路交叉口的首发产业组团已经开始施工建设，将起到南大智慧城区的产业带动和公共服务支撑先行者作用。道路主要框架基本形成，祁连山路等道路两侧的绿化带景观工程已经开工建设，外环部分绿地已经完成60%以上，并与南部的桃浦中央公园衔接。同时，以组团为单位逐步引入管理平台和科创企业，仅在2021年，就完成了52个重大项目集中签约和17个项目开工启动，全面推进南大地区高品质的创新智能城区的建设。

从规划编制到规划落地，还有很长的路要走，需要紧密结合城市整体发展要求，充分对接地区建设实施，针对具体问题不断探索完善，才能逐步将南大地区打造成为"全市转型升级的示范区、高质量发展的示范区、卓越城区建设的示范区"。

图11　整体鸟瞰效果图

浙江平湖市国民经济和社会发展"十四五"规划研究及规划纲要编制

Study on the "Fourteenth Five-Year Plan" for National Economic and Social Development of Pinghu City, Zhejiang Province and Compile the Plan Outline

编写单位：上海投资咨询集团有限公司
Shanghai Investment Consulting Group Co., Ltd.
联系电话：021-23300000　　　网址：https://www.sicc.cn
主要完成人：吕海燕　缪艳萍　周　明　徐美卿　谢诗光　杨文侠

【点评】

该规划坚持把平湖放在经济全球化的大趋势下、放在国家对长三角区域总体部署中、放在浙江和嘉兴的总体要求下进行全面思考和统筹谋划，全面落实高质量发展理念和长三角一体化发展首位战略，通过对平湖现状分析、案例借鉴、专题座谈、项目走访、领导调研等系列工作，提出了平湖"十四五"发展的总体定位、发展战略、发展目标、发展布局、主要任务举措及系列保障措施。规划特点突出，以"一区四城"为发展定位，提出了五大战略和"十四五"发展目标，构建了"一核两极金边银线"的空间发展格局，展现了对城乡融合、产业升级和社会治理现代化的全面考量。亮点在于其对数字经济"一号工程"的积极响应和对民生共享工程的深入实施，旨在推动公共服务均等化和优质化，满足人民对美好生活的新期待。基于研究成果形成的《平湖市国民经济和社会发展第十四个五年规划和二〇三五年远景目标纲要》已于2021年正式发布实施。

【项目背景】

1. 背景及意义

2020年习近平总书记到浙江考察并发表重要讲话，对浙江提出了"努力成为新时代全面展示中国特色社会主义制度优越性的重要窗口"的新目标新定位。嘉兴以红船起航地的政治担当，奋力打造"新时代全面展示中国特色社会主义制度优越性重要窗口中的最精彩板块"。浙江省委、嘉兴市委立足实际，为平湖更好地承担起建设"重要窗口"的使命指明了方向路径。"十四五"时期是我国全面建成小康社会、实现第一个百年奋斗目标之后，乘势而上开启全面建设社会主义现代化国家新征程、向第二个百年奋斗目标进军的第一个五年，也是平湖在新的起点上全力打造"重要窗口"最精彩板块新崛起之城的关键五年。研究和编制好"十四五"规划，对加快构筑新时代平湖发展的新优势、更好地服务长三角发展、更优地满足人民生活具有重要意义。

2. 委托方及咨询需求

受平湖市人民政府委托，课题组组织开展平湖"十四五"规划前期思路研究及规划纲要编制工作。委托方提出了平湖市"十四五"发展的三点要求：一是全面实施接轨上海首位战略。"十四五"时期平湖要坚定不移实施接轨上海首位战略，在接轨大上海、融入长三角、落实长三角一体化国家战略中，当好嘉兴乃至浙江的排头兵、右先锋，把背靠上海、面朝大海的"两海"优势，更好地转化为发展优势。二是深入推动经济高质量发展。要坚持把高质量发展要求贯彻到平湖经济社会发展的各个方面，加速推动本市质量变革、效率变革、动力变革，加快建设现代化经济体系，实现高质量发展。三是打造高品质生活。要着眼于满足人民群众对美好生活的需要，全面推动城市高品质建设和精细化管理，构建多层次公共服务生态体系，提升公共服务效能，满足美好生活新期待。根据委托方工作要求，整个规划工作坚持把平湖放在国家对长三角区域总体部署中、放在浙江和嘉兴的总体要求下进行思考和谋划，全面落实高质量发展理念和长三角一体化首位战略，提出平湖"十四五"发展的思路目标和具体举措。

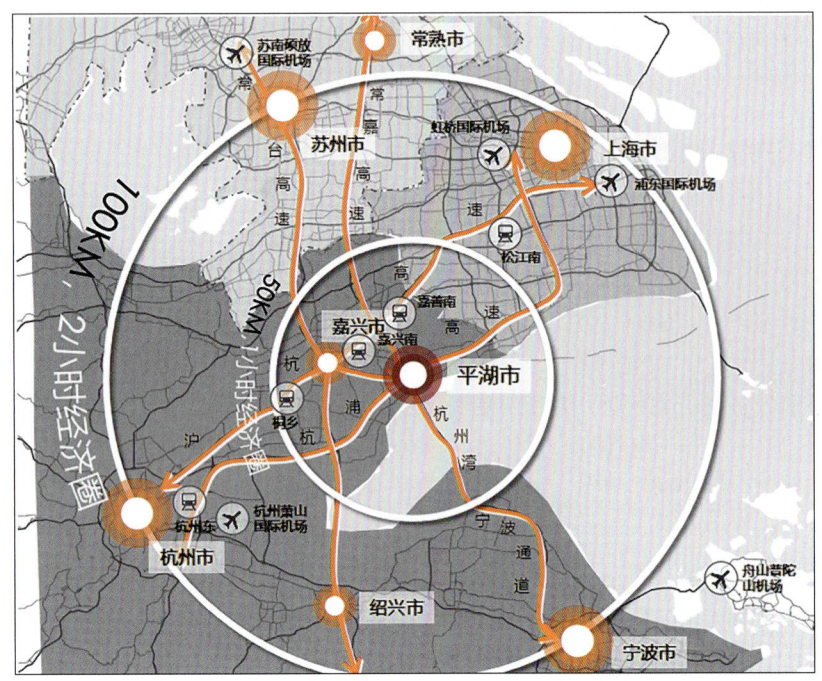

图1 平湖地理位置示意图

【项目内容】

1. 核心理念

站在两个百年奋斗目标的历史交汇点,平湖仍处于大有可为的重要战略机遇期。"十四五"时期,平湖要紧紧抓住现代化、一体化、高质量时代发展主题,充分发挥平湖对接上海桥头堡的区位优势,全面拥抱上海、融入长三角,加快体制机制创新,实现全要素接轨、全方位提升、全市域融入,当好浙江接轨上海的排头兵,将平湖的"地理黄金点"转变为"经济黄金点"。面朝大海、背靠上海是平湖最大的优势,"2758"是平湖发展的独特密码,要把27 km杭州湾海岸线、58 km与沪毗邻线,打造成为推动平湖全面腾飞、跨越式发展的"金边""银线"。以"金边银线"为双翼,多点联动,拉开平湖"十四五"发展的"强弓"之势。

2. 指导思想

高举习近平新时代中国特色社会主义思想伟大旗帜,深入贯彻党的十九大和十九届二中、三中、四中、五中全会精神,全面贯彻党的基本理论、基本路线、基本方略,统筹推进"五位一体"总体布局,协调推进"四个全面"战略布局,坚持党的全面领导,坚持以人民为中心,坚持新发展理念,坚持深化改革开放,坚持系统观念,坚持稳中求进工作总基调,以推动高质量发展为主题,以深化供给侧结构性改革为主线,以改革创新为根本动力,以满足人民日益增长的美好生活需要为根本目的,统筹发展和安全,全面落实构建新发展格局要求,忠实践行"八八战略",全面融入长三角一体化发展,加快建设现代化经济体系,全面推动乡村振兴和新型城镇化,加快推进治理体系和治理能力现代化,奋力打造"重要窗口"最精彩板块的新崛起之城,高水平全面开启社会主义现代化建设新征程。

3. 研究成果

(1)提出建成"一区四城"的发展定位

"十四五"时期,平湖要努力建成"一区四城"。一区:长三角一体化发展先行区。发挥地处长三角核心、海陆毗邻上海的独特优势,加强区域规划衔接、基础设施互联、产业协同创新、公共服务共享、环境共保联治、制度协同创新,在区域一体化发展中先行先试,打造长三角一体化发展平湖样本。四城:一是快速崛起的融合之城。推动产业与城市功能融合协同发展,推动数字化与实体经济、政府服务等全方位融合,推动平湖与上海等周边城市的区域融合发展,推动市域城乡融合发展。二是高质量发展的创新之城。坚持高质量发展,以更高标准打造产业平台,构筑千亿级智造产业集群,全面融入长三角产业协同创新体系。三是国际化品质的开放之城。擦亮平湖"外向型经济强市"金字招牌,更高水平建设高质量外资集聚地,加快国际化、标志性区域建设,在产业发展和城市建设中彰显国际范、高水平和智慧化。四是江南水韵的幸福之城。坚持"生态立市",建设高品质的城市生态空间,营造天蓝水清的城市空间环境。融入文化特色,让文化"软实力"成为城市发展的"硬支撑"。

(2)提出五大战略

立足新发展阶段,贯彻新发展理念,积极参与构建新发展格局,全面推动"融入长三角一体化发展首位战略、创新驱动战略、产业强市战略、城乡融合战略、民生共享战略"五大战略。一是融入长三角一体化发展首位战略,充分发挥平湖对接上海桥头堡的区位优势,全面拥抱上海、融入长三角。二是创新驱动战略。坚持创新在平湖经济社会发展全局中的核心地位,把科技创新作为平湖发展的战略支撑。三是产业强市战略。坚定不移走产业强市道路,推动县域经济向城市经济、都市经济转型,全面构建产业新生态,实现发展质效的跨越式提升。四是城乡融合战略。加快推进以人为核心的新型城镇化,强化新型工农城乡关系,不断提升城乡环境品质、补齐城乡公共服务短板、繁荣城乡优秀文化、健全城乡社会治理体系、提升乡村经济发展质量。五是民生共享战略。进一步增强发展成果平等共享的战略意识,让改革发展成果更多更公平惠及全体人民,推动全市人民共同富裕。

（3）提出"十四五"发展目标

提出到2025年,力争实现"五个走在前列"和"六个新"的发展目标。一是实现"五个走在前列":推进高质量发展和社会主义现代化建设走在全省前列,科技创新能力走在全省前列,利用外资水平走在全省前列,融入长三角一体化发展走在全省前列,城市综合实力走在全省前列,建设成为社会主义现代化先行区。二是实现"六个新":综合实力迈上新台阶,至2025年地区生产总值突破1 100亿元;开放合作取得新突破,至2025年贸易进出口额达到610亿元,实际利用外资五年累计18亿美元;发展质效实现新飞跃,研发经费支出占地区生产总值比重达3.6%,形成2—3个千亿级产业集群;城市能级得到新提升,城镇化水平显著提升,创建成全域5A级景区城;民生福祉达到新水平,城乡居民人均可支配收入增长与经济增长基本同步,城乡公共服务、社会保障基本统一,城乡人居环境实现全域秀美;社会治理取得新进展,数字政府全面建成,行政服务效能和公信力全面提升,突发公共事件应急能力显著增强,发展安全保障更加有力。

（4）提出"十四五"空间发展格局

将58 km与沪毗邻线、27 km杭州湾海岸线变成推动平湖全面腾飞、跨越式发展的"金边""银线",以"金边""银线"为双翼,实现"东西延伸、南北推进、多点联动",总体形成"一核两极金边银线"的发展格局。"一核"即主城区高质量发展核。以主城区90 km²为主,打造城市中央活力区,成为带动平湖全域高质量发展的活力核心。"两极"即南、北两个园区增长极。"南极"指独山港经济开发区,大力发展新材料、新能源产业,加快港口开发建设,推进港产城融合发展,形成带动平湖海洋经济发展的"临港极"。"北极"指张江长三角科技城平湖园,加强科技创新氛围,营造和创新要素集聚,打造平湖未来产业发展的"科创极"。"金边""银线"即58 km与沪毗邻的"金边"、27 km杭州湾海岸线的"银线"。"金边"重点释放毗邻上海优势,串联起张江长三角科技城平湖园、平湖农业经济开发区、新仓镇和独山港经济开发区,加强全要素接轨、全产业联动,打造浙沪融合发展的黄金带。"银线"重点释放海洋战略优势,串联起独山港经济开发区、九龙山旅游度假区、嘉兴港区,加强港产城融合发展,共同打造面向海洋的蓝色经济带。

（5）提出"十四五"重点任务举措

提出九项重点任务举措:一是全面融入,打造长三角一体化发展平湖样板。全面实施融入长三角一体化发展首位战略,积极探索共建共享机制,全要素接轨、全方位提升、全市域融入,打通沪平融合的各类"接口",提升经济集聚度、区域连接性和政策协同效率。二是创新驱动,全面推进经济高质量发展。深入实施创新驱动发展战略,深化长三角地区合作,融入G60科创走廊建设,构建开放融合的区域协同创新环境,建立以企业创新为主体、市场为导向的科技创新体系。三是产业强市,构筑现代产业发展新高地。推动县域经济向城市经济、都市经济转型,全力构筑先进制造产业集群。四是扩大开放,形成双循环竞争新优势。实行高水平的对外开放,充分利用国内国际两个市场两种资源,深化供给侧结构改革,培育完整内需体系,拓展有效投资空间,畅通双循环,开拓合作共赢的新发展格局。五是统筹协调,推进城乡高品质融合发展。将城市和农村的发展紧密结合起来,全域规划、全域设计,

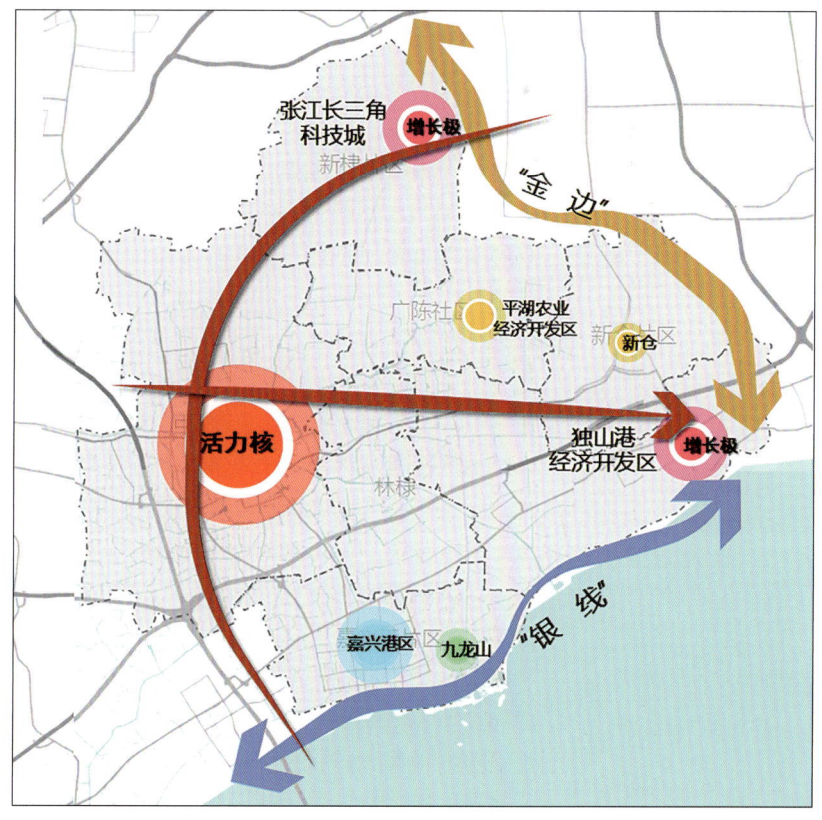

图2 平湖"一核两极金边银线"空间结构示意图

以城市发展助推乡村振兴，实现城乡环境全域秀美、城乡经济共同繁荣、城乡居民共同富裕。六是繁荣文化，全面提升城市软实力。坚定文化自信，以社会主义核心价值观引领文化建设，大力弘扬新时代爱国主义精神、红船精神和浙江精神，推动文旅体融合繁荣发展，促进满足人民文化需求和增强人民精神力量相统一，推进"文化强市"建设，全面提升城市高品质发展软实力。七是优质均衡，促进社会民生普惠共享。深入实施"民生共享"工程，不断提升公共服务水平和能级，推动"基本民生"转向"高品质民生"，实现幼有善育、学有所教、病有所医、老有所养、住有所居等，满足人民对于美好生活的新期待。八是全面深化，加快推进县域社会治理现代化。推动县域治理重点领域和关键环节取得突破性进展，全面提高系统化、社会化、精细化、法治化、智能化治理水平，形成与高质量发展、金平湖新崛起相适应的治理体系和治理能力。九是深化改革，再创体制机制新优势。全面深化改革，构建高水平社会主义市场经济体制。充分发挥市场在资源配置中的决定性作用，推动有效市场和有为政府更好结合。

【工作过程】

为编制好平湖市"十四五"规划，课题组先后组织开展了五类调研，召开了约70场现场座谈会，全面了解各层面、各领域"十三五"时期发展中遇到的瓶颈问题，以及对于"十四五"发展的设想。五类调研主要包括：一是开展公众及企业发展的需求调研。发放公众问卷调研（有效问卷5 800份），广泛了解社会各界对于平湖市"十三五"期间发展情况的切身感受，以及对于"十四五"时期发展的建议。开展平湖市"2+2+2"行业领域重点企业问卷调研（有效问卷149份），了解企业发展中存在的困难和问题，以及企业的发展诉求。二是重点区域和重点项目调研。现场踏勘城市规划展示馆、平湖农业经济开发区、张江长三角科技城、九龙山度假区、嘉兴港区、南河头、东湖景区等区域，了解平湖市"十三五"规划情况，以及重点区域和项目建设发展情况。对城投集团、国际箱包城、服装城、兴平颐养院等实地踏勘访谈，了解相关领域发展中遇到的问题瓶颈，以及发展诉求。三是重点平台企业踏勘调研。对三大园区平台主管部门和13家重点企业进行实地访谈调研，了解主要园区和重点企业发展中遇到的问题瓶颈及发展诉求。访谈平湖科创中心并对园区内重点企业进行走访调研，了解科创服务平台发展情况和未来发展规划设想等。四是相关委办局和街镇座谈。对各委办局、街道（镇）等30余家单位座谈，了解各委办局、街镇的分管条线、分管街镇在发展中遇到的瓶颈问题，以及对于"十四五"发展的规划设想。五是市级主要领导访谈。对市长、各条线分管副市长、人大主任、副主任、政协主席、副主席等主要领导进行访谈，深入了解主要领导对于全市发展中遇到的瓶颈问题，以及对于"十四五"发展的规划设想。在全面调研和综合分析研究的基础上，形成平湖市"十四五"规划纲要。

【咨询工作特点及经验教训】

1. 工作特点

（1）高站位谋划

积极响应国家战略，在长三角一体化发展中谋划平湖未来发展，奋力当好浙江全面接轨上海的"排头兵"，打造浙沪融合发展的黄金带。平湖和金山毗邻区域共建平湖—金山产城融合发展区，着力打造"两核一城一园一带"的空间布局。两地共建杭州湾北翼双核城市，打造长三角城市群对外开放和对内融合的示范；聚焦两地优势产业和未来产业，加快产业联动、加速资源要素集聚，打造若干个千亿级产业集群；丰富生态功能，依托杭州湾共同创建滨海国际旅游度假区，共同推进"田园五镇"乡村振兴合作示范区建设；推进跨区域基础设施互联互通、公共服务共建共享、社会治理共推共治，积极探索政府服务、精细管理等标准统一、协同推进。

（2）高标准推进

落实浙江数字经济"一号工程"部署，优化构建高质量产业体系。2020年浙江省审议通过《浙江省国家数字经济创新发展试验区建设工作方案》，明确指出发展数字经济是浙江省委省政府部署的基础性、战略性任务。提出把数据作为重要生产要素，深入实施数字经济"一号工程"，全力创建国家数字经济创新发展试验区，抢占数字经济竞争制高点。本规划按照浙江数字经济"一号工程"发展要求，提出构筑"1212"（"1"即数字产业；"2"为先进装备制造业和新材料产业；"1"即时尚产业；"2"为生命健康和新能源产业）制造业产业体系，将数字产业放在优先发展的位置，并提出了"到2025年高端数字制造业

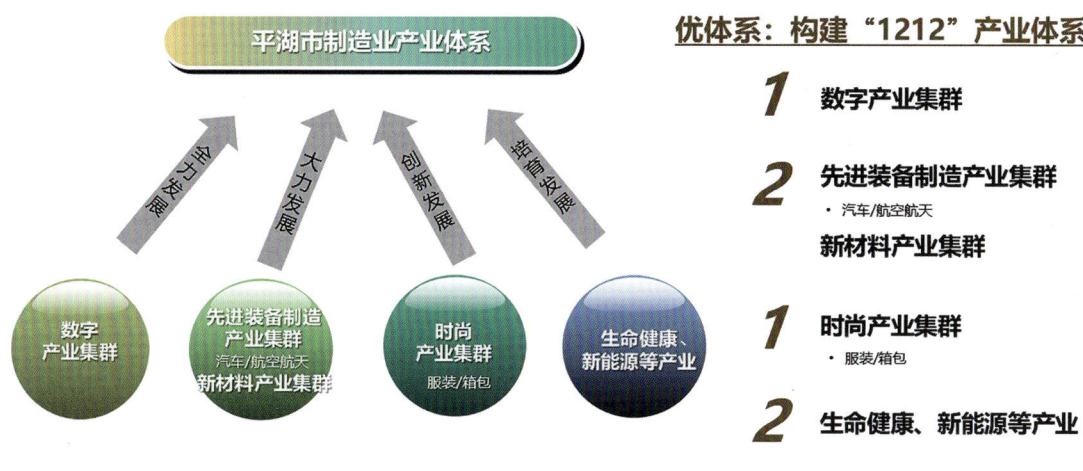

图3 平湖制造业产业体系示意图

产值达500亿元、规上工业企业数字化改造全覆盖"的发展目标。

（3）高品质融合

聚焦城乡一体发展的新需求，推进城乡高品质融合发展。平湖"十四五"规划在广泛公众问卷调研基础上，准确把握居民对于城乡发展中存在的环境、管理、建设、交通等方面的问题，全域规划、全域设计，将城市和农村的发展紧密结合起来统筹考虑，以城市发展助推乡村振兴，共同打造全域秀美的公园城市、高效智慧的基础设施、绿色宜居的生态环境，实现城乡环境全域秀美、城乡经济共同繁荣、城乡居民共同富裕。聚焦居民美好生活新期待，构建高品质公共服务体系。平湖"十四五"规划进一步增强发展成果平等共享的战略意识，深入实施"民生共享"工程，让改革发展成果更多更公平惠及全体人民。针对优质教育、中高端文体设施、品牌化养老机构、高品质商业等中高端服务供给不足的现状，加大高等级、高能级公共服务设施供给，加快推进公共服务均等化和优质化，推动"基本民生"转向"高品质民生"，实现幼有善育、学有所教、病有所医、老有所养、住有所居等，满足人民对于美好生活的新期待。

2. 经验教训

（1）前期研究阶段重点把控调研的深度和广度

国民经济和社会发展五年规划涉及经济社会发展的各个方面，前期需要全面摸清各领域发展的现状、取得成效以及存在的主要矛盾和突出问题，需要广泛倾听社会各界、广大市民，以及相关部门的发展需求。在前期阶段需要编制标准化的资料清单，确保资料收集的规范性和完整性。规划资料按类型主要包括现状统计资料、规划资料、政策资料，以及各条线总结材料；按资料涉及领域主要包括经济发展、城市建设、社会民生、社会治理等方面资料。在开展前期调研工作时，要形成标准化调研方案，明确调研重点、调研对象、调研形式等。调研重点主要包括产业经济、规划国土、城乡建设、社会民生、生态环境、改革开放等方面。调研对象包括行业专家学者、政府各条线主管部门和分管领导、重点项目和代表性企业，以及广大市民。调研形式主要包括专家座谈、部门座谈、项目实地踏勘、公众和企业问卷等形式。以标准化的调研方案规范调研工作，确保调研工作全覆盖不漏项。

（2）规划目标和具体指标制定要注重科学性

规划目标是未来五年发展的总指引，设定科学合理的规划目标和具体指标，便于形成共识、凝聚力量，更好地服务区域经济社会发展。设定规划目标时，既要体现国家战略意图又要体现地方发展需要，既要站位高远又要切实可行，确保五年期末发展目标能够实现。结合区域发展的现实基础，围绕经济社会发展的主要领域，提出五年规划的总体目标以及分领域目标，并远景展望10—15年发展目标。设定具体的规划指标时，要统筹兼顾引领性与前瞻性、全面性与独特性、延续性与创新性、约束性与预期性、可比性与可测性等方面。延续性指标可以继续用于下一轮五年规划，便于对区域长周期发展进行动态监测；创新性指标则要根据阶段发展特点进行调整。指标值测算，既要结合历史数据，又要结合上位规划指标值要求，使指标值设定符合发展预期,并能横向、纵向对比。

（3）规划重点任务和主要举措要注重合理性

围绕规划要实现远景目标和五年目标,聚焦经济社会发展的主要领域,结合区域发展中遇到的突出矛盾和重大问题,提出五年发展的主要任务举措。主要任务举措是实现五年规划目标、落实五年规划的重要支撑和具体行动措施。要实现经济社会各领域发展,需要制定详细的任务举措,并要把握重点。在众多任务中确定重点方向,需要结合国家、省市的最新发展要求和经济社会领域发展的前沿趋势方向,以及当地发展遇到的突出矛盾和重大问题来明确。重大举措的制定则要围绕主要工作任务,精准行动方向,并细化路径、细化措施等,保障目标和任务如期完成。主要任务一般以条目的形式表达,段首概括总体内容,随后展开具体的任务举措。主要任务领域主要包括产业发展、城乡发展、社会事业发展、生态文明建设、深化体制改革等方面。可以通过专栏形式对重点任务进行补充说明。

（4）规划的落实要有完善的实施保障措施

实施保障一般分为组织保障、要素保障、政策保障等。组织保障应结合上一轮五年规划工作机制、规划实施落实中遇到的问题,进一步优化提升。要素保障应梳理资金、用地、人力资源等要素的保障情况,以确保主要任务和重大项目能够按规划实施。政策机制保障应结合主要任务,提出发展改革政策或新机制建立的计划。

【咨询效果】

整个规划工作坚持把平湖放在经济全球化的大趋势下、放在国家对长三角区域总体部署中、放在浙江和嘉兴的总体要求下进行全面思考和统筹谋划,全面落实高质量发展理念和长三角一体化发展首位战略。通过对平湖现状分析、案例借鉴、专题座谈、项目走访、领导调研等系列工作,提出了平湖"十四五"发展的总体定位、发展战略、发展目标、发展布局、主要任务举措及系列保障措施,形成《平湖市国民经济和社会发展第十四个五年规划和二〇三五年远景目标纲要》,于2021年2月27日经平湖市第十五届人民代表大会第五次会议通过,于2021年3月正式对社会发布。平湖市"十四五"规划纲要是平湖实现跨越式发展的宏伟蓝图和引领人民共同奋斗的行动纲领,是政府全面正确履行职能的重要依据,是引导市场主体行为的重要参考,对于在百年未有之大变局下积蓄新时代平湖高质量发展新动能、厚植长三角一体化发展新优势、引领高品质生活新发展具有重要意义。

"十四五"以来,平湖市以规划为纲,稳步推进各项工作,取得卓越成效。在长三角一体化方面,平湖市立足高站位、着眼大格局、融入大战略,持续放大"两海"优势,积极抢抓虹桥国际开放枢纽建设的历史机遇,发布全省首个县级市虹桥南向拓展带建设方案,在平台共建、产业协同、民生共享、边界共治等方面不断深化同长三角城市间的对接合作。

上海市能源发展"十四五"规划基本思路研究

Research on the Basic Ideas of Shanghai's Energy Development "14th Five-Year Plan"

编写单位：上海投资咨询集团有限公司
Shanghai Investment Consulting Group Co., Ltd.
联系电话：021-23300000　　**网址**：https://www.sicc.cn
主要完成人：王 昊　金 扬　牛 刚　齐 康　黄志峰　金 颖　白尊亮　孙 腾　夏 溢

【点评】

该研究立足上海的用能需求，聚焦供应安全、结构优化等关键问题，综合运用本市重点能源企业实地调研、国际国内文献调研、能源政策模型研究、专家咨询等多种方法，谋划提出本市"十四五"能源发展目标。首先，回顾本市能源发展基本情况，研判本市能源发展面临形势和主要问题；其次，预测各类能源品种未来消费量，对标国际国内大都市能源发展水平；再次，聚焦关键、问题导向，牢牢把握了"高质量发展"这一主线，聚焦新时代上海能源发展面临的全局性和长远性问题，按照"安全第一、环境优先、兼顾经济"的原则，做好安全底线、环保约束和经济成本等多目标统筹；最后，结合国家和本市的能源政策框架及有关能源技术发展分析，提出本市"十四五"能源利用总体思路、目标、重点任务和保障措施。基于研究成果的《上海市能源发展"十四五"规划》已于2022年5月正式发布，成为本市"十四五"期间能源工作开展的纲领性文件，研究中提出的一系列指标体系、重大任务和重大项目，对本市能源行业高质量发展具有重要指导作用。

【项目背景】

能源是支撑国民经济发展的重要保障。上海市已经明确建设"五个中心"和具有世界影响力的社会主义现代化国际大都市的重点任务，城市对能源的需求持续增长，未来本市能源在贯彻落实国家能源生产和消费革命战略部署的同时，将以建立与特大型城市相适应的安全、清洁、高效、可持续的现代能源体系为发展目标，助力上述城市发展任务的完成。

"十三五"以来，本市能源发展取得了较好成效，供给保障能力稳步提高，能源结构持续优化，能源体制改革有序推进，能源行业管理不断加强，有力支撑了经济社会发展需要。展望未来，本市能源发展面临更大挑战。对标国际先进水平，已经迈入上中等发达经济体行列的上海，在能源绿色发展水平、能源治理能力等方面仍有短板，现有能源体系尚不能完全匹配城市发展新阶段的用能需求变化，对重点领域、重点区域高质量发展的支撑有待加强，能源市场化进程较之于可持续发展的要求仍有差距。

基于以上情况，有必要立足上海这一资源输入型特大型城市的用能需求，在适应城市自身特点的前提条件下，聚焦供应安全、结构优化等能源发展中的关键问题，谋划提出本市"十四五"能源发展目标，为全市能源领域发展改革提供决策支撑。根据上海市发展和改革委员会的要求，我公司开展上海市能源发展"十四五"规划基本思路研究。

【项目内容】

研究内容主要分为六大部分：一是分析本市能源发展现状、形势及面临问题。二是跟踪国内外能源发展形势和变化趋势，对标国际标准和国际水平，总结发展经验。三是开展"十四五"能源需求预测，分电力、煤炭、天然气、油品开展分品种能源需求预测，从而得出全市总体能源消费量。四是拟定"十四五"能源发展原则与目标。其中的目标体系又分为能源消费总量、安全保障、结构优化、节能环保、优质发展等五个方面的具体目标。五是提出能源安全新战略推进建议。构建安全、多元的能源供应安全保障体系，构建高效、低碳的能源消费格局，构建引领、融合的能源创新体系，构建规范、顺畅的能源体制机制，构建协同、开放的能源合作体系。六是提出规划实施和保障措施建议。

1. 本市能源发展现状及面临形势

"十三五"期间，上海能源发展呈现四个特点。一是产供储销体系逐步完善。二是能源消费需求平稳增长。三是能源结构调整步伐加快。四是能源改革创新持续深化。面临形势方面：从国际看，自西向东、低碳创新的能源供需新格局和新趋势逐步形成；从国内看，"四个革命、一个合作"的能源安全新战略加快实践，保障能源安全、推动能源高质量发展成为长期战略任务；从上海看，中央"四个放在"定位对能源发展提出更高要求。

2. 国内外能源发展变化趋势及经验总结

分析发达经济体（美国、德国、英国、法国等）在国家层面以及东京在城市层面的能源结构演变路线，相关国际经验为：在人均GDP从2万美元迈向5万美元的后工业化发展阶段，世界主要发达经济体人均能源消耗大多是多年保持同一水平，各国均因地制宜调整能源结构。表现为宜煤则煤、宜气则气、宜核则核、宜新则新。煤炭大国美国、德国、英国依托技术突破（如页岩气技术）和资源禀赋（如北海油气田和海上风电），利用廉价的天然气和可再生能源实现了煤炭替代；法国充分发挥核能优势削减了煤炭消费量；化石能源贫瘠的日、韩两国面对资源高度依赖进口、核能发展遇挫的困境，煤炭消费量不降反增。

3. 本市"十四五"能源需求预测

总量方面，"十四五"本市能源需求的总体判断：一是总量继续增长，预计能源消费增量可达1 500万—2 000万t标准煤，总量达到1.4亿—1.5亿t标准煤；二是能源结构进一步优化，非化石能源一次能源占比将由目前的约15%上升至20%左右，煤炭消费量将减少5%左右。电力消费增长超过200亿kW·h，天然气消费增长约40亿m³。2025年全市最高用电负荷将达到3 800万kW，本市天然气需求将达到135亿m³。汽、柴油消费基本保持稳定，煤油及燃料油年消费量将保持700万t左右的增幅。

4. 本市能源发展原则及目标

原则方面，上海能源发展要全面贯彻落实国家"四个革命、一个合作"能源安全新战略，践行"人民城市人民建、人民城市为人民"发展理念，以能源高质量发展为主线，从供、需两侧加快推

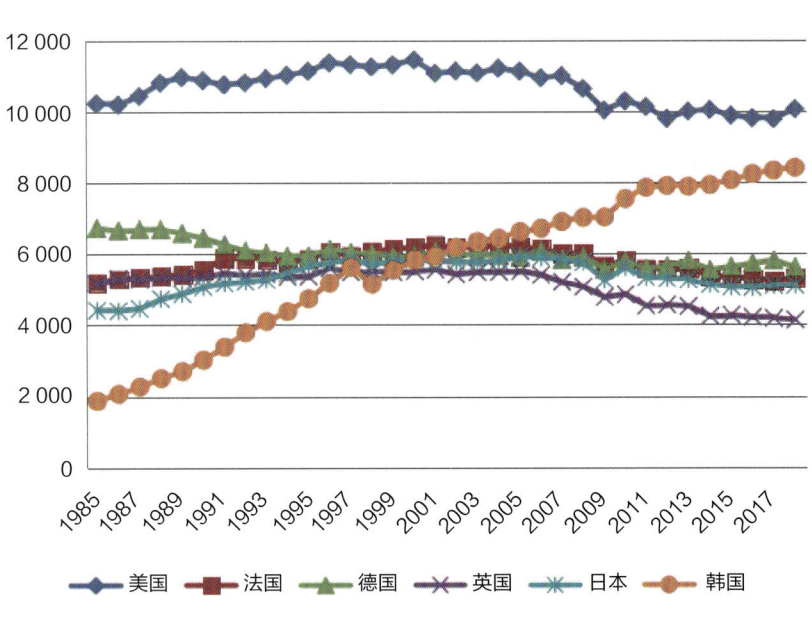

图1 发达经济体人均能源消费变化情况（kg标煤/人）

表1 2025年上海市全社会用电量预测结果

年份	国内生产总值（现价；亿元）	增长率（可比价；%）	高方案			低方案		
			电力弹性系数	全社会用电量（kW·h）	增长率（%）	电力弹性系数	全社会用电量（kW·h）	增长率（%）
2015	25 659	7.0	0.38	1 406	2.67	0.38	1 406	2.67
2016	28 184	6.8	0.84	1 486	5.72	0.84	1 486	5.72
2017	30 633	6.9	0.40	1 527	2.74	0.40	1 527	2.74
2018	32 680	6.6	0.40	1 567	2.61	0.40	1 567	2.61
2019	34 641	6.0	0.40	1 604	2.40	0.40	1 604	2.40
2020	36 719	6.0	0.40	1 643	2.40	0.40	1 643	2.40
2025	47 990	5.5	0.40	1 832	2.20	0.30	1 783	1.65

动能源新旧动能转换,以科技创新和体制改革为双动力,加快打造与特大城市相适应的安全、清洁、高效、可持续的现代能源体系,为城市的高质量发展、高品质生活提供有力保障。到2025年,能源发展达到如下核心目标:一是能源供应更加可靠,中心城区及重点区域全年停电时间小于1小时,供电可靠性达到目前国际先进城市水平,天然气储备天数达到年消费量的8%,保持国内领先水平;二是能源结构更加绿色,可再生能源占用电量的比重超过30%,天然气占一次能源比重超过15%,均位居东部省份前列;三是能源系统更加高效,供电煤耗、天然气产销差率进一步下降;四是能源营商环境更加优化,"获得电力""获得燃气"指标位列国内前茅。

5. 能源安全新战略推进建议

一是构建安全、多元的能源供应保障体系。电源形成"5+X"基地布局。优化市内煤电结构,有序建设市内燃气调峰电源,大力发展可再生能源,光伏目标新增270万kW,风电目标新增180万kW;对标最优、聚焦重点,有序推进坚强智能电网建设;在加快完善500 kV、220 kV主干网架的同时,电网建设重心逐步从输电网转向配电网,打造世界一流城市配电网;补齐短板、远近结合,加快天然气产供储销体系建设;调整布局、加强保障,建设稳定可靠的油品储运体系。二是着力构建清洁低碳、惠民共享的能源消费体系。进一步推动全社会节约利用能源,促进重点用能领域绿色低碳转型;进一步提升能源行业服务民生水平,打造一批能源惠民工程和实事工程,不断提升居民的满意度和获得感。三是着力构建技术领先、高端示范的能源创新体系。提升能源技术与装备创新能力,适应未来能源变革趋势,通过以示范促研发、以应用带产业,争取在重型燃机、新型高效太阳能电池、大功率风机、储能、氢能等领域取得核心技术突破;加快推进能源领域新基建建设,推动能源新模式新业态发展。四是着力构建公平开放、竞争有序的能源市场体系。深入推进以现货为核心的电力市场改革,建立适应安全、低碳、经济发展导向的现代电力市场体系;稳步推进燃气行业改革,稳妥推进燃气管网公平开放,持续加大营商环境改革力度。五是着力构建开放共赢、协同互补的能源合作体系。深化长三角能源一体化合作,按照合作共赢的原则加快推动跨省重大工程建设;拓展能源国际国内合作新格局,进一步加强与国内能源输入地区的战略合作,鼓励本市能源企业"走出去",主动参与"一带一路"倡议,融入国家全方位对外开放总布局。

图2 上海五大发电基地示意图

6. 相关保障措施建议

建立较高层次的规划实施工作协调机制,加强对规划实施中重大问题的研究协调。强化规划约束引导作用,分解落实规划目标及任务。建立能源项目储备库,通过规划与项目的相互结合和有机统一,增强规划对产业引导、设施布局、项目投资等方面的调控管理。

【工作过程】

按照上海市发展改革委《关于开展本市"十四五"能源规划重大问题研究工作的通知》(沪发改能源〔2019〕72号)的要求,我公司开展该项目的整体服务。过程主要分为以下4个阶段:

研究准备阶段:2019年6月,接到研究任务后,我公司即成立项目组,拟订研究计划及总体框架。

调研分析阶段:2019年7月开始,赴申能集团、上海电力股份、华能上海分公司、华电上海分公司、国网上海市电力公司开展实地调研,同时收集整理本市"十二五""十三五"期间的能源发展情况,对相关数据进行了认真分析。

研究实施阶段:2019年9月—2020年2月,重点测算了"十四五"能源消费量,进行煤炭、天然气、电力等的供需平衡,研究提出各项重点任务和实施路径,形成初步成果后与各相关委办局、能源供应企业等单位进行多轮次沟通。

成果审查阶段：2019年6月，邀请专家组成员对最终成果进行评审论证，获得专家认可，形成正式成果报送委托方。后期，基于研究成果的《上海市能源发展"十四五"规划》于2022年5月正式发布。

【咨询工作特点及经验教训】

1. 充分调研、全面总结，系统回顾本市前五年能源发展成效

为做好"十四五"规划研究，需要对本市"十三五"能源发展情况进行系统回顾。因此，本次研究开展了充分的外部调研，在全面收集行业发展数据的基础上，从能源消费、能源供给、能源体制改革等维度，对煤炭、石油、天然气、电力等不同能源品种的总量规模、变化趋势、结构调整、项目设施、政策成效等做了全面深入的梳理，并细致分析"十三五"规划提出的目标完成情况，从而为后续研究提供数据基础。

2. 把握趋势、科学研判，准确剖析本市能源发展面临形势

本次研究准确把握了国际和国内能源发展趋势，总结得出国际能源供需格局深度调整，自西向东、低碳创新的新趋势逐步形成。国内"四个革命、一个合作"的能源安全新战略加快实践，保障能源安全、推动能源高质量发展成为长期战略任务。在此基础上，归纳出本市能源发展需要解决能源市场体系建设不健全、能源创新供给不充分、能源供需部分时段和区域不平衡，以及能源发展在安全、环保、经济多方面要求与城市规划建设不协调等问题；并提出"十四五"将进入能源市场体系建设关键期、行业新旧动能转换期、供应峰谷调节冲突期、开放合作深化期。

3. 多维对标、找准定位，采用大数据寻找本市能源发展最佳"标杆"

研究借助国际能源署（IEA）、英国石油公司（BP）、美国能源信息署（EIA）、日本能源经济研究所（IEEJ）等机构的能源数据库，对比发达经济体相同发展阶段的能源结构。鉴于上海市兼具特大型城市和发达城市的特点，从欧美发达国家层面和纽约、伦敦、东京大型都市做了详细的对比分析，得出的具体经验借鉴为：一是发达国家能源结构优于上海，各经济体的能源结构调整因地制宜，遵循"宜煤则煤、宜气则气、宜核则核、宜新则新"的原则。二是现阶段煤电发挥基荷电源作用，但要重视电源整体灵活性。三是把握低碳化和分散化的发展趋势，可再生能源发电将作为未来发展重点。

4. 综合运用、集成优化，采用多种模型预测未来能源消费总量

对各能源品种消费量进行科学合理预测是进行能源规划的基本前提，但不同能源品种（如煤炭、天然气和电力）之间有着强耦合关系。研究首先采用"自上而下"的方法，基于宏观参数定量预测能源消费总量。其次采用"自下而上"方法进行分品种预测，采用LEAP模型进行多情景分析，如电力需求预测方面，从"自上而下"角度，分别采用电力占能源消费的比例法、电力弹性系数法和人均用电量法对中长期电量需求进行预测。对电力负荷采用最大负荷利用小时数法、年均增长率法、人均负荷预测法进行预测。天然气需求预测方面，一方面，在能源消费量、能源结构以及天然气历史发展趋势的基础上研究天然气需求；另一方面，从居民、营事团体、工业（一般工业和大工业）、电厂以及交通等六方面用户领域分别预测分析天然气需求，进而综合分析全市天然气市场总需求预测。成品油方面，根据车辆油耗强度、新能源汽车增速、航班起降架次等特征指标对未来消费量进行预测。

5. 规划引领、低碳先行，规划紧扣"双碳"战略并首次提出"双碳"发展指标

以习近平同志为核心的党中央提出的关于"碳达峰、碳中和"的重大战略目标，是推动构建人类命运共同体的重大举措，是促进经济社会尤其是能源领域绿色低碳转型的重要引领。研究结合"碳达峰、碳中和"国家战略要求，紧密围绕在上海2025年率先实现"碳达峰"这一目标，针对能源结构和电源结构优化这两个关键问题做了破解。研究提出"减煤增气提新"的发展策略，全面论证了本地支撑电源的功能定位，从资源获得、节能降碳、经济可持续性角度出发，提出保持市内煤机容量不变的建议意见。成果首次在类似能源规划中提出"本地电源碳排放强度""全社会用电量碳排放强度"等涉及碳排放的指标，约束未来本市电力低碳发展。

6. 聚焦主线、靶向施治，破解本市能源发展重大问题

结合"碳达峰、碳中和"国家战略要求，更低碳、更清洁成为本市能源转型方向。"十四五"期间，能源结构和电源结构优化将成为能源发展中

图3 上海LNG站线扩建工程示意图

最为重要的两个问题。针对能源结构优化，研究提出"减煤增气提新"的发展策略。"十四五"煤炭消费稳中略降，考虑煤电需承担能源安全"压舱石"功能，煤炭减量来自钢铁和石化领域。天然气在能源保供和低碳发展中将发挥更加重要的作用，鉴于本市地理位置、资源条件，建议加快上海LNG站线扩建，推进天然气产供储销体系建设。可再生能源的发展既要提高市内装机规模，更要未雨绸缪谋划新的市外清洁能源基地。针对电源结构优化问题，研究全面论证了本地支撑电源的功能定位，从资源获得、政策符合、节能降碳、经济可持续性角度出发，提出保持市内煤机容量不变的建议意见。

7. 谋篇布局、绘制蓝图，提出本市能源发展重点任务和重大项目

综合考虑能源发展目标、能源需求、城市总体及区域规划要求，研究提出本市"十四五"能源发展重点任务和重大项目。一是着力构建安全可靠、坚强稳定的能源供给体系，如实施电源结构调整、推进智能电网建设、加强气源及管网建设、调整油品储运体系等。二是构建清洁低碳、惠民共享的能源消费体系。三是构建技术领先、高端示范的能源创新体系。四是构建公平开放、竞争有序的能源市场体系。五是构建开放共赢、协同互补的能源合作体系。上述重点任务和重大项目为本市后续能源领域的建设提供了规划依据。

8. 因地制宜、试点先行，首次提出本市能源创新发展示范区理念

按照国家能源革命总体要求，结合目前新能源、能源互联网、创新能源技术发展趋势，研究提出"十四五"期间选定若干个不同类型的区域，聚焦长三角区域一体化发展示范区，以及崇明、张江科学城、虹桥商务区、上海化学工业区等区域开展能源领域创新示范，探索未来能源发展的新模式。长三角区域一体化发展示范区建设能源革命示范区，虹桥商务区建设智慧能源示范区，崇明建设清洁能源及零碳岛域示范区，张江科学城建设能源互联网示范区，上海化学工业区建设"氢能+"多能互补应用示范区。从而形成全市能源示范多点开花又各具特色的新局面。

【咨询效果】

1. 研究成果得到了本市能源发展相关主体的一致认可

本报告研究成果获得本市能源发展相关主体的一致认可。市经信委、市规划资源局、市环保局等在历次的征求意见会上均表示了对规划

的认可。研究充分征求并合理吸纳了相关能源企业的意见，部分企业遵循规划思路，已着手开展前期工作，如上海电力股份有限公司积极开展部分老旧到龄煤机的等容量替代工作，与研究成果中提出的"优化煤电结构、向清洁高效灵活兼顾转变"思路不谋而合。

2. 研究成果为本市"十四五"重大能源项目的实施规划了路线图

研究建立重大能源项目库，分预计建成、计划开工和前期研究三个层次，分解落实规划目标及任务，为本市能源项目实施规划了建设时序。通过规划与项目的相互结合和有机统一，增强规划对产业引导、设施布局、项目投资等方面的调控管理能力。

3. 研究成果助力本市"十四五"能源发展规划成稿发布

本研究成果经过多次专题会议讨论，获得委托单位市发展改革委的认可。以此研究为基础，形成《上海市能源发展"十四五"规划（送审稿）》，与国家能源局做了初步衔接。2022年5月，上海市人民政府印发《上海市能源发展"十四五"规划》。

上海机场集团绿色机场建设规划研究（2021—2035年）

Research on the Green Airport Construction Plan for Shanghai Airport Group (2021-2035)

编写单位：上海市节能减排中心有限公司
Shanghai Center for Energy Saving and Emission Reduction Co., Ltd.

联系电话：021-23300515　　网址：https://www.sicc.cn
主要完成人：齐　康　金　扬　金　颖　祝毅然　马　艳　林　晨　刘继未

【点评】

该项目实现了多个首次突破，一是将研究范围首次从机场自身扩展到机场大社区的绿色生态，增加了对机场配套活动和空港社区联建的范围；二是将碳排放核算边界首次从机场自身拓展到机场活动，核算了机场相关活动的碳排放，包括了飞机起降、旅客集散、货运物流等活动，并体现机场从碳减排到碳达峰再到碳中和的工作路径；三是形成了首个全面的绿色机场评价指标体系，包括了资源节约、环境友好、运行高效、低碳发展和社会责任五个方面，共计43项评价指标，同时对评价指标权重进行了赋值，并确定了相应评价标准；四是首次完成了机场绿色发展水平的定量化评价案例，将上海两机场与国外先进机场进行了全方位的评价和对比，选择了具备相关定量数据和工作内容资料较完整的国外绿色机场进行具体定量对标。

【项目背景】

绿色低碳已成为国家高质量发展的基本要求。自党的十八大以来，推进生态文明建设已成为我国的发展战略，是"五位一体"总体布局中的重要一环。党的十九大将污染防治明确作为三大攻坚战之一，提出构建清洁低碳安全高效的能源体系。习近平总书记先后多次在国际、国内的大型会议上提出中国碳排放力争于2030年前达到峰值，于2060年前实现中和的目标，把碳达峰、碳中和纳入生态文明建设整体布局，事关中华民族永续发展和构建人类命运共同体。

绿色低碳是建设世界级航空枢纽的基本特征。2019年习近平总书记在北京大兴国际机场投运仪式上提出要打造平安、绿色、智慧、人文的"四型机场"。2020年中国民航局印发了《中国民航四型机场建设行动纲要（2020—2035年）》。"绿色"是四型机场的基本特征，要建设在全生命周期内实现资源集约节约、低碳运行、环境友好的机场。中国民航局围绕绿色机场建设，发布了一系列标准规范和建设指南文件，包括《民航贯彻落实〈打赢蓝天保卫战三年行动计划〉工作方案》《绿色机场规划导则》《绿色航站楼标准》《民用机场智慧能源管理系统建设指南》等，支持和推动各地机场的绿色发展。

为响应国家绿色发展要求，对标"绿色机场"建设相关工作要求，指导上海两机场的绿色机场建设，上海市节能减排中心有限公司开展了"上海机场集团绿色机场建设规划研究（2021—2035年）"的研究，核算了上海两机场活动碳足迹，建立了适合于上海的绿色机场发展评价指标体系，并基于指标体系进行了国内外机场的对标分析，提出了上海机场集团绿色机场规划路径及重点任务，从而引导机场区域的绿色协调发展，体现上海机场集团的企业社会责任，树立和展现机场的社会形象。

【项目内容】

1. 核心理念

坚持绿色低碳发展的核心理念，通过"智慧"手段，结合"平安""人文"的发展目标，加快推进"四型机场"的建设，推动机场"绿色"目标的实现。

2. 指导思想

牢固树立可持续发展理念，深入贯彻国家关于加快推进生态文明建设总体部署和污染防治攻坚战的要求，紧紧围绕建设"四型机场"、推进新时代民航强国、打造长三角世界级机场群的发展战略，把绿色机场建设作为上海机场可持续发展的重要抓手，以全生命周期的"资源节约、低碳运行、环境友好"为核心理念，建设体现亚太航空门户枢纽地位的绿色标杆机场，并引导机场区域的绿色生态发展。

3. 研究成果

本研究从推动资源集约利用、构建友好的生态环境、持续提升服务保障效能、构建绿色低碳的能源结构、加强企业绿色社会责任担当五个方面提出上海机场集团绿色机场规划路径及重点任务。

（1）更集约的资源利用

① 土地集约利用。对外实现机场规划与城市规划相协调、相衔接。机场公用设施规划与市政基础设施规划相协调，并充分利用既有设施。对内优化机场平面和竖向布局，兼顾机场近远期发展。贯彻集约化发展理念，在适当区域规划非机动车、步行等慢行道，合理规划停车场布局。

② 节能与能源利用。提升机场建筑的被动节能水平。对于新建机场建筑，合理控制机场主要建筑的建设规模和建筑高度，充分利用天然采光和自然通风，合理采用建筑围护结构保温隔热和遮阳措施，降低建筑用能需求。

持续开展用能设备的节能技改和更新。对于新建机场项目，结合机场所在地的地理位置、气候特征、能源供给条件、功能区划分和建筑规模，充分利用蓄能技术，提高可再生能源的使用比例。优化机场能源系统形式，实现能源的梯级利用。

优化能源系统运行策略和管理。对上海两机场的能源供应系统进行系统评估，实现上海两机场暖通、照明、电梯、动力、行李系统等各用能系统的精细化、智能化运行控制，细化功能分区，优化航班信息联动系统。

智慧能源管理平台建设。近期：完成上海两机场智慧能源管理平台的搭建。中远期：实现机场自身的智能运行。

③ 节水与水资源利用。提升供水系统和节水器具水效。近期：开展上海两机场供水系统评估。中远期：推进智慧节水平台建设，实施供水管网分区计量管理，完善供水管网检漏制度，建立精细化管理监测平台和管网漏损管控体系。

提高非传统水源利用率。近期：加快上海两机场的中水回用系统建设，改善回用中水的水质。中远期：完成上海两机场的中水回用系统建设，实现雨水/中水回用，用于绿化、景观、冲厕、冷却水补水，提高非传统水源利用率。

④ 节材与材料利用。提高新建项目的绿色建材应用，开展绿色建设和施工。

（2）更友好的生态环境

① 大气环境。近期：对场内国四标准及以下的非道路移动机械及车辆安装尾气净化装置，并完成尾气检测工作；完成储油区专项环保治理；对餐饮企业开展专项环保整治，满足上海市《餐饮业油烟排放标准》（DB31/844—2014）；对施工现场加强扬尘监测及治理。中远期：督促航司实施老旧飞机换发；根据未来更新的燃气锅炉排放标准，适时对锅炉进行提标改造。

② 水环境。近期：两机场围场河水质稳定达到V类水标准，实施排放口合规管控，餐饮废水满足上海市《污水综合排放标准》（DB31/199—2018）三级标准，浦东机场逐步推行排水许可证制度；合理使用除草剂、杜绝机坪冲油；建设专用除冰停机位，开展除冰液回收工作。中远期：两机场围场河水质稳定达到IV类水标准；实施除冰液的环保回收和再生利用。

③ 噪声环境。近期：在机场附近受影响区域布置绿化等被动减噪保护工程，对受影响较严重的区域建筑开展减噪治理工程。中远期：与航司合作开发飞机起降减噪声程序。

④ 固体废弃物。近期：对固体废弃物的产生、贮存、转运和处置进行全流程跟踪台账管理；危废100%合规处置及无害化全流程管控；生活垃圾满足《上海市生活垃圾管理条例》要求的合规分类、合规处置。中远期：与航站楼内商户及场内驻场单位合作，开展"限塑行动"；结合绿色商户计划，探索航站楼内餐饮企业食品回收。

⑤ 环境管理。近期：强化环境监管机制，对各类环境违法行为"零容忍"搭建环境信息智慧监控和环保管家平台。中远期：在既有环境信息智慧监控和环保管家平台基础上，建立污染物和噪声预报和防治相关模块，完善对相关法律法规合规性的自动审查。

（3）更高效的服务保障

① 空侧交通。优化"跑-滑"构型设计和组织，研究建设跑道南北绕滑工程以及起飞等待区，优化飞机进离港滑行路线，在保障安全的前提下减少飞机的滑行时间；建设跑道状态灯项目及信息系统，通过自动控制灯光提供跑道是否可用信息。优化彩虹机位方案，试点远近机位的

灵活调配。优化地面服务运行管理，启动高级机场场面活动引导与控制系统（A-SMGCS）建设，开展飞行区动态感知智能化运行及无人驾驶应用试点。探索建立地面保障车辆/设备的共享机制和平台。持续完善机场协同决策系统（A-CDM）建设。近期：重点打通机场、空管、航司、地服等单位间的数据壁垒，实现各个保障节点时间的实时上传和进程监控等功能。远期：细化保障过程模块，实现航班保障的智能精细化管控。

② 陆侧交通。轨道交通方面，近期尽快落实两机场之间快速客运通道建设，结合轨道交通2号线运营特征，试点采用大站快车模式。地面交通方面，在现有机场巴士线路基础上，考虑结合全市重点地区开发与建设；综合利用设施优先、差别化收费等手段，提高新能源车辆出行的便利性和经济性。设施优先方面，对于旅客停车给予优先和便利；完善布局区域慢行交通路网，在浦东机场的机场大道、启航路等主要道路上设置非机动车车道，提高机场区域非机动车路网的可达性，并在一些非机动车流量较大的主要通勤道路（机场大道）上，实现机非物理隔离，提高非机动车通行的安全性；改善机场区域慢行交通的环境，方便员工通勤以及区域内的交通联系，提高慢行交通出行的舒适度。

（4）更低碳的能源结构

① 低碳建设。加强机场地面移动源的新能源/清洁能源替代。推动机场地面APU替代设施的建设和使用。持续开展上海两机场近机位桥载电源和桥载空调的扩容改造，对现有的登机桥监控系统进行升级，实现桥载设施运行可视化。继续推进远机位APU替代项目建设，试点实施"光储充"一体化充电设施项目。

加快机场配套充电设施的建设。空侧方面，结合航空公司和地服公司新能源车辆/特种设备的更新进度，配套建设飞行区内新能源车辆/特种设备的充电设施；陆侧方面，进一步增加出租车蓄车场和社会公共停车场的充电设施建设数量和覆盖率，规划布局集中式的公共充换电站。

建设新能源车辆/设备及充电设施监控平台。建设并完善机场新能源车辆/设备及充电设施智能化平台，实现对新能源车辆运行与能耗的监控，并为用户提供充电导航、状态查询、充电预约、费用结算、刷卡支付等服务。

开展绿色技术试点与应用。开展机场航站楼玻璃幕墙的薄膜光伏发电项目试点。开展氢能源车辆示范试点，通用型车辆以员工班车、民航特种车辆以行李牵引车为主，开展试点工作，并同步建设机场加氢站。开展智能微网建设。

② 低碳管理。提高碳排放监测和核算水平。在既有对上海两机场碳排放监测、核算的基础上，进一步拓展监测范围，识别核算机场活动的碳足迹，编制碳排放清单，为未来上海两机场开展减碳、碳中和行动，以及申报"双碳"机场提供数据支撑。

（5）更负责的企业担当

① 绿色载体建设。近期：对于新建机场航站楼建筑，应按照三星级绿色建筑要求进行规划建设，并申请相应绿建标识；机场其他民用建筑按照公共建筑绿色建筑星级要求进行规划建设。对于既有机场建筑，按照《上海机场绿色可持续机场认证体系》进行改扩建，开展"双碳"机场认证。中远期：在机场能源管理体系逐步完善的基础上，开展机场能源管理体系认证的工作。

② 绿色供应链。制定和实施绿色采购方案，试点探索绿色低碳的激励机制，探索建立面向旅客的低碳积分兑换体系。

③ 完善空港社区绿色低碳联建。加强组织领导与沟通协调，研究设立共治委员会节能环保专业委员会，设立空港社区发展专项基金，建立对共治单位的测评机制。加强节能低碳理念对内对外宣传，开展绿色生态教育活动，引导旅客形成绿色行为方式，推动员工践行绿色。

【工作过程】

1. 工作路线

根据项目规划目标和研究内容，项目服务的技术路线上主要分为"定标、评价、对标和路径"四个阶段。一是定标，通过研究国内外绿色机场的发展内涵、识别其中的关键要素，构建了上海绿色机场评价指标体系，从而把握住绿色机场的建设方向，形成了绿色机场评价的定量工具。二是评价，基于绿色机场评价指标体系对上海两机场目前的绿色发展水平进行了分析，研究机场活动碳核算方法并编制了上海两机场碳排放清单，全方位摸清了现有家底。三是对标，通过与国内外机场的指标对标、工作对标的方式，找出发展差距，总结借鉴相关发展经验。四是路径，基于以上工作成果，提出了上海绿色机场建设的发展路径，包括规划目标和百余项重点建设任务等，并对绿色机场建设效果进行了评估。

2. 工作方法

（1）对标国内外机场，开拓规划思路

基于不同区域机场发展特点，在具备超大型枢纽机场的北美地区中，选择了亚特兰大、旧金山、洛杉矶、芝加哥、温哥华等机场进行对标；在可持续发展理念领先的欧洲地区中，选择了伦敦希斯罗、法兰克福、慕尼黑、苏黎世等机场进行对标；在同一区位的亚太区域中，选择了东京成田和羽田、大阪关西、新加坡等机场进行对标；国内先进绿色机场中，选择了北京、广州、深圳、南京、昆明等绿色示范机场进行对标。力求从多区域、多角度、多维度来分析绿色机场建设，构建全面的绿色机场评价指标体系，为规划工作提供指导和研究方向。

（2）搜集国内外专业资料，研究核算方法

在核算方法上，搜集研究了包括世界资源研究所、中国社会科学院、世界自然基金会等发布的城市温室气体核算工具指南、国际机场协会的碳核算方法、上海市温室气体排放核算与报告指南等文件资料，总结形成了适合于上海机场的具备国际对标功能的碳排放核算方法，并搜集了国际民航组织的飞机发动机排放信息库、中国各大航空公司的机型配置和发动机型号等大量的相关数据和资料，以便更为准确地核算并编制出上海两机场的碳排放清单。

（3）开展现场踏勘调研，沟通规划任务意见

为了使数据更准确，掌握现场一手数据，课题组到机场的基层单位及现场开展访谈、听取意见，包括上海两机场的能源管理和运营部门、AOC运控中心、货运枢纽事业部和浦虹货运站、机场地面服务公司、空港社区办公室等，收集了相关数据和调查报告资料。在形成规划任务初稿后，多次与上海两机场相应的责任部门和实施单位进行沟通交流，吸取工作过程的意见和建议，使相关规划任务能够切实落地。

（4）开展大范围问卷调查，了解员工意愿

为了更准确地掌握一些典型行为特征，课题组对机场集团全体在职员工开展了大范围的问卷调查，包括通勤交通方式、办公习惯等，共收回有效问卷200多份并开展了详细分析，基本摸清了机场活动碳排放的基础数据和发展情况。

（5）与相关部门、研究机构合力，开展专家咨询

鉴于项目研究跨领域、涉及面广等难点，为确保项目成果的科学性、专业性，课题组与各领域的研究机构沟通合作，主要包括华建集团华东建筑设计研究院、上海市建筑科学研究院、上海市环境科学研究院、上海华东民航飞行程序设计研究院等，调研了中国民用航空华东地区管理局、中国民用航空华东地区空中交通管理局等行业主管部门对绿色机场发展的要求，听取了上海市交通委员会、上海市生态环境局等地方政府部门的相关建议，使项目成果与行业、地方管理部门的工作方向更为一致，规划任务更接地气。

【咨询工作特点及经验教训】

1. 研究范围首次从机场自身的绿色发展扩展到机场大社区的绿色生态

绿色机场建设概念范围广，除了机场自身活动外，各航空公司、地面服务公司、机场集散交通企业、驻场工作单位等工作都会影响整个绿色机场建设进程，对区域的资源和环境等产生较大的影响。

本课题研究范围首次从机场自身扩展到机场大社区，基于不同层次的对象，提出相应的发展机制，从根本上解决各层次联系薄弱的问题。第一个层次是机场自辖范围，主要通过管控手段来建设。第二个层次是机场配套活动，包括航空公司、地面服务等第三方服务单位，主要通过引导的方式来发展。第三个层次是空港社区，包括了机场区域内的所有单位，通过建立社区联建机制，发动所有的区域单位来共同建设和治理。

2. 碳排放核算首次从机场自身扩大至机场活动碳足迹

机场用能体系复杂，相关能源活动数据核算困难，同时机场配套服务缺乏碳排放核算方法和相关统计数据，在推进碳足迹测算工作方面存在困难。机场自辖区域的能耗有既有的统计计量数据，可从能源消费品种和消费量来推算碳排放数据，但机场配套服务范围需要通过相关能源活动统计数据和运营数据进行推算。为此，课题组在碳核算范围及工作路径上，首次从机场自身扩大至机场活动碳足迹，并体现机场从碳减排到碳达峰再到碳中和的工作路径。机场已被列入国家和上海市的碳交易管理名单中，相关工作主要是基于机场自身的排放管理，本规划深化提出了机场自身碳达峰的目标；在此基础上，本规划还首次核算了机场相关活动的碳排放，包括了飞机起降、旅客集散、货运物流等活动，引导相关服务

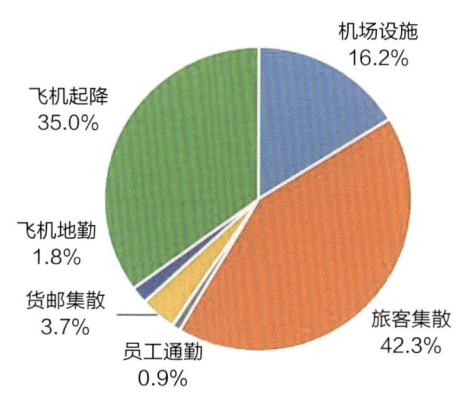

图1 浦东机场活动碳足迹

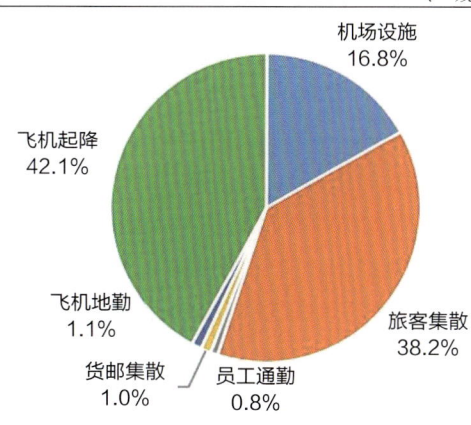

图2 虹桥机场活动碳足迹

单位控制碳排放,最后规划提出了实现零排放机场的发展愿景,从采购绿色电力、发展可再生能源等方面提供了工作方向。

3. 完成首个全面的绿色机场评价指标体系及定量化评价案例

绿色机场建设内容包括了能源、土地、水、材料等资源,大气、水、噪声、废弃物等环境,空侧、陆侧交通运行,能源结构变化等各方面的内容,涉及面广、难度大,需要一个全面的绿色机场评价指标体系来进行综合评价。

本课题构建了首个全面的绿色机场评价指标体系。项目结合了国家"四型机场"建设行动纲要和建设导则、国外行业主管部门的可持续发展要求以及国外绿色机场的发展评价指标和方向,建立了首个全面的绿色机场评价指标体系,包括了资源节约、环境友好、运行高效、低碳发展和社会责任五个方面,共计43项评价指标。同时对评价指标的权重进行赋值,并确定了相应评价标准,力求通过定量的结果来体现机场的绿色水平。

图3 绿色机场评价指标体系

本课题首次完成了机场绿色发展水平的定量化评价案例。将上海两机场与国外先进机场进行了全方位的评价和对比,选择了相关定量数据和工作内容资料较完整的国外绿色机场进行具体定量对标,目前上海两机场在绿色载体建设、绿色商户管理、水资源利用等方面仍有一定的差距,在完成近期规划建设任务后,预判2025年上海两机场绿色发展水平将与国际先进机场相当。

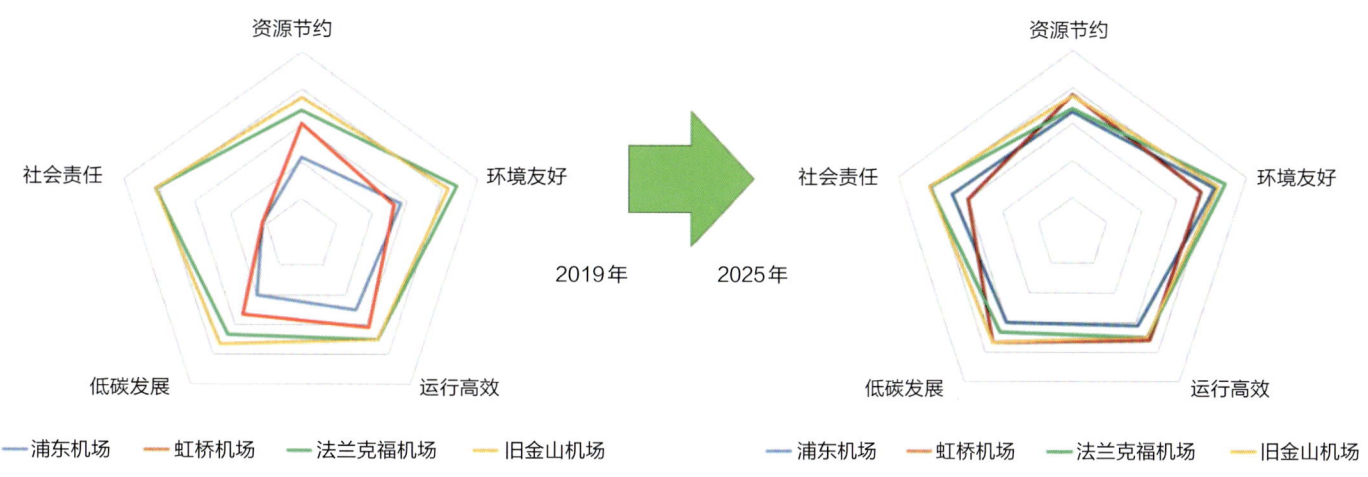

图4 上海两机场与国外先进机场对标

【咨询效果】

1. 规划成果被纳入《机场集团综合改革工作计划（2020—2022年）》

本规划研究的相关成果被机场集团采纳，并纳入《机场集团综合改革工作计划（2020—2022年）》，其中近期重点任务被纳入该三年计划的任务清单之中，为机场实施"打响蓝天保卫战"任务提供了指导。

2. 部分成果被纳入《上海机场集团改革发展"十四五"规划》

本规划研究的部分成果作为"聚焦节能环保，建设可持续发展的绿色机场"的章节内容，被纳入《上海机场集团改革发展"十四五"规划》中，为"十四五"绿色机场的建设工作提供了指导。

3. 课题成果通过上海机场集团微信公众号对外公开

基于本项目成果，2021年4月上海机场集团在官方微信公众号上发布了题为《为碳达峰、碳中和"节尽所能"！上海"绿色机场"方案揭秘》的推文，内容包括了绿色机场评价指标体系和五大战略方向等。

4. 绿色机场评价指标体系得到华东民航局的认可，拟形成标准文件推广应用

在课题验收评审会上，华东民航局领导对本项目构建的绿色机场评价指标体系予以认可，并建议结合实际应用情况继续完善指标体系。项目拟通过上海机场的应用和完善形成企业团体标准，并推广应用到华东区域机场评价，进一步完善成为行业评价标准。

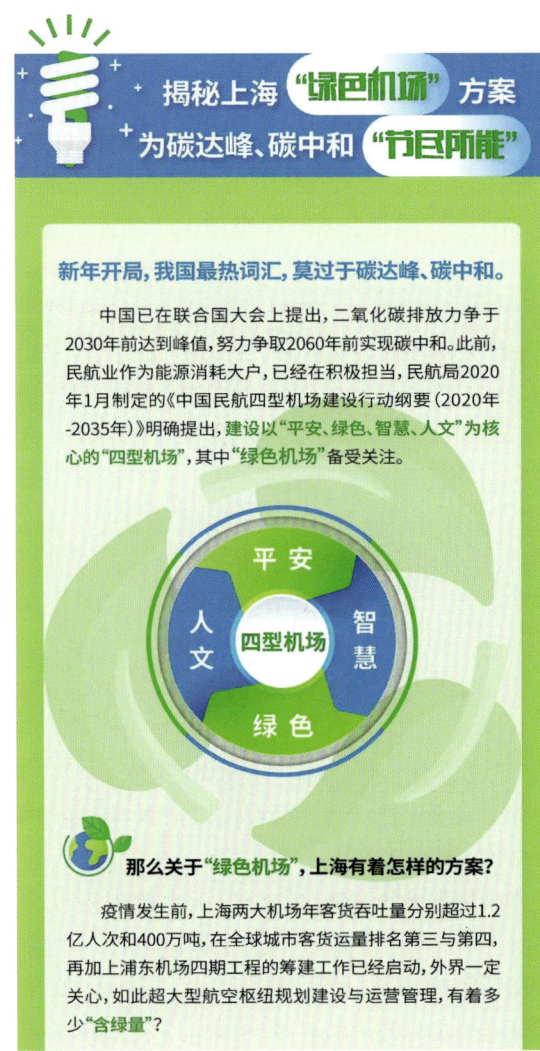

图5　官方微信公众号部分推文展示

行详细论证。在发展中保泉,顺应党中央提出的社会和谐发展理念。考虑到保泉问题,济南市第一期建设规划仅建设了外围三条线路。其设计、施工及运营阶段采用的降水回灌、海绵城市、实时监测技术为泉水保护积攒了宝贵的经验,也为第二期建设规划项目的选择奠定了基础。在消化吸收前人的研究成果基础上,项目组多次与工程地质、水文地质等方面专家沟通,从轨道交通建设的工程角度,以全新的视角来分析对泉水的影响。

《第二期建设规划》针对不同线路所处的水文地质环境的不同,有针对性地提出分段控制线、站埋置深度的要求,采取不降水、盾构、非高压注浆、非爆破、导水通道、环保材料等保泉措施;对合理安排车站施工工筹提出采取时段错峰与回灌的泉水环境保护措施;对车站附属的出入口等凸出地表的建筑物,结合海绵城市设计,充分做好雨水的"蓄、滞、渗"工作,做到工程建设完成后雨水入渗转化为地下水的能力不减小;对于车辆段、停车场等地表建筑,结合工程建设情况和场地水文地质条件,采用透水地面设计、下凹式绿地设计、植草砖设计、排水沟设计进行雨水汇集,通过集水池、渗水井将所收集雨水回灌补充地下水等措施,尽量减小施工及运营期间对泉水的影响。

4. 全面提升咨询报告研究广度、深度,确保项目工程可实施性和投资经济性

(1)对主要市政工程及与线路关系进行全面协调,确保工程可实施性

紧密围绕工程可实施性,重点对3号线二期与遥墙机场航站楼的关系、4号线一期与经十路交通管线的关系、6号线及7号线一期沿线车站设置及房屋征拆、7号线一期跨黄河与公路桥合建等问题进行了深入研究。在建设规划阶段,实现近期建设线路主要工程方案基本稳定,为后续工可研究及初设、施工图设计等工作的顺利开展创造了良好的条件。

(2)精心设计、控制投资,投资估算适度

在各线路工程总体设计深度基础上,提出本次建设规划的投资估算,总投资约1 154.36亿元,技术经济指标7.23亿元/正线公里。

5. 项目适应城市规划和交通需求,践行绿色、低碳、环保、智慧地铁理念,取得显著效益

第二期建设项目覆盖了中心城的主要客运走廊,实现国际金融城与先行区双心联动、跨黄

图2 位里庄车辆基地上盖开发效果图

河发展,为外围区及城镇居民直接进入中心区创造便捷的交通条件,为中心城向外拓展提供支撑。预测近期线网建成后,分担的全日客流量将达278万人次,轨道占公交总客运量比例将从16.03%提升至34.7%,公交占全方式比例将从23.15%增长至27.5%。

本期建设规划中6个项目全部考虑预留全自动驾驶的条件,积极跟进国内外新型轨道交通设备机电的技术方案,采用技术领先的设备和系统,实现"智慧地铁"的目标。此外,以节约、集约利用土地为指导原则,在第二期建设规划中,总结之前车辆段/停车场设计经验,将4号线位里庄停车场与6号线位里庄基地共址合建,6号线梁王停车场与9号线梁王车辆基地共址合建,节约城市土地资源。对位里庄车辆基地、梁王车辆段等均考虑了上盖开发方案,从规划阶段就对上盖开发进行研究,优化方案,尽量做到盖上、盖下紧密结合,集约化利用城市土地资源。

【咨询效果】

1. 咨询报告内容翔实、逻辑严谨;项目选择合理、方案可行;全面响应国家对城市轨道交通建设规划编制新要求,报告顺利获批

《第二期建设规划》紧紧抓住建设规划方案的必要性与紧迫性、合理性与可行性,以及建设能力与资金安排的可靠性等轨道交通建设规划工作的重点和核心问题,围绕加强和支持城市总规的空间布局、发展方向和区域建设重点以及缓解主城区地面交通压力、尽量减少轨道交通实施对泉水叠加的影响等目标,成功地解决了轨道交通近期建设项目在城市核心地区走向、协调轨道

交通建设与泉水保护、城市生态环境、文物保护之间的关系、轨道交通网络换乘枢纽节点方案布局、协调与铁路机场等枢纽的衔接关系等一系列难题，较好地完成了此次规划编制任务。研究成果得到省、市相关部门及评审专家的一致好评，评价较高。咨询报告全面响应了国家对城市轨道交通建设规划的新要求，顺利获批。

2. 咨询报告最终成果全面指导后续各项目可研及设计工作，确保项目具有良好的可实施性和经济性

济南市已根据国家批复的《第二期建设规划》指导后续轨道交通的设计及建设工作。在建设规划阶段与济南市相关职能部门及沿线各区进行了多次沟通、协调，近期建设线路主要工程方案基本稳定，为后续工可研究及初设、施工图设计等工作的顺利开展创造了良好的条件。

3号线二期工程可行性研究报告于2020年11月获得山东省发展改革委批复；初步设计于2021年2月获得山东省交通运输厅批复，目前已开始动车调试。

4号线一期工程可行性研究报告于2020年11月获得山东省发展改革委批复；初步设计于2021年2月获得山东省交通运输厅批复，目前正施工建设。

6号线工程可行性研究报告于2021年8月获得山东省发展改革委批复；初步设计于2021年10月获得山东省交通运输厅批复，目前正施工建设。

7号线一期工程可行性研究报告于2022年11月获得山东省发展改革委批复；初步设计于2022年12月获得山东省交通运输厅批复，目前正施工建设。

8号线一期工程可行性研究报告于2021年12月获得山东省发展改革委批复；初步设计于2022年4月获得山东省交通运输厅批复，目前正施工建设。

9号线一期工程可行性研究报告于2022年8月获得山东省发展改革委批复；初步设计于2022年10月获得山东省交通运输厅批复，目前正施工建设。

相较建设规划方案，6个工程项目在工可及后续设计阶段中总体方案基本不变，仅结合各自特点及实际情况进行了微调，方案调整幅度和投资增减均满足国家相关政策要求，且未触发建设规划调整条件。这也充分说明了第二期建设规划编制的严谨性，方案在合理性、可行性上都达到了一定的研究深度，为后续的研究和设计打下了良好的基础。

合肥国家中德智能制造国际创新园北区控规及城市设计

The Regulatory Plan and the Urban Design of Sino-German Intelligent Manufacturing International Innovation Park

编写单位：中船第九设计研究院工程有限公司
China Shipbuilding NDRI Engineering Co., Ltd.
联系电话：021-62549700   网址：http://www.ndri.sh.cn
主要完成人：姜敬莹　马建华　吕　晓　叶　俊　谷小山　马克腾　刘世东　付家庚　郁佳菁
李旗胜

【点评】

该规划深入研究了合肥国家中德智能制造国际创新园北区的发展战略，即"一个立足合肥、服务安徽、辐射全国的可持续、可复制、可推广的国际科技合作示范基地"的发展目标。规划以"中国制造2025"与"德国工业4.0"的深度融合为背景，提出了创新的产业功能和模式，以及产城融合的发展理念。通过产业研究、控制性详细规划和城市设计三者的有机结合，规划不仅在理念上具有前瞻性，而且在实施层面上展现了高度的可操作性。同时，规划亮点在于其对产业功能创新的深入挖掘，以及对园区内外环境影响因素的细致考量，确保了园区的可持续发展。通过职住平衡和TOD开发模式的专题研究，为园区的长远发展提供了坚实的支撑。此外，规划在经济效益分析上也表现出了高度的专业性，预计投入与产出的合理比例，为园区的经济效益提供了有力保障。

【项目背景】

1. 规划背景

2015年10月，中、德两国总理访问合肥，提出两国共建创新合作园区，见证了双边贸易、投资、金融、城镇化建设、人文等领域15个合作文件的签署，为中德合作开启新篇章。

合肥的经济近年来取得了令人瞩目的成就，随着GDP破万亿、跻身新一线城市以及中部地区唯一获批的综合性国家科学中心等优异成绩的展示，越来越多的企业和投资商将目光投向了这座"大湖名城、创新高地"。大湖指的是中国五大淡水湖之一的巢湖，而创新高地就是指合肥高新区。

合肥高新区作为全省中德科技合作的先行区，在中德合作的新阶段，建设合肥国家中德智能制造国际创新园将是落实两国共建创新合作园区共识的重要举措，也是深化两国科技合作、推进"中国制造2025"和"德国工业4.0"融合发展的重要桥梁。

本次项目基地本身已经有大部分的场地已经建设完毕，其中不乏德国大陆马牌轮胎、长安汽车、普洛斯等国际国内知名的企业入驻。所以本项目最大的设计需求，同样也是设计重难点，就是如何既能够从宏观的角度来分析园区未来

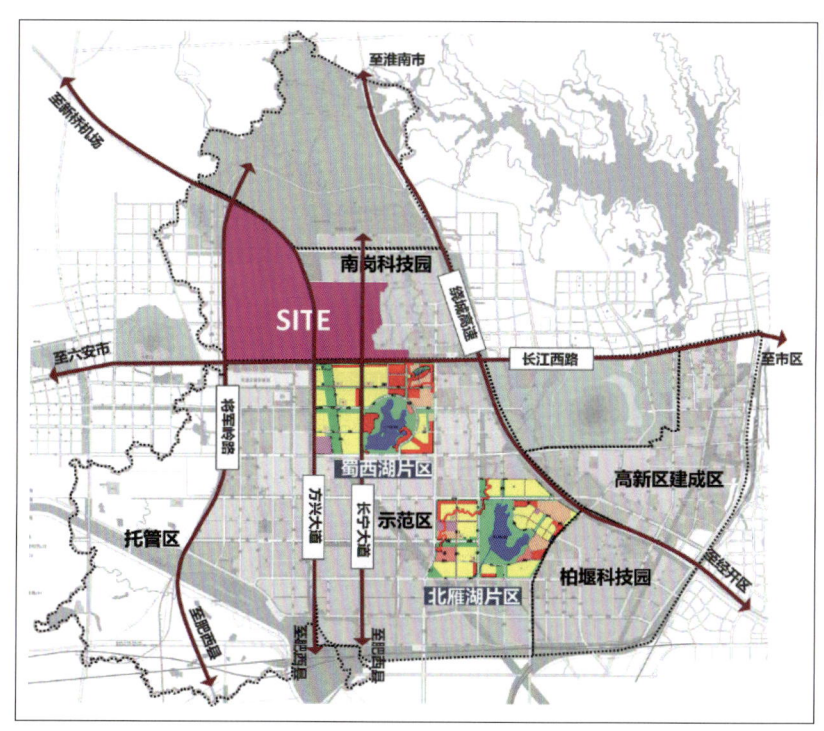

图1　规划范围

发展方向,对园区产业发展进行科学专业的研究,又能够从城市建设、城市美学的角度高标准地对园区进行形态规划。

2. 规划范围

合肥国家中德智能制造国际创新园北区,位于高新区与蜀山区合作共建的南岗科技园范围内,占地约 10 km²。

用地东至一所学校,南至长江西路,西至将军岭路,北至响洪甸路和机场高速。

【项目内容】

1. 核心理念及规划定位

(1) 核心理念

项目团队在对基地充分了解的情况下,研究了"德国工业 4.0"的内涵和外延,并对国内外先进园区的成功经验进行总结后,提出了规划的总体定位:

从独立到互联,打造一座"生态、生产、生活三生融合"的现代互联之城;

从制造到智造,打造一座"推行智能制造创新智慧先行"的创新活力之城;

从园区到社区,打造一座"实现社区化运营和国际化风貌"的国际风尚之城。

通过树立良好的规划理念,结合实际的市场操作经验,将合肥国家中德智能制造国际创新园打造国内第一个真正基于工业 4.0 脉络的产业园区,园区将会成为一个互联化、智能化、社区化的产城融合示范区;一片产业创新发展、人民安居乐业、环境优美生态的热土;一座合肥城西冉冉升起的智慧互联之城。

(2) 指导思想

① 落实中德科技合作的先行区。2015 年 10 月,中、德两国总理访问合肥,提出了两国共建创新合作园区,为中德合作开启了新的篇章。合肥高新区作为全省中德科技合作的先行区,在中德合作的新阶段,建设合肥国家中德智能制造国际创新园将是落实两国共建创新合作园区共识的重要举措,也是深化两国科技合作、推进"中国制造 2025"和"德国工业 4.0"融合发展的重要桥梁。

② 践行"全面创新改革试验"的重要举措。2015 年 9 月,由中共中央办公厅、国务院办公厅印发的《关于在部分区域系统推进全面创新改革试验的总体方案》提出,安徽省将依托合(肥)芜(湖)蚌(埠)地区开展先行先试,成为全国 8 个全面创新改革试验区域之一。

建设合肥国家中德智能制造国际创新园,是推进全面创新改革试验、建立深度融合的开放创新机制、制定更加开放的创新政策、探索更加灵活的合作模式的重要举措。

③ 承接高新区和蜀山区战略任务的主阵地。南岗科技园将以"内培外引、提质增量"为中心,着力实施"培育特色产业体系,统筹推进产城融合,强化资源共享合作"三大战略任务,将南岗科技园打造成为"十三五"时期高新区和蜀山区经济转型升级与产业创新发展的主阵地。

2. 研究成果

(1) 产业发展研究

① 产业发展环境及政策导向研究。在我国

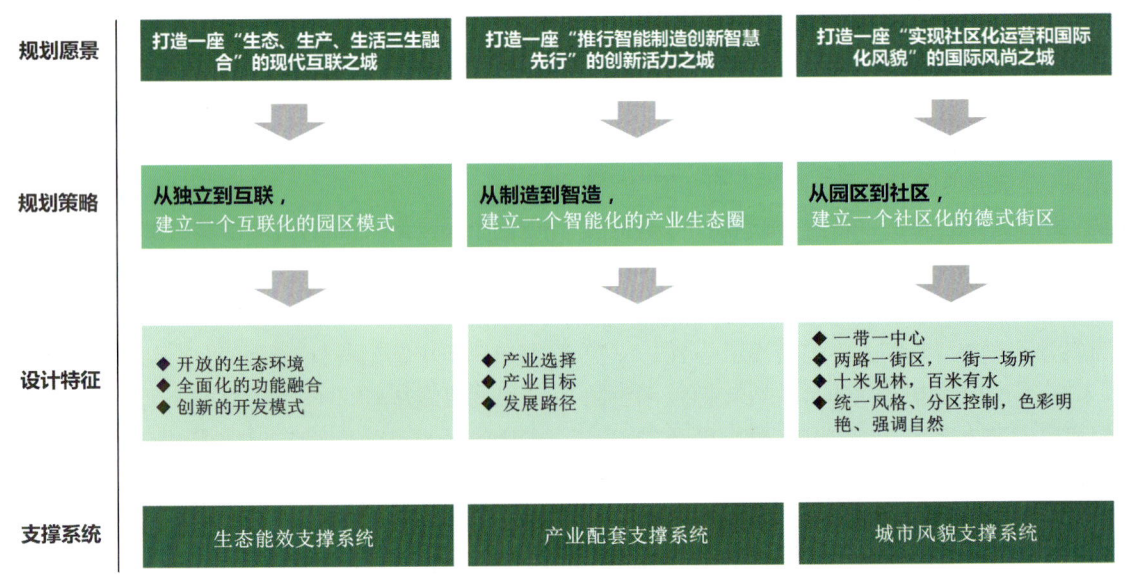

图 2 规划核心理论

处于转型关键时期以及经济新常态的背景下,深入研究合肥国家中德智能制造国际创新园所处的国际、国内产业发展环境及要求,积极应对经济新常态带来的机遇及挑战。

②区位及要素资源条件研究。合肥市作为合肥都市圈的中心城市,是皖江城市带核心城市之一,也是长三角城市群中心城市。这样的区位条件,使得合肥市在我国沿海地区产业向中部转移的过程中承担着重要角色。而合肥国家中德智能制造国际创新园在要素资源方面主要存在以下优势:区位、交通、产业基础、科技创新资源、国际交流合作资源、人才资源、政策环境等。

③产业发展现状研究。通过深入研究合肥高新区、南岗科技园以及合肥国家中德智能制造国际创新园的产业发展现状,重点是主导产业、战略性新兴产业以及生产性服务业等的发展现状,明确各大产业以及整体产业体系具有的优势及存在的不足,并进一步明确其在合肥市、全国乃至全世界产业体系中占有的地位和发挥的作用,作为后续产业研判的重要基础。

④上位规划导向研究。对接了包括:《合肥市城市总体规划》《合肥市城市绿地系统规划》《合肥市域空间绿道网络系统建设总体规划》《合肥市城市基本生态空间控制规划》《合肥市域"1331"综合交通规划》《合肥中科智城产业发展研究及概念性总体规划》《合肥高新区建成区单元规划》《合肥高新区绿地系统总体规划》《合肥高新区旅游发展规划》等相关规划。

⑤中德合作产业园区案例研究。着重研究"德国工业4.0"及"中国制造2025"重点关注的产业,分析最适合中德合作发展的产业领域,并与合肥国家中德智能制造国际创新园的产业发展相结合,确定适宜园区发展的产业类型结构。

⑥产业选择。确定拟重点发展的备选产业方向,并相应建立产业选择的评价体系。分别从产业发展前景、发展条件优势、发展基础优势、产业导入机遇、产业集群效应、环境效应等方面入手,通过上述评价体系的建立,对备选产业发展方向——进行评判,确定主导产业+机会产业的产业发展体系。最终形成3个"1"+"X"的产业体系。具体为1个主导发展产业——汽车产业;1个适度发展产业——家电产业;1个配套服务产业——物流产业;X为机遇发展产业,比如新能源、电子信息等。

⑦产业发展定位。通过构建3个"1"+"X"

图3 园区产业分区规划图

的发展结构,将园区打造为高新区的新兴汽车基地、合肥的创新智能引擎、华东地区的智慧产业之城。

(2)控制性详细规划

①功能布局规划。根据合肥市总体规划、高新区分区规划及合肥国家中德智能制造国际创新园实施方案,依托现有产业布局情况及企业入驻意向,按照产城融合的理念,对主导产业和配套产业的空间布局进行整合规划,明确各区域的功能发展重点及相互关系。

——道路体系布局

对接上位规划:充分对接上位交通体系规划,结合高新区"十三五"道路系统建设意向,尽量延续上位规划确定的道路体系、路网密度等。

——产业空间布局

优化产业布局:根据各产业特点及布局要求,包括交通依存度、环境影响度、用地需求及相互协作要求,结合意向项目的先期启动要求,对产业空间进行整体布局。

引导产业转型升级:完善创新创业孵化体系建设,引导产业进一步向以战略性新兴产业为主的高新技术产业发展;建成区域重点加快"优二进三"升级速度,应用"互联网+"等高科技手段打造新型工业化的升级发展。

注重产城融合:建设以生态环境为依托、现代产业体系为驱动,生产性和生活性服务业相融合,打造多元功能复合共生的新型城区。

——公共服务设施布局

对接上位规划:根据上位规划,公共服务设

施主要沿长江西路带状布局,并在长江西路与长宁大道交叉口附近形成较为集中的公共服务设施板块。

加强关键设施布局:结合园区创建需求,抓紧解决公共服务设施建设中要解决的迫切性问题,包括科技研发设施、创新创业孵化设施、区级文化体育设施建设等。

提升服务能级和环境营造:为打造中德科技交流合作平台,深入谋划、规划具有国际水准的公共服务设施建设,重点补充完善生活配套设施(食品、建材、综合性超市等)、休闲娱乐设施(商业街、餐饮、咖啡酒吧)及运动休闲设施(健身场馆、文体活动中心等),更好地为外籍专家、企业高管等提供服务,提升区域的吸引力和参与全球化竞争的能力。

——生态空间布局

在高新区"山、水、城"生态格局框架下,重点研究园区内小西河沿河景观体系打造,加强与高新区"一山、两湖、三水、八廊"绿地系统以及与小蜀山、侯桥水库的景观体系衔接,并结合打造特色城市公共活动空间。

②土地使用规划。根据相关规范、标准及规定要求,依据功能布局规划,对园区具体功能单元的土地使用进行详细性规划,明确规划单元的用地使用控制、环境容量控制、建筑建造控制、市政工程设施和公共服务设施配套等,并应用指标量化、条文规定、图则等方式对各控制要素进行定性、定量、定位和定界的控制和引导。

(3)城市设计

研究内容主要包括:设计理念、总体设计、功能布局、重点节点设计、景观风貌设计、道路交通设计、空间设计引导(包括主干道空间、滨水空间、绿化空间、公共空间等)、建筑设计引导(包括建筑布局、建筑风貌、建筑退界、界面控制、地标建筑等)等,形成较翔实的园区总体设计方案。

【工作过程】

1. 工作节点

项目组接受委托后,根据项目特点,组建了包括规划、景观、建筑、工艺、环境、总图等多个专业的项目设计团队,2017年9月经过参加公开招投标并成功中标后,于2017年10月初正式进入合肥进行为期四天的现场踏勘,包括了问卷调研、企业座谈等多种形式;随后半个月内收集各类相关规划资料。

2017年12月,完成《合肥国家中德智能制造国际创新园北区控规及城市设计》初稿的编制。

2018年5月,完成《合肥国家中德智能制造国际创新园北区控规及城市设计》中期成果的编制,并完成专家评审会工作。

2018年6月,根据专家评审会形成的专家意见,并通过与业主单位、监管单位、合肥高新区管委会的多次协调,对设计成果进行修改完善,最终编制完成了《合肥国家中德智能制造国际创新园北区控规及城市设计》,并报送合肥高新区管委会。

2019年12月,通过合肥高新区土地规划委员会的专题评审。

2. 咨询核心工作内容

基于详尽的现场调研和研究分析,明确打造"一个立足合肥、服务安徽、辐射全国的可持续、可复制、可推广的国际科技合作示范基地"的发展目标。在此基础上,提炼出工业4.0园区"互联化、智能化、社区化"的发展特征,同时剖析其余中外合作园区的成功经验,将目标分解为三方面:功能互联的创新高地、产城融合的互联要地、国际风尚的活力领地。

(1)从产业功能创新和发展模式创新两方面着手,打造功能互联的创新高地

通过园区产业发展分析可知,虽然园区已形成以汽车及配套产业为主的主导产业,但主导产业大而不优,产业发展仍存在战略性新兴产业占比较低、产业创新不足、发展空间日渐饱和等问题。

基于上述存在问题,规划首先提出产业功能创新的理念,从引导传统产业升级入手,引导骨干企业实现产品转型升级;其次,优化产业结构,

图4 城市设计鸟瞰图

在现状基础上,大幅提高配套功能及延伸产业功能的比例,实现主导产业、配套产业及延伸功能产业之间的结构优化,并引导落实在园区的用地布局上;再次,加强产业间的联动发展,实现"汽车+家电""互联网+物流"等的联动;最后,在现有科技型企业培育的基础上,进一步引入以智能创新为核心的战新产业。通过上述产业功能创新,最终形成四大园中园的产业布局。

(2)推进生产、生活、生态"三生融合",打造产城融合的互联要地

规划产业发展应立足于园区的生态环境基底,在此基础上以产业的发展布局来引导园区的空间布局,包括三级邻里中心、公共配套设施等;同时,在人口测算的基础上,引导形成四类模式的居住组团,最终引导形成产业、产业配套、居住配套、生态空间等融合发展的格局,打造产城融合的互联要地,形成合肥高新区北部新的增长极。

(3)努力提升国际合作园区的风貌形象,打造国际风尚的活力领地

规划进一步提升园区风貌,实现国际合作园区花园式的发展目标。在"国际化风貌、社区化管理"的原则指引下,重点打造小西河生态景观带、长江西路城市风貌带、大别山路城市风貌带以及师姑墩遗址公园,以"三带一中心"为引领,明晰园区的生态景观发展脉络;与此同时,注重对现状风貌较差的建筑的改造提升,共同打造国际合作的新风尚新风貌。

(4)对环境影响因素开展专项研究,科学选择居住组团的适建区域

规划针对园区既有的环境影响因素开展专项研究,尽量减小它们对园区生活、生产、生态环境的影响,主要是来自大陆马牌轮胎以及长安汽车的排放口,还有一些零星的企业排放。规划首先将上述影响源及其影响范围全部落位在用地上,取其合集,再反向选择适宜居住组团布局的区域;有些零星的污染企业,建议结合产业发展"三步走"进行用地的腾退和置换;同时,通过设置街头绿地、加宽绿化隔离带、设置垂直绿化等方式加强对环境影响源的遮挡和途径吸收等。

此外,本次规划还开展了两项专题研究,分别是针对园区的职住平衡以及TOD开发模式。通过职住平衡研究,结合环境影响专项分析,有助于明确四个居住组团的布局以及各自的职责分工;而TOD开发模式的研究,则为园区后续进一步明确轨道交通站点周边用地的功能开发、地上地下交通组织等打下基础。

【咨询工作特点及经验教训】

1. 工作特点

(1)针对科技园特性,制定相应对策

南岗科技园主要以汽车及配套、智能家电产业、先进制造业为主。现状有工业企业约45家,其中15家汽车企业、5家家电企业、5家现代物流企业、6家新材料企业、3家新能源企业、4家机械制造企业等。

通过对各园区产业的梳理,再对比南岗科技园的产业特征,我们发现南岗科技园具备三个特性,并根据特性做出相应对策。

① 唯一性——南岗科技园是高新区唯一的一个以汽车及配套产业为支撑产业的园区;对策:抓住这一优势,继续做大做强汽车产业,打造高新区汽车制造的一大名片。

② 联动性——基地内部的智能家电产业及先进制造业在高新区其他分园区都有布局;对策:错位发展,做深做专家电零配件产业的生产、研发和创新。

③ 领头兵——南岗产业园是高新区展开对外(国外)合作的先行区,在整个高新区扮演着第一个吃螃蟹的角色;对策:积极做优做好中德合作,作为高新区国际交流的典范。

(2)增量不足,盘活存量,展示园区特色

现状园区已建及在建项目约占园区总用地的45%;现状用地以工业用地为主,且布局特点为中小型企业围绕大型龙头企业分布;未建区域集中在园区西侧、北侧以及长江西路沿线部分。

在园区土地增量有限的情况下,应将存量资产的盘活作为重中之重,一方面,建立入驻企业的准入门槛,提升土地价值,另一方面,结合园区发展加强功能调整和"优二进三"升级改造;继续围绕龙头企业打造产业链条,完善功能布局;在未建区域,尤其是长江西路沿线等界面风貌打造,实现园区的特质体现。

2. 经验教训

本项目是比较典型的产业研究、控制性详细规划、城市设计三个规划类型相辅相成的结合体,也推动了当下园区规划的全新模式。

一个工业园区光有产业规划,不能具体推动

规划项目内容的落地。同样，只有控制性详细规划，也无法从宏观方面对整个园区的发展方向、产业选择等做出统筹安排。如果只有产业规划、控制性详细规划，没有城市设计，就不能从城市建设、城市美学的角度对园区进行形态规划。所以说三者缺一不可。这也要求设计单位具备规划、景观、建筑、环境、工艺、造价等多个专业设计的能力，也对多专业协同提出了更高的要求。

【咨询效果】

1. 为园区管委会提供园区建设的智囊

每个园区无论是全新开发还是原有园区的升级改造，都会面临着产业选择、产业定位、产业目标等共同的问题。一个科学合理的产业发展规划，能够让园区更清楚地发现自身特点，未来发展需要的建设模式、开发时序、产业企业选择等。

例如，我们提出了四种模式推动中德智能制造国际创新园的建设：服务型地块采用整体出让的模式，产业型地块采用项目引入模式，退二进三型的工业地块采用工业改造模式，其他中小企业采用灵活开发模式。

同时，还提出了三期发展的开发时序：启动期，奠定园区基本格局；稳定期，形成园区特色风貌；成熟期，完善园区整体建设。

2. 园区通过规划准确地计算了土地开发成本与收益

通过项目经济专业团队的估算，按照本次规划设计实施建设，园区共需投入资金约42.23亿元，各类居住、商业等出让土地产出约138.07亿元，完全能够实现园区开发的正向盈利。

图5　园区开发建设模式

图6　园区开发建设时序图

3. 三大规划目标的打造，打响了中德园的名片

基于自身良好的汽车产业背景，通过本次规划的打造，进行了生态、生产、生活的三生融合，让园区"出圈"，将其打造成了合肥高新区的新兴汽车基地、合肥的创新智能引擎、华东地区的智慧产业之城。

能级的转变升级让合肥中德智能制造创新园的名气愈发"炙手可热"，再加上产业的积聚、媒体的宣传、三生融合的园区环境，势必吸引产业选择目录的龙头企业入驻，对地方经济的推动形成了不可忽视的影响。

4. 总结

综上所述，本次规划从产业发展规划入手，对园区的产业选择、产业目标、产业布局提出科学合理的建议，并通过控制性详细规划进行落地，最后通过城市设计来指导园区建筑景观形态的建设。

本次规划编制也符合当地和国家的规划编制规范以及相关的技术导则，内容全面，重点突出，特色鲜明，技术路线合理，评价方法运用正确，提出的建议和措施具有针对性和可实施性，对开发区管委会的招商引资、园区建设管理等具有相当的指导意义。

北外滩地区控制性详细规划
Regulatory Detailed Planning for North Bund

编写单位：上海市城市规划设计研究院
Shanghai Urban Planning & Design Research Institute
联系电话：021-32113288　　　网址：https://www.supdri.com
主要完成人：徐毅松　张帆　白雪茹　奚东帆　李天华　郑轶楠　陆远　杨帆　袁谆　吕雄鹰

【点评】

该规划研究了北外滩地区作为上海"黄金三角"核心商务区之一的发展潜力，提出了高标准定位，树立了精细化管理的新时代都市发展标杆。规划理念突出了新旧融合与以人为本的公共空间网络构建，创新性地解决了高密度城市中心再更新中的矛盾，实现了功能发展新模式与历史文化保护的和谐共存。方法上，采用了定性与定量分析、数字模型推演等多维研究手段，确保了规划的科学性和前瞻性。规划特点体现在对滨江天际线、交通体系、市政基础设施等方面的细致考量，以及对历史建筑保护与活化利用的深入探讨。亮点在于其对核心商务区的立体化设计，以及慢行系统的优化，旨在打造一个充满活力、绿色、高效的都市环境。该规划效果显著，对于其他城市在进行城市规划和管理时具有重要的参考价值，有助于推动城市更新的全面发展和居民生活质量的提升。

【项目背景】

上海发展正面临新机遇和新挑战。虽然上海已经进入了高质量发展的新阶段，但对标国家赋予的更大使命，对照国际最高标准、最好水平，城市综合实力还有较大提升空间，国际影响力、竞争力和全球要素资源配置能力还不够强，生态环境、城市品质等有待进一步提升，尤其在

图1　鸟瞰效果图

中心城，土地资源对高质量发展的约束需要加快破解。

为了强化全球资源配置功能、提升城市服务辐射能级，《上海市城市总体规划（2017—2035年）》规划在城市主中心（中央活动区）内突出金融服务、总部经济、商务办公、文化娱乐、创新创意、旅游观光等全球城市核心功能。综合考虑城市功能结构、区位、发展基础、文化底蕴、用地资源等因素，市委市政府决定将中央活动区内、位于虹口区的北外滩与外滩、陆家嘴共同打造为黄浦江畔的"黄金三角"核心商务区，将北外滩发展成为上海"五个中心"建设中重要的功能服务聚集区之一、长三角区域城市发展及全球城市建设的标杆。

根据这一高目标定位，按照市委市政府工作要求，自2019年初起，市规划资源局会同虹口区、市相关部门组织开展北外滩规划研究和编制工作。

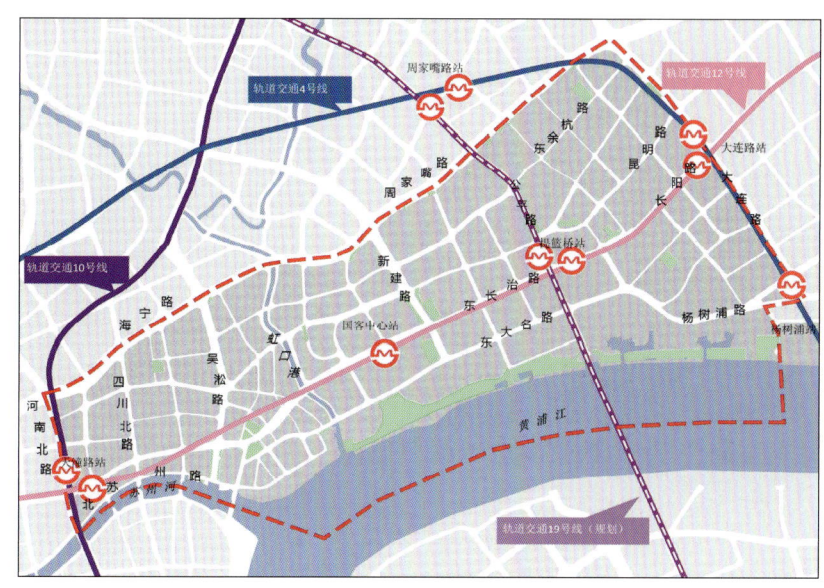

图2　规划范围图

【项目内容】

1. 规划范围和地区概况

规划编制范围西至河南北路、北至海宁路—周家嘴路、东至大连路、南至黄浦江—苏州河，规划总用地面积约4 km^2，其中建设用地面积约3.66 km^2，沿黄浦江、苏州河岸线总长约3.4 km。

从发展条件来看，北外滩地区主要具备以下四方面优势：一是优越的地理区位。北外滩位于黄浦江核心段，是承载中央活动区核心功能的引领区。二是独特的历史底蕴。上海开埠后，北外滩成为当时上海最重要的面向世界的水路港口，发达的海运贸易推动地区快速发展成为近代公共、文化事业最发达的区域之一。地区内还有"二战"期间规模最大的犹太人居住区，成片里弄建筑保存完整。三是丰富的滨水资源。北外滩位于黄浦江、苏州河交汇处，坐北朝南，景观优越，同时拥有虹口港独特的河流景观。四是初步显现的核心功能产业集聚效应。2007年以来，以航运、金融为产业主导发展方向，地区城市更新由滨江向腹地逐步推进，建成了包括国客中心、国航中心、世茂中心、白玉兰广场、星港国际中心等标志性建筑以及功能载体空间，已经吸引了一批航运、金融的重要企业落户。

2. 主要成果内容

（1）目标定位

坚持高标准定位，将北外滩地区建设成为与外滩和陆家嘴错位联动、居职相融、孵化创新思维的新时代顶级中央活动区；汇聚现代化国际大都市核心发展要素的世界级会客厅；全球超大城市精细化管理的典型示范区。

（2）总体格局

形成"一心两片，新旧融合"的总体格局。中部核心商务区高强度、高密度开发，两侧提篮桥、虹口港历史片区延续低层高密度空间格局，全域构建新旧融合、以人为本的公共空间网络。

（3）发展规模

地区建筑总量约840万 m^2，规划居住人口约7万人。

（4）天际线与高度分布

以超高层新地标统领核心区高层建筑群，与两翼低层历史片区相衔接，形成完整起伏的天际线，塑造层次丰富的空间效果，各建筑拥有较好的观景视线。

（5）公共服务

精准配置支撑核心功能发展的高等级服务功能，包括世界级会展空间、高能级文化设施等；提供高品质生活及配套服务，以吸引和留住人才，为区域发展提供持续动力。

（6）空间环境

聚焦核心商务区活力之心，打造地面、二层及地下一体化的慢行街区；营造立体慢行网络，将活力由滨水向腹地、由核心向两翼辐射；优化公共绿地系统，大力推进附属绿地开放，与立体慢行网络结合，打造高品质、宜亲近的绿化空间体系。

（7）综合交通

创建高效集约的交通体系，强调网络完善、公交优先和慢行友好。按照可持续发展的要求，积极应对交通承载力等挑战，创新相关规划建设标准，同时运用智慧手段，保障规划愿景实施落地、城市管理运行高效。

（8）市政基础设施

探索创新高效的基础设施布局与运营方式，注重集约复合、绿色低碳、韧性安全和智慧统筹。集约利用地下空间，布设综合管廊和分布式功能中心。

【工作过程】

规划中首先开展了城市设计方案研究，借助空间方案设计思考和推演地区发展愿景和空间形象、测算地区开发强度。其间，结合城市设计方案，又开展了功能定位、功能结构与产业业态、天际轮廓线、中央公园与二层连廊、滨水空间贯通、历史风貌保护甄别与活化更新、地下空间与地下道路、综合交通、地区排水系统等专题研究。最终，在城市设计方案和专题研究的基础上，编制形成地区控制性详细规划成果。

【咨询工作特点及经验教训】

1. 规划难点与重点

由于北外滩具备优良的发展条件，一直以来它都是中心城的重点建设地区。在经历几十年的建设发展和城市更新以后，地区内可用土地资源十分有限，3.66 km^2 的建设用地中，实际可用于新建开发的用地仅约65 hm^2。同时，地区内还有提篮桥历史文化风貌区、外滩历史文化风貌区（苏州河以北区域）以及30个风貌保护街坊，这些宝贵的历史文化资源必须得到保护保留，进一步对地区的新建开发形成限制。

因此，本轮规划的主要难点在于：需要创新规划理念和方法，切实解决高密度城市中心再更新中面临的种种矛盾，找到因地制宜的新模式和新路径，实现打造新时代都市发展标杆的愿景。具体来说，规划必须解决三个问题：一是要确立功能发展新模式、提供适配空间，在已有基础上进一步提升核心功能，实现强化全球资源配置能力的目标；二是要科学统筹风貌保护与功能开发的关系，打造新旧融合、具有深厚文化底蕴的核心商务区；三是要充分利用有限土地资源，在提升开发强度和经济密度的同时，全方位提升城市环境和品质。

围绕这些问题，规划咨询编制团队充分开展了现场踏勘、资料解读、案例研究、大数据分析研判、设计方案比选等工作，通过定性与定量分析、数字模型推演与模拟、多场景演绎、实体模型研究等方法，建立设计的逻辑思路与方法，推导规划方案。在规划编制过程中，就功能定位、功能结构与业态、天际轮廓线、中央公园与二层连廊、滨水空间贯通、历史风貌保护甄别与活化更新、地下空间、综合交通、地区排水系统等关键内容开展了专题论证研究，在充分征询专家和部门意

图3　北外滩地区现状鸟瞰

上海市生态空间专项规划（2021—2035）
The Specialized Planning for Shanghai Ecological Space (2021-2035)

编写单位：上海市城市规划设计研究院
Shanghai Urban Planning & Design Research Institute
联系电话：021-32113288　　网址：https://www.supdri.com
主要完成人：许　健　熊　健　王世营　金忠民　管群飞　陈　琳　王　彬　张莹萍　张　逸　金　岚

【点评】

该规划以内生发展新理念为指导，明确了生态空间在城市发展中的基础地位，强调了生态空间与城市功能的融合，满足市民多元生态需求，体现了人与自然和谐共生的理念。规划采用"问题—目标—指标—空间—策略"的逻辑框架，建立起与目标理念相对应的空间体系与发展策略，并通过指标来保障目标的实现与监测，确保了规划的系统性和可操作性。规划针对上海特有的高密度人居环境，提出了"公园城市、森林城市、湿地城市"三大分目标，并通过17项核心指标进行量化，不仅提升了规划的可测度性，也使得规划成果更易感知和评价。规划作为全国新一轮国土空间规划体系改革以来首个批复的市级生态空间专项规划，具有前瞻性和实践价值，不仅体现了上海对生态文明建设的深刻认识和坚定承诺，也展示了超大城市在生态空间规划方面的先进实践。

【项目背景】

党的十八大以来，生态文明建设纳入"五位一体"国家发展总体布局。党的十九大提出"人与自然是生命共同体，人类必须尊重自然、顺应自然、保护自然"。中国把生态文明建设放在突出地位，融入中国经济社会发展各方面和全过程，努力建设人与自然和谐共生的现代化。习近平总书记指出："走向生态文明新时代，建设美丽中国，是实现中华民族伟大复兴的中国梦的重要内容。"生态兴则文明兴，生态衰则文明衰。从人类命运共同体出发，加强和提升生态文明建设，是功在当代、利在千秋的事业。

经过改革开放四十年的努力，上海在生态环境建设方面已经取得了显著成效，比如城市人均公园绿地面积大幅增加、外环绿带建设、黄浦江两岸贯通等。但与伦敦、纽约等国际化大都市相比，生态品质仍是影响上海城市竞争力的重要短板。面向人民对美好生活的向往，创造高品质生活需要高品质的生态空间支撑。因此，按照新一轮总体规划提出建设生态之城的要求，深入贯彻新发展理念，加强生态空间科学合理的保护与利用，满足市民多元生态需求的供给与平衡，探索新时代超大城市可持续发展新路径刻不容缓。

2017年12月15日，国务院批复《上海市城市总体规划（2017—2035年）》（简称"上海2035"），明确要求将市民幸福作为上海发展的根本追求，努力建设繁荣创新之城、幸福人文之城、韧性生态之城。按照开门做规划的要求，"上海2035"编制群策群力，在全市范围统一思想、凝聚共识，充分发挥全市各委、办、局力量，同步开展各专项规划的编制，充分体现城市总体规划战略平台和空间统筹作用。《上海市生态空间专项规划（2021—2035）》（简称《生态专项规划》）作为"上海2035"同步启动的42个专项规划之一，旨在破解上海资源紧约束下高质量发展所面临的生态环境短板。作为市域层面专项规划，本规划加强落实并深化"上海2035"明确的目标、指标和策略，兼顾战略性与实施性，构建上海生态空间规划与建设顶层设计蓝图，加强对下位规划的生态建设指导，以全面支撑韧性生态之城等目标理念的全过程实施。

【项目内容】

1. 技术思路

传统的绿地、林地等专项规划，提出的发展

愿景、指标和策略的联系不够紧密，目标更多的是通过生态用地进行空间约束，难以通过策略去落实。本次规划突出目标的引领性，按照"问题—目标—指标—空间—策略"的逻辑框架，建立起与目标理念相对应的空间体系与发展策略，并通过指标来保障目标的实现与监测。

围绕上海生态空间保护与利用过程中，生态要素类规划分散重叠、生态保护与城市发展矛盾仍较为突出、市民休闲需求逐步升级、生态网络实施管理难度大四个主要难点与挑战，立足上海高密度人居环境特征，将上海韧性生态之城总目标分解形成公园城市、森林城市、湿地城市三个分目标，全面深化面向全球城市的生态建设内涵，细化规模、体系、品质与机制四个方面的策略要点，建立从目标到策略的逻辑关系，并在空间上形成响应。同时，将三大目标愿景转化为可感知、易测度的3类17项核心指标，强调从绿地指标到绿色体验、从见到到感受到、从单一到多样的价值转变。

2. 目标愿景

建设与具有世界影响力的社会主义现代化国际大都市相匹配的"城在园中、林廊环绕、蓝绿交织"的生态空间，打造一座令人向往的生态之城。满足人民日益增长的优美生态空间需要，建设天更蓝、水更清、地更绿，人与自然和谐共生的美丽上海，探索高密度人居环境下可持续发展生态之城典范。

营造绿色、安全、宜居、健康的生态空间，促进市域绿地、林地、河湖水系和湿地的融合发展，构筑生态安全屏障，提升城市环境品质，提高人居环境质量，提升城市能级和核心竞争力，以公园体系、森林体系、湿地体系建设，引领上海成为国际超大城市绿色、低碳、宜居、可持续发展的标杆。

3. 核心理念

转变城市发展理念，把内生发展新理念作为一根红线贯穿始终，坚持底线约束、内涵发展、弹性适应，牢牢守住人口、用地、生态和安全四条底线，合理分配各类城市发展战略资源。立足上海高密度人居环境特征，践行"人民城市""公园城市""韧性城市"发展理念，坚持山水林田湖草沙生命共同体，提供更多优质生态空间满足人民对美好生活的向往。坚守城市安全底线，加强城市安全与防护，让城市更有韧性。坚持绿色发展、循环发展、低碳发展，以绿色创新激活城市转型，实现绿水青山就是金山银山。注重绿色发展，把保护城市生态环境和保障城市安全放在优先位置，突出底线约束，坚持走低碳绿色韧性的可持续发展道路，统筹好生产、生活、生态三大布局，着力推进人与自然和谐共生。回应新时代人居

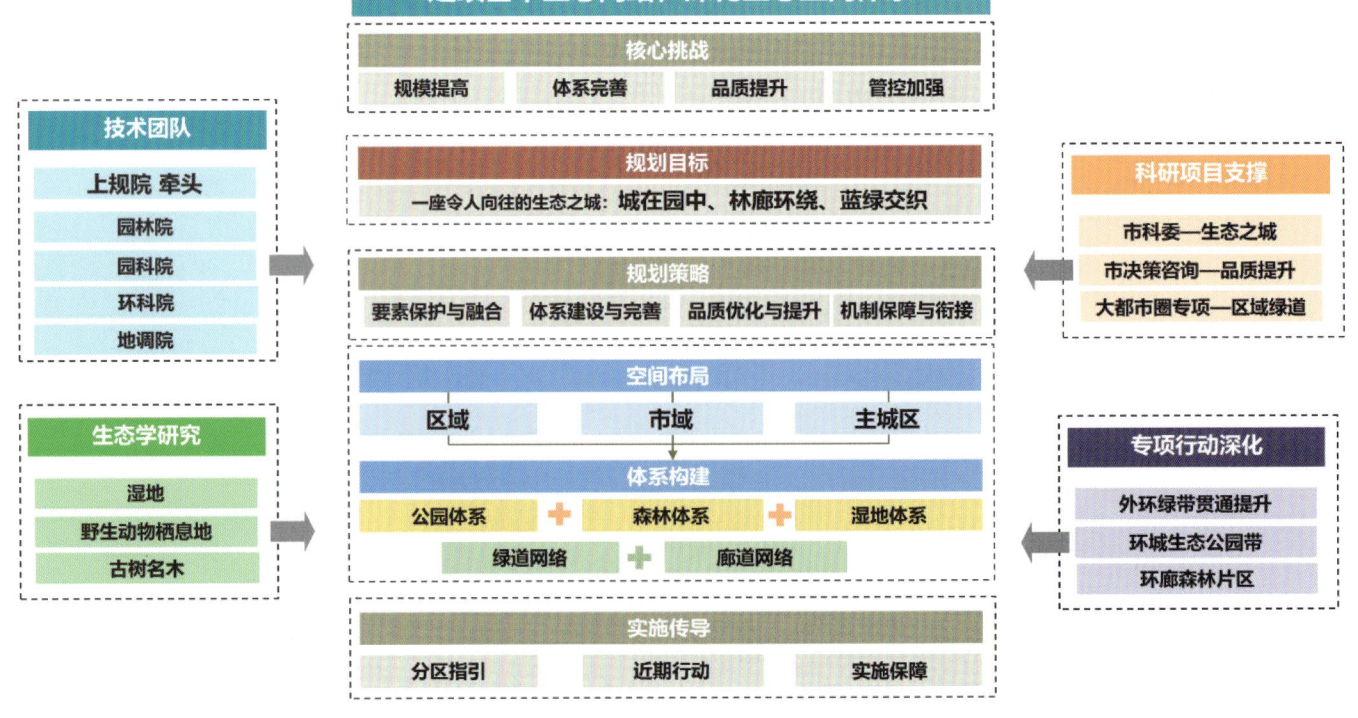

图1　贯通技术逻辑与工作组织图

环境需求、塑造上海城市竞争优势,在资源环境紧约束背景下寻求未来上海实现开放包容、绿色发展的路径和方式。

4. 现状研判

上海地处长江口,滨江沿海,河湖密布,城市生态基底以河湖水系、林地和农田为主,且主要分布于中心城之外,市域生态空间主要包含林地、绿地、湿地、耕地等重要的生态空间要素。上海生态空间建设成效卓著,人均公园绿地面积、森林覆盖水平都大大提升,基本形成"环、楔、廊、园"的中心城绿化系统,初步构建了市域生态空间体系。但同时上海未来的生态环境也面临着诸多问题和挑战,总结下来主要包括以下四个方面:

(1) 规模有待提高

上海市域生态空间占比低于伦敦(63%)、东京(58%)、香港(71%)等国际化大都市。作为高密度人居环境下的超大城市,上海人多地少、自然资源紧缺、经济密度要求高,生态空间增量愈发困难。如何保障高密度人居环境的安全底线,科学配比生态与建设空间,兼顾保护与发展成为核心议题。

(2) 体系有待完善

既有生态空间的保护与建设主要集中在局部地区的点、线、面单要素上,缺乏系统性、层级性的体系构建,亟待聚焦韧性生态之城目标,整合全域生态要素,融合多元功能,构建空间体系、能级体系、保护体系等。

(3) 品质有待提升

面向市民对美好生活的向往,需要优质的生态产品和生态服务,当前上海生态空间供应不充分、地区不平衡的矛盾日益凸显,郊野地区生态资源优势尚未得到充分发挥,生态功能综合利用仍有待提升,生态空间品质提升将成为提高市民获得感、安全感、幸福感的重要抓手。

(4) 管控有待加强

上海始终坚持"一张蓝图干到底",继承和延续规划格局。但实施管理过程中,条线与区域管理部门壁垒较多,导致生态网络空间蚕食严重,威胁城市生态安全,亟待加强顶层设计,明确规划政策传导,完善协同管控机制。

5. 空间格局

(1) 构建区域一体化生态格局

共同维护生态基底,共建生态走廊。构建"江海交汇、水绿交融、文韵相承"区域生态网络。

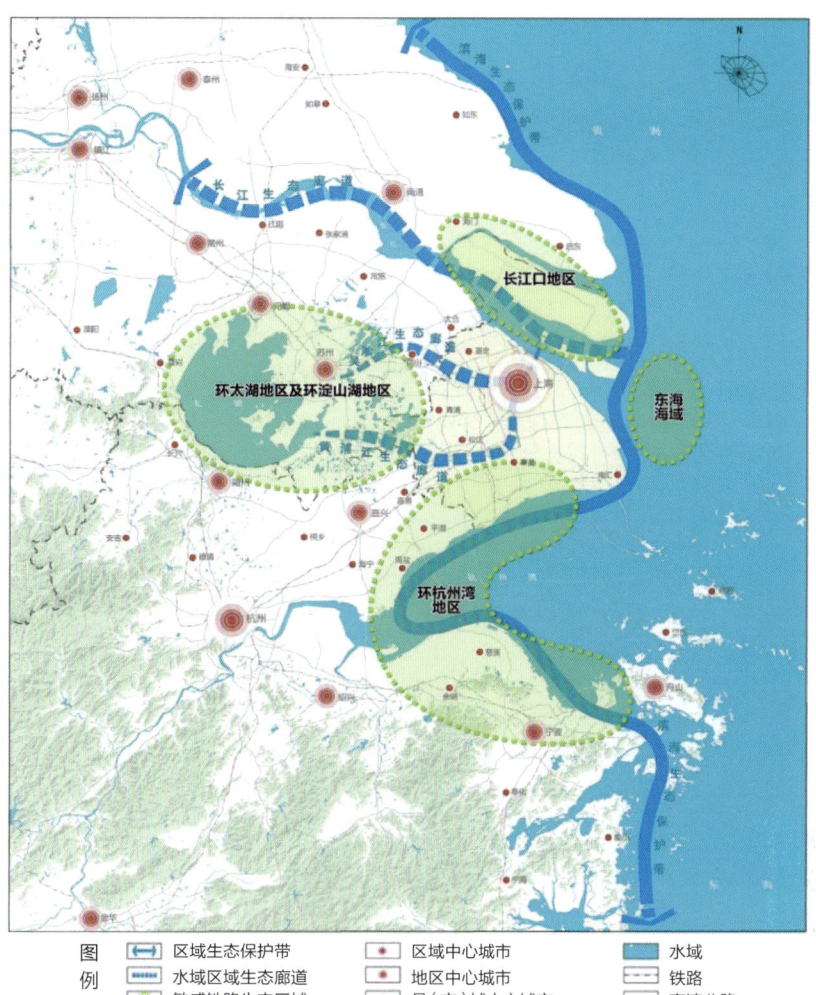

图2 上海和近沪地区生态协调图

共同维护区域生态基底,共同完善长江口、东海海域、环太湖及环淀山湖、环杭州湾等生态区域的保护,严格控制滨江沿海及杭州湾沿岸的产业岸线,加强长江生态廊道、滨海生态保护带、黄浦江生态廊道、吴淞江生态廊道等区域生态廊道的相互衔接。至2035年,上海集中式饮用水源地水质达标率达99%。

(2) 锚固市域生态空间结构

锚固组团间隔,构建有机疏散的生态骨架。塑造"双环、九廊、十区"多层次、成网络、功能复合的生态网络,"双环"锚固城市组团间隔,防止城市蔓延,"九廊"构建市域生态骨架,形成通风廊道与动物迁徙通道,"十区"保障市域生态基底空间。至2035年,市域生态用地占比60%以上,人均公园绿地面积为13 m^2以上。

(3) 优化主城区蓝绿空间网络

形成"一江、一河、一带"空间体系,以黄浦江、苏州河为骨架,统筹优化沿岸生态资源。依水复绿,构建贯穿主城区的生态绿廊,串联多尺度、多特色的绿色开放空间。以环城生态公园带构建主城区结构性生态空间，促进"三生"空间融合，打造创新引领、生态宜居的人居环境品质。至2035年，中心城将实现人均公园绿地面积倍增的目标，建成10座楔形绿地，开发边界内3 000 m² 以上的公园绿地500 m服务半径全覆盖。

6. 规划策略

（1）要素保护与融合

严守生态底线，保护生态要素，修复生态空间，保障城市生态安全。规划首先全面梳理上海的"田、水、绿、林、湿"等生态要素，从维护城市生态空间基底和生物多样性的角度，以国土空间资源保护的方式，加强要素间的空间统筹，保护市域重要生态空间，管控市域重要生态敏感地区，强化生态要素空间复合、功能融合，最大限度保障生态底线，并有效激发超大城市生态资源价值。

图3　上海市域生态空间结构图

（2）体系构建与完善

在生态空间网络格局基本稳定的基础上，将上海2035年的生态空间格局进一步明确为"公园、森林、湿地"三大体系，以"公园城市"满足市民对美好生活的向往，提升城市宜居品质，以森林体系强化超大城市韧性生态基底，以湿地体系促进人与自然和谐共生，彰显上海建设卓越全球城市的国际视野和责任担当。通过"廊道、绿道"两大网络串联全域三大生态体系，进一步强化结构性和稳定性。

（3）品质优化与提升

拓展生态空间的功能内涵，着力促进生态价值转化为社会经济发展的价值，贡献"绿水青山就是金山银山"的上海方案，实现生态功能与游憩、科教、安全等多元功能的融合，不仅满足市民幸福生活的需求，同时保护动植物安稳栖息，实现人与自然的高质量发展。通过提供多样化、精细化的生态产品，满足市民日常与节假日休闲需求，以及外来游客等多元群体的丰富体验。

（4）规划传导与实施

结合上海市国土空间规划体系，逐步将目标指标层层传导，控制线逐层深化，并同步探索形成了上海市生态空间专项规划（详细规划层面）的成果规范，确定了由系统框架、总体规模、空间布局到指标和要素管控、控制线划定优化及具体建设要求的全过程规划传导机制。针对生态空间管控难和实施难的问题，创新性地运用图则管理方式，将核心指标和关键要素分解到160个管

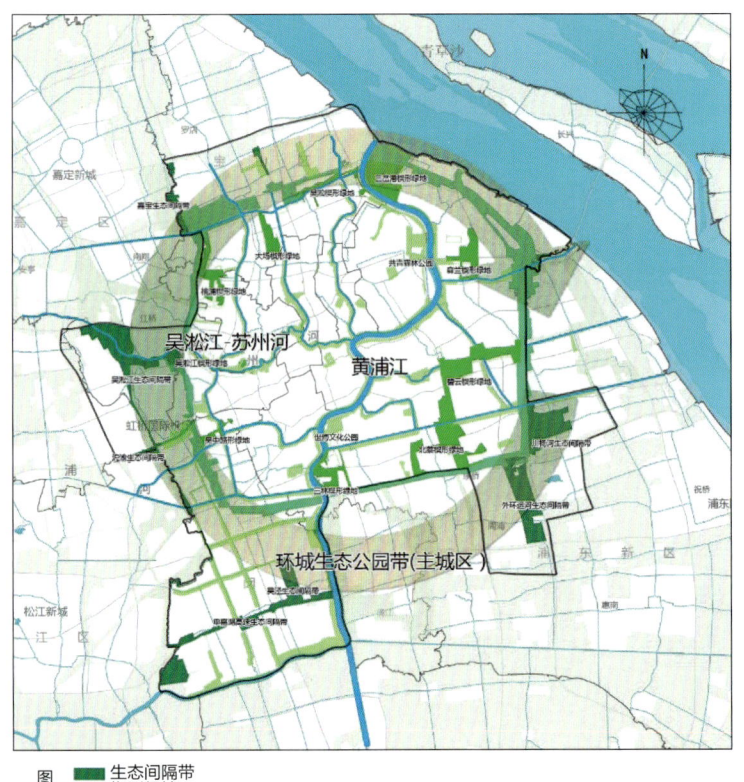

图4　上海主城区生态空间结构图

控单元，同时与区级总体规划、主城区单元规划、新市镇总体规划进行多次"双向校核"指标和控制线边界，确保生态空间"一张蓝图干到底"。

【工作过程】

1. 前期研究（2014年—2017年12月）

按照开门做规划的要求，"上海2035"编制群策群力，在全市范围统一思想、凝聚共识，充分发挥全市各委、办、局力量，同步开展各专项规划的编制，充分体现城市总体规划战略平台和空间统筹作用。作为市域层面专项规划，本规划加强落实并深化"上海2035"明确的目标、指标和策略，兼顾战略性与实施性，构建上海生态空间规划与建设顶层设计蓝图。

在2012年市政府批复的《上海市基本生态网络规划》基础上，基于上海生态空间特征，开展公园、森林、生态廊道、绿道、湿地、重要野生动物栖息地和古树名木等7个专题研究。按照总体规划进度要求，《生态专项规划》完成现状评估、规划纲要和成果编制，其间组织召开部门意见征询会和专家咨询会。结合总体规划编制明确和完善生态空间规划的核心内容，同步形成分区规划的导引，指导各区总体规划及专项规划编制，其核心指标如市域生态用地占比、森林覆盖率、人均公园绿地面积等均被总规采纳。

2. 草案编制（2018年—2019年12月）

"上海2035"获批后，根据市委市政府关于全面实施总规的意见和全市专项规划最新技术要求，以专项规划报批和指导实施为目标，完善成果内容。2018年6月开展市级部门意见征询，同年8月召开专家咨询会。面向实施深化，开展中近期重点任务，细化图则管控，增加实施保障内容，其核心管控指标和控制线在各区镇总体规划、主城区单元规划得以同步落实，并指导了公园、林地等专项规划深化实施。落实市域国土空间的"三大空间、四条红线"管理要求，衔接公园城市理念、生态保护红线划定、自然保护地体系深化改革等新要求，细化专项规划成果内容。围绕构建"生态之城"建设目标，优化空间支撑体系，聚焦"城乡公园体系、森林体系、湿地体系"三大体系与"廊道、绿道"两大网络建设。

3. 成果审议（2020年—2021年5月）

2020年4—5月，市绿化和市容管理局会同市规划和自然资源局在各自官方网站同时开展《上海市生态空间专项规划（2018—2035）》草案公示，并同步进行各区级部门草案意见征询。2020年9月，市规划委员会办公室召开市规委会专家委员会专题会议，对《生态专项规划》进行审议，并同步听取市政府各部门意见。2021年2月初，市政府召开常务会议，原则同意本专项规划。对照公示期间收集意见和规委会专家、部门反馈以及常务会意见，按照应采纳、尽量采纳的原则进行修改完善，形成《生态专项规划》送审稿。2021年5月28日，《生态专项规划》获上海市人民政府批复同意，要求完善规划实施和保障机制，加快推动规划落地。

【咨询工作特点及经验教训】

1. 统筹山水林田湖草沙全口径生态资源要素

坚持"以人民为中心"规划理念，聚焦核心问题，面向规划实施，满足人民日益增长的美好生活需求，探索为市民提供更优质的生态产品，提高可持续发展韧性，增强上海在全球的竞争力和吸引力的路径。遵循山水林田湖草沙生命共同体理念，针对上海自然地理本底与超大城市高密度人居环境特色，规划创新性提出综合统筹生

图5 "1+7"的成果体系

态要素、空间要素、城乡要素的思路,在编制之初就确立了"1+7"的成果体系。

"1"为总领性的生态空间规划。聚焦顶层设计,强化总体目标和指标体系,确定空间布局、体系结构、管控保护和建设要求。

"7"为实施性子专项规划系列,包括城乡公园、森林、湿地、野生动物栖息地、古树名木、生态廊道、绿道等,突出子专项管控与落地,衔接总量与布局要求,基于分项系统特征分解指标,明确各项建设要求与管控图则。

根据"上海2035"实施框架,生态空间规划融合发展规划、空间规划、专项规划、行动规划等不同时空维度要求,结合上海实际深化提炼形成1套生态网络图则、1份分区指引和1份近期行动指引,作为指导上海韧性生态之城建设的专项总纲。

针对上海高密度人居环境下的超大城市特点,发挥生态空间的复合功能,强化保障城市生态安全、提升城市生态环境品质、维护生物多样性作用。生态空间陆域用地类型主要包括绿地、林地、园地、耕地、河湖水域、滩涂苇地、其他未利用土地等。本规划主要聚焦绿地、林地、湿地等生态要素的空间引导,强化体系建设、要素融合、效益增强。

2. 构建生态之城目标下的全域国土空间资源生态性评价模型

规划以生态之城建设为目标,以空间规划为载体,聚焦空间资源生态性薄弱环节,创新性构建空间资源生态性评价模型,探索全域维度空间优化策略建议。

评价模型的构建从景观生态学理论入手,链接生态与空间。通过修复完善"源地—廊道—斑块"的生态网络,形成整体的生态保护修复格局。景观格局指景观要素的形状、比例、空间分布等特征,决定景观的性质,包括景观多样性、空间异质性、景观连接度等。源地是指对生态过程和功能起决定性作用,对生态安全具有重要意义的生境斑块。斑块是指分布在基质中与周围环境不同的景观表面。廊道是指呈条带状分布的景观要素。运用冷热点空间统计模型,识别生态资源价值显著聚集的片区作为生态源地,运用最小成本路径法,识别生态源地之间的廊道网络联通情况。

基于国土空间资源全域管控视角,将上海全市域划分为60多万个100 m×100 m的栅格作为基础分析单元,从人的生活需求、自然保护需求、社会经济发展需求三个价值导向,采用层次分析法,运用连通性指数模型、最小成本路径法等,开展空间资源的"储备水平、利用水平、潜力水平"综合评价。将基础数据有序归纳为3大类、21个中类,并以上海为实证校验,反映上海生态之城建设的进度情况、难易程度、空间分布、发展重点等,总结当前突出短板和趋势挑战。

基于模型分析,进一步将生态绿色作为城市发展核心理念,从"多规融合"的角度,探索以空间规划为统一载体,确保围绕生态之城建设的总体目标,创新性地制定跨部门、跨空间层面、跨时间维度的规划实施协同发展策略,形成可操作、有针对性的"路线图、时间表和任务清单",以实现规划与实施的技术衔接,为国内同类城市空间资源生态性评价与行动决策提供可借鉴、可参考的技术路线。

3. 明确生态空间分区、分类精细化管控模式

(1)分区维度上,体现空间特征匹配

以"三区四线"空间管制体系作为生态空间规划的底图,在此基础上进一步细化生态分区。根据空间圈层、区位、功能片区主导功能,将市域结构性生态空间划分六大分区,明确各分区生态主导功能、要素构成、空间尺度、指标管控、与其他空间关联耦合度等内容,指导要素布局。

从分区维度构建专项规划的管控体系,指导各区生态空间保护与建设,强化约束传导,落实底线管控。从生态网络格局、生态空间布局、规模总量、结构体系加强顶层传导,充分落实生态空间的底线约束能力。明确郊区各区应严格落实生态空间面积,重点对一类生态空间进行校核与落实,对二类生态空间进行深化与落地,优化与完善三、四类生态空间布局。落实各区森林覆盖率、人均公园绿地面积以及骨干绿道总长度指标,对市级生态走廊、生态间隔带等生态网络空间的边界、建设用地指标、森林覆盖率予以明确。明确中心城各区应严格落实绿地总量管控要求,以及人均公园绿地控制指标,进一步明确楔形绿地、大型城市公园、地区公园、社区公园、滨水廊道等各类绿地的空间布局,落实各区人均公园绿地面积和骨干绿道总长度指标。

(2)分类维度上,体现刚性与弹性的兼容

将市域生态空间划分为四类,其中一、二类作为生态保护红线,刚性管控,严格落实。三、四类生态空间体现弹性应对,通过指标约束、分区

准入、用途管制的方式，为生态要素布局优化以及生态效益的提升提供可能，并通过建设用地占比上限和森林覆盖率下限两项核心指标协调和平衡来保护与利用关系。

坚持"长江大保护"战略要求，严守生态保护红线，实现一条红线管控重要生态空间，确保生态功能不降低、面积不减少、性质不改变，维护生态安全，促进可持续发展。生态保护红线分为一、二类生态空间，包括陆域和海洋部分，总面积为 2 526.9 km²（其中陆域面积 129.6 km²）。一类生态空间包括崇明东滩鸟类国家级自然保护区、九段沙湿地国家级自然保护区的核心范围，总面积 626.0 km²（均为长江口及近海海域面积）。二类生态空间包括国家级自然保护区非核心范围、市级自然保护区、饮用水水源一级保护区、国家森林公园、野生动物重要栖息地、山体和重要湿地，总面积 1 900.9 km²（其中陆域面积 129.6 km²）。将一类和二类生态空间作为禁止建设区，禁止影响生态功能的开发建设活动。将城市开发边界外除一类、二类生态空间外的其他重要结构性生态空间划定为三类生态空间，包括永久基本农田、林地、湿地、湖泊河道、野生动物栖息地等生态保护区域，以及饮用水水源二级保护区、近郊绿环、生态间隔带、生态走廊等生态修复区域，总面积不小于 3 877 km²（其中陆域面积 2 858 km²），将三类生态空间划入限制建设区予以管控，禁止对主导生态功能产生影响的开发建设活动，控制线性工程、市政基础设施和独立型特殊建设项目用地。将城市开发边界内结构性生态空间划定为四类生态空间，包括外环绿带、城市公园绿地、水系、楔形绿地等，面积不小于 104 km²（均为陆域面积），严格保护并提升生态功能。

【咨询效果】

《生态专项规划》已于 2021 年 5 月 28 日获上海市政府批复，作为全国新一轮国土空间规划体系改革以来首个批复的市级生态空间专项规划，坚持山水林田湖草沙生命共同体理念，探索超大城市全域、全要素生态资源统筹协调、品质提升、资源价值挖潜路径，尝试"多规合一"空间规划传导机制和全口径生态要素管控方法。

结合上海市国土空间规划体系，将生态空间建设目标指标层层分解落实，《生态专项规划》确定的指标及引导性内容有效指导各区总体规划、主城区单元规划、相关专项规划编制。建立分阶段实施的行动规划机制，有序实施生态空间建设规划计划管控，实现耕地、林地、水域、湿地等重要自然资源空间调优与动态平衡。在《生态专项规划》引领下，《上海市生态空间建设和市容环境优化"十四五"规划》《关于推进上海市公园城市建设的指导意见》《上海市生态空间专项规划（详细规划层面）的成果规范》陆续印发，推进生态空间深化实施。

《生态专项规划》有效指导生态项目建设，推进环城生态公园带改造提升，通过提升一片卓越显示度的发展地带，建设一批传世公园项目，带动一系列产业经济引擎发展，实现从"园在城中"到"城在园中"的模式转变，营造"城周十里、林风斜阳"的美好场景；指导新城绿环国际方案征集开展，形成服务百万人口、开放共享的郊野游憩新空间，截至 2023 年底，五个新城绿环先行启动段已开展，包括河道整治工程、森林建设工程、绿道建设工程和桥梁工程在内的多个实施项目；指导生态廊道造林建设，支撑世博文化公园控规编制与批复，本市 8 座郊野公园陆续开园。

基于《生态专项规划》，构建了多元生态要素数据库，实现规划建设、土地数据库与生态要素数据库的互通，可进行交叉叠加分析，为开展规划实施评估和动态监测提供了可视化分析与科学工具。

在《生态专项规划》编制过程中，持续开展了国家住建部、上海市科委、市政府发展研究中心等省部级以上的生态类研究课题 5 项，基于《生态专项规划》撰写的论文《基于全球城市品质提升的上海市生态间隔带规划实施思考》在 2019 年中国城市规划年会上宣讲，为上海市及国内同类城市提供有益借鉴。

社区生活圈规划技术指南
Spatial Planning Guidance to Community Life Unit

编写单位：上海市城市规划设计研究院
　　　　　上海市规划编审中心
Shanghai Urban Planning & Design Research Institute
Shanghai Planning and Approval Center
联系电话：021-62473288　　　网址：https://www.supdri.com
主要完成人：张　帆　赵宝静　金忠民　奚文沁　吴秋晴　王　睿　程　蓉　过甦茜　卞硕尉
　　　　　　李　萌

【点评】

该技术指南为国土空间规划领域首个获批发布的全国行业标准，不仅填补了国内社区生活圈规划的理论及实践空白，而且通过构建评估—规划—实施—治理的动态机制，实现了社区服务的精准供给和有效治理。通过多学科综合方法，关注全域友好与地方差异，该指南构建了城乡理想模型，为社区规划提供了全方位技术指引。同时，该指南指出了社区生活圈规划在低碳发展、韧性提升、孪生社区生活圈等方面的未来研究方向，为社区生活圈规划的持续完善和发展提供了思考和方向。通过深度访谈、实证校验和数据分析等技术方法，该指南研究了社区生活圈规划编制方法及应用机制，形成了具有开创性和实践性的行业标准，并将社区的空间与时间资源紧密嵌套、系统治理，极大提升了城市基层公共资源配置系统的精准性与社区生活的丰富度和幸福度。

【项目背景】

社区发展是城市发展的核心议题之一。各大城市在过去较长时期的高速发展过程中，社会形态也在经历着深刻的变化，人口规模增长和结构变化不仅对城乡公共服务和基础支撑提出更高要求，而且由于思想认识和利益需求日益复杂多元，社会治理难度加大。在建设"人民城市"的大背景之下，立足"人"的实际生活空间与需求的社区生活圈规划，将有效缓解经济产业转型、人口流失、老龄化和少子化等压力，并可积极应对后疫情时代社会发展的不确定性和风险挑战。

上海是我国"15分钟社区生活圈"规划理念的发起地，在城市空间发展动力由"生产驱动"转向"生活驱动"、发展模式由外延式增长转向内涵式发展背景下，上海将规划视角聚焦回人的日常生活，以全面改良城市基础细胞的方式来实现睿智而温情的整体发展节奏。作为城乡生活的基本空间单元，社区生活圈概念已作为重要的规划创新手段，被运用到各类生活性地区的提质实践中，被普遍认为是营造人民美好生活方式、促进城乡协调发展、完善地区治理的基础平台。但目前各地实践在概念界定、技术路线以及管理程序等方面缺乏有效的参考与指导。为继续深化落实"人民城市"理念及"以社区生活圈为基本单元"完善与创新城市生活体系的目标，回应国土空间规划转型与百姓关切，指导和规范社区生活圈规划研究工作，自然资源部根据相关法律法规和技术标准，在总结实践经验、广泛听取意见基础上，组织编制本项目。期望从国家层面推进社区生活圈营造，提高各地生活圈相关内容编制与实施的针对性、科学性与可操作性。

成果一是落实对社区规划体系的创新，形成系统性的生活圈规划编制方法，以"15分钟生活圈"为载体促进城市生活的内涵式完善，探索公共资源的精准化供给，让规划真正服务于人民。二是以生活圈构建为平台，培育社会自治环境，推动社会治理重心向基层下移，打通共享共建的互动路径，衔接现行规划及行政体系，贯穿规划全过程的公众参与，为其后续在全国推广与落实提供指导和依据。

【项目内容】

在对目前国内不同规划管控条件的城市、不同建设阶段的地区的社区现状和发展趋势评估基础上，本项目采用深度访谈、实证校验、数据分析等技术方法，系统研究了生活圈规划编制方法及应用机制，并在此基础上编制完成国土空间规划领域首个获批发布的全国行业标准《社区生活圈规划技术指南》（简称《指南》）。《指南》作为国家层面首部关于社区生活圈规划的规范性文件，也是国土空间规划领域首个获批发布并最早实施的行业标准，填补了国内社区生活圈规划的理论及实践空白，不仅具有开创性和创新性，也体现出很强的实践作用和应用性，形成了广泛的影响力。

1. 凸显全域友好，拓展服务要素范畴

本项目突破以往社区层面规划的范式，围绕"人"的生产生活的实际需求及其相应的空间来重新构建规划编制逻辑与方法，紧扣国家重点政策导向，在面向未来、尊重差异的基础上，深剖"15分钟社区生活圈"的特征要素与配置要点，进一步拓展社区生活圈服务要素范畴，提供促进全年龄段成长和可持续发展的服务。

《指南》共对社区服务、就业引导、住房改善、日常出行、生态休闲、公共安全等六大方面内容提出配置指引，同时服务要素按配置要求分为基础保障型、品质提升型与特色引导型三种类型予以弹性配置。其中基础保障型服务要素在配置上充分与既有标准对接，品质提升和特色引导型服务要素的配置要求根据居民需求、发展趋势、实证案例等进行适当引导。项目实现由关注基础民生的保障走向关注社会多元需求的提升，突破了传统社区仅关注居住与基本服务功能的局限，推动生活圈成为未来社会精细化与个性化管理的单元载体，承载起人们从日常生活保障、安全、归属，到学习、交往、创造等各层面需求的美好愿景。越来越丰富的城市功能得以下沉到社区层面，并呈现出更具特色与鲜活力的服务场景，在步行可及的范围内，社区可提供安心暖意的生活保障、融洽和谐的交往氛围以及丰富多彩的文化艺术体验，让孩子们茁壮成长，让老年人乐享生命，更让年轻人成就梦想。

2. 关注地方差异，落实广域指导作用

本项目在充分对标国家与地方标准的基础上，建构四维管控指标体系。其中规模性指标明确服务要素的用地和建筑规模，实现服务要素空间规模的精准配置；覆盖性指标明确服务要素的服务半径和服务覆盖率或服务人口，实现服务要素的便捷可达；效率性指标明确服务要素的空间设置形式，促进集约节约用地，满足环境要求；品

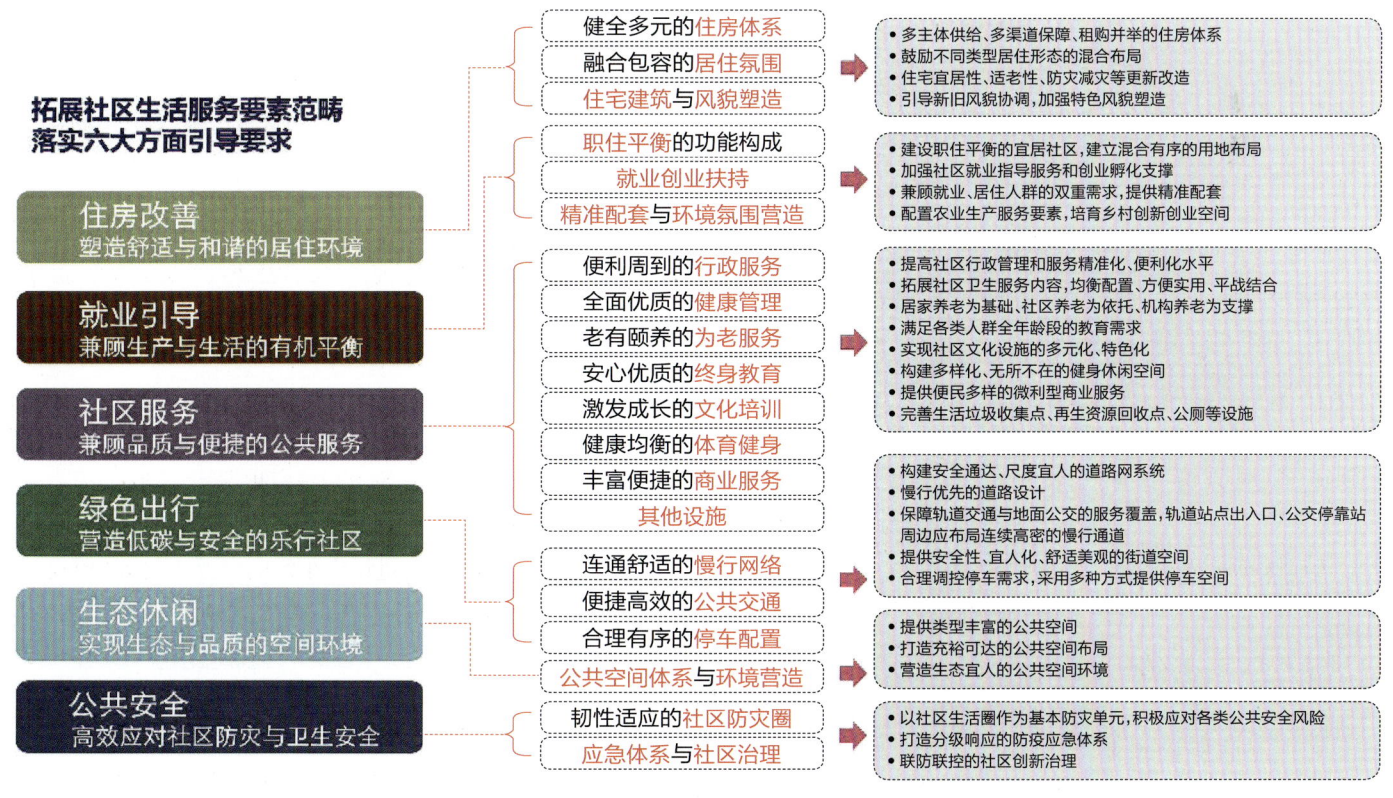

图1　社区生活圈服务要素范畴拓展示意

质性指标明确服务要素的区位选址、建筑和环境设计要求,提升服务品质,优化使用体验。

《指南》在指标要求上强调以定性管控为主,给各地留有当地探索与弹性实施的空间,鼓励其结合居民实际需求,评估发展阶段、人口特征、用地条件、环境因素四大类九项影响因素,确定具有针对性的社区生活圈服务要素内容和指标要求。

3. 统筹时空关系,构建城乡理想模型

不同地域的城镇及乡村社区差异较大,面临的具体问题及关注重点也有所不同,本项目通过构建城镇与乡村的理想空间模型,创新重构服务要素、空间网络、土地利用模式。城镇社区生活圈可构建"15分钟""5—10分钟"两个层级,与"多中心、网络化、组团式"城市空间发展格局相衔接,加强社区生活圈与各级公共活动中心、交通枢纽节点的功能融合和便捷联系,倡导TOD导向,形成功能多元、集约紧凑、有机链接、层次明晰的空间布局模式。乡村社区生活圈可构建"乡集镇—村/组"两个层级,强调城乡融合、功能衔接互补的整体空间结构,强化县域与乡村层面对农村基本公共服务供给的统筹,提出生态资源彰显、生产生活融合、村落空间宜人、布局适度紧凑的发展导向。

本项目同时重点关注空间的高效利用,从传统只考虑对"空"的引导,发展到对"时+人"的综合评判。一是分析居民活动主要轨迹和出行规律,服务要素选址适应沿线集中布置,鼓励将高关联度的要素邻近布局,依托慢行网络加强各要素间有效联系;二是鼓励城乡各类服务要素

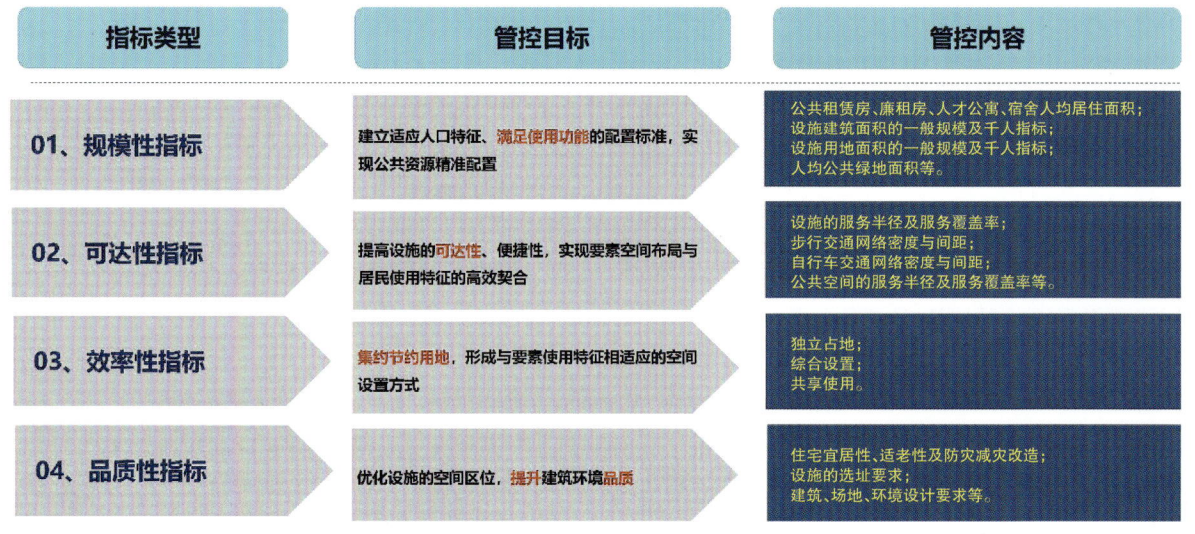

图2 四维管控指标体系示意

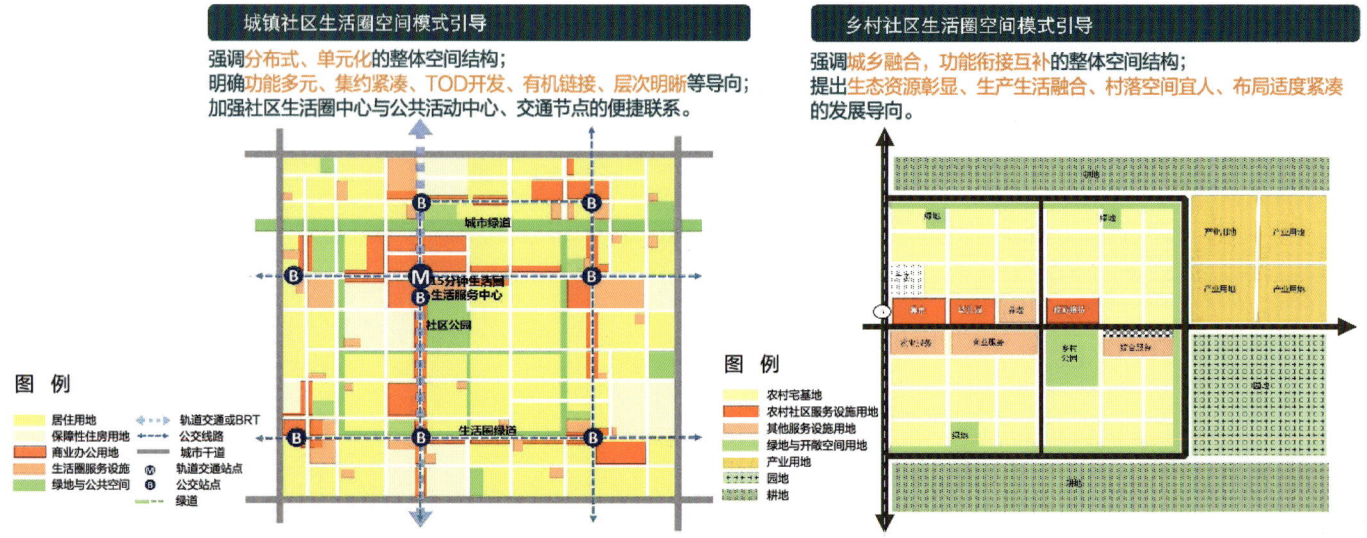

图3 城镇与乡村社区生活圈空间模式引导

的功能兼容、复合使用,设置"一站式"设施综合体,引导不同功能设施的空间复合;三是统筹设施错位布局,引导分时使用,形成共享机制;四是建立动态评估机制,定期评估社区设施的使用情况。根据社区人口发展趋势,鼓励不同阶段转换调整。

4. 紧密结合实施,建立全生命周期工作机制

本项目积极推动社区生活圈理念融入各级各类国土空间规划的规划编制、管理和实施。总体规划重在原则引导,明确社区生活圈的发展目标、规划原则和技术标准等内容要求;详细规划重在具体落实,可开展规划专题研究,明确空间单元划分规则,落实各类服务要素配置的具体内容、规划要求和空间布局,形成规划行动任务;专项规划重在有效衔接,协调好与社区生活圈规划工作的相关内容。

本项目还建立了评估—规划—实施—治理的动态机制。评估层面关注社区的新需求与新问题,引导规划的持续更新;规划层面系统解决问题提出对策,点上出彩;实施层面明确责任主体,形成分阶段行动计划;治理层面实时监测服务要素的运营情况和需求反馈,及时调整规划及实施计划。同时提出面向新建地区、城市更新地区和老旧小区的不同实施导向。

在共融共治理念引导下,本项目系统研究全过程、分阶段、多渠道的公众参与机制,实现居民从被服务者向参与决策者、服务提供者转变。同时,强调部门加强协同,社会多维共建,调动各方力量实现社区生活圈的协同共治。

【工作过程】

1. 前期调研阶段(2019年10月—2020年1月)

项目组从2019年下半年起,开展了资料收集和走访工作,并于2019年11月召开《指南》编制工作启动会,明确相关工作重点。之后,选取北京、广州、深圳、杭州、成都、西安、武汉、沈阳等在社区生活圈规划方面具有一定创新和实践经验的城市进行调研,包括总体规划层面的策略导向提出、到全市层面技术导则的出台、再到不同试点实践案例的推进,并与当地政府部门、专业机构展开访谈,收集城乡居民诉求、社会治理经验、实践中的困难和反思等信息。在此基础上,形成了《典型城市调研报告》和《社区生活圈规划技术指南前期研究总报告》等成果。

2. 草案编制阶段(2020年2—7月)

结合前期调研成果及对新冠肺炎疫情这一重大公共安全事件的新思考,项目组对现有的社区生活圈相关理论发展及技术借鉴、不同类型城市与地区的社区生活圈空间规模及行为模式、社会治理与公共管理等关键议题进行专项研究,确定《指南》的总体框架。

项目组按照工作计划进行具体分工,进行了多轮集体讨论,逐步修改完善《指南》草案。2020年2月,多次以线上、线下形式召开《指南》制定集中研讨会,邀请有关专家就标准的主要内容进行研讨,并征询参编单位意见。2020年4月,召开《指南》编制专家咨询会,自然资源部、参编单位及有关专家进行了交流讨论,肯定了成果框架体系,并提出完善意见。2020年5月,与自然资源部及参编单位进行了深度交流讨论,形成《指南》(草案)。

3. 征求意见稿编制阶段(2020年8—11月)

2020年8月起,项目组以线上、线下形式召开多轮研讨会,对草案内容进行讨论,结合专家意见修改完善,形成《指南》(征求意见稿),并于2020年10月22日—11月10日通过平台在线征询意见。

4. 送审稿编制阶段(2020年11—12月)

在通过线上、线下方式广泛征询专家、公众、标准使用者意见的基础上,对《指南》适用范围、与相关标准的关系、社区生活圈分类分级标准、乡村社区生活圈规划要求等关键问题开展技术攻关,对相关意见形成反馈,形成《指南》(送审稿)。

5. 报批稿编制阶段(2021年1—5月)

分别于2021年4月22日和5月6日在自然资源部召开两次研讨会,结合自然资源部及专家意见修改完善,重点对规划原则、工作要求、乡村社区生活圈规划要求等进行深化研究,形成《指南》(报批稿)。

【咨询工作特点及经验教训】

1. 创新特色

(1)前瞻探索,推动城市中微观空间层面的人本化规划转型

本项目将生活圈作为以"人的活动"为核心的理想城市基层治理和公共资源配置空间单元,将其内涵由传统文教体卫等设施及公共空间的建设延伸至社会管理、公共安全、社区自治、社会交流、就业帮助等全方位的内容,创新了城乡社区规划体系。本项目在规划技术探索中融入了

时空结合与多学科的理念创新与综合,结合城市化和全球化背景下社会结构新变化趋势,充分考虑我国社会、经济背景影响下的特大城市特殊市情,探索公共资源的精准化供给,以解决快速城市化发展进程中各类社区功能诉求演变产生的难题。

社区生活圈规划是以市民步行15分钟的范围来组织生产生活空间的一类新型规划,强调与市民日常生活规律相衔接,实现空间与人的活动相对接,有效分配公共资源,发挥服务效率,激发后疫情时代新的低碳生活方式。本项目作为一项前瞻性技术研究,填补了生活圈规划的理论及实践储备,为共同推动实现"人民城市"建设提供"上海样板"和"中国智慧"。

(2)体系搭建,实现从顶层引领到近期行动的全方位技术指引

作为自然资源部与上海市政府"部市合作"框架下的重要成果,《指南》于2021年7月1日正式实施后,进一步规范了生活圈规划的编制与实施工作,全市层面统筹引导,通过界定空间单元、编制引导导则、制定配置标准等提供顶层技术支撑;区县层面开展整体评估,对下一层级生活圈构建提出分区策略导向;街镇层面作为15分钟生活圈的载体,聚焦物质空间规划与社会规划内容的整合,侧重公共要素细化落实及社会治理。

项目采用分类型、分层次的引导策略,系统提出不同导向的社区生活圈规划编制方法,并构建了"总体规划—规划导则—实施计划—试点项目—社会行动"完整政策体系,将"15分钟社区生活圈"的概念具体化、可操作化。同时嵌入现有的规划政策体系,推动激励行业行动及全社会的行动实践,并积极通过实施试点行动反哺完善政策,向全国推广输送了优秀经验,并直接推动了国家行业标准的出台。

(3)双向实施,推进"共建共治共享的社会治理格局"的落实

本项目有效衔接了自上而下及自下而上的生活圈建设与治理路径,《指南》的实施推动了政府、居民、社会组织、社区规划师等多元主体的参与协作,助力共建共治共享的治理新格局的形成。

自上而下层面重点突出规划引领与区域统筹,关注以下层面技术问题的解决:一是与现有规划体系的有机衔接,使生活圈规划为各法定规划及专项规划的落实提供更细化实施的平台。包括结合现有的规划管控机制提供一定的弹性实施空间等。二是实现更多元的规划推进保障机制,包括跨部门的协作机制等,确保生活圈规划的更高效实施。三是近远结合,兼顾顶层设计与技术指导。不仅在顶层规划层面,将生活圈规划作为一种有效的社会治理综合手段,也包括针对性指导各类近期开展的社区建设计划的技术内容。

自下而上层面强化更积极主动的公众参与。通过生活圈规划的编制及实施,意在让社区成为国家权力与公民意识平等对话的平台,让生活圈规划成为社会治理的有效工具。

2. 广泛影响

(1)完善国土空间规划学科相关技术规范标准的建设

《指南》填补了社区生活圈规划这一尚在起步阶段的规划类型的理论及实践空白,有力提高社区生活圈相关内容编制与实施的针对性、科学性与可操作性。

《指南》也有效指引了典型试点城市地方性标准的编制。如2020年1月正式印发施行《雄安新区基因街坊(社区生活圈)规划建设指南》,作为国内首个面向5分钟街区层级生活圈的规划技术文件,为当地控详、修详、城市设计以及各类专项规划涉及社区层面规划编制时提供技术依据;上海《普陀区社区发展规划导则》则是首个区级层面社区生活圈实施性导则,进一步规范了区级层面生活圈规划的技术导则和成果规范。

(2)激励行业行动与全国各地实践

《指南》的发布产生了广泛影响,激励了各地实践探索,在价值、内涵、政策、实践等各个维度为探索理想社区的中国样本做出努力。

如济南市借鉴上海经验,持续开展了济南中心城区范围的生活圈专项规划研究及导则编制,结合济南实际情况及国土空间规划体系构建,在"15分钟社区生活圈"理念下进行差异化比对分析,重点进行了居民服务需求研究、公共服务要素研究、生活圈空间布局研究、实施与治理机制研究。三亚等地也在《指南》的指引下,于近期开展社区生活圈相关实践。

(3)引发全社会高度关注与共识,提升实施实效

《指南》有力支撑了上海由点及面推进的社区生活圈更新试点工作,加强以社区发展项目库为载体的生活圈行动规划层面的工作,在较短时

间内实现对社区生活圈品质较大的提升。在这一基础上，项目团队策展了2021上海城市空间艺术季主题演绎展，以"15分钟社区生活圈—人民城市"为主题，实景展示社区生活圈的工作方法和成效，引发社会各界对社区生活圈发展目标与重要理念的关注与共识。

3. 不足和思考

在"碳中和""城市安全""公平包容""互联网+"等新趋势挑战下，社区生活圈规划主要面临以下技术局限与未来研究重点方向。

（1）社区生活圈低碳引导

在碳排放量的紧约束下，社区本身也可能成为实现"碳中和"的基本单元，它的内生性低碳属性尚未被充分发掘。开展社区生活圈尺度的微观层次低碳规划应对研究，应是生活圈理论和实践未来的完善方向。首先，当生活圈作为碳核算的基础单元，它的空间尺度和街坊建筑布局应强化标准性引导。其次，生活圈的基础服务功能也应在低碳要求下迎来新的技术迭代。此外倡导低碳的生活方式也应成为基层治理的重要方面。

（2）社区生活圈韧性提升

2019年末暴发的新冠肺炎疫情，暴露出目前社区应急管理能力不足、基础公共服务能力偏弱的现实短板。面对突发公共安全事件，以及全球气候变化带来的日益增加的极端天气灾害，社区生活圈应该成为城市全面应对突发风险的韧性安全单元，在硬件与软件两方面不断提升防灾能力。在空间设施配置上应兼容日常需求与应急需求，在社区治理效能上也亟待提升社区应急状态下的自组织能力。

（3）孪生社区生活圈应对

在线上线下服务广泛融入居民生活的背景下，"15分钟社区生活圈"对新技术带来的变化应对不足，未来应在实体边界和内涵功能上做出即时响应。在物联网、智慧物流、无人配送、5G、虚拟现实等新技术趋势下，未来的生活圈实体边界或将进一步扩展。当人的基本需求可通过互联网技术满足时，社区生活圈的主要服务功能应思考转向满足人的尊重、归属和自我实现等高层次需求的应对策略。

【咨询效果】

项目成果具有一定的开创性和创新性。《指南》在广泛调研发展诉求和实践经验的基础上，遵循"以人民为中心，以特色为导向，以韧性为目标，以治理为抓手"四大原则编制，为各地社区生活圈规划工作提供良好的技术指引。业内同行给予《指南》一致认可及高度评价，认为《指南》是我国当前各地实践经验与专业理性的重要结晶，更是未来生活圈构建的纲领性行业标准，深化了城乡规划在社区层面的技术要求，弥补了社区精细化发展建设中的空白，内容定位高，且具有较强的前瞻性、引领性。

项目成果具有很强的实践作用和应用性。《指南》指导多个城市开展地方标准的编制或修订工作，以及社区生活圈专项规划研究工作。上海通过《关于上海"十四五"全面推进"15分钟社区生活圈"行动的指导意见》，发布了全国第一个乡村层面实施性导则《上海乡村社区生活圈规划导则（试行）》，以及第一个区级层面实施性导则《普陀区社区发展规划导则》，全面开展了由点及面的社区生活圈更新工作，目前15个试点社区已完成百余项目实施落地，长宁区新华路街道、普陀区曹杨新村等一批社区整体成效显著，社区空间环境和服务设施的品质整体提高，基层治理能力有效提升，居民参与积极性高涨，社区凝聚力明显增强。三亚结合《三亚市社区生活圈专项规划》，同步修订《三亚市城市规划管理技术规定》相关内容；济南开展《15分钟生活圈专项规划》及相关标准研究；雄安新区编制实施《雄安新区社区生活圈规划建设指南》等，在全国层面有力推进社区生活圈营造，引导共识、传导理念、提升编制技术。

项目成果在业界有较强的影响力，多次在城市规划年会及城市规划学术季等做主题交流。2021上海城市空间艺术季以"15分钟社区生活圈—人民城市"为主题，并结合《指南》发布联合52个城市签署发布《"15分钟社区生活圈"行动·上海倡议》，引发社会各界对社区生活圈发展目标与重要理念的关注与共识，为全球城市可持续发展和人民高品质生活贡献更多中国方案、中国实践和中国智慧。

南通中远海运船务融入南通滨江发展总体策划
The General Planning of COSCO Nantong Integrates with Nantong Riverside Development

编写单位：同济大学建筑设计研究院（集团）有限公司
Tongji Architectural Design (Group) Co., Ltd.
联系电话：021-35376317　　网址：http://www.tjad.cn
主要完成人：徐春芳　闫宝林　莫璐怡　张建国　李杰妮　孙佳岭　陈笑月　丁思枫　张春林　邵小斌

【点评】

该规划研究了南通中远海运船务与南通滨江发展融合的总体策划，展现了创新的工业旅游综合体理念。通过深入挖掘船厂工业生产与文化旅游的结合点，项目不仅提升了企业品牌形象，而且促进了产业功能多元化拓展，实现了生产、生活与旅游的和谐共生。策划方案巧妙地将绿色生态技术融入生产环境，赋予了旧工业设施新的生命力，使中远海运船务成为江苏省"首批绿色工厂"，也是唯一入选绿色制造体系绿色工厂示范船舶企业，成为长江沿岸企业转型升级的典范。此外，规划通过保护和利用国家工业遗产，结合精细化投资策略，为游客提供了独特的体验，同时推动了城市更新，展现了工业生产与文化旅游结合的创新模式。该规划是一次对传统工业与现代旅游业结合的成功探索，为长江经济带沿线城市的可持续发展提供了新的视角和实践案例。

【项目背景】

1. 南通滨江共绘长江经济带绿色发展图景

2020年习近平总书记在南通市滨江片区考察调研时指出："我在1978年来过五山地区，对壮阔的长江印象特别深刻。这次我来调研长江经济带和长三角一体化发展，专门来看看这里的环境整治情况，过去脏乱差的地方已经变成现在公园的绿化带，确实是沧桑巨变啊！"这一沧桑巨变彰显了南通在环境保护和生态修复方面的决心与成就。南通市滨江片区曾是化工围江、码头林立的区域，为响应长江大保护战略部署，自2016年起，实施生态修复工程，优化长江岸线布局，推进"散乱污"企业整治和排口溯源监测，由"工业锈带"转变为"生态秀带"。2019年南通滨江板块开发全面启动，将打造集时尚休闲、滨江旅游、品质生活为一体的"南通外滩"。南通中远海运船务秉持"还江于民"的核心理念，作为南通滨江"花园式"工厂升级的先锋，积极融入沿江生态廊道建设，促使原本"滨江不见江、近水不亲水"的区域转型为面向长江、鸟语花香的"城市客厅"。

2. 大国重器驱动船舶海工产业转型升级

南通是位于长江入海口北翼的山水旅游城市，以"中国近代第一城"历史文化名城闻名，作为近代民族工业的发祥地和首批沿海开放城市，因其在地势上通江启海，是一座集"黄金海岸"和"黄金水道"于一身的"江海城市"。近年来南通旅游业大力推进"旅游+工贸"融合发展，建设国家工业旅游示范点，打造教育科普工业博览之城。南通滨江船舶海工等主导产业集聚赋能，作为行业龙头的南通中远海运船务建造了"希望"系列圆筒型超深水钻井平台、"蛟龙号"深潜器、"悟空号"暗物质探测卫星、"嫦娥四号"月球探测器等一系列大国重器，将集中优势资源，把创新摆在发展的逻辑起点，积极探索产业升级，深度融合工业生产与绿色环境、旅游服务。本项目策划通过挖掘船舶行业文化、开发具有地方特色的工业旅游产品，贯彻"工业+旅游+文化"的文旅融合模式，目标建设为海工装备制造开拓者、海运文化旅游新地标、海船厂史科普教育营、海洋环保科技践行地。

【项目内容】

南通中远海运船务尚未向工业旅游方向发

展,现状以船运重工生产厂区为主,仅有工业厂区厂史展示的初级参观功能,亟待深度挖掘和有效利用优势资源,结合总体定位对厂区各项功能进行升级,整体组织功能业态空间,建设工业旅游基地。面对传统重工业生产区如何向工业旅游区升级的问题,策划方案从以下四个角度进行破题分析,深入研究与阐释工业生产向文旅融合发展的"中远模式"。

1. 滨江规划融合方案

南通中远海运船务坐落于城市滨水公共空间的核心区域,既是沿江带状发展的关键点,也向城市内部呈指状延伸(见图1)。当前,生产型厂区与城市融合度不足,为解决这一问题,策划提出将该项目打造成滨江的新焦点,并强化其与城市功能的连接。这不仅能凸显南通滨江片区的海船文化特色,还能促进综合功能的发展,进而塑造人文地标,驱动人文城区的成长。

(1)贯通滨江活力带的重要节点

南通中远海运船务是未来城市滨江活力带的重要节点,策划方案从城市功能、公共服务、交通联系和城市景观四个方面,紧密对接城市规划,构建文旅、商务及生活等多功能空间,致力于打造高品质的滨水城市客厅。在宏观层面上,滨江规划将形成"一带四区"的总体布局,即港口文化区、海船文化区、城市文化区、生态文化区以及滨江活力带。其中,海船文化区以南通中远海运船务为核心,携手其他三区,共同打造南通滨江的新焦点、新轴线和新界面。

(2)对接南通市区的文化轴线

针对项目周边3 km内文化、商业、休闲设施不足,策划方案将凸显"潮范+娱乐+休闲"特色,结合滨江生态,将船厂打造为城市活力商业的新名片,形成片区休闲特色。在空间上采用"两线一轴"的布局,融合了生产作业、生活办公、文化旅游等多重功能,实现了与南通市区在空间与功能上的无缝对接。

2. 产业功能转型升级

重工业企业面临转型升级的迫切需求,如何树立行业标杆、如何提升现有厂区的产业功能,实现从生产到生活再到工业旅游的多元化拓展,是产业拓展延伸、产城融合升级的关键。本项目旨在打造船务工业企业拓展升级的实践样板,带动整个区域工业厂区的转型升级。

(1)资源优化与低碳发展

基地用地面积31万m^2,绿化面积7.8万m^2,滨江岸线长度约1.2 km。厂区现状划分为生产作业区(船舶作业区)、加工作业区、办公生活休闲区、物流及战略储备区、环卫处置中心及新增土地六大功能分区(见图2)。厂体建筑为大跨生产车间,辅以少量办公及配套用房。目前,厂区内有较多的生产组装堆场和露天修理区域,以及两处园林——历史文化园和友谊园,但整体绿化覆盖率有待提升。为了推动船舶海工产业向绿色、低碳、环保方向发展,策划方案专题研究了如何降低运营过程中的环境污染和资源消耗,提高资源利用效率。这不仅是对长江生态环境的保护,也是实现可持续发展的必经之路。

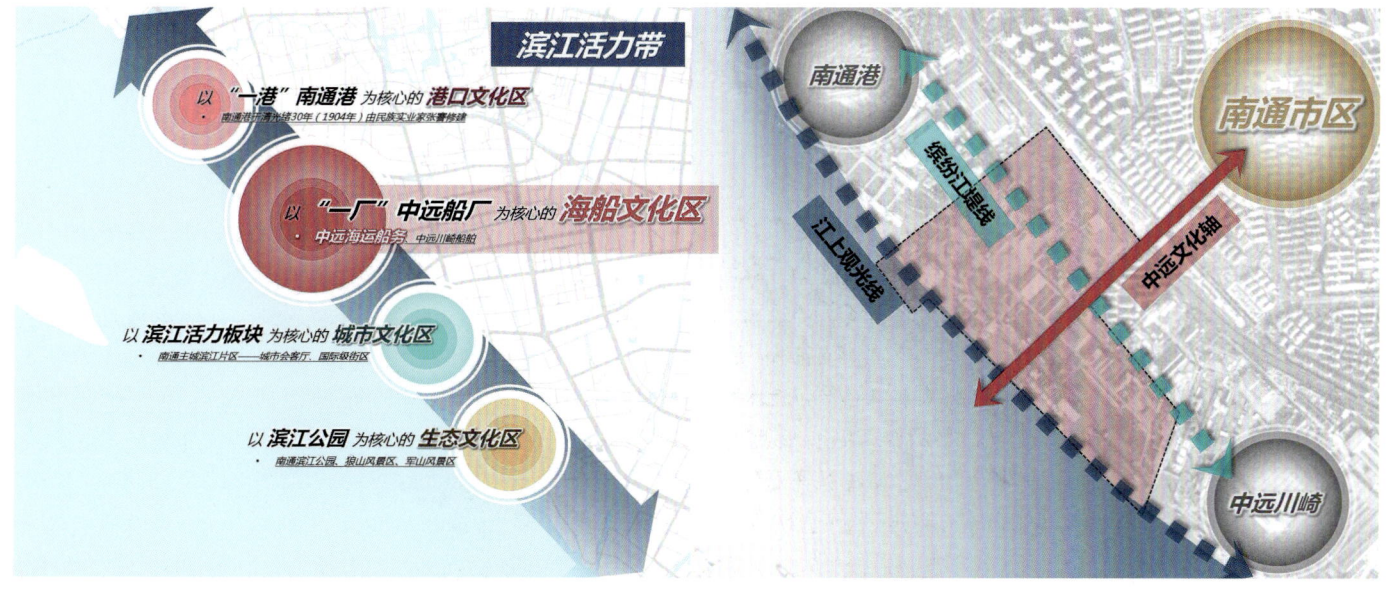

图1 贯通滨江与对接市区空间结构图

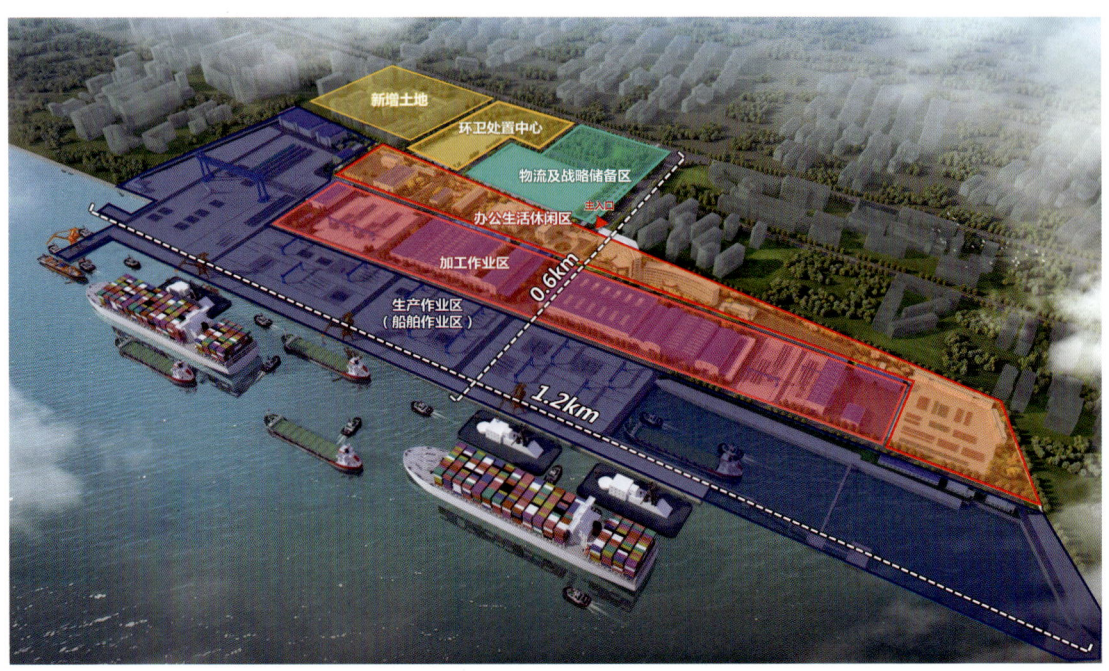

图2 现状功能分区图

（2）工业旅游与生产生活结合

结合重工业企业的特点，方案将设计安全、合理的参观路线，确保游客与生产区域的安全隔离。同时，结合厂区的核心业务，设置绿色能源、节能设备等参观点，让游客在参观过程中深入了解公司的环保理念和创新能力。这样的设计不仅有助于树立行业标杆，提升产业功能，还能有效促进工业旅游的发展，实现生产、生活与旅游的完美结合。

3. 工业旅游拓客策略

策划方案通过"海工+商务+文创"的产业链接，引导地区范围内关联产业互动，促进优质业态升级，加速本项目载体聚集人气，为满足主要服务客群对象，针对其到访目的，策划核心吸引力。

（1）行业人群：吸引同行专家和创新创业者

作为国内船舶行业的翘楚，南通中远海运船务将通过举办专业的研讨交流会，分享最新的行业趋势和技术成果，为创新创业者提供创意设计的平台和资源，促进合作与创新，增强企业在行业内的影响力。

（2）游客人群：借势长三角文旅游客驻足

南通正在全力构建大交通，融入上海"一小时都市圈"、打造名副其实的上海"北大门"，借势长三角高端消费的需求，有望成为"通江通海通上海"的文旅消费前沿。南通中远海运船务可以充分把握机遇，将工业旅游与休闲观光相结合，通过展示船舶制造过程、开展科普教育活动等方式，吸引周边居民和南通游客在节假日前来参观体验，与周边旅游形成"竞合"格局。

（3）生产人群：服务厂区员工和船东船员

为了满足厂区员工和船东船员需求，南通中远海运船务将提供更为完善的生活配套和专业的培训课程，提高员工的工作满意度和忠诚度，同时吸引更多的优秀人才加入。此外，通过加强与船东船员的沟通与合作，共同推动船舶行业的发展。

4. 文化设计提升路径

南通中远海运船务提出融入南通滨江发展，既在船舶产业发展上实现了从"中国制造"到"中国创新"的跨越，本次策划方案将行业、城市、企业三大特色文化内涵融合，打造中国船舶工业"活态、动态、生态"博物馆。

（1）行业文化战略思考：传统船舶工业传承百年海洋工业文化

中国船舶业居世界前列，通过推进品牌战略、技术创新、绿色环保，实现从造船大国转变为造船强国的目标。南通中远海运船务是中国船舶行业翘楚，未来将建设成为同行专业人才参观交流、创新创业的示范基地。

（2）城市文化战略思考：南通海运港口贯通长江滨水多元文化

南通集江海之会、通达之通，具有修造船产业优势，有望打造成为长三角船舶工业城市焦点，而南通中远海运船务需把握船厂仍在原址的特色,抓住留在城市滨江的机遇,借鉴科普教育的推广思路,带动工业旅游迈上新台阶,成为南通滨江在船厂原址展现城市江海文化、海船精神、世界船谷的窗口。

(3)企业文化战略思考:单一工业生产注入符合活力创新文化

南通中远海运船务作为服务厂区员工、全球船东船员的绿色型重工业生产厂区,未来面向社会公众,通过提炼历史积淀、工艺创新、环保绿色、全球合作四大企业文化,以展示展览、历史教育、互动体验等更生动的方式才能充分呈现其丰富的文化价值。

基于顶层文化设计,本项目总体定位为"智慧船谷·水岸绿芯"海运工业文化博览园,以海船工业生产为项目核心依托,以海运文化旅游为补充,通过主题展示、互动体验、实景参观、创意科技等手法,将工业教育与旅游休闲业态高度融合,再现南通坞"半世纪国之重器"的繁荣盛景,将船坞建设成为集文化体验、工业教育、实景娱乐、滨水休闲多功能于一体的国际创新海运旅游目的地。

【工作过程】

1. 组织多专业工作团队

项目组依托同济大学在教育科研方面的优势力量,与同济大学环境学院专家教授、南通大学人文学院专家教授组建创新联合体,开展研究攻关,商讨顶层设计和统筹资源。通过跨界融合、相互赋能,项目组统一协调各专业的策划规划意见,在对各项成果反复平衡改进后,综合各方意见达成共识,形成最优解。

2. 基地现状调研分析

厂区在本次策划工作前已进行过"花园式"工厂的局部改建,不同于新建项目,需充分利用现状资源,避免重复投入。项目组经过实地调研与访谈,深入系统地了解滨江地区整体建设情况,梳理900 m深水码头、历史悠久的南通坞和远通坞,以及大量待维修的散货轮、油轮、滚装船等不同类型的船舶工业资源,走遍工厂内外的角角落落。在对现状厂区的功能、流线、景观配套进行通盘考量后,提出从提升整体的体验性、标志性与文化性着力,增加客群吸引力,强化游线设计和完善的功能配套。

3. 筛选优秀案例研究

项目组深入研究国内外工业旅游和造船修船场地的建设进展,结合项目条件和运营规律,总结出几个借鉴点。首先,灵活设置安全参观线路;其次,工业旅游内容需紧密结合企业历史与工艺流程;再次,多维度展示企业文化与城市文化;最后,通过互动体验与周边产品销售增强游客参与感和趣味性,进一步提升工业旅游的吸引力。

4. 总体策划与概念规划

南通中远海运船务工业旅游资源开发的难度在于"不停产",船舶生产与旅游发展相融合,保证安全生产的同时,以"国之重器"的生产活动为基础带动工业旅游发展,积极打造绿色工厂,成为长江沿岸企业转型升级的先行者。总体策划从项目背景研究出发,展望企业所面临的历史使命,立足政策,由基地所在南通滨江板块的区位战略优势延伸到资源优势挖掘,调研比较基地现状与规划目标之间的差距作出评价。同时从上到下建立顶层文化研究,使本项目实现树立行业标杆、打造城市焦点、传播中远品牌的发展目标,归纳本项目的机遇与发展策略,并制定本项目的整体定位和策划方案。分析项目重点与难点,策划厂区分区功能、核心项目落位、重点产品业态以及游线和活动,给出定位与产品开发建议。2020年7月,首先完成项目总体策划方案,得到业主及评审专家一致认可;2020年9月完成项目概念性规划并提交业主,并通过业主和专家评审。

5. 国家工业遗产申报准备

后续项目拟申报国家工业遗产,项目组从国家工业遗产相关政策以及认定申报材料切入,研究国内工业遗产旅游开发概况,预测未来工业遗产旅游开发的要点趋势与开发方向,以遗迹复兴、品牌重塑、IP智造与多维串联制定南通中远海运船务工程有限公司船厂工业遗迹的开发策略并作出专题报告《国家工业遗产保护及开发策划方案》。

【咨询工作特点及经验教训】

作为一个开创性的工业旅游综合体,本项目巧妙地融合了大型海工装备的生产和工业文化的旅游,创建了一个生态友好、技术革新展示的平台。通过保护和利用国家工业遗产,同时结合精细化的投资和分期实施策略,项目不仅为游客提供了独特的体验,还促进了南通滨江地区的城市更新,展现了如何将工业生产与文化旅游安全、和谐地结合在一起的创新模式。

项目咨询过程中，构建了引客—留客—衍生功能产品体系，包括一座世界级船坞"南通坞"、一条中远海船文化线索、三大主题板块、五大类型配套产品，这些设计使得厂区内的旅游与生产活动能够和谐共存。游客可以在这个融合了历史与现代、文化与科技的空间内，感受到科研工作者的精神和科技创新的成果。

本次咨询工作的特点主要体现在以下几个方面：

1. 以大型海工装备和文化旅游融合为立足点，厂区不停产，以生产活动带动旅游

本项目作为国内首家在生产中植入工业文化旅游的大型装备制造业工厂，策划了工业滨水岸、中远新天地和创意梦中心三大主题板块，衍生丰富的功能产品体系，使厂区内旅游与生产相结合、生活与生产相结合、生态与生产相结合（图3）。基于产旅融合原则，围绕着中远海工制造、船务维修等生产过程，展示给游客海工船舶工业的世界"船谷"特色风貌，打造展现船舶重工行业技术革新的文化旅游标杆。

2. 近距离感受船工科研精神和科技创新成果，活态呈现"国之重器"

南通中远海运海务厂区集聚了历史悠久的船舶工业风貌，基地内能够实地感受1991年建成亚洲第一大坞——"南通坞"（由著名书画家刘海粟亲笔题字）原貌（见图4），近距离观看国之重器"世界首座圆筒型深海石油钻井平台"（2012年获国家科技进步奖一等奖，创造了平台稳性等多个世界第一，国际市场占有率约为七成）。展出形式上，每个重大科技成果配以系列展板、实物、模型及视频等，以故事的形式阐述事件背后的科技成就，使观众感悟科研工作者在科研过程中展现出的科学思想、科学方法和科学精神。

3. 基于船舶建造修理生产区域的多层级分区设计，实现生产流线与游客流线的安全融合及良性互动

项目面临让重工业生产作业与工业旅游升级并驾齐驱、让重工业生产区与城市滨江空间交相辉映的双重挑战，为满足安全生产、建设工业旅游、融入城市滨江三大发展需求，将基地划分为控制开放区、厂区内开放区及城市功能对接区（见图5），植入合适的功能业态。

船厂正在进行的生产服务（船舶作业区、加工作业区）是整个厂区的支撑核心，游客能够在不影响船厂正常运营的前提下，在透明工艺车间驿站访问学习；参观开放区包括船坞甲板区和厂史馆、博物馆等，游客能够在船坞实景参观实现活动体验；对接城市区以厂区现状的储备土地和

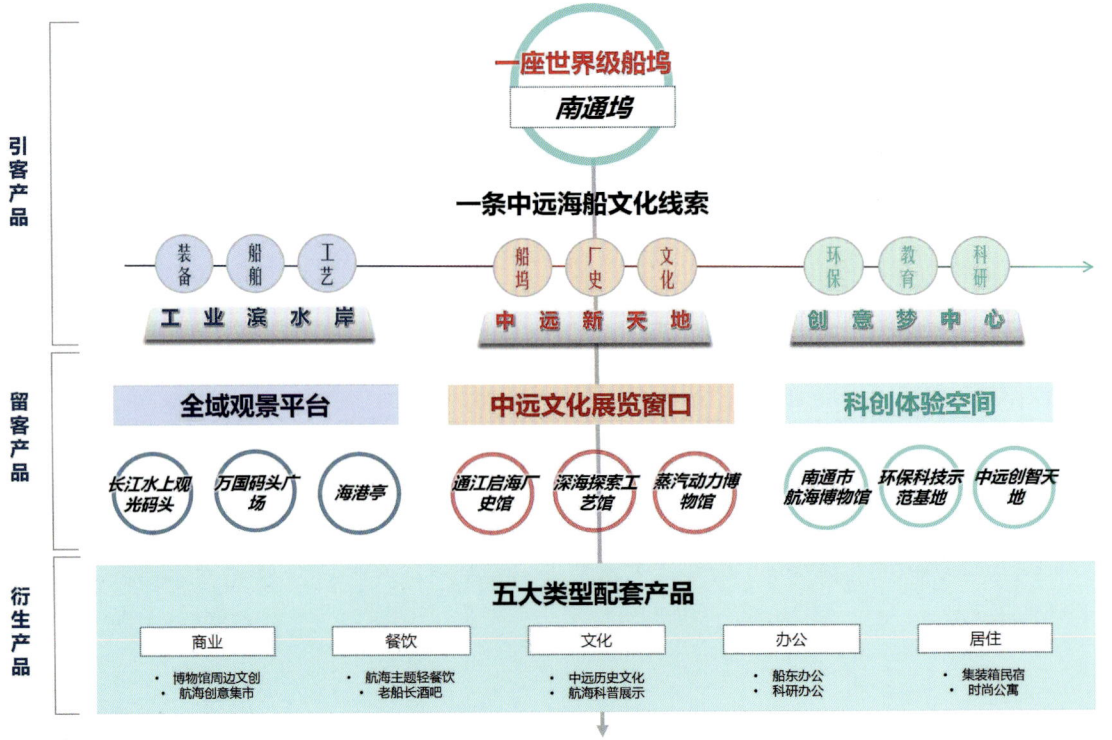

图3　项目功能产品体系

一、规划咨询研究报告篇

图4 南通坞现状与规划效果图

环卫处置中心为基础,新建内容产品与城市外部功能对接。

4. 方案将船厂景观空间巧妙有机地融入南通滨江,隔而不断,既保障了工业生产的完整性,又与南通滨江旅游整体开发协调一致

项目景观设计以船厂公共空间开发为载体,结合滨江岸线、船坞、船台以及厂史文化进行串联演绎,赋予新建筑、新景观以历史内涵,成为展示长江沿线景观、延续工业历史文脉的标志性节点。项目组在基地空间散乱、功能单调而用地少等情况下,开创性地在保留船厂原有工作区间的基础上,开展船坞拓展工业旅游、休闲产品设计的咨询服务工作。

5. 融合新老设施,合理布局污水处理协同运行、联控联调新格局,展现了长江经济带生态的修复出新

本项目咨询工作中,在协调厂区生产与旅游的关系同时,对厂区新建污水处理厂的选址及规模也做了分析论证,构建厂区内外污水处理厂群协同运行格局。研究方案立足全局,兼顾已建与新建设施,通过构建污水处理厂区域协同智慧管理平台,实现多座污水处理设施之间水量协同分配和高效协同运行,从而达到生态优先,改善长江生态环境质量的核心目标。

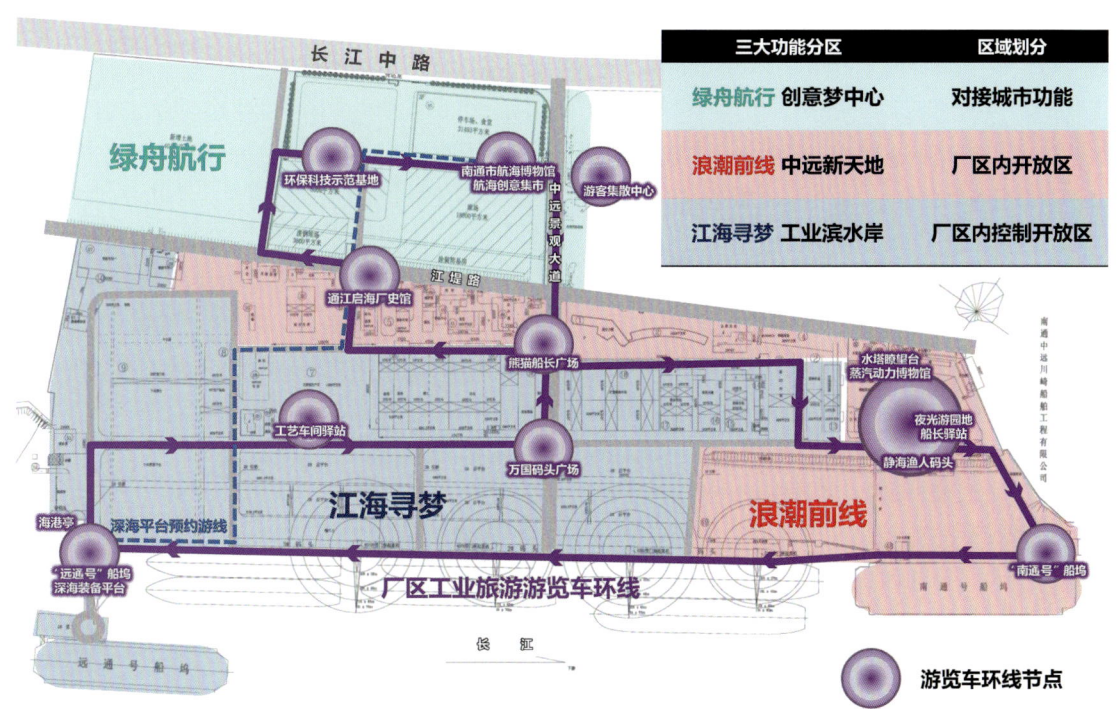

图5 项目功能分区和游览路线

6. 分期实施，在精细化投资的基础上，使游客体验效果最大化

层层递进，有选择地释放空间序列，按照现状场地的可释放空间资源分为三大梯次分期实施。第一梯次为厂区现有堆场及闲置用地，改造约束小；第二梯次为内部零散绿地空间，有条件释放；第三梯次为厂区作业区域，几乎没有场地释放空间。基于精细化投资原则，有条件开放厂区边界，释放可改造可利用的公共空间，重新梳理区域各单元的联系模式形成产业生产、展览展示、休闲娱乐、旅游观光、文化创意、缤纷生活、多样出行等多种体验于一体的产旅融合新模式。

7. 国家工业遗产保护为长江沿线城市更新注入新活力，创新城市更新模式

南通中远海运船务是现代中国船舶维修发展历程中最具有典型性的代表，它保存了从20世纪70年代开始的抛石围堰、全面生产的代表性厂房、设备及相关辅助设施等工业遗产，到现在公司展现的高水平船舶维修技术、先进的生产工艺与历史传承，具有重大的历史价值。

综上所述，作为集工业旅游、文化传承、生态保护和技术展示于一体的综合性项目，本项目咨询的实践应用为如何将传统工业与现代旅游业结合提供了一个全新的视角，并为长江经济带沿线城市的可持续发展和文化遗产保护树立了新的标杆。

【咨询效果】

习近平总书记点赞南通"好通"，对南通构建生态绿色廊道的做法表示肯定，强调"处理好城市生产生活和生态环境保护的关系，既提高经济发展质量，又提高人民生活品质"。南通中远海运船务立志成为长江沿岸企业升级发展的典范、产业绿色升级的先行者，本次策划方案助力企业积极打造"花园式"工厂，在方案编制期间以问题为导向，梳理了实施本项目的条件和难点，明确了项目实施总体思路、目标，建立了丰富的产品体系，为船舶与海洋工程博物馆等文化精品工程保驾护航，实现了工业文化遗产新旧动能转换的高质量发展。

1. 企业升级的行业标杆

本项目对南通中远海运船务的发展及升级具有"承上启下"的重要意义。

（1）品牌形象提升

南通中远海运船务拥有悠久的文化底蕴和先进的科研成果，企业优势宣传与项目发展相结合将大幅提升企业知名度、拓宽产品宣传途径。建于2019年的单层厂史馆近年逐步发展为南通中远海运船务海洋工程博物馆。博物馆共2层（约1 600 m²），一楼为"通江启海"厂史馆，集中展示了公司和南通地方船舶工业发展史、中远海运重工产业先驱者、亚洲最佳修船企业铸就者、世界一流海工事业领跑者；二楼为"向海图强"海工馆，分海洋初探、时空隧道、海岸扬帆、海底探宝、多元海洋、星辰大海6个区域，展示了海洋工程从古至今、从浅海到深海的知识科普和互动体验。开馆以来已接待大中院校、政府机关、事业单位、合作单位及海内外客户400余批次近3万人，获得国内外宾客一致好评。

海洋工程博物馆作为江苏省文化和旅游厅首推20条"永远跟党走"红色旅游路线之一、南通市"青年学习社"、南通市和崇川区干部教育培训现场教学点等，担负船舶与海工装备知识科普宣传职责，通过现场多样化展陈方式，包括雕塑、珍贵实物（300余件藏品）、历史影像、口述历史、各类宣传片、纪录片、小视频点播互动、沙盘演示、游戏互动、扫描二维码延伸介绍等，讲述中国近代修船工业的发展脉络，展示见证中国修船工业从弱到强的珍贵史料，提供海洋工程从古至今、从浅海到深海的知识科普和互动体验。

（2）产业领域拓展

在原有产业布局的基础上开创了"工业+旅游"的新模式，融入当下新型经济发展战略，提升产业竞争力。南通中远海运船务作为城市科教基地、行业交流平台、对外展示窗口，缔造"亚洲最佳修船厂"的传奇、见证中国近代修船工业发展，将更好地发挥船舶修理改装和海工装备与模块制造企业的产业优势，提升船东客户认知度，培育员工生活新风尚，打造青少年教育"第二课堂"，积极发挥以文化人、以文育人的重要作用，不断探索创新可持续的科普教育发展模式，扩大企业影响力和传播力，为加快建设"中国领先、世界一流"船舶和海洋工程装备制造企业贡献力量。

2023年，举办清华大学、南通大学、南通中学、南通师范学校第二附属小学等各级院校实习、研学等活动30余次，涉及1 000余人次。南通中远海运船务精心打造发展实践类精品专线，构建现场教学培训体系，提升现场教学整体水平，以促进大众对船舶行业的了解、普及船舶与海洋工程的科学技术知识，同时让院校学生获得

更多体验式的学习经历、具备探究精神,从参观博物馆开始,共同追寻南通船舶工业乃至中国近代船舶修理改装与一流海洋工程建设的发展足迹。同时,帮助大众了解南通中远海运船务发展历程、企业安全文化、质量文化、党群文化、各种船舶和海洋工程的作用与科学价值。在乘坐观光车参观生产区域环节,学子们近距离接触船舶修建过程,直观船舶工程的内部构造,认识科技的发展源于不断地创新与创造,现场感受各种类型船舶的磅礴气势。

（3）绿色升级示范

项目推动绿色生产企业及其技术创新的发展,使南通中远海运船务成为长江沿岸企业升级的试点和标杆。2020年12月22日,南通中远海运船务被认定为江苏省首批绿色工厂,这是继2017年启东中远海运海工成功入选国家首批绿色制造体系绿色工厂示范企业之后,江苏省唯一入选绿色制造体系绿色工厂示范船舶企业,南通电视台进行绿色工厂专访报道,极大提高了企业的社会品牌效益,极大提升了公司绿色修造品牌和对外经营接单的影响力。

近年来,南通中远海运船务推进绿色工厂建设,绿化面积达25%;推进生产现场清洁生产工作;改善员工生活办公环境等,一系列举措促进了企业厂容厂貌发生了质的改变,实现了新旧动能转换、高质量发展。

2. 城市滨水空间的重要景点

在长三角全面对标世界级城市群的区域背景下,南通在其中扮演着上海"北大门"的重要战略角色,借势长三角世界著名旅游地的定位,文化休闲旅游产业坐拥万亿级消费市场。本项目将助力南通滨江成为"产城相融"的高品质滨水示范区,以城市生活为基础,承载产业空间及发展产业经济,提升生产企业环境品质;以产业发展为保障,驱动城市更新及完善服务配套,提升滨江沿岸土地价值。

如今,南通已形成"东有中创西有滨江"的发展格局,承载城市未来发展愿景;高起点打造中央创新区,集聚科技、人才资本等创新要素,与滨江生态走廊共同营造"山水文化、滨江风貌"的城市客厅。本项目作为滨江经济带的绿色经济示范企业基地、船务工业遗产旅游示范基地、爱国主义教育示范基地,从产业拓展、园区改造、企业宣传、文化科普等方面引导我国海运重工产业园发展转型,多措并举为产学研合作增添动能,使科技成果"尽显其值"。

3. 对外展示的重要窗口

本项目的成果实现了"立足南通、融汇滨江、全国知名、传扬国际"的建设目标,并获得了省、市级的高度认可,不仅为南通滨江地区注入了源源不断的经济活力,更为积极融入滨江板块整体的生态创新起到示范作用,充分体现了"人民城市人民建,人民城市为人民"的核心理念。南通中远海运船务全力推进策划成果的落地实施,在"花园式"工厂建设和"工业旅游"试点项目上取得了重要进展,引发了媒体的广泛关注报道,持续放大了企业品牌效应,成为企业与城市对外宣传的闪亮名片和重要窗口。

图6　南通中远海运船务规划效果图

上海市防洪除涝规划（2020—2035年）

Shanghai Flood Control and Drainage Plan (2020–2035)

编写单位：上海市水务规划设计研究院（上海市海洋规划设计研究院）
　　　　　上海市水务局（上海市海洋局）
Shanghai Water Planning and Design Research Institute (Shanghai Ocean Planning and Design Research Institute)
Shanghai Water Authority (Shanghai Municipal Oceanic Bureau)
联系电话：021-34760603　　网址：http://www.shwaterplan.com
主要完成人：陈长太　石刚平　徐贵泉　李学峰　王其楼　林发永　严　明　丁国川　施晓文
　　　　　　杨　睿

【点评】

该规划结合上海工情水情特点和经济社会发展实际，对标世界先进城市，借鉴雨洪综合管理、防汛智能高效、标准适度超前等方面的先进理念和做法，提出了科学合理的规划标准和目标；在水文分析的基础上，结合城市空间规划，提出了上海防洪体系布局和规模；利用"一网联片"的一维河网水动力模型详细论证，明确了各水利分片布局、河湖水面及水位控制要素和外围泵闸规模；根据"工程补短板、行业强监管"的总基调，提出了机制体制完善、智慧水利和生态水利建设、水利工程全生命周期管理等非工程措施。该规划理念先进、思路清晰、依据充分、方法科学、论证深入，具有较强的创新性和可操作性。规划树立超大城市人民观和安全观，适应了上海经济社会发展的需求，落实了新一轮城市总体规划的要求，将引领上海防洪除涝体系规划、建设和管理。

【项目背景】

千里海塘、千里江堤和区域除涝是防洪除涝的重要基础设施，与城镇雨水排水设施共同构成了上海防汛保安体系的"四道防线"。上海位于长江和太湖流域下游，东濒东海、南临杭州湾，面临洪、涝、潮、台风等多种风险，水系及气候情况较为复杂。近年来，受全球气候变化影响，短历时、强降雨和极端灾害性气候出现概率加大，加之海平面上升、热岛效应、雨岛效应、地面沉降等多种因素的交互影响，以及人口密集、高楼林立、大量地下空间被开发利用，给上海市防汛安全带来了较大的挑战和风险隐患。另一方面，流域上游下泄洪水量增多、强度增大，黄浦江上游高、低水位均抬高且高水位持续时间长，因洪致涝问题日益突出。现有的防洪除涝设施应对风、暴、潮、洪等"三碰头"和"四碰头"多重袭击的抗风险能力有待进一步加强。上海是全国31个重点防洪城市之一，为保障上海经济社会发展，迫切需要系统开展本市防洪除涝规划。

党和国家对城市防汛安全和水利基础设施建设始终高度重视。2014年，习近平总书记提出要坚持"节水优先、空间均衡、系统治理、两手发力"的治水新思路。2018年，党的十九大提出实施国家节水行动、统筹山水林田湖草系统治理、加强水利基础设施建设等要求，将水利基础设施网络列入九大基础设施网络建设的首位。2020年6月，习近平总书记在部署防汛救灾时要求，"坚持人民至上、生命至上"；2021年7月，习近平总书记对防汛救灾工作作出重要指示，强调"要始终把保障人民群众生命财产安全放在第一位"。

根据《上海市城市总体规划（2017—2035年）》（简称"上海2035"），上海市将建设成为社会主义现代化国际大都市。总结近年来上海地区的防洪除涝实践，根据上海经济社会发展新要求和"上海2035"确定的新方向，针对上海防洪除涝存在的问题，在流域综合规划的指导下，编制上海市防洪除涝规划，提出防洪除涝的工程措施和非工程措施，进一步完善上海防洪除涝体系，提高防汛减灾能力，对保障上海经济社会的可持续发展具有十分重要的意义。因此，上海市水务局和上海市规划资源局将本规划作为配合全市总体规划编制的重点专项规划之一，安排上海市水务规划设计研究院（上海市海洋规划设计研究院）开展相关编制工作。

【项目内容】

1. 现状及主要问题

经过两轮太湖流域综合治理，太湖流域已基本形成"充分利用太湖调蓄、北排长江、东出黄浦江、南排杭州湾"的流域防洪工程布局，目前上海涉及的"二轮治太"确定的流域防洪工程除吴淞江工程外均已实施完成，基本达到流域和区域防洪标准。黄浦江市区段防汛墙达到1000年一遇防潮标准；大陆及长兴岛主海塘防御能力基本达到200年一遇、崇明岛和横沙岛基本达到100年一遇。全市已基本形成14个水利分片综合治理总体格局，除涝能力基本达到15年一遇。

现状存在的主要问题为：一是现状防洪除涝标准与城市定位不完全适应，现有的防洪除涝标准与国外类似城市相比尚有差距。二是防洪除涝设施抗风险能力有待加强，部分堤防岸段安全超高不足，除涝能力总体仍需提高。三是建设理念和管理水平有待提升，行业精细化、智能化管理水平仍有差距，在长三角区域一体化治理方面仍有待进一步加强。

2. 规划总则

（1）指导思想

以习近平新时代中国特色社会主义思想为指导，围绕长三角高质量一体化发展要求，牢固树立超大城市人民观和安全观，严守城市防汛安全这一民生底线，坚持"依托流域、分片治理，洪涝兼治、外挡内控，管建并重、统筹兼顾"的规划理念，充分发挥河、堤、泵、闸等各类水利和排水设施的综合作用，"蓝、绿、灰、管"多措并举，实现水安全、水资源、水环境、水生态协调发展，为上海建设成为社会主义现代化国际大都市提供有力支撑。

（2）规划期限

规划期限为2020—2035年，近期为2025年。

（3）规划范围

规划范围为上海市域行政辖区，陆域面积6 833 km²。

3. 规划目标与标准

（1）规划目标

规划至2035年，基本建成与上海社会主义现代化国际大都市发展定位相适应的城乡一体、洪涝兼治、安全可靠、水岸生态、人水和谐、管理智慧，具有韧性的现代化防洪除涝保障体系。

（2）规划标准

流域防洪：防御太湖流域不同降雨典型100年一遇洪水标准。

区域防洪：防御区域50年一遇洪水标准。

城市防洪：黄浦江市区段防汛墙按1 000年一遇高潮位设防；全市主海塘按200年一遇标准设防。

除涝标准：主城区等重要地区30年一遇、其他地区20年一遇。

4. 规划方案

（1）规划策略

在长三角一体化新发展格局下，依托流域综合治理格局，统筹流域泄洪和本市防洪，洪涝分治，维持14个水利分片本市治理格局，"蓝、绿、灰、管"多措并举，守牢上海城市防汛安全底线。"蓝"即充分发挥河网水系的蓄排作用，增加河湖水面积、打通断头浜、底泥疏浚、控制河道水位；"绿"指海绵城市等雨洪蓄滞削峰设施；"灰"指防汛基础设施，包括水闸、泵站、堤防设施及城镇排水系统等；"管"指确保各类水利基础设施有序建设和高效运行的精细化、智慧化管理措施。

（2）规划布局

以流域综合规划和"上海2035"为依据，立足上海滨江临海地理区位和河口湾区潮汐特点，构建由"2江4河、1弧3环、1网14片"组成的行洪、挡潮和除涝的防洪除涝体系和布局。

"2江4河"千里江堤防洪体系主要防御流域、区域和城市洪水，"2江"指黄浦江、吴淞江，"4河"指太浦河、拦路港—泖河—斜塘、大蒸塘—园泄泾、胥浦塘—掘石港—大泖港等4条黄浦江上游主要支流。

"1弧3环"千里海塘防潮体系主要防御沿江沿海高潮位，"1弧"指本市大陆弧形主海塘，"3环"指崇明三岛环形主海塘。

"1网14片"河、湖、泵、闸、堤防等工程是全市防洪除涝体系基础，"1网"指覆盖全市的一张河网，"14片"指14个水利分片。

同时按照城镇雨水排水规划，推进"绿色源头削峰、灰色过程蓄排、蓝色末端消纳、管理提质增效"的城镇雨水排水系统建设。

（3）工程规划

① 流域防洪工程。黄浦江干流上游段及其

主要支流防洪工程：涉及拦路港、红旗塘、太浦河、大泖港等堤防设施，堤防总长约223.2 km。吴淞江工程（上海段）：拓浚河道总长度64.0 km，新建新川沙泵闸、苏州河西闸，改建蕰藻浜西闸、蕰藻浜东闸。

② 区域防洪工程。主要包括淀山湖、元荡等5个湖泊以及浏河、秀州塘、小泖港、七仙泾等47条段河道，湖泊面积49.7 km²，河道总长度218.47 km；堤防总长度约443 km。

③ 城市防洪工程。黄浦江河口闸：加强前期研究，择机建设；过渡期间，须制定并落实黄浦江市区段防汛防台应急预案，保障城市安全。黄浦江干流市区段防汛墙工程：黄浦江干流左岸吴淞口至西河泾、右岸吴淞口至千步泾，各支流河口至第一座水闸或者已确定的支流河口延伸段以及复兴岛堤防设施，总长度为282.5 km。海塘工程：全市规划主海塘全长498.8 km。

④ 区域除涝工程。河网水系：总体规划为"1张河网、226条骨干河道"。"1张河网"是指本市承接长江流域、太湖流域覆盖全市的一张河网，全市河湖水面率10.5%左右；"226条骨干河道"指全市226条段骨干河道（含湖泊），长度约3 907 km。外围泵闸：全市各水利片规划外围水闸总孔径为4 165 m，规划外围泵站总流量为2 871 m³/s。

（4）强化行业管理

一是创新完善体制机制建设，充分发挥长三角一体化、河湖长制等体制优势，全面提升精细化管理水平。二是践行水生态文明建设新理念，落实海绵城市建设理念，探索防洪除涝工程与周边地块开发建设有机结合的政策机制突破。三是加快新技术推广应用，以互联网+"智慧水网"建设为核心，全面提升防洪除涝运行、管理、决策和指挥的信息化和智能化水平。

（5）实施策略

① 近期实施建议。至2025年，持续提升防洪安全保障水平，实施吴淞江工程新川沙河段及泵闸工程，推动苏西闸工程建设，持续推进海塘、堤防工程达标建设和加高加固维护工作，深化黄浦江市区段防洪达标措施等研究。稳步提高水利片河湖水面率，河湖水面率不低于10.1%，稳中有升。优化完善全市骨干河网水系，结合流域防洪工程、航道整治和区域水环境建设，优先实施新开或疏拓通江达海的骨干河道。加快推进

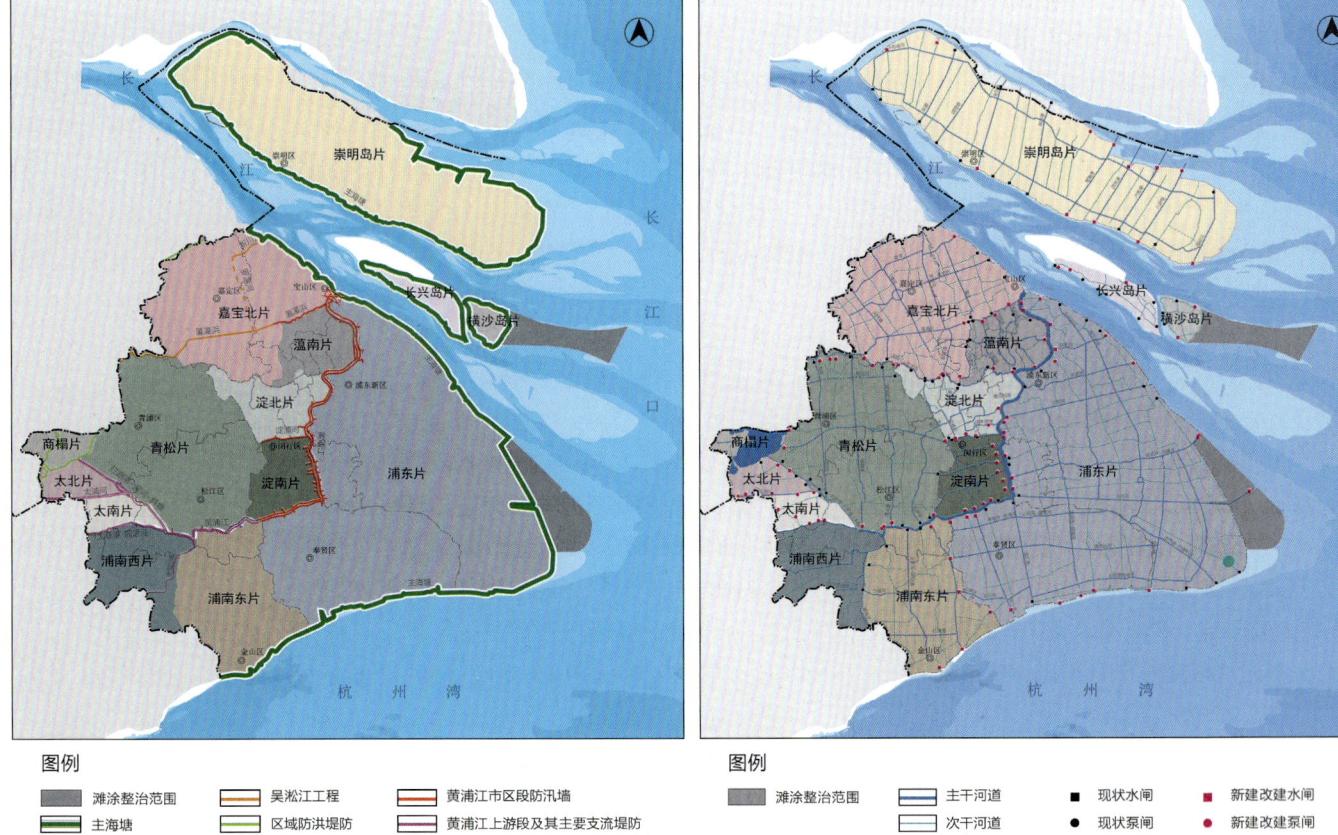

图1　上海市防洪工程布局示意图　　　　　　　　图2　上海市区域除涝工程布局示意图

外围水闸泵站建设,提高防洪挡潮及涝水外排能力。不断增强防汛应急抢险能力,进一步提升组织指挥、预警预案、信息保障、抢险救援能力,构筑能有效抵御突发性灾害气候的国内领先的城市防汛安全综合保障体系。落实国家发展战略,配套本市城市近期发展重点区域建设,加强长三角一体化示范区、自贸区临港新片区、虹桥商务区等区域的防洪除涝体系建设。具体实施内容结合"十四五"规划进一步深化研究确定。

② 远期实施建议。至2035年,防洪除涝工程达标、管理现代化。择机启动黄浦江河口闸建设,河湖水面率达到10.5%左右,外围水闸、泵站基本达到规划总规模,基本建成与社会主义国际大都市相匹配的防洪除涝管理体系。至2050年,不断提升城市防洪除涝体系的适应能力和韧性,为人水和谐的美丽上海筑牢安全屏障。

【工作过程】

1. 规划编制阶段

编制组根据总规编制专题规划小组的统一安排,开展了前期相关研究,于2014年底编制完成了规划纲要,2015年9月形成初步方案,征询了市规土局组织的专家组意见;2015年12月形成初稿,征询了市水务局组织的专家组及相关部门、区县意见;2016年7月形成中间成果,征询了市水务局领导及相关部门意见;2016年8月形成送审稿,通过了市住建委科技委组织的专家评审;2016年10月征询了相关市级委办局意见。2016年11月上海市水务局以"沪水务〔2016〕1569号"审核通过了《上海市防洪除涝规划(2016—2040年)》。

2. 规划完善阶段

2017年12月,国务院批复了《上海市城市总体规划(2017—2035年)》,根据"上海2035"的要求,编制组又对报告进行了修改完善。2018年9月,市住建委科技委再次组织专家进行咨询;2018年11月14日市政府有关领导专题听取汇报;2019年1月再次征询各区意见;2019年3月18日市领导专题听取汇报。

3. 规划审查与审批阶段

2019年6月21—23日、2019年9月20—21日水利部水规总院两次组织专家进行审查,2019年9月再次征询了相关市级委办局和各区意见,在综合采纳水利部和上海市领导、专家以及上海市各委办局、各行政区意见的基础上,进一步修改完善规划成果,2019年12月水利部行业审查通过本规划(办规计〔2019〕257号),2020年11月市政府批复本规划(沪府〔2020〕75号)。

【咨询工作特点及经验教训】

1. 突破传统方法、大胆规划创新

本规划是上海第一个经水利部行业审查的水利规划,也是全国新一轮国土空间规划中最早启动和编制完成的省级防洪除涝规划。在规划内容上,改变以往以专项规划或者以水利片、区或镇行政区、局部区域或地块为单元的编制方式,首次开展全市性的综合防洪与除涝系统规划。在规划技术手段上,突破以往单一水利片独立计算的弊端,采用大陆地区黄浦江水系一网联片、一体化计算的方式,使计算更科学合理。在规划成果形式上,突破以往仅以规划报告的单一成果形式,首次采用"规划文本+规划说明"的组合成果形式。在规划程序上,更加注重开门搞规划,先后开展了十余次专家咨询、2次市级委办局和各行政区意见征询、4次向市领导做专题汇报,并通过网站进行批前公示,顺利通过了水利部、市规委会和市住建委科技委组织的5次不同层面专家评审。

2. 对标先进城市、合理制定标准

规划对标纽约、伦敦、东京、巴黎、新加坡等世界先进城市,结合上海工情水情特点和经济社会发展实际,在现有防洪除涝标准基础上分类提标。在城市防洪中,将全市主海塘防潮标准由100年和200年一遇全面提升为200年一遇;在区域除涝中,主城区等重要地区除涝标准由20年一遇提升为30年一遇,其他地区为20年一遇。规划防洪除涝标准达到国内领先、国际先进水平。

3. 立足区位特点、丰富治理路径

按照新时期"节水优先、空间均衡、系统治理、两手发力"的治水新思路,以国家防洪治涝规划为统领,以长江流域和太湖流域治水规划为依据,以流域规划5个水资源三级分区为基础,以位于流域下游的长江和黄浦江河网水系为主体,立足上海滨江临海地理区位和河口湾区潮汐特点,遵循自然规律,落实长三角一体化发展战略。在防洪层面,遵循流域规划的总体治理格局,继续完善流域行洪河道以及千里海塘、千里江堤,巩固流域防洪、区域防洪和城市防洪(潮)的治理体系;在除涝层面,按照"外挡内控、分片治理、以蓄为主、蓄以待排"的思路,基本维持洪涝兼治、高低分开的14个水利分片"洪、涝、潮、渍、旱、盐、污"综合治理格局,"蓝、绿、灰、管"多措并举,守牢上海城市防汛安全底线。

4. 注重城乡统筹、完善工程体系

按照长三角一体化发展要求,坚持区域统筹、城乡统筹、洪涝统筹,重点关注局部与全局、当前与长远、除害与兴利的关系。规划提出构建并完善"2江4河、1弧3环、1网14片"组成的行洪挡潮、海塘防潮和城乡除涝的防洪除涝体系和布局。"2江4河"指黄浦江、吴淞江、太浦河、红旗塘等骨干河道构成的千里江堤防洪体系,用于防御流域、区域和城市洪水;"1弧3环"指本市大陆弧形主海塘和崇明三岛环形主海塘构成的千里海塘防潮体系,用于抵挡台风高潮;"1网14片"指覆盖全市的一张河网和14个水利分片构成的区域除涝体系,结合海绵城市和城镇雨水排水系统建设,保障除涝安全。各工程规划标准按照不同地区和不同防御对象采用流域防洪、区域防洪和城市防洪以及城乡除涝的相对应设防标准,保障上海防洪除涝安全。

5. 强化行业监管、建设美丽上海

上海治水主要矛盾已经从人民群众对除水害兴水利的需求与水利工程能力不足之间的矛盾,转化为人民群众对水资源、水生态、水环境的需求与水利行业监管能力不足之间的矛盾。根据治水主要矛盾转化后的新阶段,规划在完善防汛安全工程体系的基础上,充分发挥长三角一体化体制优势,探索流域统筹、区域联动、部门协同、风险联控新机制,提高综合管理能力。进一步深化完善河长制湖长制,健全防汛防台制度体系;进一步推进智慧水利建设,加强水利设施调度管理,提高精细化管理水平;进一步着力生态水利建设,实施健康河湖、绿色堤防和景观泵闸等生态水利工程,助力建设美丽上海。

【咨询效果】

本规划获批后,已成为本市近、远期防洪除涝工作的重要依据,应用于本市各层级防洪除涝的规划、建设和管理。成效体现在以下三个方面:

1. 推进了防洪除涝规划体系完善

作为下位规划,规划主要成果直接纳入了新一轮长江流域、太湖流域防洪规划修编报告中,大大加快了相关规划工作的进度。作为同级规划,与《上海市城镇雨水排水规划(2020—2035年)》同步研究、同步推进,使河网水系、雨水排水在规划标准、规划理念、工程格局、工程规模、水位控制等方面都得到了有机衔接;防洪除涝规划确定的本市"河、堤、闸、泵"工程要素,成为本市市、区级水网框架,为编制《上海市水系统"十四五"规划》《上海市水网建设规划》等规划奠定了良好基础。作为上位规划,已指导编制完成了浦东新区、青浦区等9个区级水利规划,青松片、太南片、太北片等水利片防洪除涝规划,以及《上海市圩区规划》《上海市水文现代化规划》《黄浦江防洪能力提升总体布局方案》等专题规划。

2. 加快了防洪除涝工程建设

依据本规划,本市防洪除涝工程全面推进,洪涝灾害防御能力进一步提升。2020年以来,累计完成堤防达标工程37.4 km,完成104.5 km主海塘提标改造,防洪堤防达标率由78.5%提升至90.6%。黄浦江中上游堤防防洪能力提升工程(一期)已于2023年12月12日开工,总投资30.44亿元,黄浦江中上游堤防防洪能力提升工程(二期)前期工作正在有序推进中,黄浦江河口闸工程已启动建设程序。吴淞江工程新川沙河段加速推进,罗蕰河段工程(南段)正在前期研究中。新川沙河泵闸枢纽工程水闸上部结构完成,苏西闸建设有序推进。全力推动骨干河道整治贯通,打通28个断点,累计打通56个断点;完成骨干河道整治70 km,累计完成200 km骨干河道整治。新增河湖面积225.5 hm^2,累计新增1 425.95 hm^2。外围除涝泵闸累计完工39座,外围排涝泵站规模增加255 m^3/s流量,水利片外围泵站实施率由43%增加到58%。

3. 推动了防汛管理能力提升

依据本规划,完成了水旱灾害、超标洪水应急处置预案编制,完善了防汛气象会商"直通车"、极端灾害性天气"六停"、下立交"三联动"等8项机制。初步完成防汛物资管理办法和物资储备定额编制工作,共落实2.5亿元防汛物资和7个市级、16个区级、228个街镇级防汛物资仓库,完善市、区、街镇三级防汛物资储备体系;加强基层灾害防御人员队伍建设,形成2 300支防汛抢险队伍。提升城市暴雨内涝预报水平,构建精细化风暴潮数值预报模型,为防汛指挥决策提供有力的技术支撑。优化长江口、省市边界水文监测站网,完成13处测站标准化建设,新建9处水文站,完成2处水文测站自动化监测功能提升。完善水文预报模型,开展了数字黄浦江、数字拦路港、数字浦东片等数字孪生建设,提高了防汛"四预"能力。

上海张江综合性国家科学中心"十四五"规划研究

The Study on the 14th Five-Year Plan of Shanghai Zhangjiang Comprehensive National Science Center

编写单位：上海投资咨询集团有限公司
Shanghai Investment Consulting Group Co., Ltd.
联系电话：021-23300000　　网址：https://www.sicc.cn
主要完成人：孙　蔚　彭　元　田　苗　邓会京　柴天远　陈宇焜　于洪爽　蒋丽娟　陈志佳　李林依

【点评】

该规划研究了上海张江综合性国家科学中心"十四五"发展目标与策略，体现了战略优先、基础策源、人才引领与开放合作四大原则。通过深入调研与广泛征询，确立了定性与定量相结合的目标体系，涵盖核心功能提升、关键核心技术突破与产业链安全。研究综合对标国内外先进科学中心，梳理了六大重点任务，包括构建战略科技力量、打造世界级科技设施集群、强化基础研究等，同时强调了人才集聚与国际合作的重要性。课题组联合上海科技力量，形成详细项目清单，覆盖806个重点项目，展现出前瞻布局与区域协同的特点。咨询工作不仅深化了对科学中心建设的理解，还为"十四五"规划提供了有力支撑，其成果得到专家高度认可，推动了规划的出台与实施，对上海乃至全国的科技创新发展具有深远意义。

【项目背景】

2016年，经国家发展改革委、科技部批复，同意建设上海张江综合性国家科学中心。上海张江综合性国家科学中心已成为上海建设具有全球影响力的科技创新中心的关键举措和核心任务。到"十三五"时期末，全市基础研究经费支出占全社会研发经费支出比重达8.9%，在沪国家实验室建设取得重大进展。世界一流的重大科技基础设施集群基本成形。跨学科、跨领域的协同创新网络加快构建，系统推进高水平研究机构和研究型大学建设。上海科学家在《科学》《自然》《细胞》三大期刊发表论文124篇，占全国总量的32%。在"天问一号"火星探测、"嫦娥五号"登月、"奋斗者号"万米海试等重大任务中持续贡献"上海智慧"，着力支撑集成电路、生物医药、人工智能三大产业创新高地关键核心攻关任务。积极践行国际科技开放合作理念，牵头国内学者首次拍摄黑洞照片，加快推动国际大科学工程建设。全面创新改革试验收效显著，重大科技设施组织管理制度、科研创新管理体制及人才发展环境不断完善，一批"上海经验"向全国复制推广。

上海张江综合性国家科学中心建设取得阶段性成效的同时，对标适应新发展阶段、贯彻新发展理念、构建新发展格局的总体要求，仍存在差距和不足。基础研究缺乏系统布局与长期稳定投入，构建战略科技力量与实施有组织科研的具体路径尚不清晰。高水平的科技供给能力仍显不足，部分关键核心技术、基础工艺、软件和材料等依然受制于人。战略科学家、科技领军人才和青年创新人才总体缺乏，能够持续吸引、培养和造就优秀科学家的制度环境有待进一步完善。

"十四五"时期是集聚全国力量打好关键核心技术攻坚战、加快科技自立自强的重要时期，也是上海科技创新中心形成核心功能的关键阶段。当前及未来一段时期，世界百年未有之大变局加速演化，国际关系、新冠疫情等不稳定、不确定因素与新一轮科技革命和产业变革带来的新机遇交织相融。为充分抓住和用好发展的重要战略机遇期，针对机遇和挑战的新发展变化及时作出战略部署和战术调整，保障上海实现综合性国家科学中心中远期建设目标顺利实现，上海推进科技创新中心建设办公室（简称"科创办"）委托我司开展上海张江综合性国家科学中心"十四五"规划研究工作。

【工作内容】

1. 确立基本原则和核心目标

课题以习近平新时代中国特色社会主义思想为指导，以十九大和十九届二中、三中、四中、五中、六中全会精神为核心思想，明确了规划四项基本原则：战略优先，服务国家；基础策源，支撑未来；人才引领，厚植优势；创新理念，开放合作。课题确立了"十四五"期间上海张江综合性国家科学中心建设的核心目标：持续提升上海张江综合性国家科学中心的集中度、显示度，到2025年，上海张江综合性国家科学中心基础研究实力进一步增强，围绕集成电路、生物医药、人工智能等战略领域突破一批关键核心技术，有效提升产业链供应链安全可靠与现代化水平，形成上海张江综合性国家科学中心核心功能；到2035年，在光子、生命、能源、海洋、空天、材料等重点领域取得长足发展，三大产业关键核心技术全面自主可控，逐步引领全球科技发展新方向，为国家迈向世界主要科学中心和创新高地构筑长板优势，建成具有国际影响力的综合性国家科学中心。

2. 明确科学中心空间布局

以张江地区为主要承载区，面向全市拓展空间布局，辐射长三角至全国范围，按照核心功能区、研发功能区、成果转化区、产业拓展区进行功能布局。

核心功能区主要为光子、生命、能源、海洋、空天、材料等重要领域的基础研究、科技研发、工程验证活动提供基础软硬件支撑平台。研发功能区主要包括高水平研究型大学，中科院在沪院所、中国极地研究中心等中央在沪研究机构，在国家实验室以及国家重点实验室等创新平台支撑下，由国家科学中心牵头组织，围绕国家重大科学研究计划及国家战略科技任务开展联合攻关，形成培育重大原始创新成果的基础平台。应用试验区主要包括上海和长三角范围内的工程研究院所、国家工程研究中心和创新型企业等，开展应用技术研究及工程化试验活动，为研究成果产业化创造条件。产业拓展区为面向长三角乃至全国的创新型企业，实现国家科学中心推动产业经济高质量发展的功能。

3. 梳理重点任务与项目

课题基于梳理的"十三五"期间上海张江综合性国家科学中心建设成效及确立的核心目标，综合多次与在沪高校、院所、企业等科研单位沟通收集的未来发展计划，确立了"十四五"期间上海张江综合性国家科学中心建设的重点任务，并形成了重点项目候选表（共806个重点项目），重点任务主要包括：

（1）全力构建体现国家意志的战略科技力量

以解决影响制约国家发展全局和长远利益的重大科技问题为使命，强化国家战略科技力量，成为推动科技强国战略的主力军。聚焦重点领域推动国家实验室建设。建立科学高效的国家实验室运行保障机制。协同推进国家重点实验室体系重组。持续做强在沪国家科研机构长板优势。着力打造"小而美"的高水平新型研发机构。推动基础前沿学科专业结构优化。以"双一流"高校和学科建设、高峰高原学科建设工程为牵引，推动高校优化学科结构和专业布局。

（2）加快打造世界级重大科技基础设施集群

以提升原始创新能力和支撑重大科技突破为目标，持续布局建设国家重大科技基础设施，为前沿科学探索和关键核心技术攻关提供尖端研究手段。充分发挥已建成设施作用。面向传统能源、核能和未来新型能源等方向，加快开展新设施前期科学研究。加大对国家规划内重大科技基础设施配套支持力度，落实好国家"窗口指导"制度，完善国家重大科技基础设施规划论证、组织建设、运行管理的全生命周期制度安排，积极探索央地协同、社会参与的具体路径。

（3）持之以恒强化基础研究和应用基础研究

全力突破数学科学、光子科学、脑与类脑、量子科学、纳米与催化科学、干细胞与再生医学、合成科学与生命创制、发育编程与过程调控、地球系统与宇宙演化等战略前瞻性基础科学问题，聚焦未来网络与先进计算、变革性材料、新能源与储能、深空深地深海和极地探测等前沿技术领域构筑先发优势。

（4）着力实施关键核心技术攻关系统工程

瞄准关键核心技术、产业基础环节持续发力，聚焦集成电路、生物医药、人工智能三大产业，以及航空航天、船舶海洋装备、新能源汽车与智能网联交通、基础材料与工业母机、智能制造与机器人、碳达峰、碳中和等战略性产业，努力实现关键核心技术自主可控，全力保障产业链、供应链安全，着眼长远抢占前沿制高点。

（5）构建顶尖人才集聚强磁场和国际、国内开放合作大格局

以城市精神和城市品格吸引和造就创新人

才，用科学魅力和澎湃活力打造海聚英才的"强磁场"，加快构建形成联动长三角、辐射全国、链接全球的创新网络，培育出一批兼具国际视野与家国情怀的顶尖科学家团队，成为上海建设高水平人才高地的核心承载区。完善系统性、多层次、个性化的人才培养梯次，构建更具吸引力的海内外人才引进服务保障机制，加快形成创新价值、能力、贡献导向的用人与激励机制。全国布局前沿基础领域合作研究，着力建设长三角产业技术创新高地，主动发起、深度参与国际大科学计划与大科学工程。

（6）强化科技体制系统集成改革与全要素保障

以更深层次改革、更高水平开放作为打造自主创新新高地的主引擎，全面贯彻落实新发展理念，勇当开路先锋，积极破除机制障碍，为科技创新持续提供高水平制度供给。强化统筹协调，优化科学治理。逐步加大财政投入力度，优化基础研究经费投入结构，逐步完善基础研究领域多元化投入机制，探索通过设立"探索者"计划、科学基金会等渠道，引导和鼓励有条件的企业、金融机构与政府共同出资。

【工作过程】

课题研究工作开展于2021年3—11月。首先搜集了北京、合肥等地"十四五"规划编制情况，国内科学中心建设比较研究资料，并与委托方会同中科院在沪院所、高校、新型研究机构等举行座谈会。积极配合委托方上海科创办，赴上海科学学所、中科院上海药物所、上海科技大学、人工智能实验室等多家重点科研单位调研，并组织召开多次座谈会，邀请中科院在沪院所、高校、新型研发机构、高新技术企业等参加，共同讨论"十四五"发展期望，并收集各单位未来5年的发展计划。对14个已建、在建重大科技基础设施开展问卷调查，排摸重要科技任务承担、重大成果产出及建设运行过程中的难点等。多次拜访中科院脑智中心蒲慕明院士、同济大学校长陈杰、复星医药董事长吴以芳等高层次专家，征询重点科技发展方向。同时，课题组会同科创办协调处领导至北京怀柔科学城调研，深入学习国内科学城建设先进经验。此外，多次征求上海市及国家有关部门意见修改完善研究报告。2021年11月，研究报告得到以中国科学院上海药物研究所陈凯先院士为首的专家组认可，顺利通过

图1　现场调研怀柔科学城

图2　华为上海调研会

图3　上海光源

课题验收。同年12月,在课题研究基础上形成的《"十四五"时期上海张江综合性国家科学中心发展规划》,在上海推进科技创新中心建设办公室第十五次全体会议上经时任国家发展改革委副主任林念修,市委副书记、市长龚正等领导审议,得到国家发展改革委和科技部批复同意并印发。

【咨询工作特点及经验教训】

1. 明确上海张江综合性国家科学中心"十四五"时期建设基本原则

一是战略优先,服务国家。围绕国家战略部署,承接重大科技任务,聚焦重大需求和关键问题,开展科技创新。二是基础策源,支撑未来。锚定基础研究、应用基础研究和关键核心技术两大主攻方向,谋划布局一批科技重大专项,面向长远夯实创新发展基础。三是人才引领,厚植优势。树立人才引领发展战略,保障科学家在科研活动中的主导地位,培养造就一批高水平科学家队伍。四是创新理念,开放合作。破立并举构建适应新形势与创新规律的制度保障体系,以全球视野推动构建国际科技创新网络。

2. 设计制定了定性建设目标和定量核心指标,为后续工作提供参考和支持

课题明确了2025年张江综合性国家科学中心建设目标:核心功能显著增强,基础研究实力进一步增强,围绕集成电路、生物医药、人工智能等战略领域突破一批关键核心技术,有效提升产业链供应链安全可靠与现代化水平,基本建成具有全球影响力的综合性国家科学中心。同时,对标国内外科学中心,从基础研究经费支出、重大科技基础设施数量及社会效益、高水平科研机构数量、国际大科学计划和大科学工程数量、顶尖战略科学家团队数量、原创成果数量及关键核心技术成果数量等角度,设计制定了8项定量核心指标。

3. 综合对标先进地区,研判现状及最新发展趋势,梳理重点任务

对标美国硅谷、日本筑波、北京怀柔等国内外科学中心、科学城,综合研判了国内外最新科技发展趋势,并从高质量科技成果产出、R&D投入、人才高地建设等多方面要素研判了上海张江综合性国家科学中心的不足之处。在上述基础上进一步深入分析,最终形成强化国家科学中心核心功能的六大重点任务。

4. 打破地域限制思维框架,广泛布局长三角乃至全国

课题研究上海张江综合性国家科学中心建设,但也鼓励在沪高校、科研单位面向全国布局,建设前沿科学研究网络,整合资源共建重大科技创新基地。推动以上海为核心布局长三角数据国家枢纽节点。通过"长三角大仪网""科技创新券"等手段,深化长三角科创与产业融合发展,推动科技资源、数据信息和设施平台共建、共用、共享。

5. 提出了相关保障措施,并实际参与推进重大项目落地实施

课题从组织协同机制、多元资金支持、系统性改革三个角度提出相关保障措施,一是强化统筹机制,各区、各部门、各单位明确责任分工,探索建立科学中心战略咨询机制;二是加大财政投入力度,优化基础研究经费投入结构,积极发挥市区两级财政资金引导作用,支持鼓励社会力量加大基础研究投入;三是把握各类创新改革行动机遇,在全要素配置等保障措施上形成一套系统、成熟、可复制的模式。同时,我司作为智库,直接参与了多项相关重大项目推进工作:参与张江、浦江、临港3个国家实验室项建书评估及用房可研评估;持续与有关主管部门沟通,推动"深远海全天候驻留浮式研究设施"及"小型模块化钍基熔盐堆研究设施"2个大设施项目入选国家"十四五"规划正式项目;参与编制磁—惯性约束聚变能源系统大设施可研报告,该大设施于2023年顺利开工,成为国内首个开工的"十四五"国家重大科学基础设施;参与评估硬X射线大设施人员费评估,帮助项目落实人员团队经费,保障项目顺利推进。

【咨询效果】

1. 坚持需求和问题导向,汇聚科技产业界共同智慧

研究期间,课题组赴上海各大高校、科研院所、新型研发机构、重点科技企业进行调研,组织召开多场专题座谈会,对14个已建、在建的国家重大科技基础设施开展问卷调查,并就重点科学方向广泛征询高端专家意见。2021年9月,课题组会同上海科创办前往北京怀柔科学城调研,深入了解相关经验。做深做实基础调研工作,梳理形成科学中心800余项储备项目。

2. 对接国家重大战略,描绘"十四五"发展新蓝图

在全面深入调研基础上,上咨集团结合科技

创新领域丰富咨询经验,研究提出科学中心围绕大设施集群、战略科技力量、基础研究和应用基础研究、关键核心技术、顶尖人才集聚和开放合作大格局的主要任务。研究分析凝练了新时期的科学中心核心功能,聚焦光子、生命、能源、海洋、空天、材料等重点领域,谋划了"十四五"期间发展路径,设计了定性和定量的核心指标,持续提升上海张江综合性国家科学中心的集中度、显示度。

3. 成果获专家高度认可,助力"十四五"规划出台

课题成果获得以陈凯先院士为组长的专家组一致肯定,顺利通过验收。基于课题研究成果形成的"十四五"发展规划于2021年底由国家发展改革委、科技部批复印发。

中心城四区旧改规划与城市设计研究
Research on Urban Renewal Planning and Urban Design in Four Districts of Shanghai Central City

编写单位：上海市城市规划设计研究院
Shanghai Urban Planning & Design Research Institute

联系电话：021-32113288　　**网址**：https://www.supdri.com

主要完成人：张　帆　赵宝静　奚文沁　郑轶楠　卞硕尉　徐　丹　陆　远　郑　豪　金　山　曹宗旺

【点评】

该研究通过风貌评估、功能策划、城市设计、经济测算，形成"一地一策"方案，重点回答了如何更好保护历史风貌、更高品质更新等问题，探索出一条有机更新、成片保护、活化利用的新路。研究立足于切实处理好旧区改造与风貌保护的关系，理念上提出更高程度提升价值、更多维度塑造品质，方法上注重功能策划与市场价值的结合、注重政策口径与实施路径的结合，做到设计方案、风貌保护、市场价值、实施路径切实可行。研究成果获得市政府、市规划资源局高度评价。基于本方案研究，市规划资源局向各区局下发了各旧改地块的规划设计条件。根据设计条件，各区和建设主体开展实施方案研究和控制性详细规划调整工作，各项目陆续进入了建设实施阶段。研究形成的理念、方法、原则和策略为后续全市各旧改项目的规划编制提供了重要而关键的技术指导。

【项目背景】

上海旧区改造历经30年，取得了显著成效，城市面貌发生了巨大变化，但也留下诸多遗憾，早期"大拆大建"的旧改模式对城市风貌和文脉造成了破坏，历史形成的居住、商业等功能格局被改变，历史风貌区范围外、旧改地块范围内有一定风貌价值的历史建筑大多被拆除。

为了进一步保护保留历史风貌区以外的历史建筑和历史肌理，2016年和2017年，上海公布了中心城历史风貌区以外风貌保护街坊，共两批250个。2018年，上海开展了中心城50年以上历史建筑普查，进一步明确了需要保护保留的里弄建筑面积约730万 m²。但风貌保护街坊、里弄建筑分布与已明确的旧区改造范围又存在高度重合的情况。

截至2018年底，上海中心城仍有约240万 m² 成片二级以下旧里待改造，使用马桶的居民大约有15.8万户。2018年11月习近平总书记考察上海时，对"老小旧远"作出明确的指示，要求再难也要想办法解决。

市委市政府既高度重视旧区改造工作，也认识到风貌保护和延续城市历史肌理的重要性。

图1　旧改地块分布与历史风貌区范围的关系

2019年市政府下发《关于加快推进我市旧区改造工作的若干意见》，明确要立足城市整体品质提升和未来长远发展，坚持留改拆并举，深化城市有机更新，强化历史风貌保护，更好地延续历史文脉。市委市政府的旧改工作理念从"拆改留并举（以拆为主）"转变为"留改拆并举，以保留保护为主"，要求在新时期创新思路方法，加快改善民生，注重历史风貌保护，尊重市场规律，促进有机更新，实现城市高质量发展和高品质生活；明确要走出一条旧区改造、风貌保护和城市更新有机结合、统筹推进的新路，要深入研究城市更新机制，实现肌理保护和功能重塑有机结合。

根据市政府工作意见要求，2019年初，市规划资源局选取黄浦、静安、虹口、杨浦四区历史风貌保护要求高、所在区位重要、"历史遗留毛地"等问题突出的典型旧改地块，开展规划研究工作，目的是在新时期创新思路方法，为市政府形成旧改相关决策和各区实施旧区改造项目提供有效支撑。

【项目内容】

本项目研究地块包括黄浦区乔家路地块和亚龙地块、静安区安康苑地块、虹口区17街坊地块、杨浦区大桥地块和定海地块。在研究过程中，从地区整体风貌保护更新角度出发，将静安区北站新城地块也纳入研究范围。

项目成果的主要意义和价值体现在两方面：

一是针对以上典型地块形成"一地一策"方案。通过风貌评估、功能策划、城市设计、经济测算，方案内容覆盖功能业态策划、空间布局方案设计、建筑单体设计、肌理保护更新、历史建筑保护活化、开发机制设定等各个方面。这些"一地一策"方案深入而细致且具备实施性，基本上成为后续的实施方案，直接指导了以上地块的具体城市更新建设工作。

二是通过对典型地块的研究，总结提炼出了一套新时期风貌旧改项目的系统性规划设计思路和方法。2019年下半年始，中心城风貌旧改项目全面启动，这一套思路和方法为全市各风貌旧改项目的规划设计工作提供了重要而关键的技术支撑。

1. 主要理念

推进旧区改造既关系到民生改善和百姓福祉，也关系到城市品质提升和上海长远发展。历史文化风貌区和风貌保护街坊是上海近现代优秀历史文化的重要载体，既体现出上海城市海派文化的独特性，也是建设卓越全球城市的宝贵元素。因此，本研究形成三方面主要理念：

（1）多元方法保护风貌

通过建筑保留、平移、新建等方式保护和演绎历史肌理，延续地区整体风貌格局，塑造新旧协调的城市空间。分级分类保护和活化历史建筑，挖掘历史文化亮点，打造充满文化魅力和历史韵味的功能空间。

（2）更高程度提升价值

丰富功能配比，在居住、商业、办公等业态基础上，注重增加文化触媒，提升地区的文化特色价值物业。产品设计中精准匹配市场需求，充分开发和利用地下空间。对于经济平衡难度大的地块，进行区域容量转移。

（3）更多维度塑造品质

地区更新中，完善公共服务、基础教育等设施配套，增加广场、绿地等开放空间，优化生活环境水平和景观形象。以适应现代使用需求为导

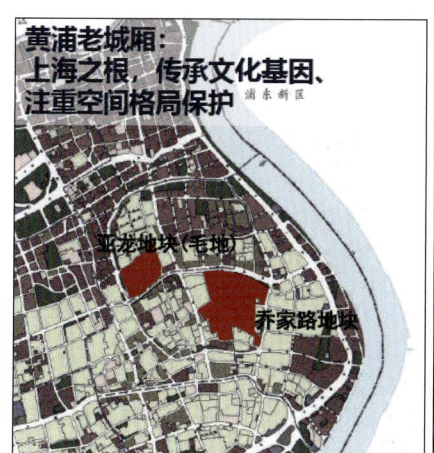  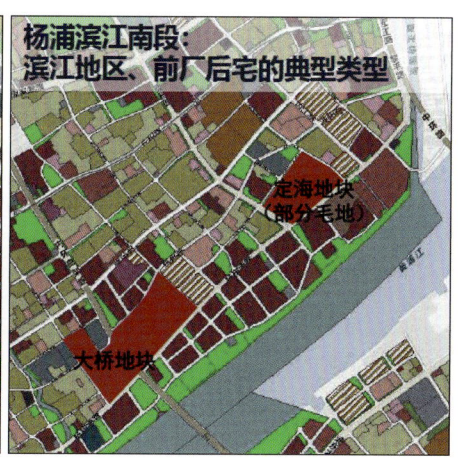

图2　典型地块分布

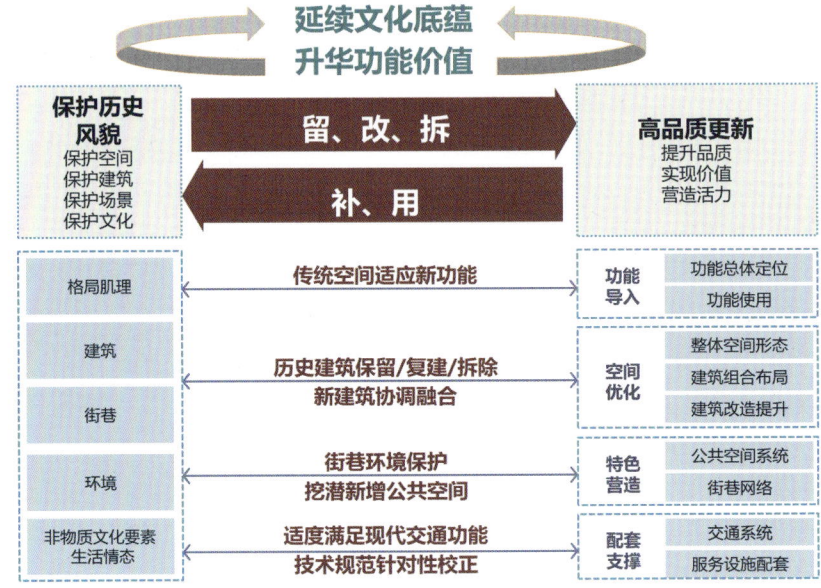

图3 研究思路思维导图

向,历史建筑改造中注重在结构、消防、通风、日照等方面的提升。

2. 基本原则

一是积极推行"市区联手、政企合作"的旧区改造新模式,充分发挥国有企业在旧区改造攻坚推进中的骨干和中坚作用,更好履行社会责任。

二是积极探索创新旧区改造和城市更新的新路径,统筹全市资源,加强政策供给,加大扶持力度。搭建专业平台,完善推进机制,综合运用资金支持、注入优质平衡资源、地块组合、规划优化、容积率转移等方式,按照"动态平衡、区域平衡、统筹平衡"的新理念,建立健全旧区改造资金综合平衡机制,有效保障旧区改造工作的加快推进。

三是坚持"高起点规划、高标准建设、高品质运行"要求,综合考虑城市功能布局、空间形态、公共服务、基础设施、建筑风貌等因素,优化规划实施方案,落实历史风貌保护,实现城市功能和空间品质整体提升。

3. 形态设计核心要素

(1)整体格局

从建筑单体保护转变为片区肌理保护,扩大范围通盘考虑风貌保护、用地结构、功能布局,构建风貌保护的整体格局。根据历史资源规模、风

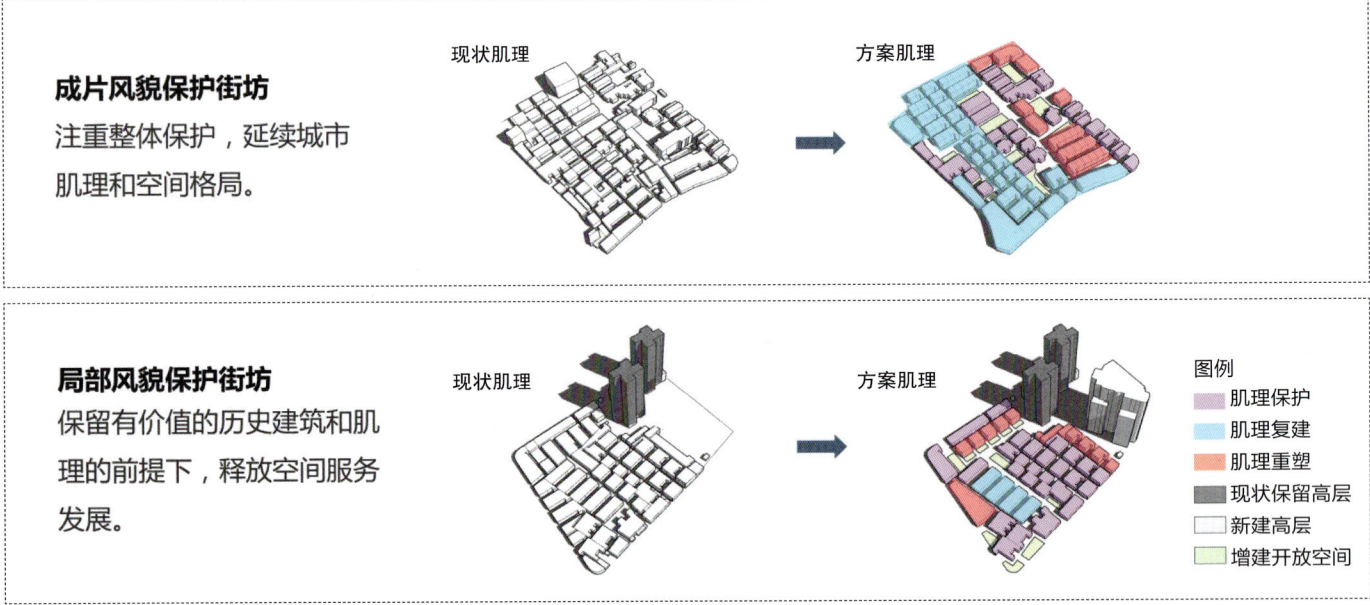

图4 空间格局规划策略模式

貌肌理、建筑质量等情况，明确成片风貌保护街坊和局部风貌保护街坊的差异化管控要求。

成片保护街坊历史资源丰富，风貌肌理特征明显，历史建筑占地面积通常在50%以上。旧改方案中应保持原有巷弄格局和空间尺度，街坊内与历史肌理不符的地块应当按历史肌理予以修补，延续建筑原有体量和空间布局关系。街坊内新建建筑高度原则上应与现状建筑高度相适应。

局部保护街坊整体风貌一般，但有价值的历史建筑、环境要素具有一定规模，历史建筑占地面积通常在30%—50%。旧改方案中允许局部新建高层建筑，高层布局及高度应结合更大范围的城市设计研究确定。

（2）空间肌理

大部分风貌旧改项目原为里弄肌理。更新方案中，里弄形制的肌理应遵循里坊空间的基本逻辑，包括模数化的街巷尺度、行列式的建筑排布、相近的建筑体量和间距、层次清晰的空间秩序等。

① 平面构成。保持"天井—支弄—总弄—街道"形成的清晰鱼骨结构。保持内部行列式排屋与沿街建筑围合的基本平面构成。注重街楼、砖发券、石库门等传统历史要素。总弄高宽比控制在2∶1—3∶1。支弄高宽比控制在2∶1—3∶1。

② 建筑体量。延续新式石库门里弄建筑单体体量。层数一般为3层，通常面宽7—11 m，进深10—15 m，平面紧凑，以两开间或两厢一间开间为主。联排建筑一般由3—5个建筑单体横向联立组成，长度约为20—30 m。里弄街坊尺度一般为150—300 m，一条总弄所统领的里弄组群一般宽30—50 m，长100—200 m。

③ 空间尺度。在延续鱼骨状弄巷格局的理念下，规划阶段重点控制主弄，以确保肌理骨架特征得以延续，同时满足消防、车行等要求。总弄宽度一般控制在6—8 m，支弄宽度一般控制在3—4 m，檐口高度一般控制在10 m左右。

④ 建筑密度。里弄具有高密度的特点，一般现状密度在60%—70%。成片风貌街坊旧改后，建筑密度可下浮，但一般不宜低于50%。

（3）建筑本体

① 保护建筑。优秀历史建筑和文物保护单位、文物保护点应当按照《中华人民共和国文物保护法》《上海市文物保护条例》和《上海市历史风貌区和优秀历史建筑保护条例》要求进行保护，原则上不得拆除。建筑内部应根据保护等级

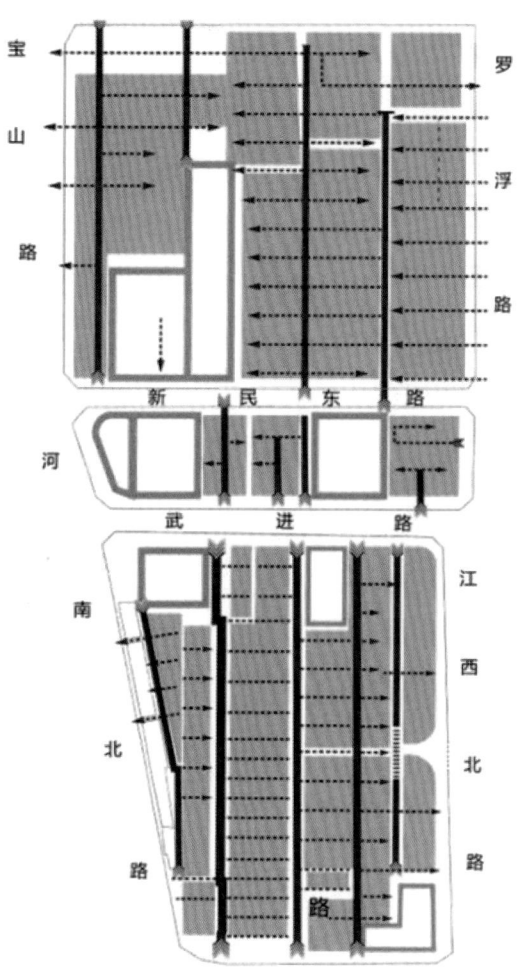

图5　鱼骨结构弄巷模式示意图

对平面布局、建筑结构、内部装饰进行改造。优秀历史建筑和文物保护单位、文物保护点可结合所在规划地块的建设开发予以保护更新，应按照相关规定程序审批，并以建设项目规划管理阶段审定方案为准。

② 其他历史建筑。保留历史建筑和一般历史建筑结合实施方案进行细化甄别，具体更新方式以建设项目规划管理阶段审定方案为准。通过规划实施方案研究，具体的建筑设计手法可以分为规划保留、拆除复建、拆除新建三种类型。规划保留类建筑不得拆除，建筑的主要立面不得改变，建筑结构体系、平面布局和内部装饰允许改变；拆除复建类建筑的基本朝向、主要立面不得改变，建筑结构体系、平面布局和内部装饰允许改变，应保持原有里弄建筑的体量及风格；拆除新建类建筑应当延续里弄建筑的立面特征及风格。

4. 价值提升关键手段

（1）结合市场需求，制定功能业态定位

住宅产品既要溯源江南传统民居和石库门里弄建筑居住模式，更要适应现代居住需求。在

房型设计上，大体上保留原有石库门住宅的空间特点。在原有形制下，设计高品质居住空间、扩大公共空间尺度、增设餐厅和客厅功能、配建地下室及独立车库、设置下沉庭院和采光井、增加个性空间收藏室等。

（2）瞄准目标客群，精准化配套服务设施

地块内可配套高品质小区内部使用设施，包括高品质商业设施，保姆公寓、专业保洁、业主餐厅、私车管家等管理服务设施。

（3）适应现代生活需求，增加地下室空间

地下室对于提升产品价值具有重要作用。经研究，在历史建筑下方开挖地下室，目前在工程技术上和造价上均具备较高可行性。尤其对于里弄类历史建筑，可以采用逆作法开挖地下室，满足现代化使用要求。

【工作过程】

研究始于2019年初。在开展六个典型旧改地块详细设计方案研究的同时，也在历史风貌保护、历史建筑修缮改造、物业项目产品、经济平衡测算等方面开展了一系列专题研究，为各地块的方案设计提供技术支撑。经历多轮方案研究推敲，2019年5月，形成稳定方案，并总结提炼出关于风貌旧改项目规划设计的主要理念、基本原则和具体做法，听取了专家、市场开发主体等各方意见。2019年底，项目研究完成。

【咨询工作特点及经验教训】

1. 难点与重点

新时期旧改工作面临巨大挑战。风貌保护方面，由于风貌街坊与旧区改造范围高度重合，需要兼顾保护历史风貌与有效推进旧改。旧改资金方面，当前单地块的土地出让收益往往无法覆盖旧改成本，市场主体投入旧改的积极性受到明显影响。在土地出让、开发容量转移平衡、绿地率和停车位建设、消防等相关政策与技术标准方面，还需要细化实施操作路径。

为了满足新时期旧改项目在风貌保护、开发策划、品质塑造、资金平衡等方面的多维需求，本研究立足于切实处理好旧区改造与风貌保护的关系、更高程度提升价值、更多维度塑造品质，注重功能策划与市场价值的结合，注重政策口径与实施路径的结合，注重建筑设计与实施建设的结合，努力做到设计方案、风貌保护、市场价值、实施路径切实可行。

2. 工作主要创新和突出特点

（1）更全视野延续城市历史格局

一是加强低区连绵和新建高层管控。总体上控制新建高层的数量。城市设计研究中结合大范围空间形态与景观视线研究，确定新建高层的位置及高度。高层建筑相对集中，尤其避免在风貌街坊内点状插花式布局，沿苏州河、城市公园等开敞空间遵循高度梯度变化原则。

二是多种手段强化街巷与肌理保护。将街巷网络、里坊格局、居住形态、空间尺度四个方面纳入风貌肌理整体保护内容。首先，城市设计方案中尽可能地完整保留历史街巷系统，保持街巷的走向、宽度、高宽比、连通关系，并结合主要路径增加广场绿地，优化慢行与公共活动功能。其次，保护里坊格局，尊重历史地块划分和

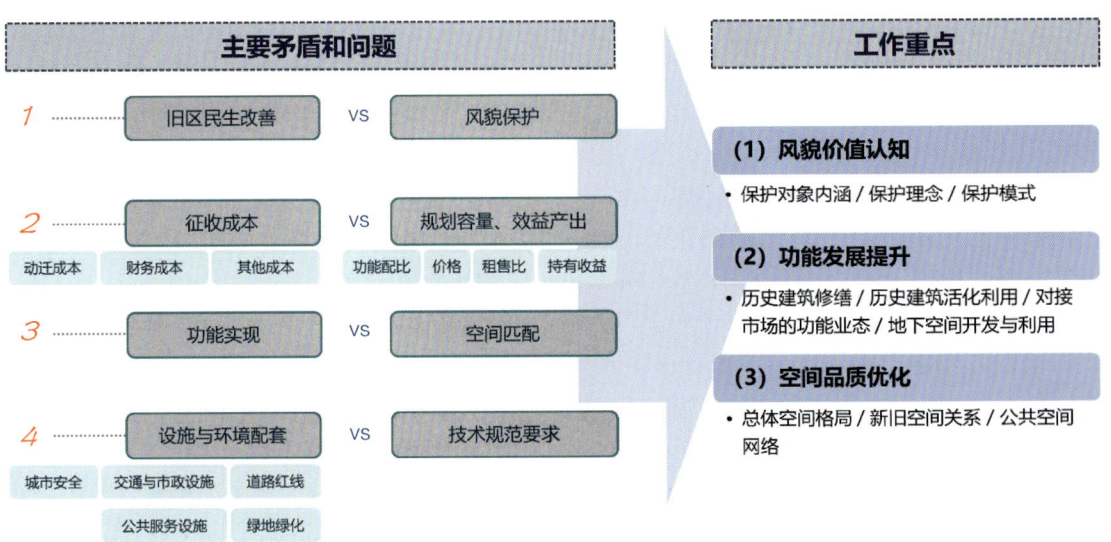

图6 工作重点

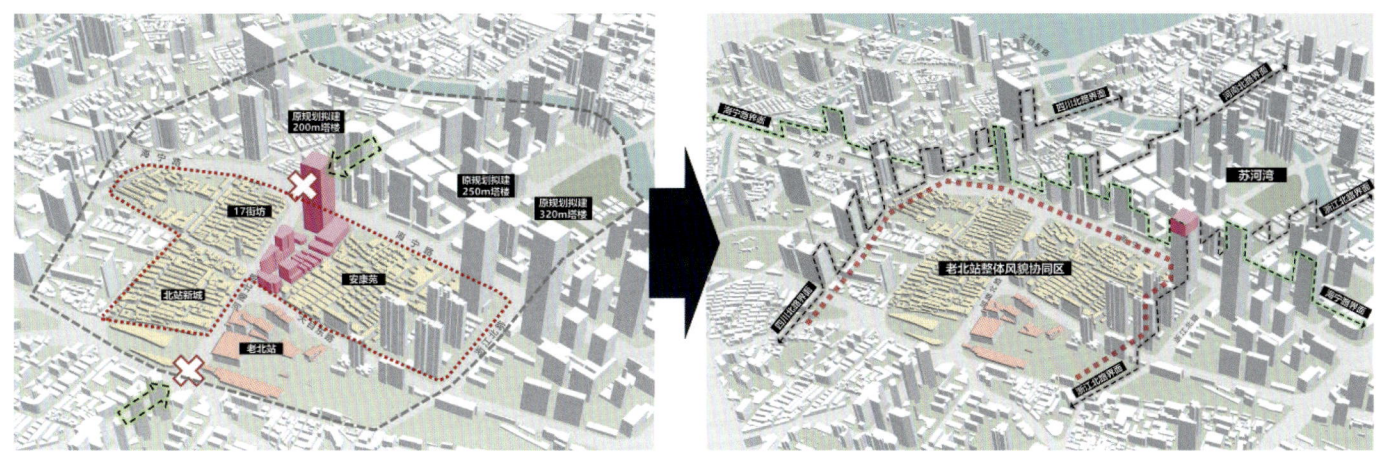

图7　17街坊和安康苑项目中的整体格局优化分析图

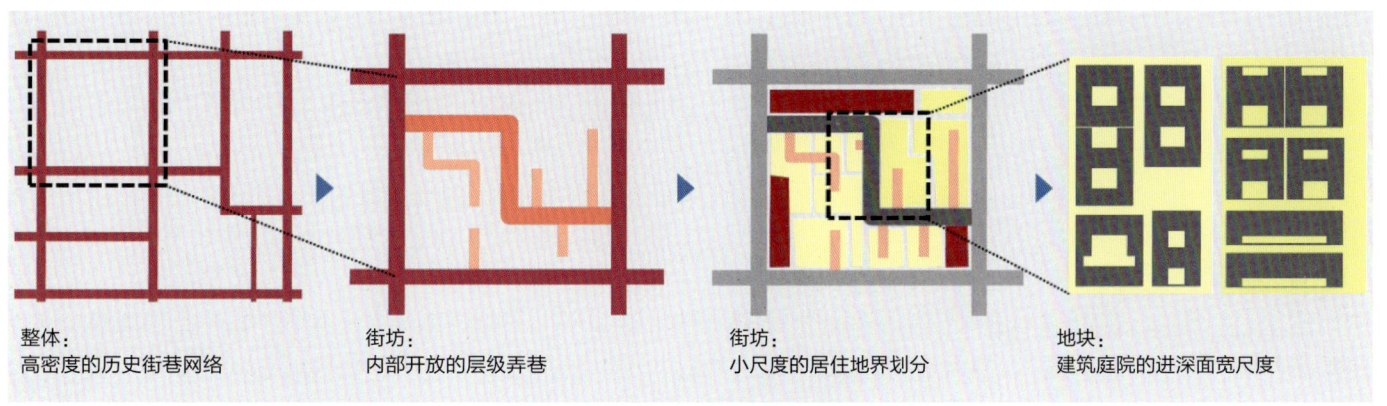

图8　里坊格局设计演进分析图

组织关系，维持公共与私密空间属性。最后，延续建筑与空间尺度，总结提炼出肌理的模数与模式，应用为肌理的修补、复建、改造、重塑等多种方式，在城市设计方案中构建出新旧融合的连绵低区。

（2）更加整体保护历史环境

一是立足地区历史文脉确定保护重点。通过对地块所在的老城厢、原公共租界、杨浦滨江等区域的"历史文化价值支点"研究，建立保护对象体系，发展出差异化的保护与更新活化策略。

二是细化历史建筑保护更新方式。在风貌细化甄别的基础上，合理确定历史建筑的保护等级。既保护建筑的历史风貌，又充分考虑建筑现代功能使用，提出保护修缮、保留改造、更新改建三种核心保护更新方式。

三是在具体场景设计中留住生活情态。尤其在公共节点的设计中注重保持历史环境氛围，保留历史功能界面、街心花园、古树名木等关键要素。在可基本满足道路交通设计规范的前提下，恢复历史道路的走向与红线宽度，根据历史建筑的位置局部调整红线线位。

（3）更多维度激活城市功能

一是新增文化触媒。充分发挥历史风貌区的文化底蕴价值，利用公馆公建、名人故居、名园名宅等，新增特色文化设施，提升地区文化标志性与影响力。

二是丰富功能组合。结合"前店后坊""上住下工"等历史模式，满足居住、休闲、观光等多样人群的需要，配置兼顾文旅与社区服务的商业服务设施。立足里弄的住宅属性，细化住宅产品设计，结合风貌保护和多元人群提供差异化的住宅空间。

三是精准匹配市场需求。方案研究中引入开发策划与经济测算，在市场预测的基础上思考功能规模方案，突出方案的实施性，真正提升功能价值、激发活力。

（4）更好机制形成新推动力

一是创新规划设计方法，促进历史建筑"以用促保"。本研究突破里弄历史建筑难用认知，

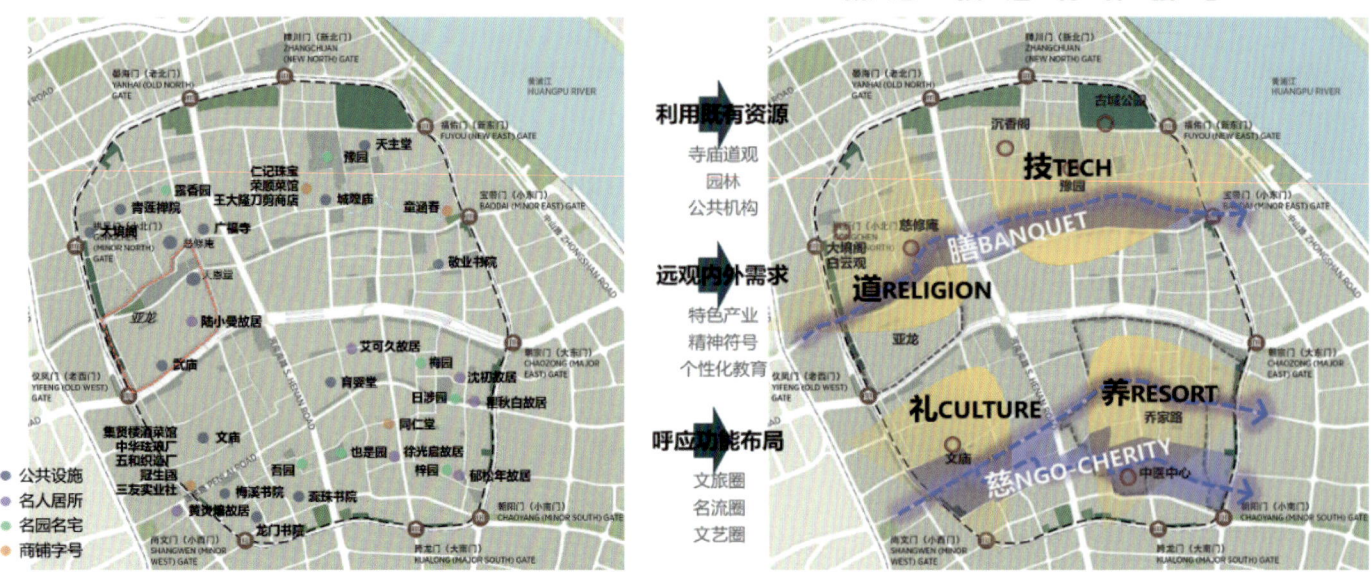

图9 黄浦区老城厢的历史文脉分析与更新活化分析图

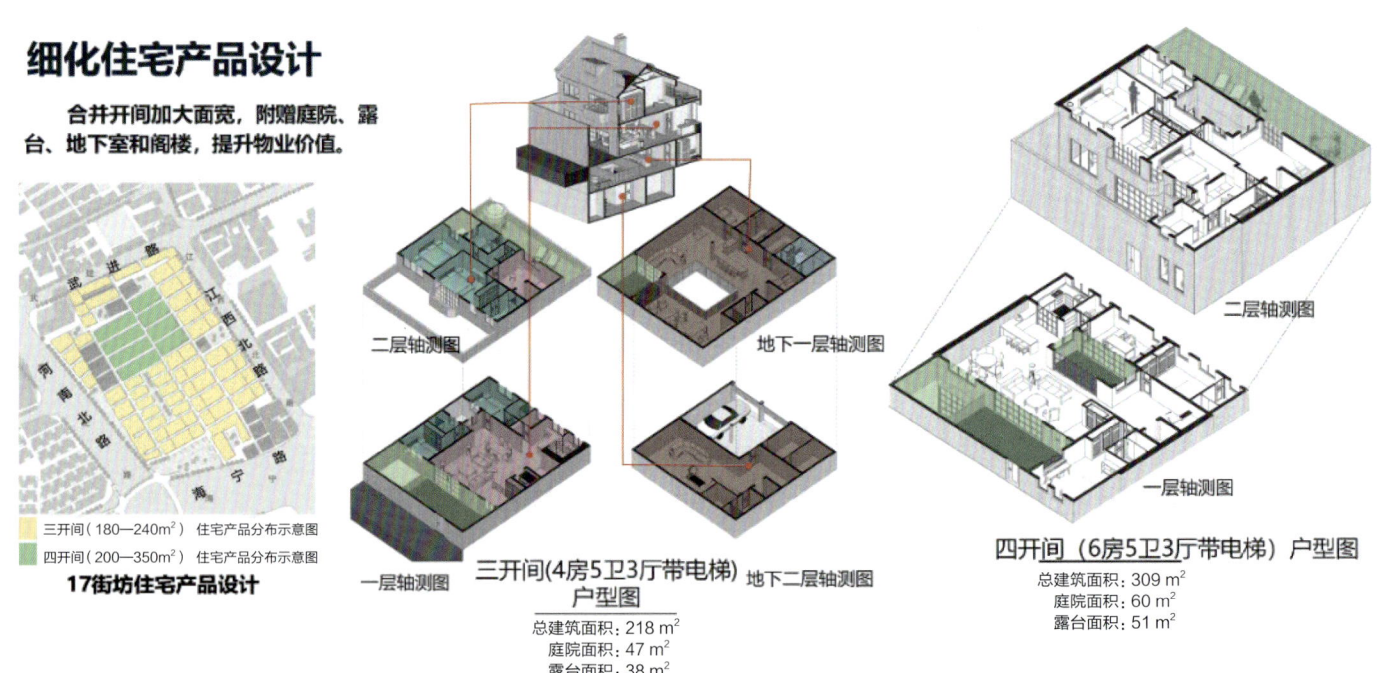

图10 虹口区17街坊（典型项目之一）的住宅产品细化设计分析图

探索了外立面修复、内部结构脱换、建筑下方开挖地下室、机电适应性改造等多个历史建筑修缮与利用的关键技术问题，形成了一套具有技术和成本双重可行性的设计方法。

二是构建旧改政策工具箱，解决成本收益倒挂难题。按照"动态平衡、区域平衡、统筹平衡"的新理念，提出旧改地块与资源地块开发捆绑、规划用地性质调整、容积率转移、建筑使用功能调整、新增保护对象建筑面积奖励等机制建议。

【咨询效果】

项目研究成果获得市规划资源局高度评价。基于本研究形成的"一地一策"方案，各典型旧改地块的控规都获得了批复，各地块陆续进入建设实施阶段。研究形成的理念、方法、原则和策略为后续全市各旧改项目的规划编制提供了重要而关键的技术指导。

在本项目基础上，市规划资源局出台了一系列风貌旧改项目规划和土地政策，有力解决了"历史遗留毛地"问题，并创新开展旧改地块的"政企合作""一二级联动"等工作。基于乔家路和17街坊"政企合作"地块的试点经验，市更新中心全面参与旧改，形成了规划设计工作流程创新。

截至2022年7月，中心城成片旧改全部完成，本项目为守护城市底蕴、发展城市功能、惠及民生福祉作出了很大贡献。

一、规划设计条件
- 市、区规划管理部门
- 更新中心

1. 规划范围与要求
   - 市、区规划管理部门
2. 前期方案研究，包括建筑甄别、风貌评估、功能策划、建筑强排
   - 更新中心
3. 建筑甄别和风貌评估专家评审
   - 市规划管理部门
4. 控规（设计条件）部门意见征询
   - 区规划管理部门
5. 市领导听取汇报（或三方审议）
   - 更新中心会市、区规划管理部门
6. 规划设计条件
   - 市、区规划管理部门

二、规划实施方案
- 市场团队

1. 发布设计任务书
   - 更新中心会市、区规划管理部门
2. 中期答疑
   - 更新中心会市、区规划管理部门
3. 终期成果评审与评分
   - 有关部门与专家
4. 市领导听取汇报
   - 更新中心会市、区规划管理部门

三、控规调整
- 市、区规划管理部门
- 更新中心

1. 控规组织编制
   - 市、区规划管理部门会更新中心
2. 历史风貌区和优秀历史建筑保护专家委员会特别论证（市规委会）
   - 市规划管理部门
3. 控规公示
   - 区规划管理部门
4. 控规三方审议
   - 市规划管理部门
   - 区政府
   - 更新中心
5. 控规批复
   - 市规划管理部门

四、方案承诺
- 更新中心
- 市、区规划管理部门
- 市场团队

1. 入围单位承诺实施方案有关内容
   - 更新中心会市场团队
2. 方案承诺评审
   - 市、区规划管理部门
   - 有关部门与专家
3. 形成书面承诺（3.0合同附件）
   - 市、区规划管理部门
   - 更新中心
   - 市场团队

图11　乔家路地块"政企合作"旧改规划设计工作流程

上海市黄浦区单元规划（含重点公共基础设施专项规划）

Unit Structural Planning of Huangpu District (Special Planning for Key Public Infrastructure Included)

编写单位：上海市城市规划设计研究院
Shanghai Urban Planning & Design Research Institute
联系电话：021-32113288　网址：https://www.supdri.com
主要完成人：凌 莉　奚文沁　王佳宁　徐国强　易伟忠　王 睿　卞硕尉　金 敏　朱安娜　李东屹

【点评】

该规划不仅注重物理空间的优化，还强调资源共享、文化传承和社区服务的提升，体现了规划的多维度和深层次思考。通过跨级复合、资源共享、精准追测和弹性管理等手段，有效提升了公共资源的可嵌入性和利用率，增强了基层居民的获得感。规划的亮点在于打破历史建筑的限制观念，将公共服务和历史建筑相互融合，实现了历史建筑的活化和公共设施品质的提升。同时，注重弹性管理，灵活应对地区发展的变数，为城市中心的可持续转型提供了支撑。规划过程展现了高度的前瞻性和创新性，特别是在处理黄浦区特有的空间短缺、历史风貌保护和人口结构多元等问题时，提出的解决方案既切实可行又充满智慧。通过多因素平衡约束合理发展规模，以及多维度的人口预测和资源配置，确保了规划的科学性和精准性。规划的实施效果显著，不仅加速了黄浦区的旧改进程，还推动了地区转型和民生品质的提升。

【项目背景】

2017年上海市主城区各区启动新一轮单元规划，按照"总体规划—单元规划—控制性详细规划"三级规划体系，落实"上海2035"。作为三级规划体系的重要环节，单元规划需向上衔接"上海2035"的结构性指标和分区指引，通过区内有机组织和深化，向下转化为指导地区详细规划的建设性指标。工作范畴围绕统筹全区发展战略、严控发展底线、优化公共资源配置三大内涵展开，其中全区战略锚定目标和发展路径；发展底线构成全区的发展架构，包括土地空间和城市设计等目标性架构、生态与文化保护等底线性架构、以及特定政策等导向性架构；公共资源配置着重从住房保障到基础设施的社会化供给方案。

黄浦区单元规划的编制时期正值上海旧改的攻坚阶段，黄浦是全市旧改最集中的区域，面对全区近1/5建设地块的重大转型，加之黄浦在城市中心的核心功能区位，本次规划需及时谋定发展路线，以此为契机，以上海最核心的区位阐释"人民城市"理念，为人民民生"谋福祉"、为社会经济"促发展"。并结合同步开展的区战略规划研究，全面重整空间要素，解决好产业经济发展和社会民生改善、开发建设需求和老建成区资源限制之间的复杂关系，在综合利益最优、各因素协调均好的前提下谋划空间资源。

【项目内容】

1. 目标线索

黄浦区单元规划以落实"上海2035"目标为引领，立足中央活动区（CAZ）中心，着力完善"具有全球资源配置能力的功能体系"。积极对接、承接、服务全市"十四五"战略任务，严格贯彻"高质量发展、高水平生活、高效能治理"，助力上海强化"四大功能"、深化"五个中心"建设迈上新台阶。故以空间规划为抓手，重点落实到四条规划线索上：

（1）树立高品质生活新典范

以提高人民群众获得感为目标，广泛推动城市更新，依托旧改统筹激活土地资源，优先完善公共服务和公共空间，保障空间落实，完善社区生活圈，全方位改善民生。

（2）构筑高质量发展新高地

根据上位规划要求，完善具有全球资源支配

能力的功能体系。聚焦核心功能区域和未来发展潜力区域，以空间拓展、功能转型、品质提升为重点，进一步强化产业、功能、环境协同联动。

（3）传承百年经典历史文脉

进一步彰显城区文化魅力，统筹推进旧区改造和历史建筑保护并强化文化功能。全面整合历史建筑、街道、街区、风貌区等历史要素，充分发挥历史脉络久远、红色文化遗存集中等特色，以风貌保护、文化传承、功能重塑为核心，分级分类高标准推进保护与更新协调发展，打造上海风貌保护与更新利用示范区。

（4）彰显精细化管理特色

按照提升城市品质、推动精细化管理和建设的要求，注重综合性施策、高标准引领，深入挖掘、整合可利用空间，结合黄浦区特色，精准配置绿地、开放空间、交通、市政等基础环境资源，创新设置形式，树立现代化治理标杆。

四条线索互为支撑，用历史文脉支撑高质量发展，用高质量发展带动高品质生活，用精细化管理来保障，推动三者的协同和可行性落地。

2. 规划方案

规划紧紧围绕黄浦区的三条特质编制具体方案：

首先是"最关键的区位"。黄浦区全区都位于上海CAZ的中心，具有最高密度的路网，集聚着最高能级的设施，是城市功能、形象和人流的"最中心"。

其次是"最反差的品质"。黄浦区兼具最顶级的城市项目以及最老旧的传统中心，无论是空间品质还是社区、产业区定位，都具有巨大反差，存在一定程度的资源互补。

最后是"最复杂的历史环境"。集中了老城厢等华界地带和原英租界、法租界、公共租界等代表不同文化、具有不同空间表现的历史地区，历史要素密集多样、文化积淀更厚重交叠。

（1）以优势转化聚焦城区目标

规划统筹部署，立足此"CAZ历史文化老城中心的特殊高起点"，叠加多重优势，用全球核心

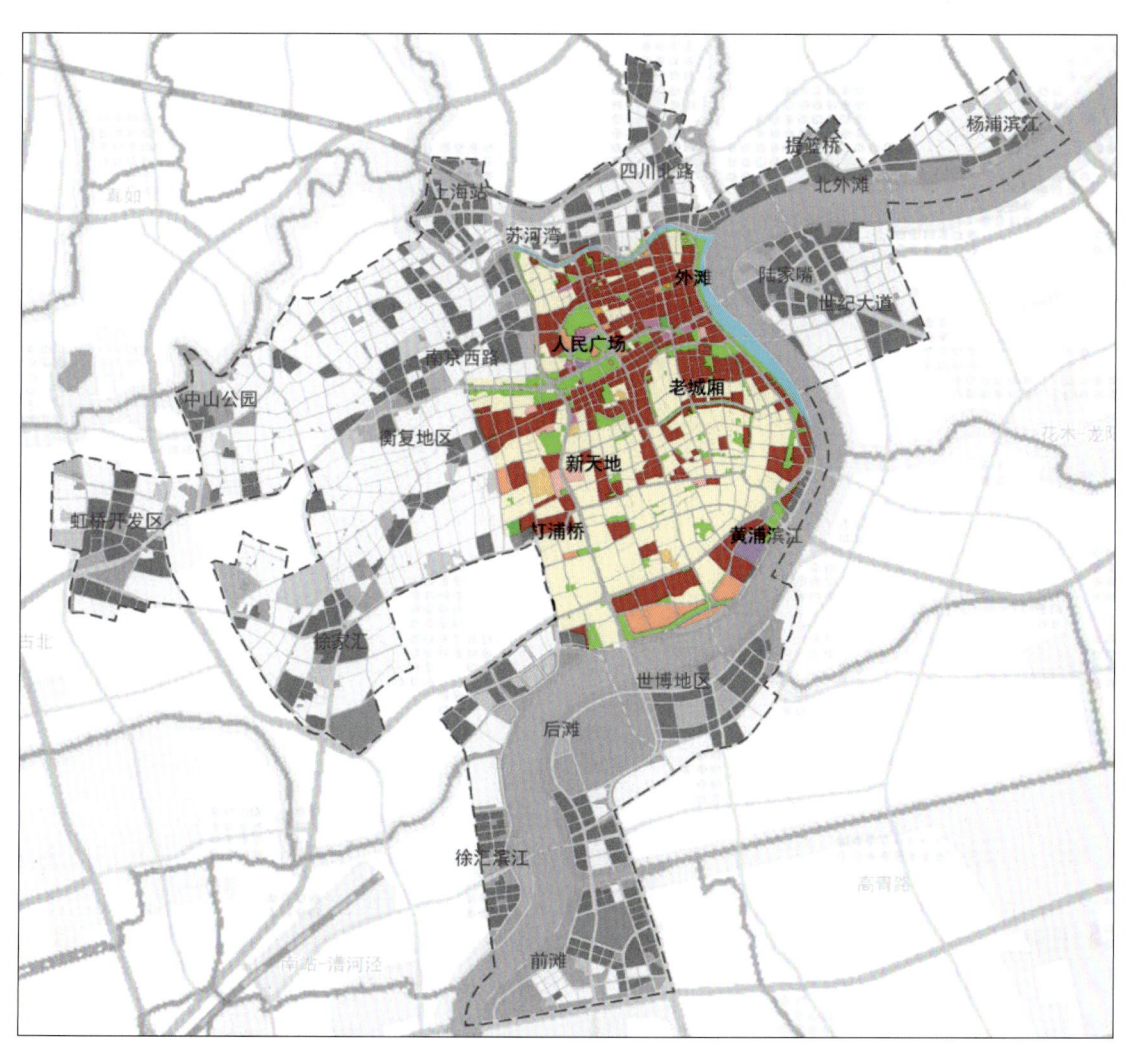

图1　黄浦区在中央活动区中的位置示意图

功能塑造"高端黄浦",用特色形象品质塑造"经典黄浦",用多元文化载体塑造"人文黄浦",协同寻求"全球城市典范地区"的新目标。据此发扬优势特征,规划全区发展的四大策略,落实到发展底线管控和公共资源配置上。

（2）由外而内框定空间发展结构

充分立足CAZ中心区位,通过城市层面的总体功能联通和优势互动,发挥黄浦区"心脏"的辐射和吸聚的双向作用。空间设计思路以中央活动区的"轴",带动区内的"面",从全市、CAZ、CAZ核心区、黄浦区内4个层面,层层传导发展脉络。从中央活动区与城市的布局关系入手,分析整个CAZ的结构,又从CAZ推导牵引黄浦的功能轴线与轴线上的密切关联节点,最后从区内外节点关系策划区内发展脉络和板块关系,保障黄浦空间结构无缝契合城市发展战略,发挥心脏作用。

在保持四级结构的协调视角下,引导金融、科创等千百亿级战略重点产业的详细布局,如以全市的黄浦江世界级滨水功能带为依托,在黄浦区的核心段内构筑黄浦江金融文化复合发展带;以苏州河历史文化综合发展带为依托,在黄浦区的河口位置形成苏州河创新服务和文化休闲带,与黄浦江的金融文化紧密衔接;以全市延安路—世纪大道发展轴为依托,在横跨两岸的中心段落中发展延安路高端服务业发展带,将主城区的核心产业整合串联。将产业转化为商业商务、教育科研乃至医疗娱乐等用地功能,在各轴带板块间有序布局,维护区内和区外产业功能联动、促进区内各产业链之间的互通共享,将周边的旧改区域成片、成带催活,令各产业圈的成长和地区转型得以相互成就。

（3）交织"文化—历史—商业"的发展底线

在考虑保护底线和发展政策的时候,摒弃保护归保护、发展归发展的断裂思维,将历史积淀作为发挥CAZ中心的魅力特质、打造特色发展环境的核心资源,利用历史风貌向上游文化和下游商业等产业的双向衍生作用,针对性制定文化保护控制线、划定特定发展政策区。

文化是历史风貌的基本属性,因此将丰富的历史资源和深厚的文化设施、非物质文化资源衔接起来,形成以演艺产业为重心的文化控制线,打造上海大都市的"演艺大世界";由演艺为起点,历史资源和文学、声乐等各种文化领域的交叉逐渐拓展,为远期文化功能和风貌载体的大融合奠定基础。同时,商业消费是历史风貌的重要应用价值,规划又将黄浦区散布的历史资源和繁华密集的商业网络相衔接,形成为国际级商圈独家定制的"商业零售政策通道",用商业及其带动的后台功能来活化历史资源、丰富风貌内涵,同时也借用历史街区、建筑群的连绵环境,牵引商业活力向支马路、背街等拓展延伸,深化商业格局,从而成为在底线控制和发展引导之间架起互利桥梁的一次尝试。

（4）用多元人口结构引领资源配置

黄浦区作为城市中心,其基层公共资源的配置必然不能局限在常规的居住人口服务上,而黄浦的总建设用地又极为有限,基础公共服务无法做到全口径最高配置,站在"以人为本"的规划出发点上,唯一出路是以明确的目标需求作精准配置,这就需要对全区未来的人口构成作出精确预测。规划根据CAZ的开放枢纽特征,将服务人口从常住人口拓展到就业和旅游到访人口,用差异化的公共服务内容维护多元人口并存的繁荣

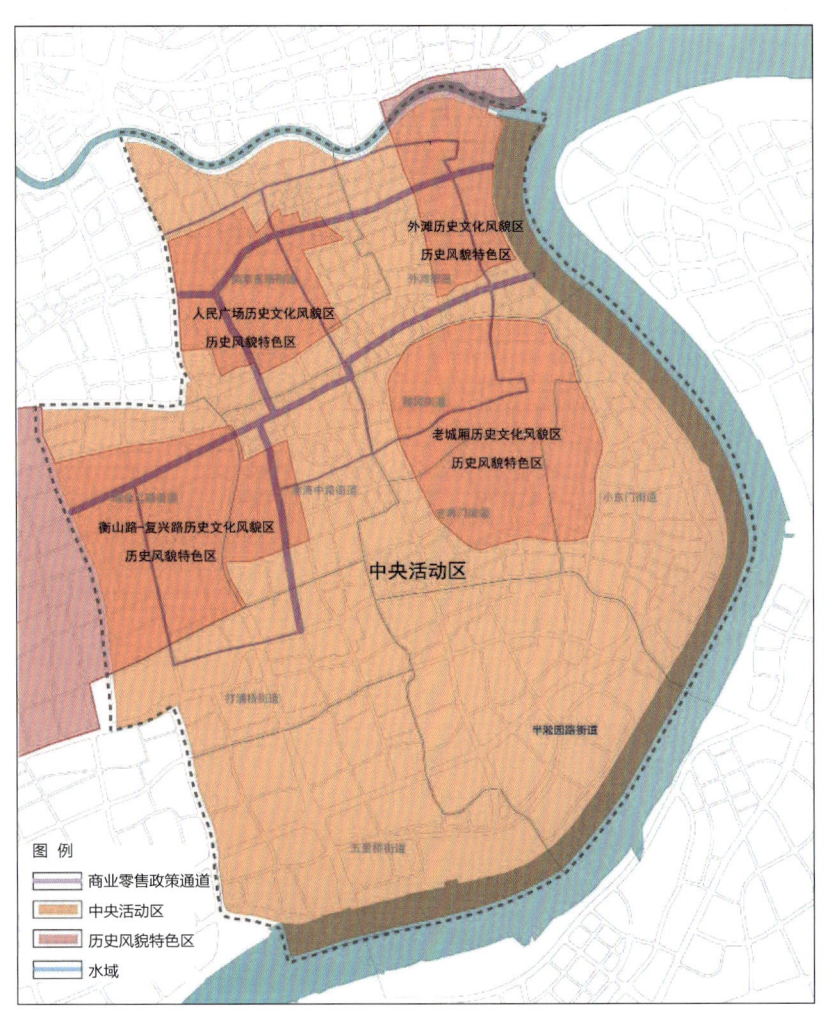

图2　特定政策区规划图

活力。如应用空间承载力法,将不同住宅类型的合理结构转化为常住人口规模,应用经济密度法来预测不同类型及强度的经营性空间岗位和就业人口的关系,应用回归线法预测长远景点开发和经济发展后的旅游到访人口趋势等。

紧接人口预测,还需依据不同服务对象、不同资源类别,从源头研究配置标准,以便充分满足规划和各相关条线部门的服务逻辑及需求。比如基础教育设施不仅考虑常住人口还需考虑户籍人口,医疗急救设施需考虑同时在地的峰值人口,绿化空间需要考虑就业旅游人口和居住人口的协调共享关系。通过各项设施的专题研究,拟定一套适用黄浦的标准,对应在区内摸排相匹配的空间,从而得以将文教体卫绿等20余项、1100多处公共设施资源布局落地。

（5）通过多因素平衡约束合理发展规模

上海城市规模增速一直是需要严密关注的方向,而城市规模又和公共活力、经济发展紧密相关,所以在保障公共资源配置的同时,对应所承载的开发容量也成为关键指标,二者以人(居住人口和就业人口)为中心,构成了一对对称式的发展阈值。

然而城市核心区的开发规模不能单纯靠轨道交通可达性来衡量,因为在黄浦区的大部分区域已达最高级别的轨交服务强度,简单套用标准势必造成容量过高或地区过于均质等诸多问题。规划综合了多种因素、精细化核定适宜规模及其分布。一是考虑产业生态体系的规模成长需要、从经济增长法反推所需的容量支撑;二是运用活力密度聚类分析引导CAZ内各板块的土地级差,拉开区内的密度差;三是发挥TOD的可达性圈层差异,根据轨交站点的可达距离及多轨联运的运力,对周边土地的使用价值作进一步细分;四是兼顾历史风貌、滨水景观、生态底线等景观结构需要,通过统筹协调、论证风貌控高、滨水退界等要求的均好性;五是为远期发展保留适度的浮动弹性。通过五种因素的叠加,使规模调控能同时匹配产业经济发展、内部民生、城区品质等综合发展需求。

【工作过程】

面对黄浦区单元规划的特殊性,每一项规划内容都无法套用常规范式,而每一项内容之间还会互相关联、牵制,所以本次规划采用了长线分布式作战法。

1. 搭建"专题+专项+重点地区"的工作体系

应对大面积、多系统盘整需求,以及覆盖区总体到详细地块层面的深度要求,规划构建了"专题+专项+重点地区"的工作体系。顶层开展空间战略、规模、人口等专题研究,与区内正在推进的战略研究和产业研究作紧密对接,明晰总体结构和发展上限;然后在系统层开展教育、菜场、养老等专项评估研究和规划,在顶层框架下平衡各个专项的需求;再结合重点地区开展城市设计或者与相关项目的设计单位对接,明确定位、设施、空间在特定区位上详细布局的可行性。3条线路历经4年交互辅助攻坚,最后形成3个顶层专题、9个专项研究及10余个节点的城市设计。

2. 工作方法立足民众、多方协商

由于牵涉到全区范围的整体转型更新,规划必须同时协调"条"与"块"的诉求。工作推进通过条线、属地、市区三重循环对接,保障每一轮方案的质量可控。如为保障基层民众的参与度,为每个属地街道定制一套"一图一表"工作底板,通过问卷、讲座、走访、上门宣讲展示等形式"听诉求、论方法、议方案";结合各管理部门作对口互动,在研究和编制阶段反复听取诉求、协调共同利益;更在市区两级管理部门间建立沟通桥梁,上下传达、调适不同层面的管控范围、保障规划调控的有力传导。

经过不懈努力,将所有规划方案汇聚形成"一总两分"共10个街道的100多张图则,分为三类,分别约束每个街道的总体发展要求、各个街坊的核心功能构成和公共资源的明细落位。

【咨询工作特点及经验教训】

1. 重新理解地区特质

鲜明的资源条件也有两面性,地区特质往往也是地区限制。比如"最关键的区位""最反差的品质""最复杂的历史环境"这三条特质当中就蕴含了地区发展的难点。

（1）空间短缺难点

正因为位于CAZ的核心区段内,所以有着大都市中心最典型的土地总量有限问题,建成建筑和路网密集,却有超高的3.5万/km^{2}人口密度和企业密度。大体量的发展需求须在被压缩的土地空间中满足。

（2）缺口和不确定性难点

作为经历上海多轮发展的老城区,虽然有最高品质的地标地区,但待旧改区域和其他老旧社区构成的大基底仍然是严峻挑战。一是未完成旧改的区域整体设施基础长期薄弱，缺口巨大有待补足；二是老旧地块与可开发地块交错穿插，在日照影响、服务半径等方面对可开发地块构成诸多限制；三是大量地块旧改后人口和产业功能可能发生翻天覆地的变化，在各个现状区域内形成广泛分布的服务"目标黑洞"，需要审慎预判，保障资源配置的适用性。

（3）风貌协调难点

大量多类型的历史建筑散布在旧改地块中，这些历史建筑构成的传统肌理，虽然有较高风貌价值，但同时也存在占地面积大、分布范围不规整、对周边风貌限制要求高、建筑自身适用的再利用面较窄、加剧空间短缺等问题，需要详尽协调风貌保护和城区发展的关系。

2. 在难点中创新

针对这些固有难点，规划"化被动为主动"，"多头"创新规划技术，扭转劣势为黄浦高质量发展、精细化管理的新特色。

（1）增效+互通+辐射，从"源头"上解决空间不足问题

如何充分发挥有限建设用地的综合价值，包括经济价值、社会价值和生态价值，这是上海规划长期需要面对的问题。

首先，本次规划探索了全方位极致的资源复合方案，如公共设施间复合设置，设施与开放空间复合、与经营性空间复合等分类复合方式，也积极实践了在高架桥下、路边街角、屋顶上等空间分层的绿化复合方式，以及学校提容后的跨级复合方式，如将小学和初中、九年一贯和高中复合设置、共享体育场地等配套空间。通过合理的容量提升，增强公共资源在可嵌入性。

其次，引导资源之间的互通共享方案，引导设施间的物理开放、分时开放乃至动态交互腾换，如附属绿地的隔断打开、单位专用场馆的分时开放、养老和教育设施或各学段教育设施之间根据人口结构变化动态调整，通过管理理念的转换和政策辅助，以较小的总量维护较大的总体效应。

最后，充分发挥城市中心较富余的文化、医疗等高等级设施的辐射效应，通过将基层客流"引进来"，改善高等级设施的利用率和服务多样性，也令高等级设施的专业服务品质"走出去"，纵向哺育黄浦社区级设施，使之向内涵化、品质化发展，提高基层居民的实际获得感。

（2）对比新老资源，从"理念"上解决历史制约问题

规划尝试打破历史建筑等资源在利用价值上的限制观念，从中找到公共服务和历史建筑的互相成就之法。比如将老历史资源和新公共设施看作供需双方，将散在的历史建筑资源、资源类型与对应范围内的缺口设施、设施类型作详细比对，选择区位、规模、形态结构三方面均可对应的新老资源作匹配利用，如有些历史建筑可成为社区活动中心、建筑组群则作为学校办公楼等，同时成就历史建筑的活化和公共设施的升级。如局部匹配不符合或相冲突的地方，则根据资源可再生性的优先级灵活博弈，优先维护可再生性低的资源的保留利用。

（3）精准追测、定向服务，从"刻画"上应对服务对象变数

在规划解决了设施目标人口的构成预测后，又面临了新的问题，即常规标准化的设施本身能否真实契合目标人口的需求。为此，规划针对配置标准的门类作与时俱进的更新和细分，与规划人口的细分分析相匹配。比如用迁移流动因素的交叉分析预测各个街道的人口规模走向。又从年龄刻画、年龄动态曲线刻画、户籍刻画甚至消费习惯预估等角度，详细追测对各类细分设施的可能需求度，从而根据分地区的主要服务对象定制公共资源形式，如服务高端社区的菜场考虑生鲜超市形式，服务老龄或幼龄社区的绿地侧重家门口的小微型绿地，服务青年人才社区的体育设施侧重临街开放、随取随用等。

（4）实施弹性管理，从"指标"上应对地区发展变数

街道一级的划分虽然有利于社区资源的配置，但在市中心重点地区的发展上就会出现错位。规划在管控方式中采取了两条逻辑线：一是属地管控侧重基层资源约定和底线分摊，此时的变数主要是街道内部设施格局和开发机遇的调配，因此根据旧改地块间、历史街区间发展机遇流转的可能性，总控街道一级的总指标，允许公共资源、开发规模在单元内部腾挪。二是重点地区管控侧重专用指标的内部定制，比如为预留世博等特殊地区的长远发展余地，采用跨单元捆绑条款，用设施指标、绿地指标、经营性规模指标等打包管控，确保一些公共利益可以灵活地在街道单元间调整，以维护重点地区的最高实施效益。

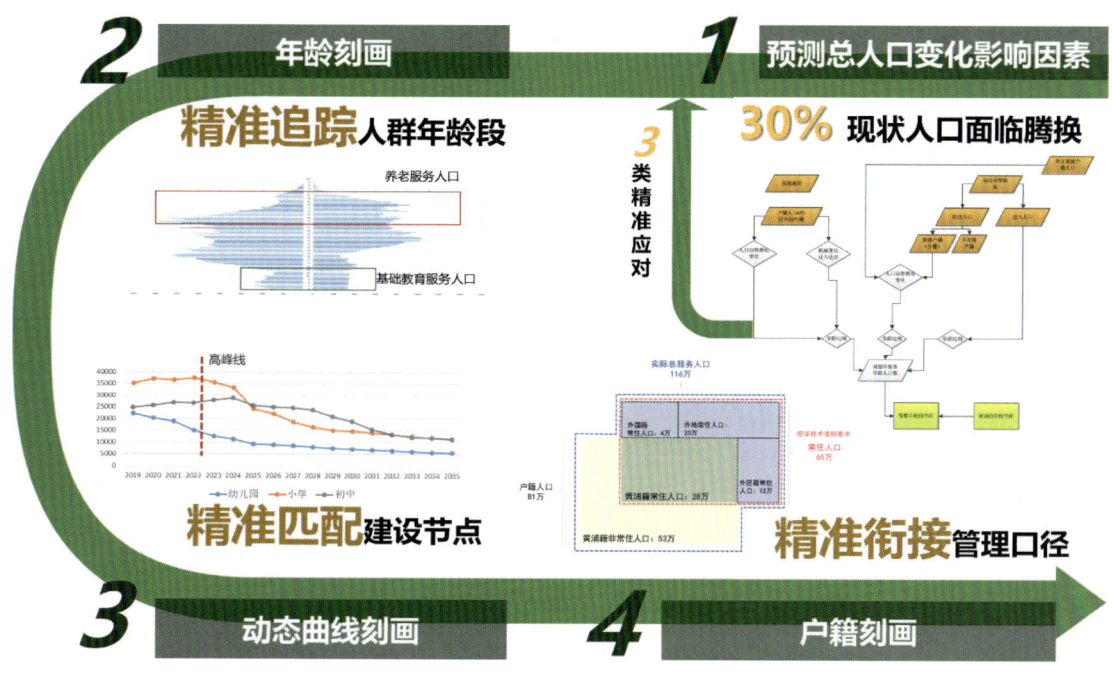

图3 服务对象预测路径示意图

【咨询效果】

单元规划批复后，黄浦区的旧改快速推进，在基本完成成片旧改征收的同时，老城厢、大新天地地区等大部分旧改集中地区的建设项目都以单元规划为依据，完成了控详调整工作，各个标志性地区的转型和民生品质的提升都按下了加速键。单元规划虽然主要是向下约束建设实施的管控型规划，但黄浦区单元规划更多发挥的是协调底板的作用，在面向大量待开发阶段的不确定博弈过程中，单元规划为政府主体、各个职能部门、市民业主、开发和建设单位的调和提供了共同的目标和基础蓝本，令各方成员能在区发展共识下协同深化、推进单元规划的落实。这种弹性的张力相比刚性的强制力，更适用于当下瞬息万变的大都市发展进程。

相比规划内容的传导，更重要的是一整套地区性的规划理念逐步成形，将使单元规划理念对"上海2035"的落实产生更为长远的影响。比如单元规划直接指导了全市的"15分钟社区生活圈"规划在黄浦区的特殊落地方式。在所有后续的详细层面规划中，将进一步传承单元规划的方法理念，如贯彻精准化、动态化的预测方式，形成就地实时矫正预判的规划共享条线；如散点化、随机化、小型化的基础服务设施定位，在各个具体方案中将呈现千变万化的设计效果；又如复合化、集约化、开放化的空间发展形式，可灵活应对今后各种层出不穷的城市级命题，为城市中心、中央活动区的可持续转型提升提供通用的基础手段，从而真正意义上实现单元规划的本来目标——完成"上海2035"的顶层统筹向详规的基层建设的转化实现。

沪渝蓉高铁全要素选线专项规划
The Specific Planning for Hu-Yu-Rong High-speed Railway with All Elements Line Selection

编写单位：上海市城市规划设计研究院
　　　　　上海市上规院城市规划设计有限公司
Shanghai Urban Planning & Design Research Institute
Shanghai Urban Planning and Design Co., Ltd. of Shanghai Planning Institute
联系电话：021-23135540　　网址：https://www.supdri.com
主要完成人：张安锋　潘茂林　张天畅　赵　路　殷桂芳　欧阳梓　孙　硕　刘　坤　韩卫东　刘彬彬

【点评】

该规划研究了沪渝蓉高铁上海段的选线专项规划，展现了在复杂城市环境中进行重大交通基础设施规划的深入思考与周密布局。规划不仅关注铁路本身的技术要求，更重视与城市发展、生态保护和居民生活等多方面的协调，体现了全要素规划的理念。研究指出，沪渝蓉高铁作为国家"八纵八横"高速铁路网的重要组成部分，其在上海境内的线路选择与站点布局经过精心设计，以实现与城市交通、市政基础设施和自然资源的和谐共存。规划中的亮点包括对崇明岛生态空间的保护、对基本农田和林地资源的合理占用与补偿，以及对城市综合体发展的促进。该规划的特点在于其复合化运营思路，通过强化国铁干线、城际铁路和市域铁路的三网融合，提升了区域交通网络的服务能力和效率。同时，规划中提出的全要素资源统筹策略，确保了在紧约束条件下的自然资源合理利用和保护。

【项目背景】

根据《交通强国建设纲要》和《国家综合立体交通网规划纲要》，"十三五"期间，我国交通基础设施网络基本形成，综合交通运输体系不断完善，基本能够适应经济社会发展要求。与此同时，我国综合交通运输发展不平衡、不充分的问题仍然突出，综合交通网络布局不够均衡、结构不尽合理、衔接不够顺畅，重点城市群、都市圈的城际和市域（郊）铁路存在较明显短板。

国家交通发展战略明确，2035年应基本建成便捷顺畅、经济高效、绿色集约、智能先进、安全可靠的现代化高质量国家综合立体交通网，实现国际国内互联互通、全国主要城市立体畅达、县级节点有效覆盖。上海作为长三角城市群的核心城市，积极响应"一带一路"建设，构建以高速铁路、城际铁路和高速公路为骨干、多种方式综合支撑的区域城际交通网络，重点提升沪宁、沪杭、沿江、沪通、沪湖、沿湾、沪甬等7条区域综合运输走廊的服务效率、能级和安全可靠性。其中，沿江发展廊道作为推动长江口战略协调区建设的重要依托，将极大地促进宝山、崇明、海门、启东、嘉定、昆山、太仓等跨界地区的协作发展，形成上海经由长江口、联系江苏北翼、皖江经济带及长江中上游的沿江干线铁路通道。

国家发展改革委印发的《中长期铁路网规划》（发改基础〔2016〕1536号）中提出，规划以国家中心城市为枢纽、以"八纵八横"高速铁路主通道为骨架、覆盖全国主要大中城市的高速铁路网。沪渝蓉高铁为"八横"之一的沿江通道（上海—南京—合肥—武汉—重庆—成都高速铁路），连接华东、华中、西南地区，贯通长三角、长江中游、成渝等城市群。为了提升上海枢纽的国际和区域连接度，统筹区域性重大交通基础设施，实现上海与长三角区域乃至长江经济带的联动发展，根据中国国家铁路集团有限公司（简称"国铁集团"）和上海市关于《沿江高速铁路工程上海至合肥段可行性研究》的审查意见及相关要求，在上海市市、区两级行业管理部门的指导下，开展本次专项规划编制工作，着重对上海境内的

一、规划咨询研究报告篇

图1 沿江通道骨干交通方式布局示意图

线位通道和车站选址进行深化研究，结合全要素的规划理念，实现与其他重大基础设施、绿林水田资源等要素的规划协同。

【项目内容】

1. 功能定位

沪渝蓉高铁是国家中长期铁路网规划"八纵八横"中沿江通道的骨干线路、沿海及京沪辅助通道的重要组成部分；是长江三角洲城市群城际骨干通道；是以路网功能为主，兼顾城际功能的高速铁路骨干线路。主要承担沿江通道路网层面和沿海、京沪辅助通道联系上海层面的客流。

沿江通道的骨干交通方式是高速铁路、城际铁路和高速公路，其中高速公路网络已经形成长江南岸沈海高速—沪武高速，长江北岸沈海高速—沪陕高速的基本格局。高速铁路层面，沪通铁路一期和沪宁沿江高铁已经通车运营，随着沪通铁路二期和沪渝蓉高铁的正式开工建设，沿江通道的骨干交通设施将在"十五五"期间基本建成。

2. 规划布局方案

沪渝蓉高铁为高速铁路，客运专线，设计速度350 km/h。沪渝蓉高铁上海境内经过宝山、嘉定和崇明三个区，设宝山站、崇明站。结合城市发展规划和生态空间布局，深化研究沪渝蓉高铁和沪通铁路并线方案，沿G1503上海绕城高速和S7沪崇高速走行，实现两条铁路和一条高速公路在同一廊道中集约化利用土地和空间。车站的

图2 沪渝蓉高铁上海段线位走向示意图

163

选址充分考虑站城融合发展需求,结合城市规划总体布局,带动区域经济和社会发展。

沪通铁路为国铁 I 级干线铁路,以客运为主兼顾货运功能,设计速度 200 km/h。沪通铁路太仓至四团段线路(简称"沪通铁路二期"),北起上海至南通铁路太仓站,南至浦东铁路四团站,正线设太仓、徐行、上海宝山、外高桥、上海东、四团等 6 座车站,预留曹路、惠南 2 座车站。

(1)崇明段走廊

沪渝蓉高铁从江苏省启东市以高架形式向南跨越长江北支后进入上海市崇明区,在崇明区向西南方向走行,依次上跨现状东风公路、北沿公路、港东公路、三双公路、陈海公路、利民路后,在城桥镇西北侧,距离城镇边界(岱山路)约 1.5 km 处设上海崇明站。线路出崇明站后继续向太仓方向走行,敷设方式也由高架形式逐渐转为地下形式,继而穿越长江南支进入江苏省太仓市。沪渝蓉高铁两次穿越长江的水域均为刀鲚国家级水产种质资源保护区,建设单位也同步开展了高铁对保护区生态影响分析的专题论证工作。

上海崇明站为高架站,站台规模 2 台 6 线,具备始发终到功能。崇明站所在区域在上海市总体规划中为生态空间,为了强化崇明站的站城融合功能,提升土地利用效率,通过区域统筹建设指标的方式,围绕站点空间新增约 3 km² 建设开发用地,主导功能为高端商务、研发办公、创新文化、生态旅游与服务,与现状城桥镇建设用地范围进行无缝衔接。

(2)嘉定段走廊

经太仓站后,沪渝蓉高铁和沪通铁路二期共走廊在浏翔公路西侧进入上海市嘉定区,跨越浏翔公路后沿 S7 沪崇高速西侧向南依次经过高石公路、宝钱公路、曹新公路、胜竹东路、嘉罗公路后进入宝山区。

线路在嘉定区经行范围均为生态空间,为了实现土地集约化利用,沪渝蓉高铁和沪通铁路二期均采用高架形式和现状 S7 沪崇高速的高架桥共通道敷设,其中公路高架桥在最东侧,西侧分别为沪渝蓉高铁高架桥和沪通铁路二期高架桥。考虑到铁路的保护间距要求,沪渝蓉高铁的桥梁边线距离 S7 沪崇高速的桥梁边线最小间距按

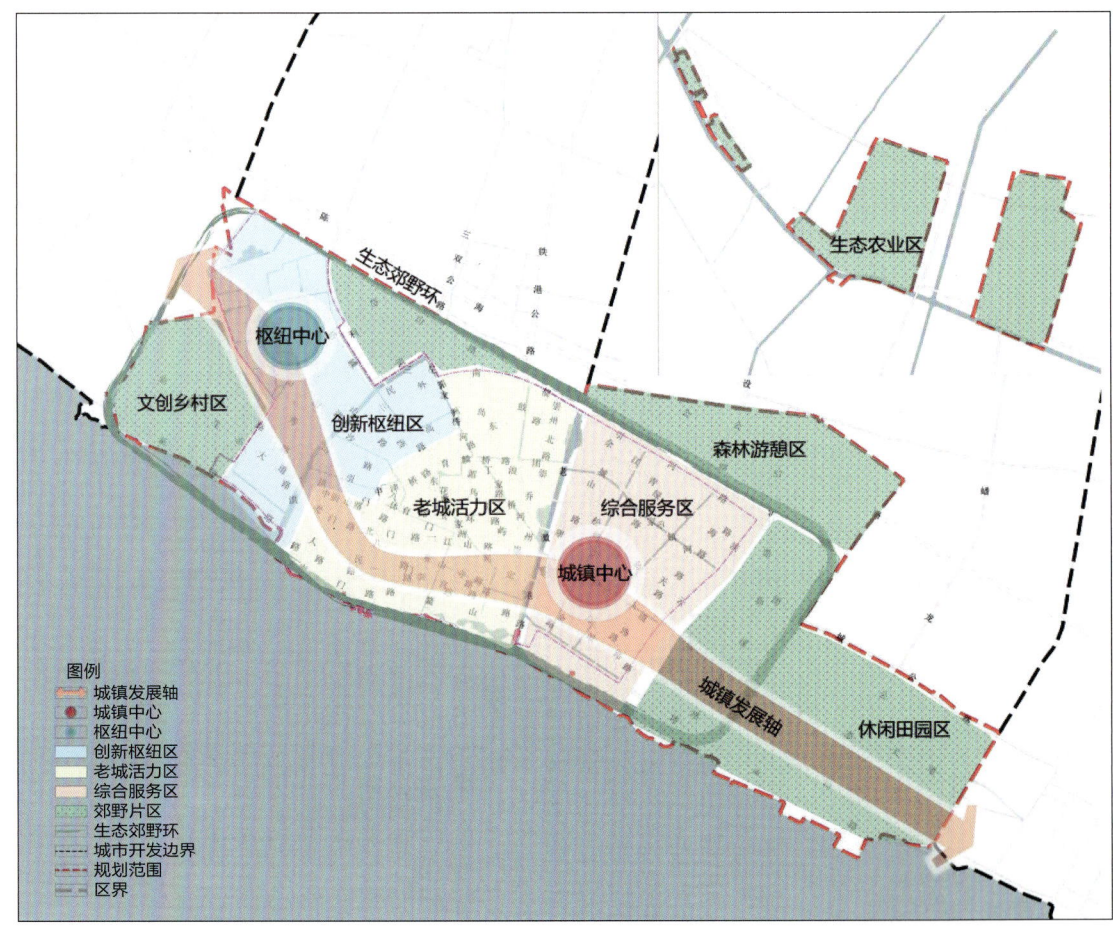

图 3 崇明区城桥镇单元规划空间结构公示图

图4 沪渝蓉高铁上海崇明站效果图

20 m控制。

（3）宝山段走廊

线路进入宝山区向南跨越月罗公路、规划嘉戬公路、S7沪崇高速、G1503上海绕城高速后转为东西方向，沿G1503上海绕城高速南侧走行，依次跨越沪太公路、潘泾路、富长路、蕰川公路、江杨北路后进入上海宝山站。

线路在宝山区经行范围的沿线用地间隔分布有建设用地和生态空间。在罗店大居和顾村大居范围内，沪渝蓉高铁和沪通铁路二期均以高架形式通过，设置在G1503上海绕城高速的绿化隔离空间中。在月浦和杨行范围内，沪渝蓉高铁为高架形式通过；沪通铁路二期向东过潘泾河后降坡，在富长路以西入地，以隧道形式进入上海宝山站。

上海宝山站是沪渝蓉高铁的终点站，沪通铁路二期经停宝山站后继续向东进入浦东新区，接入上海东站枢纽。宝山站为地上、地下双层站，其中高架层是沪渝蓉高铁站场，站台规模4台8线；地下层是沪通铁路二期站场，站台规模4台10线。上海宝山站承担上海北部地区与南通、盐城等苏北方向的对外交通联系功能，缓解虹桥枢纽的集聚压力；同时，也是轨道市域线网络的重要锚点，承担外围地区进入中心城区的疏散功能。

上海宝山站是上海市"四主多辅"铁路客运枢纽布局中旅客年发送量最大的辅站，围绕宝山站综合交通枢纽的集散功能，强化城市功能，发挥枢纽集聚效益，实现城市功能、交通集散、景观品质、市政配套等多要素融合发展。

图5 沪渝蓉高铁上海宝山站效果图

3. 全要素规划协调

随着我国生态文明建设工作的推进，交通基础设施的选址建设不仅仅要与城市的发展相适应，也要关注与自然资源的协调。为了强化选线方案的规划落地性，确保交通建设项目在实施阶段顺利推进，本次专项规划在传统交通线站位研究的基础上，进一步分析沿线的重大影响要素，包括电力黄线、高压燃气管、原水管、污水干管等重大市政管线，同时对基本农田、水资源、林地资源等要素进行规划梳理，对实施阶段的资源要素规划平衡提出建议。

沪渝蓉高铁线路涉及现状轨道交通3条、规划轨道交通4条。对现状轨道交通设施，按照轨道交通相关保护要求对沪渝蓉高铁的工程设计方案提出控制条件；对规划轨道交通线路，结合

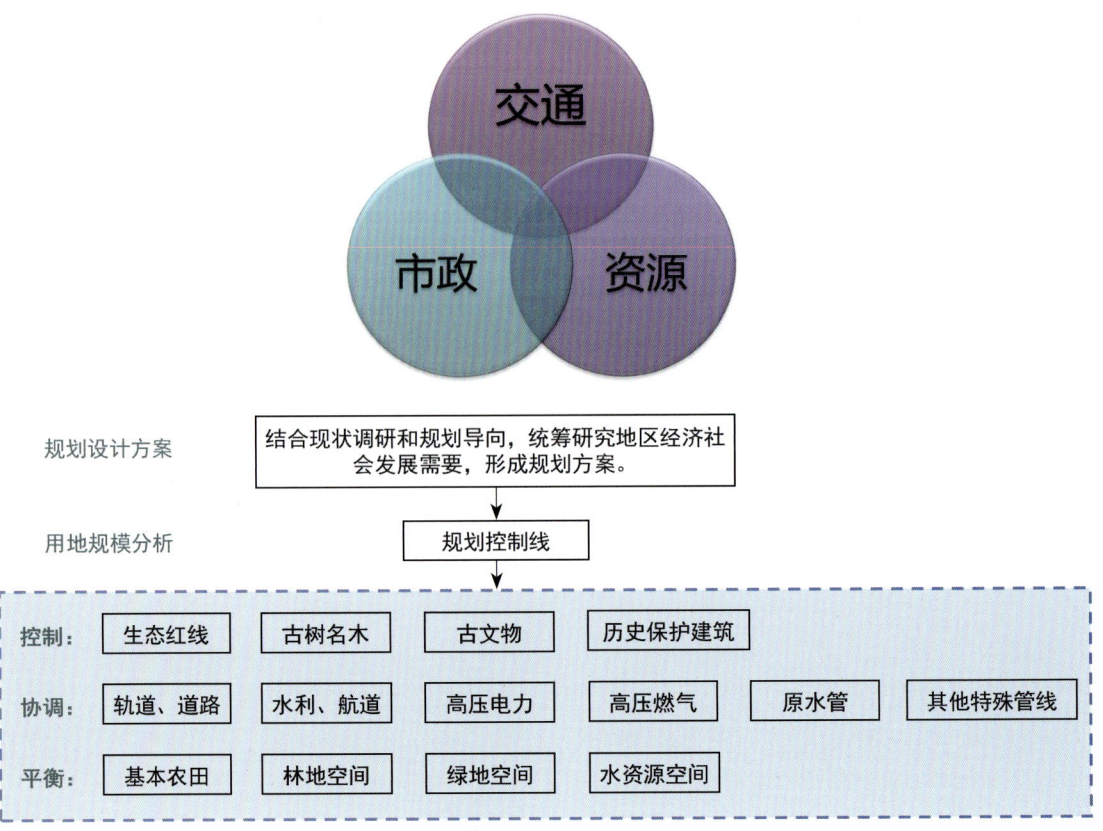

图6 全要素选线专项规划示意图

崇明站和宝山站的地区规划,研究明确高铁站房实施过程中对轨道交通线路引入的预留条件。

梳理铁路线位行经的现状及规划道路、河道,按照不影响地区道路、河道功能为前提对铁路的工程方案提出控制条件。因设计规范限制,导致铁路路基段、或桥梁立柱等因素阻断道路或河道的,从区域系统功能角度对阻断的道路和河道进行规划调整,保障路网和水网功能不减弱。

全面评估铁路实施方案对沿线重要市政基础设施造成的影响,特别是高压电力走廊、高压燃气管、原水管、污水干管等涉及城市安全韧性的既有设施。对于无法满足沪渝蓉高铁设计和运营安全的设施,从区域层面研究落实迁改方案,保障城市基本供电、供水、供气功能不受影响。

对于资源类要素,通过和相关的底板数据进行比对分析,沪渝蓉高铁全线占用上海市202万亩保护耕地约56.7 hm²,其中永久基本农田面积约17.1 hm²;占现状林地斑块346块,共47.2 hm²。按照上海市基本农田和林地资源的补偿原则,对补偿平衡的空间进行初步论证和规划引导,实现全要素的规划协同。

【工作过程】

2017年,沪渝蓉高铁引入铁路上海枢纽事宜在市、区相关部门的指导下,由我院和中国铁路设计集团有限公司共同开展前期研究。研究明确沪渝蓉高铁是连接长江北岸苏中地区主要城市和长江沿线重点城镇,服务于江苏省"沿江开发"战略,是江苏长江北岸苏中地区联系南京及上海的快速铁路,具有路网功能,可承担少量长途跨线列车,并可作为沿江高铁(沪汉蓉高速通道)的组成部分。线路与沪通铁路二期在太仓进行接轨,下阶段进一步比选线位是否进入崇明岛的方案。

2019年,国铁集团与上海市政府就推进上海铁路建设发展举行会谈,认可按照沪渝蓉高铁经崇明岛引入上海宝山站,沪通铁路二期经上海宝山站、上海东站引入四团站的方案,路地加快推进前期工作,尽快批复全线初步设计,争取早日开工建设。随着路地双方联合批复《上海铁路枢纽总图规划》,《沪渝蓉高铁合肥至上海段可行性研究报告》开始启动编制工作,初步明确由于引入上海东站方案线位紧邻崇明岛东滩鸟类国家级自然保护区,涉及候鸟迁徙路线,生态环境影响较大,推荐新建上海宝山站,引入上海枢纽。

2020年，在沪渝蓉高铁线位方案稳定的基础上，正式启动《沪渝蓉高铁（上海段）选线专项规划》的编制工作。经上海市、区两级相关部门多次协调，最终与铁路部门就沪渝蓉高铁上海境内的线站位选址方案达成一致意见。专项规划进一步深化明确崇明岛的线位方案，并设中间车站一座，2台6线规模；在嘉定区、宝山区范围内，明确沪渝蓉高铁与沪通铁路二期按照共走廊方案进行深化设计，并在上海绕城高速与江杨北路交叉口东南象限设上海宝山站，按双层车场进行深化设计，同时引入沪渝蓉高铁和沪通铁路二期。全线设置宝山动车所一座，选址位于上海绕城高速与S7沪崇高速立交西北象限，呈南北向布局，紧邻规划罗蕰河。

2021年，随着专项规划方案的深化稳定并上报上海市政府，铁路设计单位也同步完成了《沪渝蓉高铁合肥至上海段可行性研究报告》的完善工作并上报国家发展改革委。上海市人民政府于2021年9月批复《沪渝蓉高铁（上海段）选线专项规划》（沪府规〔2021〕206号），国家发展改革委于2021年11月批复《关于报送新建沪渝蓉沿江高铁上海至南京至合肥段可行性研究报告的函》（发改基础〔2021〕1629号）。

2022年，国铁集团、上海市人民政府、江苏省人民政府、安徽省人民政府联合批复《新建上海至南京至合肥高速铁路初步设计》（铁鉴函〔2022〕366号），沪渝蓉高铁上海段工程于2023年正式开工建设。

【咨询工作特点及经验教训】

1. 干线铁路通道复合化

长三角区域铁路运输负荷总体较大，尤以客运较为突出，根据2019年统计数据，长三角区域铁路旅客发送量占全国发送量比例达到23%，但是既有铁路网络对于小城市和次级交通走廊的服务仍然不足。随着长三角一体化发展，上海都市圈内各城镇组团联系日益紧密，传统的服务主要节点城市的铁路模式难以满足区域一体化发展的需要，亟须形成以国铁干线、城际铁路和市域铁路共同服务的涵盖一般城镇的铁路系统网络。

按照运营服务功能复合化的基本理念，沿江通道以60 km近沪通勤圈层、150 km都市圈商务圈层1小时可达为目标，构建了以国铁干线为基础，辅以城际铁路和市域铁路的区域轨道交通一体化网，通过强化三网融合，扩大城际交通的广度和深度，满足廊道上不同的圈层服务需求。

上海沿江通道国铁干线和城际铁路由国铁集团进行运营，市域铁路由地方政府主导的运营公司进行运营。考虑两大系统的运营速度、站点密度的差异性，国铁系统服务于中长距离骨干客流走廊，市域铁路系统服务于中短距离的支线客流网络，保持相对独立的运营模式是适合于近中期的客流特征和建设运营机制的。远期来看，应保留两大系统进行融合的可能性，可考虑在太仓枢纽、宝山枢纽和安亭枢纽进一步探索增设联络线的条件。

在上海境内，沪渝蓉高铁设崇明站和宝山站；沪通铁路一期设安亭站、黄渡站，接入虹桥枢纽；沪通铁路二期设徐行站、宝山站、外高桥集装箱站、上海东站和四团站。为了实现长江南岸和北岸节点城市可以同时联系虹桥枢纽、上海东站、上海站等上海市重要的对外交通枢纽节点，应保障沿江通道的各条国铁线路可以实现互联互通，为行车运营的灵活组织提供基本保障。

沿江通道的铁路货运主要依托沪通铁路，串

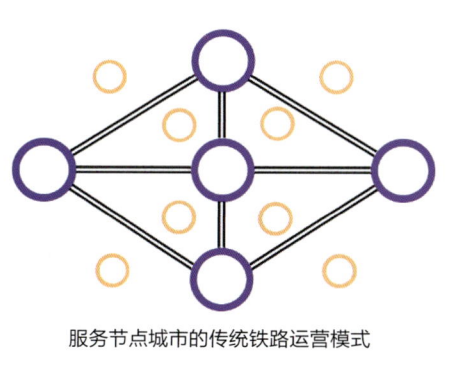
服务节点城市的传统铁路运营模式

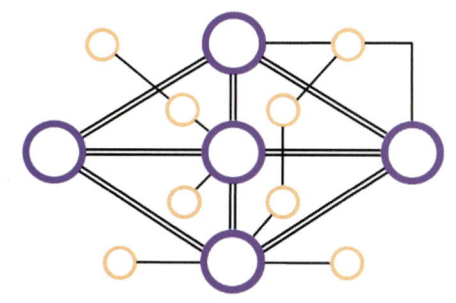
融入城际/市域系统的铁路复合化运营模式

○ 节点城市　　○ 一般城镇　　═ 国铁系统　　— 城际/市域线系统

图7　铁路通道复合化运营示意图

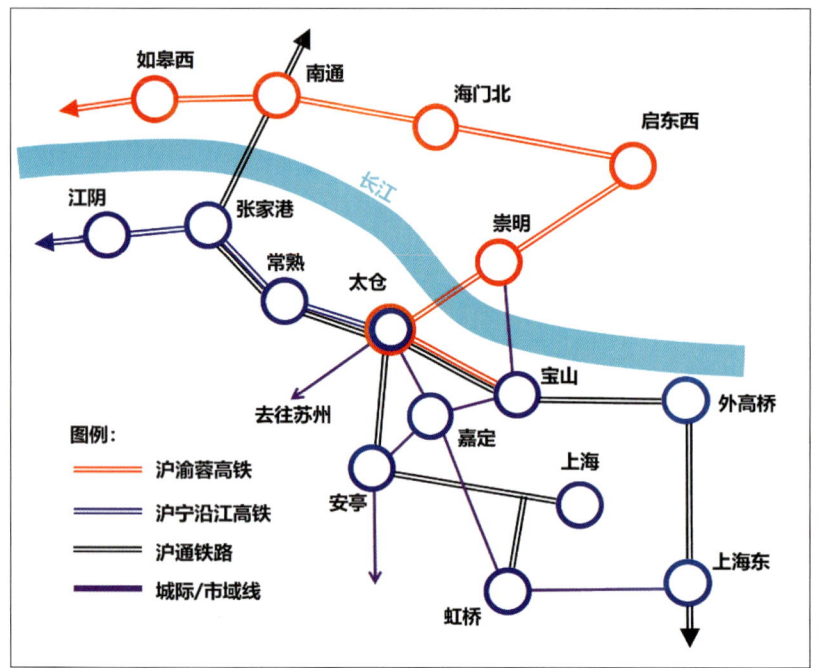

图 8　沿江通道铁路运营组织线路复合示意图

联苏北、苏中地区和上海徐行、外高桥、四团等城市级货运枢纽，其中近期以外高桥站的集装箱业务为主。同时，沪通铁路也兼有重要的客运功能，经停徐行站、宝山站后，最终接入上海东站。2021年6月起，国铁行车标准要求"普速线路原则上不开行动力分散动车组列车，确需开行时，动车组与货车在区间不交会"，沪通铁路二期的运营面临着客货共线组织的重要问题。考虑上海东站的客运枢纽功能，应优先满足其客运服务需求，保障发车频次。对于外高桥集装箱货运站，存在整列发车和调度编组两种行车运输需求，原则上均应安排在晚间进行。

2. 全要素资源统筹策略

全要素资源统筹策略是在初步的选线方案基础上，面向实施层面，进一步校核与控制性规划要素、交通市政基础设施廊道以及自然资源分布的关系。考虑到国铁往往布局在中心城区外围，一定会涉及城镇空间、农业空间和生态空间的统筹，所以在国土资源紧约束条件下，应确保铁路车站有效服务城镇空间，严守生态保护红线，尽量避免对永久基本农田的占用。

（1）严守控制性要素底线约束

控制性要素是对铁路选线方案具有"一票否决"的影响因素，主要包括生态保护红线、文物保护范围、历史保护建筑等。

生态保护红线是国家生态保护战略确定的重要生态功能区和生态系统保护区与修复核心区，在国家生态安全屏障建设中具有重要作用的区域，是严格限制土地开发和利用的区域。根据《上海市生态保护红线》（沪府发〔2023〕4号），上海市生态保护红线总面积2 527.30 km^2，其中陆域面积130.05 km^2，陆域生态保护红线主要是生物多样性维护红线和水源涵养红线。

选线方案涉及古文物和历史保护建筑的，应严格遵循《中华人民共和国文物保护法》的有关规定。建设工程选址，应当尽可能避开不可移动文物；因特殊情况不能避开的，对文物保护单位应当尽可能实施原址保护。根据管理要求，文物保护单位的周围会划出一定的建设控制地带，在文物保护单位的建设控制地带内进行建设工程，不得破坏文物保护单位的历史风貌；工程设计方案应当根据文物保护单位的级别，经相应的文物行政部门同意后，报城乡建设规划部门批准。

（2）强化基础设施廊道要素统筹

在国土空间资源紧约束的发展背景下，重大交通市政基础设施往往会在同一个空间廊道上集约化布置，如沪渝蓉高铁宝山段和G1503上海绕城高速、西气东输超高压燃气管均位于上海"郊环"廊道上。铁路选线应统筹考虑沿线涉及的所有重大交通市政基础设施，如轨道、道路、航道、高压电力铁塔、高压燃气管、原水管以及其他特殊管线，考虑到这些基础设施对于整个城市的运营安全和韧性保障具有重大影响，铁路选线应充分论证工程建设的影响范围，按照相关设施的控制要求尽可能进行原址保护。因特殊情况一定要对相关交通市政基础设施进行迁改的，应进行专题论证并征询权属单位和行业管理部门的意见。

（3）控制自然资源要素空间占用

自然资源要素指的是铁路选线方案因永久征地而占用的林地资源、绿地资源、水体资源和耕地资源等，简称为"林绿水田"要素。上海市的自然资源类要素通常是由行业管理单位在地理信息系统上进行管控，铁路选线应调取沿线一定范围内的所有自然资源要素图斑，在不影响铁路主导功能的前提下，应尽可能地减少对"林绿水田"资源的占用总量，因特殊情况一定要占用的，应按照"功能补偿、占一补一、区域统筹"的原则编制占补平衡专题报告，并取得相关行业管理部门的行政审批意见。

功能补偿：首先确保占用的自然资源所承担的生态功能不减弱，如基本农田功能、城市防护林功能、防汛除捞功能、楔形绿地功能等。

表1 交通市政基础设施廊道要素统筹一栏表

要素类型	控制目标	控制要求
轨道、道路设施	不影响毗邻或交跨的其他轨道交通和道路设施的正常运营	轨道交通参照《上海市轨道交通管理条例》,道路设施主要控制因素为净空、限界等规范条文
水利、航道	不影响重大水利设施的正常运营,保障航道的通行要求	通航净空、通航净宽等
高压电力设施	控制铁塔倾覆不会破坏铁路设施	铁塔高度,加上3.1 m安全距离
高压燃气管	控制地下结构、桥梁桩基等对高压燃气管的安全运营影响	地下结构安全净距10 m以上
原水管	控制地下结构、桥梁桩基等对原水管的安全运营影响	钢管及其他新型材质管道:地下结构安全净距5 m以上; 钢筋混凝土渠道:地下结构安全净距10 m以上
其他特殊管线	控制地下结构、桥梁桩基等对相关特殊管线的安全运营影响	参照对应管线的规范或保护条例

占一补一:工程建设占用的自然资源要素应按照行业标准进行面积认定,用于补偿平衡的面积不得少于占用的面积。

区域统筹:补偿平衡的地块应优先考虑在项目所在街镇区域内就近就地平衡,确实无法平衡的可考虑在更大行政区域内进行统筹平衡。

【咨询效果】

1. 专项规划为城市转型发展带机遇

专项规划中明确沪渝蓉高铁和沪通铁路并线方案,沿G1503上海绕城高速和S7沪崇高速走行,实现两条铁路和一条高速公路在同一廊道中集约化利用。对于城市空间和生态空间的影响降到最低,实现交通、自然、城市的协调统一。加快沪渝蓉高铁和沪通铁路项目的推进,支撑建设国家综合立体交通网络,实现交通强国伟大目标;同时,按照"站城融合"的规划导向对车站周边的城市空间和用地进行开发,也为崇明、宝山、嘉定的转型发展带来机遇。

2. 专项规划顺利获批,后续工程顺利开工建设

《沪渝蓉高铁(上海段)选线专项规划》于2021年9月取得上海市政府批复。基于本规划成果,《沪渝蓉高铁合肥至上海段可行性研究报告》优化完善后报国家发展改革委,并于2021年11月取得批复。2022年,国铁集团、上海市人民政府、江苏省人民政府、安徽省人民政府联合批复《新建上海至南京至合肥高速铁路初步设计》,沪渝蓉高铁上海段工程最终于2023年正式开工建设。

3. 相关规划成果得以广泛应用

规划成果对于后续崇明站和宝山站的综合交通集疏运和站城融合开发研究起到一定的指引作用。为了强化崇明站的服务功能,规划在车站周边区域新增多样化的城市功能,相关规划成果应用于《崇明区城桥城镇圈(城桥片区)国土空间总体规划(2020—2035)》《沪渝蓉高铁崇明站交通配套设施专项规划》以及地区控规编制中。上海宝山区是上海市域层面重要的对外客运交通枢纽之一,结合车站周边的预留开发用地,规划形成集交通、景观、开发于一体的城市综合体,相关成果应用于《大吴淞地区专项规划》《铁路上海宝山站综合交通枢纽及配套工程专项规划》及地区控规编制中。

4. 专项规划经验凝结形成科研成果

项目组成员在专项规划研究过程中,总结经验,提炼重点,形成科研论文成果2篇:《上海市沿江通道干线铁路运营复合化研究》《国土空间资源紧约束条件下上海市域铁路选线规划研究》。同时,全要素规划模式已经成为上海市重大交通市政工程的前期方案推进工作要求,并在类似项目中成功试点并取得了较好的效果。

青浦新城总体城市设计
The Overall Urban Design for Qing-Pu New Town

编写单位：上海市城市规划设计研究院
Shanghai Urban Planning & Design Research Institute
联系电话：021-62473288　　网址：https://www.supdri.com
主要完成人：陈　琳　郭　鉴　刘　帅　陈文澜　苏　日　何　宽　周为天　杨　琳

【点评】

该规划按照"产城融合、功能完备、职住平衡、生态宜居、交通便利、治理高效"的总体目标，承接主城核心功能，在传统城市设计关注空间景观构架、公共开放空间、城市风貌的基础上，采用"专题研究—方案生成—规划传导"的技术路线，拓展城市设计内涵，将城市设计与空间规划相融合，重点围绕生态营造、产业提振、用地优化、魅力塑造等领域加强研究，以设计的思维贯穿工作全过程。该规划聚焦空间品质提升，优化提升总体空间格局；并进一步完善交通网络，优化区域重要交通廊道对空间布局的引导作用和交通枢纽对空间布局的优化作用。充分发挥"水"的特色，塑造"最江南"的城市意象，以总体城市设计为指导，保障好重大产业和功能性项目落地，确保新城规划建设的集中度和显示度。

【项目背景】

新城是上海推动城市组团式发展，形成多中心、多层级、多节点的网络型城市群结构的重要战略空间。国务院批复的《上海市城市总体规划（2017—2035年）》（简称"上海2035"）明确，将位于重要区域廊道上、发展基础较好的嘉定、青浦、松江、奉贤、南汇等五个新城，培育成在长三角城市群中具有辐射带动作用的综合性节点城市。但在发展过程中，新城仍面临一定的短板和问题：新城发展已具备一定能级，但作为区域综合性节点城市的独立性仍未显现。对外交通联系上，缺少独立的对外交通枢纽和高频次的对外交通联系，已成为严重制约新城外向发展的短板；产业功能导入上，制造业准入标准不高、产业辐射性不强、头部企业不多；公共服务能级上，缺少各类高等级、专业性公共服务设施，新城面向区域的综合服务能力和同城化辐射带动作用仍有待提升；生态宜居水平上，新城与近沪城市相比也不具优势，住宅开发和配套环境建设时序不够同步，新城功能品质与其定位并不匹配。这一系列功能发育不足，导致新城吸引力不足，人口导入与建设用地拓展失调。

针对新城面临的新要求和存在的短板，进一步提高规划资源的前瞻性、谋划性和服务性，加强对重点地区、重大项目的弹性适应能力，加强对区域发展的时序统筹，加强对城市发展的服务保障，进一步审视规划建设以及相关政策措施，以落实"人民城市人民建，人民城市为人民"重要理念为基本遵循，在服务全市"五个中心"建设中，把新城高水平规划建设作为一项战略命题，抓住"十四五"关键窗口期，举全市之力推动新城发展。按照"中心辐射、两翼齐飞、新城发力、南北转型"的总体要求，对标最高标准、最好水平，聚焦空间品质提升，在已经批准的青浦区2035总规基础上，落实已印发的"1+6+5"新城规划建设总体政策框架，突出系统研究和整体谋划，对新城既有规划进行再审视和再优化，开展青浦新城总体城市设计工作，确保"十四五"新城高质量规划建设。

【项目内容】

1. 指导思想

以习近平新时代中国特色社会主义思想为指导，全面贯彻党的十九大和二十大精神，牢固树立和贯彻创新、协调、绿色、开放、共享的新发展理念，全面落实构建"双循环"新发展格局要求，坚持从社会全面进步和人的全面发展出发，以"上海2035"为引领，着眼于谋划超大城市整体战略布局和城乡空间新格局，按照独立的综合性节点城市定位，统筹新城发展的经济需要、生活需要、生态需要、安全需要,将青浦新城建设成为引领高品质生活的未来之城、全市经济发展的重要增长极、推进人民城市建设的创新实践区、城市数字化转型的示范区和上海服务辐射长三角的战略支撑点。

2. 核心理念

(1) 坚持高点站位和对标对表

全面贯彻习近平总书记关于城市规划建设的重要讲话精神,深入实践"人民城市"重要理念,充分落实市委市政府对新城规划建设提出的"全新的发展定位、全新的理念运用、全新的系统设计和对既往城市建设实践的全面超越"的工作要求。在系统借鉴国内外最新案例经验基础上,坚持宜居城市、韧性城市、智能城市、低碳城市等最新发展理念,使新城成为引领高品质生活的未来之城和发展样板。

(2) 强化系统研究和整体谋划

统筹兼顾青浦区"十四五"规划及新城规划建设行动方案等已有成果,以系统用地保障、综合交通支撑、空间形态优化、城市意象塑造为重点,整体系统推进研究深化工作。首先,重构用地结构,按照承载百万级人口,千亿级GDP的发展目标,保障产业发展空间,落实住宅用地和住宅建筑规模,匹配公共服务设施用地和绿地。其次,重塑空间意象,突出新城空间品质和特色,统筹整合自然地理环境、文化、交通、生态、城市功能等要素,因地制宜采用差别化空间优化策略,演绎形成"一城一意象"。最后,重整交通枢纽和骨干道路系统,强化交通骨架对新城空间引领和优化作用,锚固新城交通枢纽功能和布局,优化轨道交通线网和骨干路网,提升新城公交网络的服务水平。

(3) 坚持近远结合和有序衔接

在做好总体城市设计研究基础上,细化落实规划管控要求,加强总体城市设计成果对后续新城单元规划和专项规划的工作指引,发挥好对青浦新城功能空间布局和近期开发建设活动的引领作用。同时,统筹兼顾青浦新城"十四五"规划建设行动方案确定的发展目标、实施策略和推进计划,同步做好新城重点地区的相关控详规划编制工作,保障近期重点地区和重大项目建设需求,确保新城"十四五"规划建设的集中度和显示度。

3. 研究内容

(1) 增强独立新城功能,优化提升总体空间格局

① 以高标准产业空间赋能产业发展。优化产业结构,依托"长三角数字干线",推进建设先进制造业特色集群。构建多层次目标模型,确定企业的拆—改—留方案,利用归并、集聚、融合、平衡四大策略,着力建设生命科学、氢能、人工智能、数字信息等特色化产业园区,支撑产业发展。同时,结合中央商务区的打造和新城发展重心的北拓,实现青浦新城空间重构,规划东大盈港—外青松路转型轴,除符合产城融合要求、城市友好型企业予以保留外,原则上不保留企业,按照实施推进情况分步引导企业转型或迁出。

② 以多样化住宅空间承载新城人口。为了支撑新城未来人口增长,对于新城范围内油墩港以东的区域,通过释放留白区,增加住宅用地,并适度提升住宅用地开发强度。将原规划住宅用地容积率从1.7—1.8提升至1.8—2.5。同时根据不同的人口结构,匹配住房供给类型。设置多样化住宅种类,适应未来人口的特色需求,鼓励向TOD、SOD(公共设施与公共空间实施率好的地区)、JOD(主要就业地区)集中。通过优化新城住宅结构,提供特色化的国际社区、创业社区、高品质商品住宅等居住产品,围绕轨道交通站点重点提供特色多元的人才公寓、单身公寓和租赁住房。其中,中央商务区、未来样板社区以及青山社区为TOD主导居住社区,结合轨道换乘站点、新城中心,布局普通住宅与租赁性公寓,营造良好的社区氛围,吸引人才集聚。大盈社区、青山社区、香花桥社区为就业较为集中的居住区,加大租赁住房供应,建立多层次住房租赁体系,满足产业人群居住需求。淀山湖大道周边建设生态型居住区,构建生态引领的未来社区示范区,建设高品质开放社区。

③ 以高能级公共服务促进人口集聚。强化高能级设施配置,重点结合新城中心和大型开敞空间集中布局一批显示度高、获得感强的重大功能性民生项目。青浦新城突出"都市水乡"特色,推进文旅融合与文创产业发展;建设一批辐射长三角的高能级公共服务设施,完善5分钟全龄友好的基本生活服务;通过打造长三角演艺中心、福泉山遗址公园等,凸显江南主题文化特色的文化展示功能。依托大型公园场地,以上达河公园、市政体育公园为核心,构建全域体育休闲网络。拓展医疗康养体系,加快推进中山医院青浦院区、青浦中医医院迁建、儿童医院长三角示范区诊疗中心项目落地。注重教育特色化,构建

一所"未来学校",强化校企联动,强化大学院校与物流总部、研发创新集群联动发展,复旦大学与华为公司合作共建创新学院。

④ 以高品质公园绿地吸引人口集聚。新城既要凸显生态优势,注重城市与自然融合共生的大生态格局,也要保障民生需求,促进公园绿地服务均等化。构建优于中心城的蓝绿交织、开放贯通的大生态格局。夯实生态屏障,强化生态廊道,稳定城镇开发边界。加强组团嵌套、绿廊贯通,强化新城内部蓝绿骨干网络与周边生态空间融合渗透。依托青浦新城水网交织、绿网阡陌的生态空间基底,结合水绿交界处打造公共活力节点,结合骨干水网、绿脉交汇处形成地区性公共服务节点;结合次干水网、绿廊交汇处形成社区性公共服务节点,延展形成独具江南特色的公共服务布局。人均公园绿地面积不低于 11.6 m²。

(2)完善交通网络,突出交通骨架的引导作用

① 强化区域重要交通廊道对空间布局的引导作用。在现状 G50 沪渝高速公路的基础上,结合示范区方向规划新增城际轨道,构建以高速公路、城际轨道为骨干的沪湖城际廊道,培育次级城镇发展走廊,形成青浦新城与湖州、嘉兴、苏州等周边地区的快捷联系。

② 突出交通枢纽对空间布局的优化作用。加强对新城空间布局的优化,并引导枢纽地区集聚和复合开发。重点结合区域客运走廊、新城中心,在现状 17 号线的基础上,引入嘉青松金线和示范区联络线,打造作为区域协同发展节点、未来新城活力核心、"四网融合"关键的城市级客运枢纽——青浦新城枢纽。

③ 建立快慢相宜、客货分离的道路交通体系。加强区域交通互联互通,畅通对外多向大通道,外移新城内货运交通,并进一步强化骨干路网对空间融合的支撑作用。提升骨干公交网络对功能联系的整合作用。

针对江浙沪三地存在多条省界断头路,交通连接不畅的核心问题,东西方向贯通现有崧泽大道交通廊道,缓解南部沪渝高速和沪青平公路的交通压力,向东衔接虹桥国际开放枢纽,向西衔接长三角一体化示范区域;南北方向规划将青赵公路升级为快速路,加强南北方向的直连直通。从而打通毗邻地区"毛细血管",形成与长三角一体化导向相匹配的区域交通网络。

构建"六横五纵"的骨架路网,提高新城路网疏解能力。畅通对外多向大通道,外移新城内货运交通。将沪青平公路货运功能南移至南太路——秀沁路,外青松公路货运功能向秀横路——山周公路转移,在提高新城居民通行效率、保障出行安全的基础上,保证货运交通的畅达无阻。

(3)以水为特色,强化城市意象和特色塑造

青浦新城具有丰富的湖荡、水网资源,新城因水而兴、依水塑城。但现状水的感知度较差、空间单一、滨水活力不足。因此,本次城市设计采用空间叠合的策略,充分发挥水生态、水功能、水服务的复合效能。凸显青浦新城在五大新城中"水网密度最高、水面率最大"的特色优势,做足"水文章"。以水系作为组织城市空间的重要纽带,有机叠合路网、绿网、公共服务等要素,通过水路双棋盘格局、多彩魅力岛链和新江南特色的城市中心,塑造"高颜值、最江南、创新核"的城市意象。

图 1 青浦新城空间叠合分析图

① 水网、绿网、路网叠合,形成覆盖全域的活动网络。通过梳理水系,形成水路双棋盘。按照"不断""不变""不减"的原则,连通断头水系,恢复历史水网,并处理好水网与路网的关系。沿水生绿,构建蓝绿叠合的网络。聚焦东大盈港、上达河、淀浦河等核心水脉,构建"上"字魅力发展轴。逐步引导上达河和东大盈港货运功能外移,沿"上"字水轴布局高能级公共服务设施和城市核心功能。在水脉基础上,扩展水面,塑造特色魅力岛链,形成老城厢魅力岛、文化艺术岛、上达河绿色生态岛、青浦芯数字活力岛等,突出一岛一主题、一岛一特色。

图2　青浦新城鸟瞰效果图

②依水塑城,构筑最江南的"人·水·城"空间关系。处理好水与建筑、路与桥、岸与水的空间关系。打造建筑临河、街道临河、绿化广场临河等多种空间组合模式,塑造特色风格的桥梁,构建从水上或岸边看桥、从桥上看岛的多个视线通廊,形成移步换景、节奏有序的感观体验。营造"城水相融"的空间格局,描绘"最江南"的生活场景。构筑由水上公共交通+步行的慢行网络。通过水上巴士可以到达新城任何一个岛,以步行交通路径为纽带串联商业水街、码头广场等多类亲水公共场所,塑造"最江南"的生活方式。研究制定以水城空间关系为特色的青浦新城建设模式和标准。

【工作过程】

本次青浦新城总体城市设计工作,落实"开门做规划"工作要求,注重市区联动、集思广益,全面汲取优秀设计团队和一流专家的集体智慧,工作工程主要分为三个阶段:

一是开展新城总体城市设计工作营。2021年3月,上海市规划和自然资源局(简称"市规划资源局")会同青浦区政府,邀请中规院、同济规划院、华建集团、上海市城市规划设计研究院等派出骨干团队开展设计工作营,并邀请知名专家全程指导。

图3　最江南的"人·水·城"空间意向图

二是在高水平设计方案基础上组织开展成果整合。2021年4—5月，聚焦用地布局、综合交通、空间形态、城市意象等关键内容，在国际方案征集、工作营各团队方案研究基础上，对照《关于本市"十四五"加快推进新城规划建设工作实施意见》以及《上海市新城规划建设导则》中的基本要求，整合提炼形成青浦新城的总体城市设计成果。

三是充分强化市区联动基础上全面听取各方意见。充分发挥新城所在区的主体责任，市规划资源局主动服务，加强工作支撑、技术指导和组织保障，会同青浦区共同明确工作路线图和时间表。同时，注重和新城各专项工作衔接，并于2021年5月24日征求了市发展改革委、市经信委、市住建委、市交通委等各相关委办局意见。2021年7月，经上海市政府常务会议审议通过，上海市新城规划建设推进协调领导小组办公室印发新城总体城市设计成果。

【咨询工作特点及经验教训】

1. 主要难点与挑战

（1）青浦新城如何落实此次"新城发力"的总体目标，成为沪湖廊道上独立的综合性节点城市

青浦新城作为青浦区的核心，在周边城市发展中，对周边的辐射带动作用始终不突出，表现在缺少高能级设施、人口引力不足、新城副中心培育缓慢、缺乏对外枢纽等问题。此次新城总体城市设计，要按照"产城融合、功能完备、职住平衡、生态宜居、交通便利、治理高效"的总体目标，将青浦新城打造成为沪湖廊道上的节点城市，以创新研发、商务贸易、旅游休闲功能为支撑，具有江南历史文化底蕴的生态型水乡都市和现代化湖滨城市。

（2）青浦新城如何破解"南城北产"格局，做到产城融合，实现产业与空间的良性互动发展

青浦工业园区为青浦新城的重点地区之一，占地56 km^2，约占青浦新城总面积的61.5%，规划为青浦新城未来发展的重要引擎和发力点。但目前，青浦新城整体上面临"南城北产"空间分割、产业发展主导龙头缺位等问题，亟须在城市设计中开展研究产业与空间的发展关系，以高标准产业空间赋能产业发展。

（3）如何彰显青浦特色，塑造"最江南"的城市意象

"水"为青浦新城最突出文化标志，建立生态自然与人行动线交叠的"水陆双棋盘"总体空间肌理。将蓝绿生态空间、交通网络、城市功能叠合，聚焦复兴多处城市特色文化片区，在风貌上充分演绎"高颜值、最江南、创新核"的青浦"江南风"城市意象。

2. 规划创新

（1）拓展城市设计内涵，将城市设计与空间规划相融合

此次青浦新城的总体城市设计在传统城市设计关注风貌塑造、景观构架、公共空间的基础上，更加注重城市设计与空间规划的相融合，聚焦两个方面的特征内涵延伸：一是成为沪湖廊道上独立综合节点城市，二是成为面向长三角引领高品质生活的未来之城。在以人为本的基础上，聚焦产业提振、用地优化、交通便捷和个性的营造。在以人为核心的理念下，从具象到抽象，从设计空间到整合资源，实现感性认知和理性规划的螺旋上升。在设计方法上，注重城市设计与多维大数据等分析手法的融合，应用于产城融合、通勤模拟、活力热点等分析中。改变传统城市设计的空间组织逻辑，尊重自然，以水脉为脊、生态为基，打造新城核心骨架。充分发挥水生态、水功能、水服务的复合能效，将生态、交通、公共服务、城市功能之间形成叠合互动。同时，注重滨水空间的规划建设引导。

（2）采用"专题研究—方案生成—规划传导"的技术路线，以设计的思维贯穿工作全过程

首先，城市设计分别从生态、特色、使用三个维度出发，分别聚焦生态本底、新城魅力、功能结构等重点问题的研究，借鉴世界级滨水区、枢纽建设规划等国际案例，开展专题研究。

其次，聚焦青浦新城特色，在蓝网+绿脉+核心骨架分析的基础上，采用"叠合"策略，以水系作为组织新城空间的重要纽带，充分发挥水生态、水功能、水服务的复合能效，将生态、交通、公共服务、城市功能之间形成叠合互动。

最后，形成下层次的引导，以方案为核心，落到理性化管控中。一是注重滨水空间的规划建设引导。按照"目标—策略—导引"的逻辑，在生态和谐、活力魅力、景优气质三大目标下，形成九大建设策略，落实到五类滨水空间的建设引导中。二是重点加强上字水轴核心空间的规划引导。以生态优先、空间连续、滨水退界、滨水高度和滨水贴线为要点，形成空间管控策略。三是强化对重点地区的规划引导。重点加强对中央商务区示范样板区的引导，包括枢纽、地下空间、中央

公园、水岸空间等重点内容的设计引导。

（3）本次新城总体城市设计工作坚持"开门做规划"，注重集思广益，加强市区联动，充分体现高水平、高效率和高质量

一是全面汲取优秀设计团队的集体智慧。通过开展总体城市设计国际方案征集、工作营等多种形式，邀请国内外一流团队为新城规划建设贡献智慧。二是新城核心专家全程指导把关。邀请市级专家和各新城规划建设专家委员会成员，为工作营和方案汇总全过程出谋划策。三是充分听取各方意见。加强与新城所在区和管委会的对接，形成市区合力，共同完善方案。

【咨询效果】

总体城市设计印发后，以总体城市设计为指导，指导青浦新城推进后续规划建设工作。

一是，开展新城单元规划编制工作。突出《青浦新城总体城市设计》规划重点，深化落实相关理念与要求，对总体城市设计中明确的新城发展定位、空间结构、交通提升、景观构架等内容，进行法定化落实，进一步统筹新城周边发展，联动赵巷、重固等区域，融入新城建设，完成住房保障、公共服务配套深化，及道路交通、市政等基础设施的支撑配套，为后续规划建设的提供依据。

二是，推进各重点领域专项深化工作。围绕青浦新城核心空间意象，聚焦水特色、水环境品质提升和生态优先发展，打造便利的综合交通体系，进一步促进产城融合，以产业发力带动新城发力。联合发展改革委、建管委、水务局、绿容局等多部门合作，深化了综合交通、产业发展、空间品质、公共服务、环境品质和新基建等重点领域专项深化工作。

三是，扎实推进重点地区规划建设。在总体城市设计成果指导下，完成了中央商务区、老城厢和艺术岛等重点地区的城市设计及控制性详细规划编制工作。在此指导下，三线换乘枢纽、环城水系三期、复旦大学附属中山医院青浦新城院区一期工程相继开工，保障好产业和功能性项目落地，提升新城规划建设的集中度和显示度。

四是，举办新城展和空间艺术季，以"新筑未来、城载梦想"为主题，集中展示"新城发力"战略实施两年来青浦新城在城市设计、建筑设计和景观设计上的优秀成果，传递和展示"新城之新、在于创新""设计赋能、点亮新城"的主题和人民城市发展的实践轨迹。在青浦规划展示中心内，以展板、模型、视频、宣传册等方式，分别展陈青浦新城总体城市设计、"十四五"青浦新城规划建设重点片区、青浦新城绿环、重点项目和地标建筑模型等规划设计成果，体现以设计服务人民，突出汇聚众智的"设计展"，以此来彰显新城发展理念、展现美好愿景、凝聚社会各方共识，推动青浦新城迈向"最现代的未来之城"。

图4　示范样板区城市设计效果图

临港新片区公共交通规划

Public Transport Planning for Lin-gang Special Area of China (Shanghai) Pilot Free Trade Zone

编写单位：上海浦东建筑设计研究院有限公司
Shanghai Pudong Architectual Design & Research Institute Co., Ltd.
联系电话：021-50455300　　网址：https://www.pdadri.com
主要完成人：张大伟　陈　龙　张临辉　李朝阳　周晋冬　温　馨　李丽斌　潘晓悦　张　毅　韦权伦

【点评】

该规划充分利用大数据分析技术，精准剖析了临港新片区公交体系的现状与问题，体现了咨询工作的高度专业性和数据驱动的决策特点。规划运用大数据分析临港新片区公交出行特征，深入剖析现存公交体系问题，并借鉴国际先进经验，提出针对性发展目标与战略。在问题解决思路上，规划团队创新性地提出了"提升时效性、完善可达性、展示创新性"三大核心策略，通过优化线路布局、增加班次频率、推广智能公交系统等措施，实现了公交服务的全面升级，不仅解决了当前公交系统的痛点，更为新片区未来的发展预留了充足的空间。该项目规划成果得到主管部门高度认可，并纳入相关重大规划及政府工作计划中，推动了多个关联项目的落地实施，形成了多种技术应用转化成果。

【项目背景】

1. 党中央、国务院同意设立中国（上海）自由贸易试验区临港新片区，临港新片区迎来重大战略升级，临港新片区的交通、经济、产业、体制迎来多重发展机遇和契机

2018年11月，习近平总书记在首届中国国际进口博览会开幕式上，宣布增设上海自由贸易试验区新片区（简称"新片区"）。

2019年8月6日，国务院印发《中国（上海）自由贸易试验区临港新片区总体方案》。

2019年8月7日，临港新片区行政服务中心正式揭牌。

2019年8月20日，中国（上海）自由贸易试验区临港新片区在滴水湖畔正式揭牌。

设立中国（上海）自由贸易试验区临港新片区，是以习近平同志为核心的党中央总揽全局、科学决策作出的进一步扩大开放重大战略部署，是新时代彰显中国坚持全方位开放鲜明态度、主动引领经济全球化健康发展的重要举措。习近平总书记指出，上海自贸试验区临港新片区要进行更深层次、更宽领域、更大力度的全方位高水平开放，努力成为集聚海内外人才开展国际创新协同的重要基地、统筹发展在岸业务和离岸业务的重要枢纽、企业走出去发展壮大的重要跳板、更好利用两个市场两种资源的重要通道、参与国际经济治理的重要试验田，有针对性地进行体制机制创新，强化制度建设，提高经济质量。长三角三省一市要增强大局意识、全局观念，抓好《长江三角洲区域一体化发展规划纲要》贯彻落实，聚焦重点领域、重点区域、重大项目、重大平台，把一体化发展的文章做好。

2. 临港新片区要打造开放创新、智慧生态的现代化新城，需要协同推动新片区公共交通高质量发展，交通引领促进经济产业的整体提升

临港新片区未来作为更具国际市场影响力和竞争力的特殊经济功能区，其功能定位为最开放创新的全球资源配置枢纽、最智慧生态的未来城市样板、最体现产城融合的新城建设城市典范及最宜业宜居的人才聚集高地。临港新片区要打造开放创新、智慧生态的现代化新城，离不开高效便捷的交通体系，而完善的城市公共交通系统作为城市交通系统的重要组成部分，不仅提供市民舒适便捷的出行交通方式，也是引导城市有序开发和利用的重要手段，更是实现现代城市社会、经济和环境可持续发展的保障，需

要高度重视并提前谋划。目前，临港新片区已建成投入运营的轨道交通线路仅有一条16号线，连接临港、惠南、周浦、康桥等多个区域，整体的公共交通发展水平还有待提高，以满足新片区高标准、高起点的发展需求。编制新片区公共交通规划（简称"本规划"），将对新片区国土空间规划交通层面提出引导和控制，为新片区的综合交通设施的规划建设和管理提供科学合理的依据。

【项目内容】

1. 多方问询讨论，多源数据采集进行现状调查分析

通过现状调查、资料收集、专家咨询和会议讨论，分析新片区现有公共交通线路、场站布局的合理性与适应性，并进行评价，同时开展公交乘客出行特征及民意调查，为方案制定提供一定依据。

2. 国际先进对标，因地制宜制定公共交通发展目标和战略

（1）案例分析

通过对日本横滨、英国金丝雀码头、美国硅谷、新加坡及中国香港等公交高度发达的城市发展经验总结，结合新片区的区域特征及发展趋势，提出公共交通合适的发展建议导引。

（2）出行需求分析

根据区域人口、预测的出行总量及出行方式比例，得出新片区近远期公共交通出行需求，为线网规划、场站规划提供数据支撑。

（3）发展目标

提出"打造便捷可靠、方便友好、智慧多元的先进公交客运体系"的总体发展目标，具体包括提升时效性、完善可达性、展示创新性三个方面。

3. 公交线网形成多层次、多类别、一张网规划方案，分地区精细化制定详细的线路规划，同时对线网方案进行多角度全方位评估

提出新片区公共交通多层次体系，分骨架公交、常规公交和辅助公交三类，其中常规公交又分对外线路、区间线和区内线三种。提出常规公交线网总体方案，分地区制定详细的线路规划方案，为区域2025年公交发展提供详细指导。同时针对骨架公交、常规公交方案，对应提出的发展目标，从规模、覆盖、时效等多角度进行全方位评估。

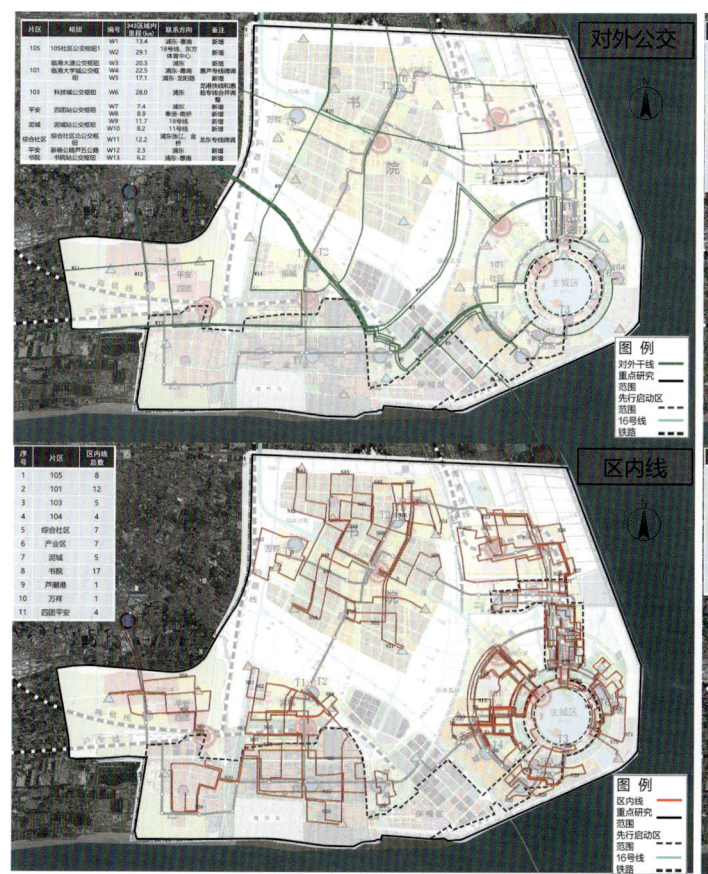
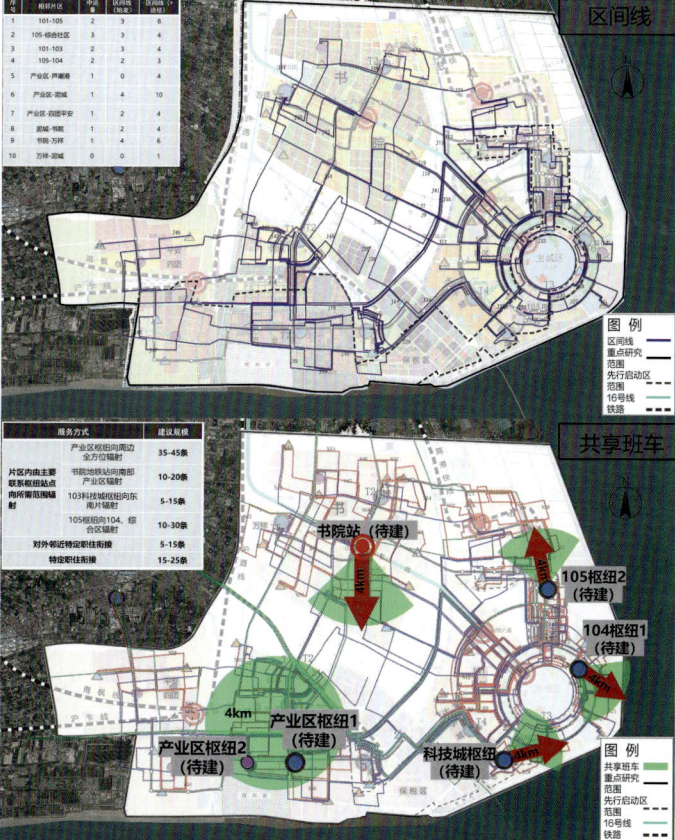

图1 远期常规对外公交、区间线、区内线、共享班车规划图

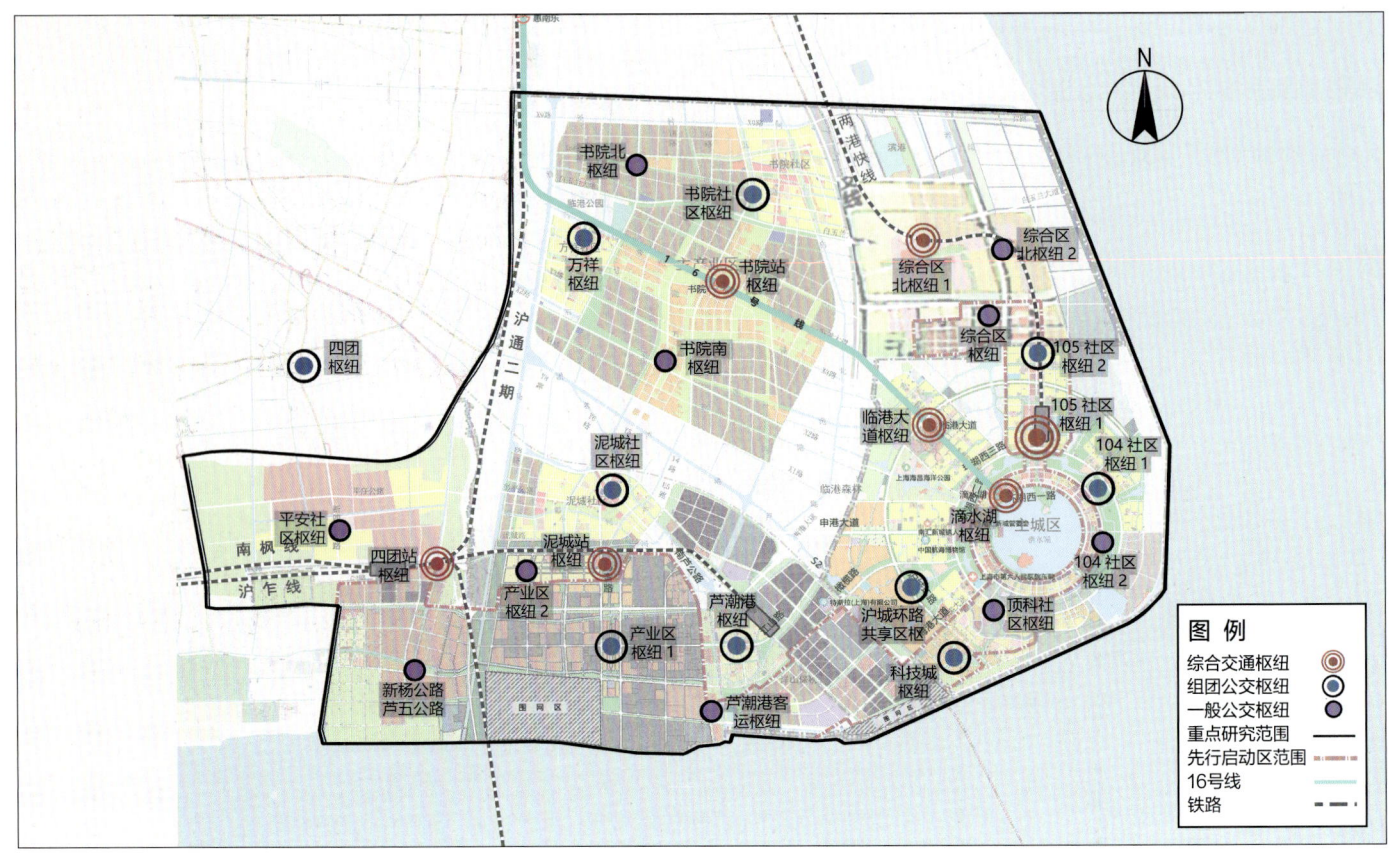

图2　远期场站规划图——公交枢纽

4. 创新性提出打造新片区内部15分钟公交服务体系，形成公交站场规划方案，落实控规，并纳入临港新片区综合交通"十四五"规划等重大规划

根据国家有关标准，结合上海市的具体情况，提出公共交通站场的分类、分级体系和建设标准，明确各自的功能和它们与线网、其他交通方式、客流集散点之间的相互关系，按照15分钟可达提出站场的总体布局和规模、位置，为规划部门红线规划和用地预留控制提供依据。结合公共交通线网的优化调整方案和城市交通基础设施建设的进展，提出站场建设的分期实施计划。

5. 其他发展规划导引支撑新片区智慧和绿色公交发展

提出区域出租车、网约车、分时租赁发展相关策略、措施和实施建议，以及智慧公交站台及智能网联公交发展建议等

6. 制订近期实施计划，为新片区管委会落实项目实施提供依据

近期实施计划包括：中运量示范线具体方案；常规公交提升（对外、内部）、调整优化具体方案，公交站点增设方案；公交场站具体用地及建设方案。

7. 制定可持续发展政策保障体系

制定中运量示范线的产业支撑政策，建立常规公交考核后评估制度、常规公交灵活运营调度模式配套等措施机制。

【工作过程】

本规划研究工作具有涉及面广、专业诸多、研究时间跨度大、研究任务重、基础资料收集与分析烦琐、协调部门及相关管理部门众多等特点。经过多轮调研、讨论、汇报与修改，在广泛听取上海市交通委、新片区管委会、相关主管部门、各街镇及相关领导意见的基础上，最终形成规划成果。

2019年10月10日，在新片区管委会召开临港新片区公交客运专项研究启动会。

2019年10月10—12日，现场调研。组织相关工作人员第一轮现场调研3天，启动线上线下问卷，收集公共交通基础数据，例如线路信息、站点信息、场站信息等。

2019年10月24日，新片区管委会领导听取临港新片区公交客运专项研究初步进展情况汇报并提出深化意见。

2019年10月29日，同临港集团针对公交客运进行深化对接。

2019年10月31日，在新片区管委会建设交通处听取临港新片区公交客运专项研究新一轮进展情况汇报并提出深化意见。

2019年11月22日，上海市道运局组织专题讨论临港新片区地面公交优化工作研究。

2019年12月11日，临港集团针对公交公司组建汇报并听取公交客运规划进展。

2020年1月2日，新片区管委会建设交通处来我院调研，听取临港新片区公交客运专项研究新一轮进展情况汇报并提出深化意见。

2020年3月，新片区管委会牵头组织相关人员对示范线沿线、规划场站及站点进行细致的现场踏勘。

2020年4—7月，结合多轮调研和相关主管部门的建议，修改完善规划方案说明书和图集，形成中期成果。

2020年7—10月，配合对接临港新片区综合交通"十四五"规划公共交通部分方案，相关成果纳入其中；同时支撑"十四五"新片区国土空间规划研究公共交通规划布局方案；形成规划文本。

2020年10—11月，新片区管委会建交处召开结题专家评审会，提交规划最终成果，新片区管委会逐步推进实施工作。

【咨询工作特点及经验教训】

1. 咨询工作特点

（1）提出"提升时效性、完善可达性、体现友好性"三大发展愿景战略

结合新片区的独立现代化新城定位和发展需求，通过国际先进对标，制定定性与定量相结合的公共交通发展目标，提出"打造便捷可靠、方便友好、智慧多元的先进公交客运体系"公交发展目标，具体提出"提升时效性、完善可达性、体现友好性"三大发展愿景战略。其中创新性提出打造新片区内部15分钟公交服务体系，并纳入《中国（上海）自由贸易试验区临港新片区综合交通"十四五"规划》，支撑枢纽布局方案，作为重要指标。

① 提升时效性的具体目标是实现3个15分钟。

② 完善可达性的具体目标是覆盖率和便捷度：90%以上枢纽出发线路覆盖70%以上人口和岗位；枢纽间线路承载50%以上客运量；1次乘车到枢纽；临港386 km²范围内500 m覆盖半径不低于75%；启动区内500 m覆盖半径不低于80%。

③ 体现友好性的具体目标：新能源公交车100%、智慧网联100%和智能站台100%。其中公交枢纽以服务骨干公交线路和组团间联络线

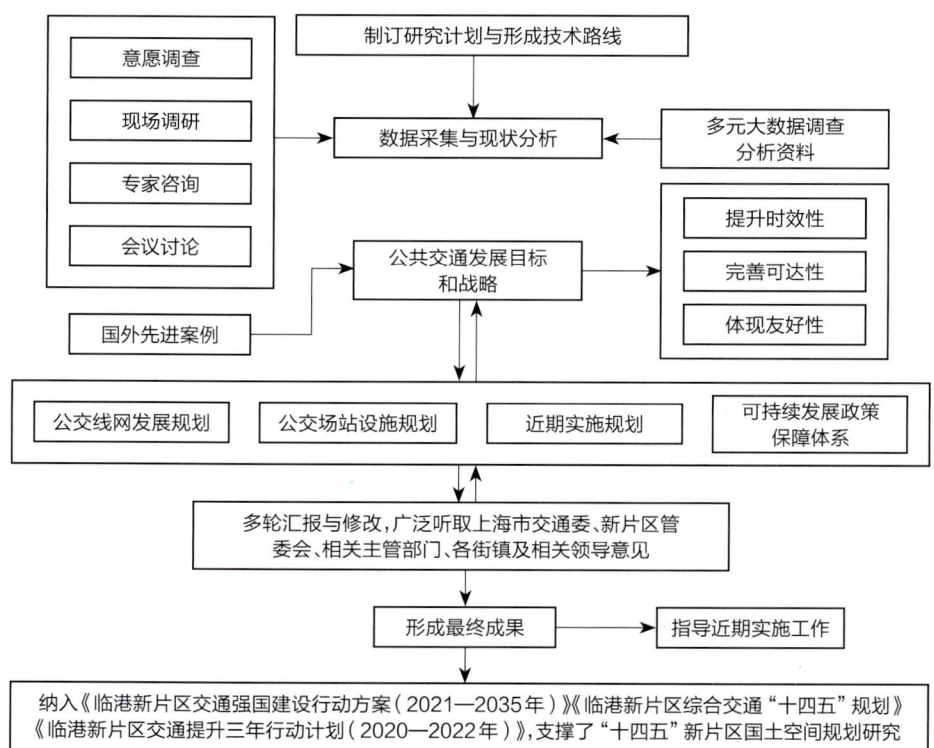

图3 技术路线图

等为主,构建良好的换乘体系,创新性提出打造新片区内部15分钟公交服务体系(15分钟相邻枢纽间转换、15分钟枢纽到社区覆盖),建立以公交枢纽为锚固的公交客运可达性覆盖体系。具体方案是以相邻枢纽间15分钟(即独立路权中运量支撑下6—7 km可达距离、常规公交4—5 km可达距离)测算公交枢纽需求,在已建和已有规划枢纽的基础上,结合新片区各组团具体分布、规模,按照每个组团2—3个公交枢纽、相邻枢纽15分钟换乘新增公交枢纽,形成枢纽场站方案纳入《中国(上海)自由贸易试验区临港新片区综合交通"十四五"规划》,为下一步公交枢纽实施提供了直接依据。

(2)强化各系统规划体系衔接,多个专业规划整合形成规划"一张图"

本规划工作在临港新片区综合交通"十四五"规划启动前就开展编制,这为《中国(上海)自由贸易试验区临港新片区综合交通"十四五"规划》中的公共交通规划部分、《"十四五"新片区国土空间规划》等编制提供了重要基础支撑,承接了上下层级的规划内容,强化了各系统规划体系衔接。

"一张图"是规划编制中对临港新片区的多个专业规划进行了整合,而不是对既有各项规划的简单汇总拼合,目的是凝聚共识,综合平衡各种因素和相互关系,成为临港新片区公共交通发展的指导纲领,远期形成以市域铁路、轨道交通为主,内部以市区线和中运量为核心骨架,常规公交有效接驳,辅助公交为补充的总体格局。

(3)基于多元多维大数据(手机信令大数据、公交数据)开展独立的出行或运行特征分析,确保方案的精准可靠

基于手机信令大数据,并经多场景多数据源校验的扩样后,得到职住人口分布、职住分离分布、全方式出行需求及潜在偏好公交出行需求;基于公共交通刷卡扫码数据与公共交通车辆GPS轨迹数据,在场景缺失环境下推算公共交通车辆所行驶线路信息,从而挖掘处理得到公共交通站点上下客、公共交通站间OD、公共交通车辆内载客量等公共交通客流特征,并可基于刷卡频次识别通勤卡用户,用于通勤公共交通客流特征分析。研究分析中研发出"一种基于GPS轨迹数据的出行方式识别方法"形成专利;部分研究成果应用于"大中城市公共交通体系构建关键技术研究"横向项目;研究还形成有关"公交主干线优化方法研究""公交服务水平、交通需求管理与公交吸引力分析"方面的多篇论文;大数据分析保障了常规公交线网方案的可靠性。

2. 问题解决思路和方法

(1)特性和共性经验结合

总结国际先进公交都市的公共交通发展经验,并运用大数据分析临港新片区公交出行时空特征,剖析现状常规公交体系和相关问题,从"提升时效性、完善可达性、展示创新性"三个方面,提出了符合临港新片区特征的常规公交发展目标和战略。

(2)注重部门合作、专家指导和社会参与

编制过程中,项目委托方全力配合,相关主管部门、高等院校、行业专业等共同参与。其间多次问卷调查咨询公众意见,确保规划工作的科学合理。

(3)重视系统研究、分地区、远近期方案评估

公交线网形成多层次、多类别、一张网规划方案,分地区精细化制定详细的线路规划,同时对线网方案进行多角度全方位评估,引领和支撑线网结构的不断优化。

【咨询效果】

1. 规划成果纳入相关重大规划编制及政府部门年度工作

2021年11月,临港新片区正式发布交通强国建设行动方案,本规划成果纳入《临港新片区交通强国建设行动方案》,其中提出了全面构建一体化的公共交通网络,构建以区域轨道为骨干线、中运量公交为区域线、常规公交为接驳线的三级线网,建立公共交通网络化运营模式,整合提升城乡公交线网服务水平。优化区域内部公交,针对轨道交通接驳、15分钟生活圈出行完善内部公交网络。

规划提出建设以轨道交通、中运量公交等快速公交为骨架,多层次地面公交为基础,辅助公交为补充,客运枢纽为衔接的多模式、一体化的公共交通体系;"十四五"期间,中运量建设里程50 km以上;常规公交线路总数达到91条,其中27条对外干线、21条区间线和43条区内线,总里程达到965 km。均有效地支撑并纳入了《中国(上海)自由贸易试验区临港新片区综合交通"十四五"规划》,同时指导了公共交通枢纽、停保场的规划布局。本规划也为"十四五"新片区

国土空间规划研究提供了有效的技术支撑。

规划成果中常规公交车辆数、常规公交线路数站点数、公交运营里程等数据支撑了新片区建交处年度统计计划工作；本规划近期方案纳入《中国（上海）自由贸易试验区临港新片区交通提升三年行动计划（2020—2022年）》中。

2. 推动枢纽项目落地实施，支撑新片区氢能产业

本规划支撑了临港新片区管委会建设交通处的《关于商请支持新片区综合能源补给站和公交场站落实规划的函》，有效指导推动了芦潮港公交枢纽和古棕路公交停车场等落实规划，其中芦潮港公交枢纽在芦潮港社区控规中落地（E0205地块），位于江山路北、港辉路西，用地面积由原规划2 053 m^{2}调整至4 500 m^2，已立项并启动建设。同时本规划还支撑了临港氢能产业和中运量系统的发展落地。

3. 研究成果应用于一镇一策公交线网优化调整实践，部分公交线路方案已落地实施

规划提出的近三年公交线网行动计划支撑了泥城等地区公交线网调整方案，同时支撑了近期线网方案落地：对包括洋山专线、洋山专线区间、申港3路、自贸试验区洋山1线、大泥专线、1123路、浦东60路在内的7条线路进行调整；另外新增上海第六人民医院临港分院至惠南镇定班线、轨交接驳1线、轨交接驳2线、轨交接驳3线4条线路。

4. 研究成果形成多个技术应用转化，产学研效应显著

本规划创新成果形成多个技术应用转化如下：

① 形成32篇论文，其中10篇被SCI、SSCI收录。

② 形成"一种基于GPS轨迹数据的出行方式识别方法""一种基于停车场实时运行大数据的停车监测系统"等专利。

③ 国家社科基金重大项目"公共交通导向的城市发展与土地利用模式研究"等5个纵向课题项目。

④ "大中城市公共交通体系构建关键技术研究"横向项目。

⑤ 1本著作《城市交通与道路规划（第二版）》（华中科技大学出版社2020年版）。

⑥ 1个标准《城市道路交通规划标准》。

5. 社会、经济效益明显，产生了积极的社会反响

本次规划的研究成果和项目应用获多家新闻媒体报道。多家线上媒体也对相关研究成果和应用项目开展进行了宣传，"上海发布"官方微博及公众号刊登《临港新片区交通强国建设行动方案发布！》，"浦东发布"官方微博及公众号刊登《全方位提升公共交通服务能级！临港一批交通建设运营重大项目启动》，学习强国App发布《临港新片区中运量T1线试运行》，受到社会各界广泛关注。

中国（上海）自由贸易试验区临港新片区多层次轨道交通线网规划研究

Research on the Planning for Multi-level rail Transit Network in Lin-gang Special Area of China (Shanghai) Pilot Free Trade Zone

编写单位：上海市隧道工程轨道交通设计研究院
　　　　　上海市上规院城市规划设计有限公司
Shanghai Tunnel Engineering & Rail Transit Design and Research Institute
Shanghai Planning Institute Design Co., Ltd.
联系电话：021-54519988　　网址：https://www.stedi.cn
主要完成人：吕正昱　张毅媚　况丽娟　赵灵健　李志琦　李　英　张天畅　陈　卓　彭秀秀　孙　硕

【点评】

该研究以问题为导向，对临港新片区范围内的轨道交通系统进行统筹规划研究，探索适应临港新片区发展的轨道交通发展模式。在对临港新片区发展战略及交通需求深入剖析的基础上，以"层次分明—通道辐射—核心强化—枢纽锚固—片区联动"为主线，有机整合区域内铁路、市域线、市区线及局域线系统，首次提出新增临港新片区与中心城直达的快速轨道交通，构建新片区功能复合、体系融合的多层次轨道交通线网方案，以及线网实施规划和近、远期建设时序建议。本研究是临港新片区轨道交通研究方面的有益探索，可为临港新片区后续轨道交通设计、建设提供指导和借鉴，实现对新片区轨道交通关键通道和规模进行规划预控的目的。

【项目背景】

1. 政策背景

2019年7月27日，国务院批复了《中国（上海）自由贸易试验区临港新片区总体方案》，在上海大治河以南、金汇港以东以及小洋山岛、浦东国际机场南侧区域设置中国（上海）自由贸易试验区临港新片区（简称"临港新片区"）。建设临港新片区是新时代国家完善改革开放空间布局，推进"一带一路"、长江经济带、长三角一体化发展的关键性举措，对于带动长三角乃至全国新一轮改革开放具有重大意义，是上海提升城市能级和核心竞争力的重大历史性机遇，也是交通引导城市发展的新挑战。

2. 项目来源

为高标准、高质量推动临港新片区建设，根据新片区国土空间总体规划要求，新片区管委会启动了分片区编制单元规划工作，并于2021年委托开展"临港新片区铁路与轨道交通预控规划研究"工作，对铁路、市域线、市区线、局域线线路和重要场站进行规划控制。"中国（上海）自由贸易试验区临港新片区多层次轨道交通线网规划研究"作为重要子课题之一，由上海市隧道工程轨道交通设计研究院联合上海市上规院城市规划设计有限公司开展编制。

3. 研究工作重要性

轨道交通作为城市发展的重要系统，对支撑临港新片区未来高密度高强度开发、促进城市集约高效可持续发展具有重要作用。临港新片区规划建设成为更具国际影响力和竞争力的特殊经济功能区，亟须构建层次分明、高效畅达、有序衔接的多层次轨道交通体系，充分发挥不同层次轨道交通体系的组合效率，推动临港新片区轨道交通与城市功能、产城融合联动发展，全方位提高临港新片区综合交通服务保障能力。

【项目内容】

1. 指导思想

落实交通强国发展战略，服务临港新片区高标准、高质量建设要求，构建符合临港新片区特点，功能层次分明、空间布局协调、多网融合发展

1. 临港新片区定位提升后提出的首个轨道交通多层次线网专项规划，落实了多层次轨道规划理念，优化并确立了与临港新片区新空间格局相协调的多层次轨道线网布局。

区域高质量一体化发展对多层次轨道交通的融合发展提出了更为迫切的需求。临港新片区为尽快落实高标准高质量建设目标，轨道交通"一体化"和"高质量"发展的必要性显而易见。本研究是临港新片区定位提升后的首个轨道交通多层次线网专项规划，在深入剖析区域发展肌理的基础上，围绕区域出行需求和特征、临港新片区"单中心+沿海带状+多组团"城市特点等，新增临港新片区与中心城联系的直达快速轨道，从主城区内部集聚、区域通道集约利用角度出发，优化确立了由铁路、市域线、市区线及局域线组成的多层次轨道交通网络体系。

2. 科学研判发展诉求，详细论证关键通道，明确新增临港新片区与中心城直达快速轨道的需求和必要性

当前临港新片区对外交通正在加快发展，在建南汇支线实现了与东方枢纽、虹桥枢纽的高效、便捷、快速联系，正在推进的市域南枫线、沪乍杭铁路、沪通铁路、四团枢纽等可实现与奉贤、金山及长三角的快速联系。但从临港新片区对外出行需求来看，往奉贤、金山方向的需求仅占比15%，而往中心城及浦东方向的需求占到60%，为临港新片区对外出行的最主要方向，现状及规划仅有16号线、南汇支线、规划曹奉线服务。预判临港新片区与中心城联系需求随着政策的落地未来势必激增，16号线现状高峰小时饱和度已达90%，直达车和大站车全天分别为2班和8班且仅在平峰期开行，横向对比南汇新城与中心城联系效率居五个新城末位，难以满足临港新片区与市中心快速、公交化出行需求。结合临港新片区"15、30、60、90"和南汇新城"30、45、60"交通出行目标的要求，本研究提出需新增与中心城联系的直达快速轨道，以支撑临港新片区近远期发展建设。

3. 基于临港新片区国土空间规划27号线南延伸设想，首次提出新增快线，明确新增快线的功能定位和总体方案

本研究在临港新片区国土空间规划中27号线南延伸设想的基础上，首次提出新增快线，将原27号线继续向南延伸并提升为临港新片区联系市中心的市域快速轨道交通线。新增快线初期考虑起于临港滴水湖，止于上海科技馆，并预留向北、向西延伸条件，沿线串联泥城、新场、国际医学园区、张江、陆家嘴等重点地区，全长约75 km，拟采用最高速度160 km/h以上的市域轨道列车，运营采用直达、大站及站站停三种模式，以期实现临港新片区与市中心间快速、公交化的联系。另外考虑临港新片区的逐步开发建设，为未来发展预留弹性空间，提出新增快线与临港新片区轨道市区线顶科站—开放区站段初期贯通运营、远期拆分的方案设想，可实现以较小代价满足临港新片区近、远期发展需求的目标。

4. 因地制宜，强化多层次轨道交通与临港新片区空间布局互动，促进轨道交通系统与城市空间的协同发展

临港新片区位于上海市东南角海陆相汇处，离市中心城区约55 km，自身区位决定了临港轨道交通的服务范围、服务层次、服务品质应与长三角、中心城及周边地区、临港新片区内部等不同尺度下的城市出行需求相协调。临港新片区内部以"轴向带动、大疏大密、有机生长"作为空间组织模式，东部以主城区为功能核心，集聚发展程度待提高；中西部以奉城和海湾为辅核，强化周边片区带动；二者依托沿海发展集聚带强化东西联动。为此本研究从梳理临港新片区内对外轨道交通系统入手，结合临港新片区未来的发展需求和趋势，明确当前最为迫切的是解决临港新片区与中心城的快速联系需求；在稳定对外轨道交通骨架体系的前提下，重点立足临港新片区主城区，以枢纽锚固、服务重点地区、覆盖客流走廊为布局导向，耦合市区线与临港新片区主城区空间布局；在区域内铁路、市域线及市区线方案的基础上，充分发挥局域线作为其他轨道交通的补充和接驳功能，弥补各组团内的联动需求。通过上述策略实现临港新片区功能、空间和交通的集聚汇合，满足高质量发展要求。

5. 基于临港新片区现状发展需求和近期发展重点，评估项目建设的紧迫性，制定分阶段的多层次轨道线网建设时序建议

本研究考虑临港新片区的现状发展短板、未来交通出行需求、近期建设重点和片区开发进展，综合研判项目的轻重缓急，提出了整体谋划临港新片区多层次轨道发展分三个阶段推进方案。第一阶段优先建设新增快线，服务临港新片区与中心城快速联系的迫切需求，并通过近远结

合的交路设计满足临港新片区分阶段的建设发展需求。近期在市域层面，由新增快线、16号线及南汇支线共同服务对中心城及浦东方向的快速联系需求；在临港新片区主城区内部，通过局域线T1线及新增快线满足组团间出行需求。第二阶段考虑到临港市区线的审批、建设进度，建设临港局域线作为大运量轨道交通的客流培育线，根据经济条件和社会发展，适时建设临港①线和临港②线（临港市区线）。第三阶段重点完善临港新片区轨道交通线网，加大线网覆盖范围和密度，提高轨道交通系统服务水平，形成完整的多层次网络。

【咨询效果】

临港新片区作为中国全方位高水平开放"示范区"，承载着"试验田"的特殊使命。本研究是在临港新片区蓝图规划期间，对临港新片区轨道交通系统的布局进行系统地梳理，为临港新片区铁路和轨道交通的预控以及后续临港新片区单元规划的编制提供有效的技术支撑，从而实现统筹新片区建设发展，更高品质、更高效率地推进新片区建设的目标，具有重要的研究价值和实用价值。

本研究从临港新片区轨道交通的发展现状出发，将多层次轨道交通有机融合的理念植入临港新片区的转型提升中，通过构建功能复合、体系融合的多层次轨道交通线网方案，引导城市集约发展，为临港新片区后续轨道交通设计、建设提供指导和借鉴。

研究成果的后续推进情况如下：

① 研究成果已纳入临港新片区单元规划，提前预控关键通道和规模。② 研究成果作为下阶段临港新片区轨道交通建设发展的重要决策依据。③ 研究成果推动了新增快线方案规划落地进程。本研究提出的新增临港新片区与中心城直达快速轨道交通已作为临港新片区综合交通"十四五"发展的重要任务，已纳入近期建设规划项目并正在积极推进规划落地进程。

二、可行性研究报告、项目申请报告篇

竹园白龙港污水连通管工程可行性研究报告
The Feasibility Study Report of the Zhuyuan Bailonggang Sewage Communicating Pipeline Project

编制单位：上海市政工程设计研究总院（集团）有限公司
Shanghai Municipal Engineering Design Institute (Group) Co., Ltd.
联系电话：021-55000000　　网址：https://www.smedi.com
主要完成人：张　辰　张　欣　肖　艳　施烨锋　陈宏森　谢云志　董　磊　李建峰　游凡超　谢宇铭

【点评】

该项目通过创新的"网状"结构设计，将两座亚洲最大的污水处理厂通过18 km长的管道连接，实现污水双向输配规模80万 m^3/d，显著提升了系统的调度能力和抗风险性。项目采用前沿的数学拓扑模型和多相流模拟技术，攻克了设计和施工中的多项技术难题。此外，项目还引入了智慧排水平台和在线监测系统，实现了从"事后抢修"向"事前监管"的转变，提升了管道运行的安全性和可靠性。该项目的建设不仅节省了超过千亿元的管网改造投资，还通过引入景观提升设计标准，将市政设施转化为城市风景线，实现了环境效益和社会效益的双赢。

【项目背景】

上海是全国最早建成排水系统的城市。作为城市生命线的管道，在城市生态环境保护和国民经济发展中发挥了重要作用。伴随着城市污水量快速增加，管道长期超役服务对城市正常运行造成了安全隐患，特大型污水处理厂如何充分发挥设施间协同、增加生物处理量、减少溢流、进一步保护长江流域生态环境也成为水环境治理工作的重点。

本项目属于高密度建成区市政基础设施城市更新研究成果，项目立足全球视野，对标最高水平，结合国家战略，紧扣上海需求，深入剖析市政管线高质量发展需解决的现存问题，依托上海市科委课题"上海市中心城区污水干线总管连通和调控关键技术研究"开展技术攻关，将传统点对点"枝状"排水管道连通成安全"网状"结构，首创排水管网连通度、脆弱度和可靠度拓扑分析理论和咨询评估方法，以科学研究引领科学规划，辅以科学试验和模型实证，支撑项目全生命周期咨询，在避免管道大面积翻排前提下显著提高了系统安全保障度和城市韧性；重塑城镇排水系统精细化治理水平，节省管网改造投资超千亿元，实现了复杂建设条件下老旧城市生命线延寿更新。

本项目是上海排水系统厂际连通的重要一环，通过在亚洲最大的两座污水处理厂"等压差点"桥接设置连通管，一端连接竹园50万 m^3 调蓄池，另一端连接带消力稳压功能的复合式多功能泵房，将两座总处理能力占全市80%的污水厂和多根进厂总管构成有机整体，总长18 km，管径3.5 m，埋深15—25 m，污水双向输配规模为80万 m^3/d，总投资24.78亿元；攻克了片区降雨时空分布不均情况下的水量调配和事故应急难题，创新一网智能调度系统实现削峰缓冲，减少突发情况下溢流放江污染，切实保护了长江口水生态环境和国家地表水考核断面（简称"国考断面"）水质稳定达标，显著提高城市防灾减灾能力，已被广州、南京、重庆等各大城市竞相效仿，引领了行业发展。

【项目内容】

1. 建设单位

上海市城市排水有限公司。

2. 项目功能目标

为贯彻习近平总书记提出的"城市管理应该像绣花一样精细"的指示精神，深入落实长江大保护国家战略和建设韧性城市的生态文明建设理念，基于全市污水干线互联互通系统布局，通过新建竹园、白龙港污水片区末端连通工程,实现片区间降雨时空分布不均条件下的水量调配、削峰缓冲,使得排水设施延寿更新,稳定末端污水处理厂处理负荷,减少污水溢流风险,从而实现排水设施可停、可检、可修,提高两大污水区域抗风险能力和安全保障度。

3. 建设选址

竹园及白龙港污水处理厂分别位于浦东新区东北沿江地区,周边区域内重大设施多、重要性高,不仅涉及高架、铁路、轨交、原水、航空输油、高压燃气、行洪通道等重要民生保障设施,还涉及影响国防安全的军事敏感设施。在前期选址选线工作中,咨询团队深入调查和研究,开展了大量的实地调研工作,为项目可行性研究方案的形成提供了丰富翔实的基础资料。同时借鉴上海大型排水管道建设的成功经验,结合实地情况提出了人民塘路方案、G1503方案、东靖路方案、上川路方案等4个选线路由,通过对实施难度、工程投资、安全运维等多个维度多方案比选,最终推荐人民塘路方案,获得了规划部门批复。

竹园白龙港污水连通管自竹园调蓄池接出,沿G1503向东至航津路,沿航津路向北至华东路,沿华东路向东后往南至港绣路,沿港绣路向北至港建路,沿港建路向东南至随塘河,沿随塘河向东南至白龙港片区新6号泵站,全长约18 km。管线走向如图1所示。

4. 工程规模

本工程建设规模为80万 m^3/d。

5. 主要建设内容

(1) 连通管道

本工程连通管道自竹园调蓄池接出,沿海徐路、航津路、华东路、港绣路、港建路、人民塘随塘河至白龙港新6号泵站,管径为DN3500(局部倒虹段采用2×DN2400管道),总长度约18 km,埋深约15—25 m。全线设置工作井共24座,其中顶管井10座,盾构井14座,全线设置透气井10座、闸门井6座,井边设吸附除臭装置。

经方案比选,连通管道采用顶管法和盾构法相结合的施工工艺,在管道线路曲率较小或周边环境保护要求高时采用盾构法施工,其余线路采用顶管法施工。顶管采用承口式钢筋混凝土管,接头采用F型接头、双道橡胶止水圈;盾构采用叠合式双衬结构,管片厚300 mm,内衬厚250 mm(图2)。

(2) 多功能泵站

多功能泵站主要功能为污水转输、连通管道放空及与白龙港污水处理厂的衔接。拟在原南干线6号泵站用地范围内新建污水泵房、变配电间及管理用房、垃圾房、门卫等。污水泵房长边平行南侧红线布置,西侧接竹园白龙港污水连通管,东侧接白龙港污水处理厂总配水井连通箱涵,变配电间及管理用房位于污水泵房北侧(图3)。

设计中利用有限的土地资源,采用对置叠合式错层布置,高度集约化布置各功能分区,集污水提升、污水输送、预处理、跌水消能、调节稳压、管道放空等多重功能于一体,在污水泵房内分别设置连通管提升泵房、南干线提升泵房、进水调压池、连通渠道、格栅井、消能阶梯等设施(图4)。泵房平面尺寸约为110.0 m×60.4 m,泵房池体顶标高10.0 m,内底标高-18.0 m。南干线

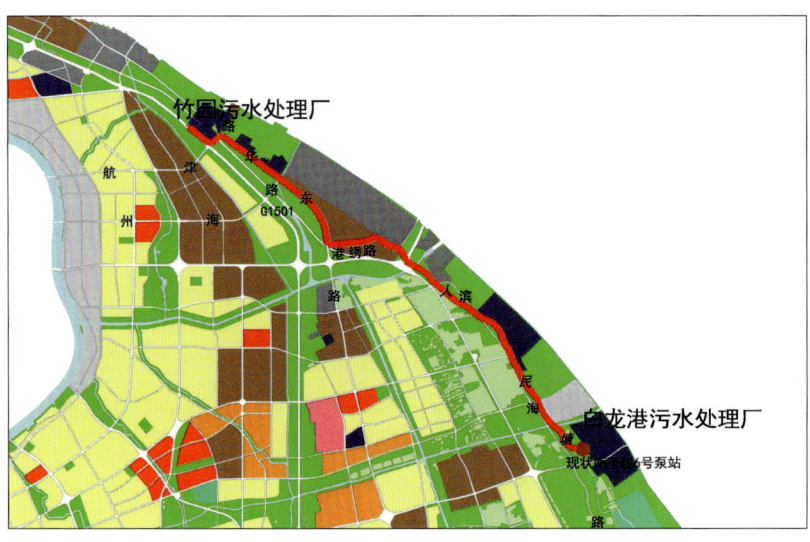

图1 竹园白龙港污水连通管选线示意图

图2 连通管道盾构施工

石洞口污水处理厂污泥处理二期工程可行性研究报告

The Feasibility Study Report of the Project of Phase II Construction of Sewage Sludge Incineration at Shanghai Shidongkou Municipal Wastewater Treatment Plant

编写单位：上海市政工程设计研究总院（集团）有限公司
Shanghai Municipal Engineering Design and Research Institute (Group) Co., Ltd.
联系电话：021-55000000　　网址：https://www.smedi.com
主要完成人：胡维杰　曹晶　生骏　卢骏营　陈汝超　周友飞　邱凤翔　张鹏飞　金则陈

【点评】

该研究深入分析了项目的必要性、技术可行性和风险控制，展现了项目在污泥处理领域的创新和突破。项目采用的先进技术如离心脱水、桨叶式干化和鼓泡流化床焚烧处理，不仅实现了污泥的减量化和无害化，还通过热能回收促进了能源的可持续利用。该规划研究了BIM技术和CFD模拟在工程设计和运行管理中的应用，提高了设计的精确性和工程的效率。同时，项目融入了"海绵城市"理念，通过雨水花园、绿色屋顶等措施，提升了厂区的生态环境和景观效果，实现了与周边环境的和谐共生。

【项目背景】

随着城镇的建设与发展，污水排量越来越大，而污水的处理又产生了大量的城镇污水污泥，这对污水处理厂的处理效率及处理质量提出了更高的要求。据统计，我国城镇污水污泥2020年产量近6 000万t（以含水率80%计），其中70%的污泥未得到妥善处置，与国家"十四五"规划提出"推广污泥集中焚烧无害化处理，城市污泥无害化处置率达到90%"的目标存在明显差距。污泥具有有机物污染、病原微生物污染、重金属污染等多重污染特性，必须进行有效处理处置。目前，我国对于污泥处理处置主要采取填埋、堆肥、土地利用、焚烧等方式。填埋、堆肥、土地利用等处置方式占用土地资源，还可能造成土壤及地下水污染。焚烧使污泥中的有机物发生燃烧反应，转化为二氧化碳、水蒸气、无机灰分等物质，处理速度快，可实现污泥减量化，彻底杀死污泥中的病菌、病毒，达到污泥稳定化和无害化的效果。

上海城镇污水处理率达95%以上，但是污泥处理设施尚存不足。污泥围城的城市，要么无污泥处理处置规划，或者虽有污泥处理处置规划，但规划不落地。因此，为进一步响应《上海市城镇排水污泥处理处置规划》的要求，充分发挥上海市主城区三大污水区域之一的石洞口污水处理厂的潜能，进一步完善并兜底解决石洞口污水处理厂及石洞口片区内其余污水处理厂产生污泥的出路问题，并助力完成上海市COD减排任务，上海市政工程设计研究总院（集团）有限公司应上海市城市排水有限公司的委托，承接石洞口污水处理厂污泥处理二期工程可行性研究报告的编制工作。

【项目内容】

1. 项目概况

上海市石洞口污水处理片区中的污水处理厂有石洞口污水处理厂、泰和污水处理厂和吴淞污水处理厂。其中，石洞口污水处理厂是上海第一座采用一体化活性污泥工艺的大型污水处理厂，污水处理设计规模为40万m^3/d，出水执行GB18918—2002一级A标准。石洞口污水处理片区内，新建了全地下式污水处理厂泰和污水处理厂，污水处理设计规模为40万m^3/d，出水水质在GB18918—2002一级A标准的基础上，氨氮和总磷要求按地表水Ⅳ类水标准执行。

石洞口污水处理厂污泥处理二期工程的污泥处理规模为128 tds/d，其中污泥浓缩脱水处理量为20 tds/d，污泥干化处理量为20 tds/d，污泥焚烧处理量为128 tds/d。工程处理对象包括石

图1 石洞口污水处理厂污泥处理二期工程区位图

洞口污水处理厂和泰和污水处理厂产生的污泥。工程建设内容包括新建污泥脱水、干化、焚烧、烟气处理和相关配套设施，共设置污泥脱水机3套、污泥干化处理线2条和污泥焚烧处理线3条。

石洞口污水处理厂提标增量污泥包括部分的剩余污泥和全量的化学污泥，这两部分的污泥分别从现状污泥调蓄池和现状污泥调理池泵送至本工程新建的储泥池，泰和污水处理厂的污泥在厂内经浓缩脱水干化处理至含水率40%以下后，由专用污泥运输车运输并卸料至本工程的半干污泥接收坑，通过半干污泥输送设备输送至污泥焚烧处理系统进行焚烧处理。

污泥焚烧产生的烟气排放执行上海市《生活垃圾焚烧大气污染物排放标准》（DB31/768—2013）。恶臭污染物排放同时执行国家《恶臭污染物排放标准》（GB14554—93）和上海市《城镇污水处理厂大气污染物排放标准》（DB31/982—2016），主要恶臭污染物限值按上述标准中的较严格限值执行。噪声控制按照《声环境质量标准》（GB3096—2008）执行，工程所在地为3类声环境功能区，边界噪声执行《工业企业厂界环境噪声排放标准》（GB12348—2008）3类标准。

2. 污泥处理工艺

（1）工艺流程

工程污泥来源主要分为两部分，分别是石洞口污水处理厂污泥和泰和污水处理厂污泥，污泥处理工艺流程如图2所示。

石洞口污水处理厂污水提标后的增量污泥分别从现状污泥调蓄池和现状污泥调理池泵送至新建储泥池，经过新建污泥脱水处理系统处

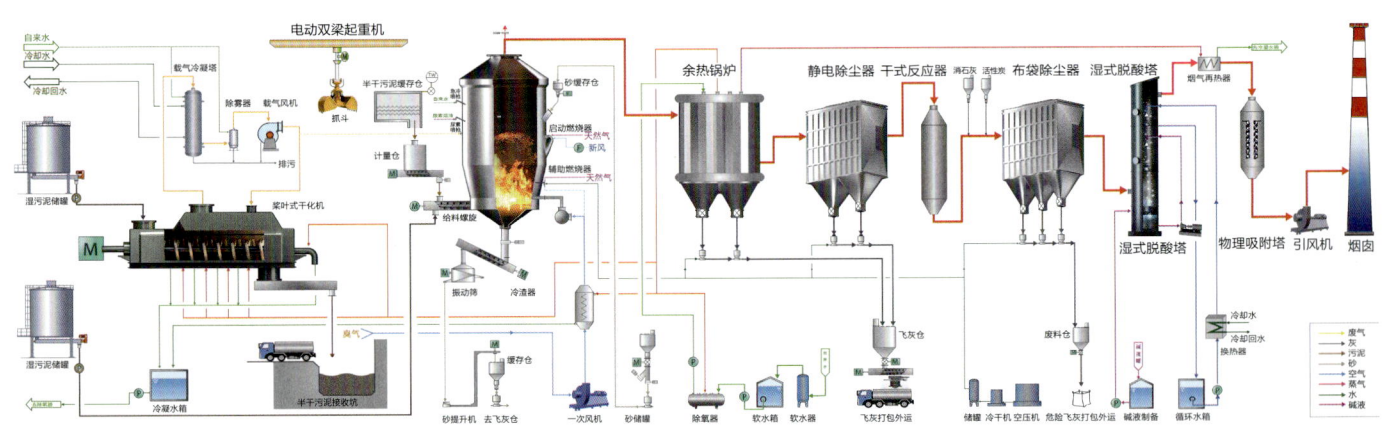

图2 污泥处理工艺流程图

理，含水率降至80%以下。脱水污泥经新建干化焚烧处理系统进行处理，余热锅炉产生的蒸汽用作空气预热器、除氧器、烟气再热器、污泥干化处理的热源和石洞口污泥改扩建工程污泥干化处理的补充热源。污泥焚烧产生的烟气经处理并达标后排入大气。

泰和污水处理厂的污泥进行脱水干化处理至含水率40%以下，然后车运并卸料至半干污泥接收坑，通过半干污泥输送设备输送至焚烧处理系统进行焚烧处理。

（2）污泥焚烧处理系统

焚烧炉的进炉污泥为干化后含水率30%的半干污泥和未经干化的含水率为80%的脱水污泥、从泰和污水处理厂运输来的含水率40%的半干污泥和部分石洞口污水处理厂含水率为99%的浓缩污泥，工程设置3条污泥焚烧处理线。

干化后的污泥经水平输送机输送至半干污泥接收坑，由污泥抓斗抓送至焚烧炉前的半干污泥缓存仓，再由半干污泥输送机输送至给料机进入污泥给料机，和脱水污泥、浓缩污泥混合后进入焚烧炉中进行焚烧处理。

脱水污泥由脱水污泥料仓下方设置的焚烧给料泵直接输送至焚烧炉前污泥进料机，脱水污泥料仓共设置5座，焚烧给料泵采用螺杆泵，每座脱水污泥料仓下方设置3台污泥输送螺杆泵，2用1备，通过管路上的阀门和流量计控制进入焚烧炉的两台污泥给料机的脱水污泥量，保证脱水污泥进料的均匀性。

焚烧炉的炉膛内有1个悬浮的焚烧区，当处于静止状态时，炉膛内布风管上部有一个厚度为1—1.5 m的床料层，床料为十几孔目的石英砂。在焚烧炉运行过程中，一次风从焚烧炉下部空气分布管鼓入，并以一定速度由安装于空气分布管下方的喷嘴向下吹出，从而使细砂床呈沸腾状态，形成2—2.5 m的流化床层。一次风由污泥接收坑的抽气和部分新鲜风组成，保证石英砂流态化和污泥燃烧。在燃烧室内通入洗涤后的部分干化载气作为二次风，以保证物料完全燃烧。

每座焚烧炉有两个污泥进料口，以便确保污泥均匀投加和稳定燃烧，焚烧炉下部为锥形，便于出渣。

污泥在焚烧炉完全燃烧后产生的约850℃高温烟气进入余热锅炉，余热锅炉采用单锅筒膜式壁结构，经余热锅炉回收热量，烟气温度降低至200—250℃，同时产生1.2 MPa、180℃的饱和蒸汽。

（3）烟气处理系统

污泥焚烧处理产生的烟气中除了无害的二氧化碳和水蒸气外，还含有许多污染物质，必须加以适当的处理，将污染物的含量降至标准限值浓度以下，避免造成二次污染。虽然应用于焚烧系统的烟气处理设备和一般空气污染防治设备相同，但是污泥焚烧产生的烟气和污染物有其特殊的性质，烟气处理系统的设计须具有针对性，以取得所需的处理效果。

焚烧炉产生的高温烟气经过余热利用后进入烟气处理系统，处理达标后通过烟囱排放。烟气处理系统共设置3条生产线，和焚烧炉生产线相配套，24小时连续运行。

3. 项目总平面布置

在石洞口污水处理厂污泥处理二期工程中，主要建（构）筑物有储泥池、污泥脱水和接收车间、污泥焚烧车间、地磅间和门卫、冷却塔、雨污水泵房、电力用房、综合楼等，污泥处理二期工程总体布置如图3所示。

4. 主要投资构成情况

根据上海市发展改革委关于石洞口污水处理厂污泥处理二期工程可行性研究报告的批复（沪发改投〔2018〕4号），本工程总投资11.32亿元（含进口设备用汇额2 440万美元，美元兑人民币汇率按1：6.52计），其中，工程费用9.63亿元、工程建设其他费用0.92亿元、预备费0.52亿元、前期绿化补偿费0.25亿元。

图3　石洞口污水处理厂污泥处理二期工程鸟瞰图

5. 项目完成情况

上海市发展改革委在2018年1月对本项目工可进行了批复，同年4月对本项目初设进行了批复，同月28日项目正式开工建设，由上海市政工程设计研究总院（集团）有限公司完成勘察、设计、施工一体化工作。历时近2年半，实现了项目土建的竣工验收和设备性能调试验收，并最终于2020年9月27日正式竣工验收并投产，至今已稳定运行近4年。

石洞口污水处理厂污泥处理二期工程核心设计工艺和技术达到国际先进水平，2021年获评上海市优秀工程咨询成果一等水平，2022年度中国城镇供水排水协会优秀工程项目案例，2023年获评"国家优质工程奖"等诸多工程荣誉。

【工作过程】

上海市发展改革委在2017年9月1日对本工程项目建议书进行了批复（沪发改环资〔2017〕107号），批复明确本工程项目法人为上海市城投集团下属上海市城市排水有限公司，上海市政工程设计研究总院（集团）有限公司在上述批复及项建书评估报告的基础上，着手编制本项目可行性研究报告。

本项目咨询以国家和地方经济社会发展规划，行业/部门发展规划，企事业单位发展战略规划，项目建议书批复，有关法律、法规和政策，拟建选址的自然、经济、社会概况等基础资料为依据进行可行性研究报告的编制工作，围绕对本项目建设的必要性、方案的可行性和风险的可控性三大目标进行咨询工作。

（1）本项目建设的必要性

包括三个方面：一是对国家政策和地方规划的响应；二是完成上海市COD、NH_3等主要污染物减排任务的需要；三是解决污水厂污泥出路问题，实现泥水同步、完善环境基础设施，促进宝山区经济社会环境协调发展。

（2）本项目方案的可行性

包括三个方面：一是针对片区"泥水同治、泥水同步"，充分结合石洞口片区污水处理规划及设施实施进度，科学合理地确定了本项目的建设规模；二是针对污泥可靠处置路线，对独立干化焚烧方案与干化后电厂掺烧方案在处置可靠稳定性、设备适应性、排放达标性、投资合理性等方面开展了综合对比，推荐了长期稳定、可靠性高的处置路线；三是针对本工程涉及的核心设备（包括干化机、焚烧炉、输送设备等)，从经济性、技术合理性、运行可靠性等角度进行了比选论证并推荐较佳的设备型式。

（3）本项目风险的可控性

咨询工作在深入分析论证工程方案的同时，加强了多方案物料接收转运体系的可靠性分析，以及运输和处理环节多种环境控制措施的比选，有效地解决了周边企业及居民特别关注的社会影响及环境影响问题。在实现污泥妥善处理的同时，将环境影响降至最低，咨询工作为项目的顺利实施奠定了坚实的基础。

本项目于2017年9月底上报编制成果。同年10月，上海市城市建设设计研究总院评估中心召开了本工程可行性研究报告评估会议，并于当月发出《评估进一步补充论证的函》。2018年1月，提交了《石洞口污水处理厂污泥处理二期工程可行性研究报告补充报告》。其间，本项目的其他相关工作也有序进行。2017年9月，完成了建设工程规划设计条件的报建。同年10月，完成了本项目的节能报告、安全预评价和社会稳定风险评价。2018年1月，发展改革委批复了本项目的工可报告（沪发改投〔2018〕4号）。至此，本工程前期咨询工作告一段落。

【咨询工作特点及经验教训】

上海市石洞口污水处理厂是上海市苏州河环境综合整治一期工程的重要子项，其污泥处理工程建成了全国首座城镇污泥干化焚烧处理设施，工程于2004年11月投入运行。工程的成功运行为上海市的环境保护和污染物减排发挥了重要作用，且通过多年的实际运行，为我国污泥处理积累了许多宝贵的理论与实践经验。为响应《上海市城镇排水污泥处理处置规划》的要求，适应国家及地方逐步提高的污泥焚烧烟气污染物排放标准要求，进一步完善并兜底解决石洞口污水处理厂及石洞口片区内其余污水处理厂产生污泥的出路问题，充分发挥石洞口污水处理厂的潜能，并助力完成上海市COD减排任务，石洞口污水处理厂污泥处理二期工程于2020年9月27日通过竣工验收并投入使用。

项目运行至今运行稳定，处理能力、烟气排放、噪声、臭气等都符合设计和规范要求，彻底解决了石洞口片区污泥的处理处置问题。污泥焚烧有效控制了二次污染，消除了污泥填埋对周边环境的影响，且节省了占地面积，改善并保护了城市的生态环境,并通过对污泥焚烧热能的利用,在一定程度上实现了污泥的资源化目标。环境效益是本工程实施和完成后所能体现的最直接的工程效益。其主要表现在以下几个方面:一是全年可处理污泥量约为23.36万t(以含水率80%计),工程的实施可较彻底地解决石洞口区域污水处理厂污泥的出路问题;二是项目实施作为污水处理的延续,实现污水、污泥同步处理,减少污泥的二次污染,实现了污泥处理稳定化、无害化、减量化和资源化的目标;三是项目将碳减排理念贯彻始终,整体布局融入"海绵城市"元素,厂区绿化率达到30%以上,污泥生物质能源经焚烧产生的余热得到回收利用。本工程项目咨询工作先进性、创新性、可操作性主要体现如下。

1. 污泥焚烧处理工艺再次革新

本工程采用了先进的离心脱水+桨叶式干化(+外接半干污泥)+鼓泡流化床焚烧处理整体工艺,实现污泥彻底的减量化。干化核心设备采用桨叶式干化机,对处理的污泥含水率适用范围广、占地小、节能高效;焚烧系统采用国际先进的污泥焚烧专用流化床焚烧炉,污泥焚烧充分、运行稳定。本工程是国内第一个接收半干污泥(含水率40%)、脱水污泥(含水率80%)和稀污泥(含水率98%)多种来源污泥进行混合焚烧的工程。

2. 污泥接收储运新技术成功应用

国内首例创新性地应用接收坑+抓斗组合新技术,解决了半干污泥接收和储运难的问题。接收坑可以同时接收本厂和外来的干污泥,具有设施简单、维护简便、容量大、应急缓冲能力强的优点,同时不同种类半干污泥在接收坑内可实现均质处理,提高了后续焚烧系统运行稳定性。垂直提升抓斗将半干污泥提升缓冲料仓后送至焚烧炉焚烧处理,减少了半干污泥的输送转运环节,提高工程运行可靠性。

3. 创新BIM+正向设计方法,实现多专业高效协同

由于污泥干化焚烧工程系统复杂、介质种类多,传统设计方法无法高效表达众多设备、管线、钢平台等错综复杂的空间关系。本工程设计以BIM技术为依托,通过自主研发设计软件,在咨询工作中就引入多专业三维协同设计的概念,为后续初步设计和施工图设计进行铺垫。最终形成经过BIM技术分析校验和承载正确设计信息的设计成果作为交付物。数字资产传递至采购、施工、运维阶段应用,实现多阶段、多专业间多源数据信息的传递和交换,切实地提升设计质量和指导项目各阶段建设。自主研发SMEDI-UDBIM设计工具,实现PID原理与模型协同计算校验,如图4所示。

图4 石洞口污水处理厂污泥处理二期工程正向设计模型

4. 利用BIM模型进行高精度气流CFD模拟,破解臭气收集组织难题

在咨询工作中同样引入CFD仿真分析工具,实现对BIM模型成果进行复杂、高精度的仿真模拟分析,为后续初步设计和施工图设计进行铺垫。CFD对空间气体流速分布、污染物浓度场分布及空气停留时间等开展仿真数据模拟计算,为设计校验优化提供高效精准、可量化的决策依据。根据释放源的浓度场和扩散模拟,优化了臭气收集和送排风系统的设计,确保了处理过程中臭气的有效收集与高效处理。

5. 结合区域特征,打造低碳、生态、环保景观去工业化建筑

本项目位于上海宝山工业老厂区,工业化的城市肌理和天际线赋予了这块基地独特的基因。新建的石洞口污泥处理二期工程承载了这片场地创新和开拓的特质,与一期工程隔河相对,展开了一场过去与未来的谈话。在总体环境设计上着重考虑污泥处理厂所在的地理位置,同时提出第五立面的打造,将厂区对周边环境影响降到最低。项目在前期咨询阶段进行了专业的效果图设计,如图5所示。

6. 采用新型楼盖预制装配技术,解决大跨度重载设备平台安装难题

针对本工程污泥处理车间干化机设备平台

图5 污泥综合处理车间外立面效果图

图6 石洞口污水处理厂污泥处理二期工程屋顶绿化俯瞰图

单跨尺寸达20 m、单台干化机设备重150 t、设备平台跨度大、荷载重等特点,创新采用了大跨度预应力钢筋混凝土预制梁+预制钢筋混凝土柱+预制桁架钢筋楼承板的预制装配体系,通过合理拆分构件模块,解决了预制构件吊装难题,克服焚烧车间土建与设备安装顺序上的冲突,加快了施工进度,并为干化机的整机吊装创造了良好条件。

7. 连续防倒塌和抗震性能化设计,保证整体结构稳定安全

为防止关键构件在正常使用阶段遭遇偶然荷载作用时发生失效,进而导致一系列连续破坏,本工程建立了车间有限元模型,运用等效荷载瞬时卸载法对结构进行抗连续倒塌的动力分析,提高污泥处理车间钢屋面的安全储备。

8. 全方位冗余架构PLC系统和量身定制的仪表系统

污泥干化焚烧处理工艺段的PLC系统采用全方位冗余架构,该类架构的系统不仅提供处理器(CPU)冗余,而且还提供机架冗余、电源冗余及IO通讯冗余等多项硬件冗余,具有极高的系统可靠性,从而保证了生产过程的安全性及连续性。

9. 落实国家"双碳"发展战略,充分利用污泥生物质绿色能源

通过充分利用污泥自身的生物质绿色能源,实现系统能源自平衡,同时建立片区再生能源利用网络系统。设计利用污泥焚烧自身热量生产蒸汽,作为前端污泥干化处理环节所需能源;富余能源以蒸汽形式输送至石洞口污水厂供其余污泥处理设施及污水处理设施使用,实现能源的综合利用,节能效果显著。

10. 贯彻海绵城市理念,打造去工业化生态环保园

本工程前期咨询在设计整体布局和建筑设计中融入"海绵城市"元素,将绿化景观渗透、建筑整体塑形等融入全厂,打造生态环保、具有地标感的去工业化建筑景观效果。厂区设计以雨水"蓄、滞、净、用"为主,"渗、排"为辅,采用生物滞留措施设施,即雨水花园设计、绿色屋顶设计、道路透水铺装、设置滞蓄型植草沟、建筑物设置雨水排水断接,绿化率达到30%以上,最大限度减少雨水外排量,实现年径流总量的控制和雨水循环利用的海绵城市理念,如图6所示。

【咨询效果】

石洞口污水处理厂污泥处理二期工程作为国内先进的高标准、严要求的全流程污泥处理工程,能落实国家"双碳"发展战略,将碳减排理念贯彻始终,充分利用污泥生物质绿色能源。通过污泥焚烧自身的热量,对石洞口污水处理厂现有污泥干化项目供能,突破现有污泥焚烧处理项目仍需依赖外部能源供应的技术瓶颈,实现在维持自身能量平衡的情况下对片区内其他污水污泥处理设施供能的技术进步。同时通过创新技术研究焚烧后的灰渣进行资源化建材利用,打通污泥全流程处理处置最后一环。按节能评估测算,本工程万元产值能耗0.440 tce/万元,低于2015年上海市污水处理及其再生利用行业的平均水平0.636 tce/万元,有助于完成2020年上海市单

位生产总值能耗比2015年下降17%的目标。

石洞口污水处理厂污泥处理二期工程也是国内第一个接收半干污泥（含水率40%）、脱水污泥（含水率80%）和稀污泥（含水率98%）多种来源污泥进行混合焚烧的工程。整体处理工艺采用了先进的离心脱水+桨叶式干化（+外接半干污泥）+鼓泡流化床焚烧处理，实现技术再次革新，完成对污泥彻底的减量化、无害化和稳定化处理。核心设计工艺和技术达到国际先进水平，2023年获评"国家优质工程奖"、2022年度中国城镇供水排水协会优秀工程项目案例和"工程最高质量水平评价"等诸多工程荣誉。

石洞口污水处理厂污泥处理二期工程设计依托于BIM技术，通过自主研发设计软件，进行多专业三维协同设计，关注图模的数据交互，形成经过BIM技术分析校验和承载正确设计信息的设计成果作为交付物。在采购、施工、运维阶段，采用数字资产传递的方式，实现多阶段、多专业间多源数据信息的传递和交换，切实地指导项目各阶段建设，提升项目质量，解决传统设计方法无法高效表达众多设备、管线、钢平台等错综复杂空间关系的问题。本工程BIM设计成果也荣获第十一届"创新杯"建筑信息模型（BIM）应用大赛市政工程类BIM应用特等成果及第十届"龙图杯"全国BIM大赛设计奖。

石洞口污水处理厂污泥处理二期工程进行高精度气流CFD模拟，依照源头控制、高效收集的原则，在三维正向设计模型中布置臭气收集系统，运用CFD仿真分析工具对BIM模型成果进行复杂、高精度的仿真模拟分析，依据分析结果优化了臭气收集和送排风系统的设计，确保了处理过程中臭气的有效收集与高效处理，烟气、臭气排放浓度达到国际先进水平。据统计，本工程实现颗粒物污染物削减量约20 883.1 t/a，SO_2削减量约8.6 t/a，NO_x削减量约3 t/a，NH_3削减量约1 t/a，助力打好上海大气污染攻坚战。

石洞口污水处理厂污泥处理二期工程也是落实国务院《水污染防治行动计划》的上海市重大工程，"水、泥、气"同治取得显著生态效益，建成环境友好型大型城镇污泥处理项目。本工程全过程创优，获上海市科学技术进步奖在内的省部级以上科技奖3项及设计、咨询、BIM、施工、管理类奖项15余项。依托工程编写规范标准8项，行业标准2项，取得（应用）授权专利6项，公开发表核心期刊论文20余篇。作为全国首个实现片区内多种不同含水率污泥接收处理的污泥集中焚烧处理项目、国内首个实现污水处理厂和污泥工程协同利用污泥焚烧余热的大型污泥处理工程，解决了城市片区污泥围城的问题，避免污泥二次污染及由此产生的经济损失，使城市人民生活环境和城市生态环境都得以大幅度改观，这些都将对改善上海市的投资环境，吸引外资，开发旅游资源，发展工业经济，增加农、渔业的产量，提高农副产品和工业产品质量等起到积极、有效的作用。石洞口污水处理厂污泥处理二期工程以先进的技术协同解决污水污泥和臭气问题，为全国其他城市的污泥处理处置工作提供了借鉴和参考。

乌梁素海全流域系统综合治理实施方案
The comprehensive Management Implementation Plan for Wuliangsuhai Whole Basin System

编写单位：上海同济工程咨询有限公司
Shanghai Tongji Engineering Consulting Co., Ltd.
联系电话：021-33626700　网址：http://www.tongji-ec.com.cn
主要完成人：王大伟　贾文龙　陈锐　李根东　罗洋静　牛超哲　李飞　秦浩　张强　贺洋杰

【点评】

该方案聚焦生态环境治理，系统提出了修复和改良沙漠、矿山、林草、农田、湿地及湖水等关键生态要素的方法，因地制宜利用乌兰布和沙漠和草地湖泊资源，结合生态农业及绿色产业开发，通过精心策划的重点治理工程和产业运营机制，创新试点了EOD模式，成功构建了乌梁素海流域"以流域生态治理为中心点，以产业发展为支撑点"的综合治理开发模式，实现了项目的可持续发展。项目的成功实施，不仅为生态环境导向的开发模式提供了宝贵的实践经验和示范效应，也为类似生态导向型发展模式的推广提供了可复制、可借鉴的成功案例。

【项目背景】

经过四十几年的发展，中国经济已由高速增长转向高质量发展新阶段。处于这个关键转型期，生态文明以人与自然、人与人、环境与社会和谐共生、协调发展、人类可持续繁荣为基本宗旨，是人类历史发展的时代选择。生态环境导向的开发模式（简称"EOD模式"）是在中国经济高质量发展形势下的必然选择，也将是未来主流的开发趋势之一。

乌梁素海流域是我国"北方防沙带"生态安全屏障的重要组成部分，是事关黄河中下游水生态安全的"重要节点"。习近平总书记对乌梁素海流域一直以来持有高度的关注。通过开展乌

图1　乌梁素海治理后实景图

梁素海全流域系统综合治理，旨在对乌梁素海流域防风固沙能力、生物多样性、水环境质量、生态系统稳定性、生态系统服务功能等进行综合整治，有效提升"北方防沙带"生态系统服务功能和保障黄河中下游水生态安全。

乌梁素海流域已实施了一大批生态环境保护和修复项目，乌梁素海流域的生态治理已初见成效，但生态系统结构和功能仍然损坏严重、退化趋势明显，主要表现为湖泊水面萎缩、水质尚未稳定达标、土壤盐碱化、农田面源和城镇村落污染严重、山体和林地破坏严重、水土流失加剧、草原退化等生态环境问题。环境管理方面依然存在条块分割、工作协同不足、治理项目部署分散、体制机制不健全、治理资金短缺等问题，生态环境治理和修复工作尚缺乏系统性、整体性。鉴于乌梁素海流域特殊的地理位置和重要的生态功能，如果不能进一步系统治理流域内生态环境的问题，会对黄河中下游的水生态安全和我国北方的生态安全产生严重威胁。可以说，乌梁素海流域的生态环境保护工作已经到了"进则全胜，不进则退"的关键时刻，亟须国家项目支持，开展流域生态综合治理。

【项目内容】

1. 项目思路框架

乌梁素海全流域系统综合治理项目按照"一中心、二重点、六要素、七工程"组织实施。"一中心"即以统筹推进乌梁素海全流域综合开发治理为中心，"二重点"即以流域生态治理推动产业发展和以区域产业发展支撑生态治理，"六要素"即围绕流域内沙漠、矿山、林草、农田、湿地、湖水等生态要素开展系统开发治理，"七工程"就是分时间、分步骤、分区域，充分考虑资金年度投入强度、可行性及地方政府的实施能力，安排实施乌梁素海流域山水林田湖草生态保护修复试点工程、内蒙古乌梁素海生态修复补水专用通道工程、巴彦淖尔自然资源恢复保护和可持续发展利用示范工程、巴彦淖尔市防沙治沙综合示范区一期工程、乌梁素海流域农业废弃物产业化治理工程、巴彦淖尔市耕地占补平衡项目（乌梁素海生态修复工程）、2020—2021年巴彦淖尔市耕地占补平衡项目等7个重点工程项目，持续改善乌梁素海流域生态环境，推动乌梁素海全流域综合开发。

2. 项目目标

通过对项目区范围内山、水、林、田、湖、草等

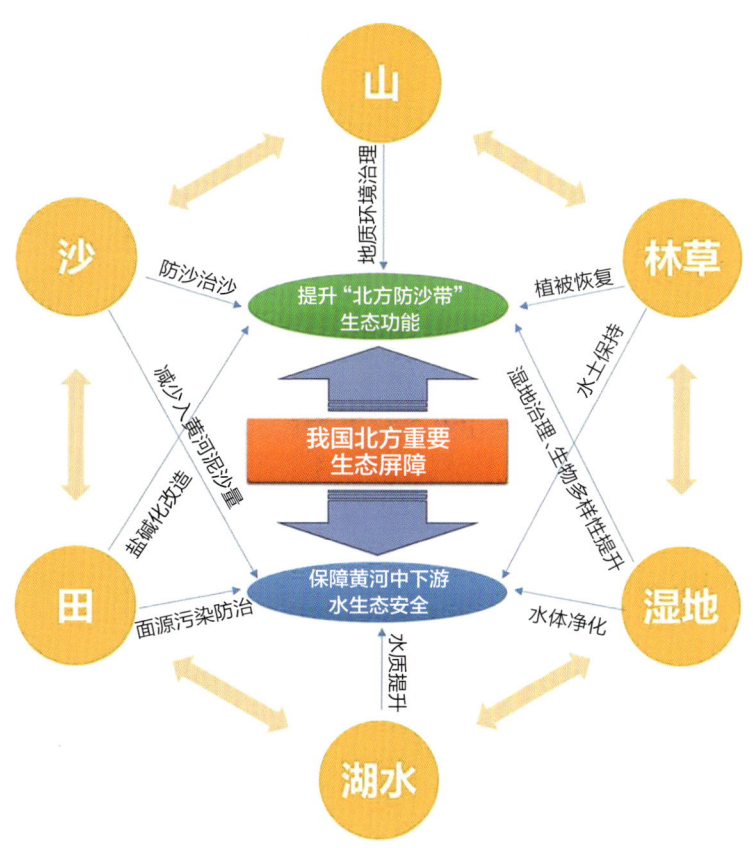

图2 乌梁素海项目系统结构图

生态要素的综合治理，使得流域内生态保护与建设取得明显进展，防风固沙能力有效提升，生物多样性持续改善，水环境质量稳定达标，生态系统稳定性明显加强，生态系统服务功能显著增强，有效提升"北方防沙带"生态系统服务功能和保障黄河中下游水生态安全，研究探索一套能够充分反映流域特色的乌梁素海全流域系统综合治理评价指标。

积极开展EOD模式试点，通过实施乌梁素海流域山水林田湖草生态保护修复试点工程、内蒙古乌梁素海生态修复补水专用通道工程等两个项目，对乌梁素海流域环境综合治理，为地区产业的快速发展提供必要的环境基础；通过实施巴彦淖尔自然资源恢复保护和可持续发展利用示范工程、巴彦淖尔市防沙治沙综合示范区一期工程、乌梁素海流域农业废弃物产业化治理工程、巴彦淖尔市耕地占补平衡项目（乌梁素海生态修复工程）、2020—2021年巴彦淖尔市耕地占补平衡项目促进地区产业的发展，并为流域环境综合治理提供必要的资金支持，形成"以流域生态治理为中心点，以产业发展为支撑点"的综合开发模式。

为了加快推动项目申报、为项目实施奠定基

础，上海同济工程咨询有限公司（简称"同济咨询"）在实施方案编制期间以问题为导向，深入巴彦淖尔市调研了当地生态环境、人文环境、社会环境和经济环境，汇集、梳理了大量基础数据和历史资料，利用科学的调查研究分析方法和手段，梳理了当地实施本项目的优势和劣势，明确了项目实施总体思路、目标，建立了项目体系，制订了详细的项目实施计划，并对项目投资、预期收益、资金平衡进行了深入分析和测算，并在此基础上制定了项目实施路径、长效机制和制度保障，为顺利完成项目目标奠定了长远基础。

【工作过程】

1. 方案编制时间节点

2020年9月，生态环境部会同国家发展改革委、国家开发银行联合印发《关于推荐生态环境导向的开发模式试点项目的通知》，向各地征集生态环境导向的开发模式备选项目。作为国内首次征集EOD实施项目，同济咨询积极参与本项目申报方案的编制工作，组建了由部委政策专家、环保行业专家、产业投融资专家等组成的顾问委员会；同时，调集了策划咨询、投融资、产业发展、生态环保、经济等专业人员，组成了EOD试点申报团队。

从接到委托，到方案编制完成仅有不到3个月的时间，在如此短的时间内要完成对乌梁素海全流域的梳理、盘点，并根据流域特点，寻找可持续的生态综合治理路径，难度可想而知。在经过多轮的项目梳理、方案编制、专家辅导之后，于2020年11月30日向自治区上报了《乌梁素海全流域系统综合治理实施方案》；又经过多轮的修改完善，于2020年12月18日向生态环境部上报最终版方案，并顺利通过评审。

在2021年4月27日生态环境部办公厅、发展改革委办公厅、国家开发银行办公厅发布的《关于同意开展生态环境导向的开发（EOD）模式试点的通知》中，本项目成功入选全国36个EOD模式试点之一。

2. 方案编制指导思想

以习近平新时代中国特色社会主义思想为指导，深入贯彻习近平生态文明思想和治理好"一湖两海"的指示精神，坚持"绿水青山就是金山银山"理念，统筹推进乌梁素海全流域系统综合治理，建立覆盖全流域的国土空间开发保护制度，保护黄河中下游水生态安全，强化北方防沙带生态功能，实现流域经济社会的可持续发展，形成流域生态良性循环，人与自然和谐相处的生产生活环境，逐步恢复流域山清水秀、天蓝地绿的自然风貌，构筑祖国北疆万里绿色长城。

3. 方案编制基本原则

（1）保护优先，自然修复为主

把环境整体保护放在首位，加大环境保护力度。乌梁素海流域中一部分仍处于比较原始状态的生态系统需要实施封禁式保护；而大部分属于生态保护修复类型，需要通过人工干预，如处于轻度退化状态下的阿拉奔草原，要在优先保护的前提下，加以适当的培育措施进行生态保育；对于严重退化的生态系统，应进行及时修复，做好污染源头管控，抑制污染态势"点—线—面—网"的进一步蔓延。

（2）规划引领，示范带动

要在充分调研的基础上，做出系统性、前瞻性、可行性的规划；要积极破解生态保护修复中的重点难点问题，统筹协调、整体推进，为乌梁素海全流域系统综合治理工作落实落地发挥应有作用。同时项目实施过程中，发挥好示范的超前性和创新性、发挥好示范的指导性和长效性，以点带面发挥好示范引领作用，成为我国西部欠发达、生态脆弱地区生态与保护修复示范工程。

（3）突出重点，分步实施

以改善乌梁素海水质、保护黄河中下游水生态安全为重点，全面梳理乌梁素海流域全流域的内在联系，全面考虑流域内经济发展、城乡建设、土地利用、资源开发等各方面的因素，分期、分批、分区域实施。

（4）整合资金，多措并举

整合国家、自治区关于生态环保建设的各项资金，用于流域的综合治理。同时，积极建立多元融资渠道，引入社会资本，申请国际贷款，共同参与本项目建设。

（5）创新机制，狠抓落实

加强机制创新，落实河长、湖长制，把治污控源纳入科学化、法治化、市场化轨道。落实市、旗县区、苏木乡镇各级政府生态环境治理责任，建立健全目标责任制、评估考核制和责任追究制。加强监测能力建设，建立定期公告制度，接受社会舆论和公众监督。

【咨询工作特点及经验教训】

1. 明确了以水环境治理为重点，全面推行全

流域生态综合治理的模式

通过实施"乌梁素海流域山水林田湖草生态保护修复试点工程"与"内蒙古乌梁素海生态修复补水专用通道工程",进行山水林田湖草沙生态综合治理的同时加大水环境治理力度,改善乌梁素海生态环境的总体状况,保障灌区现有渠系灌溉功能的正常发挥,形成良性水循环系统。

2. 提出依托乌兰布和沙漠,大力发展沙产业

依托巴彦淖尔市丰富的沙地资源,努力实现沙区可持续发展战略目标,计划实施"巴彦淖尔市防沙治沙综合示范区一期"工程,建立肉苁蓉基地、名优特经济林基地、蒙中草药基地、林草复合种植基地、林光互补基地等五大沙产业示范基地,使巴彦淖尔市逐步成为沙产业全链条开发、一二三产业深度融合发展的全国防沙治沙综合示范区。

3. 提出巩固灌区地位,继续打造精品农业及相关绿色产业

计划通过"巴彦淖尔市耕地占补平衡项目",打造高标准农田,提高农田生产能力,为灌区进一步发展精品农业奠定基础。同时通过"巴彦淖尔自然资源恢复保护和可持续发展利用示范工程""乌梁素海流域农业废弃物产业化治理工程",消纳乌梁素海水体治理产生的有机废弃物,变废为宝,发展绿色能源产业,实现循环经济和可持续发展。

4. 提出以生态环境为导向,促进生态与产业融合发展

依托乌梁素海流域生态环境优势资源,通过实施"巴彦淖尔市防沙治沙综合示范区一期建设项目""巴彦淖尔自然资源恢复保护和可持续发展利用示范工程""乌梁素海流域农业废弃物产业化治理工程"等生态产业项目,以特色产业运营为支撑,将部分产业收益反哺生态环境治理投入,实现生态环境治理与产业经济发展的充分融合与发展。

5. 提出财政资金为引导,多样化扩宽融资渠道

为丰富生态环境治理资金来源渠道,本次试点项目方案设定了不同的融资方式。以财政专项资金为引导,根据不同项目具体情况搭配吸引社会资本,多样化解决项目资金来源,推动建立多元化生态环境治理投融资机制。

6. 提出明晰的EOD模式推进路径

(1)生态建设产业链的构建

本项目方案从当地生态环境优势和产业经

图3　巴彦淖尔市防沙治沙综合示范区一期肉苁蓉基地

图4　乌拉特前旗乌拉山南北麓林业生态修复建设项目

图5　乌兰布和沙漠防沙治沙示范工程治理效果

济优势出发,提出打造绿色全产业链,坚持以生态环境政策为先导、以绿色产业政策为主干、以绿色社会政策为依托、以绿色投入政策为基础、以绿色科技政策为支撑,以实现自身的绿色高质量发展。

（2）强化科技支撑

本项目方案提出采用云共享资料收集系统、协同管理平台、"天眼"管理指挥平台、无人机3D实景模型技术等高效先进的科技手段,为EOD模式的有效实施提供详细的信息支撑。

（3）优化资金统筹

本项目方案提出实施以绩效为导向的全过程管理,完善各专项资金绩效评价制度,定期开展财政环保专项资金支持项目的绩效评价工作。通过系统科学的绩效管理,不断提高投资决策水平和项目管理水平,促进环保投资绩效的不断提升。

（4）推进跨区域生态导向建设协同发展

本项目方案制定了跨区域环境导向发展工程协同建设顶层设计。建立健全跨区域环境监测网络,实现区域环境监测网络共享,同时打造区域环保信息区域间、政府与社会间的共享平台,拓宽社会公众参与环境协同治理渠道的广度与机会,注意实施联动,打造EOD模式优势板块。

7. 策划有效的项目长期运营机制

（1）加强制度建设树权威

EOD模式的推行需要全面建设相关制度、加强组织领导、健全责任体系。一是成立由市级主要领导及相关部门负责人为成员的领导小组,统筹推进相关工作。二是明确公众、企业的社会责任,进一步形成以政府为主导、企业为主体、市场有效驱动、全社会共同参与的推进生态文明建设新格局。三是建立体现生态文明要求的目标体系、考核办法、奖惩机制,加强专项指标评估和政府绩效考核。

（2）明确权益归属增价值

EOD模式的实施需要项目产出具有明确的权益归属边界、健全的市场交易机制和流通平台,以实现项目产出从生态价值向经济价值的转化。本项目方案提出需明确政企双方的合作边界及合作范围项下相关产出的权益归属。

（3）吸引社会资本促市场化

EOD模式的实施,需要增加激励社会资本投入的有效政策和措施,完善市场化投入和生态补偿机制。本项目方案提出了激励社会资本投入的有效政策依据和措施,进行持续性生态产业运营,获取长期经营收益。

【咨询效果】

自2021年4月27日项目获得入选以来,项目陆续开展实施,本项目实施方案为项目的实施带来了良好的生态效益、社会效益和经济效益,具有较高的运用推广价值。

1. 生态效益突出

通过乌梁素海全流域系统综合治理,乌梁素海流域沙漠化进程得到控制,受损山体得到全面修复,水土流失状况将得到有效缓解,流域水环境质量持续提升,湖体和湿地的生态环境大幅改善,生态环境得到切实有效的保护,持续增强整个流域的生态稳定性,提高生态系统服务功能,筑牢我国北方的生态安全屏障。

2. 社会效益突出

（1）加快贫困人口脱贫步伐,维护边疆安定团结

项目实施后,将发挥本试点的带动作用,助力区域绿色高质量发展,使乌梁素海及周边群众生产生活得到明显改善,加速贫困人口实现稳定脱贫,各族同胞共同建设绿色美好家园,打造乡村振兴样板区,维护边疆少数民族地区安定团结。

（2）推动生态治理科技进步

项目的实施吸引了众多科研机构和一批在国内外具有一流技术水平环境治理公司与绿色产业公司参与。通过产学研政结合,针对乌梁素海流域生态治理与绿色发展存在的问题,开展一系列应用技术与基础理论研究,一方面提高乌梁素海流域生态治理科技水平,另一方面将带动巴

图6 乌梁素海疣鼻天鹅

彦淖尔地区乃至内蒙古西部地区生态环境科技进步。

（3）扩大生态产品供给能力

通过项目实施，一方面流域的生态系统服务功能得到提升，良好生态产品的供给能力明显增加，水污染得到有效控制、土壤环境承载力提高、植被覆盖度增加、区域气候得到明显改善。另一方面，将带动产业结构的优化调整，增加林地、草场、水域面积，为发展现代生态农牧业、绿色清洁能源和生态水产养殖业奠定坚实基础。

3. 经济效益突出

（1）直接经济效益

通过对本试点的实施，在区域产生和形成的非公益性的经营性资源，进行产业化、市场化运作，既能产生明显的环境治理效果，又能产生一定的直接经济效益和潜在经济价值。除了直接经济收益外，还会新增部分碳排放交易、新增改良土地租赁等潜在经济收益，而且规模可观。

（2）间接经济效益

该项目不仅可以产生直接经济效益，还可以通过带动产业发展产生巨大的间接经济效益。通过试点工程实施，可以合理调整产业结构，大力发展现代生态农牧业、清洁能源、生态旅游、生态水产养殖等绿色产业，为当地经济可持续发展提供基础。

上海市轨道交通崇明线一期工程可行性研究报告
The Feasibility Study Report of the First-stage Project of Shanghai Rail Transit Chongming Line

编写单位：上海市隧道工程轨道交通设计研究院
Shanghai Tunnel Engineering & Rail Transit Design and Research Institute
联系电话：021-54519988　　**网址**：https://www.stedi.cn
主要完成人：朱蓓玲　高英林　郑晋丽　李彦俊　王冰慧　许大光　鲍艳玲　沈张勇　胡　松　李志琦

【点评】

该研究的最大特点是根据轨交建设的新标准、新要求，经过大量的比对分析，否定了原先获批的利用既有长江隧桥预留空间建设轨交崇明线的方案，并对新建越江隧道工程进行了可行性研究。工可报告所确定的崇明线功能目标，高度匹配崇明区的发展规划；所确定的总体方案，运输能力强、运行速度快、运营组织多元化、土建规模精简，符合客流运输快捷方便的要求；所采用的核心系统设备制式，有效解决长大区间直流供电技术难点问题和长大区间疏散救援问题，实现了总体方案技术经济综合最优。研究中，还十分注重节能减排、环境保护、多元开发、历史文化传承等工作，将科技元素注入深厚的文化底蕴中，二者相映成辉，使得崇明线成为一条具有独特韵味、兼具通勤和旅游功能的市域快线。

【项目背景】

崇明位于长江入海口，由崇明、长兴、横沙三岛互成掎角之势，与上海主城隔江相望。根据上海城市总规要求，崇明将建成世界级生态岛，加强对长三角区域以及周边镇乡地区的服务，发展形成功能完善、产城融合、用地集约、生态良好的门户型节点城市。

早在2005年，《上海城市轨道交通网络深化规划》和《上海城市轨道交通规划选线落地》的编制中，就重点考虑并规划了崇明三岛的轨道交通线路。之后，长江桥隧工程建设中，综合各方面意见，在结构和空间上预留了轨道交通通行条件，即利用大桥两侧的紧急停车带（硬路肩）和隧道段车道板下部空间对轨道交通进行预留。

崇明线南起浦东金桥地区，北至崇明陈家镇，途径崇明区和浦东新区，是一条快速联系崇明两岛崇明岛、长兴岛和上海中心城的轨道交通线路。它的建设有利于加强崇明两岛与上海中心城的快速联系，缓解长江隧桥交通压力，改善崇明对外交通环境；有利于优化城市空间布局，促进沿线浦东金桥、外高桥、曹路、长兴岛及崇明陈家镇等重要功能区及产业基地的发展；有利于推进"崇明世界级生态岛"建设，落实"长三角一体化"国家战略；有利于加快实现轨道交通对上海郊区的全面覆盖。因此，崇明线作为一条重要线路被纳入《上海市城市轨道交通第三期建设规划（2018～2023年）》，该项规划于2018年底得到国家的正式批复。

崇明线正式启动工可研究，其中一项重要工作，是对长江隧桥预留空间利用可行性进行全面而深入、系统而专业的技术研究。经过系列专题的长时间研究，认为现状长江隧桥预留空间难以满足轨道交通的设置要求，既降低长江隧桥通行能力，又产生较大安全隐患，较难实现安全与效率的平衡与协调，运营管理和应急处置的能力匹配也十分困难。崇明线不再利用长江隧桥预留空间，推荐采用南、北两港均新建隧道穿越长江。

同时，结合崇明线快速联系崇明两岛与上海中心城区的功能目标，经研究确定采用市域快速轨道交通设计标准，速度目标值120 km/h，全程运行时间不超30分钟；采用市域A型车，提供较大运输能力，成为上海城市轨道交通网络中具有典型示范作用的市域快线。

图3 G40立交效果图

形式进行比选。优选出新建主线分幅高架方案，最大限度降低建设矛盾，保障现状外环运行，提升路网灵活性，合理控制工程规模。

（2）特色匝道布置

匝道布置多点、分散，与外环出入口区别选址；布置杨高路、航津路、华东路定向匝道主要服务港区集疏运交通，拓展路网腹地，增加蓄车空间，实现港城分流的格局，兼顾客货分流、交通转换和地区服务，提高路网可靠性。

5. 技术创新，引领前沿，实现绿色环保、快速施工、安全保障，具有良好的经济和社会效益

（1）重载复杂环境下的桥梁预制拼装

针对桥梁占比超90%、高比例重载交通的特征，度身定制荷载标准，确保重载桥梁安全性和耐久性。针对高复合度廊道环境，优化桥梁结构选型、选择主体结构最佳施工工艺。桥梁结构预制装配率超90%，实现复合廊道复杂环境下桥梁建造的快速化、绿色化。

（2）线形指标满足高比例重载交通运行

项目主线平面直线长度占比75%，平曲线转弯半径800—7 500 m，最大超高3%，最大纵坡3.5%，平纵线形组合良好，保障高比例重载交通的运行安全。

（3）疏港交通效率及转向安全评价

开展科研《疏港型交叉口通行能力及服务水平研究》《疏港型道路转向交通安全设计与评价》，创新研究适用于高比例大型车交通的通行效率评价与安全设计方法，填补国内规范空白，保障交叉口重载交通安全与通行效率，为货运高占比道路交通研究提供了理论参考。

（4）技术创新成果

依托本工程研究，发表论文8篇，申请专利3项，开展科研课题3项；结合项目经验和技术积累，我院牵头开展中国勘察设计协会团体标准《装配式桥梁技术规程》编制。

【咨询效果】

1. 技术效果

（1）沿江通道浦东段（越江段—五洲大道）新建工程可行性研究报告编制依据充分，基础资料详实，编制内容全面。采用的技术标准恰当，建设规模满足交通流量预测的需求。可以为后续的项目建设提供指导性意见。

（2）本科研报告推荐的沿江通道与S20共通道线位以及分幅高架大断面敷设形式，保证工程交通功能前提下，最大化减少施工期间对既有S20的影响，同时能与周边景观相协调。

（3）在出入口布置方案上，通过在越江隧道、洲海路设置两处外环—郊环双系统转换节点，提供高速与快速路系统便捷的交通转换，最大化发挥两通道共线且交通功能互补的特点。同时对外高桥港区设置定向服务匝道，突出本工程重点服务港区的交通定位，也可大大减少对区域到发交通影响。

图4 洲海路节点效果图

（4）本工程与沪通铁路在双江路—杨高北路6 km范围内有长距离、小间距的平行段，最小间距约15 m。经过前期敷设形式的论证、相互关系的协调，最终形成了公路与铁路的集约化、共通道的方案。

2. 经济效果

在经济活动上，本项目将形成G1503独立成环，解决了高速公路与城市快速路并线的问题，将完全发挥G1503沿江大通道交通功能，形成上海对接长三角的沿江走廊，为上海落实长江三角洲区域一体化发展国家战略提供基础设施保障。

在穿越外高桥电厂、洲海变电站两处节点，采用了地道敷设形式下穿既有的多路出厂高压线（500 kV和220 kV），避免了出厂高压线搬迁的矛盾，节约工期约12个月，综合节省工程投资约8 000万元。

工可通过方案优化细化，较项建书批复节省总投资25亿元。工可批复3个月后顺利开工，实现了市政府确保2020年开工建设的总目标，收获良好的社会反响。

3. 社会效果

本工程建设将分流S20外环及地区的货运交通，缓解S20交通拥堵矛盾，将改善地区交通出行环境和城市面貌，提升区域交通安全，同时贯通区域人非交通，贯彻"以人为本"的交通项目建设理念，有力支撑外高桥地区的整体转型发展。

4. 评价与奖项

2021年11月，获上海市优秀工程咨询成果一等水平。

2023年12月，获全国优秀工程咨询成果二等奖。

中国石化扬子石油化工有限公司淤浆法聚乙烯新工艺开发中试装置可行性研究报告

The Feasibility Study Report of the Pilot Plant for the Development of New Technology of Polyethylene by Slurry Method in Sinopec Yangzi Petrochemical Co., Ltd.

编写单位：中石化上海工程有限公司
Sinopec Shanghai Engineering Co., Ltd.
联系电话：021-58366600　　网址：https://www.ssec.com.cn
主要完成人：吕世军　崔春霞　蔡炜　沈忠英　高峥嵘　谷峰　沈勇　冯春霞

【点评】

该报告针对当前国内淤浆法高密度聚乙烯（HDPE）装置面临的技术局限性，提出了扬子石化采用戊烷为溶剂的淤浆法聚乙烯新工艺开发的中试装置，以应对专利商暂停技术转让或提高转让技术门槛的问题。报告以解决技术"卡脖子"问题为出发点，强调了通过技术创新突破工艺限制、打破技术壁垒的重要性。报告结合项目建设地点的实际情况和依托条件，全面开展了工程技术方案比选、生态环境保护、劳动安全卫生、消防、节能和风险分析等多方面的深入研究，确保了项目的可行性和实施的安全性。本项目的实施将打破依赖单一引进工艺生产技术的局面，形成具有自主知识产权的淤浆法HDPE生产新工艺，这不仅有助于提升国内自主研发能力，还将对国际国内同类型装置的建设实施提供积极的借鉴和参考。

【项目背景】

伴随着以塑代钢、以塑代木及煤改气、煤改电等行业的兴起，聚乙烯在管材、家庭用品、工业化学品、食品、药品包装、汽车用部件等领域的应用不断增长。我国作为全球聚乙烯消费增长最大的国家，其消费量仍在逐年大幅上升，但由于国内供应严重不足，进口量也逐年增加。尽管近年来国内聚乙烯产能扩张较快，在建生产装置产能较大，但在高端聚乙烯牌号的生产技术和应用开发上仍然与国外公司存在巨大差距。长期以来，国内对于高性能聚乙烯的研究和应用进展较为缓慢，不能满足市场对高品质聚乙烯原料的需求。

全世界高密度聚乙烯（HDPE）的生产方法主要有气相法、淤浆法、溶液法和淤浆+气相组合这四种方法，其中淤浆法是生产高密度聚乙烯的主要方法。该方法分为环管反应器聚合工艺和带搅拌的釜式反应器聚合工艺。环管高密度聚乙烯工艺主要有INEOS和Chevron Phillips，鉴于国际形势的变化，目前这两家专利商都已声明不再对中国进行技术转让。而搅拌釜式高密度聚乙烯工艺主要有德国Basell公司的Hostalen工艺，以及日本Mitsui公司的CX工艺，其中日本的CX工艺已多年未对国内进行技术转让。

对目前国内新建的HDPE装置而言，可选择的工艺技术只有Basell公司的Hostalen工艺，技术上存在着极大的局限性。因此，中国石化扬子石油化工有限公司（简称"扬子石化"）新建戊烷为溶剂的淤浆法聚乙烯新工艺开发的中试装置，可以有效地解决技术"卡脖子"问题，突破工艺限制，打破技术壁垒，进行技术创新，开发属于中石化自有的淤浆法高密度聚乙烯生产新工艺和新技术。

中石化于2019年成立联合攻关项目组，基于已有的试验数据，改变溶剂进行创新工艺研究。上海工程公司作为该技术工艺流程创新研究及工程设计的总体院，2020年完成淤浆法聚乙烯新工艺开发中试装置的成套工艺包，并于同年8月通过中石化集团的技术鉴定。

扬子石油化工有限公司于2019年委托上海工程公司进行工艺包编制和可行性研究工作。接到委托后，项目组结合项目建设地点的实际情况和依托条件开展工程技术方案比选、生态环境保护、劳动安全卫生、消防、节能、风险分析等各方面的分析和研究,于2020年12月完成了最终可行性研究报告,并报送业主审查。

【项目内容】

1. 建设单位介绍

中国石化扬子石油化工有限公司是中国石油化工股份有限公司的全资子公司,位于南京市六合区,其前身是成立于1983年9月的扬子石油化工公司。1998年实施资产重组,成立了以石油化工为主业的扬子石油化工股份有限公司和以公用工程、物流为主业的扬子石油化工有限责任公司。2006年扬子石油化工股份有限公司退市并重组为扬子石油化工有限公司;2007年扬子石油化工有限责任公司转制为扬子石化分公司。目前扬子石化是中国石化最主要的石油化工基地之一。

扬子石化主营业务为石油炼制和烃类衍生物的生产与销售。公司本部拥有1 250 t/a原油加工、80万t/a乙烯、140万t/a芳烃、600万t/a清洁油品等58套工艺生产装置,以及配套齐全的公用工程和物流、环保等设施,年产聚烯烃塑料、聚酯原料、橡胶原料、基本有机化工原料、成品油等五大类173种商品1 200余万t,被广泛应用于轻工、纺织、电子、食品、汽车、航空以及现代化农业等各个领域。

2. 建设选址

扬子石化位于长江北岸,西靠马汊河,北邻宁六公路,公司总占地面积近13 km^2。本项目建设用地位于扬子石化厂区内,利用拆除甲醇制丙烯实验装置的土地,北侧与丁二烯装置为邻,东侧与第四循环水厂为邻,西为已建的危废仓库、聚丙烯35 kV降压站和联合控制室,南为2#聚丙烯装置。用地范围内均为扬子公司现有土地,本工程不需新征土地。

3. 建设规模和产品方案

本可行性研究范围为扬子石化淤浆法聚乙烯新工艺开发中试装置及相关的公用工程和辅助设施,工程经济部分仅限于装置界区内的工程费用投资估算。

（1）装置生产规模

年试验能力:10 000 t。

年试验时间:6 000 h。

项目性质:新建。

（2）产品方案（表1）

4. 工艺技术

本装置采用淤浆法乙烯聚合新工艺,可以进行在戊烷溶剂下新型乙己共聚HDPE产品和超高分子量聚乙烯产品的开发,装置可连续化生产也可以间歇操作,聚合反应器D-201、D-221和D-261按并联方式排列。

主要原料的乙烯单体精制后通过流量控制连续加入聚合反应器淤浆液相中,在催化剂和助催化剂共同作用下进行聚合反应,聚合物通过反应器上部溢流进入淤浆稀释罐。作为调节淤浆

表1 HDPE产品研发方案

牌 号	物 性	年研制和试验生产能力（t/a）	小时能力（t/h）
拉丝级HDPE	2.16 kg下熔融指数0.8—1.3 g/10 min,密度0.950—0.954 g/cm^3	1 000	5（三釜）
PE100管材料	多峰分布,5 kg下熔融指数0.15—0.30 g/10 min,密度0.947—0.952 g/cm^3	2 000	3—4（三釜）
PERT管材料	多峰分布,5 kg下熔融指数0.4—0.6 g/10 min,密度0.944—0.950 g/cm^3	2 000	3—4（三釜）
大中空容器	多峰分布,5 kg下熔融指数0.15—0.25 g/10 min,密度0.950—0.954 g/cm^3	1 000	3—4（三釜）
纺丝级UHMWPE专用料	分子量≥500万	2 000	0.75（三釜）
拉伸级VHMWPE专用料	分子量40万—120万	1 000	3（三釜）
压制和挤出级UHMWPE通用料	分子量250万—500万	1 000	3（三釜）

浓度的高压脱水戊烷以及催化剂按指定的配比加料速度连续地加至聚合反应器中。作为催化剂激活剂、体系清除剂和分子量调节剂的三乙基铝,连续地补充并与聚合溶剂进行混合,然后进入聚合反应器中消耗。反应热由戊烷的蒸发潜热、聚合反应器夹套冷却水与淤浆外循环冷却的方式除去。通过调节聚合反应条件(温度、压力、停留时间等)来控制聚合反应器中聚合物的性质(粘均分子量和密度)。

聚合物淤浆从淤浆稀释罐送入闪蒸罐,通过闪蒸除去未反应的乙烯单体,然后淤浆通过泵升压送入闪蒸线加热器加热,使戊烷部分气化,然后送入戊烷分离系统的闪蒸罐进一步减压闪蒸,闪蒸分离的湿料送入下游滚筒干燥器中干燥。而从闪蒸罐顶部分离出来的戊烷气体先经过旋风分离器脱除部分细粉,再由闪蒸过滤器进一步脱除,过滤后的戊烷气体被送至脱已烷塔,塔底分离出的重组分送至界外回收处理,塔顶排出的粗戊烷气体则经塔顶冷却器冷却,不凝的气体被送至界外进行尾气回收,冷凝液体收集至母液罐,然后送回反应器继续作为溶剂使用。

闪蒸罐排出的湿料送入滚筒干燥器进行干燥,然后将粉料通过粉料输送系统进入粉料仓中进行储存和掺混,最后送入包装单元进行包装、码垛后对外销售。

当后续考虑在己烷溶剂下进行超高分子量聚乙烯的连续化工业生产时,工艺流程略有不同,最主要的是分离系统不一样,此时聚合物淤浆不是通过加热后闪蒸分离,而是采用离心机实现液固分离,液相仍被收集至母液罐,然后送回反应器继续作为溶剂使用,而固体湿料则同样送至滚筒干燥器进行干燥,再送至下游进行储存、掺混和包装。

5. 实施计划

2020年9月,上报可行性研究报告;

2020年12月,获得总部对可行性研究报告的批复;

2021年3月,完成基础设计编制和内审;

2021年6月,获得总部对基础设计的批复;

2021年8月,现场开工;

2021年10月,完成详细设计;

2022年2月,建成中交。

6. 投资估算

项目总投资为21 587万元,其中建设投资21 219万元,建设期利息368万元,流动资金0万元。建设投资部分,设备购置费8 525.72万元,主要材料费3 159.93万元,安装工程费2 693.92万元,建筑工程费2 332.43万元;其他费用4 507.16万元。

【工作过程】

为保障本新工艺开发中试装置的可行性与可靠性,扬子石化与上海工程公司已经进行了大量的前期试验及准备工作,包括:

扬子研究院对基于5 L聚合高压釜,系统研究了各种催化剂,在戊烷溶剂下,聚合总压、氢气乙烯摩尔比、己烯-1共聚、聚合温度、助催化剂用量,以及聚合时间等条件对乙烯淤浆聚合性能的影响,并在300 L聚合釜上进行了聚合放大试验,对标现有己烷溶剂下的乙烯淤浆聚合工艺牌号,制备了多种新工艺下的乙烯聚合物。

结合研究成果,扬子石化与上海工程公司共同讨论并确定本中试装置的设计条件,包括生产牌号产品的聚合压力、聚合温度、停留时间、淤浆浓度等参数。上海工程公司根据生产操作条件的要求编制并完成相应的工艺包文件并通过了总部组织的专家审查,审查情况如下:

2019年11月,总部在南京组织审查万吨级超高分子量聚乙烯科研示范装置工艺包,提出对原有研究和开发情况进行整合,改进设计和立项建设扬子石化淤浆法聚乙烯新工艺开发中试装置,为后续30万t/a工业生产装置奠定技术和装置基础。

2020年8月,总部在北京组织视频万吨级淤浆法聚乙烯新工艺中试组织工艺包审查会,听取了上海工程公司的工艺包开发编制完成情况和扬子石化以戊烷为溶剂的技术研究开发报告后,认为戊烷在新工艺下,可以开发高性能多峰聚乙烯,并且采用非茂SST和CMU等催化剂,可以制备粘均分子量高于500万的超高分子量聚乙烯,建议尽快开展中试组织的工程设计和建设,为开发中国石化自主知识产权的HDPE成套技术提供支撑。

【咨询工作特点及经验教训】

1. 项目难点及风险

开发淤浆法聚乙烯新工艺应考虑选择"先进、可靠、适用、低污、经济"的新技术,既要考虑技术难度和经济代价,又要考虑产品是否达到经济规划。

淤浆法聚乙烯世界上已有多套工业装置建成并投产，但国外对新牌号产品高度保密，基本不对外进行转让，而国内虽然也有多套装置建成并运行，但是受限于工艺技术和设备条件，很难进行使用1-己烯、1-辛烯作为共聚单体的高性能、特殊牌号的开发。所以，本项目面临着一定技术创新的风险。

本项目以中石化自有的乙烯淤浆聚合工艺技术为基础进行新工艺的开发，且所用催化剂已经过实验论证，技术含量高，风险相对较小。

装置的反应器设备和控制方案是该技术的核心内容，也是装置成败的关键，存在一定的技术风险。

推荐反应器仍沿用乙烯淤浆聚合工艺技术中的相关设计要求，反应器通过溶剂气化、反应器外夹套、淤浆外循环系统多种组合的方式进行撤热，规避反应器温度失控的风险。

2. 主要设备设计

（1）低压淤浆搅拌釜式反应器

釜式反应器为本装置的关键设备，为温和的乙烯淤浆间歇法聚合条件下，由三乙基铝为助催化剂，戊烷为溶剂，作为主要原料的精制乙烯单体通过流量控制连续加入聚合反应器淤浆液相中，在催化剂和助催化剂共同作用下进行聚合反应，聚合物通过反应器上部溢流进入淤浆中间罐。

（2）旋风分离器

该设备采用旋风分离的原理分离自反应出料线来的粉料和闪蒸气，为防止粉料挂壁，设备内部焊缝需打磨齐平，底部锥体材质为不锈钢。该设备由专业厂家进行工艺设计，国内供货。

（3）聚合反应搅拌器

聚合反应搅拌器是聚合反应器的主要部件，属于特殊搅拌设备，需要专业搅拌器生产商进行专门的搅拌流场模拟设计，所以需向专业、有经验的供货商进行采购。

（4）浆料泵

本装置中的产品浆料泵泵送含30%—40%的浆料，为特殊叶轮和泵壳设计；另外其密封结构也较特殊；采购时应选用有相关使用业绩的生产商。

（5）离心机

这种类型的离心设备结构复杂，分离要求高，选择的生产商需要有聚合物浆料离心分离的经验，并且相关产品应有应用业绩，考虑采用引进的设备。

3. 经验总结

此次新建的中试装置将为中国石化的淤浆法聚乙烯工艺带来四个"突破"和五大"验证"。

（1）四个"突破"

① 新工艺流程的突破。打通中国石化自主乙烯淤浆法HDPE生产全流程，开发面向提高聚乙烯产品性能和发挥催化剂特性的两釜、三釜流程，突破连续法生产高粘均分子量的高性能超高分子量聚乙烯，实现工艺流程科学合理、简单易行、转产灵活、可调可控。

② 新产品的突破。基于戊烷溶剂，研制、开发满足市场需求的质量稳定可控的高性能单釜、两釜和三釜流程的乙己共聚产品，分子量可调可控且粒径分布均匀的特高分子量聚乙烯及间歇法和连续法生产粘均分子量高于500万的超高分子量聚乙烯。

③ 关键设备的突破。在淤浆法聚乙烯新工艺的要求下，实现关键设备设计的突破，设计与新溶剂、新生产条件匹配的聚合反应釜，反应撤热系统、浆液闪蒸分离系统、溶剂回收和存储系统、粉料干燥脱挥和匀化筛分设备。

④ 科技体制的突破。以本项目为示范，结合国家、总部和地方对于科技创新和新材料的支持政策，优化和完善装置设计、建设、运行、新品开发和市场推广销售模式，走出一条合理合法、行之有效的科技创新创效之路。

（2）五大"验证"

① 新的固液分离流程的验证。基于戊烷的沸点与己烷相差30℃左右，采用戊烷做溶剂后现有淤浆法聚乙烯的固液分离流程已不再适用，需要重新开发，浆料的分离工艺将会存在显著的不同，需要在此装置上验证新工艺的可靠性、有效性和可调性。

② 新催化体系（非茂、茂金属、BCE、BCC、CMU等）的验证。现有的淤浆法聚乙烯聚合设计压力低，撤热能力有限，受限于此很多催化剂无法得以工业化验证和生产。

本次中试装置以戊烷为溶剂，设计匹配的聚合系统和撤热系统，可以有效地适用现有的齐格勒-纳塔型、茂金属型、非茂金属型等淤浆法聚乙烯催化剂，用来试验并生产均聚和共聚型MDPE、HDPE、VHMWPE、UHMWPE，分子量跨度范围由几万到几百万。后续参与中试验证的催化剂有：

——扬子石化自主开发的SST系列催化剂,该催化剂可在无氢气条件下催化乙烯生产超高均聚物和超高共聚物的产品,也可以用于在氢气存在的条件下催化乙烯与丁烯-1、己烯-1的共聚;

——北化院BCE系列催化剂,适用于生产乙己共聚物、VHMWPE等;

——中国石化奥达催化剂分公司的CMU催化剂,结合新工艺技术开发超高均聚物等产品;

——北化院正在开发的BCC催化剂,适用于中低压和高温条件下的聚合催化,可生产VHMWPE和UHMWPE产品。负载型茂金属催化剂,同样适用于中低压和高温条件下的聚合催化,主要生产乙己共聚型HDPE产品等;

——其他淤浆法聚乙烯催化剂,如铬系催化剂、醇镁载体负载型催化剂等。

③ 戊烷溶剂下新产品(HDPE和超高分子量聚乙烯)开发的验证。以戊烷为聚合溶剂,重点验证和开发与众不同的乙己共聚物、两釜和三釜串联双或宽分布聚乙烯,间歇和连续法生产高粘均分子量的超高分子量聚乙烯。

④ 三釜流程的验证。三釜流程蕴含巨大的技术和市场应用,结合先进的催化体系、适应性的三釜工艺流程技术,进而从聚合工艺的角度调变聚合物性能,引领乙烯釜式淤浆新工艺技术,从供给侧角度引领市场需求,提供下游用户提质增效所需要的高性能产品。

⑤ 生产能耗及成本的验证。本项目的实施将为后续30万t/a乙烯淤浆法HDPE生产成套技术提供能耗和成本的基础数据。

【咨询效果】

本工程采用的技术为HDPE领域国内、国际上首套,可行性研究无同类装置可参考。上海工程公司在可行性研究阶段,立足扬子石化的现状和新建装置工艺路线的根本,重点关注并研究了以下问题:

① 从符合国家宏观经济政策要求、实现能源综合利用、发展国内自主知识产权、打破技术局限,提升自主研发能力,符合中石化发展战略、符合扬子石化产品结构调整等方面分析了项目实施的意义。

② 本项目的建设将会为中国石化的淤浆法聚乙烯工艺带来四个"突破"和五大"验证"来分析项目实施的必要性。

③ 根据建设地点的实际情况对本项目原料依托、公用工程和辅助设施的依托进行全面的了解和分析,使建设方案达到投资省、成本低、效益好的目标,并大幅缩短建设周期。

④ 从工艺技术、设备及自动化、建设地区条件、总图运输、土建、电气、暖通、给排水及消防等方面进行深入研究,确定工程技术实施方案。

⑤ 对生态环境影响进行分析,确定污染源及主要污染物,落实防治措施。

⑥ 对劳动安全卫生的危险因素及后果进行分析,提出了防范及治理方案。

⑦ 对水资源利用分析及节水措施、土地利用等进行了综合评价。

⑧ 对项目的能源利用进行分析,计算装置能耗指标,研究节能措施和节能效果。

⑨ 对工程进行投资优化,并进行经济评价,计算税后内部收益率、静态投资回收期、财务净现值等指标,从经济上分析项目可行性。

⑩ 分析了工程的政策性风险、技术变革性风险、资源风险等,提出了规避风险的措施和对策。

通过以上各方面深入细致地分析研究,最终得出项目可行的结论,并获得可研批复,目前正在开展工程设计工作。

本项目打破了HDPE装置需采用引进工艺生产技术的局面,突破国外的技术垄断,形成具有自主知识产权的淤浆法HDPE生产新工艺,具有非常重要的战略意义。本可行性研究报告以及项目的实施,对国际国内同类型装置的建设实施均有积极的借鉴意义。

吴淞江工程（上海段）新川沙河段可行性研究报告

The Feasibility Study Report of Xinchuansha River Section of Wusong River Project (Shanghai Section)

编写单位：上海勘测设计研究院有限公司
上海市政工程设计研究总院（集团）有限公司
上海友为工程设计有限公司
Shanghai Investigation, Design & Research Institute Co., Ltd.
Shanghai Municipal Engineering Design Institute (Group) Co., Ltd.
Shanghai Youwei Engineering Design Co., Ltd.
联系电话：021-65427100　　网址：https://www.sidri.com
主要完成人：孙永林　朱桂娥　吴维军　孙海涛　倪文杰　许朴　成峰　翟法　诸立嘉
张鑫

【点评】

该报告通过多层次、多角度的系统全面论证，为工程的建设布局和方案制定提供了坚实的科学依据。研究指出了工程实施的必要性和迫切性，特别是在缓解嘉宝北片排涝压力、改善区域水环境、提前发挥工程效益方面的重要性。通过数学模型和现场调研，深入分析了河道流速、土质抗冲能力，合理确定了河道断面和护岸结构方案，充分体现了"安全、活水、生态、航运、幸福"的建设理念。报告的亮点在于泵闸枢纽的创新设计，以及跨河桥梁的示范性方案，展现了当代水利工程的风采。同时，工程对周边环境影响的充分论证，以及陈行水库调度方案的创新提出，显示了规划的前瞻性和责任感。新川沙河段工程的实施不仅提升了区域的排涝能力，改善了水生态环境，还为吴淞江工程（上海段）的整体效益发挥奠定了基础。此外，工程的实施践行了生态文明建设，通过新增水面和沿河绿化，为上海市北部地区带来了生态环境品质的显著提升。

【项目背景】

1. 项目建设背景

吴淞江工程是国务院明确的172项重大水利工程项目之一，也是《长江三角洲区域一体化发展规划纲要》《太湖流域防洪规划》确定的流域治理骨干工程和省际重大水利项目，也是规划的"一环十射"高等级航道的组成部分。同时，吴淞江工程（上海段）是新时期《上海市城市总体规划（2017—2035年）》中明确的事关区域生态建设、环境保护、综合防灾体系共建等方面的重大工程，工程的实施将进一步提高流域区域防洪排涝、改善水生态环境和航运条件，是解决太湖流域水利问题的一项重要民生工程。

吴淞江工程（上海段）经过青浦、宝山、嘉定等区域，涉及面广，区域情况复杂，存在工程量大、建设周期长、资金需求量大等难点。为此，经市政府专题会议反复研究分析，决定采用分期分段实施的策略，先期实施新川沙河段，逐步实现防洪、除涝以及航运功能的综合效益。新川沙河段位置见图1。

吴淞江工程（上海段）是新中国成立以来上海市最大的水利（防洪除涝）项目，新川沙河段作为先期实施段，纳入2020年上海市重大工程项目清单。

新川沙河段工程先期实施可以充分利用紧邻长江的区位优势，通过拓浚形成直通长江的骨干河道及泵闸枢纽建设，可以先期改变嘉宝地区缺乏骨干排江通道、涝水排泄不畅的被动局面，提前发挥提高区域排涝和增加区域调水引流能力的效益，并为吴淞江工程（上海段）整体效益发挥打下基础，为流域洪涝水外排创造有利条件。

2. 项目目标和必要性

（1）项目目标

吴淞江工程（上海段）的主要工程任务为：

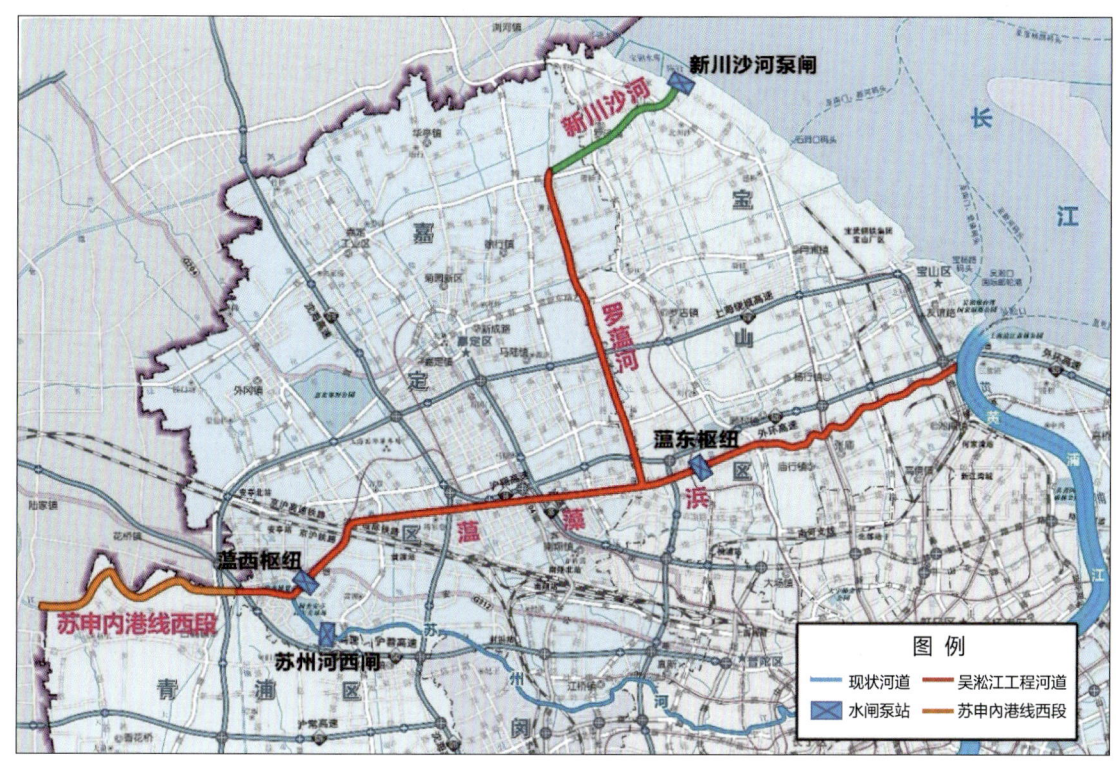

图1 吴淞江工程(上海段)新川沙河段位置示意图

以流域防洪和区域防洪除涝为主,结合水环境改善,兼顾航运。

新川沙河段是吴淞江工程(上海段)的重要组成部分,其工程任务与吴淞江工程(上海段)保持一致。近期先行实施的工程任务主要是明显提高区域除涝能力,同时为区域水环境改善创造条件,远期完全达到吴淞江工程(上海段)的既定目标。在吴淞江工程(上海段)及嘉宝北片其他规划工程未实施情况下,新川沙河段近期实施达到如下目标:

流域防洪:为流域择机承泄部分洪水创造条件。

区域除涝:嘉宝北片其他规划工程未实施情况下,遇20年一遇标准最大24小时面雨量,1963年9月设计暴雨雨型及相应同步潮型,控制嘉定南门排涝最高水位不超过4.08 m。

水环境改善:为嘉宝北片河网水体有序流动、改善北部地区水生态环境创造条件,平水年新川沙河枢纽具备引水12.2亿 m^3 的能力。

(2)项目必要性

新川沙河段先期实施的必要性主要体现在以下几个方面:

① 缓解嘉宝北片排涝压力的迫切需要。新川沙河段先行实施可以为嘉宝北片增加一条骨干排江通道,有效增加区域涝水北排长江的排水能力,遇长江高潮位时,还可利用新川沙泵站抽排,与娄塘等联通可以降低嘉宝北片中西部地区的高水位,优先发挥区域排涝作用。

② 践行生态文明的重要体现。上海城市总体规划纲要提出,凸显区域生态文明建设,共建长三角区域独有的"江海交汇、水绿交融、文韵相承"的区域性生态和文化网络。吴淞江(上海段)是规划确定的本市四个重要生态廊道预留接口之一,规划要求强化区域性通风廊道保护。先期实施的新川沙河段是吴淞江工程(上海段)和规划中的嘉宝市域生态走廊的有机组成部分,建成后可形成生态景观廊道,将明显提升本市北部地区的生态环境品质。

③ 提前发挥工程效益,且性价比较优。先期实施新川沙河段,新川沙泵闸排江水量效益占吴淞江工程(上海段)全部实施效果的比值约为56.4%,沿江口门排水总量效益占比约41.7%;嘉定南门排涝最高水位下降效益占比约38.2%,嘉宝北片西侧水位下降更加明显。同时,在上海西北部地区形成骨干引水通道,充分利用水量丰沛、水质较优的长江过境水,调引长江水加强河网水体有序流动,改善区域河网水环境,平水年增加引江水量的效益占吴淞江工程(上海段)全部实施效果的比值约为66.1%。而实施该段的工程投资仅占吴淞江工程(上海段)总投资的约

14.2%，投资效益明显。

【项目内容】

1. 项目类型

项目名称：吴淞江工程（上海段）新川沙河段。

建设类别：水利。

建设性质：新建。

2. 建设单位情况

本工程建设单位为上海城投（集团）有限公司。

3. 主要建设内容及规模

吴淞江工程（上海段）新川沙河段西起嘉定区蒲华塘，向东沿向阳河至嘉定、宝山区界后折向东北接现状新川沙河入长江，主要建设内容为疏拓河道、新建新川沙泵闸枢纽、新建改建沿线跨河桥梁。

（1）河道工程

本工程疏拓河道长约7.82 km，河口宽96 m（新川沙泵闸枢纽区段口宽175 m），河底宽60 m，底高程-3.26 m，两侧陆域控制宽度各15 m。

新建堤防总长13.50 km，采用复式断面，其中北岸长6.68 km，南岸长6.82 km；北岸局部利用现有道路作为防汛通道，南岸新建堤顶道路作为防汛通道，新建防汛通道2.5万 m^2；为贯通防汛通道，新建8座支河桥梁和10座过水箱涵。

（2）新川沙泵闸枢纽工程

新川沙泵闸枢纽由节制闸和双向泵站组成。节制闸总净宽60 m，共布置5孔，单孔净宽12 m，闸槛底高程-3.26 m，闸门采用直升潜孔平面钢闸门；双向引排泵站规模150 m^3/s，共布置5台、单泵30 m^3/s的竖井贯流泵；新建管理用房、水文水质监测站房、防汛物资仓库、检修门仓库、变配电间、消防水泵房等附属用房。

（3）跨河桥梁

按"拆一还一"原则和通航要求，拆除重建、扩建跨河桥梁8座（前曹公路桥、沪太路桥、长虹路桥、罗宁路桥、潘泾路桥、青年桥、沈陆宅桥、新川沙泵闸枢纽交通桥），保留现状北蕰川公路桥，拆除桥梁5座。

【工作过程】

2014年，水利部太湖流域管理局（简称"太湖局"）在上海组织江苏省、上海市水行政主管部门召开了吴淞江工程前期工作协调推进会，讨论确定并印发了《吴淞江工程总体方案研究工作方案》，进一步细化了吴淞江工程总体方案研究的工作重点、分工及成果要求等。

2017年3月8日，太湖局组织召开了吴淞江工程总体方案讨论会，水利部规划计划司、水利水电规划设计总院、江苏省和上海市水行政主管部门等单位代表和专家参加会议，会议就工程任

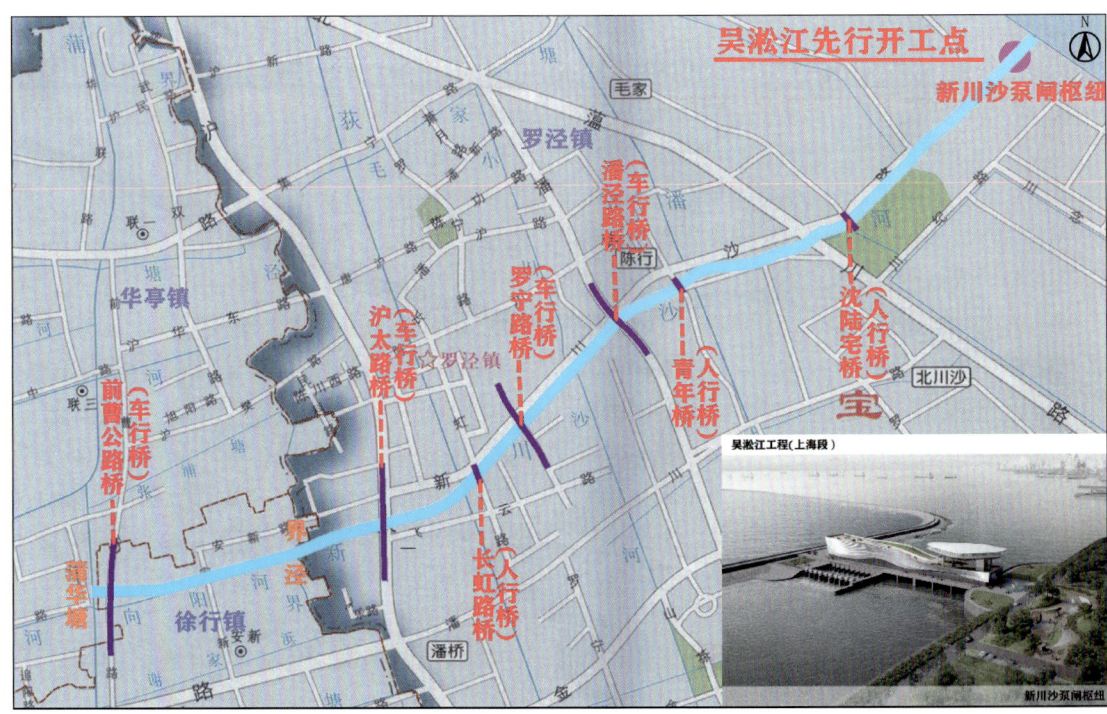

图2　吴淞江工程（上海段）新川沙河段总体布局示意图

务、河线方案、河道规模、主要建筑物等达成了一致意见,并形成会议纪要。在技术论证、省市讨论协调和审查修改意见的基础上,太湖流域管理局水利发展研究中心组织编制完成《太湖流域吴淞江工程总体方案报告》(简称《总体方案报告》)。3月27—28日,《总体方案报告》由水利部水利水电规划设计总院组织审查;4月11日,水利部水利水电规划设计总院对修改后的《总体方案报告》进行了复核;5月9日,水利部办公厅以办规计〔2017〕78号文印发了《太湖流域吴淞江工程总体方案报告审查意见》。

2017年11月23—25日,上海市水务局在上海组织召开《吴淞江工程(上海段)可行性研究工程技术方案报告》(简称《工程技术方案》)技术讨论会,会议邀请了水利部规划计划司、水利水电规划设计总院、太湖流域管理局、太湖局水利发展研究中心,江苏省水利厅,上海市发展和改革委员会、交通委员会、规划和国土资源管理局等有关单位及部门,以及可行性研究工作的相关参与单位,与会专家及代表对《工程技术方案》提出了许多宝贵意见并形成了技术讨论会咨询意见,为吴淞江上海段项目可行性研究工作提供了很好的意见和建议。

2018年4月17日《上海市人民政府关于禁止在吴淞江工程(上海段)建设范围内新增建设项目和迁入人口的通告》(沪府规〔2018〕6号)发布。

2019年4月8日,上海市政府主要领导专题听取吴淞江工程(上海段)推进情况汇报,要求研究吴淞江工程(上海段)分期分阶段实施方案,并推进罗蕰河(新川沙河段)项目建设。2019年11月16日,市领导召开市政府专题会议,再次要求抓紧稳定吴淞江工程(上海段)实施方案,研究分段实施方式,先行开展罗蕰河(新川沙河段)工程。2020年1月8日,市政府主要领导再次听取吴淞江工程专题汇报,明确加快吴淞江工程建设,要求年内开工。

2020年2月,上海勘测设计研究院有限公司作为总体设计单位牵头编制完成《吴淞江工程(上海段)新川沙河段项目建议书》;2020年2月21日,上海投资咨询公司组织专家对项目建议书进行了评估;2020年3月13日,上海投资咨询公司再次召开会议听取了相关部门及工程所在区政府的意见;根据上海投资咨询公司"关于吴淞江工程(上海段)新川沙河段项目建议书补充资料的函"的要求及专家意见,编制单位对报告内容进行补充完善。2020年5月21日,上海市发展和改革委员会以沪发改环资〔2020〕49号文对项目建议书进行了批复。

2020年5月,受上海城投(集团)有限公司委托,上海勘测设计研究院有限公司作为总体设计单位牵头开展可行性研究报告编制工作,形成报告初稿。2020年5月11日,上海市水务规划设计研究院组织专家召开了可研报告(初稿)预审会,根据专家组意见,编制单位对报告内容进行了补充完善,形成《吴淞江工程(上海段)新川沙河段可行性研究报告》,2020年7月10日,上海市发展和改革委员会以沪发改投〔2020〕208号文对可研报告进行了批复。

【咨询工作特点】

1. 多层次、多角度、系统全面论证工程建设必要性、工程任务和规模,为工程建设布局及工程方案制定提供科学依据

在充分收集分析吴淞江工程(上海段)沿线区域水系现状、水环境现状、产业分布情况等的基础上,采用一维河网水文水动力数学模型、水环境数学模型,计算分析不同实施方案的排涝效果和水环境改善效果,根据"先通后畅""先下后上""涝水先行"等的治水思路,以工程效益与投资最优为原则,论证最下游的新川沙河段为先期实施工程。

针对上海市嘉宝北片存在的问题,既考虑流域防洪、区域除涝、区域水环境改善以及航运综合效益需求,同时结合长三角一体化高质量发展、生态文明建设、构建和谐社会等宏观经济政策发展需求,按照问题导向、目标导向,多层次、多角度系统全面论证了工程建设的必要性、紧迫性,综合研究确定其工程任务。

2. 河道布置及护岸结构充分体现"安全之河、活水之河、生态之河、航运之河、幸福之河"的建设理念,为实现工程综合效益奠定基础

根据工程任务、地形地质条件、通航及生态需求、施工条件,结合周边环境、工程造价等因素进行方案比选,以实现工程效益、尽可能节约土地资源为基本原则,确定河道断面采用复合式,护岸结构主要采用"桩基+上部挡墙"的型式,坡面采用生态型的防护材料。

采用数学模型进行河道流速模拟,河道土质抗冲能力分析,合理确定潘泾下游段河道断面方案。在保证防洪除涝与航道功能需要的前提下,

制定不同护岸之间、干河与支流、上下游航道与支河航道以及河道工程与桥梁工程的合理衔接。岸线功能分析及陆域布置充分考虑上位规划、生态与航道的协调、周边环境等因素，将河道岸线主要划分为居住型、休闲型、枢纽型岸线。

3. 泵闸枢纽设计布置巧妙、建筑理念先进，展现当代水利风采

泵闸建筑物布置方案通过深入分析各建筑物功能和特点、河道形态、泄水建筑物水流冲刷对水库安全影响、不同建筑物基坑深度影响、建筑功能分区交通便利性、经济性等方面因素合理选择。通过水动力数学模型模拟水闸和泵站的运行水流场，分析水库冲刷风险；通过不同建筑物临水库基坑开挖深度分析水库安全风险；通过建筑功能区的检修交通流、办公交通流、公众游览交通流分析便利性。

建筑形态构思于水珠激起的细腻的波纹，巧妙利用水闸和泵站两种形态体量差异较大的不同建筑物，不仅满足了建筑物功能，还形成了以"縠纹璇珠，海纳百川"为设计理念的构想形态，为上海打造了一张水利名片。

4. 跨河桥梁设计方案具有示范性，针对施工期间复杂的交通组织制定合理的绕行分流路线

工程河线长、跨河桥梁和交叉道路多、周边城市化程度不均衡、桥梁建设投资大，合理确定桥梁建设方案是工程投资控制的重点之一。在充分开展现场调研、相关资料收集的基础上，对现状桥梁情况进行详细梳理，并充分借鉴国内外城市跨河桥梁规划建设的经验，结合道路红线规划和市、区相关部门意见，按照"红线优先、就近归并、便民利民、满足需求"原则提出跨河桥梁布局方案和建设规模。开展跨河桥梁布跨论证、新型组合结构城市桥梁技术研究、城市桥梁预制拼装成套技术研究等，在保证工程安全、交通便捷的前提下节省了工程投资。

本工程较多跨河桥梁为干线通道，现状交通量较大，且多座桥需同步施工，因此施工期间交通组织较复杂。通过合理地规划绕行分流路线和设置诱导标志，同时采用分幅建设、新建便桥、相邻桥梁和路网的配套改建等工程措施，最大限度减少施工期间的交通影响，使多座桥梁具备同步施工条件，大幅减少了总体施工周期。

5. 充分论证工程对周边环境的影响，创新提出陈行水库调度方案及保护措施建议

通过数值模拟计算分析工程排水对陈行水库取水安全的影响及预测，为减缓对陈行饮用水源保护区及水库取水的影响，提出建设吴淞江水情自动测报系统及活水畅流调度方案、加强新川

图3 新川沙泵闸枢纽效果图

图4 新川沙河段河道工程效果图

沙泵闸与水库的联动机制、加强入河污染源治理力度、行洪期水质预警值等保护措施的建议。

【咨询效果】

1. 缓解嘉宝北片排涝压力，改善区域水环境，提前发挥吴淞江工程（上海段）效益

先期实施新川沙河段，可以为嘉宝北片增加一条骨干排江通道和优先通畅引水通道，在嘉宝北片西部先行形成一条基本沟通区域河网水系的骨干水系网络，先期发挥排涝和引江效益，可实现嘉定南门水位下降38%；长江水进入嘉宝北片地区可有效改善区域水环境状况，实现氨氮、总磷、高锰酸盐指数平均浓度下降60%以上，投资效益明显。

新川沙河段先行实施后，打通了吴淞江工程（上海段）的排江通道，增加了嘉宝北片通江排水能力，有利于择机承泄部分流域洪水，当流域发生洪水而本区域无排涝压力时，可以通过嘉宝北片承泄上游部分洪涝水，分摊流域防洪压力。

2. 践行生态文明建设

生态文明是关系人民福祉、关乎民族未来的长远大计。生态河道建设是促进生产空间集约高效、生活空间宜居适度、生态空间山清水秀的总体要求。先期实施的新川沙河段既是吴淞江工程（上海段）的重要组成部分，又是上海市规划的嘉宝市域生态走廊的有机组成部分，建成后可新增约900亩水面、300亩沿河绿化，形成生态景观廊道，将明显提升本市北部地区的生态环境品质。

天津地铁四号线北段工程可行性研究报告

The Feasibility Study Report of the Project of the North Section of Tianjin Metro Line 4

编写单位：中铁上海设计院集团有限公司
China Railway Shanghai Design Institute Group Co., Ltd.

联系电话：021-63818855　　网址：http://www.sty.sh.cn
主要完成人：于永广　张洪威　孟　伟　白　旭　陈文杰　高元彪　李主华　刘莲莲　刘晓晶　杨庆花

【点评】

该可研报告通过规划与设计精心布局，充分结合了天津市的城市发展需求和轨道交通线网规划，展现了高度的前瞻性和专业性。报告不仅对项目的背景、目标、必要性进行了详尽阐述，还特别强调了项目建设条件的复杂性和挑战性，以及与城市总体规划的紧密结合。通过多方案比选，该研究展现了对技术特点、环境影响及社会经济效益的全面考量，特别是在TOD与SOD模式的融合、穿越敏感区域的工程风险控制，以及与沿线地块的紧密结合方面，显示了高度的专业性和前瞻性。投资估算的实事求是和限额设计的严格执行，为项目的顺利实施奠定了坚实基础。整体而言，该报告是一份内容全面、结构严谨、论证充分的优秀工程咨询成果，对天津市轨道交通的长远发展具有重要指导意义。

【项目背景】

1. 项目建设背景

《天津市城市快速轨道交通建设规划（2003—2012）》于2003年编制完成，2005年10月通过国家批准并于2006年正式开工建设。随着天津城市社会经济的快速发展，新版《天津市城市总体规划（2005—2020年）》获得国家批复，城市近期建设重点也发生了调整，原轨道交通建设规划在规模和内容上存在着一定的不适应性，有必要进行及时修正和完善。从城市社会经济发展迅速、城市近期建设重点发生变化、城市交通需求增加迅猛、交通问题日益突出等必要性分析，在天津市新总规下对原轨道交通建设规划的不适应处以及执行中存在问题进行适当调整，目的在于更好地支撑城市近期建设重点，实现轨道交通的快速、可持续发展。

天津市根据城市发展和轨道交通建设情况，提出《天津市城市快速轨道交通建设规划调整（2005—2015）》，新增4号线作为中心城区西北至东南方向的骨干线路。该版建设规划于2012年1月获国家发展改革委批复。

2. 项目目标和必要性

（1）项目目标

为了构筑国际化大都市现代化交通体系，天津大力发展轨道交通，以促进经济社会发展，改善投资环境，提高市民生活质量，缓解交通拥挤。地铁4号线是轨道交通线网中重要的组成部分，北段工程的建设具有重要意义。

（2）项目必要性

4号线北段工程的建设，是落实天津市总体规划的需要；是解决交通出行问题的迫切需要；是完善交通网络，充分发挥轨道交通网络效益的迫切需要；是实现天津市经济快速发展的需要；是实现环境保护，建设和谐天津的重要保障。

3. 项目建设条件的复杂性和挑战性

4号线沿京津发展带主轴，线站位设计需连接天津西站片区，有效促进京津冀协同发展，线路定位高；4号线设计需要TOD与SOD紧密结合，兼顾解决居民出行、带动沿线开发，带动社会、经济效益。4号线的设计穿越河流、铁路、生态红线保护区以及居民区，环境影响敏感度高。

4. 委托方（项目单位）情况及对咨询的要求

本项目委托方为天津轨道交通集团有限公

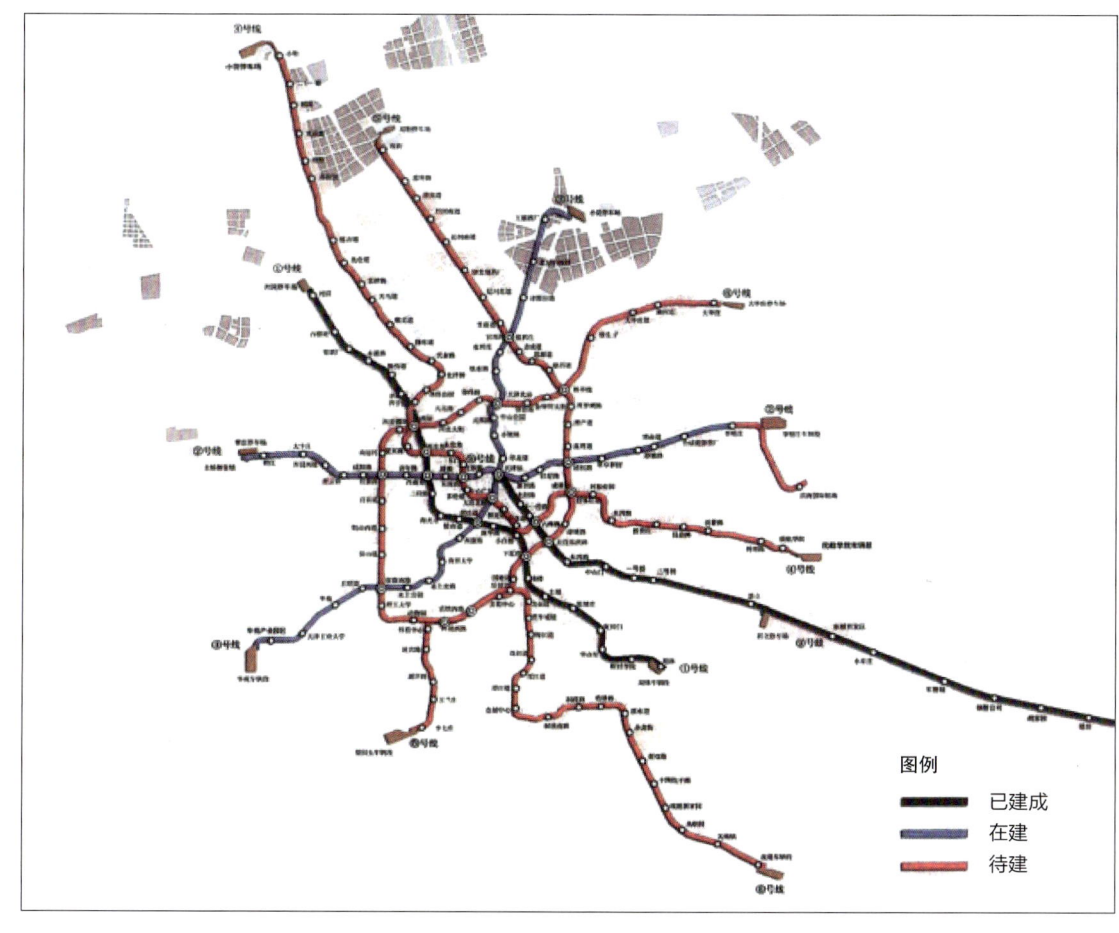

图1 天津市城市轨道交通近期建设规划示意图（2005—2015）

司，对项目要求本次可行性研究报告以已批复的建设规划为依据，其主要任务是在充分调查研究、评价预测和必要的勘察工作基础上，对天津地铁4号线北段的建设必要性、经济合理性、技术可行性、实施可能性、对环境的影响性进行综合性的研究和论证，对不同建设方案进行比较，提出推荐方案。可行性研究的工作成果是可行性研究报告，批准后的可行性研究报告是进行4号线初步设计的依据。

【项目内容】

1. 项目类型

项目名称：天津地铁四号线北段工程。

建设类别：城市轨道交通。

建设性质：新建。

2. 建设单位情况

本项目委托方天津轨道交通集团有限公司，成立于2014年5月，是经天津市委、市政府批准组建的大型国有企业集团。集团承担天津市轨道交通投融资、建设、运营管理、资源开发及地方铁路的投资建设和运营管理任务，参股运营京沪高铁、京津城际、津秦客运专线和津保、南环铁路，与北京、河北、国铁集团共同组建京津冀铁路公司，助力京津冀协同发展重大国家战略。集团下设地铁集团、运营集团、铁路投资集团等8家直管二级全资子公司以及70余家参控股公司。

3. 主要建设内容及规模

天津地铁4号线正线全长约22 km，设17座车站，均为地下线。本工程设小街停车场，设1座主变电所，控制中心纳入华苑控制中心。

线路北起北辰区小街，向南沿京津公路西侧敷设约15 km，共在北辰区范围设11座车站，穿越中环线后进入河北区，沿天泰路继续向东南方向前行，在河北区共设2座车站，在天泰路与光荣道交口转向西南下穿北运河，进入红桥区。线路在红桥区先后穿越西沽公园、西于庄站后下穿1号线与子牙河，南北向垂直下穿西站站屋设西站站，与地铁6号线、1号线进行换乘。线路经过西站后转向东沿三条石大街敷设，至三条石大街与河北大街交口设河北大街站，在红桥区共设4座车站。

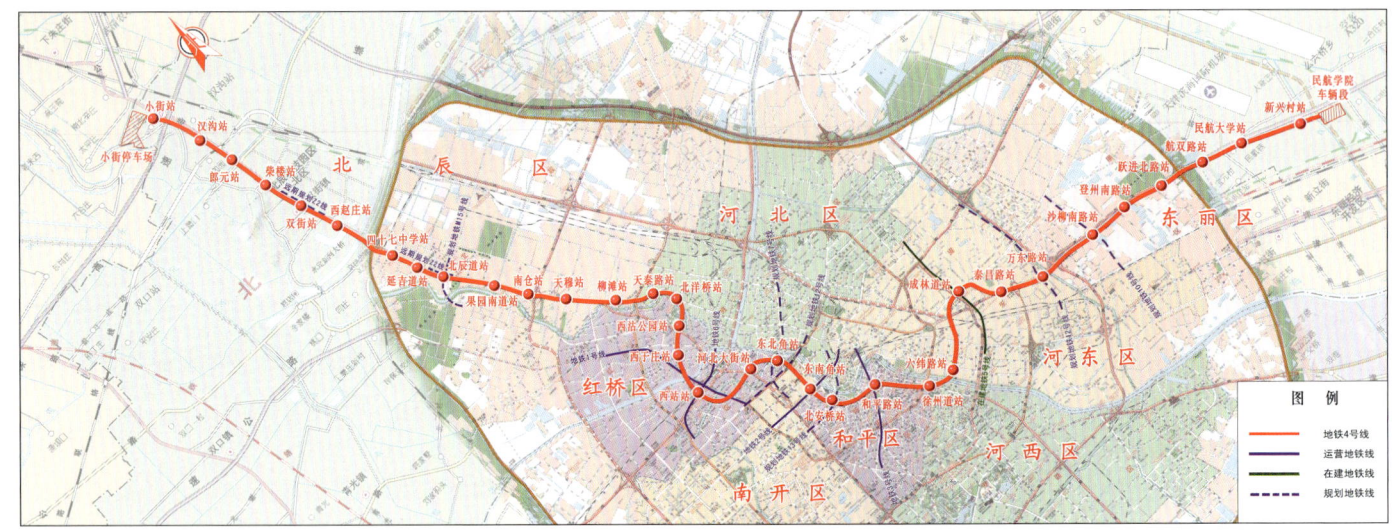

图2 天津市地铁4号线北段工程平面示意图

4. 项目功能需求

（1）4号线北段工程的建设，是落实天津市总体规划的需要

地铁4号线的线位走向与中心城区的沿河发展轴带高度重合，北段工程的建设有利于沿河发展带的建设和形成。4号线衔接了中心区以外的双街组团、京津路沿线地区，有力支持了目前正在实施的旧村改造及在建区建设，带动京津公路沿线外围区域的土地开发，引导土地集约化发展。通过轨道交通车站对站点周边的土地价值的提升，使站点周边迅速城市化。

（2）4号线北段工程的建设，是解决交通出行问题的迫切需要

地铁4号线布设在城市主客流走廊上，总体呈西北—东南走向。线路经过的京津路、天泰路等市区道路现有公交线路重叠度高，交通负荷大，饱和度高。地铁4号线工程建成，可缓解沿线交通走廊的阻塞状况，缓解城市核心区的交通压力，提升沿线地区居民的公交出行比例。建设4号线发展大容量的轨道交通，承担大部分的客运任务，可以提高公交出行比例，优化中心城区居民的出行结构，实现综合交通规划，满足未来交通需求。

（3）完善交通网络，充分发挥轨道交通网络效益的迫切需要

与已建成运营的1、2、3、9及5、6号线构成"米"字+"环"的轨道交通骨干网架，可充分发挥轨道交通骨干线网的网络效应。

4号线北段工程在天津西站设站，与1号线、6号线在西站形成三线换乘枢纽，根据交通客流预测分析，铁路与地铁三线换乘客流量中，4号线对西站客流贡献度最高，增强了西站作为综合交通枢纽的辐射功能。根据公共枢纽规划，本项目连接白庙、双街等9座交通枢纽。可方便公路交通枢纽集散客流，完善天津市内交通体系与区域交通体系间的衔接。

（4）4号线北段工程建设，是实现天津市经济快速发展的需要

4号线北段工程大部分沿北京与天津的主要交通走廊京津公路敷设，与京津交通一体化的关键地区相接。项目的建设将进一步提升沿线公交服务水平，能够促进对京津冀区域交通一体化发展，加强区域经济一体化的有效落实。

（5）4号线北段工程建设，是实现环境保护、建设和谐天津的重要保障

北段工程的建设以及4号线全线贯通可发挥轨道交通对城市发展的先导作用，为经济持续发展夯实交通基础，保证城市旅游业持续发达，经济可持续发展。

地铁4号线沿线分布着老城厢、海河风景旅游区、和平路商业步行街、泰安道历史文化风貌保护区、五大道风貌保护区等文化旅游景点，地铁4号线的建成可为旅客提供快速、便捷的轨道交通出行方式，为旅游业发展提供交通保障。

4号线北段的近期建设大幅提高了轨道交通覆盖密度，可以吸引大量的客流，使中央商业区的交通压力得到缓解，对于完善中心商业（务）区的功能、提升投资环境、改善核心区的交通出行质量有着重要的现实意义，并间接带动了经济的发展。

5. 项目技术特点

4号线北段（小街站—河北大街站）工程先后下穿新引河、永定新河、北运河、南运河、子牙河等多处河流，下穿津霸铁路、南曹铁路、天津西站等铁路线，并下穿北运河、西沽公园生态红线保护区、西于庄居民区。其中下穿既有国铁西站站为目前全国第一处下穿京沪高铁五大运营枢纽站之一，整体下穿所有高铁股道的区间；下穿北运河为大运河世界遗产段等，沿线对地铁产生的环境影响敏感度高，需要严格控制施工及运营对周边的影响。

6. 建设选址

依据2013年天津市人民政府批复《天津市轨道交通线网规划（2012—2020年）》，线路北起北辰区小街，东至民航学院，是中心城区西北至东南方向骨干线。其中4号线北段工程北起北辰区小街，南至红桥区河北大街。本工程工可设计过程中，结合政府及相关要求，进行了双街镇范围高架、地面、地下敷设方式比选、柳东道—西于庄范围线站位比选、西站—东南角范围线站位比选等方案研究。按照经济适用、功能合理、安全可靠的原则，线站位方案尽量绕避敏感建筑、减少构筑物拆迁，车站出入口、风亭与沿线地块充分结合，从而稳定线站位方案，线路沿京津公路、天泰路、春和路、小伙巷、三条石大街敷设，途经北辰区、河北区、红桥区3个行政区，正线全长22 km，设17座车站、新建1座小街停车场。小街停车场位于京津公路与梅石路交口西南侧。

7. 进度计划

借鉴其他地铁项目的建设经验，结合本工程规模和建设的实际情况，从系统工程理念统筹考虑，按照顺排土建工程工期、倒排车站装修、设备安装、调试等工程的原则，统一安排全线工期计划。

4号线北段工程计划2019年7月启动拆迁准备工作，于2019年12月底开工，2024年12月底建成，开始试运行。计划施工总工期60个月。

关键时间点要满足全线洞通、轨通、电通、接触轨敷设完毕等时间要求。各关键时间点如下：车站围护结构：2022年3月31日；车站主体结构：2023年3月31日；洞通：2023年8月31日；轨通：2024年1月22日；电通：2024年2月26日；初期运营：2024年12月31日。

8. 投资估算构成

本工程投资估算编制范围包括建筑工程费用、设备及安装工程费用、工程建设其他费用、预备费、车辆购置费、建设期贷款利息和铺底流动资金，以及因南、北分段开通所产生的过渡费。

本工程投资估算总额约252.9亿元，技术经济指标约为11.5亿元/正线公里。

【工作过程】

1. 咨询起止时间

2009年初，中铁上海设计院集团有限公司通过投标，成功中标天津地铁4号线工程可行性研究任务。由于建设计划改变，地铁4号线分成南段（东南角站—新兴村站）工程、本段工程（小街站—河北大街站）及剩余一站两区间工程，其中4号线南段工程预计2021年底开通运营，4号线北段工程目前正在建设期。

2. 咨询小组组织架构

针对本项目，我司设立天津地铁4号线工程的可行性研究项目部，项目部由项目负责人全权负责，选派符合业主要求和技术要求、不同层次和专业的专职管理、专职设计人员岗位全覆盖，抓好重点、抓好前期研究，后方各职能部门鼎力支持、主管领导狠抓落实，全面做好本项目研究编制工作；同时组建了一支由在各专业领域作出突出贡献和业内有深远影响的资深咨询专家组成的专家顾问组为项目提供全方位的技术服务。

3. 咨询工作内容和工作流程

项目总体组负责加强计划调度、统筹部署、组织协调、设计复核、审核审定、工作服务的管理。细化项目阶段，保证充足的研究力量，做到程序科学、措施周全、责任明确、接口协调、以提高工作效率、确保研究周期。

（1）工作启动、资料收集阶段

做好策划大纲，完成可行性研究报告及相关专题报告的策划。做好预计时间的安排；收集相关基础资料，提出勘探及构筑物调查的要求及工作量；听取有关部门及沿线各个区意见；明确工作的指导思想和研究思路。

（2）可行性研究报告编制阶段

全面比选线站位方案、土建和系统方案；根据工作进度及时调整工作计划，与业主的要求同步。

（3）工作收尾结束阶段

收集完善各技术专题的指导意见；根据初步开发方案、投融资模式、资金筹措等情况，完善可行性研究报告。

4. 咨询过程难点及解决措施

（1）线路的敷设方式研究

线路北端（小街站—西赵庄站）约7 km位于北辰区外环线以外。根据双街区域线路沿线现状及规划情况，针对线路敷设形式结合规划及区政府的意见进行综合研究，最终在高架线、地面线及地下线中确定地下线为推荐方案。

（2）限额设计

天津市地铁4号线全线建设规划于2013年批复。目前4号线分三段建设，南段工程正在建设中；北段工程投资需严格按照国务院办公厅《关于进一步加强城市轨道交通规划建设管理的意见》（国办发〔2018〕52号）的要求，在规划实施过程中，因城市规划、工程条件、交通枢纽布局变化等因素影响，城市轨道交通线路功能定位、基本走向、系统制式等发生重大变化的，或线路里程、地下线路长度、直接工程投资（扣除物价上涨因素）等较建设规划增幅不能超过20%的，工可阶段严格把控方案设计，投资限额设计。

在此背景下，经天津轨道集团协调，与天津市相关部门充分对接，在保证地铁过街等功能的前提下，将投资控制在限额内，保证工可文件顺利申报。

【咨询工作特点及经验教训】

1. 紧密结合城市轨道交通行业政策文件、城市规划及建设情况，与时俱进，适时对工可报告进行修编

4号线北段（小街站—河北大街站）工可研究，根据国务院办公厅《关于进一步加强城市轨道交通规划建设管理的意见》，结合投资控制及天津城市建设重点作了多次调整。4号线的线站位方案，也随时结合最新轨道交通行业政策文件、城市建设情况进行调整，并适时对工可报告进行修编，为城市建设规划调整做重要支撑。

2. 与轨道交通线网规划紧密结合，对预留节点做好有效衔接

天津中心城区地铁线网从2009年的9条线，到目前的13条线，在五年间出现了多次变化。4号线北段（小街站—河北大街站）工程的工可方案研究，每次均结合最新线网规划，研究与其他线路换乘的可行性以及节点预留方案，为城市线网的最终实现奠定基础。

目前4号线北段（小街站—河北大街站）工程中心城区，与Z2线预留4处换乘站，与1、6号线换乘的西站站车站土建已完工，西于庄站部分土建工程已施工，4号线北段工程将做好与预留工程的衔接。

特别是西于庄站至西站站区间，在软土地区长距离下穿运营国铁西站站房，高铁站对于变形控制要求极为严格，工程难度及风险较大。工可阶段对此专题进行细致研究，针对线路接轨方案、区间实施方案、高铁站预留措施均进行了深入论证，最终确定推荐方案。

3. 结合不断变化的外部条件，为业主决策提供多方案比选

在4号线北段（小街站—河北大街站）工可设计过程中，结合天津市区各级单位意见、地铁公司要求，对线位、站位、配线做多方案比选。其中柳滩站—西于庄站区间位于天津西站以北，线路由京津公路向南跨越北运河至西于庄站，本段区域主要为居民区以及规划西站副中心开发区域。工可设计过程中，结合政府及相关要求，对本区间提出了2个方案。

方案一（天泰路方案）：由柳滩站向东南方向沿天泰路敷设，两次穿越北运河后，在光荣道与天泰路交口设北洋桥站，之后线路再次下穿北运河，穿过西沽公园，在红桥北大街西侧、市五中北侧设西沽公园站。

方案二（沿西纵方案）：起始于柳滩站，线路由京津路向南穿越北运河，后下穿桃花园南里部分居民楼，线路避让西纵高架桥，由桥东侧沿西纵向南敷设，在现状丁字沽零号路与光荣道交口

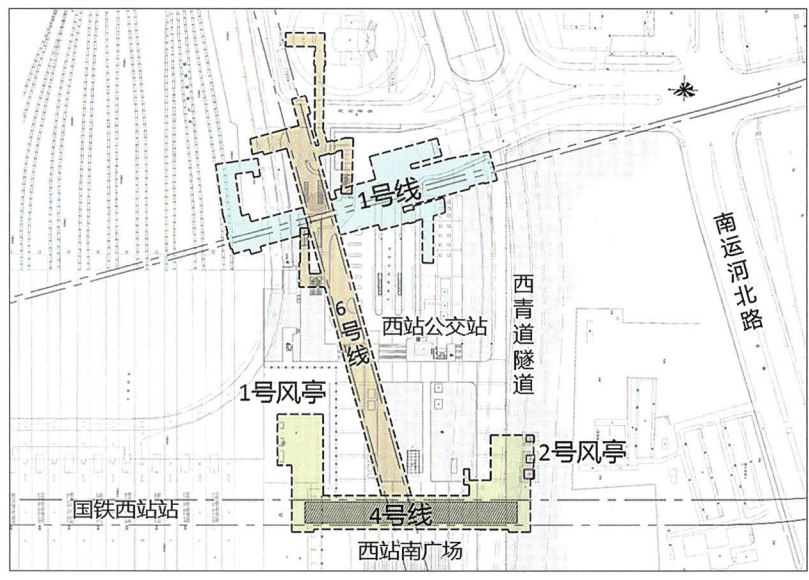

图3　西站站平面工程示意图

表1 柳滩站—西于庄站线路方案对比表

比较项目	方案一（天泰路方案）	方案二（沿西纵方案）	备 注
覆盖区域	行政区：北辰区、河北区、红桥区 居住区：榆关道两侧的水运名苑、北洋花园、榆峰园等 开发地块：勤俭桥东侧开发地块 学校：河北工业大学 公园：西沽公园	行政区：北辰区、红桥区 居住区：西纵与光荣道交口附近的桃花园东里、桃花园南里、风光里、风采里等 商业区：天津百货大楼、凯莱赛商厦等 学校：河北工业大学、北洋职业中专	天泰路方案能够有效服务3个行政区，且带动沿线待开发地块，促进城市发展，较好服务沿线客流
线路长度	3.75 km	2.64 km	天泰路方案线路长1.11 km
线路条件	R≤350曲线共4处	R=350曲线共5处	
车站数量	3	1	天泰路方案多两座车站，服务范围较广
车站间距	平均站间距0.95 km 最大站间距1.03 km 最小站间距0.82 km	平均站间距1.37 km 最大站间距1.39 km 最小站间距1.35 km	
车站埋深	地下两层车站	地下两层车站	
交通影响	北洋桥站施工时，对该区域唯一的东西向跨河桥梁北洋桥影响较大	丁字沽站施工对西纵交通存在影响，需进行交通导改	天泰路方案对北洋桥交通有一定影响
沿线文物	京杭大运河（北运河）国家级保护文物	京杭大运河（北运河）国家级保护文物	
构筑物影响	下穿育婴里小学4层楼教学楼，面积约5 400 m²；拆迁北洋桥加油站1座	区间下穿桃花园南里等共4座6层楼房，建筑面积约1.9万 m²	沿西纵方案影响构筑物较多
工程风险	区间三次下穿北运河北洋桥站，距离北运河约10 m	区间与西纵高架段1处桥桩净距3 m	

西侧设丁字沽站，之后线路进入五中后大道敷设至西于庄站。

经分析研究，天泰路方案能更有效地服务北辰区、河北区、红桥区三个行政区沿线周边居民地块，有效带动沿线地块开发，提升地块利用价值，因此推荐采用天泰路方案。

方案研究期间还进行了车辆编组6A、8B、8A的多方案比选论证、环控制式比选、DC750 V三轨授电与DC1 500 V架空接触网授电比选等各种相关技术标准的方案研究。

每次调整都需要多专业协调研究，按照经济适用、功能合理、安全可靠的原则进行多方案比选，并经历轨道集团、市住建委、市资规局、市发展改革委、市领导的逐层汇报，不断调整、修改，最终形成决策性方案。

4. 线位、站位、风亭、出入口与沿线地块充分结合

4号线（小街站—河北大街站）工可工作持续了十年，这期间与沿线大量地块进行了结合。目前河北大街站西北侧风道、出入口与千吉花园

图4 柳滩站—西于庄站线路方案对比示意图

结合部分已完工；果园南道站与红星美凯龙结合结建通道已预留完毕；沿线车站附属出入口均已预留与周边地块结合条件。

5. 高度重视工程风险和环境保护，做好社会生态环境影响论证工作

4号线北段（小街站—河北大街站）工程线路还下穿了京杭大运河等环境敏感区域。工可过程中不断与文物部门、环评部门进行沟通配合，线站位方案尽量绕避敏感建筑，并对减震降噪的方案深入研究，完成了文物保护和环境影响评价专题，顺利通过了专家评审。

6. 投资估算实事求是，为限额设计奠定良好基础

4号线北段（小街站—河北大街站）工程投资估算的编制，符合国家、市有关规定，内容较全面，达到可研报告估算编制的要求和深度，估算采用的定额、指标及取费标准合理。

土建、机电投资参考了天津5、6号线以及1号线东延伸的相关数据，并与地铁公司各级部门多轮结合、汇报。车站、区间产生的拆迁数量均与地铁公司土地部紧密结合，对当时各区的地价进行现场调研，以求真实准确。避免拆迁价格在下阶段设计中变化过大，为限额设计奠定良好基础。

【咨询效果】

《可研报告》编制依据充分、内容较全面；采用的主要设计原则和技术标准符合相关规范要求；线站位进行了方案比选，推荐的工程方案可行；车辆和机电设备系统配置，能满足初期独立运营、近远期与南段工程贯通运营的要求；《可研报告》研究范围与《建设规划调整》同口径比较，线路长度、敷设方式、停车场选址等与《建设规划调整》基本一致，车站规模按远期8辆编组实施符合预测客流和南段建设的实际情况，车站数量、投资估算等调整幅度尚在允许范围内。文件内容达到可行性研究报告的编制深度要求，可供后续线路参考。

依据编制的《可研报告》，4号线北段工程顺利批复了初步设计，并正在建设，实施方案基本与可研方案一致。

2021年11月，《天津地铁四号线北段工程可行性研究报告》荣获2021年度上海市优秀工程咨询成果一等水平。

图5 4号线北段工程装修效果图

中环线（浦西段）桥梁支座整治工程项目可行性研究报告

The Feasibility Study Report of the Bridge Support Renovation Project at Middle Ring Line (Puxi Section)

编写单位：上海兰德公路工程咨询设计有限公司
Shanghai Rand Highway Engineering Consulting Design Co., Ltd.
联系电话：021-56050077　　网址：http://www.arcplus.com.cn
主要完成人：陈建华　谢晓晖　安静洁　谢　鑫　钱　阳　令狐云云　祝国栋　张丽洁　赵天麟　陈　运

【点评】

该报告研究了中环线（浦西段）桥梁支座的全面整治工程，涵盖了从前期调研到实施方案的各个阶段。研究团队通过深入分析桥梁支座的病害原因，开发了新型高承载球型钢支座和高承载隔震支座，显著提升了桥梁的安全性与耐久性。在施工方案上，采用了整联同步顶升技术和三连杆超薄千斤顶，有效解决了施工空间限制和时间窗口紧迫的问题。该研究指出了桥梁支座劣化等级的分类，为后续的维护和更换工作提供了科学的依据。同时，通过自主专利的获取，保障了研究成果的知识产权，增强了技术的市场竞争力。此外，该规划还特别强调了施工过程中的环保和噪声控制，体现了对社会责任的重视。咨询效果方面，经过一年的跟踪监测，证实了工程的成功实施和良好运行效果，为后续类似工程提供了宝贵的经验和数据支持。

【项目背景】

上海中环快速路建于2005年，是上海交通大动脉之一，是一条封闭式环形快速机动车专用路，位于内环高架路和外环线之间，是上海四条环状快速路（内环高架路、中环线、外环线、郊环高速公路）之一。

根据《2016年度中环线真华路至军工路隧道段高架桥常规定期检查报告（第一分册）》和养护单位2016—2018年调查资料显示，中环高架桥梁采用的是XQZ球型钢支座和普通板式橡胶支座，由于支座本身缺陷和施工中存在的问题，部分支座已出现不同程度的病害，这些支座病害的出现影响了桥梁支座的正常受力，缩短了支座的使用寿命，给中环线（浦西段）交通的正常运行以及桥梁结构安全带来了隐患。

在此背景下，整治中环线的病害支座便被提上日程，上海市路政局（上海市道路运输事业发展中心）将中环线（浦西段）桥梁支座整治工程列入2019年计划，并委托上海兰德公路工程咨询设计有限公司对该项目实施方案进行编制。

【项目内容】

1. 实施内容

本工程设计内容主要分为以下四个部分：支座更新方案；桥梁顶升方案、工艺及设备；施工交通组织；附属工程。

2. 整治范围

经过筛查，本次工程范围为：中环线浦西段（军工路隧道—上中路隧道）范围内存在安全隐患的桥梁支座，共涉及中环线（浦西段）主线9联范围内的74个球钢支座，占中环线球钢支座总数（3 818个）的1.9%；以及虹梅路匝道9联范围内的80个橡胶支座，占中环线橡胶支座总数（16 349个）的0.5%。整治工程将对这些病害支座进行拆除换新，消除隐患，确保中环线高架能安全运营。

3. 支座更新方案

本次工程研制出新的桥梁支座，并对现状破损的桥梁支座进行更换处理。鉴于新更换的支座与一联内其他支座的摩擦系数差异较大，为确保桥墩受力一致，对该联内其他支座一并进行更换。

表1 研究范围明细表

位置	序号	一联内所有桥墩（养护桩号）	一联内支座个数	备注
主线上中路段	第1联	ZN（W）0006—ZN（W）0009	8	球型钢支座
	第2联	ZN（W）0012—ZN（W）0015	8	
	第3联	ZN（W）0024—ZN（W）0027	8	
	第4联	ZN（W）0027—ZN（W）0030	8	
主线汶水路段	第5联	ZN0813—ZN0817	10	
	第6联	ZN0817—ZN0820	8	
	第7联	ZN0824—ZN0827	8	
	第8联	ZN0856—ZN0860	10	
	第9联	ZN0860—ZN0862	6	
虹梅路立交DB匝道	第10联	虹DB001—虹DB004	8	橡胶支座
	第11联	虹DB004—虹DB008	10	
	第12联	虹DB008—虹DB012	10	
虹梅路立交XB匝道	第13联	虹XB001—虹XB004	8	
	第14联	虹XB004—虹XB007	8	
	第15联	虹XB007—虹XB012	12	
虹梅路立交BX匝道	第16联	虹BX002—虹BX004	6	
	第17联	虹BX004—虹BX008	10	
	第18联	虹BX008—虹BX011	8	
合计	共18联	共77个墩	共154个支座	

注：ZN表示分离式道路横断面的内圈桥墩养护桩号；ZW表示分离式道路横断面的外圈桥墩养护桩号；ZN（W）表示整体式道路横断面的桥墩桩号。

（1）XQZ球型钢支座更换为GCQZ高承载球型钢支座

XQZ球型钢支座主要由下预埋板、下座板、球面滑板、球冠衬板、平面滑板、平面不锈钢滑板、上座板、预埋钢板等部件组成，具有一定的缺陷。GCQZ高承载球型钢支座是针对上海中环高架桥梁现有支座病害情况而专门研制的新型支座。中环高架桥梁支座在运营过程中已发生了转动、位移等变形情况，采用GCQZ支座作为更换用支座，可以在支座出厂时预先调整成现状墩顶支座位置情况，做到"一墩一定制"，便于安装。虽然GCQZ价格较XQZ支座价格略高，但具有承载能力大、结构合理、使用寿命长、便于更换安装等诸多优点。

（2）板式橡胶支座更换为GCZY高承载隔震支座

根据检查报告、竣工图及收集的养护资料得知，现状中环线虹梅路立交匝道设置有GYZ圆板式橡胶支座，部分支座存在病害，亟待更换。而新的GCZY高承载隔震支座竖向设计压应力达到25 MPa，极限压应力达到210 MPa，是橡胶类减隔震支座设计压应力10 MPa的2.5倍。与橡胶类减隔震支座相比，高承载隔震支座竖向承载能力强，水平刚度比橡胶类减隔震支座大，起隔震作用的同时可更好地控制大地震作用下位移。另外支座的面积较小，运输与安装更方便。高承载隔震支座本体采用特殊的高分子材料，高耗能、耐抗臭氧、抗老化、抗高温，适应范围广。

因此,高承载隔震支座是一种集高承载力、小位移变形与高耗能于一体的隔震装置。虹梅路立交匝道使用该支座,改造效果明显。

4. 桥梁顶升方案

(1)整联同步顶升方案

由于桥梁顶升过程中影响因素较多,为避免顶升施工对上部梁体造成破坏,引发梁体倾覆、断裂等意外,因此工程采用"整体同步顶升"来作为梁体顶升施工的方案。

整联同步顶升可以有效降低上部梁体在顶升施工中的受力及变形情况,最大限度保证了顶升施工的安全,且节省工期时间,可用于本次中环高架上部结构——预应力混凝土大箱梁结构顶升。

(2)千斤顶配置

千斤顶原设计采用500 t三连杆超薄千斤顶,具有结构尺寸小、整体性好、顶升力大等特点。实际施工过程中,因部分墩身位置操作空间局限,有些地方摆放不下三连杆千斤顶,为了优化配置、灵活布置、增加梁体横向稳定性,施工过程中采用了带液压和机械自锁装置的三个170 t千斤顶(3×170=510 t)代替原有一个500 t三连杆千斤顶。

(3)施工平台研究

上中路段ZW(N)0027—ZW(N)0030墩柱高度为9.18—9.42 m,且中央隔离带已硬化,为减少对地面交通的影响,采用液压升降车作为施工平台;实际施工中间采用500 kg升降车作为施工作业平台,夜间封道利用行车道采用2t升降车运送支座。

汶水路段ZN0813—ZN0817墩柱高度为8.8—9.38 m;中间绿化隔离带宽5 m,设计采用落地式钢管扣件脚手架作为本次顶升作业平台,钢支座采用大吨位升降车直接运送至墩顶。实际施工利用中间绿化带搭设钢管架,满足人员作业需求。

虹梅路匝道虹XB004—XB007高度为8.4—11.9 m。设计采用落地式钢管扣件脚手架作为本次顶升作业平台。实际施工为搭设钢管脚手架平台,支座为板式支座,重量较轻,人工即可以搬运;钢管立柱底部采用槽钢或者方木进行衬垫,对绿化破坏较小,完全满足施工要求。

【工作过程】

1. 前期研究

2018年7月,上海兰德公路工程咨询设计有限公司受上海市路政局委托,对中环线(浦西段)桥梁支座整治工程进行方案研究。

我公司组织了设计项目组,积极开展方案设计工作,设计项目组收集中环线桥梁支座竣工图、养护资料,征询管理、养护单位及其他有关部门的意见。根据汇总的资料,厘清来龙去脉,了解现状需求,探索前沿技术,评估经济指标,然后形成支座整治方案。

2018年7月中旬,在上海市路政局举行第一次方案汇报,根据会议精神对现场情况进行更加有针对性的调查,全面优化调整方案。

2018年8月上旬,在上海市路政局举行第二次方案汇报,大致确定了基础方案,并根据会议精神确定了深化研究方向。

2018年9月上旬,在上海市路政局举行第三次方案汇报,市交通委、路政局领导以及桥梁专家在听取了设计单位的方案汇报内容后明确要求:抓紧组织开展针对中环线高架桥梁既有病害支座的快速更新替换专题研究。根据此次会议精神,我公司展开了"上海市中环高架桥梁高承载支座更新替换关键技术研究"的课题研究。

2. 课题阶段

"上海市中环高架桥梁高承载支座更新替换关键技术研究"是上海市交通委立项的科研项目,项目编号:JT2019-KY-009。该项目由上海兰德公路工程咨询设计有限公司牵头,洛阳双瑞特种装备有限公司(支座子课题研究)、柳州东方工程橡胶制品有限公司(支座子课题研究)、上海先为土木工程有限公司(顶升子课题研究)、上海成基市政建设发展有限公司(养护单位)参与。课题主要研究内容包括两部分。

(1)支座子课题研究内容

支座子课题对原支座病害原因进行了诊断分析,并根据病害特点和便于更换的角度进行改良,完成了包括GCQZ高承载球型钢支座、GCZY高承载隔震支座的研发,以及快速拉出安装设备在内的多项研发工作,同时完成了中环线高架桥梁支座病害诊断及劣化评定技术研究等工作内容。

(2)顶升子课题研究内容

上海中环快速路作为上海交通大动脉之一,顶升更换支座施工具有以下特点:

① 交通压力大,目前已知的顶升设备(或施工支架系统)均会对中环线高架桥面或地面道路交通产生不同程度的影响。

② 施工窗口期短,交警批准施工时间限制在凌晨00:00—5:00。

③ 施工环境复杂,如墩顶施工空间小、上部预应力混凝土连续大箱梁刚度大、重量大等。

课题对施工过程中的桥梁受力状况进行了计算机仿真模拟计算,对快速更换支座过程中的各项工艺进行了详细研究,制定了施工过程中的监控、应急预案等。

课题成果汇报分别于2019年3月、6月、8月,依次完成了包括中期研究成果汇报、支座子课题研究成果验收、顶升子课题研究成果验收、总课题研究成果鉴定会等工作。并于2019年8月26日通过验收。课题研究成果如下:

① 实现了理论、技术和产品的自主创新,形成了包括GCQZ高承载球型钢支座、三连杆超薄液压千斤顶、支座快速更换安装设备在内的多项发明专利。科技查新结果显示,研究成果突破了国外技术壁垒。

② 制定了适用于中环线高架桥梁支座快速更新替换的成套工艺,降低工程施工对既有道路交通的影响。

③ 降低了中环支座更换的成本,相较于采用旧工艺进行施工,工程总投资下降了近50%。

3. 实施方案及立项

课题研究过程中,我公司分别于2018年11月21日,2019年3月18日、6月19日、8月26日,向市交通委、市路政局领导以及专家进行了阶段性研究成果汇报,同时以相关汇报成果作为依据,逐步完善课题研究内容,对中环线(浦西段)桥梁支座整治工程的实施方案进行调整深化。

2019年9月17日,在上海市路政局向局领导进行了深化后实施方案的汇报,本次汇报基本确定了中环高架桥梁支座整治方案,同时根据会议精神对实施方案中的一些细节进行了补充完善。2019年11月出具《中环线(浦西段)桥梁支座整治工程实施方案》,并于2020年3月17日获得批复。

【咨询工作特点及经验教训】

1. 前期调研

我公司在项目前期对中环线支座使用情况进行了详细的调研工作,着重分析了支座的病害原因和技术评定等级,为后续的新型支座研发提供重要依据。

(1)XQZ球型钢支座病害

对中环线球型钢支座逐一排查,得出以下病害类型:① 聚四氟乙烯滑板脱落、滑出;② 球冠衬板偏拉,转角超限或转动能力失效;③ 钢件裂缝、变形;④ 支座与梁墩不密贴。

对更换下来的支座逐件进行钢支座试验分析检查,分别进行了如下试验:① 钢材性能试验,② 非金属滑板性能试验、③ 硅脂性能试验。实验结果表明:① 主体钢材塑性良好、韧性差,存在冲击开裂或低温开裂的风险;② 非金属滑板强度和韧性较低,内部含有较多缺陷,存在滑板破裂的风险;③ 硅脂中基础油含量损失严重,已基本丧失润滑效果。结论与支座病害情况相吻合,主要集中在钢材开裂、硅脂丧失润滑效果、无防尘罩的情况。灰尘进入滑移层,产生滑动摩擦,引起聚四氟乙烯滑板滑出及开裂等现象。

图1 上中路第4联支座拆除后的实体照片

（2）板式橡胶支座病害

对中环线板式橡胶支座逐一排查，得出以下病害类型：① 板式橡胶支座老化开裂，并伴有外鼓；② 剪切变形；③ 垫板锈蚀、翘曲；④ 橡胶支座被油漆腐蚀。

病害原因分析：支座的具体破坏形式主要是支座的老化和支座剪切变形超限造成的，橡胶支座的使用寿命一般是15年，使用寿命到期是导致橡胶支座破坏的最主要的因素。

（3）对桥梁支座劣化等级进行分类

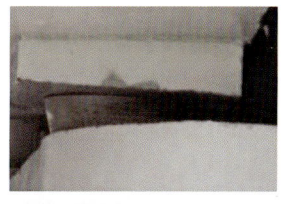   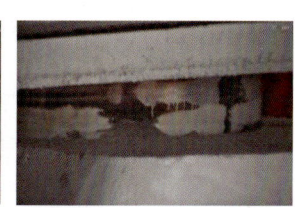

图2 虹梅路第14联支座拆除后的实体照片

2. 主要创新研究

表2 桥梁支座劣化等级表

劣化等级		对结构功能及行车安全的影响	措　施
A级	AA（极严重）	支座功能严重劣化，危及行车安全	立即采取措施
	A1（严重）	支座功能严重劣化，进一步发展会危及行车安全	尽快采取措施
B级（较重）		劣化继续发展会升为A级	加强监视，必要时采取措施
C级（中等）		影响较小	加强检查，正常维修
D级（轻微）		无影响	正常保养与巡检

针对旧支座的病害情况，我们进行了新支座的创新研究，开发新型支座来克服老支座的缺点。

（1）对原有支座的病害进行分析，研制出新型高承载支座

① 支座承压滑板高承载设计技术。关键技术研究：在同样包络面积下承压滑板的承压应力与承压滑板分布方式的关系的确定；承压滑板厚度与镶嵌深度的关系确定。创新点：通过理论分析与模拟试验分析包络面积下承压滑板的承压应力与承压滑板分布方式关系，提出合理的承压滑板排布方式，并确定合理的镶嵌深度。

② 摩擦副长效密封及润滑技术。关键技术

图3 分片镶嵌+中心滑板（GCQZ支座）

研究：支座空间尺寸小，在有限空间内增设密封结构及润滑脂补充结构；目前标准中采用5201硅脂，其性能是否能够适应长期承载滑移工程还不明晰，需开展系统的试验研究。创新点：在摩擦副环周设置与滑板同材质的密封圈，实现与滑板等变形密封效果；通过在密封圈下部开始润滑脂补充通道，在有限空间内实现润滑脂的快速补充；开展不同润滑脂性能对比研究，确定耐久性

图4 双密封环的密封设计（GCQZ支座）

图5 注脂实际效果图（GCQZ支座）

图6 500 t三连杆千斤顶

更优的润滑脂材料，满足持久润滑的要求。

③ 高分子材料的技术研究。关键技术研究：提高支座材料抗老化性能，进而提高支座设计使用年限；提高支座的抗压承载力以及抗变形能力。创新点：用新型高分子材料替代普通橡胶制成新型支座，并对新支座进行多项室内试验研究，通过大量的试验数据得出一定保证率下的新型高承载隔震支座的真实数据，然后根据数据情况对新型支座进行优化设计。

（2）在传统的顶升技术上，研制出三连杆超薄千斤顶以及顶升托换技术

关键技术研究：针对受力支撑体系的不同方案，需要确定对结构影响程度小，受力合理，施工安全的顶升等支撑改造，从而实现顶升的安全和稳定性。创新点：国内外已见500 t液压千斤顶、双作用液压千斤顶、超薄液压千斤顶（承压能力最大可达到200 t），但本项目研制的500 t三连杆双作用超薄液压千斤顶仍属国际首创，该发明与常规的千斤顶设备相比具有承压能力更大、体积更小的优点。

通过钢、砼、抱柱套箍等不同支撑方案比选，结合新研发的顶升设备，选择合理的支撑技术，在保证顶升的安全和稳定性的基础上确保方案合理且经济。

（3）突出特点

本项目研究的新型高承载球型钢支座，采用了滑板分片镶嵌与中心滑板复合分布方式，支座摩擦副增设密封圈及润滑脂补充通道，支座增设了位置调整锁定装置及防倾转装置等。该支座具有体积小、承载力高、使用寿命长、养护更换简单等众多优点，是国内外首次针对球钢支座更新而专门研制的新一代支座。

表3 支座主要参数对比表（一）

项　目	国标QZ支座	XQZ支座	GCQZ新型高承载球形钢支座
外形尺寸（下座板）(mm)	580×580（1 200×1 200）	480×480（970×970）	同XQZ支座
摩擦副滑板约束能力比值	1（1）	0.8（0.8）	6.8（10.7）
摩擦副材料承压（实际承压/材料设计承压）	45 MPa/50 MPa	50 MPa/50 MPa	55 MPa/60MPa
支座内部金属构件质量	金属构件表面镀铬处理；厚度均匀性差、质量不稳定	同QZ支座	金属构件表面包覆不锈钢；光洁度高、均匀性、耐久性好
防尘性能	防尘性能弱，未进行特殊密封结构设计	同QZ支座	防尘性能好，双层密封装置设计
支座滑移性能	设计摩擦系数0.03	同QZ支座	设计摩擦系数≤0.03
安装便捷性	一般	更换安装困难，安装质量较难控制	安装方便；针对中环支座"一墩一定制"，安装质量容易控制

注：上表为600 t相同承载力的支座参数对比，括号内为2 750 t相同承载力的支座参数对比。

表4　支座主要参数对比表（二）

项　　目	普通板式橡胶支座	GCZY新型高承载力隔震支座
外形尺寸	相同	
竖向承载能力	设计抗压强度10 MPa；极限抗压强度≥70 MPa	设计抗压强度25—30 MPa；极限抗压强度≥210 MPa
水平变形能力	200%	300%
竖向刚度	小	大
水平刚度	小	大
水平阻尼性能	无	0.15
设计使用寿命	15年	30年

新型高承载隔震支座是国际上正在研究的一项新型支座，部分技术问题国外团队仍未解决，本次课题突破了技术壁垒，完成了新型高承载隔震支座的研发。该支座融合了普通橡胶支座耗能性能强的优势与钢支座承载力大的优势，相比普通橡胶支座具有承载力高、阻尼适当、位移控制能力强、使用寿命长等特点，是国内外首创的新一代支座。

根据科技查新报告显示，国内外已见500 t液压千斤顶、双作用液压千斤顶、超薄液压千斤顶（承压能力最大可达到200 t），但本项目研制的500 t大吨位三连杆双作用超薄液压千斤顶仍属国际首创，该发明结合了同类设备的优势，相比常见的千斤顶设备具有承压能力更大、体积更小的优点。

国内已见千斤顶采用钢筋砼块作为临时支撑，国外已见千斤顶中心位置安装滚珠轴承作为垫板，但本项目利用柱杆间空隙加塞组合异形钢板作为临时支撑垫块仍属首创，该发明具有安装便捷的特点。

表5　超薄千斤顶规格参数对比表

序号	设备名称	设备型号	规格型号			
			缸径（cm）	行程（cm）	外形尺寸（高×宽,cm）	配够500 T的外形尺寸长度（cm）
1	170T双作用千斤顶	QYS-100	18	3	14×25	75
2	100T双作用千斤顶	ED-400	12	3	12×16	80
3	新型三连杆超薄液压千斤顶	—	15	2.5	12×20	60

（4）自主专利获得情况

表6　自主专利

国别	专利类别	专利号	名　　称
中国	实用新型	201922205707.7	一种装配式支撑施工平台
中国	发明	201910533063.6	一种超薄多杆液压千斤顶及其操作方法
中国	实用新型	201921111886.1	一种多功能桥梁支座
中国	发明	201910641134.4	一种多功能桥梁支座
中国	实用新型	201921113042.0	一种具有多向位移调整锁定功能的桥梁支座
中国	实用新型	201921111876.8	一种桥梁支座的防倾转结构

续表

国别	专利类别	专利号	名称
中国	实用新型	201921111866.4	一种桥梁支座的润滑脂补充结构
中国	实用新型	201910641125.5	一种桥梁支座摩擦副非金属滑板分布方式
中国	发明	201921111880.4	一种桥梁支座摩擦副非金属滑板分布方式
中国	实用新型	201921111869.8	一种新型高承载球型桥梁支座
中国	发明	201910641960.9	一种新型高承载球型桥梁支座

3. 经验教训总结

本次项目实施过程中，咨询工程师需通过实地调查，现场踏勘，并对病害支座进行分类整理分析其病害原因。数据采集与分析当实事求是。

咨询工程师对支座进行建模分析设计，研制出新的支座产品，并研制方便更换的支座附属配套设施。

研制出新的顶升设备并对桥梁结构进行有限元分析和实体建模分析，以确定最优的顶升方案。

根据以上研究成果，编制《中环线（浦西段）桥梁支座整治工程》实施方案。

【咨询效果】

上海中环线浦西段于2002年开工建设，自2005年陆续通车，2009年全线建成通车，至今汶水路段已运行17年，虹梅路立交及上中路段运行13年。部分支座已经到了设计寿命年限，将陆续遇到支座老化、超期服役和更换问题。本次实施工程顺利完成，经一年的跟踪监测，梁体和支座受力状况良好，支座安装合理，总体运行效果良好。

本项目研究的成套关键技术已录入上海市道路运输管理局"上海市道路新技术推广应用目录"，作为道路桥梁新技术推广应用指导性文件中的内容，供路政行业单位结合项目实际参照选用。

本次工程的实施开展提供了一次宝贵的机会，本报告中对于设计方案、交通组织、施工、工艺、造价等方面进行了全方位的总结并提出了后续工程的展望。

① 支座整治工程因施工更换的支座数量比较多，建议先逐墩对每一个支座摸排清楚，把支座尺寸、型号等数据统计清楚，提前交给生产厂商进行设计加工，以免影响施工进度。

② 中环线后续工程针对XQZ病害支座的更换，建议采用GCQZ高承载球型钢支座型号或者是满足规范要求的同类型产品。针对橡胶病害支座的更换，建议采用GCQZ高承载隔震支座型号或者是满足规范要求的同类型产品。

③ 本工程采用整联同步顶升方案，施工便捷、技术成熟，效果十分理想，后续工程建议推广使用。

④ 施工前建议对现场实际交通状况排摸清楚，并结合施工方案采用最优交通组织方案，减小对现状交通的影响。

⑤ 施工前建议对挡块、伸缩缝、垫石等附属构件进行排摸，若发现垫石等构件存在隐患，应先行修复，再合理布置千斤顶位置，并根据不同情况采用不同施工工艺进行恢复。

⑥ 施工过程中，注意噪声控制，采用静音发电机和绳锯切割，减少对周围居民的影响，这些措施可以在后续工程中借鉴使用。

⑦ 可选取代表性几联作为监控对象。监测内容建议主要针对纵向和竖向进行监测。

⑧ 本工程的成功实施形成一套成熟的预算数据，可供后续类似工程参考。

一厂设施老化、处理能力不足,造成渗滤液无法及时处理,需大量外运,对渗滤液一厂进行扩容体量,提高渗滤液处理能力。

② 渗滤液调节池清淤。因渗滤液调节池内沉积约1万 m^3 污泥,严重降低库容,对调节池进行清淤扩容,提高调蓄能力。

③ 地表水处理配套导排系统。目前,填埋场生产废水和地表初雨混流排至大坑水库,直接进入河道、易污染下游水体。为实现雨污分流,拟在场区内新建雨水导排系统,将污水统一收集排送至污水处理厂集中处理,避免环境污染。

4. 投资估算及资金筹措

深圳市下坪固体废弃物填埋场安全隐患治理抢险工程投资总额为15.6亿元,其中工程费为12.23亿元,工程建设其他费用2.21亿元,预备费1.16亿元。工程建设费由市财政安排。

【工作过程】

2018年4月份我院即开展前期资料收集及方案研究。5月接到任务清单后,即成立了包括给排水环境、建筑、结构、线路、供电、通信、技术经济和项目管理全专业项目组,并联合深圳大学、浙江大学、北京科技大学团队对重、难点问题进行专题研究。联合体通过调查调研、检测监测、离心机模型实验、数值计算模拟和风险概率法、LCE评价法、工作安全分析法、检查表法等19类方法,进行了46项分析、评估,全面分析堆体、坝体、边坡、雨水、渗滤液、填埋气、填埋作业相关设施、环节状态,评估溃坝、滑坡、泥石流、洪水、透水、泄漏、水土污染、火灾、爆炸、中毒危害等。

2018年6月项目EPC总承包单位根据下坪固体废弃物填埋场安全隐患治理抢险工程治理方案,完成方案设计并组织专家评审。

根据专家意见于2018年8月最终完成《深圳市下坪填埋场安全隐患治理应急抢险救灾工程可行性研究报告》。

【咨询工作特点及经验教训】

1. 工作特点

(1) 应急抢险救灾工程,采用EPC总承包模式

本项目为应急抢险救灾工程,工程涉及多个领域及专业,同时存在边勘察、边设计、边施工、边抢险等现状,工期紧,任务重。采用EPC(设计+采购+施工)总承包模式。该模式有利于项目实施,过程中可实现设计方、采购方、施工方等多方协调高效管理。该模式可在项目前期工可阶段即将设计方案与施工方案进行深度融合,将方案细化到实施阶段,同时对造价进行同步深化,过程中进行同步审核调整,在保证进度和质量的前提下也达到控制造价的目标。

(2) 驻场设计满足工期紧、任务重、社会关注度高的项目需求

工可报告编制2018年6—8月期间,下坪填埋场共组织7次抢险和5处溢水点安全临时处置,分别是:"6·8"一期火炬边坡塌陷、"6·19"调节池坝基坍塌、"7·19"渗滤液超警戒线、"8·7"场区停电、"8·18"道路边坡滑坡、"8·29"特大暴雨山体滑坡、"8·16"台风"山竹"造成的大面积覆盖膜受损。由于该工程的特殊性,项目受到了深圳市发展改革委、财政局、规划和自然资源局、生态环境局、住建局、水务局、应急管理局、公安交警局、气象局、城安院等市有关部门以及罗湖区政府的高度关注与支持。各方所提的整治安全要求及整理时间节点均需考虑,通过工程措施得以实现。

由于项目工程规模较大,覆盖面较广,各种新情况不断涌现,为满足及时尽快解决现场问题,设计项目组与总承包单位,组成现场工作小组,设计单位组织各专业经验丰富设计人员驻场设计,及时解决现场各种需求,同时保证工可文件保质保量地按时提交。

(3) 厂区条件特殊,采取多种措施控制风险,确保实施安全

应急抢险区域大部分位于垃圾填埋场内,垃圾填埋会产生大量的气体,主要成分是CH_4和CO_2,同时还含有多种微量气体,大部分为易燃、有毒气体;厂区内还有大量高危、有毒有害工厂,如渗漏液处理厂、集气站、发电站等;施工不能使用明火,须控制施工震动、设置隔离措施等;同时厂区内有大量填埋垃圾车辆在运营容易交通拥堵,存在交叉施工影响。针对以上问题,方案梳理了各类潜在风险点,制定专项实施方案及保护措施,包括所有工程不考虑在厂区内使用明火,钢筋加工场等需焊接的将场地设置在填埋场外,场内施工机械防止电火花均进行防爆保险改装,混凝土结构尽量采用预制结构,提高施工速度,减少施工风险。

2. 经验教训

《深圳市下坪填埋场安全隐患治理应急抢险

救灾工程可行性研究报告》编制总体基本合理,依据较充分,内容完整,已通过专家评审。在编制工可报告的过程中,针对全场排洪系统、排洪隧洞、道路交通、实时监测监控系统、填埋区消防水电设施、二期一区封场工程、填埋气体收集系统、3号污泥坑设计等方面,积累了一定的经验教训。

(1) 关于全场排洪系统、排洪隧道

治水是下坪填埋场应急抢险工程治理的根本,为此本项目首次提出环场截洪系统和雨污分流两条原则。由于垃圾场位于两侧山体中山坳位置,暴雨期间,原截洪沟按5年一遇标准,截洪沟断面不足,且为浆砌片石结构,经常出现水溢出沟体,水沟结构被水冲毁坏,导致水流入垃圾填埋场,引起渗滤液水位急剧提升,堆体失稳,以及道路边坡失稳,影响厂区运营。因此修建完善南、北两侧截洪沟,由5年一遇改为按100年一遇标准进行改扩建,扩大原有断面不够区域,并将原浆砌片石构体改为钢筋混凝土构体。同时针对原北侧截洪沟穿过厂区会对厂区产生淹没的情况,新建北侧截洪沟沿着山体绕过整个厂区直接接入清水河。在南侧修建排洪隧道将南侧山水通过隧道直接排入清水河。

针对厂区范围内受垃圾车运营影响,地表初期雨水为受污染水,此范围雨水通过厂区内排水沟进行收集,统一汇总到地表水处理场进行处理,从而实现雨污水分流。

现状截洪沟和排洪隧道,坡度大,水流速高,对沟和隧道的结构产生冲击,影响耐久性,截洪沟通过消能坎、消力池,隧道段通过设置三口消能井对水进行消能。最深竖井深度达67 m,为深圳最深的消能竖井。

(2) 关于道路交通

① 完善规划总体路网体系。场区路网不仅需要满足交通通行能力要求,还要满足路网结构可靠度要求,针对现状场区道路路网结构单一、可靠度差的问题,旨在改进整体交通环路,规划构建一个大型的环场道路,环场道路内部包含一个针对生产运营厂区单独规划的小型环场道路,两个环区互联互通,可以有效解决旧有道路的联通问题,避免因各种风险而产生的交通阻碍问题。

② 新增道路设计方案。针对上述场内总体路网体系完善规划思路,采用增设出入场道路、完善厂区内部道路、闭合场内环场道路三种设计方案相结合,实现环场路网体系的建立。

方案一:增设出入场道路。由于堆体只有一条进出口道路,每天进出堆场的垃圾运输车流量大,现状道路无法完全满足场内车辆运行;现状道路建设在一期堆体上无法保证堆场内应急抢险及消防需求,需对场内道路系统进行完善。拟新建堆场出入口道路工程承担部分运营车辆通行与消防道路的功能,改善堆场内车辆运营情况,兼顾堆场内应急抢险服务。

方案二:完善场区道路。由于既有渗滤液处理厂、填埋气体发电厂、餐厨垃圾处理厂片区只有一条对外连通道路,进出场区路段狭窄拥堵,转弯困难,无法完全满足场内车辆运行,也无法保证场区应急抢险及消防需求。

方案三:完善环场道路。下坪填埋场一、二

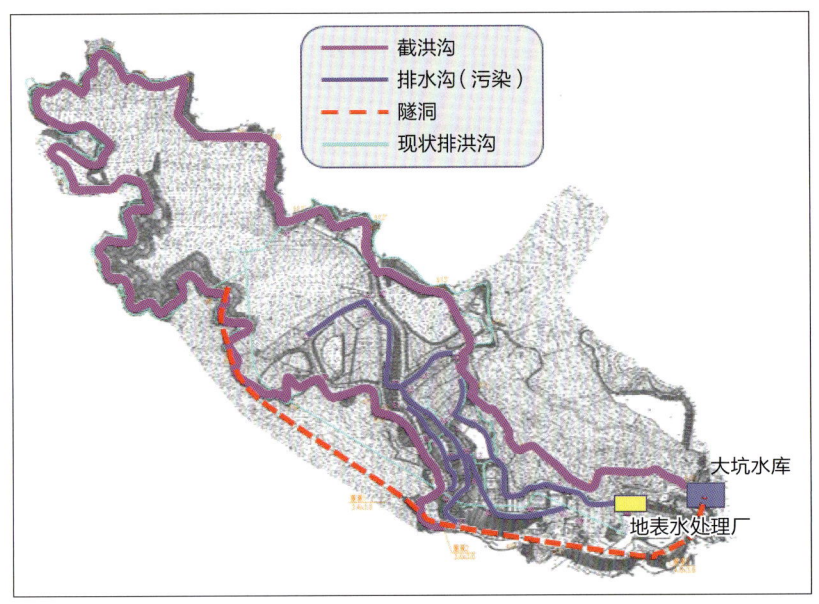

图4 全场排洪系统平面布置图

图5 新建截洪沟1号段现场图

图6 下坪环境园现状实拍

期填埋库区内需建设环场道路以满足日常巡逻检查及应急救援交通需求，因道路安全要求，道路选线不得通过垃圾堆体表面，因而拟选线沿堆体侧山坡建设。通过建设多条环场道路并利用提升改造原有的环场旧路，闭合场内环场道路，该环场道路完成后，形成大环路交通系统，大幅提升了应急救援能力，特别是对二期填埋库区的安全提供了有力保障。

（3）关于实时监测监控系统

整合各子系统功能，融合信息化需求，堆体内监测数据纳入综合平台实时监控，建立统一的物联网智慧监控平台，设置应急指挥中心大屏显示系统，应急指挥智能化会议系统；实现会议系统、视频监控系统与市城管局、市应急指挥中心的应急响应；制定市级针对垃圾填埋场事故的专项应急预案；制定垃圾堆体、一期垃圾坝体、调节池坝体、集气站、发电厂、CNG提纯站火灾爆炸、中毒窒息、社会群体性事件、环境污染、道路出险、渗滤液外运车辆出险等专项应急预案。

（4）关于垃圾坝加固

采用钻孔灌注桩加固，桩身混凝土强度C35，桩身设置混凝土连系梁，桩顶设置压顶梁。抗滑桩边缘与地下水径流排放管及渗滤液输送管净距为2.5 m。同时优化抗滑桩型及桩间距布置，成孔工艺采用套管超前方式，分步实施。在保证开挖对坝体扰动在安全范围内的前提下，对坝体进行了有效加固，取得良好的效果。

【咨询效果】

本可研报告内容全面，对项目的技术、经济、工程技术风险等进行了论证和分析，提出的方案技术标准恰当、合理，为项目决策、审查提供了全面的依据，受到了深圳市委、市政府、深圳市城管局、业主、监理单位等的高度评价及广泛赞誉，业主授予"应急抢险先锋"表彰。

根据本项目工可研究，下坪填埋场安全隐患治理工程施工完成后，场内影响环境的重大隐患——解除，下坪填埋场可从周边居民口中谈虎色变的垃圾场，变成了鸟语花香的环境园，使周边居民拥有一个安全、环保的生活空间，其价值无可估量。另外，项目的建设将实行科学规划，合理利用资源，切实保护周边环境，有利于可持续发展。这不仅符合可持续发展战略和环境保护的要求，也为人们创造了良好的工作和生活环境。项目建成后，将有效地改善基础投资环境，完善道路及行人交通网络，提高城市形象。

可研报告已于2019年8月获得深圳市发展改革委的批复，按可研报告推荐的方案完成初步设计以及施工图，工程已于2019年底按要求完成所有主体应急工程的建设。

成都轨道交通8号线二期工程可行性研究报告

The Feasibility Study Report of Chengdu Metro Line 8 Phase II Project

编写单位：上海市隧道工程轨道交通设计研究院
Shanghai Tunnel Engineering & Rail Transit Design and Research Institute
联系电话：021-54519988　　网址：https://www.stedi.cn
主要完成人：王建清　陈文艳　徐子林　刘　俐　万　钧　饶晓明　孙安巍　孟　磊　赵　戟　朱庆军

【点评】

该研究深入贯彻成渝城市群发展规划，在规划、设计、建设等方面均体现了高度的科学性和前瞻性。通过借鉴先进经验、应用BIM技术，优化线路路由和车站设计，不仅提高了运营效率，也推动了轨道交通技术的创新与发展。该研究提出取消8号线支线，将30号线西端起点引入双流机场方案；优化龙潭立交站线路方案，降低施工风险、减少对成华大道的交通导改、避免高压燃气管迁改；并将轨道与城市设计统筹考虑，站城一体，实现TOD综合开发，最大化提升轨交沿线的土地开发价值、站城融合等，为项目提供落地性的咨询建议，为建设单位节约了一定规模的建设投资，为地方政府提前储备了TOD综合开发所需的用地条件、规划条件、预留接口条件，为站城融合创造了积极条件。

【项目背景】

成都是一座有2 300多年悠久历史的古城，位于中国四川省中部，是四川省省会，中国副省级城市之一，是国务院确定的中国西南地区的科技中心、商贸中心、金融中心和交通、通信枢纽；也是四川省政治、经济、文教中心。成都是国家经济与社会发展计划单列市，是国务院首批公布的24个历史文化名城之一。

为落实"一带一路"倡议、长江经济带战略，2016年4月国务院批复《成渝城市群发展规划》（国函〔2016〕68号），明确提出加快成渝城市群发展。同时，四川天府国家级新区的设立，使城市空间结构由"单中心"走向"双中心"。随着国土空间开发和城镇化发展的深入，国家及区域发展战略的推进，成都市城市建设站在新的历史关口，对轨道交通建设也提出了十大新的要求：落实国家"建设国家中心城市"战略目标；城市辖区、空间结构均发生较大调整，轨道交通建设需要与城市空间发展战略相协调；建设美丽宜居公园城市；打造国际枢纽城市；带动区域经济发展，发挥中心城市引领作用；实现城乡协调发展；解决交通问题的现实要求和长远战略部署；支持片区产业发展；弥补成都市局部区域轨道交通服务短板；服务世界大运会。

2019年6月17日，国家发展和改革委员会批复《成都市城市轨道交通第四期建设规划（2019—2024年）》（发改基础〔2019〕1071号），至2024年成都市建设8号线二期工程等8个项目，线路长度约176.65 km。成都轨道交通集团有限公司成立于2004年，负责成都市城市快速轨道交通的建设管理，是成都市从事轨道交通投融资、建设、运营管理、物业开发和产业经营的大型国有企业。2019年8月16日，通过公开招投标，上海市隧道工程轨道交通设计研究院中标8号线二期工程可行性研究报告及相关支撑性文件编制工作。

根据进度计划要求，8号线二期工可编制工作于2019年8月正式启动，同年11月通过四川省发展改革委组织的评审，于2020年2月获得批复。在此期间，8号线二期工程同步完善了线网布局、优化线路走向、细化行车配线、调整车场选址等技术论证，同时编制《客流预测报告》《选址条件论证报告》《用地预评价报告》《社会稳定风险评估报告》《节能评估报告》等支撑性配套报告并通过相关行政部门的审批。

【项目内容】

1. 项目概况

8号线二期工程为《成都市城市轨道交通第四期建设规划(2019—2024年)》建设线路之一,共为两段线路,分别为西南延伸段(1.25 km)和东北延伸段(6.53 km),线路全长7.78 km,全部为地下线。全线共设置7座车站,平均站间距1.13 km,最大站间距1.34 km,最小站间距0.89 km,有4座换乘车站。设龙潭寺停车场1座,位于龙青路北侧、成金(青)快速通道东侧地块内,控制用地面积约14.86 hm²(含停车场及主变电所)。主变电所1座与9号线资源共享。根据线网规划,8号线二期工程预留东延伸至石板滩站的建设条件,服务于石板滩镇中车产业园。

(1)功能定位

8号线工程属于城市快速轨道交通层次中的补充线,主要承担中心城区内部出行,兼顾外围组团与中心城区的联系功能,对调整城市结构、拉升城市布局具有重要意义。8号线二期工程的建设起到加密中心城区线网,扩大轨道交通覆盖范围,提高轨道交通服务水平的作用;设置4处换乘节点,起到为线网收集客流、提高轨道交通分担率的作用,又达到了拉动城市向外拓展,促进城市组团建设的目的;线路北端连接龙潭寺总部经济区,南端连接航空枢纽综合功能区,通过轨道交通引领城市发展,促进产业升级,并为地区经济发展提供动力。

(2)建设必要性

8号线二期工程的建设是落实城市战略、实现成都市总体规划的需要;是落实公交优先、构建中心城区以公共交通为主体和谐交通体系的需要;是完善中心城网络结构、增加中心城覆盖的需要;是缓解中心城交通拥堵,优化交通结构的需要;是建设美丽宜居公园城市,实现成都环境保护目标的需要;是进一步加强中心城区与外围区域的交通联系,扩大轨道交通服务范围的需要;是龙潭寺片区交通出行的切实需求,是优化交通结构、带动区域发展的需要;是衔接综合交通枢纽、完善网络的需要;是满足8号线全线工程运营组织及解决一期工程停车规模不足的迫切需求。

(3)线路走向

8号线二期工程作为一期工程的延伸线,由两段线路组成,分别为西南延伸段和东北延伸段。

西南延伸段[莲花站(不含)—西航港客运中心站]:线路起点位于西航港大道与双华路路口的西航港客运中心站,该站与同期19号线、规划25号线形成三线换乘车站,线路出站后沿西航港大道向北敷设,接入8号线一期工程谢家桥站(现莲花站)预留的土建节点。

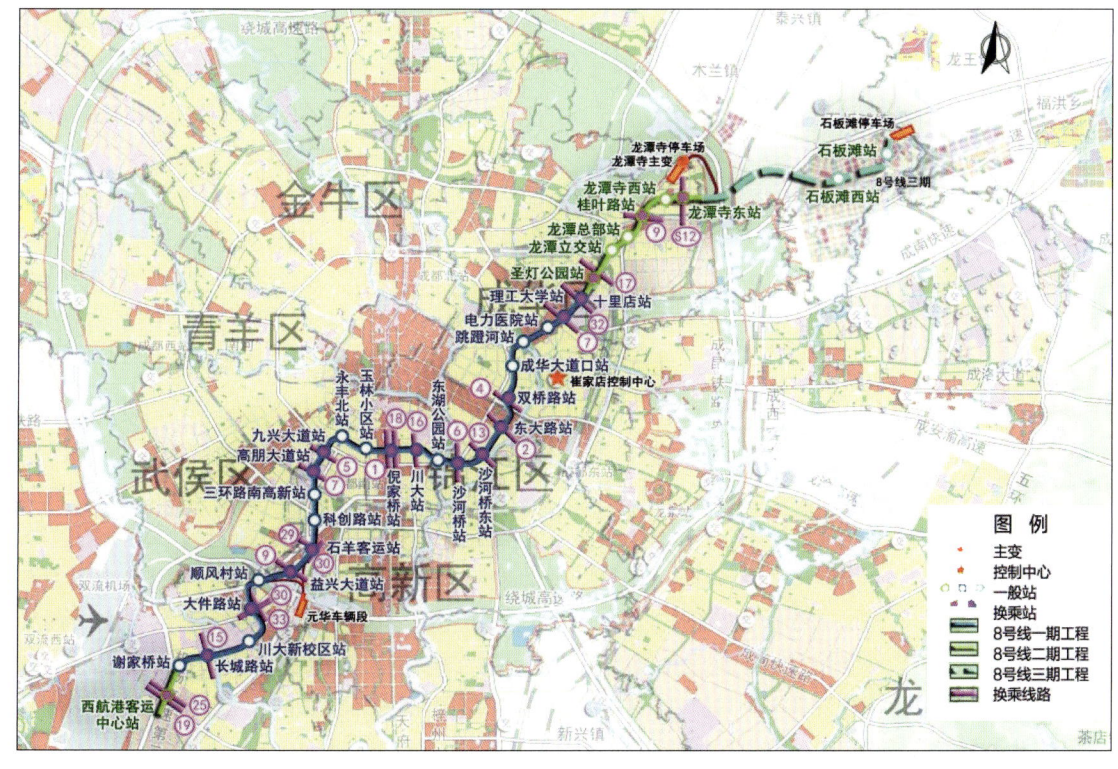

图1 8号线工程线路走向示意图

东北延伸段［十里店站（不含）—龙潭寺东站］：线路出一期工程终点站十里店站（已建）后，沿成华大道向北敷设，于成华大道西侧设圣灯公园站，预留与同期17号线通道换乘的条件；而后，线路下穿东风渠、成绵乐客运专线、成昆铁路，于成华大道西侧地块内设置龙潭立交站；出站后，线路从龙潭立交北侧桩基间穿越后转回成华大道向北敷设，于隆兴路路口南侧设龙潭总部站；线路出站后继续沿成华大道敷设，下穿成渝铁路、马鞍山排洪渠后，在桂叶路路口东侧规划绿地内设桂叶站，与规划9号线换乘；随后，线路转向龙潭寺东站TOD开发片区向东敷设，沿规划道路依次设龙潭寺西站和龙潭寺东站，龙潭寺东站与S12线换乘。根据线网规划，8号线二期工程预留向东延伸至石板滩的建设条件，服务于石板滩镇中车产业园。

2. 项目技术特点

（1）优化线网取消机场支线节省工程投资

原线网规划考虑8号线设置支线，连接双流机场。结合建设规划评估意见需继续研究优化8号线机场支线方案。可行性研究阶段，结合机场片区网络功能，深入研究取消8号线机场支线、将30号线西端起点引入双流机场；机场乘客减少换乘，出行更便利，线路更顺直；运营组织更简单，提高了8号线的服务水平。项目组将取消8号线机场支线方案上报业主审查，获得相关部门认可且纳入成都轨道交通线网规划修编，8号线二期工程根据修编线网编制可研报告。该方案优化是对建设规划评估意见的落实，且取消支线建议已被纳入成都轨道交通线网规划修编，符合国家49号文和52号文的相关要求。

取消8号线3站3区间支线，30号线南端起点引入机场区间增长1.2 km，线网投资节省约20亿元。

（2）优化线站位引领TOD建设

经研究，8号线二期龙潭寺西站—龙潭寺东站线站位方案，结合周边地块的城市规划，将原建设规划该段线路优化为沿增设的规划道路敷设，该方案不仅优化线路曲线半径，还能更大范围服务整个片区客流出行，车站设置在新增的慢行系统道路下方，可更好与周边地块衔接，形成活力街区，站城融合。

8号线二期工程龙潭寺西站—龙潭寺东站区段优化后，线路位于龙潭寺东站TOD开发核心区域，后期结合沿线地块开发，形成轨道交通综合体；合理设置线站位方案，不仅兼顾了车站对整个龙潭寺东站TOD项目的覆盖，而且两座车站较为适宜的站间距及结合慢行系统的规划道路设置更加契合TOD开发理念，通过慢行系统串联开敞空间，连接起各级商业设施、商务办公、公共服务设施，形成连续通畅、环境良好的公共空间系统；最后以两处轨道站点为中心进行高密度城市开发，有效提高生活便捷度，促进出行方式转变。8号线二期可行性研究，将轨道与城市设计统筹考虑，站城一体，实现TOD综合开发。

（3）市政统筹协调确保工程风险可防可控

全面梳理沿线相关市政工程的建设和改造计划，尤其加强与成华大道改造工程的协调，尽量做到轨道交通与道路工程同步实施或节点预留，避免对交通、管线的二次影响，实现工程方案综合最优。编制沿线市政统筹专题报告，并报规划部门审查。

对全线各类风险源进行梳理，并编制社会稳定风险评估报告、防洪防涝、安全预评价、地质灾害危险性评估等专题报告。线路穿越铁路11股道、河流3处、龙潭立交桥桩基群、低矮房屋。通过合理的方案设计及加固措施，降低风险，确保项目风险可预测、可防范、可控制。

（4）优化场段平面布局，避免高压线迁改，集约土地开发

受用地条件限制，一期工程的元华车辆段仅设32个停车列检位，尚存在7个停车列检位的缺口。现状占用元华车辆段内检修线停放7列车。在既有停车列位不足的现状下，从全线统筹的角度出发，合理规划停车场设计规划，通过本工程解决一期停车列位不足的问题，满足了8号线全线近期运营的需求。同时，调整龙潭寺停车场总平面布局，避免220 kV高压线迁改；化零为整，用房整合，集中布置于咽喉区附近的厂前区，预留7.4 hm^{2}落地开发面积。

（5）对既有线研究总结，提升地铁建设品质

根据成都轨道交通既有项目运营情况并结合本线客流特征，车站方案合理增设扶梯数量及楼梯宽度，增强站台至站厅的垂直提升能力，从而提升车站服务水平。针对换乘站，对换乘方案进行重点研究，力求兼顾换乘效率与TOD开发方案。对建筑空间及功能布局进行细部优化和完善，设置母婴室、司机换班室、换乘站站厅及站台均设置乘客卫生间等，充分体现设计对人心理和生理需求的尊重和满足。

结合轨道延线环评敏感区的运营情况，为减少噪声污染，提前考虑充分的轨道减振措施，更好服务于TOD综合开发，提升土地开发价值。

结合既有运营车站施工缝漏水现象，通过合理的设计，积极推进车站主体与附属同步实施，减少施工缝，解决接口处漏水的问题，同时提升施工效率，减少打围时间，早日还道于民。

3. 重点研究内容

根据现场踏勘及资料收集，发现8号线预可方案中北湖公园东站—龙潭东站段线站位存在线形条件较差，出入场线一度停车位功能较差，站间距不合理；线路敷设于整片地块中下部，客流吸引范围覆盖范围不全面；线站位方案与周边待开发地块未统筹设计，不利于龙潭寺东站TOD项目一体化开发。因此，针对原预可方案的问题，结合线路技术条件、相关控制因素以及片区规划和现状情况，充分论证方案的合理性和工程可行性，落实线站位、出入线接轨以及TOD项目一体化设计方案，是本工程另一个重大技术方案。

项目团队结合线路线形、出入线功能及龙潭寺东站TOD项目一体化设计、现状住宅小区客流吸引等对方案进行比选优化。

方案一（原预可建设规划方案）：线路出桂叶路站后以R-350 m曲线转弯，沿成华大道龙潭路向北走行约280 m后，转入桂龙西一路，而后一直向东走行，于桂香四路路口设龙潭寺西站，于桂龙路路口设龙潭寺东站，与规划S12线换乘，车站预留S12线区间下穿条件。该方案线路全长约2.52 km，设3座车站。该方案线位处于龙潭寺东TOD项目的中下部，不利于TOD上部区域的客流吸引，但对南部在建的住宅小区服务较好。

方案二：线路出桂叶路站后以R-450 m曲线转弯，沿成华大道龙潭路向北走行约630 m后，转入桂龙西二路，而后向东走行，于桂香三路路口设龙潭寺西站，于桂龙路路口设龙潭寺东站，与规划S12线换乘，车站预留S12线区间下穿条件。该方案线路全长约2.67 km，设3座车站。该方案线位处于龙潭寺东TOD项目中上部，有利于TOD上部区域客流吸引，但对南部在建的住宅小区服务较差。

方案三：在方案一、方案二的基础上，结合TOD项目组最新研究成果，于桂龙西一路与桂龙西二路之间新增规划道路，间距分别为150 m和170 m，调整8号线二期线路沿该规划道路下敷

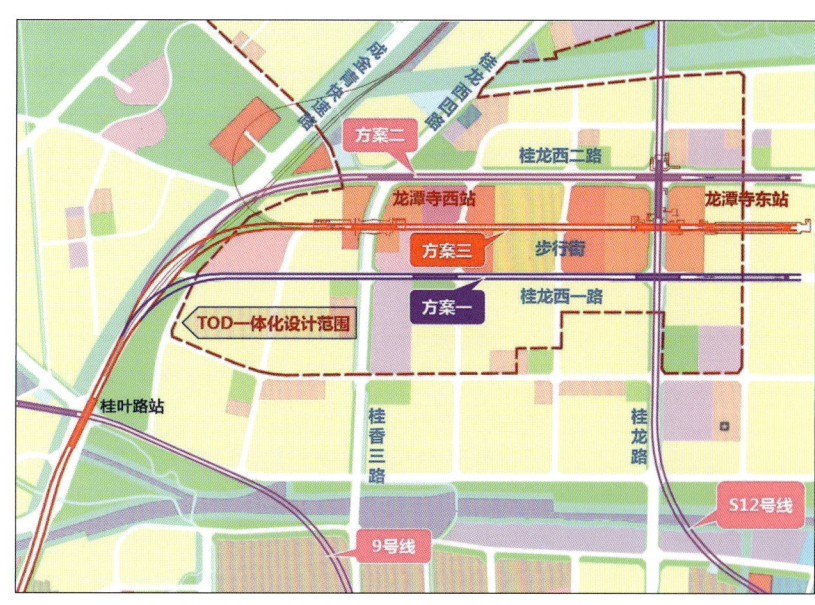

图2　龙潭寺东站TOD项目区域线路走向方案比选平面图

设，可将龙潭寺停车场开发区域纳入龙潭寺西站15 min生活圈，有利于TOD项目的整体开发。同时，为了更好地契合TOD开发理念，将龙潭寺西站、龙潭寺东站之间的新增道路打造为慢行交通系统。

8号线二期工程龙潭寺西站—龙潭寺东站区段线位调整后，优化线路曲线半径，更大范围服务整个片区客流出行，同时线路位于龙潭寺东站TOD开发核心区域，后期结合沿线地块开发，将轨道与城市设计统筹考虑，站城一体，实现TOD综合开发。

4. 项目进度及投资估算

8号线二期工程可行性研究于2019年8月正式启动，同年11月通过四川省发展改革委组织的评审，2020年2月获得可研批复，估算总投资为85.31亿元，技术经济指标为10.97亿元/正线公里。2020年4月获得初步设计批复，2023年3月全线洞通，2023年5月短轨通，计划2024年底通车运营。

【工作过程】

8号线二期工程可研工作正式开展具体分五个阶段，分为前期准备及方案研究阶段、初步成果阶段、深化成果阶段、最终成果阶段及持续服务阶段，历时7个月完成可研报告编制、评估并取得主管部门批复。具体如下：

1. 前期准备及方案研究阶段

2019年8月16日，通过公开招投标，上海市隧道工程轨道交通设计研究院中标8号线二期

工程可行性研究报告及相关支撑性文件编制工作。业主单位召开启动会，组建项目团队并建立常态化沟通机制；同期开展资料收集以及现场踏勘等前期准备工作，经讨论形成初步研究方案，多次向涉及主管部门及运营部门对接汇报，同时由业主带队与规划、住建、水务等政府部门对接初步方案。

2. 初步成果阶段

在多层次方案对接基础上，在进一步收集相关基础资料上，明确8号线二期功能定位、确定线路设计原则及技术标准，稳定线路走向及车站站位布置，落实大宗用地选址，完成初步研究成果；并于2019年9月16日，组织我院各专业总工对全线线站位和停车场方案及各专业主要技术标准进行质量内审。根据院内审意见，并结合建设规划评估意见，深入研究8号线支线取消方案，并与2019年9月29日上报业主单位审批同意。

3. 深化成果阶段

结合院内专家审查意见，对初步研究成果进行修改完善，并先后三次向成都轨道集团有限公司全面正式汇报；与此同时，初步成果方案正式征求各区政府、各主管部门意见；根据各方意见修改落实完善后，于2019年11月20日完成8号线二期工程可行性研究报告报审稿。

4. 最终成果阶段

深化成果经内审、修改完善形成送审稿，于2019年11月通过四川省发展改革委组织的专家评审，经认真吸收专家组意见、修改成果，形成并提交最终成果。

5. 持续服务阶段

8号线二期工程可行性研究报告最终成果提交后，为协助业主尽快取得该项目可研批复，项目组充分发挥主观能动性，积极主动整理批复所需的文件及资料，最终于2020年2月获得省发展改革委批复；同时，为顺利推进项目的初步设计研究历程，继续深入研究可行性阶段推荐的设计方案。

【咨询工作特点及经验教训】

1. 线网局部优化，提升网络功能

《成都市城市轨道交通第四期建设规划（2019—2024年）》及配套《8号线二期工程方案研究报告》均采用原线网规划方案，即8号线设置机场支线方案。结合建设规划评估意见需继续研究优化8号线机场支线方案，经深入研究，原线网方案主要存在网络结构不合理、线路走向不顺直、乘客出行不便利、线网实施不经济、运营管理复杂以及30号线不能连接机场的问题。因此，结合原线网规划的问题，重点分析双流机场区域网络功能需求和适应性，提出线网优化方案，并充分论证线网优化方案的合理性、合规性和工程可行性，确定8号线机场支线设置与否，并在此基础上进一步开展全线总体和系统方案深化研究设计，是本工程的重大技术方案之一。

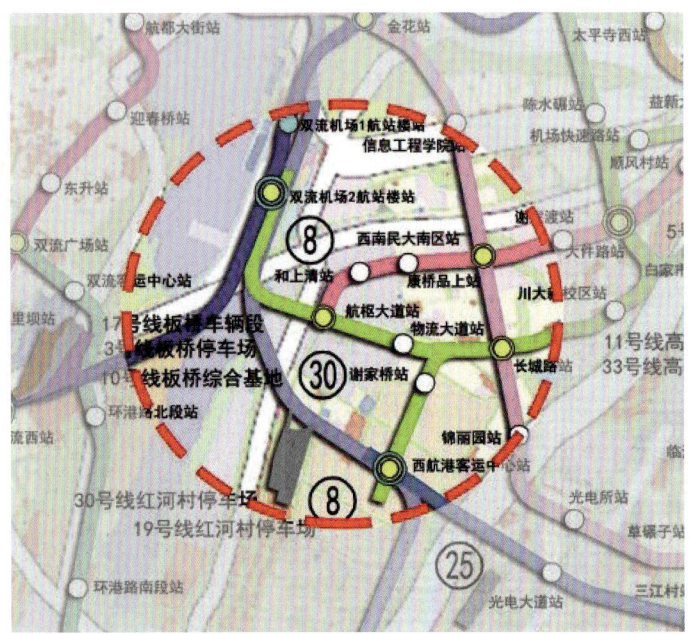 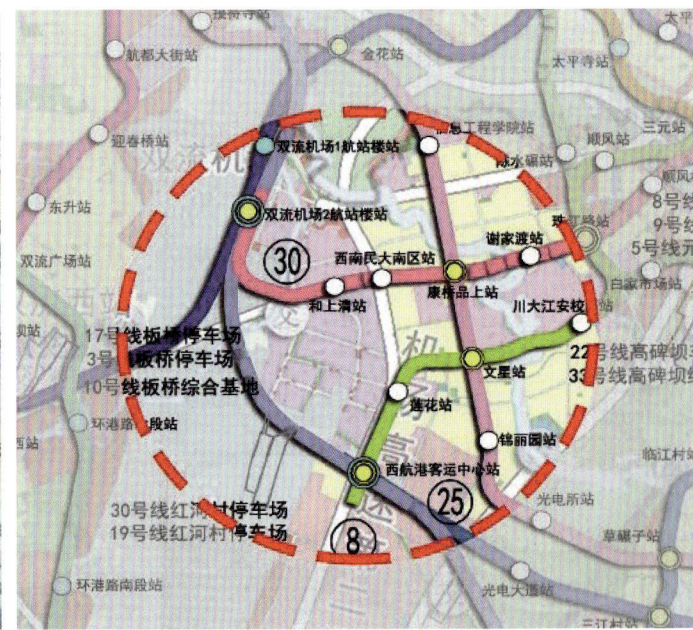

图3 双流机场附近区域线网优化对比

项目团队根据多年来对成都规划线网的实践和理解，经过对区域网络功能需求和适应性的深入分析，提出取消原线网方案（8号线于长城路站设置支线接入双流机场，30号线通过航枢大道站换乘8号线支线进入双流机场），优化为将30号线西端起点引入双流机场的方案。

优化后的线网方案有三大优点：

一是乘客出行更便利，30号线进入双流机场较原线网方案减少1次换乘；8号线通过换乘30号线可便捷到达双流机场。二是网络结构更合理，在区域各线间换乘功能不变的同时，减少换乘点2处（30号线与8号线支线换乘、8号线主支线换乘），且30号线以及8号线换乘30号线进入双流机场的路径更加顺直；同时，避免8号线主、支线运营带来的相关问题。三是线网实施更经济，在线网区域覆盖不变和主要出行功能优化的同时，区域线网长度减少约3.2 km，节省建设投资约20亿元。

该方案优化是对建设规划评估意见的落实，且取消支线建议已被纳入成都轨道交通线网规划修编，符合国家49号文和52号文的相关要求。综合以上分析，优化方案技术上是合理的，程序上是合规的。

2. 针对区间实施风险、站点客流吸引等设计重点，优化龙潭立交站站位及区间穿越方案

原预可建设规划方案（方案一）中龙潭立交站沿成华大道路中敷设，线路出车站后正穿三环龙潭立交桩基群后继续沿成华大道向东北走行。经分析，该方案存在以下问题：车站设置在龙潭立交主、引桥路基段区域，交通导改难度大；正线区间与主、引桥桩基冲突17根，工程实施难度大、风险高、造价高；距离北侧石室中学距离较远。总的来看，原预可方案既不合理，也难实施。

因此，针对原方案的问题，结合线路技术条件研究规避龙潭立交桩基，并结合片区规划及现状情况，从区间实施风险、站点客流吸引等角度，充分论证方案的合理性和工程可行性，落实龙潭立交站站位及区间穿越方案，是本工程线路方案研究的重难点之一。根据现场踏勘及桩基资料，优化调整方案如下：

方案二中，龙潭立交站设置于成华大道北侧地块内，为避免对现状龙向加油站和嘉吉饲料厂的拆迁，车站跨规划路设置于二者之间，区间从龙潭立交东侧西北侧桩基偏小的区域绕行，避让或侧穿所有桩基后返回成华大道敷设。

上述方案，根据龙潭立交实测桩基资料，辅助BIM技术，精细化线路设置，区间完美避开桥梁根桩基，降低施工风险；同时车站敷设于成华大道北侧地块内，减少了对成华大道的交通导改，避免高压燃气管迁改，故最终确定为成华大道北侧地块设站方案。

3. 应用BIM技术，解决设计难题

为了在城市轨道交通领域充分发挥BIM技术的应用价值，在项目实施过程中结合轨道交通行业BIM技术全过程项目管理的特点和项目团队的BIM应用经验，解决设计难题，实现精细化

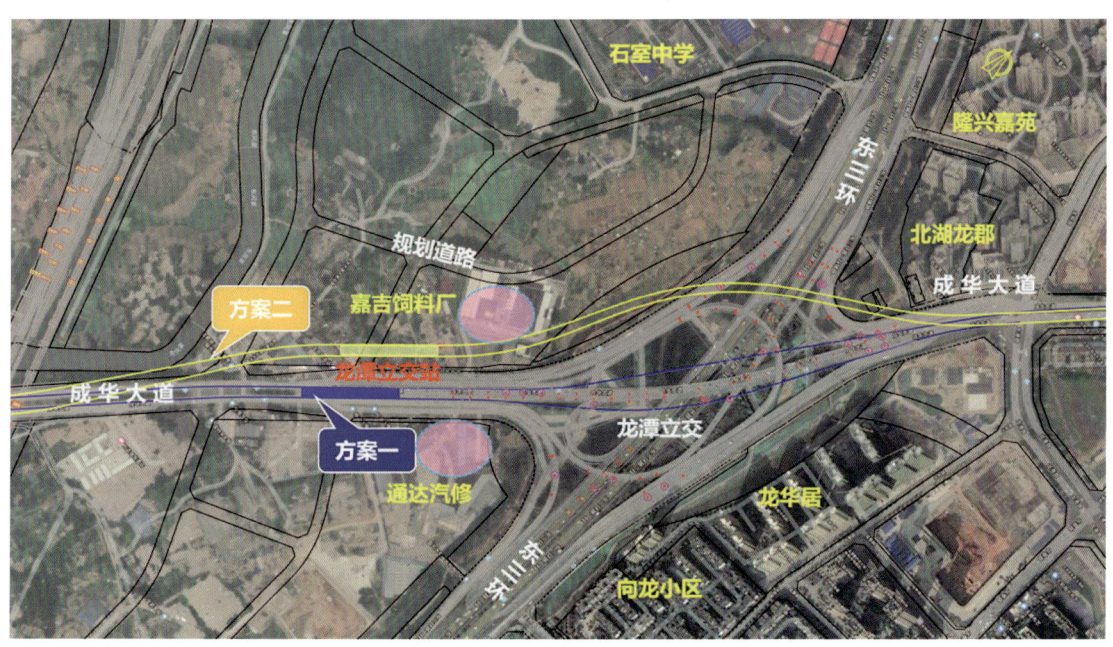

图4 龙潭立交站站位优化平面图

设计。

根据物探资料及建构筑物调查资料,8号线二期工程延线要依次穿越电力隧道、成绵乐客运专线、龙潭立交、东风渠、加油站、同乐广场等共计23处风险源。通过BIM技术进行方案设计,可清楚了解到每个风险源与地铁区间的关系,有利于对设计方案的调整,最终23处风险源均保证了安全距离,大大降低了施工风险。

轨道交通工程庞大且复杂,平面方案很难直观、全面地了解方案。故此,编制工可文本过程中,利用BIM进行方案设计,并制作成动画向业主及政府主管部门汇报,更加直观立体,便于及时做出正确决策。

4. 站城一体、产业优先、功能复合、综合运营

(1) 规划提前介入,资源开发梳理,挖掘用地潜力

在线网规划阶段提前介入,参与沿线土地梳理,通过摸查与调研,结合站点情况和城市规划,挖掘潜力开发用地,为土地储备建立基础,用以反哺地铁建设。

通过站点辐射影响区内土地利用现状及城市用地规划情况的筛选与梳理,轨道交通8号线二期工程沿线影响范围内,存在可开发利用的潜力规划用地共162.08 hm^2,建议考虑优先纳入用地储备计划,用以支持轨道交通建设。

(2) 土地优化调整,提升开发价值,发挥最大效能

以TOD视角,重新审视轨道交通对沿线开发的影响,合理调整潜力用地布局,加强用地与站点耦合,发挥土地最大效能,针对站点特性提出差异化开发定位引导。

(3) TOD片区一体化城市设计、地上地下联动开发

摆脱局限,将发展思路由单个站点提升至包括站点和停车场在内的整个龙潭寺TOD辐射片区,整体空间统筹考虑,地上地下联动打造,构建区域发展聚焦亮点。

(4) 发挥交通优势,以站点为触媒,打造站城一体化城市综合体

发挥人民塘站交通换乘优势,采用一体化设计手法,将地铁车站与上盖物业进行融合,充分利用下沉广场、地下空间统筹开发接口,打造彰显区域特色的城市综合体。

【咨询效果】

8号线二期可行性研究成果,通过认真分析、总结近年来国内各城市轨道交通规划、设计、研究与评估工作经验,对成都轨道交通8号线二期工程建设必要性、功能定位、线站位方案、运营方案、系统制式、机电系统方案等进行了全面、系统的研究分析。认真贯彻落实科学发展观和建设"节约型、环保型社会"的政策,站在整个线网的高度,切实做好资源共享和综合利用。注重节能减排和环境保护,通过多方案的综合比较,实现最终工程方案的合理性,避免废弃工程和重复工程的出现。

图5 龙潭立交站—龙潭总部站盾构区间BIM方案

研究推荐的方案有利于8号线二期工程"有效加强临空经济区、龙潭总部经济区及龙潭寺片区与中心城区的联系"功能定位的实现,对加强周边新城与中心城区的联系,缓解中心城区交通拥堵并强化周边新城的资源配置意义重大,是对成都市"双核共兴、多城一市"大都市区城镇形态格局的有力支持,对调整城市结构,拉升城市布局具有重要意义。推荐的线站位设置方案及运营组织方案也能很好的适应客流需求,可有效缓解城市交通压力,方便沿线居民的出行,带来良好的社会效益。同时,本次研究对工程可实施性进行了较深入的研究,尤其针对线路穿越重大风险源、沿线控制节点众多的难点,进行了重点研究。对线路穿越铁路节点、龙潭立交桩基群、东风渠等特殊困难地段,均开展了BIM设计,工程风险可防可控。根据建设规划评估意见,深化研究双流机场附近区域线网,取消8号线机场支线,区域线网长度减少约3.2 km,节省建设投资约20亿元;通过优化8号线二期龙潭寺东站段线路北移200 m,与龙潭寺东站TOD项目区位和规划匹配,提高轨道交通客运效率,扩大客运服务,提升延线土地开发价值,引领城市发展,经济效益明显。本工可为8号线二期工程的顺利推进奠定了扎实的基础,同时也为今后其他类似工程提供了可借鉴的工程经验。

报告充分发挥了理论实践相结合的效果,技术路线清晰、严谨,并积极创新,成果上报后顺利通过四川省发展和改革委员会的批复。目前,8号线二期工程已进入综合调试阶段,计划2024年底通车试运营。

唐河河谷郊野公园一期项目可行性研究报告
The Feasibility Study Report of Phase I of Tanghe River Valley Suburban Park

编写单位：上海同济工程咨询有限公司
Shanghai TongJi Engineering Consulting Co., Ltd.
联系电话：021-33626700　网址：http://www.tongji-ec.com.cn
主要完成人：胡柳超　曲慧磊　张　霞　陈冬梅　米乘鹤　高　凯

【点评】

该项目有三个特点：一是全方位考虑水利工程设计、道路设计、桥梁设计、生态景观设计等多方面理念，创新河道、水域治理和景观构建相结合的模式。二是以低影响、多自然、少人工为设计原则，有效提升唐河流域及白洋淀流域的水生态质量，减少对现有堤坝、堤边林地的扰动，打造自然和谐、色彩清丽的河谷郊野风景。三是全方位创新郊野公园的建设理念、模式、机制、技术、养护、管理等流程，应用科技手段，实现线上线下联动，规范旅游市场，提升游客行旅体验。项目建成对激活唐河入淀口区域空间活力、提高区域防洪安全、恢复唐河生态环境基底、打造蓝绿交织的雄安新区生态建设示范区具有重要意义。该可研详细论证了项目建设的必要性和可行性，为项目的投资决策与后期实施提供了科学依据，可以为同类型项目的开展提供一定的参考和借鉴。

【项目背景】

1. 项目背景

雄安新区自设立以来，以构建蓝绿交织、清新明亮、水城共融、多组团集约紧凑发展的生态城市布局为目标，坚持生态优先、绿色发展，并优先规划建设城市公园。唐河新区段是雄安新区西南部重要的生态廊道，同时承担着西大洋水库的防洪蓄水以及沿线地区排涝、灌溉的功能。在雄安新区设立前，唐河行洪主河道内曾临时建设了南北两个污水库，用于处理保定市区工业污水，并超期运行了近40年。如何利用唐河自然基底实施有效的生态修复和景观提升策略，将原本环境恶劣的污水库转变为生态友好的郊野空间，并符合雄安新区在淀南片区刻画水、林、草、田相结合的诗意田园风光的上位规划要求，在保障白洋淀水生态安全的同时兼顾防洪安全，是雄安新区建设绿色生态宜居新城区的重要一环。

2. 项目目标和必要性

本项目的主要目标在于：

（1）生态修复与防洪安全

项目旨在对唐河河谷进行生态修复，将原本环境恶劣的污水库改造为生态良好的郊野公园，修复水土，提升白洋淀水生态安全。同时，项目的建设将参照新区防洪标准，对原有老堤进行加高培厚，增强防洪能力，保障新区的安全。

（2）景观建设与文化传承

项目旨在打造具有乡野风情和淀乡特色的河谷景观，通过修堤植林引水，形成多层次的大尺度河谷景观，提升城市景观格局。同时，项目将挖掘和传承淀乡文化，通过设计中的文化符号植入，成为宣传和弘扬雄安新区文化的窗口。

（3）区域发展与产业振兴

项目旨在带动周边农业、高端服务业等多种产业发展，促进区域经济的可持续发展。

（4）社会经济效益

项目旨在提升区域的生态效益、景观效益和文化效益，促进居民生活质量，增强社区凝聚力，带动旅游及相关产业发展。

唐河河谷郊野公园的建设是落实雄安新区总体规划、雄安新区生态环境保护规划、雄安新区绿色空间专项规划、白洋淀生态环境治理和保护规划、雄安新区防洪专项规划的必要项目，也是雄安新区蓝绿空间建设中的重要一环。项目对于新区的生态建设、安全建设、景观建设、文化发展、产业发展等多维度都具有重要的促进作用，具有极强的建设必要性。

3. 建设单位概况

项目建设单位为中国雄安集团生态建设投

资有限公司,是中国雄安集团的全资子公司,注册资本暂为20亿元,是雄安新区主要的环境治理和生态建设平台。主要工作任务包括:统筹城水林田淀系统治理,做好白洋淀生态环境保护;大规模植树造林,开展国土绿化,构建宁静、和谐、美丽的自然环境;全面提升生态环境质量,建设新时代生态文明典范城市。

受中国雄安集团生态建设投资有限公司委托,我司开展了唐河河谷郊野公园一期项目的可行性研究,全面系统地论证项目建设的必要性、建设条件的可靠性、建设方案的可行性、建设过程的保障性、投资估算的合理性等。

【项目内容】

1. 项目选址及现状条件

项目位于雄安新区安新县西南方向,周边村镇有老河头镇、安州镇、同口镇。唐河新区段西起雄安新区边界,东至白洋淀入淀口。

唐河河谷唐河新区段全长16.9 km,宽度约1 km,由"一河两库四堤"——中央河谷(主河道)、南北内堤、南北污水库、南北外堤构成。中央是唐河河道,河道两侧为内堤,内堤外是为排污

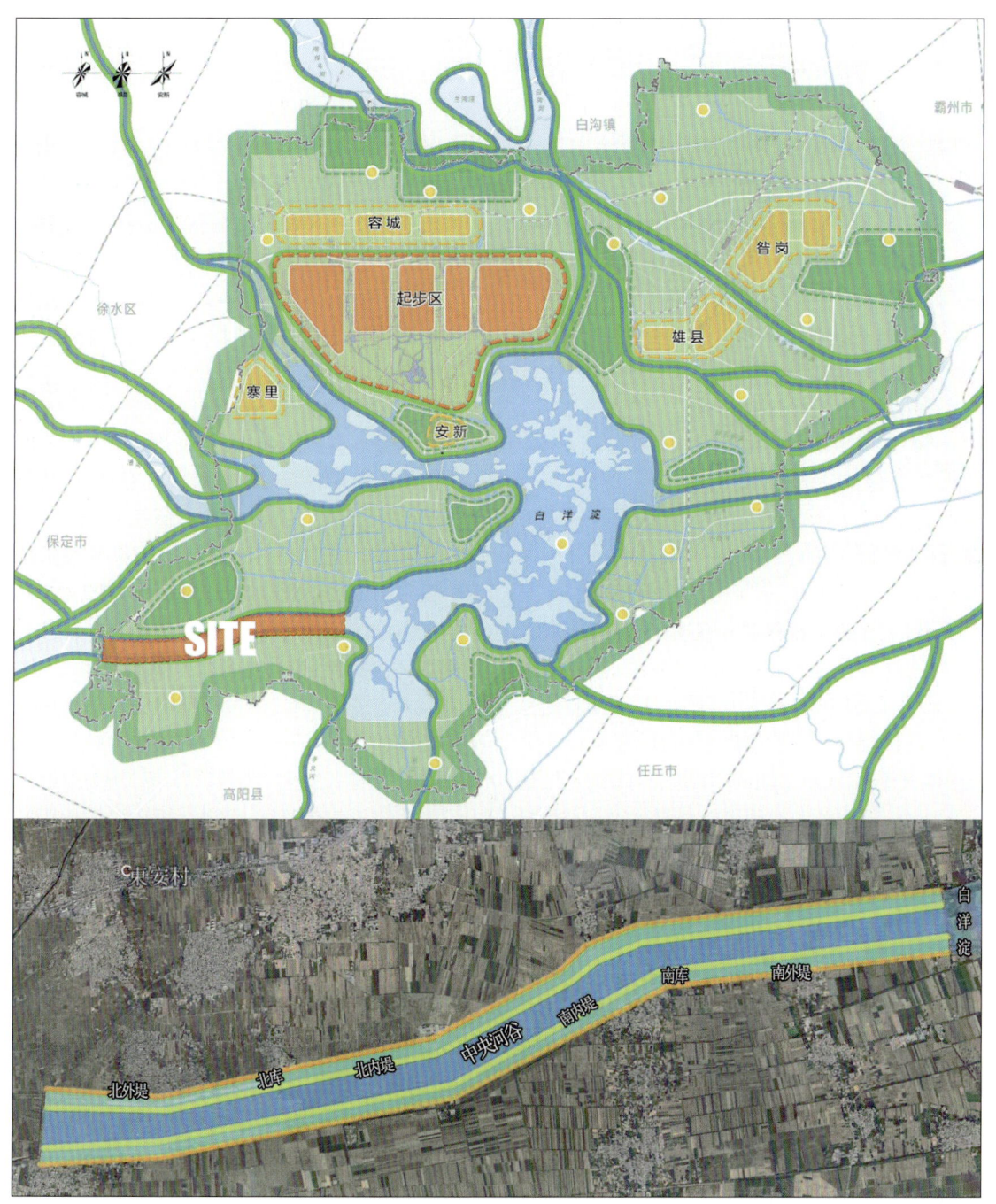

图1　项目选址及河谷结构

263

修建形成的南北污水库,污水库外为南北外堤。

唐河河谷郊野公园总规划范围包括南北库区和中央河谷区域,项目总占地面积约2 573 hm²。本项目为唐河河谷郊野公园一期,所含部分为南北库、南北外堤、南北内堤,占地面积约867.34 hm²(其中北库区约409.16 hm²,南库区约458.18 hm²)。

现状堤顶路路况较差,不能满足公园使用需求,需进行提升改造。

除堤顶路外,靠近村庄位置,有跨库穿行道,将其纳入公园道路系统,对其进行提升改造。

现状桥梁多为石砌板桥共计9座,其中北库2座,南库7座。石砌板桥修建简陋且年久失修,不符合行洪需求,应全部拆除。

场地目前植物种类较单一,主要为本土树种和植被。

项目范围内有高压电线穿过,高压电塔主要落位于主河道,高压电线穿越北库和南库。存在军用光缆、石油管道、燃气管道横穿南北两库。

基于防洪需求,需将南北外堤进行加高培厚,需对部分电力设施进行迁改,林木进行疏伐。

2. 项目类型及功能需求

本项目定位为郊野公园,修复河道功能,回归郊野本色。以低影响、多自然、少人工为原则,尊重现状肌理,利用自然之力,改善生态基底,体现野趣之美。打造自然和谐、色彩清丽河谷郊野风景,发挥生态防洪、艺术科普、休闲游憩、产业带动等功能。

(1)恢复生态基底,加强防洪功能

本项目设计结合唐河污水库治理项目,通过水利、景观工程继续深化生态治理。同时充分体现低影响原则,减少对现有堤坝、堤边林地的扰动,在保护原有河谷结构的基础上,进行合理修复及景观提升。

此外,需论证场地地形及设计水位,加高培厚外堤,疏通唐河南北库库底,发挥唐河新区段的防洪价值。

(2)营造河谷景观,焕发乡野魅力

唐河是连接太行山与白洋淀的重要生态走廊。本项目位于雄安新区界至入淀口,是新区南侧重要的生态空间带之一。场地现状呈现良好的河谷景观骨架结构,具有大尺度的特点。设计需体现生态优先、绿色发展,保护唐河河谷生态基底,恢复河谷自然风景,将水系、堤防、农田、特色小镇等景观融为一体,打造自然和谐的大河谷景观,焕发河谷乡野魅力。

(3)保留乡土记忆,传承淀乡文化

注意挖掘及保存有文化价值的乡土元素,如淀乡文化、安新芦苇画等,延续乡愁记忆。结合雄安新区"弘扬中华优秀传统文化、延续历史文脉"的理念及河谷区域景观特色,对乡土文化元素进行合理改造,融入河谷景观,提升河谷人文价值。

(4)结合特色小镇,带动区域发展

本项目周边结合现有村庄,计划建设特色小镇群,包含芦庄国际花卉小镇、老河头田园综合小镇、安州文化创意小镇及同口生态科技小镇,分布于唐河河谷沿岸周边。唐河河谷郊野公园设计需关联特色小镇建设,在对应河段引入相应设计元素,营造和谐的生态人文河谷区域景观。

3. 项目建设方案

唐河河谷郊野公园一期设计包含南北外堤、南北内堤、南北库。唐河河谷郊野公园一期项目可行性研究报告充分尊重场地现状,对接规划方案,总体形成"北库花谷、南库溪谷"的景观格局。

通过水利工程分析,确定外堤、内堤提升策略。外堤具有防洪要求,需进行加高培厚,同时修建堤顶路、提升景观;内堤不具有防洪要求,尊重原始地形,加强护坡防护、修建堤顶路,提升景观。

结合库区的污染历史情况,确定北库、南库提升策略。北库曾承载部分污水,经前期换土治理后,仍尽量不发挥泄洪作用;采用生态治理与景观营造结合的手段展现陆地的生境景观。南库未曾污染,引入白洋淀水,形成水库景观、湖泊景观、溪谷景观为一体的湿地景观。

同时,结合村镇产业、文化,增设服务驿站、出入口特色空间、生态休闲点等,提升场地游憩科教功能。

4. 项目建设内容

主要包括景观工程、水利工程,其中景观工程包含南北两库绿化、慢行系统、驿站和配套设施等,水利工程包括堤顶路、堤防及堤坡等提升改造。具体包含以下建设内容:

园林绿化工程:内外堤的树木疏伐、植物栽植、地被绿化和景观改造。

水利工程:堤坡加高加固和改线、堤坡防护等。

土方工程:各类道路、管线填挖方,局部景观微地形等。

建筑工程:驿站、卫生间等。

园路及铺装工程。

桥梁工程：车行桥，桥梁结构为空心板梁桥。

电力电气工程：园林建筑用电、园林照明用电、监控管理用电等。

给排水工程：建筑给排水（含生活污水）、道路及堤坡排水等。

智能监控工程。

景观小品及设施工程：廊架、座椅、指示牌、垃圾桶等。

5. 项目技术特点

（1）区域研究

唐河新区段周边区域规划"一轴三带四区五镇多乡村"空间结构，与北部新城寻找轴对位关系和产业空间布局关系，延长轴线在空间上的位置属性。结合区域产业特点和空间定位，完成区域分布和空间结构整合，保持与起步区完美结合。

依托唐河景观，结合韩村镇、安州镇、老河头镇、芦庄镇、同口镇原有特色及规划，主要发展田园花卉、文化创意、生态科技等相关产业。

（2）景观结构与总体分区

唐河河谷郊野公园由"一谷、两库、四堤、入淀口"构成，连堤塑岸、通渠串河、引水截污、营地复栖，将花海、农田、河道、湿地融为一体，整体打造鸟进人退、蓝绿交融的花漾南郊河谷风光。

景观结构上，整体横向由西向东打造传统到现代的三段式结构，分别以原野风情、田园风光、

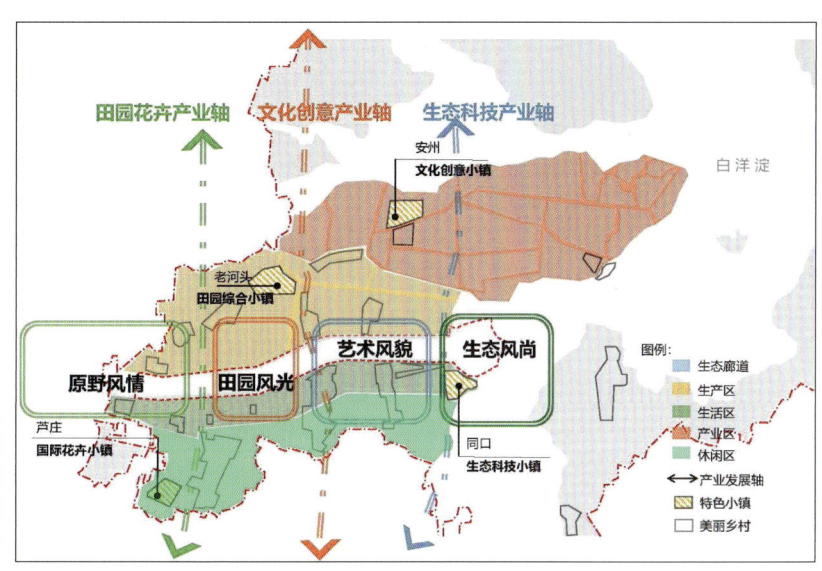

图2 唐河河谷郊野公园周边区域研究图

艺术风貌为主题；纵向结构由北向南风貌定位分别为北库花谷、中央河谷、南库溪谷。

唐河河谷郊野公园分为四大部分：北库花谷、南库溪谷、中央河谷及入淀淀心。其中，北库南库采用艺展区与种植区交接渐变设计，打造流动飘逸的色块，展现牧海花田、漂浮展园景观；中央河谷保留生态景观构架，根据不同水量采取弹性设计，塑造生态友好、河道安全的弹性河谷；入淀淀心构建"一主多辅"的景观结构，结合区域水系规划调整地形，打造群岛汇淀的湿地景观。

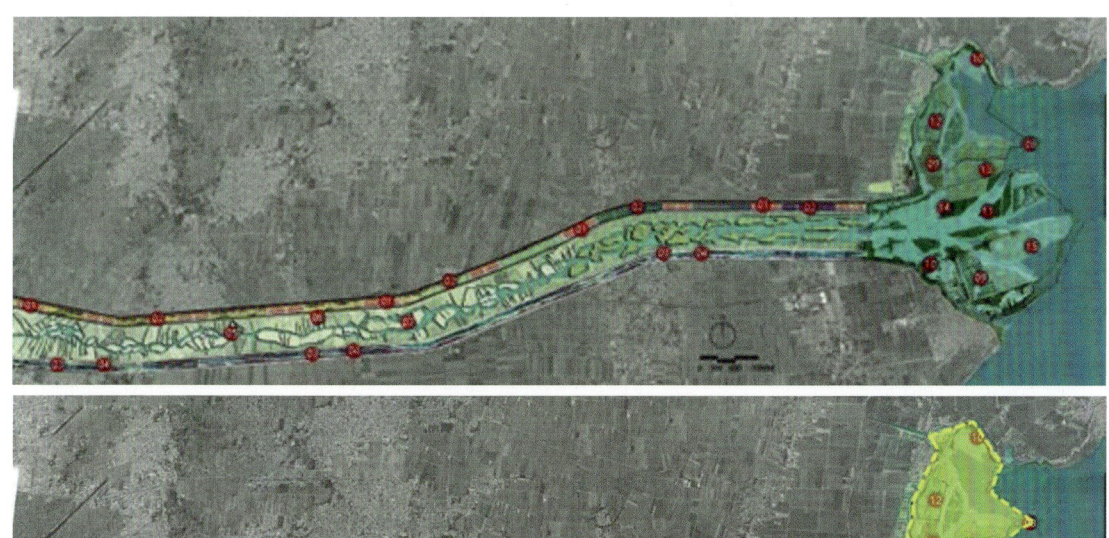

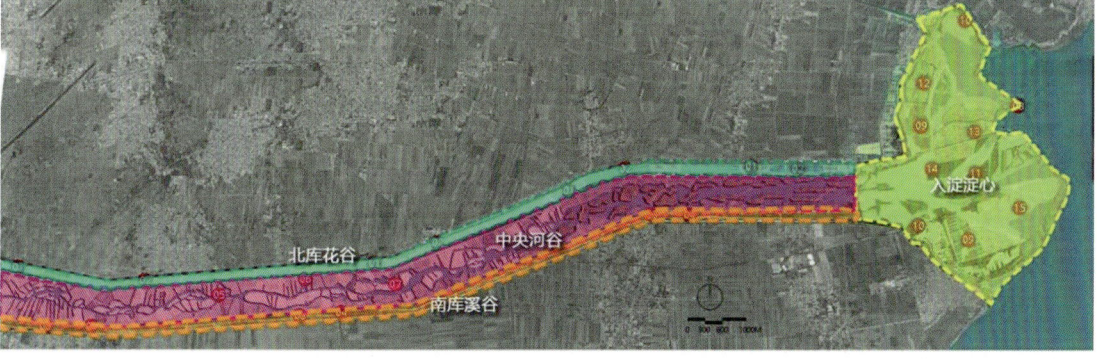

图3 唐河河谷郊野公园总体结构和总分区图

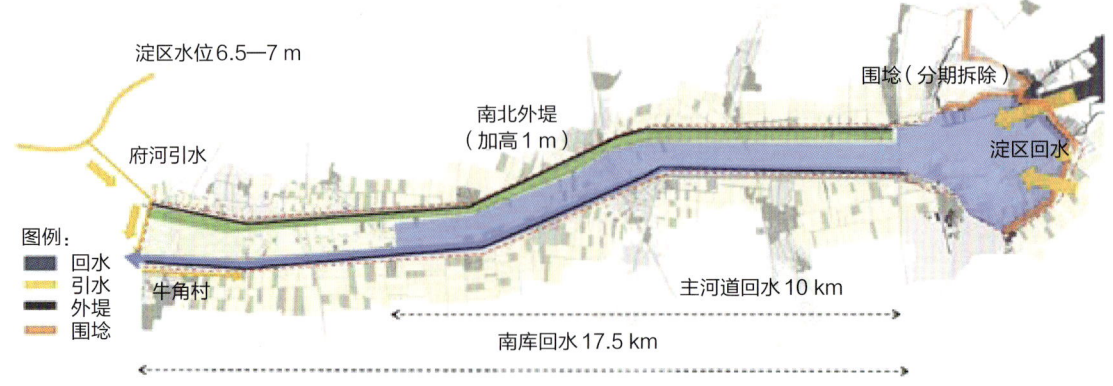

图4 唐河河谷郊野公园水利设计

（3）水利设计

包括四个方面：保留独特的四堤结构，引导自由生长的大地景观；自府河引水，流经南库；与淀区回水，形成互补；设计流量为2 000 m³/s以下时南库与主河槽参与行洪，流量超过2 000 m³/s时北库共同参与行洪（根据唐河新区段流域管理办法制定）；主河道回水长度10 km，南库回水长度16.9 km。

6. 项目进度计划

本项目整体计划于2020年10月开工，2022年5月竣工（2021年5月底具备行洪能力），建设期为20个月。养护期为2022年5月—2024年5月。

7. 项目投资估算及资金来源

（1）投资估算

项目总投资约77 926.75万元，其中工程费用约56 374.52万元，工程建设其他费用约6 842.19万元，预备费约5 057.34万元，环境监测费246.00万元，土地费约5 234.20万元，管线迁改/保护费4 172.50万元。

（2）资金来源

建设资金来源为政府财政资金。

【工作过程】

1. 编制范围和起止时间

我司于2020年6月接受建设单位委托，开展本项目可行性研究报告编制及服务工作，并于2020年11月得到河北雄安新区管理委员会改革发展局关于唐河河谷郊野公园一期工程可行性研究报告的批复。

2. 组织情况、分阶段内容和工作方法

唐河是白洋淀上游的一条重要河流生态廊道，也是雄安新区淀南区一道重要的防洪保障。为了落实雄安新区总体规划、雄安新区生态环境保护规划等，构建雄安新区蓝绿空间，唐河河谷郊野公园一期项目应运而生。为推进项目建设，我司于2020年6月接受建设单位委托，开展本项目可行性研究报告编制及服务工作，内容包括论证项目建设的必要性、建设条件的可靠性、建设方案的可行性、建设过程的保障性、投资估算的合理性等。

项目伊始，我司便组建了一个学科力量强大、经验丰富、分工明确的项目团队，包括高级工程师、注册咨询工程师、注册一级建造师、注册造价工程师等。每个人都带着对项目的热情和专业知识，准备将这片土地打造成未来人与自然和谐的生态蓝绿空间的标杆。

在项目启动后，项目团队开始了大量的资料收集和现场调研工作。先后查阅了关于唐河河谷的自然地理、生态环境、社会经济等方面的数据资料，并进行了多次实地踏勘。通过实地观察、测量和与当地居民的交流，项目团队掌握了大量第一手资料，为报告的编制提供了有力支持。

在充分了解项目背景和实地情况的基础上，项目团队开始了公园建设方案的设计。经过多轮讨论和修改，并利用了MIKE11软件中的HD（水动力模块）对闸堰、桥梁进行水动力模拟，得到各设计标准下设计流量和最高水位，最终确定了最优方案，包括公园的总体布局、功能分区、内外堤设计、景观设计、交通组织等方面。同时，项目团队也充分考虑并提出了项目实施和运营方案，对环境影响、水土保持和项目节能进行了评估，提前识别项目可能存在的风险和社会稳定性风险并提出相应的防范化解措施。

方案确定后，咨询工程师和造价工程师对项目的投资估算和经济效益进行了深入分析，运用专业的知识和方法，为报告提供了准确、细致的工程量和投资估算。这些分析结果不仅能帮助建设单位更加全面地了解项目，也为项目的决策和推进提供了重要参考。

在编制报告的过程中，项目团队始终坚持生态优先、绿色发展的理念，依法依规对项目的环境影响进行了全面评估，并提出了相应的保护措施；建议在建设过程中尽量减少对生态系统的干扰和破坏，同时加强后期的生态修复和管理工作。这些建议为实现可持续发展提供了有力保障。

【咨询工作特点及经验教训】

《唐河河谷郊野公园一期可行性研究报告》的编制工作具有系统性与综合性、数据性与专业性、创新性与实用性、公众参与与多方合作等特点。

1. 系统性与综合性

《唐河河谷郊野公园一期可行性研究报告》的编制工作涉及多个领域，包括城市规划、生态环境、水利工程、景观设计、房建工程、交通规划、旅游管理、投资估算等多个方面。因此，编制工作具有高度的系统性和综合性。在编制过程中，项目团队充分考虑各个领域的相互影响和制约关系，各部分工作人员互相保持高频沟通，使得报告系统、完整，确保了项目的全面性和准确性。

2. 数据性与专业性

本项目的可研编制工作具有高度的数据性和专业性。项目团队编制各部分内容时，充分依托了现有的统计数据、调查资料和相关研究成果，进行了大量的实证分析。通过对唐河河谷地区的自然环境、社会经济发展状况、居民需求等方面的深入分析，为报告的编制提供了有力的数据支撑和实证依据。同时，利用专业的数值模拟软件，为项目的设计提供依据。在对各专业进行设计和取数时，严格遵照专业的做法和规范进行，最终产出的报告具有高度的数据性和专业性。

3. 创新性与实用性

雄安新区是以习近平同志为核心的党中央作出的一项重大历史性战略选择，是千年大计、国家大事。党中央要求，要高标准、高质量建设雄安新区，坚持世界眼光、国际标准、中国特色、高点定位。所以，本项目不能按照普通的公园进行设计建设，必需具有创新性和前瞻性。创新性使项目能够紧跟市场脉搏，适应快速变化的环境，通过前瞻性的思维提升项目的价值和竞争力。同时，创新还能够推动技术的进步和应用，为项目带来长远的发展动力。可行性研究报告是项目决策和进一步推进的重要依据，其编制时间与实际投入运营存在一定的时间差，编制时必须要注重创新性，否则可研的论证或方案可能会过时，无法起到指导项目建设的作用。同样，可研也必须考虑深入考虑实际建设过程中的问题，将创新理念转化为具体、可行的实施方案，全面考虑项目的各种风险因素，并提出相应的应对措施，通过科学的经济分析和效益预测确保项目的投资效益最大化，为项目提供清晰的指导，确保项目能够顺利推进。

4. 公众参与与多方合作

本项目的可研编制过程中还积极开展了公众参与活动，涉及到多方合作。项目团队通过问卷调查、座谈会等方式广泛征求了当地居民、游客的意见和建议，了解了各方对本项目的期许和诉求。同时，还积极征求了行业主管部门、建设单位、运营单位的意见，经提专家评审并认真落实专家意见后，完成了报告的编制工作。

【咨询效果】

2020年11月，经过专家、上级领导单位、行业主管部门的审核，并经多次修改、完善，我司完成了《唐河河谷郊野公园一期可行性研究报告》的编制工作。

《唐河河谷郊野公园一期可行性研究报告》对唐河河谷郊野公园一期建设的必要性、可行性、建设过程的保障性、投资估算的合理性等进行了论证，同时对项目的环境影响、综合效益、社会稳定风险等进行了评价。

唐河河谷郊野公园一期的开展获得国家政策的大力支持，符合上位规划要求，项目选址合理，在政策上可行；建设资金来源为政府财政资金，资金来源有保障，在资金来源上可行；场地内自然条件适合项目建设，交通便利、劳动力充足，在建设基础上可行；项目建设内容技术成熟，在合理的管理调配基础上，具有技术可行性。

本项目具有良好效益：景观上，能完善河谷景观结构，激发唐河景观活力，塑造区域大地景观，形成乡野河谷风景；生态上，能改善唐河入淀口段整体生态，调节和改善城市气候，满足防洪安全需求；经济上，可提高区域居民生活质量，带动区域产业发展、促进生态文明建设和区域社会和谐发展。

《唐河河谷郊野公园一期可行性研究报告》为中国雄安集团生态建设投资有限公司的决策提供了重要依据，同时也是项目进一步推进的重要依据。报告为唐河这一地区描画了未来蓝绿发展、人与自然和谐共生的美好蓝图，成为雄安新区可持续发展和生态空间的典范。

新建淮北至宿州至蚌埠城际铁路可行性研究报告
The Feasibility Study Report of New Huaibei-Suzhou-Bengbu Intercity Railway

编写单位：中铁上海设计院集团有限公司
China Railway Shanghai Design Institute Group Co., Ltd.
联系电话：021-63818855　　网址：http://www.sty.sh.cn
主要完成人：刘建红　朱俊彦　杨彦生　王伟明　訾　力　谭　俊　陈望桂　侯　悦　万　茜　舒小龙

【点评】

该可研报告在规划与设计方面展现了高度的专业性和前瞻性，充分体现了项目在促进皖北地区城镇化、实现区域经济一体化、改善交通基础设施、推动沿线旅游资源开发等方面的重要作用。报告在设计上综合考虑了旅客出行便利性、沿线经济发展潜力以及环境保护要求，确保了项目在社会、经济和环境效益上的最大化。报告在多个方面实现了创新与突破，特别是在技术标准选择、线路布局优化以及站点设置等方面，采用了先进的技术和创新的设计理念，提高了线路的运营效率和安全性。同时，报告还注重提升乘客的出行体验，通过完善人性化服务设施，增强了旅客的满意度。此外，项目的经济评价显示了良好的投资回报和抗风险能力，为类似城际铁路项目的规划和建设提供了宝贵的借鉴。

【项目背景】

1. 项目建设背景

新建淮北至宿州至蚌埠城际铁路（简称"淮宿蚌铁路"）位于安徽省北部，经由淮北、宿州、蚌埠三市。线路起自淮萧联络线淮北北站，经郑徐高铁衔接徐州枢纽，中联规划皖北城际亳州至蚌埠段、淮北至阜阳段，南端引入蚌埠地区与京沪高铁、合蚌高铁及规划宁滁蚌城际铁路衔接。

2. 项目目标和必要性

（1）项目目标

本项目是皖北地区城际铁路网的重要组成部分，是皖北城市群连接合肥都市圈及长三角地区的便捷通道，是京沪高铁辅助城际通道的重要组成部分，是促进沿线资源开发、实现全面小康的重要基础设施，是一条以区域城际功能为主，兼顾路网功能的高速铁路。

（2）项目必要性

本项目是推动皖北地区城镇化进程、实现安徽省经济可持续发展战略的需要，是打造安徽省城际铁路网、形成1—2小时快速交通圈的需要，是填补区域路网空白、进一步完善铁路网布局的需要，是落实国家及地区扶贫政策，实现共同小康目标的需要，是建设资源节约型和环境友好型现代化交通、实现可持续性发展的需要。

（3）其他背景

本项目是区域综合交通网和城际快速交通网的重要组成部分。项目的建设有利于贯彻落实《安徽省国民经济和社会发展第十三个五年规划纲要》，增强区域交通基础设施建设，对打造区域快速轨道交通圈有着重要意义；对于改善区域交通运输环境，提高区域交通运输质量，促进区域城市群间交流，加快沿线区域融入长江经济带，带动区域经济协同发展、可持续发展，扩大沿线旅游资源开发等有着重要作用；对于该地区加强对外交流，以及构建资源节约型、环境友好型社会，实现全面建成小康社会等具有重要意义。

【项目内容】

1. 项目类型

项目名称：新建淮北至宿州至蚌埠城际铁路。
建设类别：铁路。
建设性质：新建。

2. 建设单位情况

本项目建设单位为徽黄铁路有限公司。

3. 主要建设内容及规模

本项目新建正线双线长159.48 km，引入蚌

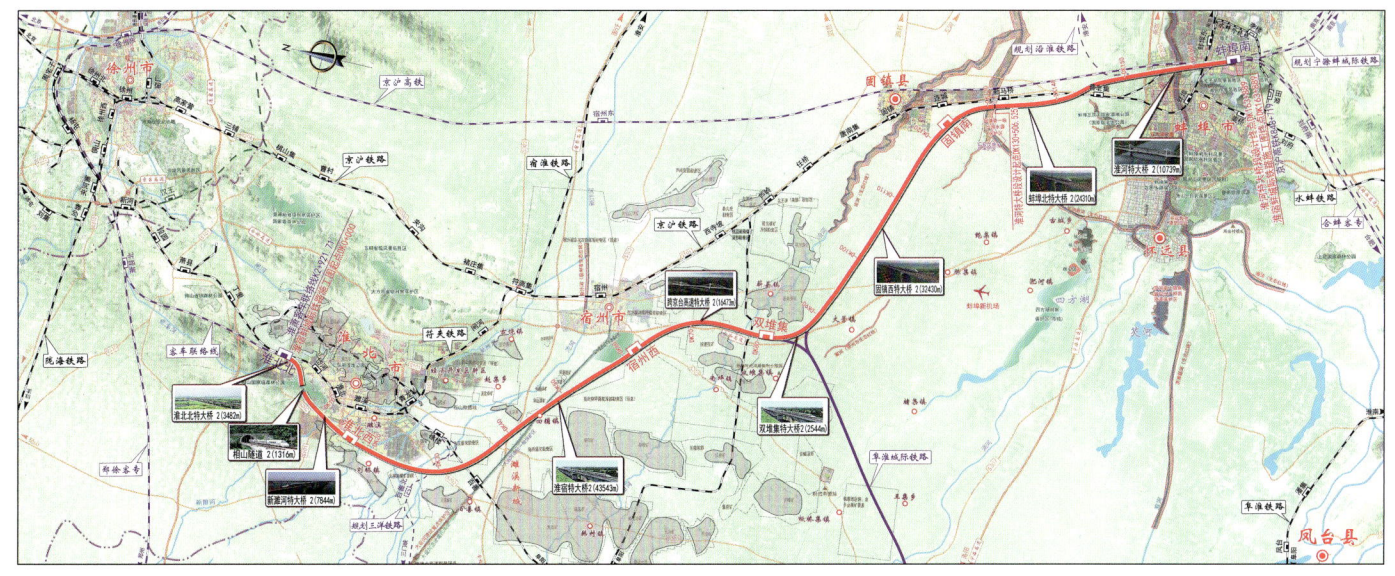

图1 淮宿蚌铁路线路示意图

埠南上行线2.571 km、下行线2.83 km；共设车站6座，其中新设淮北西站、宿州西站、双堆集站、固镇南站；双线特大桥6座合计143.132 km，单线特大桥2座合计3.03 km，中桥4座合计0.276 km，隧道1座1.011 km，桥隧比90%。改建蚌埠南上行线0.67 km，下行线0.83 km。改建淮萧客车联络线上行线1.804 km。

研究年度本项目区段客流密度及旅客列车对数汇总见表1。

根据本线功能及定位、在路网中的作用并结合中长期铁路规划调整，建议本线远景年输送能力为3 000万人。

项目主要技术标准为：铁路等级，高速铁路；正线数目，双线；设计行车速度，350 km/h；最小曲线半径，一般7 000 m，困难5 500 m；正线线间距，5.0 m；最大坡度，一般地段20‰，困难地段25‰；牵引种类，电力；机车类型，动车组；到发线有效长度，650 m；列车运行控制方式，CTCS-3级列车运行自动控制；调度指挥方式，调度集中；最小行车间隔，3 min。

本项目可行性研究的内容包括运量预测、必要性及功能定位、主要技术标准、引入地区方案及线路方案、运输组织、供电、节约能源、环境保护、投资估算、资金筹措、财务评价与经济评价等方面，根据路网规划，考虑客流预测、沿线城市发展状况和近期规划重点，以路网全局角度进行综合论证，提出了合理可行方案。

项目估算总额2 558 761.99万元（含综合开发51 000万元），技术经济指标15 775.35万元/正线公里。

本可研报告通过技术经济比较论证淮北至宿州至蚌埠城际铁路总体方案的合理性、可行性；从满足旅客出行、与相邻路网匹配性的角度出发，结合投资效益，论证本项目主要技术标准选择的合理性、适应性；从带动区域经济发展角度出发，合理选择线站位方案，充分带动地方经济发展；从可持续发展的角度出发，统筹考虑项目建设的环境生态影响、土地合理利用、能源节约、项目运营效益；从推动皖北地区城镇化进程角度出发，论证分析本项目建设对促进沿线城市

表1 全线客流密度及旅客列车对数汇总表　单位：万人、对/日、万人/h

区段	初期			近期			远期		
	客车对数	客流密度	高峰小时客流密度	客车对数	客流密度	高峰小时客流密度	客车对数	客流密度	高峰小时客流密度
淮北—双堆集	40	912	0.34	57	1 191	0.41	77	1 582	0.50
双堆集—蚌埠	32	715	0.27	48	977	0.34	89	1 774	0.56

注：客流密度波动系数为1.1。

社会经济可持续发展所产生的影响；确保本项目符合建设资源节约型和环境友好型社会的要求。

【工作过程】

2016年3月，中铁上海设计院集团有限公司中标项目预可研，立即成立总体组开展相关研究，中间经历多轮次方案调整与修改，并多次向安徽省有关部门汇报方案、与沿线地方政府沟通，争取支持，历时3年基本稳定大致方案。

2019年4月，安徽省委托中国国家铁路集团有限公司对项目预可行性研究审查，根据审查意见，设计院加班加点，3个月的时间完成可研送审稿文件并上报中国国家铁路集团有限公司工程鉴定中心审查。

可研审查后线路走向方案基本确定，但接轨方案上还存在一定的分歧，经设计院多方调研、充分论证、综合比选，最终稳定方案，2020年11月，安徽省人民政府、中国国家铁路集团有限公司联合批复本项目可行性研究报告。

本次研究利用丰富、翔实的基础资料，重点分析区域路网（尤其是皖北城际网）内各条客运通道间的相互关系，落实项目运量，对线路走向、引入枢纽（地区）方案细化研究；对功能定位、建设方案、主要技术标准等问题详实论证；同时合理确定项目建设内容、投资规模。本次研究的主要特点如下：

（1）高度重视基础资料的齐全、翔实，确保研究的可信度

为确保研究的可信度、方案的可实施性、下阶段勘察设计工作的推进，充分利用既有资料并收集了大量的最新资料。由于沿线分布了国家级风景名胜区等环境敏感点以及诸多矿产采空区，为确保线路的可实施性，赴现场进行了详细踏勘，系统收集了通道内环保、地质等控制性资料，为线路走向比选提供了真实可靠的依据。

（2）结合相邻路网，全面分析项目功能定位、深入研究区域客运需求

根据本项目在安徽省中长期铁路网规划及皖北城市发展布局中的意义和作用，结合皖北城际网的总体布局，统筹考虑本线与相邻的蚌埠—扬州铁路、沿淮铁路等线的相互关系，运用科学的运量预测方法和模型，系统研究区域内客流分布及流向、通道需求总量，采用有无项目对客流进行分析，从理顺通道内线别关系、协调通道内各线运量、合理进行各线运能分工，得出本线应承担的运量水平、合理确定本项目功能定位。

（3）从符合功能定位出发，精心比选线路走向及引入枢纽地区方案

从符合项目功能定位、有利于加快沿线和区域城市一体化进程和促进皖北经济社会协调发展出发，线路走向应尽量经过沿线市镇，引入枢纽地区应与城市规划紧密结合，车站选址尽量靠近市区，体现客运铁路的需求和特点，贯彻以人为本理念。

（4）从环保节能出发，系统贯彻落实集约节约土地、保护环境的要求

沿线生态环境优美、旅游资源丰富，基本农田覆盖比例高。在详细收集沿线环境敏感区（点）分布、环境现状与规划、土地利用现状与规划等资料基础上，从线路走向、桥路工程类型比选、站房、取弃土、大临工程等具体工程设计方面，秉持方便旅客等建设理念，系统贯彻落实集约节约土地、环境工程选线的建设理念，实现工程与环境的和谐统一。

【咨询工作特点及经验教训】

1. 项目难点

（1）技术标准和功能定位不好确定

本项目在路网中串联多条高铁，衔接的线路有250 km/h联络线，也有京沪高铁等350 km/h主要干线；主要技术标准需考虑客流需求、本项目功能定位及路网结构等，还需结合设站情况、达速比、工程投资等综合确定。

（2）沿线采空区密布，选线难度大

本项目穿越皖北煤田区，所在区域采空区密集，项目沿线2 km范围内分布有采矿权14个、探矿权10个、矿产地8个，如何确定采空区边界，合理确定采空区避让范围是选线的重点。

（3）引入既有线风险较大

本项目两端接轨既有客运专线，尤其是引入京沪高铁蚌埠南站，需改造蚌埠南站，邻近京沪高铁施工，主要技术难点在于站内接触网基础施工全部为天窗点施工，工期较长，邻近既有运营高铁路基开挖、帮宽施工，施工过程中钻机、起重设备倾覆危险风险较大；路基帮宽填筑扰动较大，存在扰动既有股道风险。引入既有线设计方案是重难点工作。

（4）工程地质条件复杂

本项目主要位于平原区，仅线路起点段位于丘陵区，丘陵山体最高点位于相山，标高为

342 m,高差大于200 m,地形较简单,但地貌类型复杂;岩性岩相变化较大,岩土体结构较复杂,工程地质性质较差,地质构造较复杂,有岩溶、褶皱、断裂分布,全线唯一的隧道相山隧道地质较为复杂,穿越断层破碎带5处,Ⅳ、Ⅴ级围岩占比86.32%。

（5）路基填料匮乏

淮宿蚌铁路为典型的平原铁路,项目沿线基本农田、耕地密集分布,路基填料来源及桥梁弃渣存放地困难,线路通过形式选择不仅影响工程投资,还涉及土地资源占用,对路面交通的影响等。

（6）沿线交通、水系状况复杂

项目需跨越淮河等4条规划Ⅳ级以上河道、跨越多条高速公路及既有铁路,对桥址及跨度选择要求较高,需根据规划情况,结合工程投资等综合选择。

2. 成果特点

（1）项目功能定位、建设的必要性及在路网中的意义和作用论证充分,运量预测结论合理

淮宿蚌铁路位于安徽省北部,线路北接徐州枢纽,可通达京津冀城市群,中联规划皖北城际亳州至蚌埠段、淮北至阜阳段,南联蚌埠地区,与既有京沪、合蚌高铁及规划宁滁蚌城际铁路衔接,可通达长三角城市群。因此,本项目在路网功能上建京沪高铁徐州至蚌埠至南京辅助通道,城际功能构建皖北"人"字型城际网。项目是皖北地区城际铁路网的重要组成部分,是皖北城市群连接合肥都市圈及长三角地区的便捷通道,是京沪高铁辅助城际通道的重要组成部分,是促进沿线资源开发、实现全面小康的重要基础设施,是一条以区域城际功能为主、兼顾路网功能的高速铁路。

根据项目功能定位,综合分析路网通道中的运输径路比较、枢纽内客站分工以及点线能力等因素,对本项目运量水平进行科学、合理的预测。淮宿蚌铁路淮北—双堆集段近、远期旅客列车对数分别为57对、77对,双堆集—蚌埠段近、远期旅客列车对数分别为48对、89对,运量预测结论合理。

（2）项目主要技术标准论证充分,推荐结论合理可行

本项目是一条以区域城际功能为主、兼顾路网功能的高速铁路,考虑其具备区域城际与路网通道的复合功能,承担客流类型多样、客流需求复杂,对速度目标值的要求不尽相同。同时,速度目标值决定了基础设施、设备及各项配套设施标准的选择,直接影响到选线设计、动车组设备、通信及信号系统、客流吸引、运营模式等,并关系到铁路在区域内客运市场的竞争力。因此,速度目标值的合理选择为本项目主要技术标准的核心。

通过深入剖析本项目的功能定位,细化客流需求及特征分析,协同考虑通道综合交通方式的竞争能力及区域相关规划目标要求,确定时间目标值要求,并提出速度目标值比选方案;而后,对不同速度目标值方案从时间目标值适应性、路网协调匹配性、车站分布适应性、工程技术标准、工程投资、经济效益等方面进行综合比选,最终推荐本项目速度目标值采用综合效益最优的350 km/h方案。

基于铁路等级及速度目标值的分析论证,相应确定正线数目、正线线间距、最小曲线半径、最大坡度等主要技术标准,为本项目的顺利推进及实施奠定了基础。

（3）对采空区、地下取水沉降区兼顾红色教育基地和皖北城际网的选线理念

沿线煤矿采空区主要分布在宿州凹断褶束范围内的淮北市和宿州市一带。其中线路DK13+200—DK16+300段侵入刘东矿矿界,矿内采空区、塌陷区范围较大。本线的技术难点为如何确定既有采空区的准确边界条件,根据采空区特点和矿区分布,线路方案进行了有效避让,对无法避让的采空区段落,组织通过InSAR、综合物探、深孔综合测井等手段查明采空区变形特征,预测其对线路的影响并采取针对性措施,解决了采空区线路稳定性的关键技术问题,线路选线避让采空区,同时尽可能考虑线路顺直,减少线路长度及工程对矿产资源的压覆。本线采用了收集资料→航片判释→工程地质调绘→InSAR解译→综合分析的研究路线,编制采空区稳定性评价报告,重点对采空区实施专项勘察与稳定性评价,为淮宿蚌城际铁路建设规避和防治采空区地质灾害提供科学依据,确保城际铁路的安全建设。

双堆集作为淮海战役主战区,双堆集淮海战役纪念馆是沿线最大的红色教育基地,每年约100万人次到纪念馆参观学习,本次研究线站位的选择始终坚持不忘初心、牢记使命;结合皖北城际网规划,科学合理布局线站位,使线路经过

双堆集设站并预留皖北城际淮北至阜阳铁路接轨本线,既兼顾红色教育基地,又使皖北城际网络在满足功能的前提下总里程数最短,做到一举多得。

(4)沿线经过地面沉降区对工程措施

沿线地下水开采导致地面沉降影响的主要段落分布在宿州市城区西部的饮用水源地附近,影响段落为DK51+550—DK70+840段,地面沉降区域的沉降范围、沉降速率、沉降差等直接影响到该段内的工程措施和线路稳定,是本线的勘察难点也是重点。本线通过收集宿州西水源地水文地质与地面沉降发展的历史资料,研究划分影响高铁线路的地面沉降区范围→采用PS-InSAR、SBAS-InSAR技术,开展地面沉降时序监测分析→在充分研究工程区地面沉降三维时序特征的基础上,划分地面沉降影响危险区,进一步确定地面沉降发展对高铁建设与运营安全的影响程度,为沿线工程措施提供数据支撑。

(5)引入枢纽方案复杂,方案研究全面,论证过程合理,推荐方案最优

淮宿蚌铁路经过淮北、蚌埠两个地区。蚌埠地区是京沪铁路、水蚌铁路的交会点,同时也是京沪高铁、京福高铁的交会点。在淮河以南,龙子湖以西,既有京沪客货线、蚌东联络线、蚌南联络线、机务段等引入蚌埠东站,京沪高铁跨域淮河及上述既有铁路线路后引入蚌埠南站,既有疏解线路繁多,运输径路较为复杂。蚌埠站、蚌埠南站位于市区,周边重大控制因素较多,工程情况非常复杂。淮宿蚌铁路自北引入地区,结合车站分工、线路走向、蚌埠市规划、地区内工程实施条件、规划存车场及高铁物流基地等因素分别研究了引入蚌埠南高速场、城际场及蚌埠站三大系列七个地区方案。

每个方案针对不同的工程控制条件进行深入研究分析论证,并进行同精度工程经济比选,最终推荐本线近期引入蚌埠南高速场,预留远期往城际场方向条件,做到进远结合、分线引入、分场布置,既节省近期工程投资,又为远期发展预留条件。

(6)穿越环保区、文物保护区工程措施得当

受线路走向限制,工程不可避免穿越生态环境敏感区、文物保护区、生态红线等,本次研究根据生态、文物保护区特点和有关方面要求,均对生态、文物保护区采取相应的工程措施;为避免占用相山国家森林公园,线路选择以隧道形式穿越;为最大限度地保护世界文化遗产—大运河遗产(安徽段),采用主跨128 m连续梁直接跨越遗址范围,调整桥梁跨度,尽量少在或不在生态红线范围内设桥墩。

(7)填料匮乏,以桥代路,交通水系发达,从而桥比高、桥跨大、结构复杂

全线桥比88%,特殊结构40种90联,其中主跨大于200 m工点两处,工程设计难度较大。淮河为规划二级航道,是国内重要航道之一,结合周边环境特点,淮河特大桥主跨(124+248+124)m矮塔斜拉桥为全线最大跨度,桥式景观优美的同时也是目前淮河上最大跨度桥梁。京台高速特大桥跨京台高速采用(38+120+228+120+38)m矮塔斜拉桥,造型轻巧优美。

(8)工程投资指标分析详细,整体工程投资指标合理

本项目沿线地区基本农田占比高,拆迁量大,所经过地区经济发达,城镇化程度高,初测阶段加强征地拆迁调查,严格按照安徽省相关规定计列征地拆迁费用;全面落实调查用水、用电、用料等资源,对运输方式、路径和单价进行多方案比选,对缺料地段扩大调查范围和调查深度,提出切实可行的解决方案,对路基取弃土等进行综合规划调配,尽可能移挖作填利用;结合桥梁建设方案,对施工组织方案进行充分比选及研究,制定合理的建设工期。研究桥梁设计方案,梳理影响架梁段落的特殊工点,初步确定梁场的布置方案,根据制定的初步方案,加强对梁场布置条件的现场调查,同时进行多方案比选,在满足工期的前提下,尽量扩大单个梁场规模,减少梁场数量。通过以上措施,保证了项目整体投资的合理,为控制全线工程投资打下坚实的基础。

【咨询效果】

本项目的修建形成淮北、宿州、蚌埠等皖北区域主要县市与合肥及长三角其他城市快速便捷的铁路通道,对于改善区域交通运输条件、满足区域日益增长的旅客运输需求、促进沿线区域社会经济发展、推动皖北地区城镇化进程、缩小安徽省南北发展差异、实现安徽省经济可持续发展战略具有重要意义;此外,本项目作为国家高铁网中骨干线路的辅助通道,对于完善国家高速铁路网布局、提升高铁运输质量同样具有重要的意义。

本线推荐采用设计速度350 km/h的高速铁

路建设方案,新建正线全长162.2 km,全线新设客运站4座、桥隧比90%;项目建设方案合理,工程条件可行。本项目工程投资估算总额为255.88亿元,技术经济指标1.58亿元/正线公里;静态投资246.72亿元,技术经济指标1.52亿元/正线公里;建设工期为4年;项目技术经济指标及工期安排合理。

本项目国民经济内部收益率(EIRR)为10.70%,大于社会折现率8%;累计经济净现值(ENPV)为764 667万元。敏感性分析结果表明本项目抗风险能力较强,从国民经济角度分析评价,本项目可行。本项目的实施,对于节约能源、减少环境污染、减少交通事故损失等也具有重要意义。

本项目对建设的必要性、功能定位、运量及主要技术标准,线路及引入枢纽地区方案,工程投资及经济评价财务效益分析等论证充分合理,对于其他类似项目有很强的借鉴和参考意义。

国家能源集团神华榆林能源化工有限公司5万吨/年聚乙醇酸示范项目可行性研究报告

The Feasibility Study Report of the Demonstration Project of 50 000 tons of Annual Polyglycolic Acid at National Energy Group Shenhua Yulin Energy and Chemical Co., Ltd.

编写单位：中石化上海工程有限公司
Sinopec Shanghai Engineering Co., Ltd.
联系电话：021-58366600　网址：https://www.ssec.com.cn
主要完成人：沙　裕　吕世军　张　斌　高毕亚　刘兴冰　赵　辉　王常鸿　高峥嵘　孙　冀　沈　勇

【点评】

该报告针对国家能源集团神华榆林能源化工有限公司的5万t/a聚乙醇酸（PGA）示范项目，以当前全球塑料污染问题为背景，强调了生物降解材料如PGA的重要性和市场需求，通过综合考量项目实施的必要性、依托条件、市场潜力、技术方案、环境与社会效益等关键因素，构建了一个坚实的理论基础和实施蓝图。报告特别强调了PGA作为一种新型可降解材料，在全球限塑政策日益严格的大环境下，具有显著的竞争优势和市场潜力。项目采用的煤化工路线不仅降低了生产成本，而且符合国家能源结构调整和产业升级的战略方向，有望实现煤炭资源的高效清洁利用。本项目为新工艺、新技术首次工业示范，采用的技术、规模均为该领域国内外首套。报告为聚乙醇酸项目的可行性提供了全面的论证，对促进煤化工产业的绿色转型和提升国家在全球生物降解材料领域的竞争力具有重要意义。

【项目背景】

为深入贯彻和落实习近平总书记在中央深改委第十次会议关于"积极应对塑料污染""积极推广可循环易回收可降解替代产品"的指示精神，国家能源集团神华榆林能源化工有限公司（简称"神华榆林化工公司"）高度重视可降解材料的开发与应用工作，成立可降解材料开发专项工作组，在开展"科技创新2030——可降解塑料聚乙醇酸工业化生产和改性应用研究"重大项目先导项目的基础上，进一步加快工业化示范装置的建设。

本项目属于《产业结构调整指导目录》（2019年本）中的鼓励类："十一、石化化工：第10项可降解聚合物的开发与生产"和"十九、轻工：第3项生物可降解塑料及其系列产品开发、生产与应用"；并属于《榆林市化工产业投资指导目录（试行）》（榆政发〔2020〕1号）中的鼓励类："11. 高端聚酯类产品（PET、PTT、PBT等）生产"；同时也符合《西部地区鼓励类产业目录》（2014年国家发改委第15号令）中的要求。

围绕聚乙醇酸（PGA）领域，国外开展了大量研究，多采用以氢氰酸法制备的乙醇酸水溶液作为PGA的原料，该方法腐蚀性强、污染大、无法进行大规模生产。本项目以合成气为原料，经草酸酯加氢制备的乙醇酸甲酯作为PGA的原料，绿色环保，成本低，易规模化生产。新技术分别经过小试、1 500 t/a中试，产品绿色环保、无污染、质量稳定，具有良好的生物/海水降解性能，并经过中国石油和化学工业联合会专家认证。在此基础上，进行工程放大研究，建设5万t级工业示范装置。

神华榆林化工公司于2020年3月委托上海工程公司进行5万t/a聚乙醇酸示范装置的可行性研究。接到委托后，项目组从项目实施的必要性、项目建设的依托条件、原材料及产品的市场分析、工程技术方案比选、生态环境保护、劳动安全卫生、消防、节能、经济分析、社会评价、风险及竞争力分析等各方面对项目进行了分析和研究，最终于2020年7月完成了可行性研究报告，并于2020年12月30日取得了审查批复。

【项目内容】

1. 建设单位介绍

国家能源投资集团有限责任公司（简称"国家能源集团"）是于2017年8月经党中央、国务院批准，由原神华集团有限责任公司和中国国电集团公司重组成立的中央直管国有重要骨干企业，主要经营国务院授权范围内的国有资产、开发煤炭等资源性产品，进行电力、热力、港口、铁路、航运、煤制油、煤化工等行业领域的投资、管理；规划、组织、协调、管理国家能源集团所属企业在上述行业领域内的生产经营活动。

公司总部设在北京。目前国家能源集团主要有煤炭、常规能源发电（火、水）、新能源（风、光、核、氢等）、交通运输（路、港、航）、煤制油化工、节能环保、产业科技、产业金融八大产业板块。其中，煤炭板块产能为4.8亿t，占全国15%；电力板块总装机2.26亿kW，占全国装机的15%，其中60万kW及以上火电机组占比超过50%，超低排放机组达到92台，风电装机占全国装机的20%；煤制油化工板块是全球唯一同时掌握百万t级煤直接液化和煤间接液化两种煤制油技术的公司，拥有自主知识产权的煤制烯烃实现产业化、规模化；运输板块拥有自有铁路2155 km、2.7亿t吞吐能力的港口和煤码头，自有船舶达到40艘，为国内第二大铁路运营商，拥有我国第一大能源港——黄骅港。

2. 建设选址

神华榆林化工公司5万t/a聚乙醇酸项目拟选厂址位于陕西省榆林市神木县大保当镇清水沟村附近，陕西省规划的陕西省榆神工业区清水工业园内。工业园西南距榆林市约63 km，东北距神木县约53 km，与锦界工业区相距约6 km，南距陕西省省会西安约700 km。

本项目厂址位于清水工业园北区东南侧。厂址东邻滨河大道、秃尾河，北侧是园区规划的物流用地，西侧、南侧紧邻在建的神华榆林循环经济煤炭综合利用项目（一阶段工程）（简称"SYCTC-1项目"）以及已建成的神华陕西甲醇下游加工项目（简称"SSMTO项目"），部分单元位于在建的神华榆林化工公司40万t/a合成气制乙二醇项目（简称"乙二醇项目"）预留用地内。省道S204、榆神高速公路、神延铁路（包西铁路其中一段）从厂址北侧约4 km处通过。厂址北侧为园区规划用地，园区规划用地北侧为神木县县级臭柏自然保护区，保护区分为核心区、缓冲区和实验区，园区规划用地北侧边界邻近臭柏自然保护区的实验区，距核心区最近距离为4 km。

3. 建设规模和产品方案

本可行性研究范围为国家能源集团神华榆林能源化工有限公司5万t/a聚乙醇酸装置及相关的公用工程和辅助设施，工程经济部分仅限于装置界区内的工程费用投资估算。

（1）装置生产规模

年试验能力：50 000 t。

年试验时间：8 000 h。

操作弹性：70%—110%。

项目性质：新建。

（2）产品方案（见表1）

4. 工艺技术

来自MG装置的乙醇酸甲酯送预聚单元，在预聚单元和预聚催化剂混合，送入串联的加压聚合反应釜、常压聚合反应釜以及真空反应釜生成聚乙醇酸低聚物送成环单元。聚乙醇酸低聚物与成环催化剂送入成环反应器，在高温和高真空条件下反应生成粗乙交酯。粗乙交酯采用溶剂B溶解，形成粗乙交酯溶液，通过结晶、压滤、干燥后获得精乙交酯产品。精乙交酯、终聚催化剂和助剂在终聚反应器中发生聚合反应、脱挥后得到合格的聚乙醇酸产品。合格产品通过风送系统送界外固体包装仓库。

表1 产品方案

产　　品	年产量/万t	去　　向
PGA	5	仓库
乙交酯	0.765	仓库
粗乙二醇	1.099	送乙二醇装置脱乙醇塔
MG甲醇	13.01	送乙二醇装置循环甲醇罐及PGA加氢DMO蒸发器
乙酸	0.117 6	送MG乙酸罐
多元醇	1.136	送乙二醇装置重质多元醇罐
预聚甲醇	3.42	送MTO装置
低聚物	0.42	厂内资源化利用
预聚混合醇	0.042	送乙二醇装置混合醇中间罐
精制单元混合醇	0.365 6	送乙二醇装置混合醇中间罐
总计	25.375 2	

（1）预聚单元

来自偶联加氢装置的MG与催化剂经过混合后进入预聚反应器。混合物料在反应器中发生缩聚反应，生成低分子量的PGA及甲醇。甲醇送入预聚甲醇精馏塔提纯，达标后送出界区，预聚生产的低聚物保温输送至成环单元，反应釜排出的不凝性气体送入尾气吸收塔。

（2）成环单元

来自预聚单元的低聚物进入成环反应器，在成环反应器中发生成环反应，生成气相乙交酯。气相乙交酯经冷凝后，获得液相粗乙交酯。

由成环反应器排出的不凝性气体送入尾气吸收塔。

粗乙交酯保温输送至提纯单元精制。

（3）提纯单元

来自成环单元的粗乙交酯与溶剂混合进行一级提纯，提纯后回收得到含杂质溶剂和一级提纯乙交酯，随后将一级提纯乙交酯与溶剂进行混合，通过控制降温程序进行结晶，然后经过离心、干燥后得到精乙交酯。

干燥尾气经过深冷冷凝后送尾气吸收塔，凝液并入结晶残液。

提纯得到的精乙交酯采用粉体输送方式送至终聚单元。

来自提纯单元的含杂质溶剂通过精馏塔进行分离回收，回收溶剂返回至提纯单元循环使用，塔釜产物中的乙交酯和乙醇酸送回预聚单元循环使用。

（4）终聚单元

来自提纯单元的精乙交酯，进入终聚反应器中进行开环聚合反应，生成最终产物PGA。聚合过程中未反应的乙交酯通过真空脱挥除去，脱挥出的乙交酯经冷凝回收后，送回预聚单元循环使用。

5. 实施计划

2020年3月，项目可行性研究启动会；

2020年7月，完成可行性研究报告；

2020年12月，获得总部对可行性研究报告的批复；

2021年3月，完成详细设计；

2021年10月，建成中交。

【工作过程】

为保障本示范项目的可行性与可靠性，神华榆林能源化工有限公司与上海工程有限公司已经进行了大量的前期试验及准备工作。自2020年3月收到业主委托起，上海工程有限公司积极响应，于2020年3月召开项目可行性研究启动会。

各专业接到项目委托后，项目组从以下方面积极开展工作：

① 翻阅大量资料，积极开展项目实施的必要性研究。主要围绕从符合国家宏观经济政策要求、国内产业发展规划、发展国内自主知识产权、符合国家能源集团发展战略、符合神华榆林产品结构调整等方面分析了项目实施的必要性，为项目决策提供依据。

② 多次组织视频会议，厘清项目建设的依托条件：对本项目原料、公用工程和辅助设施依托情况，进行了全面深入的分析，使建设方案达到投资省、成本低、效益好的目标，大幅缩短建设周期，提高产品的竞争力。

③ 项目组积极开展原材料及产品的市场分析：对原料和副产品的综合利用进行了上、下游装置的联合研究，进行了流程优化降低了能耗，确定了处理方案。

④ 多次组织与技术商交流，对工程技术方案进行比选：对关键核心设备大型化调研研究，优化主装置的流程组合，进行了多方案的经济技术比选，确定了经济合理且可实施的工程化技术方案。

⑤ 对本项目所需辅助设施冰机、导热油系统、循环水的配置，进行专项论证，确定了配套处理装置的工程技术路线。

⑥ 多次组织与供货商交流，从设备及自动化、建设地区条件及厂址选择、总图运输及土建、储运系统、外管、热力、电气、给排水及消防、火炬等系统进行了深入研究，确定了工程技术实施方案。

在此基础上，项目组会同各专业开展对生态环境保护、劳动安全卫生、消防、节能、经济分析、社会评价、风险及竞争力分析等各方面进行了分析和研究，通过以上各方面深入分析研究，最终于2020年7月完成了可行性研究报告，并于2020年12月30日取得了审查批复。

【咨询工作特点及经验教训】

1. 项目难点及风险

煤基聚乙醇酸可降解塑料为新产品，没有现成的下游加工改性技术，市场认可度接受度存在不确定性。需要提前进行市场开发和预销售工作,加大下游共混改性加工技术的研发和应用,进一步细化产品牌号用途、加工条件和辅配助剂配方,积极培育潜在客户,与有实力的塑料加工改性企业建立战略合作关系。

目前5万t/a聚乙醇酸合成工艺技术,反应器等设备台数较多,工业规模连续化、稳定化运行难度高。乙交酯干燥工段多个设备并行,单个设备处理能力较小,投资及能耗相应增大。乙醇酸甲酯精馏工段未能充分依托界区内在建的乙二醇精馏装置,相对独立,投资较高,需要一体化联合化设计。

本项目为新工艺新技术首次工业示范,中试实验、工艺包编制、工程设计、工程实施深度交叉进行,在后续工程实施阶段将可能存在技术质量、项目进度、费用偏差等风险。

2. 主要设备设计

(1) 预聚反应器、成环反应器

经过精制后的MG按照一定比例与催化剂混合后进入预聚合反应器,在一定的温度下得到低分子量的聚乙醇酸,然后聚乙醇酸在成环反应器中进行环化反应,反应产物经过纯化后得到乙交酯。

本项目的预聚合反应和PET的聚合工艺相似,设备选型类似,PGA可参考PET聚反应器。PET在国内有大量的业绩,其中英威达连续聚合工艺单条线产能可做到60万t/a。乙交酯和丙交酯的生产类似,均是依靠成环反应器对低聚物进行热成环,本项目可参考PLA装置的成环反应器。目前,国内PLA装置已有万吨级装置工业化运行。

(2) 聚合反应搅拌器

聚乙醇酸装置中的聚合反应釜搅拌器属关键类设备,属于专有设备。搅拌器与反应釜的设计密切相关。搅拌器的设计要求做专业搅拌器的制造厂来完成,应进行搅拌流场动态模拟,且应具备足够的使用业绩。搅拌器与反应釜的安装有特殊要求,宜在设备出厂前完成与容器的预装配,以确保安装配合。对于处理容积超过80 m³的大容量反应釜搅拌器,国内产品无实际使用业绩,建议聚合反应釜搅拌器采用国际品牌产品,主要零部件进口,减速机采用国际品牌,电动机国内制造产品,并由专业的搅拌器厂家在国内成套。建议与反应器合并采购,以便完成出厂前的预装配工作,避免现场装配时出现问题。

(3) 齿轮泵(含熔体泵)

聚乙醇酸装置的齿轮泵主要用于输送高黏度的物料或熔融物。其中对于高黏度的普通物料,按PGA装置物料的特性,宜选用外捏合齿轮泵。当输送的是高温熔融物时,应选用特殊设计的外啮合齿轮泵,轴封为熔体密封或填料密封。设备国内制造。该设备为关键设备,质量要求高。建议考虑国产化公关。

(4) 离心机

这种类型的离心设备结构复杂,分离要求高,选择的生产商需要有聚合物浆料离心分离的经验,并且相关产品应有应用业绩,考虑采用引进的设备。

(5) 大气量极限真空系统

聚乙醇酸装置基于工艺流程的特殊性,采用了大量的抽真空系统。这些系统真空度要求高(个别为极限真空设计),抽气量大,升压要求高;同时又受工艺温升限制,因此真空系统的配置一般采用了罗茨真空泵加液环泵(前级泵)的串联配置方式。设备国内制造。

(6) 乙交酯干燥机

聚乙醇酸装置的乙交酯干燥器设计采用真空低温固体连续干燥机,用于干燥乙交酯粉料,连续进料连续出料,无死区,避免影响乙交酯品质。设置进料系统、多层真空带式连续干燥机、控温系统、出料系统、真空系统、溶剂清洗系统、PLC控制系统等。作为关键类设备,乙交酯干燥器影响乙交酯品质,设备技术要求高,采用有类似物料的优良应用业绩的产品,制造厂应具备一定的试验能力,通过小批量乙交酯料的试干燥,完善最终设计和设置。设备国内制造。

【经验总结】

煤基聚乙醇酸可降解塑料为新产品,没有现成的下游加工改性技术,市场认可度、接受度存在不确定性。需要提前进行市场开发和预销售工作,加大下游共混改性加工技术的研发和应用,进一步细化产品牌号用途、加工条件和辅配助剂配方,积极培育潜在客户,与有实力的塑料加工改性企业建立战略合作关系。

目前5万t/a聚乙醇酸合成工艺技术,反应器等设备台数较多,工业规模连续化、稳定化运行难度高。乙交酯干燥工段多个设备并行,单个设备处理能力较小,投资及能耗相应增大。乙醇酸甲酯精馏工段未能充分依托界区内在建的乙二醇精馏装置,相对独立,投资较高,需要一体化联合化设计。

本项目为新工艺新技术首次工业示范,中试实验、工艺包编制、工程设计、工程实施深度交叉进行,在后续工程实施阶段将可能存在技术质量、项目进度、费用偏差等风险。

由于本项目为新技术、新产品、自有技术首次工业示范,存在一定技术工程风险。建议创新工程设计方式,组织工程设计单位和行业专家提早参与项目工艺包审查和优化。尽快开展关键核心设备供货商调研和技术交流工作,持续优化技术方案和设备选型,对乙交酯干燥、乙醇酸甲酯精馏等工段进行专题优化研究,以确定设计基础。

建议利用浦景化工已建成的千吨级试验放大装置持续进行技术优化,继续进行产品开发和助剂方案优化工作,收集产品应用报告,加快培养潜在产品应用市场和重点客户。同时,加快产品认证工作,研究制定聚乙醇酸产品相关检测/检测方法以及相关标准体系。

建议本项目按首次工业化项目的流程进行管理,而不能简单地按成熟工程项目管理流程执行。寻求新的工作方法来平衡和化解项目执行过程中可能存在的工程技术风险和进度风险。

【咨询效果】

本工程采用的技术、规模均为该领域国内、国际上首套,可行性研究无同类装置可参考。上海工程公司在可行性研究阶段,立足神华榆林化工公司现状和新建装置工艺路线的根本,重点关注研究了以下问题:

① 从符合国家宏观经济政策要求、国内产业发展规划、发展国内自主知识产权、符合国家能源集团发展战略、符合神华榆林化工公司产品结构调整等方面分析了项目实施的必要性,为项目决策提供依据。

② 对本项目原料、公用工程和辅助设施依托情况,进行了全面深入的分析,使建设方案达到投资省、成本低、效益好的目标,大幅缩短建设周期,提高产品的竞争力。

③ 对本项目所需辅助设施冰机、导热油系统、循环水的配置,进行专项论证,确定了配套处理装置的工程技术路线。

④ 对原料和副产品的综合利用进行了上、下游装置的联合研究,进行了流程优化降低了能耗,确定了处理方案。

⑤ 对关键核心设备大型化调研研究,优化主装置的流程组合,进行了多方案的经济技术比选,确定了经济合理且可实施的工程化技术方案。

⑥ 从设备及自动化、建设地区条件及厂址选择、总图运输及土建、储运系统、外管、热力、电气、给排水及消防、火炬等系统进行了深入研究,确定了工程技术实施方案。

⑦ 对生态环境影响进行了分析预测,对劳动安全卫生的危险因素及后果进行了分析和防范方案。

⑧ 对现有消防现状进行了研究,确定了新建工程的消防设计。

⑨ 对水资源利用、能源利用、项目能耗种类和数量综合评价,研究了节水节能措施效果。

⑩ 对工程进行了投资估算和财务分析,从经济上分析了项目的可行性。

⑪ 分析了工程的技术变革性风险、建设规模风险、市场变化性风险等,提出了规避风险的措施和对策。

⑫ 对项目存在问题进行了分析和说明。

通过以上各方面深入分析研究,本可行性研究报告最终得出了项目可行的结论,于2020年12月获得可研批复,目前正在开展工程设计。

本项目利用合成气制PGA可降解材料,有利于推动可降解新材料产业的健康快速发展,具有重大的社会意义。开辟了由煤炭经气化生产高端材料的新型工艺路线,推动煤炭清洁高效利用制取高附加值产品,促进煤化工产业的转型升级和多元化、高质量发展。项目实施后将占据全球PGA领域的技术和市场制高点,具有非常重要的战略意义。

本可行性研究报告以及项目的实施,对国际国内同类型装置的建设实施均有积极的借鉴意义。

崇明生态大道（城桥镇—陈家镇）新建工程可行性研究报告

The Feasibility Study Report of the New Project at Chongming Ecological Avenue (Chengqiao Town-Chenjia Town)

编写单位：上海市城市建设设计研究总院（集团）有限公司
Shanghai Urban Construction Design & Research Institute (Group) Co., Ltd.
联系电话：021-20507000　　网址：https://www.sucdri.com
主要完成人：蒋应红　刘伟杰　冯　奇　范宇杰　彭　俊　朱　敏　龚　静　陈雪枫　田　丰　冯德山

【点评】

该报告研究了崇明生态大道新建工程的可行性，体现了崇明区在追求世界级生态岛建设目标中的创新和实践。报告深入分析了崇明岛的地理优势和生态价值，明确了生态大道建设的必要性和紧迫性，强调了与生态岛定位相匹配的交通设施改善。在技术特点上，规划充分考虑了生态保护和环境协调，提出了低影响设计和生态节能材料的应用，展现了对自然景观和人文环境的尊重。报告的亮点在于其综合交通策略和"生态+"交通理念的贯彻，通过创新技术的应用，如BIM技术和数据仿真分析，提升了方案设计的深度和精度。同时，项目在桥梁景观设计上展现了与周边生态环境协调统一的高水准，创造了"一桥一景"的特色，增强了道路的观赏性和生态价值。此外，报告编制了上海首部"绿色公路设计导则"和"绿色公路建设标准"，为我国绿色公路规划提供了指导。

【项目背景】

1. 项目建设背景

崇明岛位于长江入海口，是中国的第三大岛，位于我国"T"字型发展轴的交汇处，有着联结江海、沟通南北的特殊区位，在上海城市整体布局中成为重要的战略发展空间。2016年，经国务院批准，崇明撤县设区。在新的历史起点，为贯彻落实国家和上海"十三五"规划，以更高标准、更开阔视野、更高水平和质量推进崇明生态岛建设。在此背景下，上海市启动崇明生态大道的相关研究工作。

2. 项目目标和必要性

项目旨在将崇明生态大道建设成体现崇明特色、自然人文脉络的一条综合功能性生态道路；应倾力创建一条融合沿线自然景观与当地经济发展相结合特色道路，用来展示沿线崇明自然风貌特色，提升来往游客视觉及感官体验；结合崇明当地城镇特点，带动沿线区域经济增长，实现各镇快速发展；应着力打造一条结合自然生态与人文生活相呼应绿色道路，在建设世界级生态岛大背景下，南部区域借机进一步提升生态风貌，同时结合产业整合，促进崇明生物、植物多样性，确保永续环境建设。

崇明生态大道（城桥镇—陈家镇）的建设，将进一步完善崇明公路规划路网，加强崇明内部及对外交通联系，支撑南部镇区发展，服务城市更新、提升城市建设质量，打造崇明南部城市生态发展轴；有效缓解现状陈海公路的交通压力，更多地承担组团间到发交通的功能，缓解陈海公路高峰拥堵，完善路网功能，形成有效互补；结合崇明生态大道规划预留的中运量快速化公交接驳，将实现城桥新城与陈家镇枢纽的快速衔接，加快构建"崇明岛—中心城90分钟公共交通出行圈"，加快扭转现状以个体机动化出行崇明岛的交通方式转变为集约化低碳绿色公共交通的出行方式，打造符合世界级生态岛定位的高品质低碳绿色公共交通走廊，对于崇明经济发展以及生态岛建设具有重要影响。

崇明生态大道（城桥镇—陈家镇）新建工程的建设符合城市总体规划的要求，其建设是必要的、迫切的。

3. 委托方需求

2017年3月，市发展改革委组织崇明"世界级生态岛"建设交通方案征集动员会，明确崇明区为建设主体，并传达了市政府领导以更高标准、更开阔眼界、更高质量建设生态岛的要求。2018年10月完成城桥镇—陈家镇段崇明生态大道项目可行性研究报告并通过专家评审。

【项目内容】

1. 项目类型

本项目为政府投资、新建类、非生产性、交通运输型公共项目。

2. 建设单位情况

本项目建设单位为上海市崇明区交通委员会，是主管全区交通规划、交通设施建设与交通管理工作的区政府工作部门。本工程主要由上海市崇明区交通委员会分管建设。

3. 建设选址

本工程走向基本沿规划道路红线，对于线位涉及的水系、林绿、管线、地质、重要设施、特殊性质土地等情况进行深入的勘测和摸排，关键要素进行专项论证，确保最终推荐方案切实可行。

4. 主要建设内容及规模

项目西起城桥新城的淡云路，向东穿越新河镇、竖新镇、堡镇、向化镇、中兴镇，东至陈家镇的北陈公路，全长约38 km。为加快建设进度，根据开工条件的成熟情况，全线采用分段实施上报。

全线主要建设内容为道路、桥梁工程以及同步实施排水、照明、绿化、交通标志标线等附属工程，并预留快速公交专用通道。

崇明生态大道全线社会车道规模采用双向4车道是较为合适的和必要的，并预留中运量交通建设条件。

5. 项目功能需求

2016年11月崇明撤县改区，"世界级生态岛"建设迈入新阶段。2016年底上海市政府审议通过《崇明世界级生态岛建设第三轮三年（2016—2018年）行动计划方案》，加快崇明现代化基础实施建设。崇明交通设施的落后与生态岛定位不匹配，完善生态岛交通的任务严峻紧迫。《崇明区总体规划暨土地利用总体规划（2016—2040）》中，从交通需求角度出发，适当增加少量干线公路，针对人口"南多北少"带来的交通需求差异，在南部城镇带补充一条干线道路（即崇明生态大道）强化南部各城镇联系；《上海市省道网规划修编报告（2015—2030版）》中，崇明三岛规划形成"三横三纵"的省道公路网，崇明大道功能为崇明岛南部东西向主要通道，承担沿线城镇地方性交通联络功能。崇明生态大道将构建中运量客运走廊，结合慢行系统、生态景观廊道，融入智慧交通、绿色公路等先进理念，打造与世界级生态岛功能定位相符合的高品质生态公路典范和高效智能公共交通系统。

6. 项目技术特点

① 对现状建设条件进行深入分析，形成切实可行的推荐方案。分析沿线村落分布和出入口

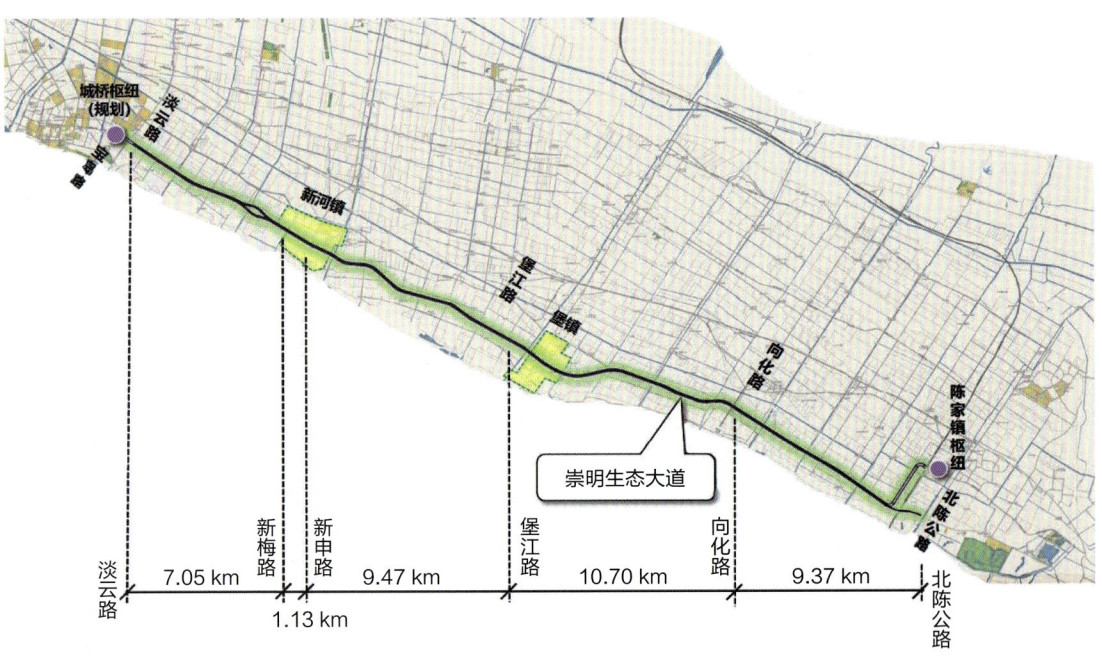

图1　项目研究范围示意图

梳理，确定推荐方案合理断面布置；根据现状道路概况，充分研究推荐方案城镇既有段线位走向方案；充分调研沿线植被分布情况，合理确定两侧绿色廊道空间布局；保留利用绿廊内的自然林带、苗圃、农田、村落等等，减少拆迁和土地流转，充分体现崇明生态岛的最自然、最生态的风貌，是体现最生态、最原始、最好的天然绿色廊道。

② 以"最小的破坏、最大的恢复"为原则，深化比选规划线位走向，低影响设计引领市政工程绿色发展方向。对于生态眼线位进行多方案比选、减少拆迁、优美线形，让崇明生态大道路中有景、景中有路；城镇段现有改建段断面合理布置，最大限度保留利用老路结构；采用低路基设计，续用路基表土，雨水收集采用自然边坡，郊野野生区段结合设置动物穿行通道及栖息地。

③ 沿线植物营造生态空间，打造一镇一景、一村一景、一桥一景特色公路。选用乡土树种，结合乡镇特色，营造色彩缤纷且富有季相变化的景观。桥梁景观方案融入与周边生态环境协调统一的设计理念，以美观、适用、安全、经济的结构形式展现崇明世界级生态岛的城市风貌和建设水准。

④ 给慢行交通提供一个"舒适、安全"的空间，吸引更多的人亲近自然，培育各个特色村落的旅游空间。

⑤ 采用生态节能型材料、可持续环保能源，实现生态岛绿色公路全周期建设与生态岛环境协调有机发展。

7. 进度计划

2017年11月，完成《崇明生态大道（新梅路—新申路）工程可行性研究报告》的编制工作。

2018年5月，完成《崇明生态大道（堡江公路—向化公路）工程可行性研究报告》的编制工作。

2018年7月，完成《崇明生态大道（淡云路—新梅路）工程可行性研究报告》的编制工作。

2018年8月，完成《崇明生态大道（向化公路—北陈公路）工程可行性研究报告》的编制工作。

2018年9月，完成《崇明生态大道（新申公路—堡江公路）工程可行性研究报告》的编制工作。

8. 项目投资构成

崇明生态大道（淡云路—新梅路）工程投资估算155 469万元，管线搬迁费待方案明确后在下阶段另行核定。资金来源按市级建设财力按总投资（不含管线搬迁费）的90%一次性定额补贴139 922万元，其余由崇明区自筹。

崇明生态大道（新梅路—新申路）工程投资估算4 872万元，前期工程费待方案明确后在下阶段另行核定。资金来源按市级建设财力按总投资（不含前期工程费）的90%一次性定额补贴4 385万元，其余由崇明区自筹。

崇明生态大道（新申公路—堡江公路）工程投资估算157 653万元，管线搬迁费待方案明确后在下阶段另行核定。资金来源按市级建设财力按总投资（不含管线搬迁费）的90%一次性定额补贴141 888万元，其余由崇明区自筹。

崇明生态大道（堡江公路—向化公路）工程投资估算200 966万元，管线搬迁待方案稳定后下阶段核定。资金来源按市级建设财力按总投资（不含管线搬迁费）的90%一次性定额补贴180 869万元，其余由崇明区自筹。

崇明生态大道（向化公路—北陈公路）工程投资估算178 163万元，管线搬迁费待方案明确后在下阶段另行核定。资金来源按市级建设财力按总投资（不含管线搬迁费）的90%一次性定额补贴160 347万元，其余由崇明区自筹。

【工作过程】

1. 咨询起止时间

可研从世界级生态岛的战略高度进行总体方案论证，针对性开展公共交通专题、绿色公路关键技术专题、绿化提升专题、桥梁景观专题等多课题研究，最终形成1项工程成果报告和4项子专题成果。咨询工作为项目顺利实施奠定坚实基础。2018年2月、10月，本工程分批取得可研批复，同年12月顺利开工。

2. 咨询工作内容和流程

（1）确定建设工程分五段实施

2017年8月，为加快项目推进，建设单位明确全线按照规划公示线位进行设计方案研究，并根据开工条件的成熟情况，确定崇明生态大道（城桥镇—陈家镇）新建工程分五段实施，崇明生态大道（新梅路—新申路）作为先期开工段。

（2）崇明生态大道（新梅路—新申路）先实施情况

2017年8月—2018年1月，市发展改革委组织召开各部门协调讨论会，开展生态大道公交布置形式及制式研究，稳定总体方案公交断面布置。过程中听取市交通委等行业主管部门意见。

2017年11月，完成《崇明生态大道（新梅路—新申路）工程可行性研究报告》的编制工作。

2018年1月24日，市发展改革委对崇明生态大道（新梅路—新申路）工程可行性研究报告进行了批复，明确对快速公交采用中分带预留形式。

（3）召开沿线各乡镇协调会

2017年12月—2018年2月，组织召开崇明生态大道沿线各乡镇协调会，会议结合各乡镇及交警意见对沿线开口以及水系沟通进行了梳理。

（4）完成其余各段可研报告

2018年10月，《崇明生态大道（淡云路—新梅路）工程可行性研究报告》《崇明生态大道（新申公路—堡江公路）工程可行性研究报告》《崇明生态大道（堡江公路—向化公路）工程可行性研究报告》《崇明生态大道（向化公路—北陈公路）工程可行性研究报告》通过专家评估；同月，上海市发展改革委对可研进行批复。

【咨询工作特点及经验教训】

1. 首次形成低碳交通绿色公路建设咨询研究成套技术体系，打造核心示范工程，可在上海及其他城市积极推广应用

区别于传统道路设计，充分考虑沿线人文、环境、风貌等因素，以综合交通策略为顶层指导方案设计，形成1项工程成果报告+4项子专题成果的咨询研究体系，将"生态+"交通理念贯彻始终。

在保留建设灵活性的前提下，因地制宜地进行线形设置，选线对水系林带的破坏最小，创造性地采用红线外布置慢行系统、中分带布置中运量交通系统的集约化总体方案，做到中运量走廊、慢行系统、景观廊道的有机结合。

充分利用航拍技术、BIM技术、数据仿真分析等先进辅助手段，多专业融合做深方案设计，实现人力提效。本工程获第十届"创新杯"建筑信息模型（BIM）应用大赛市政交通类BIM应用第二名。

2. 做到一次高标准"生态交通建设"理念，成果形成上海首部"绿色公路设计导则"及"绿色公路建设标准"，指导我国绿色公路规划

提出"生态交通建设"理念，以综合交通策略专题为顶层，指导工程建设。确定绿色交通发展目标，提出分层次绿色交通发展策略，形成"以人为本"的慢行+集约化交通空间。断面布置中融入"绿廊"理念，乔木树冠搭接相连的廊道，兼有降温、降噪等功能。首次提出"低碳车道"，设置公交+大巴+新能源车优先车道。结合乡村道路实现慢行廊道贯通，提供舒适安全骑行空间、吸引转移机动车交通至绿色交通。

以本工程为主要载体，编制《上海绿色公路地方设计导则》《绿色公路技术标准DG/TJ 08-2348—2020》，均已发布。

图2　崇明生态大道郊野段

图3　崇明生态大道城镇段、郊野段绿化方案

3. 以"大面积,低成本"增加生态绿化为前提,以"大尺度,厚绿量"为原则,致力于打造多层级、高标准、全要素的绿化种植效果

最大限度尊重原生态肌理和景观系统性,打造林荫大道。结合现状景观设置四大景观区域:杉林湿地、新河风光、秋洒堡镇、金稻碧浪,通过植物配置营造空间的节奏感,提升道路景观的植物季相特征,营造不同的空间体验。生态眼处充分利用水系,打造"崇明之眼"湿地主体公园。

采用"通透+密闭"的设计理念,选择性打开道路视线景观,将农田、水系等景观纳入道路景观体系之中,既可使驾驶者有沉浸式的驾驶体验,亦可远眺生态岛秀丽风光,营造良好的驾驶节奏感。结合各镇树种规划,形成极具地域代表性的种植景观。灌木、地被的选用充分考虑崇明岛充满野趣的特征,同时兼顾花博会的景观需求,烘托出有别于城市道路的自然、野趣、灿烂的生态大道特色景观。

4. 桥梁景观方案融入与周边生态环境协调统一的设计理念,以美观、适用、安全、经济的结构形式展现崇明世界级生态岛的城市风貌和建设水准

针对桥梁景观方案进行深入研究,结合周边生态环境,探索斜拉桥、拱桥、悬索桥、异形结构

图4　崇明生态大道生态眼双子桥

桥等多种桥型合适的使用场景,打造"一桥一景"的生态岛绿色道路新风貌。既可饱览崇明岛上迷人的自然风光,又可欣赏让人眼前一亮的桥梁景观,人工与自然景色相得益彰。

位于生态眼的东平河桥采用两座造型完全相同的双子桥梁,运用简洁的桥塔结构塑造出富有立体感的山峦印象,互相呼应,虚实相融,成为生态大道的一处亮眼的标志性建筑。

5. 倡导技术创新,实现生态岛绿色公路全周期建设与生态岛环境协调有机发展

绿色公路关键技术研究包含降噪透水路面、生态防护、智慧道路新技术等14个子课题,为实现资源利用集约节约、生态保护自然和谐的绿色公路建设目标奠定理论基础。成果获上海市交通工程学会科学技术奖二等奖。

生态低路堤设计节约现有的土地资源,避免土地资源的永久性占用。采用末端处理、生态湿塘、透水铺装等海绵城市技术措施实现城市海绵化与生态景观的有机结合。温拌技术的全面应用可有效节约燃料的消耗并且可以减少有毒气体的排放。

【咨询效果】

1. 技术效果

① 崇明生态大道(城桥镇—陈家镇)新建工程可行性研究报告编制依据清晰,章节内容齐全,基础资料翔实,项目功能定位恰当。其采用的技术标准恰当,建设规模满足交通流量预测的需求。可行性研究可为后续的项目建设提供指导意见。

② 本可研报告以综合交通策略为顶层指导方案设计,将"生态+"交通理念贯彻始终,打造核心示范工程,可在上海及其他城市积极推广应用。

③ 本可研报告推荐采用的线位和工程方案最大限度地尊重原生态肌理和景观系统性,最大程度地保留利用现状原生态绿化,塑造郊野道路的景观风貌,给道路使用者带来趣味、变化、多样的驾乘体验,使生态大道成为展示崇明生态旅游发展的重要窗口。

④ 本可研报告桥梁景观设计结合周边环境,全线32座桥梁均"一桥一景",运用了斜拉桥、拱桥、异形结构桥等多种桥型。为保护湿地资源,构建了崇明新地标"生态眼",道路采用双子桥塔向外画出优美弧度的抛物曲线,将湿地美景包裹其中,双子桥的"生态眼"塑造出富有立体感的山峦印象,两山呼应,虚实相融,与长江构成了一幅壮美的山水画。

2. 经济效果

在经济活动上,项目串联岛屿南部城镇特色区域,联系当地旅游文化基地,同时带动地方休闲产业发展,创造良好的经济效益。

3. 社会效果

社会影响较好,项目利用雨水与动植物资源,提升生态环境价值,减少对周围环境破坏的可能性,并结合自然人文地景,展现江南独有的崇明岛域风情。进一步提高了崇明南部城镇带路网密度、完善了路网结构、支撑了南部镇区发展,服务城市更新、提升城市建设质量,有助于打造崇明南部城市生态发展轴。

4. 评价与奖项

本咨询成果获评2021年度上海市优秀工程咨询成果一等水平。

湖北黄石现代有轨电车一期项目可行性研究报告
The Feasibility Study Report of the Modern Tram Phase I Project in Hubei's Huangshi City

编写单位：上海市城市建设设计研究总院（集团）有限公司
Shanghai Urban Construction Design & Research Institute (Group) Co., Ltd.
联系电话：021-20507000　　网址：https://www.sucdri.com
主要完成人：徐正良　张中杰　苗彩霞　凌　辉　吴宪迎　张　涛　梁　鑫　秦晓光　谢　双　荣金蓉

【点评】

该报告研究了湖北黄石现代有轨电车一期项目的可行性，展现了先进的咨询理念和方法。项目以创新和绿色发展为核心，融合城市文化与交通需求，构建了高效、环保的公共交通体系。报告旨在解决黄石交通瓶颈问题，深入分析了城市空间结构，合理规划了线路布局，促进了新老城区组团联系，增强了城市的区域辐射能力，同时积极响应公交优先战略，提升了服务水平。报告技术特点突出，如100%低地板车辆和车载超级电容储能供电方式，不仅提高了运营效率，也体现了环保理念。此外，项目的创新技术如"公轨合建"山岭隧道、轨道与路基结构全装配式技术、智能化调度中心集成系统以及网络建设理念等，为国内现代有轨电车建设提供了可借鉴的经验。

【项目背景】

1. 项目建设背景

黄石市位于湖北省东南部，长江中游南岸，地处武汉、九江之间，是武汉城市圈副中心城市，同时也是国务院批准的沿江开放城市之一，具有重要的区域功能地位与历史地位。根据《黄石市"十三五"规划纲要》，坚持新区开发与旧城改造"双轮驱动"，以大冶湖生态新区全面开发拉开城市格局，借助黄石城区旧城改造提升城市品质，增强城市的区域辐射带动能力。因此，在区域综合交通一体化，建设鄂东特大城市、生态立市、产业强市的背景下，如何发展骨干公共交通系统，快速提升城市公共交通服务水平，成为促进黄石城市快速发展的重要课题。现代有轨电车作为一种节能环保、快捷舒适、形象美观的中运量公交方式，已经成为国内外公交发展的重要趋势，也是黄石城市公交发展的重要选择。

2. 目标和必要性

为打通城市交通瓶颈，推进区域综合交通一体化，《黄石市"十三五"规划纲要》中明确提出黄石将构建与城市用地布局相协调，以公共交通为主体、多种交通方式之间便捷转换，结构合理、各种交通服务和管理设施完善的综合交通体系。本项目以支撑黄石老城区、团城山、大冶湖核心区一体化发展和实现交通发展战略目标为指导，突破黄石的山与水自然交通瓶颈，进一步推动黄石空间拓展，构建承担黄石骨干公交走廊、提升公交服务水平、引导城市集约发展的现代有轨电车交通网络，形成以现代有轨电车为骨干的可持续公交发展模式。同时，本项目的实施将探索利用国际金融组织贷款资金投资建设有轨电车新模式，在投融资模式创新等方面形成典型经验和先进做法，为全国有轨电车建设持续健康发展提供示范经验。

本项目的建设是支撑城市空间结构发展、加强新老城区组团联系的需要。根据黄石市总体规划，城市空间发展结构为"一主一副八组团"，空间拓展重点由环磁湖地区向黄荆山以南的环大冶湖地区拓展。因此，需要在大冶湖新区和中心城区各组团之间建立大容量的快速公共交通联系。本项目能够有效串联黄石港、团城山、磁湖南、开发区、大冶湖等组团，加强组团间快速客运交通联系，大力促进新区的快速发展，具有重要支撑意义。

本项目的建设是贯彻落实公交优先战略的

重要举措,对完善黄石市公共交通体系、提升公共交通服务水平具有重要作用。本项目不仅可以缓解黄石港等中心城区的交通压力,支持南部大冶湖新区的快速发展,还可以对黄石市建立快速公共交通骨架、完善公交网络起到关键作用。

本项目的建设将有力促进黄石市经济发展,提升城市品质。现代有轨电车具备较大容量、噪声低、模块化、灵活定制、外观时尚等技术特点,能够有效地打造环磁湖创新街区,提升城市品位价值,塑造城市名片,支持黄石市旅游业的发展。本项目与黄石市"国家园林城市"理念相融合,"低碳、智能、快速"绿色交通支持黄石市创建"生态宜居城市"。

本项目的建设为我国创新现代有轨电车建设投融资模式和管理理念积累先进经验。本项目利用新开发银行国际贷款资金,这是国内首次使用新开发银行贷款开展现代有轨电车建设项目,有利于创新发展中等规模城市有轨电车建设的投融资模式,为我国利用国际金融组织贷款开展现代有轨电车项目提供可复制、可借鉴的经验。

3. 委托方情况

(1)项目执行机构

黄石市人民政府是项目执行机构,负责整体项目规划、监督和管理工作,确保本项目顺利推进。黄石市人民政府专门为本项目成立项目领导小组,由市长任组长,成员包括市发展和改革委员会、市住房和城乡建设局、市财政局、市交通运输局、市自然资源和规划局、黄石市城市发展投资集团有限公司、黄石市铁路建设投资有限公司等14个相关单位和部门,全面负责决策、监督、管理、协调项目前期和实施工作,确保项目遵守建设程序要求。

(2)项目实施机构

黄石市铁路建设投资有限公司是该项目的实施机构,负责项目的具体实施,包括项目方案和设计、项目工程和服务采购、项目进度、质量安全控制、财务管理、资产运营维护等工作。

【项目内容】

1. 项目类型

本项目为政府投资、新建类、非生产性、交通运输型公共项目。

2. 建设单位情况

本项目建设单位为黄石市铁路建设投资有限公司。

黄石市铁路建设投资有限公司成立于2012年11月,是经黄石市政府批准,由原"黄石市铁路投资发展有限公司"国企改革时重组设立,为黄石市城市发展投资集团有限公司的全资子公司。公司按照"政府主导、企业化管理、市场化运作"模式,以城市轨道交通、地方铁路及衍生产业开发、投资、建设为主,大力推进城市轨道交通建设、地方铁路仓储物流、综合物业开发等多元化发展。

3. 建设选址

湖北黄石现代有轨电车一期项目的线路起点位于磁湖路—黄石大道路口,由北向南走行,终点位于市民之家。黄石大道站、磁湖路站和奥体中心站预留远期延伸条件。

4. 项目主要建设内容及规模

(1)车辆制式

车辆制式:100%低地板钢轮钢轨车辆。

牵引供电制式:车载超级电容储能供电。

(2)行车运营组织

初、近期采用短编组形式,远期采用短编组与短编组连挂混跑形式,配属车数初期为32辆。

采用车站售票、车上检票模式,阶梯票价制,考虑线与线之间的换乘优惠。

(3)线路总体方案

本项目线路串联起湖北师范大学、湖北理工学院、高铁黄石北站、吾悦商业中心、团城山CBD、黄石西站、奥体中心、园博园和市民之家等黄石市主要城市功能区。

线路起于黄石大道,经磁湖路、樊家山路、大泉路、苏州路、桂林南路、磁湖跨线桥、沿湖路、胡家湾、百花隧道、百花路、新城大道、纵一路、园博大道,止于市民之家,沿线均为路中敷设。线路全长27.33 km,共设26座车站,全部为地面站。

(4)车辆基地

本项目设车辆基地1处,位于金山大道与百花路路口东北角地块内,占地约13.5 hm^2。百花车辆基地定位为线网大中修基地,承担车辆的大、中修和各级保养任务。车辆基地由综合楼、联合检修库、运用库、洗车加砂库、物资库、变电所等组成。

(5)土建工程

① 轨道工程:正线及辅助线采用60R2槽型轨,整体道床,上部采用绿化或者铺面两种型式的铺装。车场线采用50工字轨,碎石道床;库内

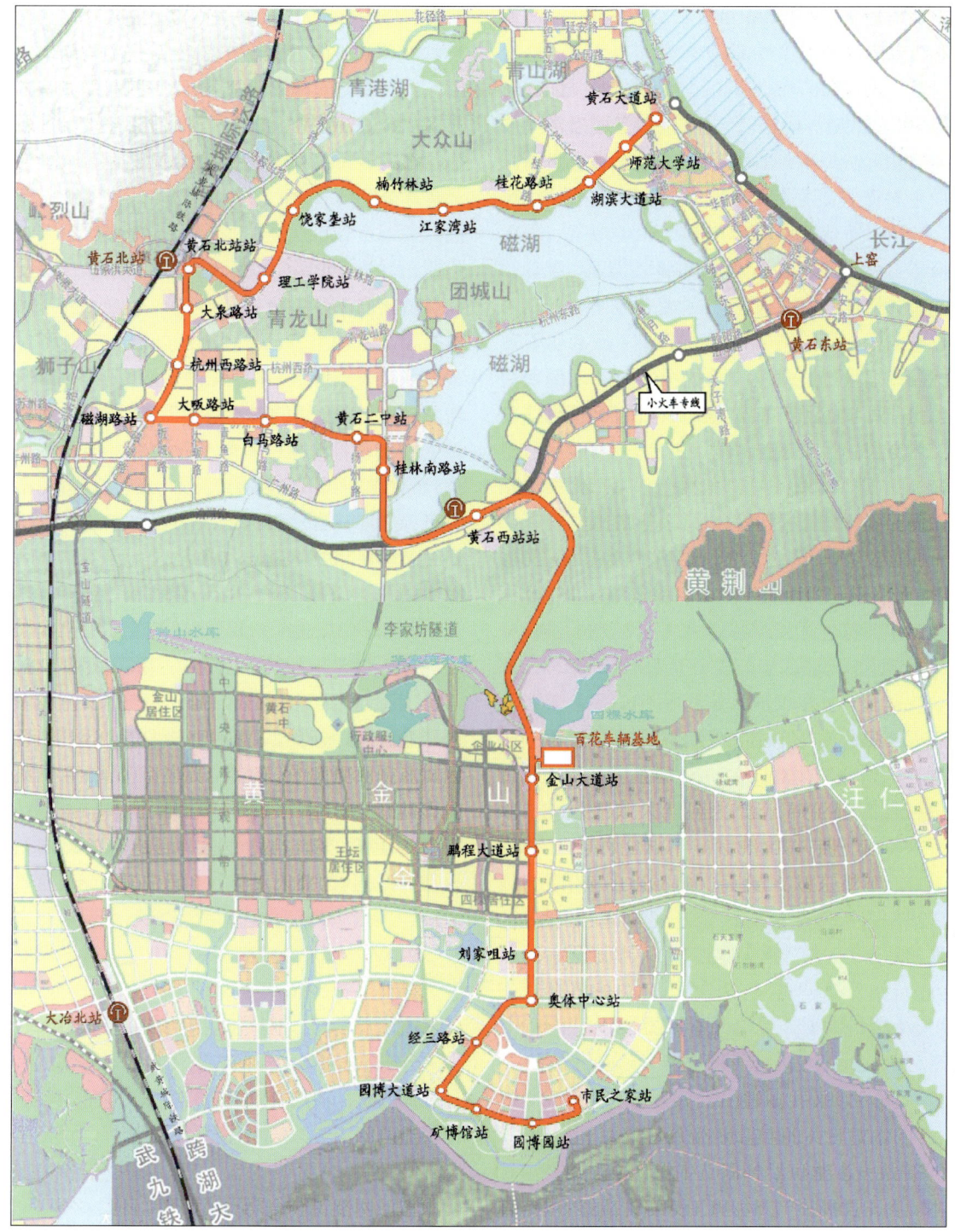

图1 湖北黄石现代有轨电车一期项目线路走向及车站布置图

采用50工字轨,整体道床。正线采用6号单开道岔,车场线采用6号或3号单开道岔及梯形道岔。

② 路基工程:基床结构采用0.4 m水泥稳定碎石,基床底层采用0.6 m A/B组填料,基床总厚度1.0 m,基床顶面设置0.2 m素混凝土支承层。

③ 桥梁工程:本项目共有3座桥梁,其中有轨电车与市政道路合建桥梁2座,有轨电车专用桥梁1座。山南铁路跨线桥全长415 m,宽34 m;纵一路桥全长22 m,宽34 m;磁湖跨线桥全长1 542 m,宽8.7 m。

④ 隧道工程:本项目设有轨电车与市政道路合建单向双洞隧道1座,单洞全长1 810 m,宽15 m,高8 m。隧道采用新奥法施工,隧道结构采用复合式衬砌。

⑤ 车站工程:本项目共设26座站,全部为地面站。车站长38 m(预留远期76 m),侧式及错开岛车站站台宽≥3 m,标准岛式站台宽≥6 m。站台范围内设置雨棚,其余部分为开敞空间。

（6）供电系统

外部电源采用10 kV分散式供电方式。全线共设置13座牵引变电所，其中在车辆基地设置1座牵引降压混合变电所。市中心区域的变电所采用箱式变电所，山石区域的变电所采用土建式变电所。

（7）运营管理系统

运营管理系统由通信系统、运营调度管理系统、售检票系统、隧道综合监控系统等子系统组成。

（8）智能交通

采用有条件的、离线协调的主动式信号优先控制策略，改造有轨电车沿线路口的交通信号控制系统，并完善路口的视频监控及高清复合检测设施，升级交通信号控制系统，建设公共交通一体化管理系统。

5. 项目功能需求

（1）实现城市综合交通中公交发展战略，促进多模式、一体化的公共交通网络的形成，发挥公交网络的整体效益的需求

根据黄石市总体规划，城市空间发展结构为"一主一副八组团"，空间拓展重点由环磁湖地区向黄荆山以南的环大冶湖地区拓展，中心城区各个组团构成的城市尺度为8—12 km的多边区域。居民活动空间的扩大和出行距离的增加，组团间联系日益紧密，常规公交无力支撑高效连接，因此，亟需一种运能更大、效率更高的交通方式，加强组团间的密切联系，引导人口向新区转移。

（2）建立黄石港、团城山、磁湖南、经开区的快速客运交通联系，提升现有公交出行能力、服务水平及品质，促进环大冶湖核心区的快速发展的需求

黄石市现有交通体系结构无法有效引导城市发展，亟需骨干公交系统来完善整个公交体系。骨干公交的建设，将引导城市空间的拓展，包括大冶湖新区、黄荆山的快速发展。通过骨干公交系统，缓解中心城区交通拥堵，高效连接老城和新城，发挥TOD引导发展策略，促进城市用地的集约利用。现代有轨电车符合黄石城市人口规模、组团式格局的城市特性，具有大容量、低噪音、快速、准点等技术特点，是缓解和改善城市交通、提升公共交通服务水平的首选方式。

（3）与黄石市"国家园林城市"理念相融合，绿色低碳交通支撑黄石市创建"生态宜居城市"，提升城市的品位和价值的需求

《黄石市公共交通"十三五"规划》提出要推进低碳交通运输体系建设，在规划、建设、管理、运营等方面坚持绿色、低碳、环保的发展理念。发展现代有轨电车是对"低碳、智能、快速"绿色交通的支持，为黄石市创建"生态宜居城市"提供保障。同时，以建设有轨电车为契机，打造环磁湖创新街区，提升城市品位价值，塑造城市名片，支持黄石旅游业的发展。

图2 黄石现代有轨电车沿磁湖路走行

6. 项目技术特点

① 本项目不仅是落实"集约、协调""绿色、创新"和"以人为本、共享发展"城市理念的必然选择，也是解决实际交通问题的迫切需要，更是改善黄石出行环境、提升城市品质、塑造城市形象的重要举措。

② 本项目采用100%低地板钢轮钢轨现代有轨电车的中运量公共交通方式，供电制式采用车载超级电容储能供电，具有快速、安全、美观、低碳环保等特点。

③ 线路主要利用路中或路侧的绿化带敷设，除局部节点因跨越磁湖、穿越黄荆山的需要而采用高架或隧道外，其余均为地面线，有效降低了项目建设成本和运营成本。

④ 根据有轨电车线路运营灵活的特点，以网络运营为基础，采用类似公交运营的模式，设计中考虑网络规划线路间的互通运营预留了必要的条件，车辆检修设施、运营调度中心等考虑了后建线路的资源共享，体现了网络建设的理念。

⑤ 沿线串联了高铁黄石北站、黄石客运站和黄石西站等大型换乘节点，构建大型功能型和景观型的换乘枢纽，创造舒适、便捷的城市环境；综合物业开发提高土地使用效率，并实现整体经济效益最大化。

⑥ 打造国内首例"公轨合建"的山岭隧道，通过有轨电车和市政道路合建，实现公共交通与城市道路的兼容并包，共同构建黄石南北向骨干交通线。

⑦ 建设有轨电车智能化调度中心集成系统，提供统一的数据库平台，实现各种基础数据的统一管理及相关系统之间的数据共享，达到各系统联动。

⑧ 线路穿越磁湖北、西、南三岸，沿途风光旖旎，现代科技列车与山水地貌相互融合，作为黄石高品质街道的重要元素，为城市品质的整体提升，提供了无限可能。

7. 进度计划

项目计划于2020年7月开工建设，全线在2022年12月具备通车试运营条件，总工期30个月，在建设期内完成土建施工与装修、轨道铺设、设备安装、单系统调试、全线各设备系统联动调试以及试运行等方面的工作。

建设时序计划如下：

2020年7月初开始征地、管线迁改等前期工作。

2020年9月初开始全面土建施工，整个项目的土建施工于2021年12月底完成。

2021年9月初开始工程铺轨，于2022年3月底实现轨通。

2021年3月初开始车站以及车辆段的建筑装修、设备安装与调试；2022年4月底实现电通。

2020年12月开始车辆采购，2022年3月底第一辆车抵达。

2022年7月—2022年9月进行3个月的系统设备联调；2022年10月—2022年12月进行3个月的空载试运行。

2022年12月底，全线通车试运营。

8. 估算投资构成

本项目总投资48.02亿元；其中，有轨电车部分投资38.13亿元，市政配套部分投资9.89亿元。

资金来源为新开发银行通过主权贷款提供资金人民币27.60亿元（约合4亿美元），地方政府配套财政资金19.30亿元，项目法人自筹项目资本金1.12亿元。

【工作过程】

黄石市高度重视现代有轨电车的规划建设：

2017年3月，完成《湖北省黄石市有轨电车线网规划》，并通过黄石市政府组织的专家审查。

2018年6月，完成《黄石市现代有轨电车近期建设线路方案》，并通过黄石市规划委员会专题评审；10月，完成《湖北黄石现代有轨电车一期项目可行性研究报告》，并通过湖北省发展和改革委员会组织的专家评审。

2019年2月，国家发展改革委、财政部发布《关于落实我国利用新开发银行贷款2018—2019年备选项目规划的通知》，本项目顺利入选；8月，湖北省发展改革委正式批复本项目可研报告；10月，国家发展改革委正式批复本项目资金申请报告；12月，新开发银行董事会通过项目贷款协议。

2020年1月，完成《湖北黄石现代有轨电车一期项目初步设计》，通过黄石市发展和改革委员会组织的专家评审；3月，黄石市发展改革委正式批复本项目初步设计；9月，项目全线开工建设。

2022年12月，项目正式通车试运营。

作为湖北省重点工程和黄石市一号项目，本项目在新冠疫情稳定后率先启动建设，为湖北省的经济复苏发挥重要的引领作用和提供强大的正能量。

【咨询工作特点及经验教训】

1. 国内首个获得国际金融组织支持、首个由国家发展改革委和财政部联合审批立项的有轨电车项目,具有较高的行业影响力和示范性

金砖国家新开发银行的宗旨和职能是为金砖国家的可持续发展基础设施建设提供金融支持和技术援助,而现代有轨电车由于绿色低碳、节能环保的特点,符合新开发银行的总体战略要求,因此本项目成功入围新开发银行2018—2019年备选项目贷款规划。为满足新开发银行项目贷款评估要求,咨询工作着重从中运量公交制式选择、客流预测方式、线路总体方案、交通组织与换乘方案、财务与经济分析、环境与社会评估、项目实施计划、项目风险控制等方面进行全面的技术经济分析论证,研究成果得到各方高度认可,项目最终获得新开发银行27.6亿元(约合4亿美元)的贷款,创下湖北省单笔外资融资额度之最,为国内中等城市建设现代有轨电车提供了值得借鉴的方法和经验。

图3 黄石现代有轨电车百花隧道

图4 黄石现代有轨电车百花车辆基地

2. 技术创新,提升有轨电车建设水平

国内首例"公轨合建"的山岭隧道、轨道与路基结构全装配式技术、智能化调度中心集成系统等技术创新,提升有轨电车建设水平。

根据总体方案,黄石有轨电车穿越黄荆山脉,串联老城区和大冶湖核心区,构建南北向骨干交通线。综合考虑新建隧道在综合交通规划中的定位、周边客流服务水平、工程实施条件,采用有轨电车和市政道路合建的双线双洞隧道,实现公共交通与城市道路的兼容并包,集约利用城市道路资源。

相比传统路基分层摊铺碾压、钢筋混凝土轨道板现浇工法,预制装配技术在工业厂房中按照设计要求进行预制轨道梁、预制桩的生产,再运输到工程现场进行拼装。此项技术的发展具有精度要求高、结构性能可靠、施工周期短、养护维修便捷等优势,具有良好的社会、环境效益。

基于黄石市道路路网建设及交通组织情况,建设集基础信息管理、综合运营监测、服务质量考核、应急联运处置、辅助决策支持和综合信息服务等多个功能于一体的公共交通管理系统,实现有轨电车、常规公交以及其他交通方式的协同合作和无缝换乘服务,提升黄石综合交通的管理水平和服务品质。

3. 合理采用网络建设理念,有效降低项目建设成本和运营成本

根据客流需求,合理选择近远期的车辆模块数,把解决客运需求与提高服务水平及降低运营成本相结合;车辆检修设施、运营调度中心等按网络建设的理念,考虑资源共享,有效降低项目建设成本和运营成本。

根据客流预测和在网络中的功能定位,采用灵活编组方案,即初期短编组,近、远期短编组和短编组联挂混跑,合理地解决了不同时期车辆使用的延续性,以及对不同时期、不同时段客流变化的适应性,提高运营服务水平和运营效益。

车辆检修设施、运营调度中心等考虑到未来网络化运营需要,预留停车规模和大中修台位,满足远期车辆停放和检修需求。

4. 发展绿色交通,串联工业遗址,推进最美工业旅游城市和山水宜居城市建设

有轨电车线路巧妙地将东钢遗址公园、百年老铁路、华新水泥厂等工业遗址串联起来,同时穿越磁湖、黄荆山两大省级风景名胜区。现代有

轨电车在湖光山色中、历史遗址间穿梭,将会构建黄石市一道靓丽的移动风景线。

作为一种低碳低能耗的绿色交通,现代有轨电车的建设可大大降低废气排放和能源消耗,与黄石城市发展目标相融合,将会为"山水宜居城市"的发展注入更为强劲的动力。

【咨询效果】

1. 技术效果

可研报告内容全面、资料翔实,采用的设计原则正确,主要技术标准合理,符合相关规范、标准的要求。提出的工程建设规模及建设内容基本合理,设计运能、设施配置基本满足运营功能要求,线路和站位、运营组织、土建工程及机电方案总体可行,满足可研报告编制相关深度要求。项目建设符合黄石市城市总体规划、综合交通规划、有轨电车线网规划等上位规划。

该项目的建设有利于支撑城市空间结构发展、加强新老城区组团联系,是贯彻公交优先战略的重要体现。项目建成后将有效缓解中心城区交通压力,完善公交体系结构,提升公共交通服务水平。该项目的建设与黄石"国家园林城市"理念相融合,"低碳、智能、快速"绿色交通将助力于黄石创建"生态宜居城市",项目的建设是必要的。

2. 经济效果

投资估算编制范围准确,依据基本合理,财务评价和国民经济评价方法基本正确。本项目的经济内部收益率均大于社会折现率,经济净现值大于零,说明本项目能够取得较好的综合经济效益,从经济分析角度具备可行性。

3. 社会效果

本项目为市民出行提供了新的选择,与目前黄石市主要交通工具公交车相比,其舒适性、安全性和准点率可以更好地满足市民出行需求,有效提高公共交通出行比例,减少小汽车出行,缓解城市拥堵和停车车位资源紧张等问题,满足人民群众对交通出行的高质量需求。同时项目建设及未来运营会带来新的商机,并创造大量就业岗位,有利于降低当地失业率,提升居民收入水平,促进社会和谐稳定发展。

4. 评价与奖项

本咨询成果获评2021年度上海市优秀工程咨询成果一等水平。

桃浦污水处理厂初期雨水调蓄工程可行性研究报告
The Initial Rainwater Regulation and Storage Project of Taopu Sewage Treatment Plant

编写单位：上海市城市建设设计研究总院（集团）有限公司
Shanghai Urban Construction Design & Research Institute (Group) Co., Ltd.
联系电话：021-20507000　　网址：https://www.sucdri.com
主要完成人：姜　弘　朱浩川　黄爱军　朱霞雁　张达石　王　珅　颜建平　张　杨　张晨光
张　辰

【点评】

该研究针对桃浦污水处理厂的初期雨水调蓄工程，提出了一项创新的城市水环境改善方案。项目积极响应国家《水污染防治行动计划》，并紧密结合《上海市水污染防治行动计划实施方案》，体现了前瞻性与实用性的结合。研究中的一大亮点是急曲线隧道技术的创新应用，这一技术在大型市政管道工程中的首次运用，不仅解决了传统施工中井位选址困难、社会影响大等问题，还为复杂环境下的市政排水管道建设提供了新思路和宝贵经验。此外，项目在技术特点上的创新，如球铰技术、仿形刀等关键技术的引入，以及全自动测量技术的运用，确保了隧道施工的精准性和环境的微扰动。桃浦污水处理厂的改造，不仅提升了周边排水系统的标准，还显著改善了河道水质和整体水环境，对城乡环境的改善、水资源的可持续利用以及上海城市形象的提升都具有深远影响。

【项目背景】

1. 项目建设背景

根据《上海市污水处理系统及污泥处理处置规划（2017—2035）》（报批稿），全市水环境治理理念将实现由末端治理向系统治理的转变，旨在形成覆盖源头、过程和末端全过程、全方位污水治理体系，全面满足国家"水十条"的新要求。

鉴于中心城区绝大部分中小型污水处理厂均建于20世纪70—90年代，随着上海城市快速发展，这些污水厂现已被居民区和商业区包围，近十年来虽陆续进行过改造，但随着市民对生活环境质量和水环境改善要求的不断提高，污水厂与群众的矛盾仍十分突出。规划结合中心城污水系统布局，进行功能优化及调整。

根据《上海市污水处理系统及污泥处理处置规划（2017—2035）》（报批稿）的理念和导向，在加强点源污染治理基础上，更加注重面源污染控制，按照水环境综合整治的理念，推进初期雨水收集、处理，实施雨污混接改造及雨水泵站旱流截污，减少面源污染对河道水环境的影响，全面达到水功能区划水质目标。

为贯彻落实《上海市水污染防治行动计划实施方案》（沪府发〔2015〕74号）精神，实现"保障水环境安全、清洁、健康""全面改善水环境质量"目标，结合"全球城市"的发展定位，聚焦中心城分散污水处理厂周边排水系统面源污染治理，坚持人水和谐、系统治水的规划理念，以中心城分散污水处理厂功能调整为契机，在统筹衔接近期与远期、控污与提标之间关系的基础上，利用污水厂现有用地及部分构、建筑物，建设服务于污水厂周边雨水系统的初期雨水调蓄池，以减轻初雨放江对河道的污染，进而改善河道水质。

根据《上海市污水处理系统及污泥处理处置规划（2017—2035）》（报批稿），桃浦污水处理厂（简称"桃浦厂"）服务范围包括桃浦工业区和南翔部分地区，南翔部分的污水规划结合南翔污水处理厂的建成进行转接，桃浦工业区规划逐渐由工业用地转为高科技现代服务业用地后，区域污水主要以生活污水为主，该部分污水规划纳入泰和污水处理厂进行处理。因此，桃浦污水处理厂规划进行功能调整，调整后污水处理厂可作为暴雨、初期雨水的调蓄设施和雨水泵站设施用地。

2018年8月，根据《上海市发展和改革委员会关于天山、桃浦、曲阳、泗塘污水处理厂功能调整工程项目前期工作的函》要求，桃浦厂等4座污水厂功能调整工程已列入《苏州河环境综合整治四期工程总体方案》，拟开展工程可行性研究。

2. 项目目标和必要性

（1）响应国家《水污染防治行动计划》（简称"水十条"）、贯彻落实《上海市水污染防治行动计划实施方案》的需要

国家《水污染防治行动计划》要求：有条件的地区要推进初期雨水收集、处理和资源化利用。整治城市黑臭水体。地级及以上城市建成区应于2015年底前完成水体排查，于2017年底前实现河面无大面积漂浮物，河岸无垃圾，无违法排污口；于2020年底前完成黑臭水体治理目标。直辖市、省会城市、计划单列市建成区要于2017年底前基本消除黑臭水体。

《上海市水污染防治行动计划实施方案》明确要求：到2017年，建成区基本消除黑臭水体，到2020年，全市基本消除黑臭水体，水质优良率比例提升至45%；到2030年，全市地表水水质基本达到环境功能区要求；到2040年，全市地表水水质达到环境功能区要求并基本恢复水系生态系统功能。

因此，本工程建设是响应国家《水污染防治行动计划》、贯彻落实《上海市水污染防治行动计划实施方案》的需要。

（2）桃浦污水厂功能调整的条件已经基本成熟，能推动污水集中处理的进程

根据《上海市污水处理系统及污泥处理处置规划（2017—2035）》（报批稿），桃浦污水处理厂为近期功能调整的污水处理厂，不再进行提标改造。规划将污水通过祁连山路泵站提升后排入西干线，纳入规划泰和污水处理厂处理排放蕰藻浜。目前，桃浦污水处理厂已经停水，原地区污水已经切换至祁连山路泵站进行外排。

本项目的实施是遵循上海市污水处理规划的要求，有效地推动市中心城区污水集中处理的进程。

（3）能解决初期雨水溢流污染问题

近年来，随着水环境治理力度不断加强，水环境质量不断改善。但受雨污混接和初期雨水污染影响，市政泵站放江造成的河道污染仍比较普遍，水功能区达标率较低，与国家要求和市民期望尚存在差距。

根据《上海市水污染防治行动计划实施方案》精神，为实现"保障水环境安全、清洁、健康""全面改善水环境质量"的目标，在市水务局领导推进下，结合全市污水规划，针对中心城分散污水厂功能调整，水务规划单位编写了《六座污水处理厂周边排水系统初雨治理及系统完善规划》，提出污水厂周边分流制系统的市政泵站放江污染治理方案。

桃浦污水处理厂初期雨水调蓄改造的实施，能有效改善雨天初期雨水溢流问题，改善初期雨水放江造成的河道污染状况。

（4）是改善周边河道水环境的重要举措

本工程服务的排水系统分别位于桃浦河和西虬江沿岸，两河均被列入《上海市水污染防治行动计划实施方案》的建成区黑臭水体56条河道之中，并纳入国家考核范围，区域环境治理任务艰巨。本工程能够通过截流初期雨水，利用现有桃浦厂构筑物调蓄，最终将初期雨水送入污水处理厂进行处理后排放，大大减小了雨水受纳水体的污染物负荷，有利于受纳水体的黑臭治理。

（5）对周边排水系统标准提升提供条件

本工程周边雨水排水系统均为已建分流制系统，系统设计标准均为重现期P=1年。本工程的实施，可以利用新建截流管道排放能力和新建雨水泵站外排，提高地区排水系统标准。

（6）改善周边地区的发展环境

通过桃浦污水处理厂功能转变，原污水处理厂不再做污水处理，改造成初期雨水调蓄设施，不仅周边居民生活区的环境得到优化，厂群矛盾得到缓和，还通过对泵站放江污染的控制，抑制水环境的面源污染。因此，本工程实施，能通过污水厂原处理构筑物就地改建的方式，完成功能更替，改善周边地区的发展环境。

综上所述，本项目的建设是十分必要的，也是十分迫切的。

【项目内容】

1. 项目类型

本项目为城市水环境改善公益类建设项目，由市财力投资，由上海市城市排水有限公司具体建设。

2. 建设单位情况

本工程建设单位是上海市城市排水有限公司。该公司是一家具有公益性的国有独资有限责任公司，承担了本市排水设施的建设、中心城区浦西部分防汛排水，以及城市污水输送和处理的运营管理等职能。目前，该公司共管理328座

市政排水泵站,其中雨水泵站178座,总防汛排水能力近2 200 m³/s;此外还管理着雨水调蓄池12座,调蓄能力近12万 m³。

3. 主要建设内容及规模

本工程服务范围包括真南北、真南、交通南、铜川、真光、真如、真江、曹杨等8个排水系统,总服务面积21.56 km²,初期雨水调蓄标准5 mm,设计调蓄容量8.9万 m³。同时,截流总管还承担排水系统防汛提标的排放功能,排水系统防汛提标标准为P=5年(截流标准22.5 mm)。

(1)厂内工程

新建初期雨水提升泵站1座,规模11.5 m³/s;改造初雨调蓄池5座,总容量8.9万 m³。

(2)厂外工程建设初期雨水截流管工程

新建截流总管,设计管径Φ3 000—Φ4 500,共9.1 km;新建截流支管,管径Φ2 000—Φ2 400,共4 km。

(3)在8座雨水泵站内,建设初期雨水截流设施

4. 项目功能要求

本工程建设总体上,具有近期和远期的功能。

(1)近期功能

近期聚焦桃浦厂周边8个排水系统,截流总管兼顾近期初期雨水截流要求(5 mm)与远期排水系统提标要求P=5年(22.5 mm),按提标标准一次性实施,并为各排水系统提标改造预留二级管网接入截流总管的接口。8个排水系统(9座泵站)以"串联"形式连接,最终将截流初期雨水排入桃浦污水处理厂初雨调蓄池。

近期对桃浦污水处理厂内部分处理构(建)筑物进行改造,作为初雨调蓄池,总调蓄容量8.9万 m³,放空时间24 h。调蓄池放空时,经祁连山路泵站提升后外排至西干线总管,最终排入泰和污水处理厂处理达标后排放。

(2)远期功能

远期,随着服务范围内各雨水系统二级管网提标改造,近期实施的截流总管将承纳8个雨水系统提标(P=5年,22.5 mm)外排的雨水量。此时截流总管中,初雨截流量部分继续进入桃浦厂调蓄池,提标截流量部分将通过远期建设的(截流总管)末端雨水提升泵站外排。

5. 项目重难点分析

本工程位于中心老城区,周边环境复杂,建构筑物、轨道交通、地下管线等障碍物繁多,且各类复杂工程互相交错,导致管网工程尤其是井位布置异常困难。其主要难点在于:

(1)井位选址困难,周边影响大

传统隧道转向施工需要加设转折井,而转折井的施工占地面积大,施工周期长,一般需要长期占用现状道路,交通组织难度高;井位的选址非常困难。

(2)井位数量多,经济性差,现场施工组织困难

受沿线复杂环境的影响,中心城区管网项目必然会存在较多的转折,若每处转折均设置转折井,一方面直接增加了转折井的施工费用,另一方面导致盾构一次推进距离或顶管一次顶进距离的减小,导致摊销费用的提高,致使工程造价

图1 桃浦污水厂功能调整(初期雨水调蓄)效果图

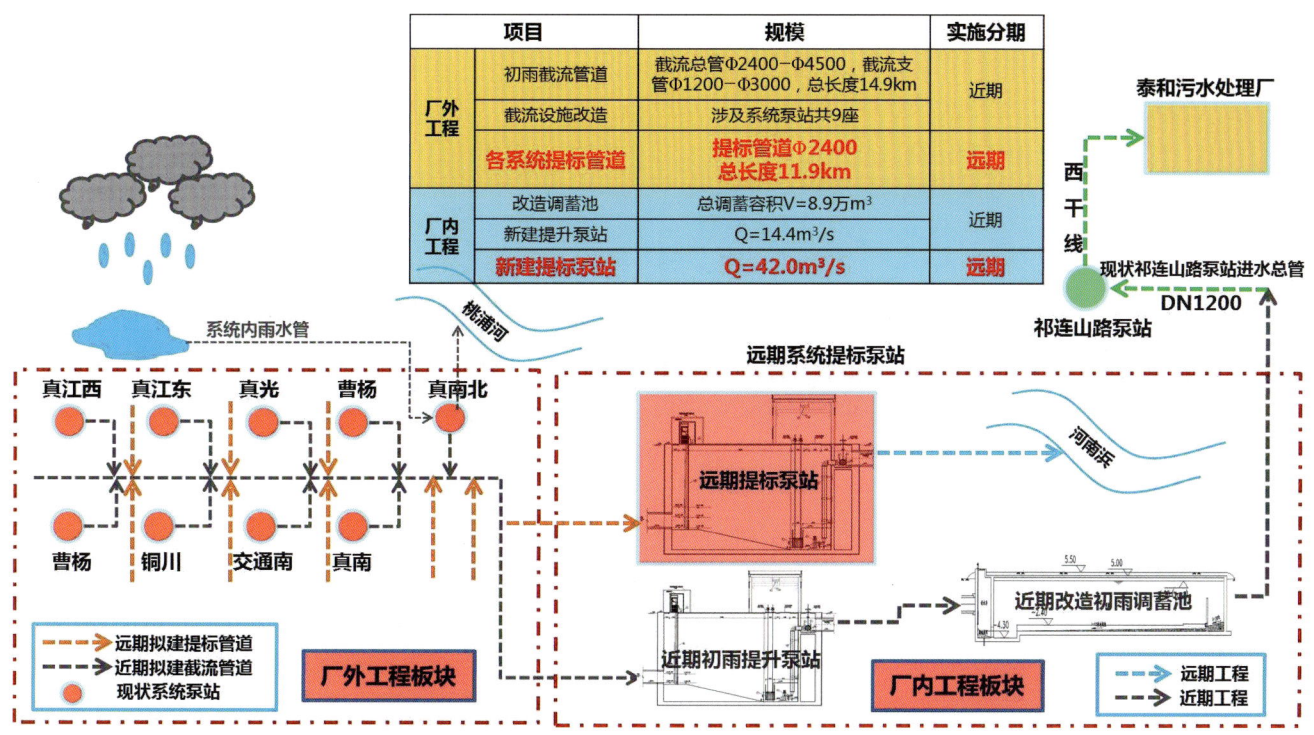

图2　桃浦污水处理厂初期雨水调蓄工程近远期功能概念图

提高。施工场地受到道路交通、周边环境的限制，一般较为紧凑，在井位施工场地内材料堆场、钢筋绑扎焊接场地、泥浆池布置、吊车行车道等场地的布置较为困难。

（3）社会影响大，工程协调难度大

中心城区存在较多的学校、医院、居民区、保护建筑等重要建筑，施工时产生的噪声、震动以及扬尘必然对师生、医患、居民的学习、健康和日常生活造成严重影响。

6. 项目技术特点

为了解决以上的工程难点，同时节约地下空间资源、避让已有结构、减小环境扰动，本工程首次将急曲线隧道技术运用于大型市政管道工程施工中，为今后处于复杂环境下市政排水管道类深隧次级管网的建设具有现实指导意义。

如图3所示，采用急曲线盾构隧道方案后，取消了5座盾构井；同时为满足截流支管入流要求，将顶管井调整为侧接井。盾构井数量由原来

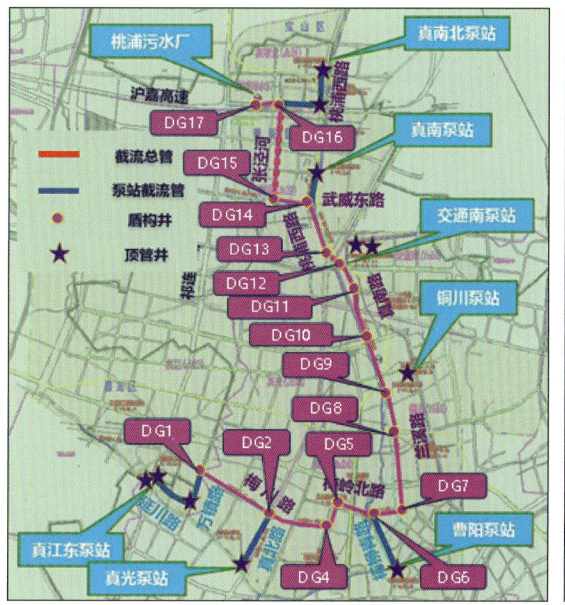 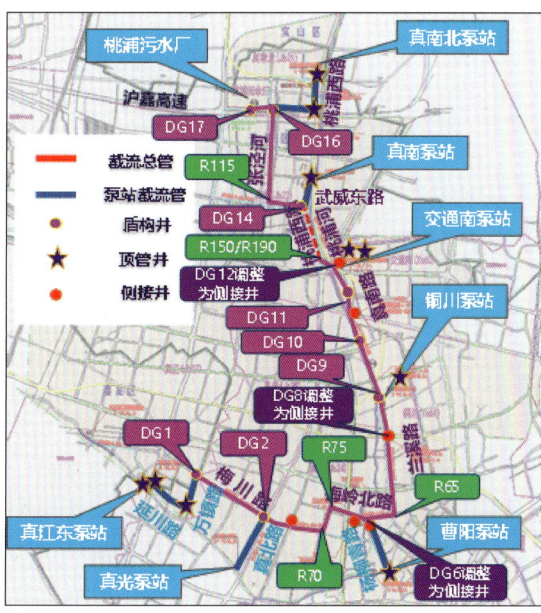

图3　初期雨水截流管方案对比（原方案vs急曲线盾构隧道方案）

图4 急曲线盾构技术示意

的16座减少至8座,相应新增了6段急曲线隧道段及相应的侧接井。

（1）急曲线盾构技术的创新

创新引入球铰技术、仿形刀等关键技术,解决了急曲线盾构机的可通过性难题;论证了小宽幅预填充钢管片的加工拼装工艺;在急曲线段地面预加固采用偏心"门"字型设计,确保了软弱土层下所需的侧向力;加大新技术应用,克泥效、微型固定桩等新技术的成功应用降低了周边环境的影响。

（2）急曲线盾构技术的成果

从2023年12月7日至2024年1月29日,历时近两个月,桃浦初雨截流总管急曲线段185.3 m盾构隧道圆满完成,隧道沿线沉降控制在1 cm以内,实现了毫米级急曲线盾构微扰动施工。本工程急曲线段顺利完成盾构掘进,是国内首次软土地质环境下大口径急曲线盾构施工。其成功实施为本市中心城区隧道建设积累宝贵经验并为今后解决城市"圈地造井"难题提供了新的方向。

7. 建设选址

（1）新建截流总管路

该总管沿沪蓉高速—丰庄路—丰庄北路—梅川路—中江路—梅岭北路—兰溪路—真南路—桃浦西路—武威东路—祁安路—沪嘉高速敷设,最终进入拟新建的桃浦污水厂初雨调蓄池,全长约15.0 km。

（2）新建厂内工程范围

在原桃浦污水厂厂区范围内,对部分处理构筑物进行改造,调整为初雨调蓄池。

（3）初期雨水截流设施改造

在真南北、真南等8个排水系统、共9座雨水泵站站区内,进行初期雨水截流设施改造。

8. 进度计划

桃浦污水处理厂初期雨水调蓄工程工可报告于2018年8月编制完成。2019年7月,该报告通过专家评审并获上海市发展改革委核准批复。2019年11月初步设计批复,2020年9月项目开工建设。2024年厂内调蓄设施基本建成,2024年上半年TP1.2标完成所有管道贯通施工,基本满足真南北系统通水条件。

9. 项目投资构成

本工程总投资:35.533亿元。其中,建安工程费:25.37亿元;其他工程建设费:3.396亿元;预备费:1.42亿元;前期费:5.697亿元。

【工作过程】

2016年12月,开展"桃浦污水处理厂功能调整"前期研究。

2017年6月,桃浦污水处理厂功能调整规划方案报告通过技术内审;8月,完成桃浦污水处理厂周边排水系统初雨治理及系统完善工程项建书并上报。

2018年8月,完成桃浦污水处理厂初期雨水调蓄工程工可报告编制;12月,工可评审。

2019年7月,获市发展改革委工可批复(厂内部分);11月,获市住建委《桃浦污水处理厂初期雨水调蓄工程初步设计批复》(厂内部分)。

2020年12月,获《桃浦污水处理厂初期雨水调蓄工程概算调整的批复》(厂外部分)。

2023年3月,获初步设计调概后的调概批复(厂外部分)。

【咨询工作特点及经验教训】

本工程采用急曲线盾构和侧接井技术,减少原设置在现状道路路口及车行道上的井位,进而减少盾构及附属设施施工对周边社会、交通影响。

本工程为上海市环保督察重点项目，面临巨大工程节点压力，原方案盾构井施工面临多重外部环境不利影响，已无法确保满足原有工程实施节点要求。故对本工程方案进行进一步技术方案上的优化，以保证原有设计功能的基础上确保工程推进。

将原有转折井取消采用急曲线连接，不仅解决了施工场地的交通导改难度大、管线搬迁量大、周边环境保环要求高的问题，而且降低了对城市功能的影响，保证了工程节点工期。

本工程盾构区间在深覆软土、高水压、周边环境复杂的情况下连续进行急曲线施工，施工难度较高，在国内尚属首次。对于急曲线盾构设备的可靠性和目前国内外急曲线隧道的施工技术，结合本工程实况和要求进行针对性设计或改进，以满足本工程施工要求。

【咨询效果】

1. 环境效益

本工程实施后，近期可服务8个排水系统，服务面积21.56 km^2，受益河道为桃浦河等。测算出工程实施后污染物绝对消减量如表1所示。

2. 社会效益

本工程的建设将带来以下社会效益：

① 有利于水域的整体水体环境质量提升。

② 改善城乡环境，保障区域河道水质，保证社会和经济可持续发展及人民正常生活。

③ 提升上海城市的整体形象，为创建国家环保模范城市提供良好的基础。

④ 有效利用水资源，开源与节流相结合，体现节流优先和污水处理再利用的原则，在实现经济效益的同时，推动社会可持续发展。

表1　工程实施后桃浦河污染物年绝对消减量

调蓄规模/万m^3	污染物绝对削减量（t）					
	SS	COD	BOD$_5$	TP	TN	NH$_4^+$
8.90	647.93	1 164.50	454.69	22.27	204.89	145.71

云南省肿瘤医院云南省癌症中心建设项目可行性研究报告

The Feasibility Study Report of the Construction Project for Yunnan Cancer Center and Yunnan Cancer Hospital

编写单位：上海市卫生建筑设计研究院有限公司
Shanghai Health Construction Design Institute Co., Ltd.
联系电话：021-63721000　　网址：http://www.wssyy.com
主要完成人：施洪相　勾振远　严建敏　谢骅　王若雪　王晓峰　华翔　周亚平　汪六一　苏卫光

【点评】

该项目以国内、国际标准为依托，结合云南省的医疗现状和未来发展趋势，提出了一个集医疗、科研、教学、预防为一体的现代化医院建设方案。设计上，强调"以人为本"的原则，采用智能化、生态化理念，打造多功能、绿色医院。在空间布局上，通过创新设计，有效解决了用地紧张问题，实现了新老院区的有机融合。此外，报告还进行了科学的投资估算和环境影响评价，确保了项目的经济效益和环境友好性。这一项目不仅对提升云南省及周边地区的癌症治疗水平具有重要意义，也体现了对未来医疗发展趋势的深刻理解和积极响应。

【项目背景】

国家癌症中心2016年发布的全国肿瘤登记及死因监测结果显示，我国恶性肿瘤发病率为270.59/10万（男性293.79/10万，女性246.21/10万），城市地区发病率高于农村。我国恶性肿瘤死亡率为163.83/10万（男性201.67/10万，女性124.06/10万），农村地区恶性肿瘤死亡率高于城市。据估计，我国每年新发恶性肿瘤病例约358.6万，死亡约218.7万，现有恶性肿瘤患者约749万。

云南省地处云贵高原，社会经济及医疗条件不及其他发达地区，民族多样化，居民生活习惯和方式具有明显地区差异，使得云南省成为恶性肿瘤的高发区。全省每年新发肿瘤病例8万左右，死亡病例在5万左右，反映出云南省癌症防治形势较为严峻。

近年来，随着肿瘤患者的不断增多，云南省肿瘤医院病床使用率长期保持在150%左右，用地不足、床位不足、用房不足等问题日益凸显。医院现有规模和配套设施已不能满足防治、科研和教育培训等工作，建设一个功能齐全、设施设备先进的云南省癌症中心，既是满足基层患者省域内就医，促进肿瘤疾病分级诊疗制度建立；又是全面提升医院对恶性肿瘤的诊治能力，全面提高癌症诊治水平，为推进云南省医疗卫生供给侧结构性改革，提高省域整体医疗诊治服务水平，健全完善服务体系，提升人民健康水平，促进云南省卫生事业的可持续性发展，强化健康中国建设战略保障具有重要现实意义，项目的建设是必要的。

【项目内容】

1. 项目类型、主要建设内容及规模

项目类型为新建，建设地址在目前云南省肿瘤医院院区北侧A5地块上，净用地面积约16 060 m²，新建科教行政综合楼、病房综合楼、大型设备医疗用房及地下停车库等。新建总建筑面积167 619 m²，其中地上建筑面积93 469 m²，地下建筑面积74 150 m²。设置床位数693张。

2. 建设单位情况

建设单位云南省肿瘤医院暨昆明医科大学第三附属医院始建于1984年，经过近40年的努力，医院在医疗技术、人才培养、医疗管理、设备、服务、环境等方面都取得了跨越式发展。目前该院已成为云南省集医疗、科研、教学、预防于一体的三级甲等肿瘤专科医院，承担着全省肿瘤防治研究、人才培养及肿瘤学术交流任务。

现医院用地面积约70亩，医疗用房总建筑面积约100 000 m², 开放床位1 498张, 设有24个临床科室、13个医技科室。职工人数2 051名。

3. 项目选址

根据相关规定及建设经验, 医院选址应符合地区城市总体规划、区域卫生规划和医疗机构设置规划的要求, 应充分利用现有医疗资源, 避免重复建设或过于集中建设。同时还应考虑供电、给排水、交通、通信等市政设施条件较好, 便于公共服务设施配套, 避开各种污染、易燃易爆危险品、高噪声、高压电线等区域。为此, 本项目选址位于现云南省肿瘤医院北侧的A5地块上, 南侧临兴杰巷, 西侧为康苑路, 北侧临人民西路(人民西路下有规划地铁), 东侧为居住小区。内部场地较为平整, 用地条件成熟, 选择地块合适。

4. 投资估算构成

本项目总投资185 110万元, 其中建安工程

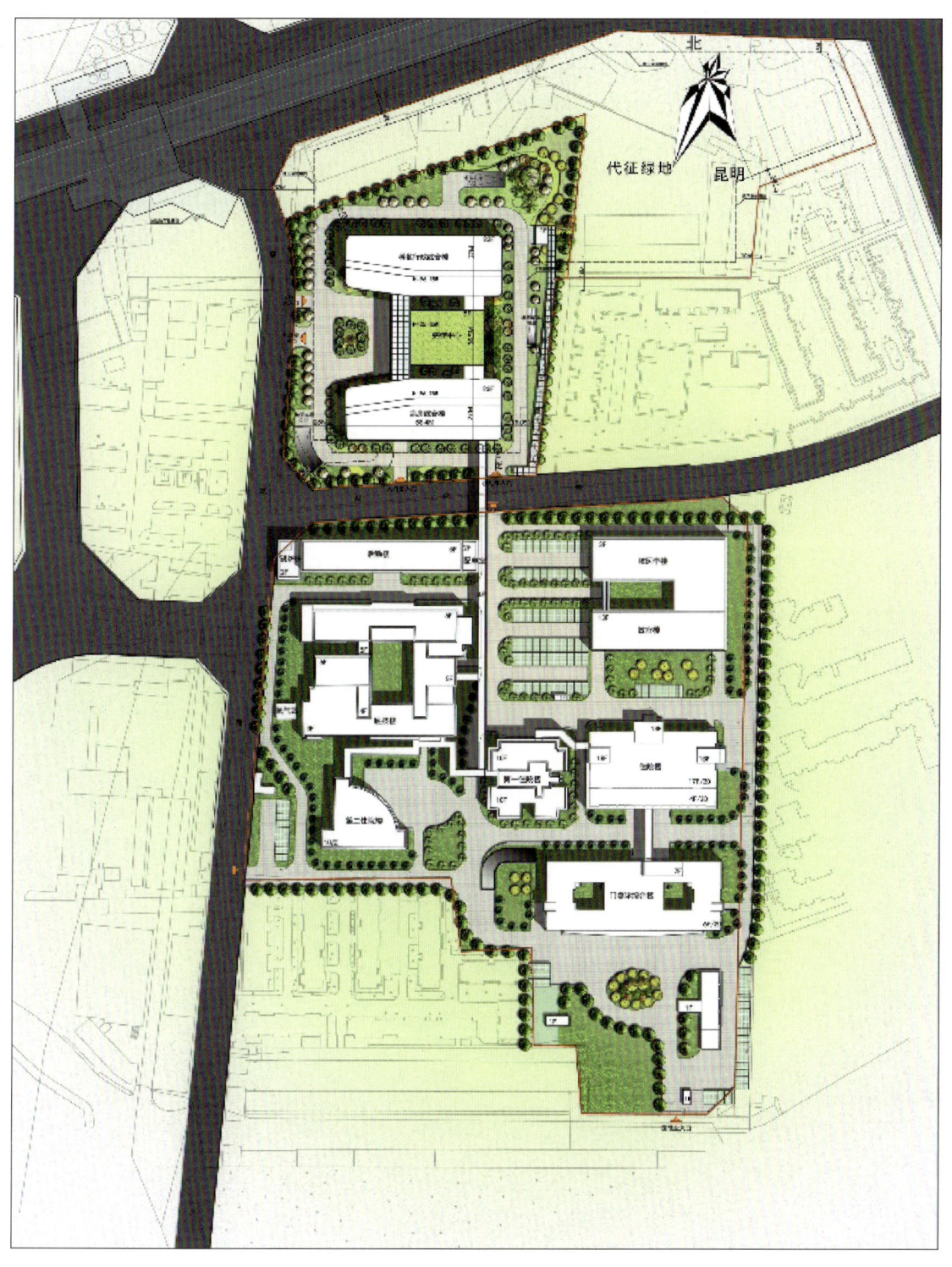

图1　项目总平面图

费 150 029万元（含大型医疗设备费 24 900万元），其他费用12 295万元，基本预备费12 986万元，建设期贷款利息9 800万元。

【工作过程】

经公开招标，我司获本项目可行性研究报告编制单位，并于2019年8月与建设单位云南省肿瘤医院签订可行性研究报告编制合同，随后成立由12人组成的编制组开展编制工作。由于项目的特殊性及时间紧的特点，为了按时完成编制工作，编制组首先明确分工后踏勘现场，与建设单位深入沟通，了解他们的需求，掌握医院目前运行情况，统计有多少大型医疗设备、多少手术间以及分布情况。在了解建设必要性后重点收集建设条件的可行性资料，了解新地块与老院区的关系，新地块周边情况，供电、供水和能源供应等一系列建设条件。除此之外还了解政府规划部门对地块的建设需求。

在掌握第一手资料的基础上，一个月后编制组提出三套总体规划建设方案供与建设单位讨论，之后根据施工技术、材料、建设周期、使用、投融资等因素综合考虑，选择了一个比较合理的建设方案后利用20天时间编制可行性研究报告讨论稿，待与有关部门进行反复沟通后形成报批稿，最终于2019年12月23日获云南省发展改革委同意建设的批复。目前本工程正在有条不紊地开展施工建设。

【咨询工作特点及经验教训】

1. 项目用地紧张，新老用地的有机利用，使总体方案流线合理

本项目用地特别紧张，新增用地面积16 060 m²，需新设置病床位693张，床均用地面积指标仅为23 m²/床，远低于综合医院建设标准。编制组参照综合医院建设标准对照各类用房占总建筑面积比例的规定，以项目建成后整个医院1 498床计算所需基本医疗建筑面积为基础，以及医院自身对科、教、研及大型医疗设备的实际需求，计算出各项医疗用房的缺额，得出现状医院缺额面积为172 097 m²。为此在考虑规划对建筑高度限高的前提下，建筑向空中发展，新地块南、北两端各建设一幢23层的高层，在医院原有规模基础上扩建167 619 m²。新建建筑的中部裙房（五层），连接起南北双子楼，形成高低错落的天际线。同

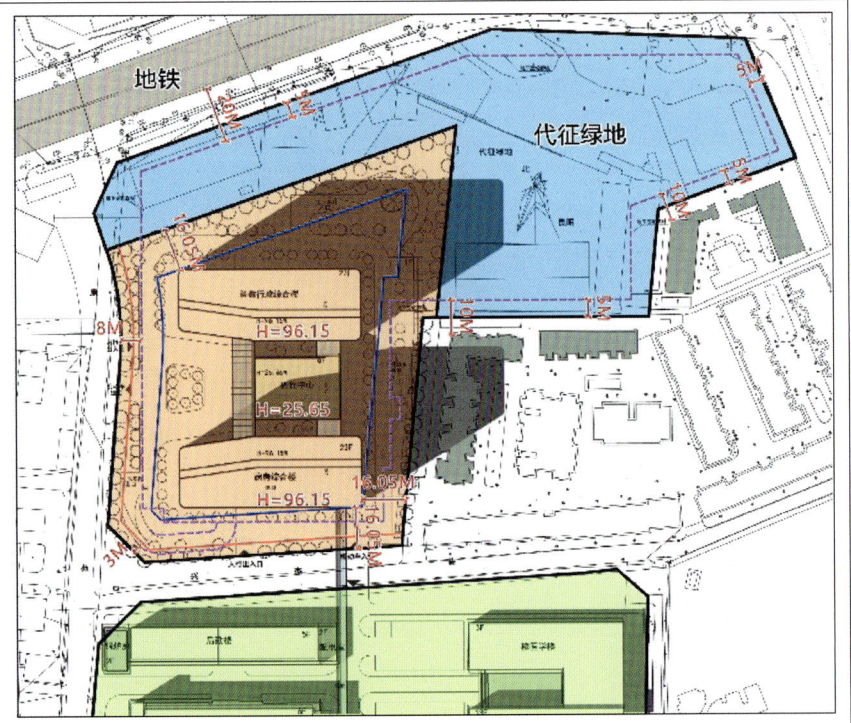

图2 规划退界分析

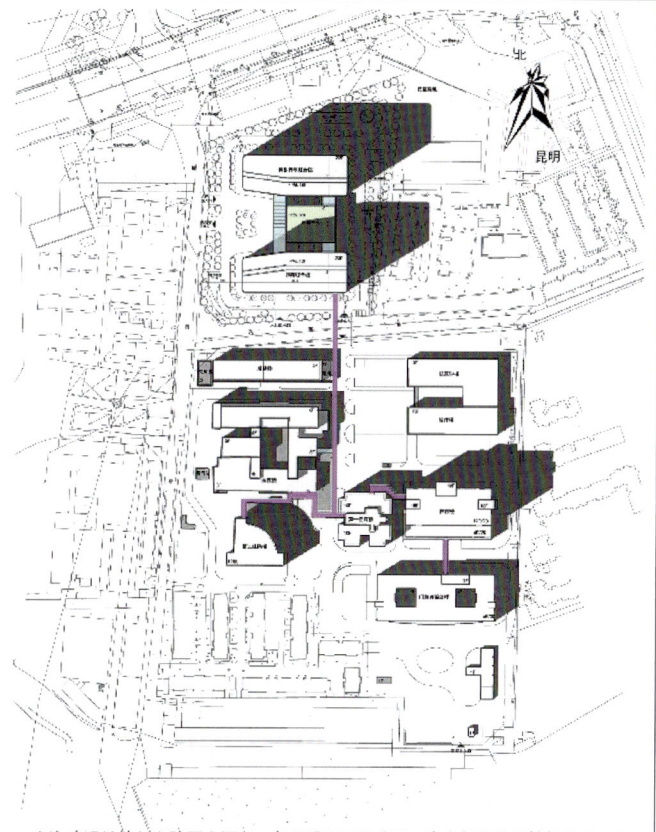

图3 新老院区联系分析

时在裙房顶部考虑设置空中花园，营造多层次的绿化格局，并借用西北方向的代征绿地弥补了用地紧张带来的绿化率不足的问题。

项目主入口设于西侧康苑路，靠近主入口的部位，建筑形态做了斜向切角处理，把双子楼内部空间打开，使建筑群面对主入口的方位形成张开双臂怀抱的形态，在院前也形成了较大面积的广场区域，解决人流集散。南侧则通过空中连廊的设置，与老院区取得紧密联系，方便病人及医护人员的来往。同时，为了利用原医疗资源，设置了地下通道连接新老院区，从而实现各种流线合理走向，做到了新老院区的有机结合。

2. 项目规模较大，建设过程中需解决好出入口与功能流线的关系

本项目新设置床位693张，新建总建筑面积167 619 m^2。项目建成后，云南省肿瘤医院的总建筑面积达到270 000 m^2，总床位数达1 498张，在国内肿瘤专科医院中属超大规模、具有一定影响力的省级肿瘤专科医院，为此建设过程中一定要解决好出入口与功能流线的关系。

在总体规划上强调各个功能区域入口的独立性、识别性及完整性，更好地解决各种流线的相互关系。医院主入口设于康苑路，标识性强。就诊人流由此进入，通过集散广场到达各自区域。考虑到康苑路道路宽度有限，故主入口场地主动退让，设计成港湾式入口形式，放宽康苑路这段的宽度，给予车流人流缓冲的空间，减少对康苑路的交通影响。

另外，编制组设计了单向的出入口，减少车流的对冲。在出入口南侧，设置为机动车入口，只进不出，车流右转进入后，可就近通过坡道入口，到达地下停车库，而不进地下车库的送客车流，则向前到达主入口下客区后，通过环路，再通过机动车出口，快速驶离院区，以此尽可能减少车辆的滞留时间，从而提高交通效率，减轻压力。沿南侧兴杰巷开设次入口，作为和老院区的联通口。同时新院区的后勤及污物流线，也考虑在此错时进出，污物通过定时、定线路作业，与常规流线互不干扰。

3. 因场地限制，建设方案是经过多次多方案比选和优化后确定

在前期总体规划阶段，进行了多轮的建筑形

体推敲,从城市空间、医院环境、功能布局等因素统筹考虑,最终选取最佳方案。

本工程项目受场地限制等因素面临以下几点矛盾:一是容积率过高。A5地块净用地面积为16 060 m²,地上建筑面积约93 469 m²,容积率为5.82,相对于常规医疗用地,容积率偏高许多;二是绿地率偏低。医院改扩建用地绿地率一般为30%,经测算A5地块的绿地率为25%,无法满足30%的绿地率要求。三是建筑密度较高。经测算,A5地块的建筑密度为34.36%,建筑密度偏高。

为解决以上各类指标矛盾,经统筹考虑,将A5地块东北侧的代征绿地统一纳入规划考量。通过对代征绿地景观的统一规划,努力营造绿色环境,为建筑提供了全方位的景观视野,达到绿化资源共享的目的,完美诠释"亲切、自然、舒适"的医疗环境。另外,利用代征绿地的地下空间,设置地下停车库,充分提高用地的使用效率。

4. 结构选型合理,合理设缝后形成规则体系

本工程高层部分采用钢筋混凝土框架剪力墙结构体系,梁板式楼屋面,剪力墙尽可能布置在楼电梯间处及周边,以免影响建筑功能,但尽量做到质量中心与刚度中心重合;多层采用钢筋混凝土框架结构,梁板式楼屋面。南北两高层与裙房相连处设缝分开,形成较规则的矩形平面结构布置,减少扭转效应。

云南省为高烈度区,因此,经过研究,上部结构拟采用消能减震设计,采用消能减震装置来进一步提高建筑物的可靠性和安全性。

5. 初步解决医院目前停车难的问题

停车难是目前各大医院的通病,为此编制组首先根据城市建设项目规划管理技术规定,确定

图4 公共绿地意向规划

图5 公共绿地剖面图

停车位的数量以及地下停车库的建筑面积,从而确定本项目地下室的面积。根据用地紧张的情况,编制组考虑地下室设三层,并大胆设想借用代征绿地地块的地下空间,将大量车位设置在地下(含大型放射性医疗设备),这样一方面解决医院目前停车困难的问题,又能采取人车分流,地上环境也得到极大改善。

6. 投资估算切合实际,工程内容和费用构成齐全,计算合理

本项目投资估算根据建设单位提供的该项目相关文件和有关说明、项目的设计方案及有关部门说明、当时云南省的建安定额及有关规范和规定、主要材料的近期建设工程的造价信息,并参考大量同类建筑有关资料编制而成的,因此,该投资估算切合实际,对项目顺利开展起到了重要的作用。

7. 环境影响评价的内容完整,并体现了政策性、针对性和科学性

本项目分别对建设期和运营期进行了环境影响的定性分析。首先编制组根据施工中对环境影响的水污染、大气污染、噪声污染进行了污染物和污染源的分析,提出了相关管理措施和建议。其次根据肿瘤医院污染物的特点,分析了运营期间废气、废水、固体废物等主要污染物产生及预计排放情况,并结合方案设计有针对性地提出了相应的防治措施及预期治理结果,严格执行环境保护"三同时"制度。

8. 运用动态的分析方法对其进行了社会稳定性分析,并提出有针对性的风险对策

首先从政策风险、医疗管理风险、经营管理风险、社会风险、交通影响风险的角度进行风险识别,判断风险影响程度,采用风险指数计算的风险综合评价方法,计算本项目综合风险指数评估了风险等级,根据风险等级,提出了有针对性的风险对策。

【咨询效果】

1. 社会效果

云南省肿瘤医院云南省癌症中心工程是公益项目,是造福于全社会的民生工程,直接为公众提供医疗卫生服务,一旦建成使用后,不但能解决当地癌症患者看病贵、入院难的问题,而且可提高云南省及周边区域的整体医疗水平,对促进云南省医疗卫生事业发展,建设和谐社会作用巨大。

本项目符合国家的有关政策,社会效益显著。本项目建成后,对周围环境不会产生影响,符合可持续发展战略。

党的十九大提出健康中国战略,是作为今后一个时期党的工作纲领性文件和指导方针。云南省持续加强省级医院服务能力建设,提升省级医院医疗服务能力,确保区域医疗卫生服务需求,实现大病不出省的目标。

2. 技术效果

可研阶段是项目建设决策的关键阶段,建设过程中的一些重大技术问题需要在可研阶段给予解决,本项目在编制可研报告时解决了较多的技术难点,取得了一定的效果。例如本项目虽然是在新增地块(A5)上进行建设,但在今后的实际运行过程中与老院区紧密相连,必须整体考虑。但在新老地块之间有一条15米宽的兴杰巷,道路将二者分开,为联系方便,咨询建议采用空中和地下均设连廊横穿兴杰巷,在考虑了该处的地下管线和道路的通行情况后,提出空中三层处和地下二层处各建7.8 m宽连廊,从而将新老地块紧密联系在一起,使步行流线更为方便,同时也可实现贯彻院内步行无雨化的理念。

老院区早期建设的房屋单层面积较小,平面布置不合理,设施配置标准低,整个医院缺乏整体考虑。为此从医疗设备配置着手提出整个医院的发展规划。例如在考虑手术间数量时,2018年手术台次5.23万台,较2017年的4.38万台增加了19.38%,而目前手术间仅14间,数量明显不足,40%开刀医生只能晚上上班,给医院运行带来很多麻烦,为此建议在本工程中新增20间手术室。

本项目可行性研究报告经多方论证并确定,为政府部门的投资决策提供了有力的依据,为后续工作铺平了道路,有力指导后续重大事项决策以及设计与施工的顺利开展,加快建设进度。

奉贤海上风电项目可行性研究报告
The Feasibility Study Report of Fengxian Offshore Wind Power Project

编写单位：上海勘测设计研究院有限公司
Shanghai Investigation, Design and Research Institute Co., Ltd.
联系电话：021-65427100　　网址：https://www.sidri.com
主要完成人：朱碧泓　姜　娟　袁逸博　余文博　李　远　陈俊佑　周莉莉　张　扬　田宏吉　邵聪颖

【点评】

该研究深入分析了奉贤海上风电项目的可行性，体现了在资源节约、技术创新和环境效益方面的先进理念。作为国内首个竞争性配置的海上风电项目，可研咨询不仅利用多种实测数据并采用了先进的风资源评估分析方法，而且在总体方案布置时采用了大容量风机并优选机型，实现了土地和海域资源的集约化利用。同时，项目在电气设计上经多方案比较推荐海上升压站方案，有效降低了电能损耗并节约了大量用地用海。此外，项目在施工组织设计上展现了精心策划和充分准备，确保了工程的高效推进。目前，奉贤海上风电项目的全容量并网成功，每年为上海市提供约6亿kW·h的清洁电能，对推动地区能源结构转型和实现碳中和目标具有重要意义。

【项目背景】

2020年9月，习近平总书记在第75届联合国大会一般性辩论上正式宣布："中国将提高国家自主贡献力度，采取更加有力的政策和措施，二氧化碳排放力争于2030年前达到峰值，努力争取2060年前实现碳中和。"推动碳排放尽早实现碳达峰和碳中和是我国履行国家自主贡献的庄重承诺，也是我国建设生态文明、践行绿色低碳发展理念的核心内容。建立健全绿色低碳循环发展经济体系，促进经济社会发展全面绿色转型，是解决我国资源环境生态问题的基础之策。上海市是我国最大的经济城市，也是我国能源消费总量最大的城市，然而上海市域范围内一次能源缺乏，域内既无可供开采的化石能源，也基本没有可供发电的水力资源，能源的供应完全依靠从外埠输入。大力发展新能源，是上海市加快能源结构调整和产业转型升级，促进能源、环境和经济协调发展的战略举措。上海地处长三角沿海东亚季风盛行区，受冬夏季风影响，风力资源较为丰富，具有良好的开发利用价值，充分利用好优良的风能资源禀赋，因地制宜地发展风电将是上海新能源开发的重要实现途径。

海上风电是重要的清洁可再生能源之一，相较于陆上风能，海上风能资源开发优于陆地，不存在土地征用、噪声等问题，且海上风场具有离负荷中心近、电网容纳能力强、适合大规模开发等优势，已逐渐成为风电行业发展的重要方向。奉贤海上风电场为上海市大型海上风电前期工作选定的场址之一，并纳入已批复的上海市海上风电工程规划。上海勘测设计研究院有限公司作为设计单位，认真梳理了奉贤场址周边航道等限制因素，编制了《奉贤海上风电项目可行性研究报告》，并通过水电水利规划设计总院组织的评审。

奉贤海上风电项目是国家能源局发布《风电项目竞争配置指导方案（试行）》以来的全国首个竞争性配置海上风电项目，对于全国海上风电项目竞争配置具有重大的示范作用。项目的实施进一步巩固和提升了上海海上风电的高端引领示范地位，同时该项目作为竞争配置海上风电项目的先驱者和风向标，为我国后续的同性质项目开发提供了参考和建议。

【项目内容】

1. 项目区位

奉贤海上风电项目位于奉贤区杭州湾北部海域，规划总装机容量为200 MW，场址中心北距芦潮港海堤线约12 km，东距东海大桥约10.0 km。

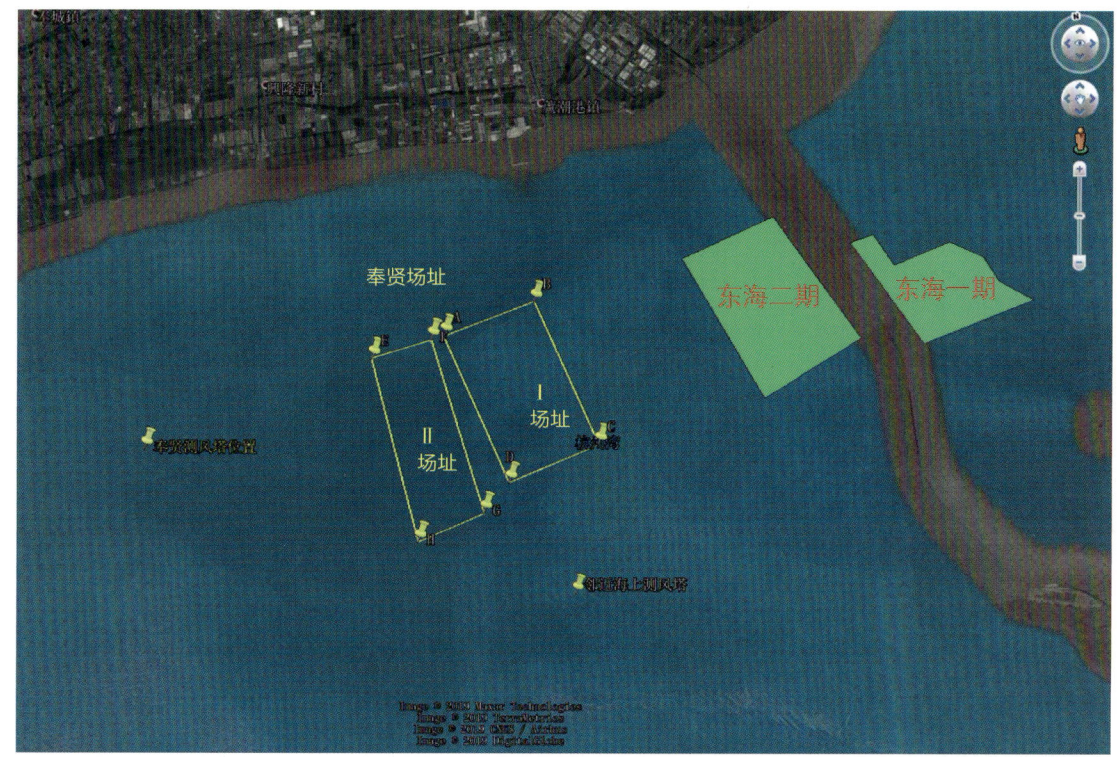

图1 风电场项目场址地理位置示意图

风电场被划分为Ⅰ区和Ⅱ区,水深在10—12 m。项目安装32台单机容量为6.45 MW的风电机组,其中Ⅰ区安装16台金风GW6.45-184机组,Ⅱ区安装16台明阳MySE6.45-180机组。风电场将新建一座220 kV海上升压变电站,通过海底电缆将电能传输至陆上集控中心,并最终接入220 kV碧海站。

在风能资源方面,设计单位通过收集奉贤海上测风塔、东海大桥风电机组多年运行数据以及邻近海上测风塔数据,得出了一系列结论。场址区112 m高度年平均风速为7.65 m/s,风功率密度为414 W/m^2,显示出较为丰富的风能资源。风向以北和东南方向为主,风能分布相对集中。空气密度为1.222 kg/m^3,风剪切指数为0.09,而风电场湍流强度为C类(0.12)。此外,风电场在112 m高度处的50年一遇最大风速为44.9 m/s。

风电机组的选型和布置依据技术经济比选结果,选用了明阳6.45MW-180机型和金风6.45MW-184机型。风力发电机组的布置方案主要根据当地主风向进行排布,选择列距和行距都最优的方案(见图2)。风电场的年发电量估算显示,风电场的年上网电量为59 639.84万kW·h,平均单机年上网发电量为1 863.75万kW·h,风电场年上网电量等效满负荷利用小时为2 890 h。

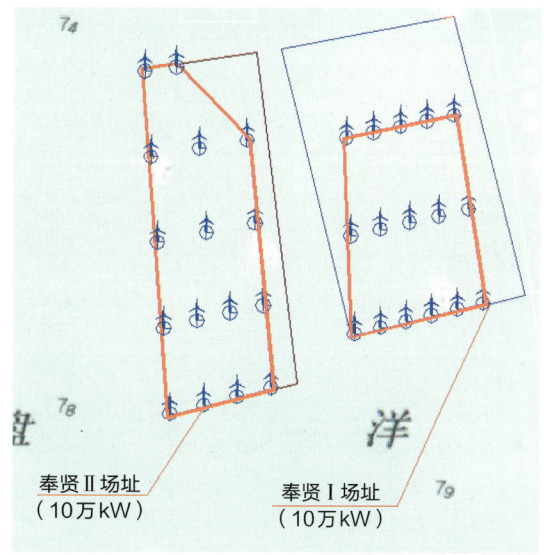

图2 风机布置图
(蓝色为规划边界,红色为实际开发边界)

海洋水文条件分析显示,工程海域属于正规半日潮海区,浅水分潮影响显著。潮流方面,工程海域为正规半日潮流海区,流速中层最大,表层次之,底层最小。杭州湾北岸水域作为主通道,流速在北侧大于南侧。奉贤风电场的水下地形平缓,强流向一致。

工程地质方面,奉贤海上风电场工程Ⅰ区的水深在8.7—12.5 m,海底平缓,主要由淤泥构成,局部夹有薄层粉土,属于三角洲前缘地貌。该区域的大地构造稳定,未发现深大断裂。地基土层分为7个大层,部分层还有亚层。场地地基土为软弱土,抗震设防烈度为7度,对抗震不利。

电气设计方面,项目计划新建一座220 kV海上升压站,通过海底电缆接入陆上集控中心,再由陆上集控中心接入220 kV变电站。场内集电线路采用35 kV电压等级,32台风电机组分成8组。升压站方案推荐建设一座海上升压站及一座陆上集控中心。海上升压站安装双绕组变压器,主接线采用单母线分段和单母线接线方式。陆上集控中心设置无功补偿装置和储能装置,主接线同样采用单母线接线。电气设备的选择基于短路电流计算结果,海上升压站设备全户内布置,陆上集控中心部分设备户外布置。整体设计旨在节约用海用地,并确保电气设备的安全稳定运行。

在智能化和自动化方面,风电场采用"无人值班"方式,在陆上集控中心进行实时监控和智能控制,实现远程集中监控和智能分析。通过智能风电机组和智慧运营管理,形成共享大数据平台,提高发电效率,降低运维成本。调度自动化方面,风电场接受上海市调度,监控系统负责远动信息采集和转换,满足电网调度和安全要求。

消防设计上,本工程建立了完整的消防体系,包括消防供水、供电、应急照明、报警、排烟及海上逃生等设施,确保风电场电气和油品火灾得到及时扑灭,保障人员安全。

土建工程方面,本项目根据建设条件确定工程等别和建筑物级别。风电机组采用单桩基础方案,钢管桩打入海底并进行防冲刷处理。海上升压站由上部组块和下部结构组成,连接方式结合焊接和灌浆。项目还设置了陆上集控中心,并配备了防腐蚀、防冲刷、防撞和靠泊设计。场内集电线路通过35 kV海缆升压后,汇集成1回220 kV海缆至陆上集控中心,海缆穿堤设计参考了东海大桥附近的海堤。

施工组织设计方面,本项目拟安装32台6.45 MW风力发电机组,发电经海底电缆输送至陆上集控中心。主要施工内容包括单桩基础安装、风电机组吊组装、海上升压站建造安装、陆上集控中心建设、海缆敷设等。风机基础为单桩基础,采用浮式起重船和自升式支腿平台船进行安装作业,海上升压站为钢结构,陆上集控中心为钢筋混凝土结构。海底电缆敷设采用非开挖定向钻工艺。项目分五个区域施工,总工期14.5个月,首批机组预计10个月具备发电条件。

工程建设用海及用地方面,本工程用地主要分为永久占地及施工临时占地,永久占地主要包括陆上集控中心、陆缆电缆沟、进站道路占地等,施工临时占地主要为陆上施工基地与海缆穿堤工作坑占地,建设用地总面积1.535万 m^2。工程海域使用范围主要为风机基础、海上升压站占用海域和风电场内集电电缆路由占用海域等,建设用海总面积164.60万 m^2。

环境影响评价指出,本项目具有明显的社会、经济、环境效益,虽然可能对项目海域自然、生态环境造成一定影响,但在落实各项补偿、防范措施后,综合评定本项目建设可行。

劳动安全与工业卫生方面,本项目在设计中采用科学全面的安全措施,较为完善的监测系统,整体安全性较高。本项目应采取消声减振措施,注意预防电气伤害、火灾爆炸事故,并制定针对突发重大事故的应急预案。

节能降耗方面,本工程建设投运后可节约燃煤量,以及减少燃煤所产生的污染物排放量,具有明显的环境效益。

设计概算根据相关标准与规范规程,以及上海市2020年9月工程价格信息,编制工程设计概算。

财务评价与社会效益分析方面,根据相关标准与规范规程,进行费用和效益计算,考察其获利能力、清偿能力等财务状况,以判断其在财务上的可行性。本工程建成后可为地方带来较大税收,有利于当地经济发展。

最后,工程特性表详细列出了风电场的地理坐标、气候数据、主要机电设备参数、施工工程数量以及施工期限等关键信息,为项目的实施提供了详尽的参考依据(见表1)。

2. 项目内容

奉贤海上风电场项目设计工作主要分为海上风电场、海上升压站、陆上集控中心三部分,设计阶段包括可研设计、初步设计、招标设计、施工图设计。其中,海上风电场部分风机基础施工图纸(结构部分)于2021年1月底全部完成,风机基础施工图纸(电气部分)于2021年3月全部完成,风电场海缆敷设施工图纸于2021年7月全部完成。海上升压站部分所有施工图纸于2021年4月底完成。陆上集控中心部分所有施工图纸于2021年5月完成。

表1　项目工程特性表

名　称				单位（或型号）	参　数	备　注
风电场场址	经度（东经）			/	121°47′31″—121°50′50″	
	纬度（北纬）			/	30°43′32″—30°47′15″	
	中心离岸距离			km	12	
	多年平均气温			℃	15.8	
	历史最高气温			℃	37.5	
	历史最低气温			℃	−7.9	
	年平均风速			m/s	7.65	112 m
	空气密度			kg/m^3	1.222	
	风功率密度			W/m^2	414	112 m
	盛行风向				N、S、SE	
	50年一遇最大风速			m/s	44.9	112 m
	平均海平面高程			m	0.23	1985年国家平均海平面
	水深范围			m	8.7—12.5	
	设计高潮位			m	2.63	
	设计低潮位			m	−1.95	
	极端高潮位			m	4.13	
	极端低潮位			m	−2.91	
	极端高潮水位（50年一遇）			m	4.13	
主要设备	风电场主要机电设备	风电机组	代表机型	WTG4/WTG-5		
			台数	台	16/16	
			额定功率	kW	6 450	
			叶片数	片	3	
			风轮直径	m	180/184	
			切入风速	m/s	3	
			额定风速	m/s	10	
			切出风速	m/s	25/21	
			安全风速	m/s	57/50	10 min
			轮毂高度	m	110/112	
			额定电压	V	690/720	
	升压变电站	主变压器	型号	SZ11-120000/220		
			台数	台	2	
			容量	kVA	120 000 kVA，230 kV ± 8 × 1.25%/35 kV	
			额定电压	kV	220	
		出线回路数及电压等级	出线回路数	回	1	
			电压等级	kV	220	

续 表

名　　称		单位(或型号)	参　数	备　注
土建	风电机组基础	台数	个	32	
		型式	单桩		
		地基特性	软基		
	升压站基础	型式	导管架+钢管桩		
		地基特性	软基		
施工	工程数量	塔筒	万 t	1.6	
		钢管桩	万 t	4.15	
		导管架等钢结构	万 t	0.61	
		35 kV 海缆	km	50.12	
		220 kV 海缆	km	13.5	Ⅰ区/Ⅱ区共用
	施工期限	总工期	月	14.5	
		首批发电工期	月	10	

可研设计的基本编制任务包括以下内容：

① 确定项目任务和规模，并论证项目开发必要性及可行性。

② 对风电场风能资源进行评估，提出风能资源评价结论。

③ 通过调查、水文测验或专题研究，分析风电场场址区海洋水文、气象条件，提出相应的海洋水文参数。

④ 查明风电场场址工程地质条件，提出相应的评价意见和结论。

⑤ 选择风电机组机型及轮毂高度，提出风电机组优化布置方案，并计算风电场年上网电量。

⑥ 分析提出风电场接入系统技术要求的实施方案。根据审定的风电场接入系统方案，比较确定风电场升压变电站站址位置、电气主接线及风电场风电机组集电线路方案，并进行风电场及升压变电站电气设计，选定主要电气设备及电力电缆型号、规格及数量，落实接入系统工程的规划意见。进行风电场和升压变电站监控系统、继电保护及安全自动装置、控制电源系统、通信系统设计。

⑦ 进行工程消防设计，提出施工期消防要求。

⑧ 确定风电场工程等级和建筑物级别，初定工程总体布置方案。比选风电机组基础型式和升压变电站结构型式。初定主要建筑物控制尺寸，进行布置、结构、防腐、防冲刷、监测、靠船和防撞等设计。初定场内连接线路土建设计方案。初定陆上升压变电站(或集控中心)总体布置方案，主要建筑物布置、结构型式、控制尺寸等。提出生产生活区规划方案。提出土建工程各建筑物的工程量。

⑨ 初定工程交通运输方案，初定风电场土建及机电设备安装施工方案，确定施工总布置，提出施工总进度。

⑩ 确定工程用海及用地的范围、实物指标、补偿方案及补偿费用概算。

⑪ 进行环境保护设计。

⑫ 根据安全预评价报告及审查意见结论，开展劳动安全与工业卫生设计。

⑬ 初步分析风电场工程能耗种类、数量和指标，提出相应的节能降耗措施，分析达到的预期效果。

⑭ 编制工程设计概算。

⑮ 进行财务评价与社会效果分析。

⑯ 提出招标范围和招标程序。

【工作过程】

2020年11月3日，水电水利规划设计总院在上海组织了奉贤海上风电项目的可行性研究报告技术评审会议，参与会议的有上海电力股份有限公司、上海上电新达新能源科技有限公司、上海绿色环保能源有限公司以及上海勘测设计研究院有限公司等单位的专家和代表。在会议中，项目团队汇报了报告的主要内容，随后对各专业领域进行了深入讨论和审议，形成了评审意见的初稿。会后，团队根据评审意见对报告进行了必要的修改和补充，并于同年11月提交了《奉贤海上风电项目可行性研究报告（审定稿）》。水电水利规划设计总院对修订后的报告进行了复核评审，报告通过评审。这一系列工作保证项目的可行性研究达到了专业标准，为项目的顺利推进打下了坚实的基础。

【咨询工作特点及经验教训】

1. 项目具有重要的示范意义

上海海域岸线较短，可用于海上风电开发利用的海域面积较少。在海域资源有限的情况下，如何高效、充分利用海域，实现资源产生效益的最大化是十分重要的任务。相较于国内已建海上风电项目，充分考虑集约化用海，在满足"涉海面积每10万千瓦控制在16平方公里左右"的基础上，深化研究扩容的可行性，进一步节约涉海面积。

本项目采用新设备、新技术、新材料，风电机组采用大单机容量、大叶片，符合海上风电机组大型化的发展趋势。同时，核心设备的智能化、风电场全生命智能管理的应用也助力本项目的示范引领效应。

2. 先进的风资源评估分析技术

奉贤场址区处于杭州湾东北侧近海海域，在场址区东西方向上共收集到奉贤海上测风塔、场址区东南侧海上测风塔、东海大桥一期和二期海上测风塔数据，在场址区南北方向上共收集到南汇气象站、奉贤气象站和小洋山气象站数据。全方位、多维度地收集到场址区附近的风能实测数据：

本阶段共收集到的实测测风塔数据包括：奉贤海上测风塔（2007年1月—2008年12月）、东海大桥一期、二期多年（2011年至今）运行数据以及奉贤场址区东南侧邻近海上测风塔数据（2013年1月—2016年12月）。

本阶段收集到的气象站数据包括：奉贤、南汇及小洋山气象站实测年平均风速、多年实测风向、多年月平均风速、奉贤测风塔同时期逐时风速、风向及多年年平均风速；基本涵盖奉贤场址区周边的海、陆气象台站。

报告基于以上实测风资源数据集，采用国内主流风能资源评估方法，配合东海一、二期实测风速数据及周边测站风能资源结论，全方位精准有效地分析了场址区的全时空风能资源分布。风资源评估结论真实、合理、准确，为后续各专业的建设方案提供了强有力的数据支撑，也为投资决策提供支撑。

3. 节约化用海用地

本项目总体方案布置，充分考虑土地资源和海域资源集约化利用的原则，总体布置和方案比选满足风力发电生产运营需要的同时，又兼顾到土地管理和海域管理的实际情况，不计项目投入

图3 奉贤海上风电场风机实景图

成本,并牺牲项目公司部分利益,从而实现项目建设海域资源的最优化利用。

项目拟采用的电气总布置方案,将升压站布置于海上,以220 kV海缆将所发电力输送至陆上,大幅度减少海缆路由用海,经计算,较陆上升压站方案,海上升压站方案可节约用海200.81 hm²,在满足风能资源开发需要的同时,实现了海域资源的最优化利用。

采用海上升压站方案,项目建设用地主要为陆上集控中心占地和电缆沟占地,项目团队对陆上集控中心的总布置,进行了充分的论证优化,拟采用的方案中陆上集控中心建筑用地面积较同等容量已建成某项目陆上升压站面积减少4 650 m²,陆上电缆沟占地面积减少11 404 m²,海上升压站方案总建设用地面积可节约16 054 m²,最大限度地实现了土地资源最优化利用,体现了用地集约化原则。

本项目采用的基础方案为单桩基础,相比其他基础型式,单台风机海域最低。方案布置6.45 MW大容量风电机组32台,在同等规模开发海上风电项目中风机台数最少,因此项目永久用海中的风电机组占用海域最少。

根据收集资料显示,上海地区同装机规模的海上风电场,已建陆上集控中心占地面积一般在9 400 m²以上,本项目拟采用的方案,陆上集控中心占地面积仅为4 800 m²,节约占地面积4 600 m²以上,仅集控中心占地一项,即可节约占地近五成。

另外,某地区采用海上升压站方案的海上风电项目,总装机一般在300 MW以上,经过对在建项目的资料收集,其陆上集控中心占地面积一般在7 900 m²以上,规模化等效后每100 MW占地约为2 633 m²,而本项目等效规模占地面积为2 400 m²,减少占地面积约11%。可见,同样采用海上升压站+陆上集控中心方案情况下,本项目采用的方案通过深入的总平面布置优化,最大限度地减少工程征占地,实现土地的集约化利用。

4. 采用大容量风机进行合理布置

通过分析海上风电机组的发展趋势,并调研国内外的海上机型,初选出多种海上机型。为响应奉贤竞争配置工作文件要求,优选单机容量大、单位千瓦扫风面积大、机组可利用率高、认证情况较优的海上机型。

本方案在满足《国家海洋局关于进一步规范海上风电用海管理的意见》提出的"每10万千瓦控制在16平方公里左右"涉海面积控制指标基础上,进一步节约了涉海面积。

竞争配置工作文件给出的奉贤Ⅰ、Ⅱ区场址规划海域面积分别为23.3 km²和20.7 km²,同时参照《国家海洋局关于进一步规范海上风电用海管理的意见》(国海规范〔2016〕6号)要求,经优化布置及优选机型后,本着最大限度集约化用海的原则,在保证风机安全性的前提下,以损失部分电量为代价,将涉海面积减少至24 km²。

鉴于涉海面积使用较少,经过反复论证和测算,拟建场址可以预留同容量风机机位7个,为未来风电设备升级改造、样机认证、科技创新预留场址条件。如最终试验机位全部建成,总涉海面积增加到32 km²,也较竞争配置工作文件减少12 km²。

图4 奉贤海上升压站成功吊装后彩虹加冕

图5 风电机组机舱吊装过程

5. 国内先进的电气设计

现阶段国外工程已开始采用66 kV电压等级的集电线路,但目前国内建设的所有海上风电场均采用35 kV集电线路。本报告对66 kV和35 kV集电线路的经济技术进行了详细的论证,体现了方案比较的全面性及先进性。

今后大容量海上风电机组已经成为趋势,35 kV集电线路输送容量将成为瓶颈,66 kV集电线路必将成为今后发展的趋势,本报告对今后国内66 kV集电线路建设提出技术发展方向。

虽然陆上升压站方案较海上升压站方案投资节省约6 790万元,但海上升压站方案海缆的电能损耗较上陆上升压站少466.6万kW·h/a,海上升压站方案较陆上升压站海缆路由可节约用海200.81万m^2,节约用地约16 054 m^2,本着集约用海用地和减少电能损耗的原则,本项目推荐采用海上升压站方案。

风电机组通过集成先进的感知、计算、通信、控制等信息技术和自动控制技术,实现机组高可靠性、高发电量、低运维成本的目标。风场通过集成多项风电场级控制的功能模块,提升风电机组发电性能、风电机组可靠性、能量可利用率、环境友好性、降低运维成本等。

建设远程集控中心,对公司投资的所有电站进行远程集中监视、控制与调度,并作为公司的大数据中心,对所采集信息进行实时统计分析,实现现代化智能运维管理。

利用海上升压站平台新建4G/5G无线基站进行海上区域的无线网络覆盖,为工作人员及周围渔民提供可靠的通信手段,为国家海洋发展提供支持。

6. 国内先进的建筑设计方案

本项目位于东海大桥海上风电场二期工程附近,结合东海二期工程和本项目两个项目工程地质勘察和海洋水文观测成果,以及东海大桥海上风电项目的关键技术科研成果,结合积累的风资源数据、海洋水文、工程地质、桩基测试及施工和运维海况条件等完整资料,进行合理优化的整体布置、采用准确的设计参数、进行了经济可靠的方案布置及结构设计。

本项目在充分研究软土地基大直径桩土作用机理关键技术的基础上,采用单桩风机基础型式,单桩基础结构简单、受力明确、占地较小、施工工效高,对施工窗口期响应快、造价较低,且拆除工序简单。本项目设计结合上海市科委单桩基础关键技术研究成果,将研究成果推广实践,本项目的成功实施可以推动上海的海上风电项目基础型式多样化发展。

本项目的风电机组厂家和设计院已开展两年多大容量海上风电机组"一体化"设计及研究工作,并在其他区域成功应用,双方形成了对于机组和支撑结构、土壤地质一体化建模、一体化仿真、一体化校核的方法和模式,使用该方式可实现项目荷载降低5%—10%,塔架、基础整体工程量降低8%,设计工期缩短1个月。通过设计院与风机厂家协调合作,统筹调节塔筒参数和基础结构尺寸,控制整机频率和机组运行控制策略最优,保证风机整体的安全性、建设投资经济性和发电效益。

海上升压站上部组块采用整体框架结构,下部采用斜桩嵌套导管架结构,适合本场址的软土地基。同时将激光测风雷达布置于海上升压站顶层,减少了需要建设海上测风塔的征海面积和建设投资。海上升压站拟在运行期间同期监测海洋水文数据,运行期间的监测资料可以丰富上海市海洋风资源、海洋水文数据的资料库,为本项目的后评估和后期工程建设开发提供原始资料。

7. 施工组织精心设计

项目团队对该项目海洋水文、地形地质、场区水深条件等基本设计资料及相关行业政策、法规进行深刻理解,认真研究、分析,根据拟采用的风电机组型式特征、拟安装的基础方案等,进行了深入的施工组织设计,包括风电机组基础施工工艺、风电机组安装工艺、海上升压站安装工艺、海缆敷设工艺、对施工基地选择、施工总布置、施工总进度等方面。

我司在该海域有10年的海上风电开发建设及运行经验,对海况条件有深入的了解,建设及运行期间积累了大量的经验,有助于我司中标后更快更好地推动项目建设。

充分研究本项目自身建设条件及外部施工资源因素等影响,分析目前国内海上风电发展形势及规模对本项目建设带来的冲击,鉴于当前至未来两年海上风电建设的"抢装潮",我司有针对性地开展了前期工作,与各设备供货厂家友好协商,提前锁定设备资源,保证我司中标后项目建设过程中不受设备供货制约。

本次施工组织设计,我司提前开展对施工供应条件、施工承包人能力、船机设备资源档期调查等工作,锁定船机档期,排除影响本项目实施的限制性因素。

主体工程施工方案中,总结当前海上风电场施工主要方案特征,根据本项目实施条件进行工艺比选,结合我司的调研资料、分析船机作业能力,且充分考虑当前海上风电开发形势,进行施工方案编制,提出拟采用的单桩基础施工工艺、风电机组安装方案、施工基地方案。本着科学合理的态度考虑拟投入本项目的船机设备及工作面数量,布置切实可行的船机方案,并据此制订施工进度计划,避免受到船机资源制约。

【咨询效果】

2023年12月28日19时58分18秒,奉贤杭州湾海域,随着最后一台风机2—11#成功并网,由三峡上海院承担主要设计任务的奉贤海上风电项目实现全容量并网既定目标。奉贤海上风电项目是全国首个竞争配置的海上风电项目,为2021年上海市重大建设工程,也是上海区域第一个应用海上升压站和单桩基础的海上风电场。项目建成后每年可为上海市提供约6亿kW·h的清洁电能,与相同发电量的火电相比,每年可为国家节约标准煤约18.27万t,减少二氧化碳排放量49.98万t,节约用水72.16万t,可满足约25万户家庭的年用电量。

图6　奉贤海上升压站上部组块开始吊装

青浦区新塘港河道整治工程可行性研究报告

The Feasibility Study Report of Xintanggang River Regulation Project in Qingpu District

编写单位：上海市水利工程设计研究院有限公司
Shanghai Water Engineering Design & Research Institute Co., Ltd.
联系电话：021-32558014　　**网址**：https://www.swedri.com
主要完成人：季永兴　陈大伟　谢先坤　高振寰　张婧　王丽　石正宝　张云　陆扬　姚倩

【点评】

该报告通过河道开挖疏拓和水闸、泵闸建设，有效解决了上海最低洼地区防洪除涝问题和北部区域引清水源及水动力不足问题；通过提出"退渔还湖还湿"措施，恢复西洋淀湿地湖泊，实现水质净化和生态修复多重功能；通过多方案比选河道线位与湖泊湿地形态，解决了规划间相互矛盾问题，并将成果纳入青浦区蓝线专项规划；结合周边近远期控制性规划、土地利用规划，因地制宜进行河道景观分区定位，塑造"一步、一景、一故事"；通过水利建筑景观集成，创新打造长三角绿色生态一体化示范区江南水乡建筑风格。运用BIM技术正向设计，在项目发展各阶段通过对模型信息填补、修正，保持模型统一性及实时动态性，为项目全生命周期提供支持和帮助。

【项目背景】

1. 项目建设背景

新塘港西起淀山湖，东至青浦区环城水系公园，总长6.1 km，湖泊面积703亩。新塘港属于上海226条骨干河道之一，位于上海西翼的长三角一体化发展示范区，其通过"一河一湖"形成了区域的主要引、排水通道，也是太湖流域水环境综合治理项目之一。因新塘港重要的地理位置，将其定位为"长三角一体化发展示范区东西向的一条滨水走廊""连接淀山湖和环城水系的生态景观轴""朱家角特色居住区核心地带"。

工程建设紧紧围绕"绿色青浦"和长三角一体化绿色引领发展的主题，统筹兼顾防洪达标、亲水休闲、景观提升、生态修复等目标，旨在打造"人水和谐"的滨水生态空间，从而助力长三角生态文明建设。

2. 项目目标和必要性

（1）项目目标

根据青浦新城总体规划和相关水利规划，确定本工程的目标为通过开通新塘港和恢复西洋淀水面，畅通东西向引排水骨干河道，改善区域防洪除涝问题，合理调度水资源，改善区域河网水质，营造良好水景观，满足环境改善及旅游开发。

（2）项目必要性

① 保障防洪除涝安全的需要。吴淞江沿线青松大控制片随着片内大面积的城市化开发建设，下垫面情况变化引起产水强度增加，河道调蓄水面率明显减少，引起周边河网乃至整个青松控制片圩外河网水位的壅高，致使河网的容蓄、排泄、预降、调控能力进一步削弱。该区域防洪除涝形势严峻。

本工程的建设不仅满足了区域防洪安全的需要，也增大了圩外调蓄水面，在新塘港入淀山湖口门处新建泵闸，解决淀浦河北侧新城涝水的出路，进一步减轻区域除涝压力，以此作为对新城城市化后对青松大控制片影响的补偿。

② 改善地区河网水质的需要。青浦新城与淀山湖的沟通主要依托淀浦河，由于缺乏东西向骨干河道的沟通，内部引水、排水与换水不够畅通、快捷，不利于内部水环境的改善和生态环境的保护。为了加强该片水系的沟通，以提高引水、排水与换水能力，有必要新开东西向骨干河道。

本工程建成后可通过水资源合理调度，利用淀山湖优质水源，通过新塘港西引东排，对青浦新城进行灵活的水资源调度，进一步改善地区河

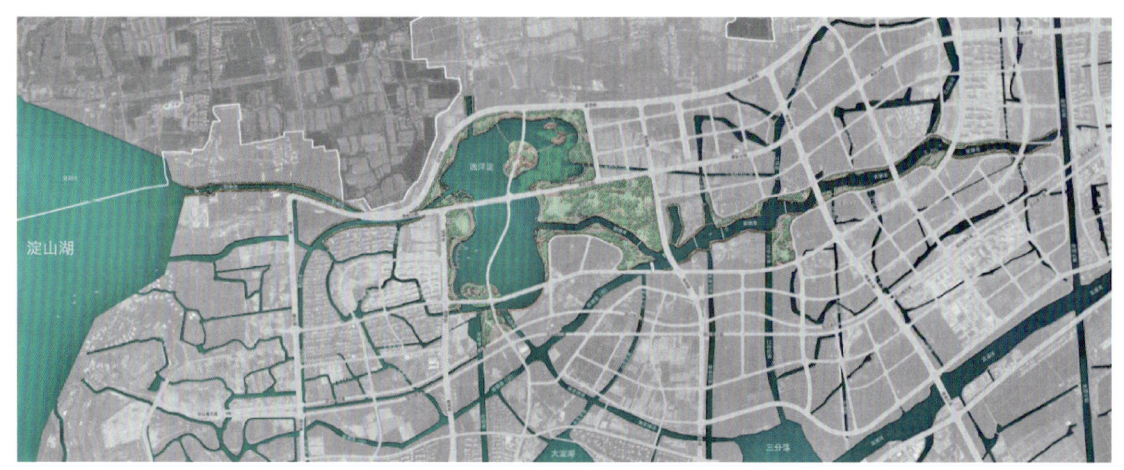

图1 本项目总平面图

网的水质。

③ 水文化、水景观、水旅游等综合性开发的需要。随着上海水环境整治的力度不断加强,人们对水上畅游观景和亲水休闲的需求越来越高。不仅需要安全的水环境作为生活的基本保障,更从休闲度假、观光旅游、人水和谐的角度对水环境提出了更高的要求。

本工程建成后,可充分利用河、湖调蓄水面积,变传统的水利建设为水文化,水景观,水旅游等资源性开发,营造一个湖河相间、水绿交融、人与自然相和谐的美好环境,发挥水的综合效益。

④ 朱家角古镇旅游开发的需要。朱家角古镇位于青浦区淀山湖畔,是上海市著名的旅游景点,具有独特的地方历史文化和水环境。近年来随着朱家角的旅游开发,对打造江南水乡提出了更高的要求。为使古镇的历史风貌能健康的延续和发展,使古镇保护与旅游开发相辅相成,有必要对古镇内的水系进行调整改造。

本工程建成后,新塘港和西洋淀可以融入朱家角镇"江南水乡特色、千年古镇风貌"之中,为进一步营造地方江南水乡生态景观提供了条件。

【项目内容】

1. 项目情况

项目名称:青浦区新塘港河道整治工程。

建设类别:水利。

建设性质:新建。

建设单位:青浦区水利管理所。

2. 主要建设内容及规模

新塘港西起淀山湖,东至西大盈港,中间穿西洋淀而过,工程内容主要包括:疏拓开挖新塘港河道6.1 km,恢复西洋淀703亩,新建护岸18 km,新建泵闸2座、水闸11座、涵闸3座,新建桥梁15座,新建防汛通道5.93万 m^2 及绿化23.93万 m^2。

3. 项目技术特点

① 本工程的建设不仅满足了区域防洪安全的需要,也增大了圩外调蓄水面,在新塘港入淀山湖口门处建泵闸,解决淀浦河北侧新城涝水的出路,进一步减轻区域除涝压力,以此作为对新城城市化后对青松大控制片影响的补偿。

② 本工程建成后可通过水资源合理调度,利用淀山湖优质水源,通过新塘港西引东排,对青浦新城进行灵活的水资源调度,进一步改善地区河网的水质。

③ 本工程在前期研究中,经过与多部门沟通协调,以现有蓝线和现状为基础,多方案比选调整了河道线位与湿地湖泊形态,不仅解决了规划相互矛盾的问题,还保护和恢复了河道的蜿蜒特性。并将调整后的河道线位与湿地湖泊形态纳入《青浦区河道蓝线专项规划》。

④ 本工程将新塘港和西洋淀融入朱家角镇"江南水乡特色、千年古镇风貌"之中,为进一步营造地方江南水乡生态景观提供了条件。

4. 进度计划及投资

本工程于2020年7月开工,计划2024年12月底完工。工程总投资16.99亿元。

【工作过程】

2018年1月,上海市水利工程设计研究院有限公司编制完成了《青浦区新塘港河道整治工程可行性研究报告(送审稿)》。2月2日,上海市水务局(上海市海洋局)科学技术委员会咨询评估中心组织专家和相关单位召开了本项目的咨询评估会；结合专家意见，上海市水利工程设计研究院有限公司对报告进行了优化，进一步核实现场情况，收集现有护岸资料，补充河道规划蓝线划示的依据，论证了新塘港西泵闸规模及桥梁规模，于同月完成了《青浦区新塘港河道整治工程可行性研究报告（报批稿）》。12月7日，上海市水务局以沪水务〔2018〕1410号文对本工程可行性研究进行了批复。

2019年2月，建设单位对本工程进行了设计、勘察一体化招标。2019年3月，上海市水利工程设计研究院有限公司和中勘冶金勘察设计研究院有限责任公司组成的联合体参加该项目投标工作并中标。

【咨询工作特点及经验教训】

1. 明确工程总体功能定位，解决上海最低洼地区防洪除涝问题和北部区域引清水源及动力问题

青浦区为上海市最低洼地区，且以南北向骨干河道为主，缺少东西向骨干河道，影响涝水外排，雨季极易受涝。目前，青浦区水资源调度方式为"南引北排、西引东排"，由于区域南部和北部的地形高程高于中部地区，且北部苏州河水位常年与片内河道水位接近，所以在自然条件下，南引黄浦江的水多通过淀浦河向东排出，引清到达淀浦河以北地区水量相对较少，水体动力不足，引清调水效果不佳，北部水质较差。新塘港工程通过开通新塘港和恢复西洋淀水面，畅通东西向引排水骨干河道，增大了圩外调蓄水面，提高了青松控制片尤其是淀浦河以北地区防汛排水能力，同时在新塘港入淀山湖口门处新建30 m^3/s 的双向泵闸，增加引水动力，提高引水至北部的水量，从而有效改善区域北部水环境。工程建成后可通过水资源合理调度，利用淀山湖优质水源，通过新塘港西引东排，对青浦新城进行灵活的水资源调度，进一步改善地区河网的水质，从而打造"人水和谐"的滨水生态空间。

2. 提出"退渔还湖还湿"措施，恢复西洋淀湿地湖泊，实现水质净化和生态修复多重功能

西洋淀历史上本为湖荡，因为历史原因湖水被抽干，成为水产养殖基地。本工程建议"退渔还湖还湿"，恢复了西洋淀湿地湖泊的历史风貌，共计新增水面703亩。工程重塑了合理的水下地形，形成了浅水区、过渡区和深水区等，创造了多样生境，有利于生物多样性的恢复；另外湖泊中间根据现状高地布设两座小岛，岛屿之间采用栈道加多孔拱桥结合的连岛桥沟通，形成了湖中有岛、岛中有湖的格局，在达到水质净化的同时，又有较好的景观效果。

3. 多方案比选河道线位与湿地湖泊形态，解决了规划间相互矛盾问题，成果纳入青浦区蓝线专项规划

项目依据的上位规划包括青浦区水利规划和地块控规等，出于历史原因，河道蓝线与周边道路红线、公共绿地边线和基本农田图斑等存在多处交叉矛盾。本工程在前期研究中，经过与多部门沟通协调，以现有蓝线和现状为基础，多方案比选调整了河道线位与湿地湖泊形态，不仅解决了规划相互矛盾的问题，还保护和恢复了河道的蜿蜒特性。调整后的河道线位与湿地湖泊形态纳入《青浦区河道蓝线专项规划》并于2018年4月获上海市人民政府批复。

4. 高瞻准确定位景观分区，塑造"一步、一景、一故事"

根据河道周边环境现状分析场地性质，结合周边近远期控制性规划、土地用地规划，因地制

图2 调整后的河道线位与湿地湖泊形态效果图

宜对新塘港整体进行河道景观分区定位,由西向东分别为生境区、生趣区、生机区、生活区。每个分区根据特点布设相应景观节点。

5. 形成了淀山湖至环城水系陆路和水路的连通

新塘港两岸防汛通道贯通,形成了连通淀山湖环湖大道和环城水系半程马拉松赛道的康体健身廊道。另外,新塘港跨河桥梁梁底标高和新塘港西泵闸闸门门型均考虑了游船通行,并且沿线布置了三个码头,形成了环城水系—新塘港—淀山湖—淀浦河的水上游线。

6. 创新打造长三角绿色生态一体化示范区江南水乡建筑风格

水闸管理房建筑发挥水利建筑集成优势,建筑风格继承创新,不拘一格,既与周边房屋风格协调,又具有现代特色。建筑形体简洁而富有变

图3 景观分区

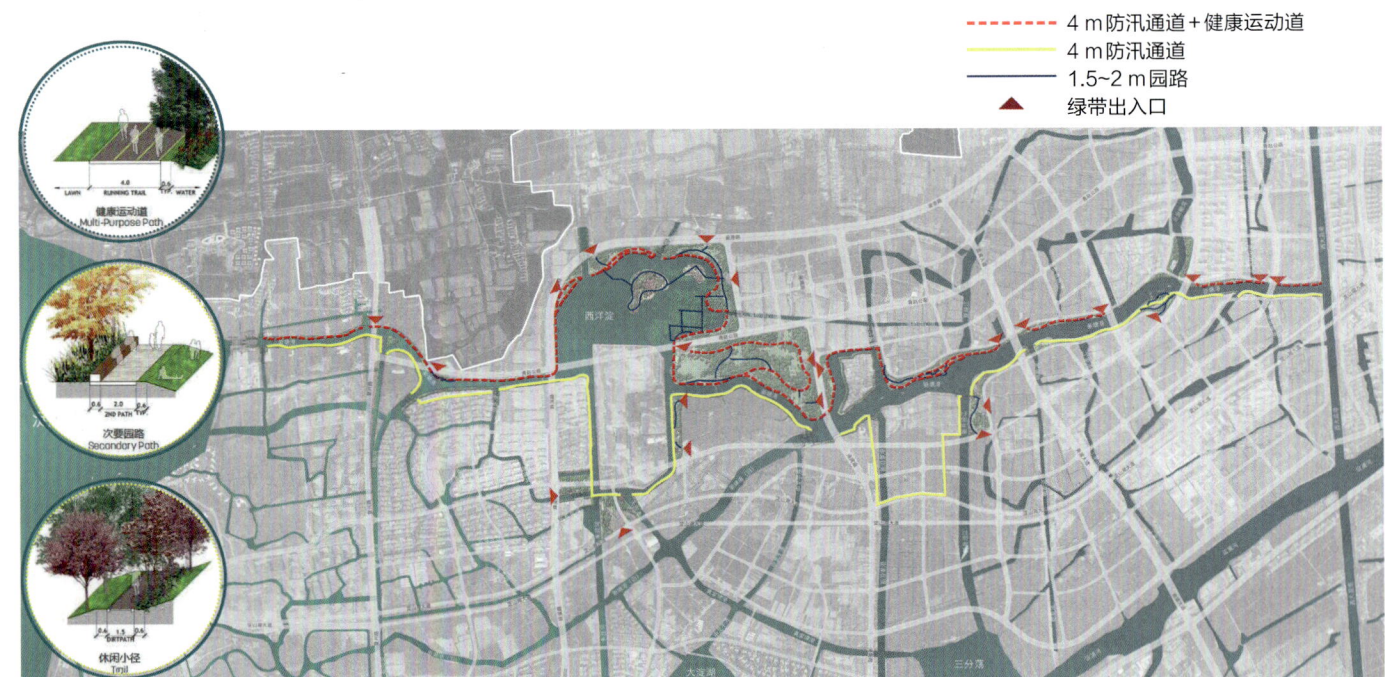

图4 陆路连通

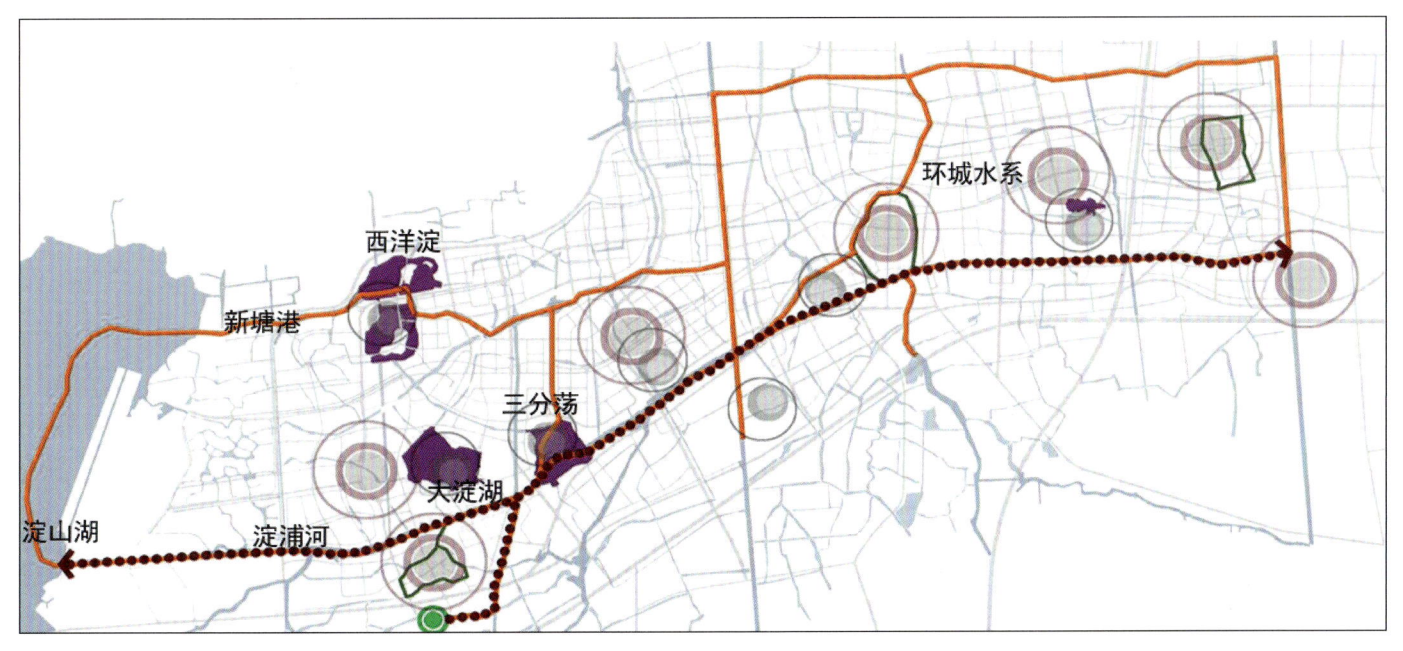

图5 水路连通

图6 水闸管理房效果图

化，体量错落有致，形成以灰白色调为主的江南水乡特色建筑。

7. 采用BIM正向设计，方案直观，减少差错，提升效率

运用BIM软件对水泵闸结构3D可视化设计，提高各参建方对项目整体认知和理解；通过BIM技术实现正向设计，设计团队进行协同设计，对复杂结构多专业进行碰撞检查，基本消除设计差错，提高设计沟通效率及出图质量；运用BIM软件对水泵闸结构模块化设计，通过对模型

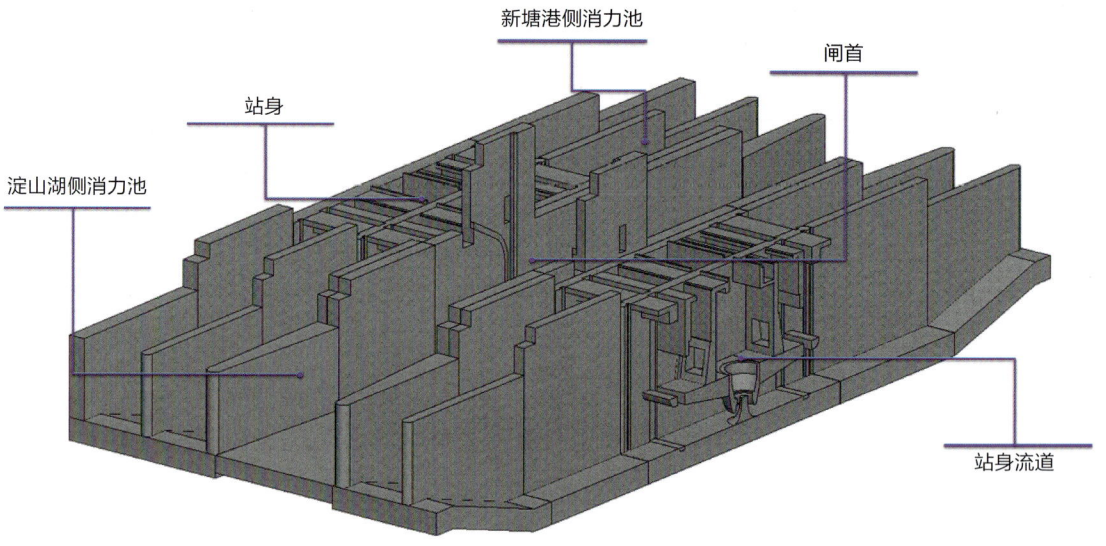

图7　BIM设计图

元件的调用,实现时间节约量不少于传统方式的10%;在项目发展各阶段通过对模型信息填补、修正,保持模型统一性及实时动态性,为项目全生命周期提供支持和帮助。

【咨询效果】

新塘港是"太湖流域水环境综合治理重大项目",是"长三角一体化示范区亮点项目",是"流域主要行洪、区域重要的引排水通道"。

工程统筹兼顾防洪达标、亲水休闲、景观提升、生态修复等目标,打造"人水和谐"的滨水生态空间,助力推进长三角生态文明建设。

本工程的实施完善了区域防汛除涝体系,减轻了整个太湖流域的防洪除涝压力,提高了北部地区西水东输动力,改善了太湖流域下游水环境,形成了水上陆上游线,提升了河道周边景观。为青浦区西部地区防洪除涝及环境改善做出重要贡献,为青浦区带来经济效益、环境效益、社会效益。

本工程荣获2021年度上海市优秀工程咨询成果一等水平,2020年上海市重点工程实事立功竞赛优秀团队,上海市水利学会2020年第七届"金秋"优秀涉水工程设计、规划项目"优胜奖",华建集团第八届"华建杯"水利工程设计类"佳作奖"等奖项。

苏州河（真北路—蕰藻浜）堤防达标改造工程可行性研究报告

The Feasibility Study Report of the Project of the Upgrading and Standardization for the Embankment of Suzhou River (Zhenbei Road–Yunzaobang)

编写单位：上海市政工程设计研究总院（集团）有限公司
Shanghai Municipal Engineering Design Institute (Group) Co., Ltd.
联系电话：021-55000241　　网址：https://www.smedi.com
主要完成人：叶茂盛　董学刚　石永超　周佳毅　郭高贵　游孟陶　董友亮　王　帆　袁　昊　钱　程

【点评】

该报告研究了苏州河（真北路—蕰藻浜）堤防达标改造工程，体现了综合性、创新性和实用性的设计理念。通过整体规划和统筹设计，工程不仅提升了防洪能力，还优化了滨水景观，实现了生态、社会和经济效益的多赢。项目采用多项新技术，如组合式防汛墙、预制装配式防汛墙、堤防迎水面浮雕装饰墙、3D打印技术等，展现了大胆创新和匠心设计的特点。同时，工程注重因地制宜，精细设计，解决了房屋段、管线穿越段等复杂问题，确保了工程的顺利实施。最终，工程不仅提高了苏州河的防洪标准，解决了实际工程中的技术难题，还提升了滨水空间的文化内涵，为上海市苏州河的综合治理树立了典范。

【项目背景】

苏州河是一条横贯上海中心城区的骨干河道，作为黄浦江支流中唯一流经上海市中心城区的河道，因其两岸城市化程度高、人口密集度大的特点，被视为一条功能重要、附加值高的河道，受到上海市委市政府的高度关注。

20世纪90年代起，上海市投入140多亿元，实施了三期苏州河环境综合整治工程，通过持续十多年的治理，苏州河干流全部消除黑臭。但苏州河干支流水质尚未达到国家要求的Ⅴ类水标准，干流（上、中段）还存在防汛安全隐患，两岸仍存在脏乱差现象。因此，对照国家《水污染防治行动计划》和上海建设卓越的全球城市的要求，开展苏州河环境综合整治四期工程，以提升城市防汛能力、顺应人民群众期盼十分必要和紧迫。

为贯彻落实国务院《水污染防治行动计划》，推进落实《上海市水污染防治行动计划实施方案》，进一步改善苏州河干支流水环境质量，提高干流防汛能力，优化沿岸生态环境，2017年11月29日上海市水务局制定完成了《苏州河环境综合整治四期工程总体方案》。经过三轮综合治理，已经消除黑臭的苏州河启动了苏州河环境综合整治四期工程（简称"苏四期"），整治目标是到2021年苏州河干支流消除劣Ⅴ类水质，干流堤防工程全面达标，航运功能得到优化，生态景观廊道基本建成。苏州河环境综合整治四期工程竣工后，苏州河将成为上海的滨水空间示范区，水文化和海派文化的开放展示区，人文休闲的自由活动区。对于提升城市生态环境质量及居民生活品质具有重要意义。

在实际工程中，由于苏州河下游通航受限，使得江浙来沪的大量砂石料船集结在中游；此外苏州河水闸的建成加剧了河水对河床泥面的冲刷。同时，防汛墙后堆载、违章搭建、墙前停靠系缆等不当行为，使防汛墙设计工况变化，许多岸段墙体出现安全隐患。因此，有必要对防汛墙进行改造，消除安全隐患，提高防汛能力。

苏州河（真北路—蕰藻浜）堤防达标改造及底泥疏浚工程作为苏州河环境综合整治四期工程的14个子项之一，其主要内容为防汛墙加高加固和底泥疏浚。本工程对提高防汛能力、完善苏州河景观休闲长廊、改善水环境及保障经济可持续发展具有重要意义。

本项目为上海市重大工程。该工程位于上海市苏州河中游，横跨普陀、长宁、闵行、青浦和嘉定五个辖区,河道全长22.15 km,主要工程内容为32 km苏州河防汛墙达标改造。该工程2018年12月开工,上海市委市政府主要领导出席开工典礼。该工程的开工标志着上海的"母亲河"苏州河进入全流域综合治理阶段。工程于2019年底顺利完工。

【项目内容】

1. 项目位置

苏州河亦称吴淞江,发源于东太湖的瓜泾口。苏州河自青浦区赵屯入境,至外白渡桥入黄浦江,在本市境内长约53.1 km,河道面宽一般为50—70 m,是横贯上海中心城区的骨干河道,也是上海的"母亲河"。本工程河道整治范围为苏州河中游段(真北路—蕰藻浜),干流河道全长约22.15 km,共涉及长宁区、普陀区、闵行区、青浦区和嘉定区五个辖区。

2. 项目研究内容

① 论证工程建设的必要性,确定本工程建设任务和工程规模。

② 确定苏州河主要水文分析成果。

③ 分析查明影响工程的主要地质条件和工程地质问题。

④ 确定工程等级和设计标准,选定工程总体布置方案及主要建筑物的结构型式。

⑤ 拟定对外交通方案,选定主体工程的主要施工方法和施工总布置,提出控制性工期和分期实施意见。

⑥ 拟定水利工程管理机构,提出工程管理范围和保护范围以及主要管理实施。

⑦ 基本确定工程占地范围,复核压挖拆迁实物指标,复核建筑场地征用与动拆迁费用。

⑧ 评价防汛墙工程建设对环境的影响,并提出对策措施。

⑨ 确定主要工程量、建筑材料用量,估算工程投资。

⑩ 明确工程效益,分析主要经济评价指标,评价工程的经济合理性。

3. 投资估算

本工程内容包括防汛墙改造工程、墙后绿化恢复、墙后道路恢复、围堰、墙后建筑物保护等。工程总投资为228 344.43万元,工程费用为161 075.89万元。

4. 经济效益

本工程属于苏州河环境综合治理系统工程之一,具有广泛的社会效益、环境效益和经济效益。在社会效益上,提高和改善苏州河及两岸的生态环境,提高市民的生活质量,改善项目建设地区的投资环境;在环境效益上,消除大部分的底泥污染源,为实现市委市政府提出的到2020年使苏州河变清,恢复生态功能奠定了坚实的基础,并且结合城市开发,两岸防汛墙可得到较为

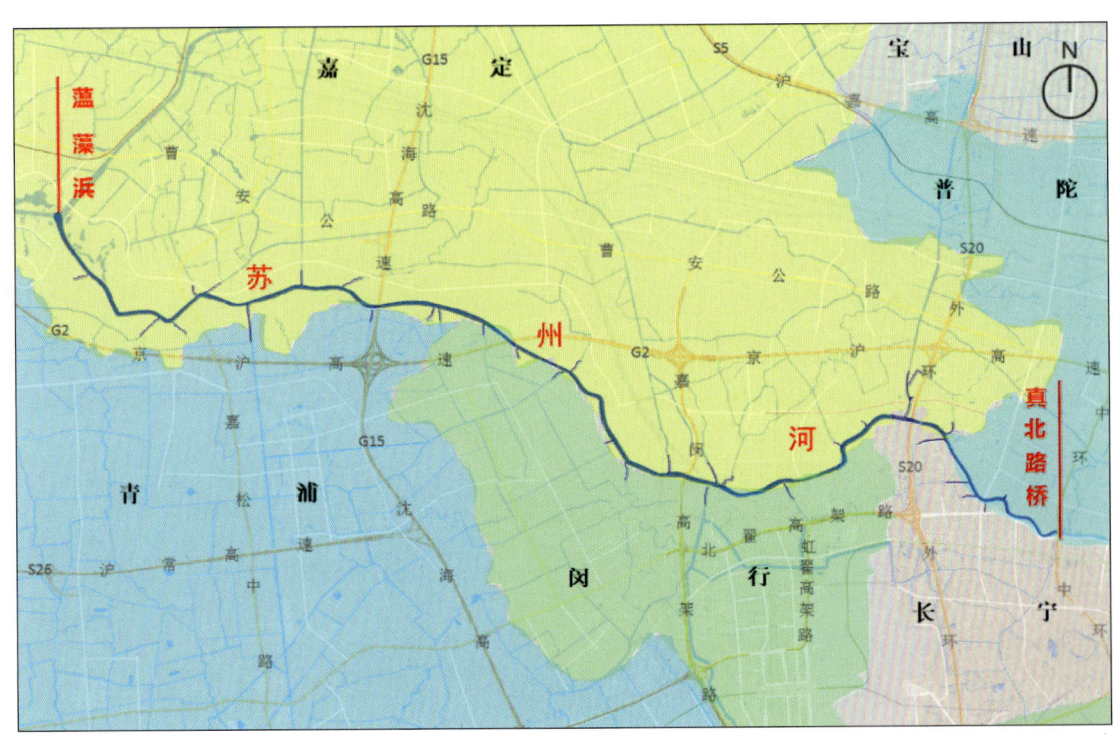

图1 工程区位图

彻底的改造，带动周边环境的改善；在经济效益上，底泥的疏浚带动了两岸防汛墙的加固和改造，提高了苏州河的防汛标准，具有防洪减灾效益。防洪工程的效益，与其他工程的效益计算不同，它不是直接创造财富，而是把因修建防洪工程而减少的洪灾损失作为效益。

本工程的建设使得苏州河的水质获得改善，干流的堤防工程全面达标、航运功能得到优化、生态景观廊道基本建成。更为关键的是进一步实现还水于民，形成大都市的滨水空间示范区、水文化和海派文化的开放展示区、人文休闲的自由活动区，保障了地区经济可持续发展，对上海城市转型升级以及未来全球城市建设具有重大战略意义。

【工作过程】

苏州河虽经过一期、二期、三期工程的防污截污、河道两岸环境整治，但仍然存在防汛墙不满足防洪除涝、通航等需求。目前，苏州河两岸防汛墙大部分建设年代久远、标准低、外形杂乱无章，无法满足当前防汛要求。为解决上述问题，同时兼顾苏州河通航要求以及宜人的滨水空间要求，本项目对苏州河中游段（真北路—蕰藻浜）干流及其支河河口防汛墙进行达标改造，改造后防洪除涝能力达到应对太湖流域100年一遇防洪标准和区域新的20年一遇除涝标准的要求，以筑牢防汛安全屏障。2018年7月，完成可行性报告；2018年12月动工，第一阶段于2019年汛期前完工，总工期12个月。根据改造区域内各区分界和区段长度，将整个工程分为七个区段。其中普陀区和长宁区为一个区段，嘉定区为四个区段，青浦区为一个区段，闵行区为一个区段，单个区段长度5—6 km，各区段可单独或同时施工。苏州河中游段（真北路—蕰藻浜）防汛墙经过整治后消除了苏州河干流及其支河河口防汛墙的安全隐患［支河堤防达标和支河水（泵）闸改造纳入支流整治工程］，与苏州河通航要求相匹配，并能很好地衔接其他苏州河环境综合整治四期工程，扎实稳步推进各项工程的顺利进行，为实现"安全之河、生态之河、景观之河、人文之河"的美好愿景打下坚实基础。

【咨询工作特点及经验教训】

1. 整体规划，统筹设计

苏州河（真北路—蕰藻浜）堤防达标改造工程通过整体景观规划设计，使得沿线滨水景观具有整体性，将设计岸段分为"城市记忆段""亲水宜居段""郊野分光段"，融入区域文化，不同岸段各具特色。

本工程结合生态廊道建设考虑消纳部分河道疏浚土方，既解决生态廊道用土需求，又一定程度解决了疏浚底泥处置难题；通过相关工程的合理统筹，就地就近取土消纳，实现土方平衡，大大节约了工程投资。

2. 因地制宜，精细设计

本工程岸线总长度为40.36 km，堤防改造总长度约为32 km，涉及的问题林林总总，诸如房屋段的处理、排放口的处理、管线穿越段的处理、地铁保护段的处理、跨河桥梁段的处理等。项目组沿线逐段踏勘调研，逐段设计。对于沿线房屋距离河口较近的岸段，实施房屋支护保护措施，采用水上钢板桩桩外贴加固方案，施工采用基本无振动、无噪声的静压工法，解决沿线房屋动迁难题，节省了工程投资，缩短了工期。对于管线保护、地铁保护、桥梁、支流衔接等节点设计，从相关法律、法规、行业管理规范及技术研究上考虑周全，有效规避了工程风险，有利于工程顺利实施落地。

3. 大胆创新，匠心设计

苏州河（真北路—蕰藻浜）堤防达标改造工程，实现了十二项技术在上海水利工程中的"首次应用"。其中，生态混凝土技术在上海堤防工程中的创新设计与系统应用取得了巨大成功，形成了一系列"苏四期"工程特有的技术亮点。组合装配式、3D打印技术、艺术造型模板技术以及国内首例堤防迎水面浮雕装饰墙关键技术等多项技术，在上海乃至全国水利工程中均为首度运用，在业内赢得广泛赞誉。在首届全国生态混凝土创新设计应用大赛中，这四项技术均荣获一等奖。

（1）首次在上海堤防工程中采用组合装配式防汛墙

受限于各种客观原因，护岸建设工程和景观建设工程、规划河道蓝线调整等问题往往无法同步实施。出于防汛安全需要，通常先实施护岸工程，护岸多采用一墙到顶的型式，待后续景观规划方案确定，按照河道规划蓝线实施条件具备后，再将已建护岸进行削顶凿除，新建二级护岸。因此设计一种与近远期规划相结合的组合式护岸，可避免上述问题。上部二级墙采用预制装配式挡墙,可以快速形成封闭。待后期地块开发属性明确后,将预制挡墙移至后方,在一级墙和二级墙之间形成亲水步道,这样避免材料浪费,低碳环保。二级墙除采用预制L型挡墙外还采用预制生态框,框内种植绿化,美化驳岸,预留水土交换的通道,后期可以结合景观提升工程,实现重复利用。

预制装配式防汛墙采用C40钢筋混凝土材料,在工厂内完成制作,运到施工现场,减少现场浇筑造成的废弃量。在防汛墙端头设置凹凸榫,凹槽内设止水橡胶条,与一侧相对凸槽连接,将若干节标准段预制挡墙就位排列整齐后,墙身通过螺栓连接,底板通过自身重力压紧,形成标准段防汛墙。其先进性表现在以下几个方面:

① 时空统筹(低碳环保)。装配式防汛墙近期布置在规划河口线位置,确保防汛封闭,远期结合生态廊道工程,作为二级挡墙重复利用,避免废弃工程,有效解决堤防达标改造工程和生态廊道工程时空不一的问题。

② 高效环保(减少废弃量)。装配式挡墙工厂预制,现场吊装装配,简单快速,避免现场大量浇筑混凝土和废弃工程,绿色环保。

③ 三重防水(结构可靠安全)。挡墙端头设置凹凸榫,凹槽内设两道止水橡胶条,与一侧相对凸槽连接。防汛墙之间设变形缝,表面采用防水材料封胶嵌缝,形成三重防水,满足防汛安全功能。

④ 模数化设计(施工方便精准)。装配式防汛墙标准长度分为三个规格:2.7 m、5.2 m、7.7 m,三种规格进行组合放置,有效地做到沉降控制、错缝控制、止水控制,实现模数化生产。

(2)首次在上海堤防工程中应用3D打印技术

采用3D打印技术进行预制箱型砌块生产,在上海市(乃至全国)水利工程建设中尚属首例。采用3D打印技术进行预制箱型砌块生产,不受模板限制,可以根据需要随时调整。打印采用高强度砂浆材质,强度符合设计和规范要求,体量更轻便于安装,且整体造型优美。预制箱型砌块造型多变,从造型、造价、质量、生产、安装等方面,3D打印技术都有显著优势。

① 制作灵活。形状打印灵活,通过BIM管理系统,用网络3D打印机直接打印,可根据用户需求进行建筑造型、结构和功能的个性化定制。

② 质量与效率兼得。3D打印所需时长比传统预制工艺缩短70%—80%,全过程由电脑程序操控,打印误差低至3—8 mm,精度远高于传统工艺。

③ 低碳环保。采用3D打印技术可直接打印成型,完全不用模板及配套材料,使得施工现场的建筑垃圾大量减少,现场无泥沙、砖石、粉尘,而且施工噪声污染得到极大改善。同时也降低了人工成本,工日数比传统方式减少60%—80%。机械施工代替人力施工,降低人身安全风险。

④ 造型多变。本项目中采用的箱体外立面为波浪形式,造型优美,同时为了力求线性的多变,设计出了大波浪、小波浪、扭面等几种形式,

图2 组合装配式防汛墙在上海堤防工程中的首次应用

图3 3D打印技术在上海堤防工程中的首次应用

堆放排列时可以错缝形成椭圆形绿化空间,或者框体平移后退形成条形绿化空间。

(3)首次在上海堤防工程中应用艺术造型模板技术

常规的防汛墙结构采用钢筋混凝土结构。虽然钢筋混凝土结构安全可靠,但外观效果欠佳是其主要的缺点之一。虽然现阶段清水混凝土外观受到一定的青睐,但其对施工质量要求较高,且对于河道带状分布外观而言,相对不太适合。综合考虑施工难易和外观效果,"苏四期"外贴面采用比较流行的造型混凝土进行防汛墙装饰。

造型模板是集"生态、和谐、宜居"特色和区域文化元素于一体的特制混凝土专用装饰模板,是一种经济、安全的混凝土建筑物的构筑方法。与常规模板相比,能使混凝土浇筑脱膜后外立面自然形成立体造型、得到理想的装饰纹理和图案效果,其优势在于:

① 结构安全可靠。外贴面采用比较流行的造型混凝土进行防汛墙装饰,达到墙身的美化的目的,相较于外贴装饰材料而言,其费用较低,同时结构更为可靠,也不会遮挡防汛墙墙身。有利及时发现堤防护岸的安全隐患等优势。

② 低碳环保。模板可以进行重复利用,采用特殊的橡胶材质制作,可以有效使用上百次而纹理清晰,施工完成后模具可以进行二次回收,重新熔铸成新的模具,减少浪费,且成本低廉。

③ 施工方便。钢模板和造型模板需通过连接板和模板粘结剂牢固连接,固定好后应保证浇筑和脱模时无偏移,浇筑混凝土时应分层充分振捣排除气泡消除麻面。混凝土着色可以预涂在模板内侧,也可后喷涂在混凝土表面,应使用水性渗透型涂料。

整个堤防岸线区域划分为了城市记忆段、亲水宜居段和郊野风光段三部分。采用造型模板产生的混凝土纹理作为背景墙,结合工程景观总体布置设想,与自然景观和城市风貌相呼应,还可对周围环境起到协调作用。在一级防汛墙外立面上采用块石纹理,在城市记忆段二级防汛墙外立面上采用云片石纹理,在亲水宜居段二级防汛墙外立面采用碎石纹理,在郊野风光段二级防汛墙外立面采用波浪纹理。

(4)国内首例堤防迎水面浮雕装饰墙关键技术研究与应用

为了建设世界级滨水区,本工程外立面景观

图4 艺术造型模板技术在上海堤防工程中的首次应用

图5 国内首例堤防迎水面浮雕装饰墙关键技术研究与应用

效果要求较高,工程起点南岸段(风铃绿地以东段)共118 m结构受制于河段河口窄、墙后为市政道路等条件限制,结构采用较为特殊的一墙到顶的直立式和斜坡式,其中90 m斜面墙体,28 m直立墙面。墙体结构立面在河口最窄的岸段上显得尤为生硬,该段位于工程起点,且在真北路立交斜下方,地理位置重要,墙面装饰的景观效果尤为重要,建议采用浮雕工艺饰面。一方面,优美生动的浮雕墙面解决墙面装饰难题;另一方面,通过描绘"清水绿岸、鱼翔浅底的景象",突出苏州河整治正是紧扣习近平总书记治水方针,通过四期的整治,成效斐然。

① 主要难点:浮雕画面较为复杂,无法通过造型模板一次成型,浮雕突起结构大于20 cm,最

大突出部分达到近40 cm,容易产生结构裂缝;附着石雕材料必须充分考虑突出结构的与防汛墙体之间的黏合力。

浮雕位于河道迎水面,河水涨落起伏,加上船行波的扰动,结构温度变化大,容易产生温度应力裂缝;因此材料选择上必须充分考虑避免石雕裂缝的产生。同时,浮雕易受到水起伏侵蚀和紫外线破坏,造成石雕外立面黑暗,斑驳老旧;因此石雕材料的选择上必须考虑结构外立面永久保鲜。浮雕采用颜色各异的九鲤图案,材料选择上必须考虑颜色鲜活,不易侵蚀。

② 解决方案:这面浮雕墙是一面"高科技"的浮雕墙,通过专题研究、试验分析,最终选用高性能混凝土(UHPC)+天然矿物质颗粒等新型材料,通过多次试验研究,获得最佳纤维配比,成功解决了以上所有河道迎水面浮雕制作的难题。

【咨询效果】

本报告对于社会、环境和经济效益进行了分析,同时进行国民经济评价与敏感性分析。工程的实施带来的社会效益较为显著,包括提升苏州河区域的防洪排涝能力、改善城市环境、提高居民生活质量;加强了苏州河沿岸的堤防建设,有效防止洪水灾害的发生,保障沿河地区的安全。此外,工程的实施将促进沿岸土地的合理开发和利用,底泥的疏浚带动了两岸防汛墙的加固和改造,提高了苏州河的防汛标准,具有防洪减灾效益。国民经济评价结果为:经济内部收益率达到13.80%,显著高于7%的社会折现率,经济效益费用比为2.62,远高于1,说明工程具备较高的经济效益,从国民经济角度分析可行。敏感性分析结果看,即使在投资和效益浮动±15%的最不利情况下,其经济内部收益率也大于社会折现率,表明本工程从经济角度分析是稳定的,具有较强的抗风险的能力。

工程实施后,使得防洪除涝安全感增加,居民能够集中精力投入经济建设;同时改善了区域水环境,提升了投资环境和居民的生活质量;每年在环境保护方面可以减少约3 000万元的投入。这不仅有助于保护环境,还带动了周边土地增值和区域发展。在实施过程中,通过合理的安置和补偿措施,保障了拆迁居民和企业的正常生产和生活,减少了社会不稳定因素。这些措施确保了工程的顺利推进,同时维护了社会和谐。

本工程具有重要的研究价值和广泛的社会影响。通过科学的规划和设计,采用了先进的技术和材料,为今后的类似工程提供了宝贵的经验和数据支持,推动了行业的发展。工程实施后,不仅显著提高了区域的防洪能力,还改善了生态环境,对促进社会经济的可持续发展具有重要意义。改善后的苏州河及两岸生态环境提高了居

图6 工程完建实景——海烟之滨

民生活质量,提升了上海市的旅游竞争力和文化品位。本工程不仅在技术上取得了显著进展,还在经济和社会效益上取得了良好成果,具有重要的研究价值和广泛的社会影响,成为类似项目的重要参考和借鉴。

本工程设计形成了25项专利技术,其中发明专利11项,实用新型专利14项,同步编制完成上海地方标准2项,导则专著2项,相关发表论文10余篇。本工程设计凭多项创新设计荣获2020年度上海市水利创新示范奖,项目设计团队也在2020年水利部长江经济带重大水利工程建设劳动和技能竞赛中成绩突出,荣获"先进集体"称号;获2021年上海市水利优质工程金奖,2021年度上海市优秀工程咨询成果一等水平、上海市优秀工程勘察设计一等奖,中国勘察设计协会2021年度行业优秀勘察设计三等奖;2022年度中国土木工程学会"建华工程奖"二等奖,2021—2022年度中国水利工程优质(大禹)奖。

环湖大堤（浙江段）后续工程可行性研究报告

The Feasibility Study Report of the Follow-up Works for Levees Around Taihu Lake (Zhejiang Section)

编写单位：上海勘测设计研究院有限公司
Shanghai Investigation, Design & Research Institue Co., Ltd.
联系电话：021-65427100　　网址：https://www.sidri.com
主要完成人：吴巍巍　孙大勇　盛根明　朱桂娥　华　俊　张彦举　严丽芳　杨雪林　徐素红　刘晓敏

【点评】

该报告深入分析了太湖流域的防洪需求和生态环境保护，体现了生态文明建设的理念。报告从太湖流域综合治理的角度出发，系统论证了环湖大堤加固、入湖河道整治和湖滨带生态修复的必要性和可行性。通过对历史工程的回顾和现状分析，报告提出了科学合理的工程布局和规模，充分考虑了防洪安全、生态保护和城市发展的需求。报告内容翔实、方法科学、论证充分，为项目的顺利实施提供了坚实的基础。同时，报告还注重工程与地方经济发展的协调，促进了经济效益、社会效益和生态效益的统一，具有较高的参考价值和实践意义。

【项目背景】

1. 项目建设背景

太湖流域位于"一带一路"、长江经济带、长三角区域的重要交汇地带，是一个淹不得、也淹不起的地方。太湖位于太湖流域低洼平原水网区，是流域洪水和水资源调配中心。环（太）湖大堤是流域重点防洪工程，经历了1999年、2016年和2020年特大洪水考验，对保障经济社会高质量发展发挥了重要作用，但也暴露了我国防洪治水的许多薄弱环节。国务院批复的《长江三角洲区域一体化发展规划纲要》《太湖流域综合规划》《太湖流域防洪规划》，以及国家172项重大水利工程均安排优先实施环湖大堤后续工程。

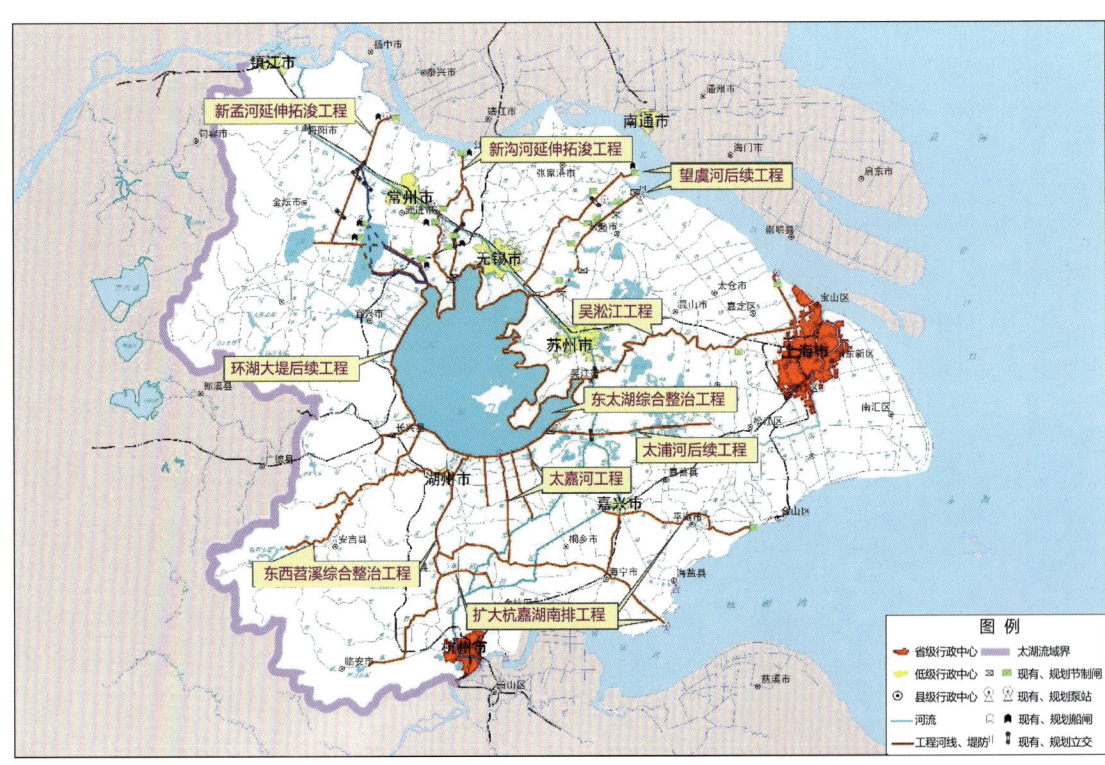

图1　太湖流域综合治理重点工程示意图

2. 项目目标和必要性

（1）项目目标

实施环湖大堤（浙江段）后续工程，进一步完善流域区域防洪体系，进一步提高流域区域防洪能力，保护、改善南太湖水生态环境，有效促进经济社会发展和生态文明建设。

（2）建设必要性

环湖大堤是流域防洪安全的重要基础和统筹太湖蓄泄的关键，但存在防洪能力偏低、防洪减灾体系不完善等问题，不能满足经济社会高质量发展要求。2016年、2020年太湖流域接连发生特大洪水，项目区洪灾较重，迫切需要流域骨干工程发挥综合效益。实施环湖大堤（浙江段）后续工程，是落实国家和太湖流域重大规划，完善防洪减灾体系，提高防洪排涝标准的需要；是建设生态文明，提升人民生活环境，进一步促进经济社会发展的需要。

3. 项目建设条件

环湖大堤（浙江段）后续工程涉及太湖流域治理、杭嘉湖区域治理，建设条件十分复杂、挑战性大。主要包括以下几个方面：研究论证涵盖了整个太湖流域，范围很广；项目范围所涉及的流域、区域对治理有不同要求，统筹协调难度大；项目涉及的工程建设存在多处历史遗留问题；项目区洪水、涝水相互影响，水文情势复杂；项目区山丘区、岗前坡地与平原洼地夹杂，地形、地质条件十分复杂；项目涉及堤防、河道、桥梁、泵闸、水生态等多项治理，勘察设计线长、点多、面广，任务艰巨；项目需在传统防洪工程基础上，充分发挥水生态、景观功能与作用，挑战性大。

4. 委托方需求

环湖大堤后续工程在流域区域水安全保障体系中占据重要地位，始终受到高度重视。为落实各级主管部门对加快推进太湖流域防洪重点工程、国家172项重大水利工程的建设，提升流域区域防洪除涝能力，更好地支撑经济社会高质量发展，2016年2月，湖州市水利局、长兴县水利局组织开展项目可行性研究勘测设计工作，要求咨询方提供可行性研究报告（含附图）和各相关专题报告，并获得批复。

【项目内容】

1. 项目类型

项目名称：环湖大堤（浙江段）后续工程可行性研究项目。

建设类别：水利。

建设性质：新建。

2. 建设单位情况

环湖大堤（浙江段）后续工程按行政区划分湖州市、长兴县两段。

湖州段建设单位：湖州市水利投资发展有限公司。

长兴段建设单位：长兴县太湖水利工程建设服务中心。

3. 主要建设内容及规模

本项目按工程建设内容可分为：环湖大堤加固工程、长兴平原地区入湖河道整治工程、湖滨带生态修复工程。

（1）环湖大堤加固工程

环湖大堤加固工程包括堤防加固、口门建筑物和桥梁工程。

① 堤防加固。堤防加固段12.61 km，包括：父子岭至夹浦9.14 km堤段，大钱闸、罗溇闸、幻溇闸、濮溇闸、汤溇闸5座多孔闸外侧1.76 km堤段，湖州、长兴交界至长兜港大桥东岸1.71 km堤段。

② 口门建筑物。湖州市区段口门建筑物大钱闸拆除重建。长兴县段共13座口门建筑物，分别为鸡笼港、双港、文家浜、上周港、金村港、长大港、观音桥港、迮楼港、泥桥港、响水涧、排埠港、斯圻港和南横港等入湖口门控制。

③ 桥梁工程。在夹浦港入湖口新建桥梁1座，上周港入湖口桥梁与上周港闸站合建。

（2）长兴平原地区入湖河道整治工程

结合长兴社会经济发展规划、区域总体治水思路、现状水系格局等因素，在原《太湖环湖大堤工程可行性研究报告》确定长兴境内的南横港、杨家浦港、长兴港、合溪新港、双港、夹浦港、上周港和金村港等八条开敞入湖河道格局的基础上进行适当调整合并，将长兴东部平原区的杨家浦港、长兴港、合溪新港、沉渎港、吴城—秋龙—夹浦港、常丰涧六条骨干入湖溇港保持入湖口门开敞，并按照防御流域100年一遇洪水标准进行干河整治及回水堤加高加固，沿线设闸站，形成六条骨干封闭排水通道，减轻太湖高水位回灌产生的影响。

入湖河道整治工程包括干河整治、沿线交叉建筑物和桥梁改造等内容。

① 干河整治。入湖干河整治包括沉渎港、吴城—秋龙—夹浦港、常丰涧三条河道，工程内容

为河道清淤拓浚及两岸回水堤加固。沉渎港整治河道长8.28 km,双港清淤0.46 km;吴城—秋龙—夹浦港整治河道长5.87 km;常丰漪整治河道长1.96 km。

② 沿线交叉建筑物。沿线交叉建筑物包括杨家浦港、长兴港、合溪新港、张王塘港、沉渎港、吴城—秋龙—夹浦港、常丰漪七条河道沿线合计123座支河配套建筑物。

常丰漪沿线拆(改)建、新建沿线涵闸7座、泵站6座,共13座;夹浦港—秋龙港—吴城港沿线新建闸站14座;沉渎港沿线新建闸站24座、涵洞4座、泵站1座,共29座;合溪新港沿线拆建、新建节制闸1座、闸站12座,共13座;长兴港沿线拆建、新建节制闸4座、闸站14座、泵站1座,共19座;杨家浦港沿线拆建、新建闸站27座、节制闸1座,共28座;张王塘港沿线新建闸站7座。

③ 桥梁工程。对沉渎港、夹浦港—秋龙港—吴城港及常丰漪三条入湖河道进行整治,河道疏拓浚后现状桥梁均难以保留。为确保两岸交通,对河道沿线桥梁进行重建,共计17座。

(3) 湖滨带生态修复工程

对湖州市区太湖沿线湖滨带长约22 km、宽10—40 m、面积约0.6 km²的滨岸带生态修复。

4. 项目功能需求

本项目属水利类项目,以防洪、除涝功能为主,兼顾水生态环境、景观功能。

5. 项目技术特点

本项目可行性研究历时长、研究范围广、征占地面积大、技术难度大、协调因素多。咨询过程中,开展了测量、勘察、水文和水利计算、工程必要性及规模论证、工程设计、移民调查和规划、环评、水保、能评、工程管理、投资估算、稳评等大量内外业工作;深入论证工程治理范围、内容和规模,将流域区域防洪、排涝、生态综合治理与经济社会发展有机融合,凸显了工程的综合效益。

6. 建设选址

(1) 区域概况

本项目位于浙江省湖州市和长兴县,涉及浙江省杭嘉湖区域的杭嘉湖东部平原、长兴平原。

杭嘉湖东部平原属太湖流域杭嘉湖区,本工程涉及的部分环湖大堤后续工程和泵站工程、太湖沿线生态修复及口门生态清淤等工程均位于该区域。区内洪涝水历来以北排入太湖、经太浦河转入淀泖湖群和东排入黄浦江为主。随着流域、区域水利工程建设,目前区域骨干河道可分为北排太湖、太浦河水系,东排黄浦江水系,以及南排杭州湾水系。

长兴平原属太湖流域浙西区,本工程涉及的环湖大堤后续工程大部分、入湖河道整治工程均位于该区域。区内水系主要由发源于西北部山区及西部、南部黄土丘陵的合溪、泗安塘及乌溪三条山溪组成,原有44条入太湖河道由于受淤

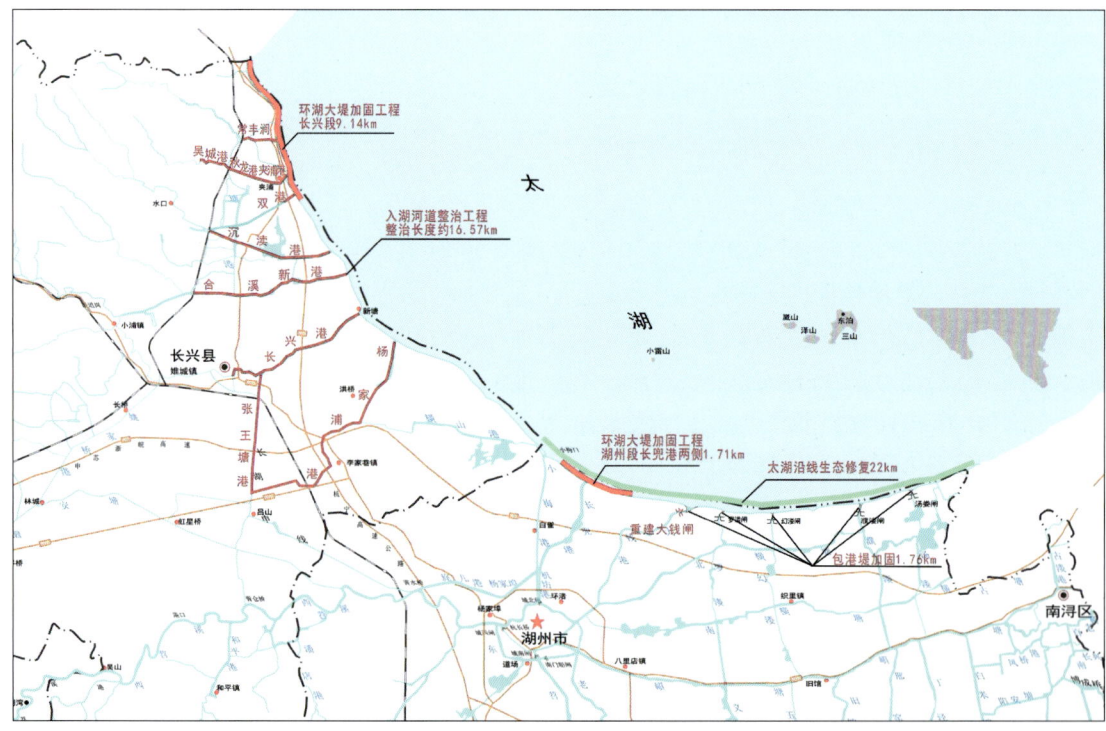

图2 环湖大堤(浙江段)后续工程总体布局示意图

积影响大多溇港已萎缩，目前主要有常丰润、夹浦港、双港、沉渎港、合溪新港、长兴港、杨家浦港和南横港等。

（2）地貌地质

项目区属于太湖周边的杭嘉湖平原中部湖沼堆积平原区，区内残留有少量的孤丘，西部和西南部为天目山余脉的剥蚀低山丘陵区，北部为太湖，中部、东部和东南部为平原区，地形平坦，水网密布，地面高程一般为1.5—5.5 m。本区地壳运动处于相对稳定阶段，区域构造稳定性较好。场地地基土以中软土为主，属抗震不利地段。场地环境水对混凝土具重碳酸型中等腐蚀性，对钢筋混凝土结构中的钢筋无腐蚀性，对钢结构具弱腐蚀性。

（3）生态环境

生态环境敏感目标主要为南太湖湖滨带生态保护区、南太湖沿岸生态保障区和长兴南太湖沿岸湿地保育区、长兴盛家漾河网湿地保育区。本工程影响范围内不涉及国家级自然保护区、风景名胜区及国家级湿地。

项目区不在国家级和省级水土流失重点防治区之列，平均土壤侵蚀模数为300 t/km²·a，属微度侵蚀。地方政府和水行政主管部门通过采取生物措施和工程措施相结合、建设与管理相结合的方式，对地方水土流失逐年治理，取得了显著成效。

7. 进度计划

工程建设全过程分为工程筹建期、工程准备期、主体工程施工期和工程完建期四个施工时段。工程筹建期是指工程正式开工前的阶段，主要完成本工程施工供电和通信系统、征地、搬迁以及招标、评标、签约等工作，筹建期安排6个月。工程施工总工期为36个月（含工程准备期、主体工程施工期及工程完建期）。

（1）长兴段施工进度安排

① 堤防工程（堤防部分）：工期安排18个月，于第一年开始施工，第三年完工；13座支河口门建筑物根据规模大小，工期安排5—7个月，安排在非汛期施工，相邻支河口门错开施工。

考虑工程实际运行情况，2020年12月实施先行应急段，即长兴段夹浦港至常丰润大堤。堤防长约3 km，其中新老大堤交接处至夹浦港836 m采用路堤结合型式（堤顶宽7 m+分隔带1.5 m+道路15 m）对现有滨湖大道进行延伸，夹浦港至常丰润堤顶宽7 m。

② 长兴平原地区入湖河道整治工程：常丰润河道整治工程工期安排9个月，于第一年10月开始施工，第二年6月完工；沉渎港河道整治工程工期安排18个月，于第一年10月开始施工，第三年3月完工；夹浦港—秋龙港—吴城港河道整治工程工期安排15个月，于第二年10月开始施工，第三年12月完工；123座入湖河道支河口门建筑物根据规模大小，工期安排4—7个月，安排在非汛期施工，相邻支河口门错开施工。

（2）湖州段施工进度安排

① 堤防工程。工期安排8个月，于第一年10月开始施工，第二年5月完工，主要包括堤身回填、护坡结构施工、堤顶道路施工；大钱节制闸工期安排14个月，于第一年10月开始施工，第二年11月底完工。

② 生态修复工程。工期12个月，分别安排在两个非汛期施工。

8. 估算投资

估算总投资242 357万元，其中建筑工程投资135 165万元，机电及设备安装工程投资318万元，金属结构设备安装工程投资222万元，临时工程投资4 869万元，独立费用14 159万元，基本预备费9 284万元，建设征地搬迁补偿投资72 478万元，环境保护工程投资2 328万元，水土保持工程2 719万元，出入太湖水量监测投资815万元。

【工作过程】

本项目受各级主管部门高度重视。2016年2月，湖州市水利局、长兴县水利局组织开展项目可行性研究勘测设计招标。经过招投标程序，上海勘测设计研究院有限公司中标本项目的可行性研究报告编制。

中标后，公司迅速成立项目组，开始进行环湖大堤（浙江段）后续工程地形测量、地质勘察等外业工作以及工程必要性及规模论证、枢纽布置及建筑物设计等内业工作。其间，就工程设计的有关内容和湖州市水利局、长兴县水利局进行了多次讨论。

2016年7月底，编制完成《环湖大堤（浙江段）后续工程可行性研究报告（初稿）》；8月和9月，湖州市水利局、长兴县水利局分别组织有关单位和专家对报告初稿进行了讨论研究，提出修改完善意见；项目组根据修改意见对报告进行了修改，9月编制完成了《环湖大堤（浙江段）后续工程可行性研究报告（征求意见稿）》。

2016年9月29日,湖州市水利局在湖州组织召开了《环湖大堤(浙江段)后续工程可行性研究报告》咨询会。项目组根据咨询会各方意见对可研报告进行了补充完善。

2016年11月24日,浙江省水利厅在湖州长兴县组织召开了《环湖大堤(浙江段)后续工程可行性研究报告》技术论证会。会后,项目组根据技术论证会专家组意见对可研报告进行了补充完善,在此基础上编制完成《环湖大堤(浙江段)后续工程可行性研究报告(送审稿)》。

2017年5月18—20日,水利部在湖州市召开了《环湖大堤(浙江段)后续工程可行性研究报告》审查会,对可研报告及相关专题报告提出了重要意见建议。会后,项目组对可研报告进行了补充完善。

2018年1月20—22日,水利部水利水电规划设计总院在北京召开可研报告复核会议。项目组根据复核意见,对可研报告做了进一步的补充完善,并上报水利部。9月26日,水利部同意可行性研究报告。

2020年8月,浙江省发展规划研究院组织召开可研报告评估咨询会。10月13日,浙江省发改委以"浙发改项字〔2020〕201号"批复了可研报告。

【咨询工作特点及经验教训】

1. 落实生态文明建设,夯实生态绿色基底

党的十八大报告把生态文明摆在了突出位置,生态文明建设是"五位一体"中国特色社会主义总体布局的组成部分。水生态文明是生态文明的核心内容、基础保障和坚实基底。水利部发布的《水利部关于加快推进水生态文明建设工作的意见》明确指出:水生态文明是生态文明的重要组成和基础保障。推进水生态系统保护与修复,综合运用调水引流、截污治污、河湖清淤、生物控制等措施,推进生态脆弱河湖和地区的水生态修复。加快生态河道建设和农村沟塘综合整治,改善水生态环境。高度重视对生态环境的保护,着力维护河湖健康。注重加强江河湖库水系连通,促进水体流动和水量交换。

本项目为堤防、闸站等水利类防洪、除涝工程建设,主要落实水生态文明建设要求,具有较大难度。本次咨询工作遵循"绿水青山就是金山银山"的理念,统筹山水林田湖草系统治理,调查分析了南太湖湖滨带生态系统现状,入湖河道与太湖水情、水环境特性,剖析问题及其成因,围绕流域、区域及环湖地区的防洪、治涝、水环境和水生态综合治理目标,研究制定了统筹兼顾、因地制宜的环湖大堤达标加固、长兴平原入湖河道综合整治和湖滨带修复这一系统性、综合性工程布局,提升防洪除涝能力、增强河湖连通、激活河湖"生命"状态、提高生物多样性、稳定生态系统、改善水环境,是夯实生态文明建设基底,强化工程综合治理的一个重要示范。

2. 尊重历史,统筹谋划协同发展的示范作用

环湖大堤于1991年江淮大水后建设,兴建了堤防、护砌及口门建筑物。经过近三十年的变迁,流域、区域内的雨情、水情、工情不断变化,极端灾害天气及洪水频发,对防洪治涝安全造成严重威胁,环湖地区对优化调整环湖大堤口门建筑物布局及上游长兴平原入湖河道综合整治的需求十分迫切。但是上述工程的治理涉及流域与区域之间的统筹协调,且缺少流域性规划的支撑依据,是否列入环湖大堤后续工程项目的决策难度巨大。

本次咨询工作按照尊重历史、统筹兼顾的原则,从20世纪80年代太湖流域综合治理总体规划方案编制时期,90年代的环湖大堤工程可行性研究、初步设计及建设时期,至21世纪初新一轮太湖流域防洪规划、太湖流域综合规划的编制及流域区域综合治理,对环湖大堤浙江段各阶段治理理念和布局进行系统细致的解读和研究,深入剖析了环湖大堤各阶段设计内容、建设沿革;对长兴平原入湖河道口门建筑物,分析一轮治太设计、一轮治太建设与本次建设的关系,初步解决长兴平原治理格局的难题。

在上述基础上,进一步研究现状布局存在问题与成因,水情工情变化对工程及上游长兴平原的影响,统筹流域区域防洪保障安全,与正在实施的、规划实施的流域区域治理工程紧密结合,深入分析论证了优化口门建筑物布局和长兴平原入湖河道综合整治工程的必要性、工程内容和规模,为优化调整环湖大堤口门建筑物布局及上游长兴平原入湖河道综合整治,提供了重要的科学依据。

3. 与环湖城市发展相融,促进高质量发展

湖州市位于太湖南岸,因太湖得名,是连接长三角南北两翼和东中部地区的节点城市,"绿水青山就是金山银山"重要思想的发源地。南太湖开发是湖州城市发展中的一个关键环节,规划打造

国际休闲度假旅游城市核心区，培育市区经济新的增长点，对太湖岸线开发利用的需求十分强烈。

咨询工作贯彻落实生态文明建设，深入践行"两山理念"，以水利工程安全、太湖生态健康为基础，在满足流域管理要求的同时，结合城市发展需要，将水利、生态及景观建设有机融合。结合环湖大堤达标建设、湖滨带生态修复，从生态、景观、文化整合的角度出发，围绕"绿源共生"，以理为主、以造为辅，保护并改善大堤沿线生态环境；经科学分析和合理布局，适当退堤成"湖湾"，增设架空景观平台，塑造太湖沿线优美宜人的风景线，创造人与自然和谐共生的空间环境，有利于提高人民生活品质，并对促进城市经济结构调整，增强城市发展活力具有积极的促进作用，达到"经济效益、社会效益、生态效益"三者的有效统一，以点带面地促进城市经济社会高质量发展。

4. 创新方法，科学论证入湖河道综合整治布局和规模

长兴平原入湖河道综合整治是本项目建设内容之一，但由于河道数量多、线路长，直接影响工程内容、征占地和投资，入湖河道综合整治布局、规模和水文参数，一直是环湖大堤各阶段研究的重点内容，广受关注。但入湖河道水文情势同时受山丘区洪水、平原区涝水和太湖水位影响，十分复杂，通常的洪水计算和流域河网数模计算，难以科学论证工程布局、规模和水文参数。同时，上游山丘区设计洪水标准、平原区防洪排涝标准、环湖大堤达标加固标准三者又不相同，更加剧了论证的技术难度。

咨询工作创新地将洪水、涝水、水位遭遇引入平原水网地区河道论证，深入研究分析上下游雨情、水情的遭遇情况，采用多种方法计算不同频率设计暴雨、洪水、涝水和水位；结合上下游防洪治涝设计标准论证，提出不同标准洪水、涝水、水位的水文组合；采用恒定非均匀流、堰流、桥梁壅水等多种方法，综合考虑壅水叠加影响，计算不同水文组合水面线，切实反映入河道受太湖高水位顶托的影响，论证确定河道整治范围；综合比较不同河线方案和规模，科学论证入湖河道综合整治布局和规模。

【咨询效果】

可研报告遵循"绿水青山就是金山银山"的理念，按照尊重历史、统筹兼顾的原则，研究制定了统筹兼顾、因地制宜的环湖大堤达标加固、长兴平原入湖河道综合整治和湖滨带修复工程布局，不仅满足流域管理要求，还结合城市发展需要，将水利、生态及景观建设有机融合，达到"经济效益、社会效益、生态效益"三者的有效统一。

可研报告为项目的顺利实施奠定了坚实的基础，项目单位湖州市水利局充分肯定了本项目咨询工作，提出"2016年2月上海勘测设计研究院有限公司中标环湖大堤（浙江段）后续工程可行性研究报告编制工作，按照合同要求完成了测量、勘察、《环湖大堤（浙江段）后续工程可行性研究报告》和图册、移民安置大纲及规划、环境影响评价、水土保持方案等编制，以及咨询、审查、报批和省市协调等工作，满足了合同规定的各项要求。成果基础资料翔实、路线正确、方法科学、手段先进、内容全面、可操作性强，为项目的顺利实施奠定了坚实基础"。目前《环湖大堤（浙江段）后续工程初步设计报告》已获批复，2020年12月本项目已开工建设。

图3　景观效果示意图

国家重大科技基础设施——磁-惯性约束聚变能源系统关键物理技术项目可行性研究报告

The Feasibility Study Report of the Key Physical Technology Project of Magnetic-intertial Confinement Fusion Energy System for the Major National Science and Technology Infrastructure

编写单位：上海投资咨询集团有限公司
Shanghai Investment Consulting Group Co., Ltd.
联系电话：021-23300000　　网址：https://www.sicc.cn
主要完成人：孙　蔚　彭　元　田　苗　徐晟奕　于洪爽　柴天远　陈志佳　陈宇焜　蒋丽娟

【点评】

本项目主要建设内容为当前国际聚变能源领域新途径的竞争热点，将为探索聚变能源的新原理、新技术、新应用和发展更高效率的聚变途径提供基本的验证与实验手段，科技含量高，研究难度大。项目组首先对标国际领先水平，针对关键性能指标与国外先进技术方案进行量化对比分析，同时向国内相关领域的物理学家请教，汇聚顶尖智慧，从顶层设计、科学目标、技术方案、建设方案、投资方案等多维度进行深入研究，从而提出了合理可行的实施方案。并且在预研类项目可研报告的基础上，创造性地提出4份专题研究报告，首次将可行性研究扩展至20年后，从应用侧反推预研阶段的技术目标合理性，为项目成果落地提供支撑。本成果推进了磁-惯性约束聚变能源系统关键物理技术的项目预研工作，为聚变能源的后续探索计划夯实基础，有助于提升我国能源安全韧性。

【项目背景】

当前，新一轮能源技术革命正在孕育兴起，新的能源科技成果不断涌现，新兴能源技术正以前所未有的速度加快迭代。世界主要国家和地区对能源技术的认识各有侧重，基于各自能源资源禀赋特点，从能源战略的高度制定各种能源技术规划、采取行动加快能源科技创新，以增强国际竞争力，尤其重视具有潜在颠覆影响的战略性能源技术开发，从而降低能源创新全价值链成本。如美国的《全面能源战略》、欧盟的《2050能源技术路线图》、日本的《面向2030年能源环境创新战略》、俄罗斯的《2035年前能源战略草案》等。

2020年9月，我国向国际社会提出"2030年前碳排放达到峰值，2060年前实现碳中和"的郑重承诺。这是我国积极应对气候变化挑战的国策，体现了中国在全球气候治理中的责任担当，为我们从现实出发推进能源革命、制定低碳能源转型行动路线明确了方向。聚变能源被认为是永不枯竭的高效清洁能源，是人类可以永久摆脱能源问题的终极方式。受控核聚变原理上有很多种实现方式，稳态的磁约束聚变和脉冲的惯性约束聚变成为目前主流的核聚变技术途径。经过各国科学家的努力，受控热核聚变研究取得了巨大进展，但距高增益、可商业化应用仍有一定距离。

磁-惯性约束聚变方式结合了磁约束和惯性约束的优点，可以在中等密度、尺寸、约束时间实现聚变点火，装置造价可以比主流方式降低1—2个数量级。因此，探索研发以高增益、可商业化应用为目标的磁-惯性约束聚变能源对我国能源结构转型、实现碳中和的战略目标具有重要意义，尤其是近期美国宣布可控核聚变点火成功，能源战略布局更凸显其重要性。

上海科技大学计划开展先进的磁-惯性约束聚变能源系统关键技术和核心部件系统性的研发，提出并实现等离子体射流驱动磁-惯性约束聚变新的物理方案，建设先进等离子枪研发和等离子体射流汇聚物理研究等若干设施平台，解决磁-惯性约束聚变的关键核心物理问题和工程技术问题，实现磁-惯性约束聚变物理体系的演示，为建立等离子体射流驱动磁-惯性约束聚变实验演示装置并实现聚变能源系统的科学得失相当("得失相当"是聚变能源在研究阶段的最重要里程碑)演示验证,提供科学和关键工程技术基础。

受上海科技大学委托,上咨集团承担国家重大科技基础设施《磁-惯性约束聚变能源系统关键物理技术项目可行性研究报告》的编制工作(简称"可研报告"),并由集团节能减排中心、治理研究部承担节能报告、社会稳定性风险评估报告编制工作。本项目预研工作为聚变能源的后续探索计划夯实基础,现已列入"十四五"国家重大科技基础设施开工建设,有助于提升我国能源安全韧性。

【项目内容】

磁-惯性约束聚变能源系统,是发展实用型聚变能源系统或聚变反应堆(practical fusion reactor)新途径的研究实验平台,是基础研究和工程技术研发的有机结合,符合当前国际聚变能源领域的竞争热点,与国家重大战略需求紧密相关。本项目为探索聚变能的新实现途径、新技术与新应用、发展更高效率的实用型聚变反应堆提供基本的工程技术验证与实验手段,为实现磁-惯性约束聚变的科学得失相当,奠定坚实的科学和技术基础,为加强我国能源安全战略提供重要的科学技术支撑。

本项目面向能源安全国家重大战略,围绕十年实现聚变科学"得失相当"的目标,探索研发以高增益、可商业化应用为目标的磁-惯性约束聚变能源。通过项目的实施,建设一支高水平、专业的研究团队,并培养一批从事核聚变能源研究和工程技术的年轻人才,为国家新型聚变能源装置的落地奠定人才团队和关键核心技术的基础,为未来中国能源的科技创新提供先进的解决方案发挥重要作用。项目计划在五年内开展先进的磁-惯性约束聚变能源系统关键技术和核心部件系统性的研发,建设先进等离子体枪研发和等离子体射流汇聚物理研究等若干设施平台,解决磁-惯性约束聚变的关键核心物理问题和工程技术问题。

本项目为能源前沿领域预先研究,是磁-惯性约束聚变能源探索的第一阶段,建设周期为五年,计划组织开展关键物理技术研究,建立国际领先水平的磁-惯性聚变能源系统核心部件、关键技术和诊断实验平台,为建立聚变能源系统实验演示装置、为磁-惯性聚变能源的商业应用开发奠定科学和关键技术基础。本项目由上海科技大学负责承担建设任务。上海科技大学是一所由上海市人民政府与中国科学院共同举办、共同建设,经教育部批准建立、由上海市人民政府主管的全日制普通高等学校,2022年2月入选国家新一轮"双一流"建设高校。

本项目建设内容包括两部分:一是改造上海科技大学物质学院现有实验室,建设部分关键研发平台,先行建设选址位于上海市浦东新区华夏中路393号;二是新建磁-惯性约束聚变能源系统关键物理技术实验楼,建设其余关键研发平台及实验装置,建设选址位于上海市浦东新区张江孙桥科创中心单元C10-01A地块,东至C10-1B地块,南至陆家漕,西至昌飞路,北至科农路。

项目拟先进行技术突破,然后通过模型设计放大实验,分阶段开展的实验流程,可大大减少本项目的技术风险。项目实施的前两年,拟建设系列单项关键技术验证平台,用于项目基本物理机制的研究及关键部件的研发。项目执行的第三年,本项目拟建设专门进行磁-惯性聚变能源研究的国家级研究设施,在前两年物理机制研究与技术工艺研发的基础上,联合国内高校和科研院所的力量,对磁-惯性聚变进行系统性的研究,组建专门的研究团队,建造专用实验装置,进行整体规划、系统性的布局、全面的核心关键单元技术研究,发展我国高能量密度技术。

项目建成后,将形成先进研发平台,与美国洛斯阿拉莫斯国家实验室PLX装置[①]相比,关键

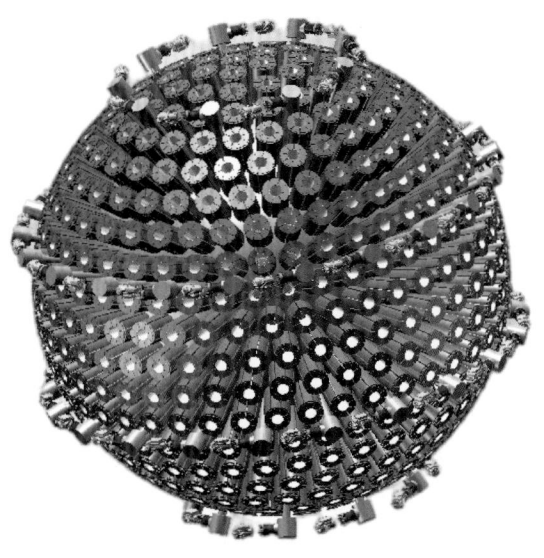

图1 实验装置效果图

图2　实验楼效果图

零部件设计与精密加工技术将处于世界领先水平；将完成相关平台安装，用于验证等离子体物理机制，成为国内外唯一可重复使用（不破坏硬件）的脉冲系统，总体水平达到国际一流、综合指标达到国际先进。

【工作过程】

2016年4月15日，国务院批准《上海系统推进全面创新改革试验加快建设具有全球影响力的科技创新中心方案》，明确指出上海科技大学要发挥体制机制优势，加快物质、生命、信息等领域创新研究，参与上海张江综合性国家科学中心建设。2021年10月，上海科技大学提出磁-惯性约束聚变能源系统关键物理技术项目建议，被纳入国家发展改革委发布的"国家重大科技基础设施十四五规划"。

根据本项目科学目标及研究计划安排，需在放大的系列研究平台上开展等离子体相关的物理机制实验研究及集成演示装置。在本项目建议书的深化论证阶段，进一步具体化了在校外新建相关实验楼（上海科技大学磁-惯性约束聚变能源系统关键物理技术实验楼）的需求和设计方案，支撑本项目后三年拟开展的相关实验和演示研究。根据上海科技大学委托，本项目可行性研究报告需在深化认证的项目建议书基础上进行进一步深化，对建设内容、技术方案、建设方案、建设选址、建筑规模、投资估算、组织架构、风险及措施分析等方面进行进一步细化，部分内容根据实际情况进行调整。

本项目2021年8月下旬接受委托，项目组立即开展筹备工作，8—10月通过公开资料搜集、机构调研等方式，在项目建议书基础上初拟可行性分析框架。其间，团队与赵永正教授等核电、等离子相关领域物理学家进行多次访谈，了解该前沿领域最先进的实验室及装置相关情况；调研了中国科学院高研院等科研院所，了解前沿领域科研项目及预研项目实施方案；牵头完成技术团队、设计单位及土储中心、浦东新区政府、上海市发展改革委等有关部门间的多次沟通及协调工作。在此基础上，10—11月项目团队依次形成前沿科学研究方法论、提出研发及设计思路、确定关键性能指标、夯实科研基础条件，从科学目标、技术方案、建设方案、投资方案等方面形成逻辑闭环，提出了合理、可行的实施方案。

国家发展和改革委员会、中国国际工程咨询有限公司于2021年11月25日召开"十四五大科学装置项目"工作推进会，于2022年2月28日对本项目成果进行预评审，由詹文龙院士领衔的专家团队对未来商业化可行性、特殊工艺方案、建设规模等方面提出若干建议。项目团队结合专家意见进行二次研究，提出专题研究报告，进一步完善可行性研究。最终于2022年8月完成报告编制工作，正式提交项目可行性研究报告。

【咨询工作特点及经验教训】

1. 全面梳理我国前沿科学领域的发展需求，研究相关技术及产业国内外发展情况，明确预研项目研究目标及路线

梳理能源领域的发展历程和阶段性目标，结合我国顶层设计，总结本项目实施后可实现的科技支撑作用，并与美国洛斯阿拉莫斯国家实验室PLX装置、美国空军研究实验室FRCHX装置、美国新墨西哥州桑迪亚国家实验室MagLIF装置、中国工程物理研究院"荧光-1"等国内外先进技术方案、机构、项目进行对比，以量化数据对关键性能指标进行比较，在各细分领域精准对标国际领先水平，论证项目总体性能指标、核心装备性能指标的合理性，最终确定项目定位，参考类似项目描绘发展路线。项目团队在全球竞争关系、国家战略、市场需求、行业发展规律、科学技术探

---

① 美国洛斯阿拉莫斯国家实验室（LANL）的高能密度物理组搭建的PLX实验装置是目前世界上最先进的PJMIF研究设施。

索路径等角度反复论证项目预研，得出本项目聚焦低成本、高密度、高稳定性的磁-惯性聚变，探索未来清洁能源解决方案的重要结论，为后续研究指明方向。

2. 汇聚顶尖智慧，全面深入研究，从多维度论证方案可行性

项目研究过程中，团队与赵永正教授等核电、等离子相关领域物理学家进行多次访谈，了解该前沿领域最先进的实验室及装置相关情况；梳理了硬X射线自由激光装置等"十三五"国家重大科技基础设施从立项到建成的各流程关键节点；调研了中国科学院高研院等科研院所，了解前沿领域科研项目及预研项目实施方案；牵头完成技术团队、设计单位及土储中心、浦东新区政府、上海市发展改革委等有关部门间的多次沟通及协调工作。在此基础上，项目团队依次形成前沿科学研究方法论、提出研发及设计思路、确定关键性能指标、夯实科研基础条件，从科学目标、技术方案、建设方案、投资方案等方面形成逻辑闭环，提出了合理、可行的实施方案。

3. 客观分析论证建设方案合理性，保障项目科研需求

本项目拟改造上海科技大学物质学院4号楼实验室，先行建设部分关键研发平台；拟新建磁-惯性约束聚变能源系统关键物理技术实验楼，建设其余关键研发平台及实验装置，建成后物质学院实验室将继续保留，用于小规模实验。项目团队依据本项目的研究方向和内容，对建设方案分别进行客观论证，对于改造部分，将实验室进行功能区域划分，结合科研仪器布局，对改造方案进行论证；对于新建部分，将实验楼进行功能用房划分，鉴于1992年《科研建筑工程规划面积指标》无法完全适用于前沿科学领域，项目团队结合项目科学工艺实际需求，逐一严谨论证新建规模需求，最终获得国家发展改革委认可。

4. 形成科研、建设、投资等方案的优化新机制，保障项目顺利实施，同时兼顾项目建设经济性

项目团队全面深入研究科学目标、工程目标、技术方案及建设方案，提出优先保障科研需求，针对项目对稳定性要求高、可能存在辐射的特点，项目团队提议采取减隔震、辐射防护等特殊设计，对接技术团队与设计单位，在可研阶段完成该方面特殊建设方案深化，降低未来方案深化成本。并根据建设目标、建设内容、技术方案，参照类似工程建设的经验及类似项目的设备选型及建设标准，征询设备及专业系统价格以有关厂商报价作为参考，依据国家和地方的相关文件规定编制投资估算方案。另外，本项目在充分考虑科研需求及建设施工可行性的基础上对投资估算进行优化，并依据投资估算的超支或不足优化技术方案，在有限条件下最大化科研能力，形成科研、建设、投资等各方案协同优化的新机制，保障项目顺利实施，同时兼顾项目建设经济性。

5. 提出专题研究报告，提高成果可落地性

项目团队结合专家意见进行二次研究，明确了本项目基础科学及关键装备预研、实现科学"得失相当"、重频工作试验、变电厂商业化落地的四大阶段计划，具体阐述各阶段的概念设计，并验证其可行性。在预研类项目可行性研究报告的基础上，创新性地提出4份专题研究报告，首次将可行性研究扩展至20年后，从应用侧反推预研阶段的技术目标合理性，为项目成果落地提供支撑。

6. 构建预研类项目可行性研究全过程咨询新模式

研究过程中，研究团队与顶尖科学家团队研究技术方案、与设计单位深化建设方案、与建设单位、推进部门落实实施条件，与审核单位紧密沟通并完善相关研究，牵头完成各个团队之间的协商协作，提供可行性研究阶段全过程咨询服务，显著提高项目推进速度。

【咨询效果】

1. 助力"十四五"国家重大科技基础设施落地上海

国家发展改革委于2022年9月28日批复同意本项目实施，目前已列入"十四五"国家重大科技基础设施进行开工建设，2023年12月16日，本项目完成主体结构封顶，预计2024年底新建实验楼交付使用。项目研究成果为前沿科学研究夯实基础，完成科研与建设的有机衔接，成功助力"十四五"国家重大科技基础设施落地上海。

2. 推动上海市建设原创性引领性科技成果策源地

本项目建成后将达到国际领先水平，将形成一批原创性知识产权成果，引领相关领域科技创新。项目研究过程中以前沿科学带动相关产学

图3 建设施工现场图（摄于2023年12月）

研合作，目前已与中国科学院硅酸盐所、中国科学院高等研究院、上海凝睿电子科技有限公司、上海普莱斯麦科技有限公司等单位在材料、元器件、关键设备及软件等方面开展合作研究，充分发挥上海科技大学科教融合优势，带动相关机构进行产学研合作，打造高水平开放、共享机制，引才聚才，已初步建成一个高水平创新合作的研究平台。

3. 提高我国聚变能源领域研发水平

本项目主要建设内容为当前国际聚变能源领域新途径的竞争热点，为可控核聚变前沿技术研究和能源系统工程技术研发的有机结合，并与国家重大战略需求紧密相关。本项目将为探索聚变能的新原理、新技术与新应用、发展更高效率的聚变途径提供基本的验证与实验手段，推动新一代聚变前瞻研究出新的高水平成果，将为未来实现聚变的科学得失相当，研制低成本、高潜力、高密度、可诊断、可商业化的磁-惯性聚变装置，奠定坚实的科学和技术基础，推动我国磁-惯性核聚变研发达到世界先进水平。

4. 形成国家重大科技基础设施咨询服务新范式

上咨集团紧跟科技发展脉络，与国家及本市同呼吸，与上海市已建、在建的15个国家重大科技基础设施共建设，结合多年积累的国家重大科技基础设施咨询及评估服务经验，在可行性研究阶段为委托单位提出建设目标梳理、建设方案深化、投资方案核算等方面的优化建议。另外，本项目基于前沿科技领域预先研究的特性，提出专题研究报告，分析项目后续20年的实现科学"得失相当"、重频工作试验、变电厂演示等可行性分析，深化前沿领域预研方案咨询服务深度及广度，为项目后续落地夯实基础。

5. 咨询成果获得各方高度认可

本项目可行性研究报告于2023年10月荣获2023年度上海市优秀工程咨询成果一等水平，同年12月荣获2022年度全国优秀工程咨询成果奖，获得了国家发展和改革委员会、上海市发展和改革委员会、上海科技大学、中国工程咨询协会、上海市工程咨询行业协会等各方认可。

虹桥商务区机场联络线申昆路停车场及上盖综合开发工程可行性研究报告

The Feasibility Study Report of Hongqiao Business District Airport Connecting Line Shenkun Road Parking Lot and Upper Cover Comprehensive Development Project

编写单位：中铁上海设计院集团有限公司
China Railway Shanghai Design Institute Group Co., Ltd.
联系电话：021-63818855　　**网址**：http://www.sty.sh.cn
主要完成人：刘建红　沈利　饶雪平　刘红伟　王多田　徐洪敏　朱德荣　赵大伟　王姝　魏静

【点评】

该报告研究了虹桥商务区机场联络线申昆路停车场及上盖综合开发工程的可行性，展现了前瞻性的城市发展理念和创新性的工程技术应用。项目以地下停车场为核心，巧妙融合了市域铁路功能与商业开发，体现了土地集约化利用和城市空间价值提升的双重目标。在消防设计上，项目团队创新性地提出了"类隧道"排烟系统，通过CFD技术优化排烟系统，有效解决了地下空间的消防安全难题，为类似工程提供了宝贵的借鉴。此外，项目还注重了环境保护和节能设计，符合可持续发展的要求。整体而言，该研究不仅在技术层面取得了突破，更在推动区域经济社会发展和提升城市形象方面发挥了重要作用。

【项目背景】

1. 项目建设背景

2018年8月，上海市人民政府批复《上海市轨道交通机场联络线选线专项规划》（沪府规〔2018〕166号），"原则同意轨道交通机场联络线车站车辆基地选址方案及综合利用方案。申昆路停车场位于虹桥枢纽南侧，申滨南路、规划文澜路、高虹路和申昆路围合的街坊内，用地面积约12.5 hm^2，为轨道交通机场联络线和嘉闵线共用，停车场应采用高架或地下设置形式，统筹设置71路中运量停保场和会展配套停车（不小于2 000个车位），上盖建议开展商办主导型的综合开发并综合设置轨道交通市域线网络管理运营中心"。

由于申昆路停车场地块北侧紧靠的申滨南路，为出入虹桥综合交通枢纽的重要通行道路。为避免动车走行线阻断申滨南路正常交通，申昆路停车场不能布置于地面。同时，申昆路片区作为虹桥商务区核心区仅存成片已收储待开发的区域，是建设一流中央商务区国家战略的主要承载区，鉴于其重要的地理区位及虹桥商务区的功能定位，申昆路停车场在申昆路片区内如采用高架设置形式，片区的整体性将被割裂，对城市风貌环境存在巨大影响，同时不符合土地集约化利用政策要求，整体片区的空间价值也将受损。

因此，在《上海市虹桥商务区控制性详细规划申昆路片区控制性详细规划局部调整》中，明确申昆路停车场采用地下设置形式，选址申昆路片区南01号地块，共由南01-1（Ⅲ-G03A-01）、南01-2（Ⅲ-G03D-02）、南01-3（Ⅲ-G03E-03）和南01-4（Ⅲ-G03F-04）4个小地块组成。其中4个小地块地下设置机场联络线申昆路地下停车场，上盖进行商办为主导型的综合开发。

由于申昆路停车场按地下形式设置，有利于土地集约化利用，提高整体片区的空间价值，改善城市风貌环境。同时，释放南01号地块约15 hm^{2}土地，申昆路片区总建筑面积由原控规的55万 m^{2}提升到86万 m^2，商业商办面积由20万 m^{2}提升到54万 m^2，为引进国际知名企业总部和创新商业集聚提供了空间，实现了土地的节约、集约化利用，充分体现了核心区高水平开发和土地资源高质量利用。

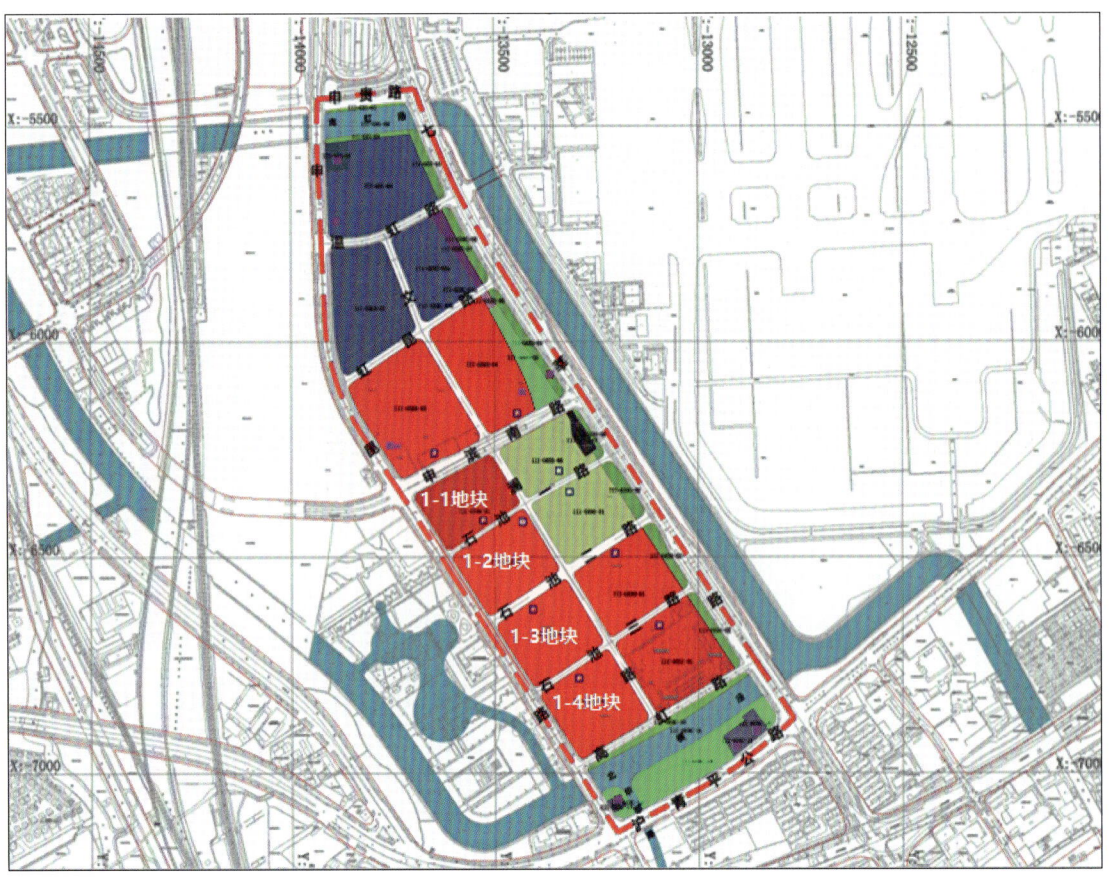

图1　上海市虹桥商务区G1MH-0001单元申昆路片区控制性详细规划Ⅲ-G01、G02、G03等街坊局部调整图

本项目由上海地产集团委托中铁上海设计院集团有限公司开展可行性研究报告编制工作。咨询起止时间为2019年6月—2020年12月。

2. 项目目标和必要性

（1）项目目标

本项目应满足嘉闵线14列位、机场线6列位的轨道动车运用及存放、综合维修、物资运输等功能要求，并为上盖开发创造条件。盖上开发方案应将交通功能、公益性设施运营管理功能、商办功能有机结合，综合分析虹桥片区建筑风貌特色，创新思路，融合设计，满足虹桥商务区建设一流中央商务区的功能需求。

（2）项目必要性

① 项目定位。本项目位于申昆路片区南01地块，地下为机场联络线申昆路停车场，承担嘉闵线和机场联络线部分动车组的存放作业，以及管辖范围内线路的综合维修。地上为上盖综合开发，主要规划商办及配套停车、申昆路停车场配套运行管理用房（综合楼）、35 kV变配电所、35 kV电业开关站、公交枢纽及配套管理用房等功能。本项目将公益性设施与上盖综合开发有机结合，首创国内市域铁路停车场按地下形式设置，践行《上海市城市总体规划（2017—2035年）》的"主城区与新城新建轨道交通、市政设施（含变电站、排水泵站、垃圾中转站等）地下化比例达到100%"的要求，充分体现了虹桥商务区土地资源的高质量利用，公益性设施的高水平开发理念。

② 功能要求。在虹桥站附近设申昆路停车场，与上海东车辆段、嘉定车辆段共同承担机场联络线和嘉闵线动车组的存放作业。申昆路停车场位于虹桥枢纽，处于嘉闵线和机场联络线的交叉节点，又是将来近沪地区接入市域网的重要节点，在上海市域线网中有着不可替代的作用，因此其主要功能定位为：

存车功能：申昆路停车场承担嘉闵线和机场联络线部分动车组的运用及存放作业。共设置存车线20条，其中14条1线1列位存车线为嘉闵线8编组动车组存放；6条1线2列位存车线为机场线4编组动车组存放。承担嘉闵线和机场联络线部分动车组的运用、洗车及存放作业。

综合维修功能：综合维修工区与停车场合设，隶属于线网综合维修车间管辖；承担管辖范围内基础设施的巡检、日常养护、临时补修和抢修等工作,并负责线网的物资保障工作。设置工程车库、材料线、材料堆场、维修班组用房。

盖上功能:规划为商务办公、申昆路停车场配套综合楼、酒店、展览、公交首末站以及其他配套用房及停车。

③ 其他背景。本项目是全国首例市域铁路地下停车场,国内虽有地铁项目停车场设置在地下的案例,但是市域铁路动车组和地铁车辆在制式及供电方式上不同,无法直接按照地铁相关规范进行消防设计,更无明确说明市域动车组放置地下的相关要求。

本项目地下停车场基坑体量大,属于超大型连续连片深基坑工程。而目前国内对于软土地区超大型连续连片深基坑工程以定性地将其分割成若干个相对较小的基坑分区施工为主,缺少对分区的大小、方式及其之间的相互影响、关键影响因素等进行研究。

国内尚无在市域铁路地下停车场上进行综合开发的工程案例,对结构关键技术研究还不深入,有待总结验证。上盖综合开发尚未形成多层面的协同规划体系。

2019年6月,基于以上技术背景,中铁上海设计院集团有限公司接受上海地产集团的委托,历时1年半,于2020年12月完成《虹桥商务区机场联络线申昆路停车场及上盖综合开发工程可行性研究报告》编制,并通过专家评审。

【项目内容】

1. 项目类型

项目名称:虹桥商务区机场联络线申昆路停车场及上盖综合开发工程。

建设类别:轨道交通场站(经营性项目)、公共建筑(经营性项目)。

建设性质:新建。

2. 建设单位情况

上海地产(集团)有限公司成立于2002年,是经上海市人民政府批准成立的国有独资企业集团公司,2020年7月,挂牌"上海市城市更新中心"。注册资本300亿元,共有各级次控股企业230余家、参股企业100余家。其中,集团直接管理的二层次企业20家,在职员工近万人。

3. 基地概况

本项目位于上海市虹桥片区虹桥枢纽南侧约2 km,具体研究范围为上海虹桥片区申昆路、高虹路、文澜路(规划道路)、迎宾三路围合区域,用地约14 hm²。停车场在虹桥枢纽工程中以动车走行线里程DCDIIK1+244为界,以南地块为项目研究范围。

用地现状大多为储备建设空地,地势平坦,场址内无建(构)筑物覆盖,仅有杂草覆盖。拟建场址地处长江三角洲入海口东南前缘的冲积平原,区域地貌单元属滨海平原地貌。自然地面标高约4.1—4.5 m(绝对高程),地势平坦开阔,起伏不大。场址邻近虹桥机场,机场限高48 m(绝对高程)。

4. 主要建设内容及规模

建设内容主要包含停车场及其上方上盖综合体开发,主要规划商务办公、商业服务、交通设施等功能。地面建筑开发总量不高于37.7万 m²,其中可经营性面积开发规模需满足25.9万 m²。

5. 方案研究

方案整体竖向布局如下:地下一层,作为机场联络线申昆路地下停车场设置层;转换层以上作为物业开发层,设置申昆路地下停车场配套运行管理用房(综合楼)、公交枢纽、公交配套管理用房和商办物业开发等。

(1)总平面布置

地下一层,申昆路停车场作为动车组停车场及综合维修工区,轨顶标高-8.23 m(绝对标高)。场址南侧尽端式布置20条存车线。咽喉区东侧由北向南依次布置申昆路停车场配套运行管理用房(综合楼)地下区域、练兵线及练兵场地、材料线及材料堆场、工程车库及辅助用房、降压所、存车区,综合楼地下区域包含配建小汽车库、牵引分区所、设备及材料用房、消防泵房等功能用房。申昆路停车场设2个出入口,主入口连接东侧规划文澜路,次入口连接西侧申昆路,利用8%坡度匝道与外界道路连接。

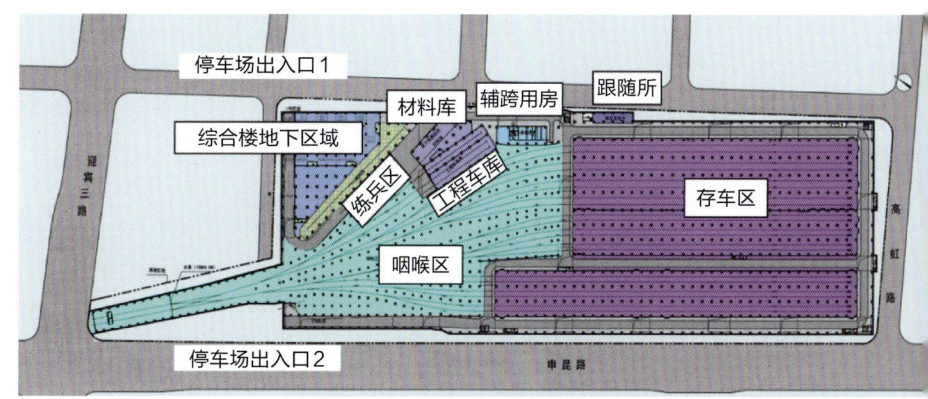

图2 申昆路地下停车场总平面布置图

设计将基地分为四个地块,其中01-1地块以商业、酒店及文娱展示为主,01-2、01-3及01-4号地块地面层为停车场,上方为商业、办公、公寓式酒店及综合楼,共23栋单体建筑。01-2号地块一层设置公交首末站,上方为公寓式酒店。

本研究在地下一层、地面一层设置了交通出入口及汽车匝道,以满足不同楼层人员和汽车出行。盖下与盖上结构的转换层设置在申昆路地下停车场顶部。

(2)建筑单体布置

① 机场联络线申昆路地下停车场(公益性设施)。申昆路地下停车场以满足功能为前提,进行建筑布局。停车场根据功能需求主要分为存车区、咽喉区、综合维修区、综合楼地下区域、消防车道区等五个区域。

存车区尽端式布置在停车场尾端,邻近高虹路。存车区是停车场的核心功能区,共设置存车线20条,满足机场线及嘉闵线部分动车组的洗车及存放作业,建筑最长边长约340 m,宽约为154 m,该区域建筑面积约44 100 m²。

咽喉区是停车场列车出入库的轨行区,咽喉区内无人常驻,主要为列车通行。由于咽喉区位于地下,上部形成盖板进行物业开发,在轨道间需要立柱,柱网不规则,柱子多为圆柱,建筑面积约29 240 m²。

综合维修区的主要功能为服务于正线线路的抢修救援、材料运输。其建筑区域主要包含工程车库、材料库、辅助工班用房等单体。工程车库为丙类厂房,位于咽喉区东北角,设置三条工程车停放线,车库轴线长65 m,宽24.5 m,建筑面积约1 700 m²。材料库主要功能是临时存放正线抢修材料,如钢轨、碎石、枕木等物品,为戊类仓库,内部设置荷载5吨悬挂吊,建筑面积约990 m²。辅助工班用房主要是抢修工班值班、工具存放以及兼顾区域卫生间设置,位于地下,设置2层,建筑面积约1 590 m²。

停车场配套运行管理用房(综合楼)地下区域有2层,地下一层功能为停车场分区所和开闭所、消防泵房及配套水池、材料间及备品间;地下二层为停车场汽车库(共70个车位)以及练兵区。

停车场在盖板下消防道路结合出入口匝道,形成消防环形车道,车道宽度为7 m;转弯半径最小9 m。停车场消防通道上部局部敞开露天,间距小于60 m,可自然通风采光,作为防火分隔及消防疏散。消防车道(除了轨道平交道)与建筑之间采用防火墙、防火门、水幕、防火卷帘隔开。

② 南01地块上盖综合开发。基地由三条道路划分为4个地块,由迎宾三路到高虹路分别为01-1地块、01-2地块、01-3地块、01-4地块。01-1地块为酒店、商业及文娱展示;01-2—01-4地块一层为停车场,二层为商业及配套,三层及以上为办公或商业。办公标准层在高区局部缩小,产生一定的屋顶露台。

01-1地块为酒店、文娱展示及商业。建筑围合布局,中间为一层下沉庭院,通过技术降板,设置连通道,连通市域铁路站与下沉庭院,将人流引入,激活整个区域。

01-2地块共设置1栋7层公寓式酒店(职住

图3 办公立面局部效果图

图 4　酒店及商业立面效果图

平衡需求配套)、1栋8层配套综合楼、2栋10层办公及2栋2层的商业,其中办公楼二层为商业,一层为停车场。地块北侧沿文澜路(规划道路)设计一处公交首末站,占地面积约10 000 m²(含配套用房及绿化),公交首末站含中运量2条,常规公交线路5条,采用单进单出的模式。办公楼核心筒落在一层,并设置独立的入户大堂,入户大堂前设车行落客区。

01-3地块主要由办公、商业组成,地面层为停车场,办公楼核心筒落在一层,并设置独立的入户大堂,入户大堂前设车行落客区。

01-4地块由办公、酒店及商业组成。地面层为停车场,办公楼核心筒落在一层,并设置独立的入户大堂,入户大堂前设车行落客区。临申昆路高虹路交叉口设置主要人行出入口,通过大台阶广场将人流引入地面一层板上。

本项目在建筑设计上,无论是办公产品还是配套产品,强调从传统的封闭走向开放和互动,体现高交流度、高弹性的设计。建筑立面结合上海地方气候特点,力求表达项目的人文情怀和高尚简约的气质,采用现代简洁的立面格调,显示出建筑大气、高尚、简约的独特气质。建筑立面以玻璃幕墙为主。通透的玻璃幕墙给人以优雅、明亮和友好的印象,从而使整个建筑群不仅仅是单一的办公场所和酒店,更是一个具有复杂城市功能的充满活力的多元社区。

01-2—01-4地块一层为停车场,为保证沿街立面的完整性及美观性,一层停车场外围采用格栅及立体绿化,与停车场消防洞口的景观相互融合,削弱了消防洞口对基地的影响。

6. 进度计划

(1)施工计划

根据市政府专题会议精神,2021年2季度项目开工建设。2023年4季度申昆路地下停车场和配套综合楼(土建结构、风水电通用设施设备、消防设施设备)完成施工。2025年4季度上盖综合开发商务办公、公交首末站及配套管理用房完成施工。

表 1　项目开发计划表

序号	项目节点	计划完成时间
1	桩基开工	2021年2季度
2	第一批基坑开挖	2021年4季度
3	第一批基坑底板完成	2022年3季度
4	第一批地下结构出正负零	2023年2季度
5	第二批基坑开挖	2022年3季度
6	第二批基坑底板完成	2023年1季度
7	第二批地下结构出正负零	2023年4季度
8	综合楼结构封顶	2023年4季度
9	综合楼竣工	2025年1季度
10	办公楼结构封顶	2024年4季度
11	办公楼竣工	2025年4季度
12	公交首末站及管理用房竣工	2025年4季度
13	交付使用	2026年1季度

（2）运营计划

① 股转模式。现计划2021年2季度获取土地后，2024年顶板完工进行南01-1地块、南01-3地块和南01-4地块的100%股转。

② 自建模式。由于南01-2地块上盖所涉及的公益性设施较多，整个地块形式复杂，因此建议南01-2地块上盖全部由地产虹桥自建开发。现计划2024年4季度申昆路地下停车场和配套综合楼移交市政府相关部门或市政府指定单位。2025年4季度公交首末站及配套管理用房移交市政府相关部门或市政府指定单位。

7. 投资设计界面划分

申昆路停车场及上盖开发项目总用地面积14 hm^2，其中白地约2.6 hm^2，停车场与上盖开发的投资以结构转换层结构顶为界面。停车场包含结构转换层结构顶板（包含转换层）以下及盖上综合楼。上盖开发为转换层结构顶板以上。

项目总投资估算为781 624.59万元，其中申昆路停车场（不含开发）估算投资总额为464 208.33万元，上盖开发317 416.26万元。

【工作过程】

1. 工程历程

2019年7月开展申昆路停车场地下方案研究。

2021年1月完成申昆路地下停车场特殊消防设计论证。并由上海市住房和城乡建设管理委员会出具《关于上海市轨道交通市域铁路嘉闵线工程申昆路地下停车场项目特殊消防设计专家评审意见的函》（沪住建消函〔2021〕3号），通过了特殊消防设计论证。

2021年2月完成《虹桥商务区机场联络线申昆路地下停车场和配套运行管理用房及公交枢纽等工程可行性研究》专家评审并进行评估论证。

2021年3月上海市发展改革委出具《上海市发展改革委关于机场联络线申昆路停车场和管理用房及公交枢纽的审核意见》，完成可研批复。

2. 攻克消防难题，创新性提出"类隧道"排烟

针对地下停车场消防难点，项目伊始，中铁上海设计院集团有限公司联合同济大学防灾救灾研究中心，成立了科研攻关小组。科研小组克服时间紧张、沟通困难、技术难度高等问题，对地下停车场中的人员安全疏散、烟气控制、防止火灾蔓延扩大、应急灭火救援行动、消防设施设置等问题开展系统研究，进而提出针对性消防措施及解决办法。根据申昆路停车场结构特点及火灾烟气蔓延特性，首次创新性提出"类隧道"排烟等消防排烟强化措施。根据市域动车组的构造及材料分布，结合不同区域不同材料的使用面积与热释放速率曲线，对不同场景下的整车火灾载荷进行计算，进而确定火灾规模。沿列车停放方向，在排烟分区间设置固定式挡烟垂壁，形成了类似"隧道重点排烟"的条件，依照拟存放动车组的火灾规模，采用CFD技术对不同排烟系统设置模式下的火场烟气扩散特性进行模拟分析，进一步优化排烟系统设置。结合火灾烟气控制理论和消防救援路线分析，研究合理设置烟气控制系统，以最大限度降低火场温度和烟气浓度，维持一定的视距，为消防人员的火灾扑救和抢险救援行动创造有利条件，保障灾后救援工作顺利进行。历时半年时间就完成了消防科研，形成消防科研成果，并顺利通过了专家论证。

【咨询工作特点及经验教训】

1. 项目考虑到上海虹桥地区未来城市发展具有前瞻性

2019年《长江三角洲区域一体化发展规划纲要》提出"要通过推动虹桥地区高端商务、会展、交通功能深度融合，建设一流中央商务区和国际贸易中心新平台，打造虹桥国际开放枢纽"的总体定位要求，虹桥商务区为上海市重点发展区域。

申昆路片区作为虹桥商务区核心区仅存成片已收储待开发的区域，是建设一流中央商务区国家战略的主要承载区，打造国际化商务交流区。与商务区北侧的保税物流片区形成功能互补。鉴于其重要的地理区位及国际商务交流区的功能定位，申昆路停车场在申昆路片区内，如设置在高架，片区的整体性将被割裂，对城市风貌环境存在巨大影响，同时和土地集约化利用政策不符，整体片区的商业价值也将受损。因此停车场放置在地下，用地指标符合上位文件要求，有利于土地集约化利用，提高整体片区的商业价值，改善城市风貌环境。

2. 项目设置于地下具有创新性

国内有地铁项目车辆基地设置在地下的案例，但是市域铁路动车组和地铁车辆在制式上不同，国内尚无市域动车组地下停车场案例，相关规范也无明确说明市域动车组放置地下的相关要求。国外无铁路或市域铁路停车场、车辆基地设置在地下的案例。申昆路停车场作为市域铁

路地下停车场属于首创。同时在处理消防问题上结合动车组停车的使用功能需要和工程特点，设计在存车线线位两侧沿纵向设置活动式挡烟垂帘，形成"类隧道"空间，以构建防烟分区的新技术，具有开创性。

申昆路停车场与上海轨道交通第一条市域线机场联络线工程配套建设，是先行者、探路者，是实现近沪地区互联互通的重点工程。此项目在上海市域线的研究中奠定了基础，论证了市域铁路地下停车场采取地下设置形式的可行性。

3. 针对市域动车组特点，多渠道处理消防难题，具有借鉴性

市域铁路申昆路停车场设置在地下一无案例参考，二无明确行业规范，存在消防难题。因此，本项目针对市域动车组特点以人员安全疏散、防止火灾蔓延扩大、有效开展应急灭火救援行动为目标，对地下停车场中的人员安全疏散、烟气控制、防止火灾蔓延扩大、应急灭火救援行动、消防设施设置对策等各个相关方面开展系统研究工作，进而提出针对性消防措施及解决办法。

2021年1月份完成申昆路地下停车场特殊消防设计论证，并由上海市住房和城乡建设管理委员会出具《关于上海市轨道交通市域铁路嘉闵线工程申昆路地下停车场项目特殊消防设计专家评审意见的函》（沪住建消函〔2021〕3号），通过了特殊消防设计论证，形成了专项科研报告，为市域铁路申昆路停车场的消防设计提供技术支撑，并为国内市域铁路地下停车场提供可借鉴的设计方法。

4. 申昆路停车场作为机场联络线和嘉闵线的重要后勤保障，社会效益和经济效益显著

申昆路停车场与上海东车辆段、嘉定车辆段共同承担机场联络线和嘉闵线动车组的存放作业。上海东车辆段与申昆路停车场位于机场联络线东、西两端，可平衡早晚收发车。嘉定车辆段目前选址地块不足以容纳全线配属动车组，且嘉定车辆段为横列式布置，规模不宜过大，以减轻调车压力。故申昆路停车场为必要补充。本项目的设计实施对市域线网和上海市交通发展具有重大意义。

申昆路停车场放置在地下，降低了对周边地块的影响，上盖进行物业开发，"以铁造地"形成以公共交通为主导的一体化（TOD）开发模式，创造良好的社会效益和经济效益。

【咨询效果】

虹桥商务区机场联络线申昆路停车场及上盖综合开发工程可行性研究项目涉及面广、分析问题整体全面、认证完整度高，上海市住房和城乡建设管理委员会组织召开特殊消防设计专家评审会，通过了专家评审。上海市发展改革委对项目进行了同意批复。项目业主与地方政府均对项目可行性研究有认可态度。

本项目针对市域动车组特点以人员安全疏散、防止火灾蔓延扩大、有效开展应急灭火救援行动为目标，对地下停车场中的人员安全疏散、烟气控制、防止火灾蔓延扩大、应急灭火救援行动、消防设施设置对策等各个相关方面开展系统研究工作，进而提出针对性消防措施及解决办法，形成了专项科研报告，为市域铁路申昆路停车场的消防设计提供技术支撑，并为国内市域铁路地下停车场提供可借鉴的设计方法。同时，研究在存车线线位两侧沿纵向设置活动式挡烟垂帘，形成"类隧道"空间，以构建防烟分区的新技术，这种技术后续可广泛应用于地铁、市域铁路、国铁动车或其他狭长空间等项目上，为这一类型项目开阔思路，具有借鉴意义。

株洲市清水塘老工业区产业新城整体开发PPP项目铜霞路（塘屋路—叶子冲变电站）电力专用综合管廊新建工程可行性研究报告

The Feasibility Study Report of Tongxia Road (Tangwu Road-Ye Zichong Substation) Power Dedicated Integrated Pipe Corridor Construction Under the New City Overall Development PPP Project in Zhuzhou City Qingshuitang Old Industrial Zone

编写单位：中交第三航务工程勘察设计院有限公司
CCCC Third Harbor Consultants Co., Ltd.
联系电话：021-64381730　　网址：https://www.theidi.com
主要完成人：王在诚　李华平　汪　莲　张歆瑜　葛　亮　瞿振华　徐　春　柳卓民　高君鹏　李　煜

【点评】

该报告全面深入地分析了株洲市清水塘老工业区产业新城铜霞路电力专用综合管廊新建工程的技术可行性和经济合理性。报告从政策背景、建设必要性、项目内容、技术特点、投资估算、工作过程、咨询工作特点以及咨询效果等方面进行了详尽的阐述，体现了项目的重要性和创新性。强调了电力专用管廊在新型城市市政基础设施建设中的关键作用，指出其能有效避免道路重复开挖、延长管线使用寿命，并为城市发展预留地下空间。在技术特点方面，报告突出了工程的创新点，如顶推下穿现有市政道路段的设计、污染土壤修复方案研究等，展示了项目在解决实际问题中的技术深度和创新能力。

【项目背景】

1. 政策背景

电力专用管廊是21世纪新型城市市政基础设施建设现代化的重要标志之一，它避免了由于埋设或维修管线而导致道路重复开挖的麻烦，由于管线不接触土壤和地下水，因此避免了土壤对管线的腐蚀，延长了管线的使用寿命，它还为城市的发展预留了宝贵的地下空间。同时也是积极响应"一流的规划、一流的设计、一流的建设、一流的质量"的建设要求。目前科技部、建设部均把电力专用管廊作为新城建设、旧城全面改造的一项市政管线综合布置的新科技，在全国范围内推广建设。

2014年6月16日，《国务院办公厅关于加强城市地下管线建设管理的指导意见》（国办发〔2014〕27号）明确指出："稳步推进城市地下综合管廊建设""具备条件的城市结合新区建设、旧城改造、道路新（改、扩）建，在重要地段和管线密集区建设综合管廊"。

2015年8月3日，《国务院办公厅关于推进城市地下综合管廊建设的指导意见》（国办发〔2015〕61号）明确指出："加快既有地面城市电网、通信网络等架空线入地工程""把地下综合管廊建设作为履行政府职能、完善城市基础设施的重要内容，在继续做好试点工程的基础上，总结国内外先进经验和有效做法，逐步提高城市道路配建地下综合管廊的比例，全面推动地下综合管廊建设""到2020年，建成一批具有国际先进水平的地下综合管廊并投入运营"。

2016年2月22日，《关于开展2016年中央财政支持地下综合管廊试点工作的通知》（财办建〔2016〕21号）进一步明确指出，财政部、住房城乡建设部决定启动2016年中央财政支持地下综合管廊试点工作，这从政策和财政方面对地下电力专用管廊的建设起到重要推进作用。

为此《国务院关于加强城市基础设施建设的意见》（国发〔2013〕36号）和《国务院办公厅关于加强城市地下管线建设管理的指导意见》（国办发〔2014〕27号）部署，管廊建设是适应新型城镇化和现代化城市建设的要求，完善城市基础设施，提升管线安全水平和防灾抗灾能力，改善城市地面景观的重要措施，并要求把地下电力专用管廊建设作为改变政府职能、完善城市基础设施的重要内容。

2. 建设背景

（1）地区现状

本项目建设位于株洲市清水塘老工业区。清水塘曾经是株洲市"工业名片"，株化、株冶、湘氮等大型企业在此相继落户并发展壮大，百余家中小型化工、冶炼企业亦在此繁衍生息，这里成为株洲、湖南乃至全国有名的化工、冶炼基地。但半个多世纪的污染顽疾也让人们敬而远之。近年来，株洲市在治污的同时，大力推进搬迁、改造，制定了《株洲市清水塘老工业区搬迁改造战略规划》《株洲清水塘生态科技新城核心区控规调整》等方案，按照"产业转型、生态修复、品质提升"的发展目标，实现清水塘片区由"传统工业区"向"生态科技新城"的蝶变，致力于成为全国"两型"社会建设的示范工程。

（2）老工业区搬迁改造对电网工作影响

随着经济发展和社会进步，老工业区原有的产业技术与管理体制越来越难以适应新时期新条件下的市场经济环境，社会经济问题凸显，亟待转型，主要体现在：一是城市发展格局混乱；二是企业发展空间严重受限；三是污染和人居环境问题严重。通过推进老工业区搬迁改造，即企业搬迁、环境治理、布局调整、设施完善等措施，实现老工业区的科学发展，是老工业区发展的必然之路。

老工业区内往往包含众多高耗电、高耗能的传统工业企业，其用电量往往可以高达整座城市用电的一半，另外电网为保证企业的供电可靠性，在这些企业的建设初期及运营过程中在其周边建设220 kV、110 kV高压变电站，因此，老工业区的搬迁改造必然会引起城市总体用电量及最大负荷的波动，进而影响包含电网规划在内的城市规划，如若处理不好在老工业区搬迁过程中产生电网规划等问题，往往会影响老工业区搬迁改造效果，甚至遗留许多隐患从而达不到预想的城市规划。为配合清水塘片区环境治理、升级改造，为片区社会经济发展提供强有力的电力保障，根据《株洲清水塘生态科技新城电力专项规划（2018—2035）》，在市领导的重视领导下，特启动铜霞路（塘屋路—叶子冲变电站）电力专用综合管廊新建工程的建设。

3. 建设必要性

（1）专用管廊是重要的基础设施，保障地下管线的安全运行

城市地下管线是城市基础设施的重要组成部分，是城市赖以生存和发展的基础和保障，是保证城市功能正常发挥和人民安居乐业的基本前提。随着株洲市清水塘不断开发建设，所需的地下管线日益增多，城区地下管道空间将会被大量占用。而各类市政管线的无序发展和竞相争夺有限的剩余地下空间，必将给株洲市清水塘的发展带来城市道路反复开挖、施工过程挖断和挖坏现状管线等诸多问题。

电力专用管廊建成后将降低电力管线的运行维护成本，电力专用管廊内工程管线紧凑布置，节约了城市用地，对地下空间的开发利用起到良好的促进作用，有助于增强沿线地块经济价值。

（2）电力专用管廊的建设促进株洲市清水塘的发展，保证当地工业、产业的稳定运行

株洲市清水塘老工业区产业新城正处在快速发展时期，推进其地下电力专用管廊建设，统筹电力专用管线规划、建设和管理，可以杜绝日后反复开挖路面、架空线网密集、管线事故频发等问题，有利于保障城市安全、完善城市功能、美化城市景观、促进城市集约高效和转型发展，有利于提高城市综合承载能力和城镇化发展质量，有利于增加公共产品有效投资、拉动社会资本投入、打造经济发展新动力。

（3）电力专用管廊的建设是实现新型现代化城市建设有效途径

电力专用管廊的规划建设必将促进现有市政基础设施向市政管网综合布线、地下管网设备自动化控制、保护城市文化等现代化城市功能转化，是实现新型城镇化和现代化城市建设有效途径之一。电力专用管廊实施后将实现城市基础设施功能集聚管理方便，地下管道布置井然有序，检修维护便捷，充分保障用户使用，运行安全。因此，株洲市清水塘电力专用管廊的建设是社会经济发展的必然趋势。

【项目内容】

1. 项目简况

（1）项目类型

本工程为铜霞路（塘屋路—叶子冲变电站）

电力专用综合管廊新建工程。

（2）建设单位

本工程建设单位为株洲中交清水塘投资开发有限公司，设计单位为中交第三航务工程勘察设计院有限公司。

（3）主要建设内容与规模

铜霞路电力专用综合管廊西起塘屋路（桩号k0+000），东至叶子冲变电站（桩号k3+100），主线管廊长3 100 m，支线管廊从主线桩号K3+050处设管廊分支口，支线管廊总长150 m，位于铜霞路北侧绿化带下。

本工程管廊主要内容包括管廊平面、纵断面、横断面设计以及沿线管线引出口、通风口投料口、交叉口、变配电室、人员出入口、逃生口的总体设计，本工程电力管廊拟容纳220 kV、110 kV高压电力管线。

表1　项目主要建设内容参数一览表

序号	名称	长度（m）	断面形式	断面尺寸	收纳管线
1	铜霞路电力管廊主干线	3 100	双舱	2.9 m×2.8 m（单舱）	220 kV、110 kV
2	铜霞路电力管廊支线	150	双舱	2.9 m×2.8 m（单舱）	220 kV、110 kV

2. 项目技术特点

（1）工程建设必要性论证充分

片区内众多高耗电、高耗能传统工业企业，建设初期及运营过程中均建有220 kV、110 kV高压变电站，铜霞路作为横贯片区东西向的主干路，道路两侧现状建有多回高压线廊道，高压电杆遍布片区。2035年沿铜霞路将形成4—6回110 kV高压线路，2—6回220 kV高压线路，如继续沿用架空线路方案，随着时间的推移，高压线路需求不断被迁改，造成重复投资。同时高压电力线路分隔城市空间和功能，与城市规划、地块开发及城市建设之间矛盾突出，建设电力管廊能极大的缓解此类问题的矛盾，同时可提升产业新城的整体形象和面貌，为片区招商引资、带动沿线开发、促进城市发展起到积极的促进作用。

（2）满足使用功能的基础上，反复论证建设标准，开展多方案比选，确定建设方案

从入廊管线类型、电力规划、断面形式、后期维护、工程造价等方面，设计人员多次踏勘现场，同时吸取类似项目的成功经验，反复论证建设标准，与电力部门、建设单位多次专题研究，向地方政府汇报后，确定了本项目双舱断面结构方案、管廊平面及纵断面设计方案、管廊内外高压线转换方案、主线与支线管廊连接节点方案、与现有河道及道路的交叉方案等。

（3）顶推下穿现有市政道路段，设计咬合灌注桩的基坑支护与顶推反力方案

管廊结构摩阻力达29 803 KN，土层以素填土、杂填土为主，岩土力学指标较低，受河道影响，墙后土体不能提供足够的顶进推力，反复优化方案，最终选定由排桩构成反力墙的设计方案，灌注桩桩径1 m，桩长18 m，三列反力墙，每列反力墙桩基采用9根灌注桩，桩间距1.6 m，桩顶设冠梁，冠梁宽1.2 m、高1.0 m。桩间及墙两侧采用旋喷桩加固。外侧两列反力墙在顶推结束后还需兼做相邻现浇段的基坑支护结构。不设后背钢筋混凝土反力墙，采用钢梁将顶推反力直接传至三列反力墙上。

（4）管廊下穿污染场地，污染土壤修复方案研究

本工程占用化工、冶炼厂部分用地，场地土壤检测出铅、镉、砷、汞和石油烃等污染物的总量超标。场地地下水检出pH、硝酸盐、硫酸盐、氨氮、镍、砷、镉、锌、铁、锰超标，其中镉最大超标倍数达168倍。根据土壤的污染性质，综合经济合理、治理达标、符合规划等原则要求，采取对应的技术处理方案。

（5）发挥PPP项目的优势，项目组织与管理内容详实、合理、操作性强

本工程组织机构设置、项目部各部门的职责、招投标及管理、工期进度计划、主要施工方案、项目管理等内容，均结合PPP项目的实际管理情况编写，内容针对性、操作性强，部门职责明确，工期与项目实际建设情况匹配，对项目建设指导性强。

（6）投资估算依据充分、合理全面

本工程整体设计方案通过规划部门、电力部门审查后，各专业按照初步设计深度开展设计，依据设计成果再编制可研报告，项目投资估算依据充分。充分发挥PPP项目的优势，项目实施单位参与到可研方案、估算编制中，确保设计方案的可实施性，减少造价漏项、费用指标与实际出现较大出入等问题。

3. 投资估算

本工程总投资为 71 758.14 万元,其中 20% 来源于建设单位自筹,80% 来源于银行贷款。

【工作过程】

① 2019年3月至2020年3月,拟定方案充分沟通:针对铜霞路电力走廊采用入地或架空敷设方案,我公司多次向株洲市领导、建设单位、电力公司等部门汇报沟通,深入分析工程建设条件,充分论证铜霞路高压电力管廊建设方案。针对架空线路、管廊入地方案,从土地占用及收益、征拆费用、工程费用、项目周期、片区发展要求、安全影响及优化人居环境等方面进行了论证,最终地方政府明确铜霞路沿线高压线路实施方案采用电力专用管廊,纳入片区控规,结合沿线地块开发、会展中心项目建设等,启动本工程前期工作。

② 2020年3月26日之后,有序推进前期工作:明确铜霞路电力走廊采用管廊方案后,我公司与国网株洲电力公司、清水塘集团、中交清水塘公司、电力设计院对电力专用管廊方案进行了10多次开会协商对接,紧密配合、有序推进各项前期工作。

③ 2020年4月14日,实施方案最终确定:我公司与国网株洲电力公司、清水塘集团、中交清水塘公司、输电检修公司、株洲电力设计院对前阶段设计成果进行了沟通,从电力规划、入廊线缆类型及数量、断面形式、工程造价、后期维护等方面,多次踏勘现场,同时吸取类似项目的成功经验,反复论证建设标准,确定了本项目方案。

④ 2020年12月,取得本工程可研报告最终的批复意见书。

【咨询工作特点及经验教训】

1. 针对主管廊与支管廊线缆敷设的解决和创新

本工程拟建设一条主管廊和一条支管廊,均采用双舱室结构,如图1所示。主管廊与支管廊之间需要满足线缆灵活敷设要求,即A舱室线缆既要进入C舱室也要进入D舱室;B舱室线缆既要进入C舱室也要进入D舱室;C舱室线缆既要进入A舱室也要进入B舱室;D舱室线缆既要进入A舱室也要进入B舱室。

本工程在主管廊与支管廊交叉点处设置"T型"构筑物,并结合防火分区的设置要求,通过侧墙开孔处理来满足线缆的灵活敷设通行要求。

基于该项创新工作,已获得国家专利局授权实用新型专利"一种电力电缆灵活切换舱室的双舱管廊交叉节点"1项。

2. 针对现有城市机能保留的解决过程和创新

根据项目的规划总体布置,综合管廊需分别下穿清湖路、清水塘大道。清湖路和清水塘大道均为现有市政道路,承担清水塘片区南北向交通连接。单从工程造价和施工难易程度的角度来

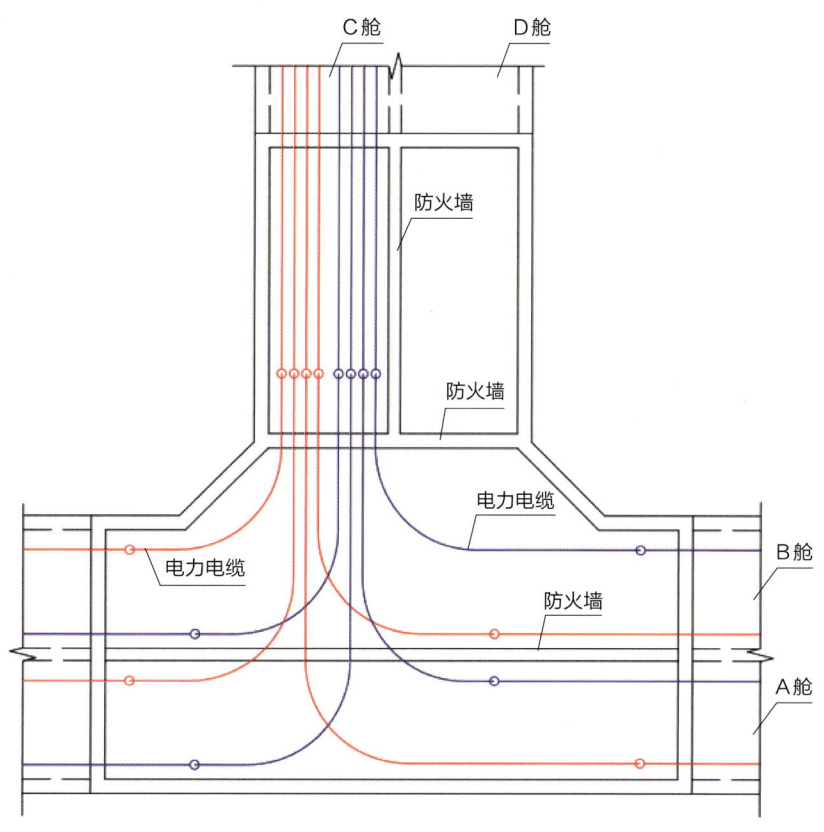

图1 T型交叉口布置图

图2 片区主要交通现状

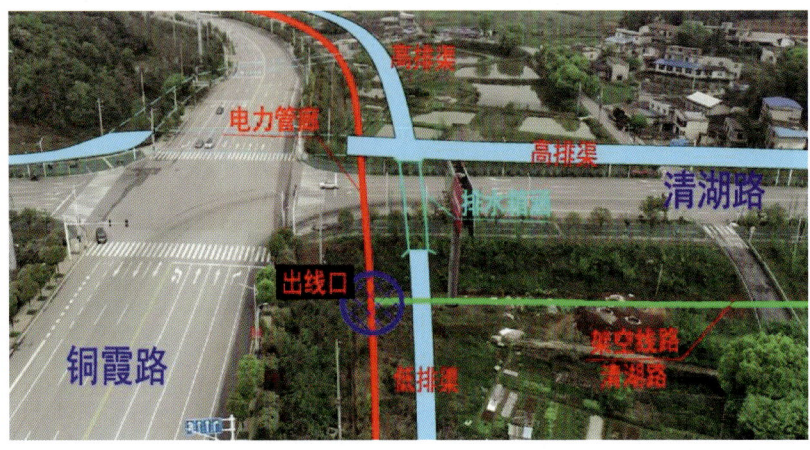

图3 综合管廊需下穿现有市政要道

图4 综合管廊紧邻历史保护建筑

图5 新型顶推工作坑

说,采用大开挖方式有利于节约投资、方便施工,但开挖基坑需要中断交通,不可避免会增加周边道路的通行压力。由于片区目前还在初步开发阶段,东西向主干道只有铜霞路一条,距离最近的东西向清水路、建设北路约1.6 km,若清湖路和清水塘大道封闭施工,区域内交通流量需由清霞路和响田西路来分担。清霞路现状较窄,通行能力有限,且即将纳入改建施工范围;响田西路为连接湘江两岸的主要道路,现状交通已经饱和,上下班高峰拥堵。可见现有的路网不足以支撑数月的封路施工。

另外,拟建管廊有一段正好位于铜霞路与株冶保留厂房之间,距离厂房仅数米。而株冶厂始建于1956年,见证了新中国的工业发展,是中国工业史的撰写人之一。老工业区城市更新的同时,也不应忘记这份历史。

为了在城市更新过程中最大限度地保留现有城市机能,设计人员创新地提出了矩形工作坑+排桩反力墙的综合管廊顶推体系。该顶推体系采用桩径1 m、桩长18 m的三列反力墙,每列反力墙桩基采用9根灌注桩,桩间距1.6 m,桩顶设冠梁,冠梁宽1.2 m、高1.0 m。桩间及墙两侧采用旋喷桩加固。外侧两列反力墙在顶推结束后还需兼做相邻现浇段的基坑支护结构。不设后背钢筋混凝土反力墙,采用钢梁将顶推反力直接传至三列反力墙上。工作坑平面为矩形布置,支护也采用排桩方案:桩径1 m,平行于顶推方向桩间距1.6 m,垂直于顶推方向桩间距1.5 m,桩顶设冠梁,冠梁宽1.2 m、高1.0 m。桩间同样采用旋喷桩加固。工作坑顶部设混凝土斜撑。工作坑和反力墙的灌注桩均采用C30钢筋混凝土结构,顶推台座、前墙、后背墙均为C30钢筋混凝土结构;钢梁采用Q235钢材,主梁为56a工字钢双拼结构,竖向支撑为一对16a槽钢;旋喷桩加固土体无侧限抗压强度要求不小于2 MPa。

为了验证该顶推体系的可行性,对整个工作坑进行3D有限元模拟。采用有限元软件midas Civil 2017,梁单元建模,共1 981个节点和2 007个单元。

桩基和冠梁采用梁单元建模,冠梁在顶部与桩基固结。墙后被动土压力采用只受压弹性支承模拟,墙前被动土压力从工作坑底开始计算,刚度采用m法计算。桩间的土体采用只受压弹性连接模拟,弹簧刚度按照EA/L计算,土体高度取0.5 m,土体宽度取2 m。旋喷桩加固土体无侧限抗压强度取2 MPa,弹性模量E取126倍抗压强度即252 MPa。中风化土体压缩模量按经验取45 MPa,弹性模量根据经验取4倍压缩模量即180 MPa。

考虑桩与土之间的侧摩阻力,采用弹性支承模拟,刚度按照土弹簧刚度的0.01倍取值,第一排桩基露出工作坑底的部分侧摩阻力按前述刚度的50%取值。桩端阻力按照桩底深度和土层m值计算，采用只受压支承。管廊所需的顶推力由4部分构成，即管廊顶板和覆土的摩阻力、管廊侧板和侧面土的摩阻力、管廊底板和底下土的摩阻力、端头土的端阻力。按实际模拟反力钢梁和混凝土后背，顶推力通过钢梁分配后加载到后背上，再传力至前排桩上。

此外，还采用三维岩土有限元软件Plaxis 3D来进行对比分析。在该软件中，专门有土体硬化模型（HS模型）可供选择，该模型更为先进，可以处理土体的卸载特性。众多工程实例也表明，由于土体卸载性质对基坑开挖有很大影响，HS模型比摩尔-库伦模型可以给出更真实、可靠的模拟结果。共设置5个阶段，分为初始阶段、施打钻孔灌注桩、高压旋喷桩加固、基坑开挖、顶推阶段。

分析结果表明，顶推反力墙和工作坑采用结构软件梁格法建模，用仅受压弹性连接模拟桩间土传力，用仅受压弹性支承模拟被动土压力，受力概念清晰，计算便捷，方便指导结构优化和配筋；经与岩土有限元软件比较分析，梁格法计算结果可靠，精度可以满足工程设计要求。

分析结果还表明，旋喷桩加固土无侧限强度参数对排桩反力墙结构非常关键，当强度较低时，排桩间传力能力很弱，主要靠顶部冠梁和嵌入的中风化层土抗力来分配顶推反力荷载；当强度较高时，排桩间传力能力加强，会形成类似地下连续墙的整体受力形式，对结构有利。

新型顶推工作坑及反力墙相比传统形式，有占地少、开挖工程量少、受力机理明确、工程造价经济等优势。一是排桩既可以作为工作坑的开挖支护，又可以作为反力墙的一部分，垂直开挖减少了占地和开挖方量，采用预制拼装管廊节段，可以将工作坑的平面尺寸降到最小，工作坑的施工对东侧的霞湾港河道护岸不会造成不利影响。二是排桩组成的反力墙主要利用了群桩抗推的受力原理，将巨大的顶推反力通过三道反力墙结构消化，在灌注桩之间的土体采用旋喷桩进行加固，使得纵向桩基形成整体，受力机制明确，对墙后土体的需求相对较低，适用于本项目情况。三是在顶推施工完毕后，两边的排桩侧墙还可以保留，作为后续段管廊施工基坑的支护使用，避免了传统反力墙一次性使用的情况，提升了该方案的经济性。

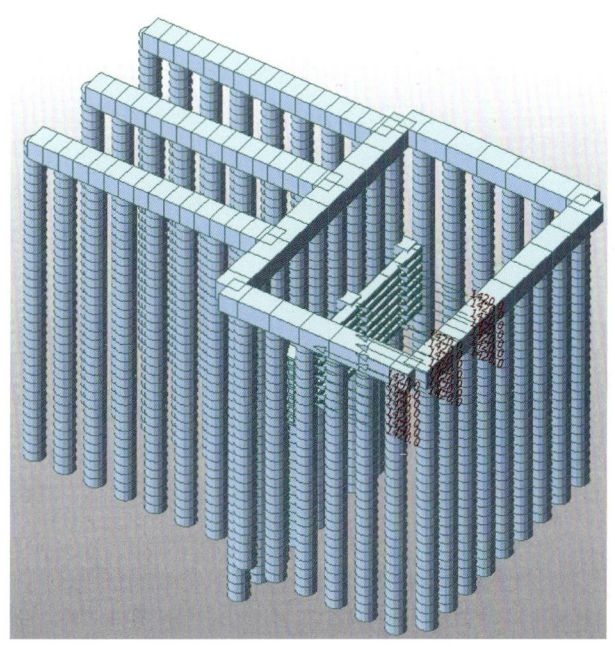

图6 工作坑模型图

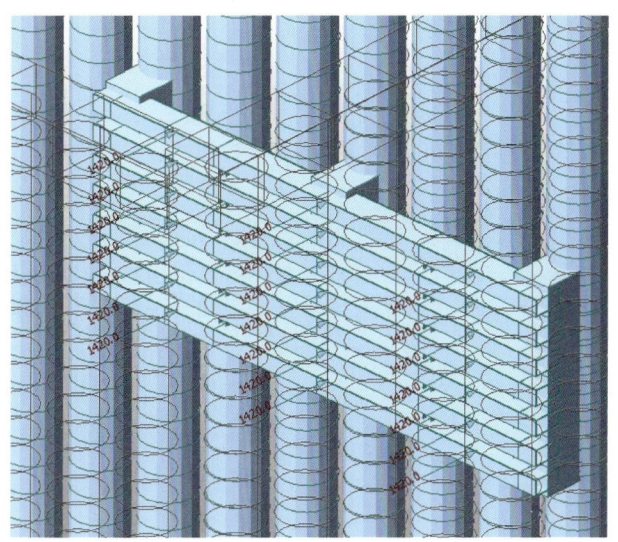

图7 反力钢梁的模拟

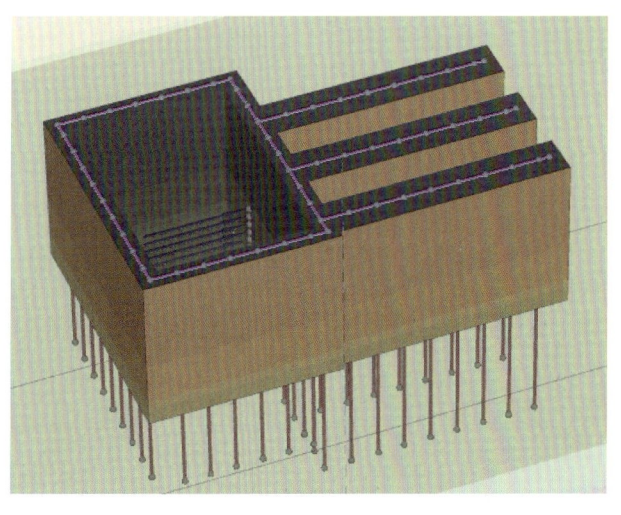

图8 工作坑模型

该反力墙为业内首次开发利用排桩沿纵向受力性能,通过理论分析与实际应用证明排桩纵向受力时能够抵抗较大的水平推力,且在对地形与地质的适应性、工程安全性、工程经济性、施工快捷性等方面,相对传统的反力结构具有一定的优势。通过研究排桩间距、桩间土体加固强度等关键参数对排桩反力墙受力性能的影响而掌握了该反力墙的关键设计技术,从而有利于本技术的进一步推广应用。该顶推体系在保通城市主干道、保护现有管线等城市机能的同时,节约了施工工期和投资造价,具有推广性和可复制性。基于该项创新工作,已向国家专利局申报了实用新型专利"应用于顶推箱涵的地基结构"。

3. 针对现状污染土壤的解决过程和创新

本工程占用化工、冶炼厂部分用地,场地土壤和地下水污染物的总量严重超标。根据土壤的污染性质,综合经济合理、治理达标、符合规划等原则要求,采取对应的技术处理方案:一是顶推工艺段下穿已建成的清水塘大道,对顶推施工过程中产生的污染土壤进行异地填埋或路基阻隔处置,未开挖土壤采用风险管控的方式处置。二是放坡开挖及桩支护段,将总量超过国家标准中二类用地管制值的土壤开挖后转至暂存场,然后转运至一般固体废物填埋场进行填埋或者作为道路修建过程中的填方,利用道路阻隔作用,达到风险管控的目的;对于总量超过国家标准中二类用地筛选值,但未超过二类用地管制值的土壤首先转运至暂存场暂存,待管廊项目建设完成后,作为管廊顶部覆土回填至地表下0.5米,地表下0—0.5 m采用洁净土回填。三是对于污染土壤清挖过程中产生的基坑废水进行处理,达标后排放。

【咨询效果】

株洲市清水塘老工业区产业新城正处在快速发展时期,推进电力专用管廊建设,统筹电力专用管线规划、建设和管理,可以杜绝架空线网密集、反复开挖路面、管线事故频发等问题,有利于保障城市安全、完善城市功能、美化城市景观、促进城市集约高效和转型发展,有利于提高城市综合承载能力和城镇化发展质量,有利于增加公共产品有效投资、拉动社会资本投入、打造经济发展新动力,本项目建成后将带来良好的经济、社会和环境效益。

本咨询成果中采用的主管廊与支管廊交叉节点处理方案已获得专利授权,污染土壤处理方案也已实际应用,效果明显。另外,本咨询成果中采用的矩形工作坑+排桩反力墙的综合管廊顶推体系,是城市更新综合管廊设计中的地下结构、岩土支护组合所形成的多种技术,这些成果将不仅适用于同类的综合管廊项目,还能运用于其他市政地下工程中,具有广阔的运用前景。